国家出版基金项目
NATIONAL PUBLICATION FOUNDATION
北京宣传文化引导基金
BEIJING CULTURE GUIDING FUND
北京宣传文化引导基金资助项目

新征程

从全面建成小康社会迈向
全面建设社会主义现代化国家

杨秋宝 著

北京出版集团
北京人民出版社

图书在版编目（CIP）数据

新征程：从全面建成小康社会迈向全面建设社会主义现代化国家 / 杨秋宝著. — 北京：北京人民出版社，2022.2
ISBN 978-7-5300-0543-9

Ⅰ. ①新… Ⅱ. ①杨… Ⅲ. ①小康建设—研究—中国 ②社会主义建设—现代化建设—研究—中国 Ⅳ. ①F124.7②D61

中国版本图书馆CIP数据核字(2022)第026461号

新征程
从全面建成小康社会迈向全面建设社会主义现代化国家
XIN ZHENGCHENG
杨秋宝 著
*
北京出版集团
北京人民出版社 出版
（北京北三环中路6号）
邮政编码：100120
网址：www.bph.com.cn
北京出版集团总发行
新华书店经销
北京建宏印刷有限公司印刷
*
787毫米×1092毫米 16开本 38.75印张 553千字
2022年2月第1版 2022年11月第3次印刷
ISBN 978-7-5300-0543-9
定价：125.00元
如有印装质量问题，由本社负责调换
质量监督电话：010-58572393

目录

第二篇　经济发展：从经济高速增长到经济高质量发展

第三篇　产业发展：经济高质量发展的现代产业体系建设

第四篇　区域发展：从统筹区域协调发展到构建区域协调发展战略体系

第六篇　经济改革：从建立市场经济体制到全面深化经济体制改革

导言

历史方位：从全面建成小康社会
迈向全面建设社会主义现代化国家

“历史方位”这个概念或范畴，几十年前就出现在我国的一些学术文献与宣传文章中。1987年10月，在党的十三大召开前夕,《人民日报》就发表过《中国改革的历史方位》一文。进入21世纪，在中国的发展过程中，人们关注、讨论、研究历史方位，则是因为中国共产党用历史方位这个范畴，提出、研判、确立从全面建成小康社会向全面建设社会主义现代化国家迈进的历史进程。

2017年7月26日，党的十九大召开前夕，习近平总书记在省部级主要领导干部“学习习近平总书记重要讲话精神，迎接党的十九大”专题研讨班上发表重要讲话强调，认识和把握我国社会发展的阶段性特征，要从我国社会发展的历史方位上来思考。[①]2017年10月，党的十九大报告又进一步明确提出:“经过长期努力，中国特色社会主义进入了新时代，这是我国发展新的历史方位。”[②]刚刚进入“十四五”开局之年，习近平总书记又特别强调:“正确认识党和人民事业所处的历史方位和发展阶段，是我们党明确阶段性中心任务、制定路线方针政策的根本依据，也是我们党领导革命、建设、改革不断

① 《习近平谈治国理政》第二卷，外文出版社2017年版，第61页。

② 《中国共产党第十九次全国代表大会文件汇编》，人民出版社2017年版，第8页。

取得胜利的重要经验。”[①]显然，认识、研究、思考、决策中国从全面建成小康社会迈向全面建设社会主义现代化国家，要从历史方位的视阈来把握。

历史方位可以被理解为是一个国家、一个社会在发展的历史进程中所处的方向位置，其实也就是社会发展的具体历史阶段、历史时期。东汉时期伟大的科学家、文学家张衡，在《二京赋》之一的《东京赋》中有言：“辨方位而正则。”对历史方位的认识，可以领会为一个国家、一个社会在发展的历史进程中，首先要明辨自己所处的方向位置、确定自己具体的战略定位，只有辨明了方向位置、确定了战略定位，才能明确继续发展的大方向，进而才能确定指导发展、引领发展的大思想、大理念、大战略、大原则、大举措。

思考当今中国从全面建成小康社会迈向全面建设社会主义现代化国家的历史方位，自然就要有历史的眼光、发展的视野，要从战略的高度，在历史的进程中来认识、来把握。就此而论，可以从三个大的历史进程来理解。

一是实现中华民族伟大复兴的历史进程。从中国近代以来的历史进程看，从1840年鸦片战争到21世纪中叶，是中国从百年屈辱走向百年复兴的200多年，可以简要概括为200年。这200年间，中国和中华民族推进发展、持续奋斗的全部内容，在一定意义上就是要做成“两件大事”、完成“两大历史任务”。第一个百年实则是100多年，即1840—1949年。在这个百年历史进程中，无数仁人志士抛头颅、洒热血，探寻救国救民的道路；中华民族挺起脊梁、奋起反抗，以百折不挠的精神，进行了一场场气壮山河的斗争，描绘了一幅幅悲壮感人的图画，谱写了一部部可歌可泣的史诗。中国和中华民族在经历了无数的痛苦、无数的磨难、无数的艰辛、无数的努力和无数的奋斗后，终于在中国共产党领导下于1949年建立了伟大的中华人民共和国，彻底终结了旧中国民族饱受屈辱、一盘散沙的局面，彻底结束了旧中国半殖民地半封建社会的历史阶段，同时彻底废除了西方各列强无理强加给中国的一系列不平等条约，彻底取消了帝国主义在中国的一切特权，为最终完

① 《习近平在省部级主要领导干部学习贯彻党的十九届五中全会精神专题研讨班开班式上发表重要讲话强调　深入学习坚决贯彻党的十九届五中全会精神确保全面建设社会主义现代化国家开好局》，《人民日报》2021年1月12日，第1版。

成中华民族的伟大复兴扫清了障碍，创造了前提，奠定了坚实的基础。这就是中国和中华民族在第一个百年已经做成的第一件大事、完成的第一大历史任务，即实现了国家独立和民族解放，为中国现代化建设、中国发展富强、中国人民生活富裕以及中国梦的实现奠定了最基本的政治基础和制度基础。1949—2050年是第二个100年，刚好整整100年，中华人民共和国成立后的100年，中国和中华民族要做的第二件大事、要完成的第二大历史任务，就是实现社会主义现代化、实现中华民族的伟大复兴，就是习近平总书记提出的中国梦，也是中国第二个百年发展的奋斗目标。可见中国进入近现代历史时期以后，在迈向2050年的200多年的历史进程中，当今的中国已经推进、迈入第二个百年发展阶段，处在为完成第二大历史任务而奋斗的百年历史大方位中。正是在这个百年历史方位之中，中国特色社会主义在党的十八大以来进入新时代，中国经济社会也发展到一个新阶段。在新时代、新阶段中，一方面，我们已经前所未有地更加接近中国第二个百年发展的奋斗目标；另一方面，还要继续为完成第二大历史任务，即实现中华民族的伟大复兴而坚持不懈地努力奋斗。

二是实施现代化建设“三步走”发展战略的历史进程。第二个百年推进的发展过程，又可以划分为前后两个50年，其划分依据是在中国现代化建设进程中探索、形成并实施的现代化建设“三步走”发展战略。在新中国成立以后的社会主义现代化建设道路艰辛探索基础上，改革开放以后，党和国家提出并确立了中国现代化建设“三步走”发展的宏伟战略。完整的现代化建设“三步走”战略构想，是以新中国成立后前30年的发展为基础，以1980年为基数，即确定具体发展目标是从1980年开始的。第一步，到1990年实现国民生产总值比1980年翻一番，解决全国人民的温饱问题；第二步，1991—2000年使国民生产总值再增长一倍，人民生活达到小康水平；第三步，到21世纪中叶，人均国民生产总值达到中等发达国家水平，人民生活比较富裕，基本实现现代化。在中华人民共和国成立以后的前30年社会主义建设的基础之上，经过改革开放后20多年不断努力与艰苦奋斗，我国在发展中先后顺利完成了现代化建设的第一步和第二步发展战略，人民群众的生活在总体上达到小康水平，整个国家实现了从贫困到温饱，再从温饱到小康的历史性跨越。这就是第二个百年历史进程中的前50年，在社会主义现代化建设打基础的前提下实现并完成了中国现代化建设的第一步与第二步发展战略。进入21世纪后，从2001年到2050年的后50年，中国和中华民族要实施现代化建设“三步走”发展战略的第三步战略构想，用半个世纪的时间先基本实现进而全面实现社会主义现代化，建设伟大的社会主义现代化国家，实现中华民族的伟大复兴。可见，在中国进入第二个百年、完成第二大历史任务的历史进程中，当今的中国已经推进、迈入第二个50年发展阶段，处在实施并完成现代化建设第三步发展战略的历史方位之中。并且要从这样的战略高度继续推进中国发展，为继续实施并最终完成现代化建设第三步发展战略而努力奋斗。

三是从全面建成小康社会迈向全面建设社会主义现代化国家的历史进程。随着我国现代化建设第二步发展战略目标的顺利实现，人民群众生活总体上达到小康水平，党和国家在谋划21世纪发展时，实际上把实施现代化建设第三步发展战略的50年划分为前20年和后30年两个大的历史时期。在21世纪的头20年，要继续推进社会主义现代化建设，进一步发展社会主义市场经济，使人民群众生活达到全面富裕的小康水平。进入21世纪以后，我国明确提出要紧紧抓住头20年的重要战略机遇期，把21世纪头20年推进发展、深化改革、做好工作的全部要求、全部内容、全部任务，集中、概括、浓缩为全面建设小康社会。在全面建设小康社会的发展进程中，经过21世纪前10余年的发展推进，全面建设小康社会的任务在各方面都取得了重大进展，党的十八大以后，中国发展进入全面建成小康社会新阶段。在以习近平同志为核心的党中央领导之下，全面建成小康社会取得了决定性成就，2020年我国夺取全面建成小康社会的决定性胜利，实现了全面建成小康社会的奋斗目标，亦即第一个百年奋斗目标。接下来的30年，要在前20年发展的基础上继续奋斗，迈向全面建设社会主义现代化国家新征程，进而全面实现社会主义现代化，建成富强民主文明和谐美丽的社会主义现代化国家，亦即实现第二个百年奋斗目标。正如党的十九大报告指出：“要乘势而上开启全面建设社会主义现代化国家新征程，向第二个百年奋斗目标进军。”[①]习近平总书记在党的十九届五中全会上强调：“全面建成小康社会后，我们将开启全面建设社会主义现代化国家新征程。”[②]

正是基于这样的历史方位，才要求对跨入21世纪以来中国全面建成小康社会，进而全面建设社会主义国家的历史进程、基本理论、发展战略等进行总结、分析、研究。

① 习近平：《决胜全面建成小康社会　夺取新时代中国特色社会主义伟大胜利——在中国共产党第十九次全国代表大会上的报告》（2017年10月18日），人民出版社2017年版，第28页。

② 《中国共产党第十九届中央委员会第五次全体会议文件汇编》，人民出版社2020年版，第86页。

第一篇

战略进程：从总体小康到全面建成小康社会，再到全面建设社会主义现代化国家

在中国现代化建设历史演进、战略实施的过程中，从全面建成小康社会迈向全面建设社会主义现代化国家，是中国社会主义现代化建设发展战略推进到21世纪的新进程。早在中华人民共和国成立前后，中国共产党就开始对中国现代化建设发展战略进行考虑，进而在社会主义建设的艰辛探索中提出中国社会主义现代化建设“两步走”发展战略。改革开放之后，中国共产党确立完整的、实际上涵盖社会主义初级阶段100年的现代化建设“三步走”发展战略，进而在迈向21世纪之际顺利实现现代化建设的第二步发展战略目标，经济社会发展、人民生活总体上达到小康水平。进入21世纪以后，中国共产党把实施现代化建设第三步发展战略的50年，确立为前20年和后30年两大战略期，21世纪头20年全面建设建成小康社会，到2020年全面建成小康社会的目标，亦即第一个百年奋斗目标胜利实现。在全面建成小康社会的基础上，中国经济社会发展迈向后30年全面建设社会主义现代化国家新征程，中国共产党提出并确立了系统、完整的全面建设社会主义现代化国家的战略构想，中国社会主义现代化建设在新的历史起点上开始进一步全面推进。

第一章　现代化建设"两步走"发展战略与艰辛探索

中华人民共和国成立以前，中国处于半殖民地半封建社会，也是一个经济社会发展落后的农业国。中国共产党和毛泽东领导中国人民进行革命与建设，不仅使中国成为一个政治上独立自主的社会主义国家，而且要使中国成为一个先进的社会主义现代化国家。在中国现代化建设的历史进程中，早在新中国成立前后，以毛泽东同志为主要代表的中国共产党人就对中国现代化建设的基本理论、发展战略进行了艰辛探索，并在社会主义建设实践中努力推进。

一、中国现代化建设的基本国情

就最一般的语义而言，国情是指一个特定国家的情况，西汉刘向编订、记述战国历史的《战国策》就有言："陈轸为王臣，常以国情输楚。"[①]就范畴的含义来看，国情是指一个国家的社会性质及其经济、政治、文化、社会、生态等各方面的发展情况。基本国情应该是指一个国家在一定历史时期基本

① 见《战国策》中《秦策·卷三·秦一》的《陈轸去楚之秦》文。此言还涉及战国时期一著名人物张仪。陈轸与张仪均为战国时期所谓的纵横家，两人都到秦国，同在秦惠文王治下出谋划策，且相互争宠。张仪挑拨秦惠文王与陈轸的关系，向秦惠文王告陈轸经常把秦国的情况泄露给楚国，以期秦惠文王赶走或杀掉陈轸，故有此言。

的社会性质、所处社会发展阶段以及制约经济社会发展主要方面的基本状况和特点。

中国共产党一贯倡导实事求是。毛泽东就指出，马克思列宁主义的态度，就是实事求是的态度，“实事”就是客观存在着的一切事物，要“求是”，即研究客观事物的内部联系，就必须从实际情况出发。[①]在中国革命和建设实践中，坚持实事求是、从实际情况出发，就是要坚持从国情、基本国情出发。早在领导中国人民进行新民主主义革命的过程中，毛泽东就强调中国革命必须从中国的实际情况出发，即从“国情”出发。他把从实际情况出发并科学地认识事物的规律性，作为共产党人“行动的向导”，并且强调指出：“认清中国的国情，乃是认清一切革命问题的基本的根据。”[②]在领导我国社会主义建设的过程中，在对中国现代化建设道路的探索中，中国共产党和毛泽东从不同的方面分析和研究了中国的基本国情，为确定中国现代化建设发展战略提供了基本依据。

（一）中国现代化建设的社会性质及其发展阶段

社会性质及其发展阶段是一个国家基本国情的主要方面。毛泽东指出：“只有认清中国社会的性质，才能认清中国革命的对象、中国革命的任务、中国革命的动力、中国革命的性质、中国革命的前途和转变。所以，认清中国社会的性质，就是说，认清中国的国情，乃是认清一切革命问题的基本的根据。”[③]又说：“现时中国社会的性质，这就是现时中国的国情。”[④]中华人民共和国成立以后，我们要通过生产资料所有制改造向社会主义过渡，生产资料所有制的社会主义改造基本完成，我国就进入了社会主义，这应该是毫无疑义的。但是，怎样认识这样的社会主义，却有不同的看法。苏联在农业社会主义集体化完成以后，于1936年就宣布苏联建成了社会主义社会，即马克思所讲的共产主义第一阶段的社会。

① 《毛泽东选集》第三卷，人民出版社1991年版，第801页。
② 《毛泽东选集》第二卷，人民出版社1991年版，第633页。
③ 《毛泽东选集》第二卷，人民出版社1991年版，第633页。
④ 《毛泽东选集》第二卷，人民出版社1991年版，第665页。

中国共产党和毛泽东在20世纪50年代中期，则分三个层次说明了中国共产党人的看法：第一，在生产资料所有制的社会主义改造完成以后，我国只是刚刚建立社会主义制度，还没有完全建成，还不完全巩固①；第二，在我国建成社会主义社会，还需要一定的历史时期，当时预计可能为三个五年计划时期；第三，要建成一个强大的高度社会主义工业化的国家，需要更长时期的艰苦努力，比如说要有50年的时间。②在20世纪50年代后期即1959年12月到1960年2月读苏联《政治经济学教科书》时，毛泽东又提出，社会主义这个阶段又可能分为两个阶段，"第一个阶段是不发达的社会主义，第二个阶段是比较发达的社会主义"③。这些认识表明，中国的现代化建设是与中国社会主义的发展结合在一起的，中国社会主义的发展是一个相当长的历史阶段，中国的现代化建设是一个社会主义从建立到建成和巩固、从经济不发达到实现现代化的历史过程。

（二）中国现代化建设的社会主要矛盾和主要任务

一定历史时期的社会主要矛盾也是基本国情的重要内容，规定着一定时期现代化建设的主要任务。1956年中共八大对社会主义改造基本完成后的国内形势和主要矛盾的变化作了正确的分析，指出社会主义制度在我国已经基本建立起来，国内的主要矛盾，已经是人民对于建立先进的工业国的要求同落后的农业国的现实之间的矛盾，是人民对于经济文化迅速发展的需要同当前经济文化不能满足人民需要的状况之间的矛盾，全国人民的主要任务是集中力量发展社会主义生产力，把我国尽快地从落后的农业国变为先进的工业国。④

1957年2月，毛泽东在《关于正确处理人民内部矛盾的问题》的讲话中，更全面准确地指出：社会主义生产关系已经建立起来，它是和生产力的发展相适应的；但它又很不完善，这些不完善的方面和生产力的发展又是相矛盾

① 《毛泽东著作选读》（下册），人民出版社1986年版，第768页。

② 《毛泽东文集》第六卷，人民出版社1999年版，第390页。

③ 《毛泽东文集》第八卷，人民出版社1999年版，第116页。

④ 《中国共产党第八次全国代表大会关于政治报告的决议》（1956年9月27日），《建国以来重要文献选编》（第九册），中央文献出版社1994年版，第341—342页。

的。[①]根据马克思主义生产力决定生产关系的基本原理，对社会主义生产关系的完善必须以生产力的发展为基础，只有建立雄厚、强大的社会主义物质基础，才能保证社会主义经济制度的稳固。因此，毛泽东在讲话中强调社会主义的任务就是保护和发展生产力，只有向自然界“开战”，发展经济，才能巩固社会主义制度。[②]这也就是说，社会主义的基本矛盾和主要任务，决定了中国必须推进现代化建设，建立社会主义强大的物质基础。

中华人民共和国成立以后，推进现代化建设，实际上是中国生产力水平低下、经济社会发展落后这种基本国情的客观要求。在相当长的一段时期里，毛泽东对我国的经济落后状况有着清醒的认识。在1956年《论十大关系》的报告中，毛泽东分析了我国的落后状况，指出：“我国过去是殖民地、半殖民地，不是帝国主义，历来受人欺负。工农业不发达，科学技术水平低”；“我们一为‘穷’，二为‘白’。‘穷’就是没有多少工业，农业也不发达。‘白’，就是一张白纸，文化水平、科学技术都不高”。[③]到1957年，在《关于正确处理人民内部矛盾的问题》中，毛泽东仍强调，我国“还是一个很穷的国家，并且不可能在短时间内根本改变这种状态”[④]。显然，这种经济落后的基本国情，一方面说明我国进行社会主义现代化建设的基础非常薄弱，客观上要求进行大规模经济建设，加快建立雄厚的社会主义物质基础；另一方面也表明，在这样经济落后的基本国情下推进现代化建设，将需要长期、艰苦的努力，建设、实现社会主义现代化不能急于求成。

（三）中国现代化建设的城乡结构和产业布局

一个国家在一定历史时期的基本国情不仅包括社会性质、发展阶段、主要矛盾，还应该包括制约经济社会发展的一些主要方面的基本状况，其中应该就有城乡结构、产业布局等方面的基本情况。科学认识和把握这些方面的基本情况与特点，是确定现代化建设战略、推进现代化建设进程的重要

① 《毛泽东著作选读》（下册），人民出版社1986年版，第768页。
② 《毛泽东著作选读》（下册），人民出版社1986年版，第770页。
③ 《毛泽东著作选读》（下册），人民出版社1986年版，第742、743页。
④ 《毛泽东著作选读》（下册），人民出版社1986年版，第781页。

内容。

经济不发达国家或发展中国家在推进发展相当长的历史时期中，城乡结构的重要特征，突出地表现为二元经济结构，即落后的农业部门和较为先进的工业部门同时并存。对于这种特征在中国的具体表现，毛泽东进行了分析。早在新中国成立前夕，毛泽东就指出：“中国的工业和农业在国民经济中的比重，就全国范围来说，在抗日战争以前，大约是现代性的工业占百分之十左右，农业和手工业占百分之九十左右。”“这也是在中国革命的时期内和在中国革命胜利以后一个相当长的时期内一切问题的基本出发点。”①就农业部门而言，“已耕的土地不足”“经营方法落后”②，农业的劳动生产率低下，农民的生活水平仍然很低。同时，在我国的二元经济结构中，农业构成占据着绝大部分的比重，农业人口占据我国人口构成的绝大部分，因此，“我国是一个大农业国，农村人口占全国人口的百分之八十以上”③，“农民的情况如何，对于我国经济的发展和政权的巩固，关系极大”④。这些情况，决定了中国的现代化建设必然要经历一个由农业部门为主向工业部门为主转化的发展阶段，中国的现代化建设必须高度重视农业农村的发展，必须获得广大农村人口的支持，农业的增长、农村的发展和农民收入的提高，必然会成为中国现代化建设推进中的重要内容、重要任务和基本要求。

一个国家现代化建设的重要内容是产业结构的演进、工业化的推进，工业结构是产业结构的重要方面，对现代化建设、工业化推进也产生着重要的制约作用。对于当时中国的工业结构，毛泽东也进行了分析。毛泽东指出：“我国的工业过去集中在沿海”，“我国全部轻工业和重工业，都有约百分之七十在沿海，只有百分之三十在内地”。⑤据统计，当时沿海七省三市（辽宁、河北、山东、江苏、浙江、福建、广东和北京、上海、天津）的工业总产值约占全国工业总产值的73%，重工业中的钢铁工业约有80%的生产能力

① 《毛泽东选集》第四卷，人民出版社1991年版，第1430页。
② 《毛泽东文集》第六卷，人民出版社1999年版，第429页。
③ 《毛泽东著作选读》（下册），人民出版社1986年版，第796页。
④ 《毛泽东著作选读》（下册），人民出版社1986年版，第773页。
⑤ 《毛泽东著作选读》（下册），人民出版社1986年版，第723页。

集中在沿海，而资源丰富的西北、西南、华中等地，几乎没有钢铁工业；轻工业中纺织工业也有89%以上的纱锭和90%的织布机分布在沿海，而广大产棉区和内陆地区很少有纺织工厂。“这是历史上形成的一种不合理的状况。”[①]根据这样的分析判断，在中国现代化、工业化推进的一定过程中，必须按照产业结构合理、优化配置的客观要求，调整工业结构及其区域布局，逐渐改变结构、布局失衡的状况，形成合理优化的工业产业结构和区域布局结构。

资源和人口状况也是一个国家基本国情的重要内容。人们现在讲到中国基本国情通常所说的“地大物博，人口众多”或“人口多，底子薄”，毛泽东客观地指出：中国“地大物博，人口众多”。[②]地大物博表明蕴藏着丰富的物产和自然资源，成为中国现代化建设的自然资源基础；人口众多则表明拥有丰富的劳动力和广大的消费市场，成为中国现代化建设的人力资源基础。毛泽东也承认：“我国人多，是好事，当然也有困难。”[③]由于人口众多，资源的人均量就很有限，地大物博就可能成为人均物“薄”，人口众多就成为中国经济落后、发展水平低的一个重要制约因素；同时，由于人口基数大，新增人口多，又必然消费相当部分的新增财富和国民收入，这必然给中国现代化建设带来极大的压力和困难，增大推进现代化的难度。所以，毛泽东在以后也把“人口多，底子薄，经济落后”联系起来表述。[④]

所有这些关于中国基本国情的认识，为确定一定历史时期中国社会主义现代化建设的奋斗目标、战略步骤以及基本方针、主要政策提供了基本的依据。

① 《毛泽东著作选读》(下册)，人民出版社1986年版，第723页。
② 《毛泽东著作选读》(下册)，人民出版社1986年版，第742—743页。
③ 《毛泽东著作选读》(下册)，人民出版社1986年版，第782页。
④ 《毛泽东著作选读》(下册)，人民出版社1986年版，第828页。

二、中国现代化建设的奋斗目标

依据对于中国基本国情的分析判断，在领导和推进中国社会主义建设的过程中，以毛泽东同志为主要代表的中国共产党人确立了中国实现社会主义工业化的奋斗目标，并在这个目标的基础上进一步明确了建设社会主义现代化国家的奋斗目标。

（一）确立实现社会主义工业化的奋斗目标

工业化是任何一个国家现代化发展必然要经历的阶段。综合国内外以往的研究，工业化可以被看作是现代工业在国民经济中发展并逐步占据主导地位的过程，或者说是国民经济结构从以农业占据主导地位向以现代工业占据主导地位转变的过程，也可以说是一个国家由传统农业国转变为现代工业国的过程。工业化的核心内容是现代工业的发展，表现为现代工业在国民经济和劳动人口中占据的份额持续上升，工业化也是一个经济结构调整、变革、演进的过程，工业化以工业增长为动力、以工业进步带动包括工业、农业、服务业在内的整个国民经济增长与社会发展。在一定的历史时期，一个国家现代化的基本内容就是工业化，因而工业化的发展也意味着现代化进程的推进。中国的现代化建设，工业化必然是极其重要的方面。在领导和推进中国社会主义建设的过程中，以毛泽东同志为主要代表的中国共产党人首先把实现社会主义工业化确立为现代化建设的奋斗目标。

早在民主革命时期，毛泽东就从保障民族独立、免受他国欺辱的角度，提出了中国要实现工业化的奋斗任务。1944年5月，在中共中央办公厅为陕甘宁边区工厂厂长及职工代表会议举行招待会的讲话中，毛泽东指出，中国落后的原因，主要是没有新式工业，日本帝国主义为什么敢于这样欺侮中国，就是因为中国没有强大的工业。因此，要打倒日本帝国主义，国家必须工业化；要中国的民族独立有巩固保障，就必须工业化。在这次讲话中，毛泽东宣告“共产党是要努力于中国的工业化的”①。

其后，在一系列涉及未来国家建设的论著中，毛泽东始终不忘要在中国实现“工业化”，“由农业国变为工业国”，并要求农业的“近代化”与工业的发展相适应。1945年4月，毛泽东在《论联合政府》的报告中，总结了100多年来许多仁人志士实业救国的经验教训，就工业和国家富强问题指出：“没有工业，便没有巩固的国防，便没有人民的福利，便没有国家的富强。”②毛泽东还明确提出：“在新民主主义的政治条件获得之后，中国人民及其政府必须采取切实的步骤，在若干年逐步地建立重工业和轻工业，使中国由农业国变为工业国。”“中国工人阶级的任务，不但是为着建立新民主主义的国家而斗争，而且是为着中国的工业化和农业近代化而斗争。”③在全国胜利前夕，毛泽东就新中国成立后的发展目标提出：“在革命胜利以后，迅速地恢复和发展生产，对付国外的帝国主义，使中国稳步地由农业国转变为工业国，把中国建设成一个伟大的社会主义国家。”④

中华人民共和国成立以后，在领导国家向社会主义过渡和进行社会主义建设的过程中，以毛泽东同志为主要代表的中国共产党人确立了中国实现社会主义工业化的奋斗目标。在国民经济恢复时期结束之际，毛泽东提出了党在过渡时期的总路线，社会主义工业化成为新中国经济社会发展的目标。毛泽东指出：“要在一个相当长的时期内，逐步实现国家的社会主义工业化。”⑤在根据毛泽东提出的过渡时期总路线编写的《关于党在过渡时期总路线的学习和宣传提纲》中，论述了实现社会主义工业化的必要性，分析了工业化对整个社会主义建设的意义。《关于党在过渡时期总路线的学习和宣传提纲》指出：“我国虽然已有一定数量的现代工业的发展，但我国旧有工业的基础是十分落后和薄弱的。我国经济上的这种落后，使我国百余年来国弱民穷，受尽了资本帝国主义列强的侵略压迫。”“这就需要实现国家的社会主义工业化，

① 《毛泽东文集》第三卷，人民出版社1996年版，第146页。
② 《毛泽东选集》第三卷，人民出版社1991年版，第1080页。
③ 《毛泽东选集》第三卷，人民出版社1991年版，第1081页。
④ 《毛泽东选集》第四卷，人民出版社1991年版，第1437页。
⑤ 《毛泽东著作选读》（下册），人民出版社1986年版，第704页。

使我国有强大的重工业可以自己制造各种必要的工业装备，使现代化工业能够完全领导整个国民经济而在工农业生产总值中占据绝对优势，使社会主义工业成为我国唯一的工业。”①

1954年9月15日，毛泽东在第一届全国人民代表大会第一次会议上的开幕词中提出：“准备在几个五年计划之内，将我们现在这样一个经济上文化上落后的国家，建设成为一个工业化的具有高度现代文化程度的伟大的国家。”②根据毛泽东的这种设想，周恩来在这次会议的《政府工作报告》中明确宣布了一定历史时期中国社会主义建设的奋斗目标，即“经过几个五年计划，把中国建设成为一个强大的社会主义的现代化的工业国家”③。显然，实现工业化，使中国由落后的农业国转变为现代化工业国，是中国革命胜利后继续要完成的宏伟任务，也是一定历史时期中国社会主义现代化建设的奋斗目标。

（二）明确建设社会主义现代化国家的奋斗目标

与工业化相联系但又有区别的另一个范畴是现代化。现代化包括的范围要宽于工业化，不仅包括工业部门的现代化，而且包括国民经济其他各个部门的现代化，进而涵盖整个社会发展的现代化。工业化是现代化进程的一个重要阶段，但并不意味着它是一国经济社会发展的终极。一个国家在现代化发展的长过程中，不仅要推进和实现工业化，而且必须推进和实现整个经济社会发展的现代化。

党中央在对社会主义工业化道路的探索中，不仅把实现工业化作为中国摆脱落后、自立于世界民族之林的奋斗任务，而且进一步确立了在工业化基础上建设社会主义现代化国家的奋斗目标。

自20世纪50年代中期起，党的重要文献和毛泽东开始经常使用“现代化”的说法描述国家建设的前景。在《关于党在过渡时期总路线的学习和宣传提纲》中，从正面论述的角度提出了“现代化工业”“农业和交通运输业的现代化”“现代化的国防”。《关于党在过渡时期总路线的学习和宣传提纲》提

① 《社会主义教育课程的阅读文件汇编（第一编）》，人民出版社1958年版，第349—350页。

② 《毛泽东著作选读》（下册），人民出版社1986年版，第715页。

③ 《周恩来选集》下卷，人民出版社1984年版，第136页。

出："实现国家的社会主义工业化，使我国有强大的重工业可以自己制造各种必要的工业装备，使现代化工业能够完全领导整个国民经济而在工农业生产总值中占据绝对优势，使社会主义工业成为我国唯一的工业。实现国家的社会主义工业化，就可以促进农业和交通运输业的现代化，就可以建立和巩固现代化的国防，就可以保证逐步完成非社会主义经济成分的改造。"①

1954年9月15日，毛泽东在第一届全国人民代表大会第一次会议的开幕词中提到了要同实现工业化相联系，建设"具有高度现代文化程度的伟大的国家"②。基于同样的设想，周恩来在这次会议的《政府工作报告》中，强调了"现代化的工业、现代化的农业、现代化的交通运输业和现代化的国防"这样的范畴。周恩来在《政府工作报告》中指出："我国的经济原来是很落后的。如果我们不建设起强大的现代化的工业、现代化的农业、现代化的交通运输业和现代化的国防，我们就不能摆脱落后和贫困，我们的革命就不能达到目的。"这些关于社会主义现代化的最早提法，使得社会主义现代化建设目标的内容有了最初的表述和具体的含义。

在实际上明确社会主义现代化包括现代工业、现代农业、现代国防以后，党中央进一步提出了建设现代科学文化，把现代科学文化作为社会主义现代化建设的重要内容。1957年2、3月间，在最高国务会议和党的全国宣传工作会议的两次重要讲话中，毛泽东都提到要建设具有现代工业、现代农业和现代科学文化的社会主义国家。1957年2月，在最高国务会议上发表的《关于正确处理人民内部矛盾的问题》讲话中，毛泽东提到"将我国建设成为一个具有现代工业、现代农业和现代科学文化的社会主义国家"③。1957年3月，《在中国共产党全国宣传工作会议上的讲话》中，毛泽东谈到进一步巩固社会主义制度问题时，又提出："我们一定会建设一个具有现代工业、现代农业和现代科学文化的社会主义国家。"④在20世纪五六十年代交替之际，1959年年

① 《社会主义教育课程的阅读文件汇编（第一编）》，人民出版社1958年版，第349—350页。
② 《毛泽东著作选读》（下册），人民出版社1986年版，第715页。
③ 《毛泽东文集》第七卷，人民出版社1999年版，第207页。
④ 《毛泽东文集》第七卷，人民出版社1999年版，第268页。

底至1960年年初，毛泽东在读苏联《政治经济学教科书》时，还强调了现代化的国防，完整地表达了社会主义现代化奋斗目标的内容。毛泽东说：“建设社会主义，原来要求是工业现代化，农业现代化，科学文化现代化，现在要加上国防现代化。”①

此后，1964年在第三届全国人民代表大会第一次会议上，我国从社会主义现代化建设发展战略的高度，确立了建设社会主义现代化国家的奋斗目标。周恩来在这次会议所作的《政府工作报告》中郑重宣布：“今后发展国民经济的主要任务，总的说来，就是要在不太长的历史时期内，把我国建设成为一个具有现代农业、现代工业、现代国防和现代科学技术的社会主义强国，赶上和超过世界先进水平。”②

确定建设社会主义现代化国家的奋斗目标，并且确定现代工业、现代农业、现代国防和现代科学技术这“四个现代化”的具体内容，就明确了既包含工业化又在工业化基础之上的更高层次的现代化建设目标，同时也拓宽了对现代化建设内涵的理解，使中国人民建设社会主义现代化国家的热情、智慧和力量有了相对更科学、更合理、更具体的方向和内容。

三、中国现代化建设的战略步骤

对于实现工业化具体奋斗目标以及在工业化基础上建设社会主义现代化国家的战略步骤，党中央也提出了构想，确立了在相当长的历史时期分“两步走”建设社会主义现代化国家的战略步骤。

（一）建设社会主义现代化国家的历史时限

对于实现工业化和建设社会主义现代化强国的历史时限，毛泽东认为将是一个相当长的历史时期，需要50—100年甚至更多的时间，具体设想过50年、75年、100年等多种时间表。

党的过渡时期总路线提出，要在一个相当长的时期内实现国家的社会主

① 《毛泽东文集》第八卷，人民出版社1999年版，第116页。
② 《周恩来选集》下卷，人民出版社1984年版，第439页。

义工业化。1954年毛泽东推断，建成一个伟大的社会主义国家，大概经过50年，即10个五年计划，就差不多了，就像个样子了。1955年3月，毛泽东在中国共产党全国代表会议上的讲话中提出："要在大约几十年内追上或赶过世界上最强大的资本主义国家。"[①]毛泽东还指出："要建成为一个强大的高度社会主义工业化的国家，就需要几十年的艰苦努力，比如说，要有五十年的时间，即本世纪的整个下半世纪。"[②]

此后，毛泽东又提出75年左右的时间表。在1955年10月的中共七届六中全会上，毛泽东又把时间设定在大约50—75年的区间，即10—15个五年计划的时间内。毛泽东指出，克服一切困难，大约在50—75年的时间内，就是10个五年计划到15个五年计划的时间内，可能建成一个强大的社会主义国家。[③]1956年8月在党的八大预备会议的讲话中，毛泽东把经济发展速度和保留"球籍"联系到一起，认为五六十年赶过美国，"这是一种责任"。[④]1956年9月接见参加中共八大的南共联盟代表团时，毛泽东表示，要使中国变成富强的国家，需要50—100年的时间。

不过，在20世纪50年代后期，为了超英赶美，毛泽东批评"反冒进"，发动并坚持超乎现实可能、急于求成的"大跃进"，对实现原定目标的时间估计又有所缩短。1958年4月，毛泽东明确宣布："我国在工农业生产方面赶上资本主义大国，可能不需要从前所想的那样长的时间了。"[⑤]

但是，"大跃进"使国民经济比例严重失调，经济社会发展大起大落。由于总结了"大跃进"的经验教训，对于社会主义现代化建设的艰巨性、复杂性、长期性有了更为清醒的认识，毛泽东对于在实现工业化的基础上进而实现社会主义现代化所需要的时间，作了更加谨慎的估计。1961年，他在会见英国蒙哥马利元帅时说："建设强大的社会主义经济，在中国，五十年不行，

---

① 《毛泽东文集》第六卷，人民出版社1999年版，第392页。

② 《毛泽东文集》第六卷，人民出版社1999年版，第390页。

③ 《毛泽东选集》第五卷，人民出版社1977年版，第216页。由于这里引用的讲话《农业合作化的一场辩论和当前的阶级斗争》（1955年10月11日），其内容没有收入到《毛泽东著作选读》和《毛泽东文集》中，故引用《毛泽东选集》第五卷。

④ 《毛泽东文集》第七卷，人民出版社1999年版，第89页。

⑤ 转引自薄一波：《若干重大决策与事件的回顾》（下），中共中央党校出版社1993年版，第695页。

会要一百年，或者更多的时间。”“在我国，要建设起强大的社会主义经济，我估计要花一百多年。”[①]1962年总结经验教训时，毛泽东认识到：“中国的人口多、底子薄，经济落后，要使生产力很大地发展起来，要赶上和超过世界上最先进的资本主义国家，没有一百多年的时间，我看是不行的。”[②]

可以说，这是以毛泽东同志为主要代表的中国共产党人对中国现代化建设发展战略经过冷静思考后的认识，大体确定了在工业化基础上建设并实现社会主义现代化的历史时限，体现了对于建设社会主义现代化国家长期性的客观预期，较为符合中国现代化建设的实际情况。

（二）建设社会主义现代化国家的战略步骤

在明确建设社会主义现代化国家历史时限的基础上，党中央确立了分“两步走”建设社会主义现代化国家的战略步骤。

建设社会主义现代化国家，党中央提出，第一步是要建成一个独立的基本完整的工业体系。在新中国成立前夕，毛泽东认为：“从中国境内肃清了帝国主义、封建主义、官僚资本主义和国民党的统治（这是帝国主义、封建主义和官僚资本主义三者的集中表现），还没有解决建立独立的完整的工业体系问题，只有待经济上获得了广大的发展，由落后的农业国变成了先进的工业国，才算最后地解决了这个问题。”[③]中华人民共和国成立以后，周恩来在党的八大上对这样的具体目标作了详尽的阐述，他说：“八大规定的建设方针是，‘为了把我国由落后的农业国变为先进的社会主义工业国，我们必须在三个五年计划或者再多一点的时间内，建成一个基本上完整的工业体系’。这个方针，把过去的为社会主义工业化而奋斗的提法具体化了，提出了建设一个基本上完整的工业体系的要求。”“我们所说的在我国建立一个基本上完整的工业体系，主要是说：自己能够生产足够的主要的原材料；能够独立地制造机器，不仅能够制造一般的机器，还要能够制造重型机器和精密机器，能够制造新式的保卫自己的武器，象国防方面的原子弹、导弹、远程飞机；还

① 《毛泽东著作选读》（下册），人民出版社1986年版，第827、828页。
② 《毛泽东文集》第八卷，人民出版社1999年版，第302页。
③ 《毛泽东选集》第四卷，人民出版社1991年版，第1433页。

要有相应的化学工业、动力工业、运输业、轻工业、农业等等。”①

在第一步战略步骤和目标确定的基础上，党中央进一步提出要在社会主义工业化的基础上建设社会主义现代化国家、实现现代化的更高层次的目标，确立了完整的中国现代化建设“两步走”发展战略。

1963年9月的中央工作会议，根据毛泽东等的意见，提出了社会主义现代化建设分两步走的设想：第一步，建立一个独立的、比较完整的工业体系和国民经济体系，使我国工业大体接近世界先进水平；第二步，使我国工业走在世界前列，全面实现农业、工业、国防和科学技术现代化。1964年12月，周恩来在全国三届人大一次会议上的《政府工作报告》中宣布了“两步走”建设社会主义现代化国家的战略部署。周恩来在《政府工作报告》中指出：“为了实现这个伟大的历史任务，从第三个五年计划开始，我国的国民经济发展，可以按两步来考虑：第一步，建立一个独立的比较完整的工业体系和国民经济体系；第二步，全面实现农业、工业、国防和科学技术的现代化，使我国经济走在世界的前列。”②

现代化建设“两步走”发展战略，一方面有着要求过高过急、脱离中国现代化建设实际的倾向，这个发展战略要求用大约15年时间（1980年以前）实现第一步的目标，力争到20世纪末实现第二步的目标，显然操之过急；但另一方面，又体现了中国建设社会主义现代化国家要经历一个相当长的历史时期，必须分阶段推进并确定相应的阶段性目标。

（三）建设社会主义现代化国家的艰辛探索

在中华人民共和国成立以后长达近30年的实践中，中国的现代化建设历经曲折，既有一定时期突出的成就，也出现过急于求成而造成的失误，偏离现代化建设的轨道而导致重大损失。

1949年中华人民共和国成立以后，在最初的三年国民经济恢复时期，通过没收官僚资本使国有经济得以产生和壮大，完成了土地改革，统一了全国的财政经济，使国民经济得到全面恢复并初步发展。随着国民经济恢复时期

① 《周恩来选集》下卷，人民出版社1984年版，第232页。
② 《周恩来选集》下卷，人民出版社1984年版，第439页。

的结束，开始了大规模的有计划的经济建设，从1953年开始实施第一个五年计划，到1957年，全国完成的基本建设投资总额达550亿元，新增固定资产460多亿元，同时有一万多个工矿建设单位施工，开始建立中国自己的飞机制造业、汽车制造业、新式机床制造业、发电设备制造业、冶金和矿山设备制造业以及高级合金钢、重要有色金属冶炼业等新的工业部门，初步改变了新中国成立前工业极端落后的面貌。与此同时，我国开始对生产资料私有制进行全面的社会主义改造，通过有区别、有步骤地对农业、手工业和资本主义工商业的社会主义改造，确立了社会主义公有制占绝对优势的生产资料所有制结构，并建立了以直接的计划管理体制为中心的国民经济管理体制。这样，以公有制占绝对优势的生产资料所有制结构为基础、以直接计划管理为中心的集中统一的经济体制也得以形成。随着经济建设的发展，中国共产党开始探索契合中国实际的社会主义建设道路。1956年4月，毛泽东在《论十大关系》的报告中提出了探索适合中国国情的社会主义建设道路的任务；同年9月，党的八大在分析主要矛盾变化的基础上提出从落后的农业国变为先进的工业国的主要任务；同时，也开始尝试对集中的计划经济体制进行调整。

但是，这种探索被“左”的错误所打断。邓小平指出：“从1957年下半年开始，我们就犯了‘左’的错误。”[①]从1957年下半年到1960年，先是在政治思想方面开始反右派运动，接着又在经济建设方面批判反冒进，进而轻率地发动了“大跃进”和人民公社化运动，导致国民经济遭受重大损失，出现了全面的比例失调，积累基金和消费基金比例失调，工业和农业比例失调，工业部门内部比例失调，财政信贷收支失调。特别是人民生活水平急剧下降，一些生活必需品的需求都无法得到满足。严重的经济困难使我国的经济建设从1961年开始不得不进入调整时期。1961年1月党的八届九中全会把“调整、巩固、充实、提高”确定为国民经济调整的指导方针，开始采取措施调整国民经济；1963年又决定再用三年时间继续进行国民经济调整，作为第二个五年计划到第三个五年计划之间的过渡阶段。五年调整取得显著成效，1965年

① 《邓小平文选》第三卷，人民出版社1993年版，第269页。

我国的工农业生产已经超过1957年的水平，主要生产部门、生产环节的比例关系也趋于协调。但是，在这一时期也开始强调要抓阶级斗争，同时开始把经济建设转入以备战为中心的轨道。

经过国民经济调整，到20世纪60年代中期，在当时的历史条件下，我国经济运行和发展已进入正常轨道，1966年开始实施第三个五年计划。正是在这个时候，“文化大革命”开始了。1966—1976年的十年“文化大革命”期间，是世界上新兴技术革命蓬勃兴起的时期，一些国家实现了经济腾飞，一些国家通过国民经济的高速增长一跃跻身发达国家行列，而我国则陷入“以阶级斗争为纲”的动乱之中，经济建设遭到新中国成立以来历时最长的挫折，积累和消费的比例关系严重失调，农业、轻工业、重工业的比例关系严重失调，工农业与交通运输的比例关系严重失调，经济效益全面下降，人民生活水平长期得不到提高。1976年10月粉碎了“四人帮”，“文化大革命”结束，到1978年12月的两年中，我国国民经济开始恢复和发展，但由于长期形成的“左”的错误没有清理以及受违反经济规律而急于求成的指导思想的影响，经济建设又出现一系列重大失误，加剧了原已长期存在的国民经济比例失调。这两年中，在邓小平等的倡导下，提出了工作重心转移的问题，逐步开始了探索现代化建设道路的新尝试。

在中国的现代化建设从全面建成小康社会迈向全面建设社会主义现代化国家之际，分析研究、科学认识以毛泽东同志为主要代表的中国共产党人提出的现代化建设“两步走”发展战略以及实践中现代化建设的艰辛探索，有着重要意义。现代化建设“两步走”发展战略，是中国共产党最早明确提出的建设社会主义现代化国家的发展战略，为改革开放以后中国现代化建设发展战略的完善、扩展、提升奠定了基础。中华人民共和国成立以后、改革开放以前现代化建设艰辛探索的经验教训，则为改革开放以后中国现代化建设以及中国特色社会主义伟大事业的发展，提供了重要借鉴。

第二章　现代化建设“三步走”发展战略与“总体小康”的实现

1978年12月，党的十一届三中全会的召开，标志着当代中国的现代化建设进入改革开放新时期。以邓小平同志为主要代表的中国共产党人，在领导中国新时期改革开放的实践中，先调整了原来确定到20世纪末实现现代化的奋斗目标，继而从实现中华民族振兴和中国跨世纪发展的高度，设计并确立了中国现代化建设“三步走”发展战略。在迈向21世纪之际，现代化建设“三步走”发展战略的第二步战略目标也顺利实现，中国经济社会发展、人民群众生活达到总体小康水平。

一、现代化建设“两步走”实现小康奋斗目标的确立

改革开放伊始，基于对以往社会主义建设实践中经验教训的总结，邓小平开始思考调整原来确定的到20世纪末实现现代化的目标，提出要走中国式的现代化道路，并明确提出了小康水平的奋斗目标。从此，党和国家明确确立了改革开放以后用大约20年实现小康水平的“两步走”发展战略。

（一）调整原有现代化实现目标

党的十一届三中全会后，在开始推进以经济建设为中心的伟大历史转折过程中，为总结理论宣传战线的经验和教训，统一思想，研究全党工作重点转移后理论宣传工作，中共中央于1979年1月18日—4月3日在北京召开

全国理论工作务虚会。会议进入第二阶段后，邓小平于3月30日发表重要讲话，在论述新的历史时期必须一心一意推进中国现代化时，对我国原先提出的到20世纪末实现四个现代化的要求作了重要调整。

一方面，邓小平强调，改革开放以后新时期党和国家的主要任务和政治路线，就是一心一意进行现代化建设。3月27日，在为准备这个讲话稿同胡耀邦、胡乔木等谈话时，邓小平就指出，国内现在最大的政治，就是团结一致向前看，一心一意奔向四个现代化。①在正式的讲话中，邓小平指出："我们当前以及今后相当长一个历史时期的主要任务是什么？一句话，就是搞现代化建设。能否实现四个现代化，决定着我们国家的命运、民族的命运。在中国的现实条件下，搞好社会主义的四个现代化，就是坚持马克思主义，就是高举毛泽东思想伟大旗帜。"②对于这个重大思想，邓小平在以后反复强调。1980年在中共十一届五中全会第三次会议上的讲话中，邓小平指出："我们党在现阶段的政治路线，概括地说，就是一心一意地搞四个现代化。这件事情，任何时候都不要受干扰，必须坚定不移地、一心一意地干下去。"③

另一方面，邓小平又认为，实现现代化的要求、标准，要根据中国的基本国情进行调整，走中国式的现代化道路。邓小平指出："过去搞民主革命，要适合中国情况，走毛泽东同志开辟的农村包围城市的道路。现在搞建设，也要适合中国情况，走出一条中国式的现代化道路。"邓小平认为，走中国式的现代化道路，至少有两个重要特点必须考虑，一个是底子薄，由于底子太薄，中国仍然是世界上很贫穷的国家之一，中国的科学技术力量很不足，科学技术水平落后；另一个是人口多，耕地少，在生产还不够发展的条件下，吃饭、教育和就业就都成为严重的问题。因此，"中国式的现代化，必须从中国的特点出发"。④关于中国式现代化的要求与标准，不久邓小平就作了具体说明。在当年的各省、自治区、直辖市党委第一书记座谈会上，邓小平发表

① 中共中央文献研究室编：《邓小平思想年谱》，中央文献出版社1998年版，第114页。
② 《邓小平文选》第二卷，人民出版社1994年版，第162—163页。
③ 《邓小平文选》第二卷，人民出版社1994年版，第276页。
④ 《邓小平文选》第二卷，人民出版社1994年版，第163—164页。

讲话指出：“我们开了大口，本世纪末实现四个现代化。后来改了个口，叫中国式的现代化，就是把标准放低一点。特别是国民生产总值，按人口平均来说不会很高。”①

（二）确定小康水平的奋斗目标

在确定中国式现代化的大方向以后，邓小平进而提出20世纪末中国式现代化实现小康水平的奋斗目标。

1979年10月，在各省、自治区、直辖市党委第一书记座谈会上的讲话中，邓小平提出了在20世纪末国民生产总值达到人均1000美元的问题。②

1979年12月6日，在同到中国访问的日本首相大平正芳会谈时，邓小平用“小康之家”概括中国的现代化概念，提出到20世纪末中国现代化的目标是达到小康水平。在同邓小平会谈中，大平正芳提出了中国现代化建设的蓝图问题：“中国根据自己独自的立场提出了宏伟的现代化规划，要把中国建成伟大的社会主义国家。中国将来会是什么样的情况？整个现代化的蓝图是如何构想的？”大平正芳在担任首相以前曾经担任日本内阁官房长官（相当于日本政府秘书长），主持制订了日本1961—1970年度经济发展计划，即日本的10年国民收入倍增计划，因此关注中国改革开放以后的现代化建设规划，想对中国现代化建设的发展前景、目标、构想有所了解。邓小平对此回答说：“我们要实现的四个现代化，是中国式的四个现代化。我们的四个现代化的概念，不是像你们那样的现代化的概念，而是‘小康之家’。到本世纪末，中国的四个现代化即使达到了某种水平，我们的国民生产总值人均水平也还是很低的。要达到第三世界中比较富裕一点的国家的水平，比如国民生产总值人均一千美元，也还得付出很大的努力。就算达到那样的水平，同西方来比，也还是落后的。所以，我只能说，中国到那时也还是一个小康的状态。”③一个多月以后，1980年1月16日，在中共中央召集的干部会议上的讲话中邓小平就此重申：“前不久一位外宾同我会谈，他问，你们那个四个现代化

① 《邓小平文选》第二卷，人民出版社1994年版，第194页。
② 《邓小平文选》第二卷，人民出版社1994年版，第194页。
③ 《邓小平文选》第二卷，人民出版社1994年版，第237页。

究竟意味着什么？我跟他讲，到本世纪末，争取国民生产总值每人平均达到一千美金，算个小康水平。这个回答当然不准确，但也不是随意说的。”①

根据邓小平“小康之家”的构想，党和国家在战略上把实现小康确定为全党和全国人民到20世纪末的奋斗目标。1981年11月，全国五届人大四次会议的《政府工作报告》宣告：“我们要在中国共产党的正确领导下，动员和组织全国各族人民，振奋精神，同心协力，艰苦奋斗，勤俭建国，力争用二十年的时间使工农业总产值翻两番，使人民的消费达到小康水平。”②

（三）确立“两步走”实现小康的发展战略

在提出中国式现代化、明确现代化的小康目标的同时，邓小平也开始考虑小康目标的实现部署。邓小平设想，在20世纪末实现现代化的小康水平，20年可以按照前后两个10年安排部署。邓小平提出，20世纪末实现小康，“只有二十年，就是八十年代和九十年代。如果四个现代化不在八十年代做出决定性的成绩，那它就等于遭到了挫折。所以，对于我们的建设事业说来，八十年代是很重要的，是决定性的。这个十年把基础搞好了，加上下一个十年，在今后二十年内实现中国式的四个现代化，就可靠，就真正有希望”③。

根据邓小平的这种考虑，1981年11月的全国五届人大四次会议的《政府工作报告》，在说明发展前景时，对于分为两个10年依次推进实现小康水平，进行了展开性的论述。这个报告提出，前10年包括第六个五年计划时期和第七个五年计划时期，主要任务是打基础，进一步调整国民经济各部门之间以及各部门内部的比例关系，调整产业结构、产品结构、技术结构、企业结构、组织结构，使之逐步合理化；后10年要在新的基础上加快国民经济的发展速度，开创一个新的经济振兴时期，我国经济将有相当可观的发展速度和实际效益，我国人民的生活水平将有较大的提高，我国教育、科学、技术、文化和国防也将提高到一个新的水平，进而达到小康水平。④

① 《邓小平文选》第二卷，人民出版社1994年版，第259页。

② 中共中央文献研究室编：《三中全会以来重要文献选编》下，人民出版社1982年版，第1039页。

③ 《邓小平文选》第二卷，人民出版社1994年版，第241页。

④ 中共中央文献研究室编：《三中全会以来重要文献选编》下，人民出版社1982年版，第1038—1039页。

1982年9月，党的十二大确立了改革开放以后建设社会主义现代化20年分“两步走”实现小康水平的发展战略。在党的十二大的开幕词中，邓小平第一次提出“有中国特色的社会主义”的重要论断。邓小平指出：“我们的现代化建设，必须从中国的实际出发。无论是革命还是建设，都要注意学习和借鉴外国经验。但是，照抄照搬别国经验、别国模式，从来不能得到成功。这方面我们有过不少教训。把马克思主义的普遍真理同我国的具体实际结合起来，走自己的道路，建设有中国特色的社会主义，这就是我们总结长期历史经验得出的基本结论。”①从而党的十二大完整地提出中国现代化建设的战略目标、战略重点和战略步骤，确立了“两步走”建设现代化、实现小康的发展战略。

对于“两步走”建设现代化、实现小康的战略目标，党的十二大提出，从1981年到20世纪末的20年，我国经济建设总的奋斗目标是，在不断提高经济效益的前提下，力争使全国工农业的年总产值翻两番，即由1980年的7100亿元增加到2000年的28000亿元左右。实现了这个目标，我国国民收入总额和主要工农业产品的产量将居于世界前列，整个国民经济的现代化过程将取得重大进展，城乡人民的收入将成倍增长，人民的物质文化生活可以达到小康水平。

对于“两步走”建设现代化、实现小康的战略重点，党的十二大提出，实现发展目标，最重要的是要解决好农业问题，能源、交通问题和教育、科学问题，农业是我国国民经济的基础，能源短缺和交通紧张是制约我国经济发展的重要因素，四个现代化的关键是科学技术的现代化。在今后20年内，一定要牢牢抓住农业、能源和交通、教育和科学这几个根本环节，把它们作为经济发展的战略重点。

对于“两步走”建设现代化、实现小康的战略步骤，党的十二大全面分析我国经济情况和发展趋势之后提出，为了实现20年的奋斗目标，在战略部署上要分两步走：前10年主要是打好基础，积蓄力量，创造条件，后10年要

① 《邓小平文选》第三卷，人民出版社1993年版，第2—3页。

进入一个新的经济振兴时期。[①]这样，就形成、确立了包括战略目标、战略重点、战略步骤等一系列战略内容在内的中国“两步走”实现小康的现代化建设发展战略。

二、现代化建设“三步走”发展战略的确立

确立到20世纪末实现小康的现代化建设发展战略之后，以邓小平同志为主要代表的中国共产党人，从整个国家、社会、民族的长远发展考虑，将之放到整个人类社会、全球发展的大坐标体系中进行比较，面向从20世纪向21世纪的历史跨越，用时代发展的战略思维、全球视野标定中国现代化建设的战略阶段和宏伟目标，确立了中国完整的现代化建设“三步走”发展战略。

（一）扩展小康实现以后的现代化建设进程

在提出、确定实现小康的现代化建设发展战略的过程中，邓小平就已经开始考虑小康水平实现以后21世纪中国的发展。1980年12月，在中央工作会议上，邓小平初步谈到了现代化建设较长时期发展的战略构想：“经过二十年的时间，使我国现代化经济建设的发展达到小康水平，然后继续前进，逐步达到更高程度的现代化。”[②]

根据中国式现代化的大思路，邓小平在发展战略上具体地扩展了中国现代化的进程，明确提出小康水平实现以后，中国还要用30—50年时间推进现代化建设，达到新的发展目标。1982年8月，邓小平在与时任联合国秘书长的德奎利亚尔谈话时指出，对中国的发展而言，从现在到20世纪末是一个阶段，接下来的30—50年又是一个阶段，“我们面临发展和摆脱落后的任务。我们摆在第一位的任务是在本世纪末实现现代化的一个初步目标，这就是达到小康的水平。如果能实现这个目标，我们的情况就比较好了。更重要

① 胡耀邦：《全面开创社会主义现代化建设的新局面——在中国共产党第十二次全国代表大会上的报告》（一九八二年九月一日），《中国共产党第十二次全国代表大会文件汇编》，人民出版社1982年版，第15—17页。

② 《邓小平文选》第二卷，人民出版社1994年版，第356页。

的是我们取得了一个新起点，再花三十年到五十年时间，接近发达国家的水平。我们不是说赶上，更不是说超过，而是接近”①。1984年5月29日，邓小平会见巴西总统菲格雷多时说，我们的目标是，到20世纪末人均达到800美元，国民生产总值达到1万亿美元。“更重要的是，在这样一个基础上，再发展三十年到五十年，我们就可以接近发达国家的水平。”②

此后，邓小平进一步肯定了小康水平实现以后，用50年时间推进现代化建设以达到新的发展目标。1984年10月，邓小平在会见参加中外经济合作问题讨论会全体中外代表时的谈话中，对新的战略构想进一步作了说明：“我们第一步是实现翻两番，需要二十年，还有第二步，需要三十年到五十年，恐怕是要五十年，接近发达国家的水平。”③邓小平还提出了小康水平实现以后现代化建设的具体发展目标。1987年4月16日，在会见香港特别行政区基本法起草委员会委员的谈话中，邓小平对小康水平实现后50年的发展目标提出了人均4000美元、国民生产总值60000亿元和成为“中等发达的国家”的具体设想。④

这样，邓小平把我国现代化建设发展战略的历史进程由实现小康水平的20年扩展到进一步实现现代化的70年，目标为“接近发达国家的水平”、成为“中等发达的国家”。这是总结中华人民共和国成立以后，也包括改革开放初始时期现代化建设经验教训以后形成的科学认识，是立足于中国社会主义初级阶段基本国情所形成的战略考虑。

（二）确立现代化建设“三步走”发展战略

在展望小康水平实现以后现代化建设的发展时，邓小平就已经开始考虑完整的中国现代化建设发展战略。1985年9月22日，在中国共产党全国代表会议上邓小平发表讲话，就提出了中国现代化建设要经历小变化、中变化、大变化三个发展阶段。邓小平指出：“现在人们说中国发生了明显的变化。我对一些外宾说，这只是小变化。翻两番，达到小康水平，可以说是中变化。

① 《邓小平文选》第二卷，人民出版社1994年版，第416—417页。
② 《邓小平文选》第三卷，人民出版社1993年版，第57页。
③ 《邓小平文选》第三卷，人民出版社1993年版，第79页。
④ 《邓小平文选》第三卷，人民出版社1993年版，第215—216页。

到下世纪中叶，能够接近世界发达国家的水平，那才是大变化。到那时，社会主义中国的分量和作用就不同了，我们就可以对人类有较大的贡献。”[①]实际上，这可以看作是中国现代化建设“三步走”发展战略的最初表述。

1987年4月30日，在会见西班牙客人的谈话中，邓小平全面、完整地阐述了中国现代化建设“三步走”发展战略：“我们原定的目标是，第一步在八十年代翻一番。以一九八〇年为基数，当时国民生产总值人均只有二百五十美元，翻一番，达到五百美元。第二步是到本世纪末再翻一番，人均达到一千美元。实现这个目标意味着我们进入小康社会，把贫困的中国变成小康的中国。那时国民生产总值超过一万亿美元，虽然人均数还很低，但是国家的力量有很大增加。我们制定的目标更重要的还是第三步，在下世纪用三十年到五十年再翻两番，大体上达到人均四千美元。做到这一步，中国就达到中等发达的水平。这是我们的雄心壮志。”[②]

完整提出“三步走”战略构想以后，在党的十三大召开以前，邓小平反复强调这一战略构想。1987年8月，邓小平讲：“我国经济发展分三步走，本世纪走两步，达到温饱和小康，下个世纪用三十年到五十年时间再走一步，达到中等发达国家的水平。这就是我们的战略目标，这就是我们的雄心壮志。”[③]1987年10月13日，邓小平又讲：“我们的第一个目标是解决温饱问题，这个目标已经达到了。第二个目标是在本世纪末达到小康水平，第三个目标是在下个世纪的五十年内达到中等发达国家水平。”[④]

1987年10月25日，中国共产党第十三次全国代表大会召开。按照邓小平的战略构想，党的十三大确立了中国现代化建设“三步走”发展战略。党的十三大报告指出：“党的十一届三中全会以后，我们的经济建设的战略部署大体分三步走。第一步，实现国民生产总值比1980年翻一番，解决人民的温饱问题。这个任务已经基本实现。第二步，到本世纪末，使国民生产

① 《邓小平文选》第三卷，人民出版社1993年版，第143页。
② 《邓小平文选》第三卷，人民出版社1993年版，第226页。
③ 《邓小平文选》第三卷，人民出版社1993年版，第251页。
④ 《邓小平文选》第三卷，人民出版社1993年版，第256页。

总值再增长一倍，人民生活达到小康水平。第三步，到下个世纪中叶，人均国民生产总值达到中等发达国家水平，人民生活比较富裕，基本实现现代化。”①

以邓小平同志为主要代表的中国共产党人，以对中华民族高度负责的精神，在领导推进改革开放的发展实践中，提出、确立了完整的中国现代化建设“三步走”发展战略。现代化建设“三步走”发展战略，完成了中国现代化建设包括打基础在内长达百年发展的总体构想，这在世界上绝无仅有。这个宏伟的发展战略，确定了相当长历史时期中国现代化建设的大方向，提供了我国适时制定一定时期经济社会发展规划的基本依据，激发了中国人民推进现代化建设的自觉性、主动性、积极性。这个宏伟发展战略，既立足于社会主义初级阶段100年历史进程的长期性，在现代化建设战略顶层设计的高度彻底摒弃了曾经长期存在、反复出现的急于求成要求，把中国现代化建设的奋斗目标、实施推进建立在现实性、可行性的基础之上；又从中国现代化建设必须加快推进的紧迫性出发，设计、确立了推进现代化建设的战略阶段以及阶段目标，把中国现代化建设的历史进程具体化为切实可行的推进步骤，使得中国现代化建设在现实可行的基础上能够不断、持续推进。这个宏伟战略，表明中华民族、中国人民在中国共产党领导下决心经过100年的持续奋斗，完成现代化的历史任务，实现现代化的伟大目标，体现了在中国现代化建设历史进程中国家意志，展示了中国社会主义现代化建设的美好前景与宏伟蓝图，统一了整个国家和全体人民对于现代化建设的共同认知，是指导中国现代化建设不断推进的行动纲领。

三、现代化建设第二步发展战略总体小康目标的实现

根据中国现代化建设“三步走”发展战略，改革开放以后中国的现代化建设不断推进。在20世纪80年代后期实现第一步发展战略目标的基础上，

① 中共中央文献研究室编：《十三大以来重要文献选编》上，人民出版社1991年版，第16页。

按照现代化建设第二步发展战略的奋斗目标与小康标准，在20世纪末我国顺利地实现、完成了现代化建设第二步战略的发展目标。

（一）第二步战略发展目标及总体小康的标准

根据现代化建设“三步走”发展战略，对于第二步发展战略目标及其小康水平[①]，1990年的《中共中央关于制定国民经济和社会发展十年规划和“八五”计划的建议》与1991年的《中华人民共和国国民经济和社会发展十年规划和第八个五年计划纲要》作了说明。《中共中央关于制定国民经济和社会发展十年规划和“八五”计划的建议》指出：“党的十一届三中全会以后，中央确定的我国现代化建设分三步走的战略部署是正确的。第一步战略目标，即国民生产总值比一九八〇年翻一番，解决人民温饱问题，已经基本实现。”“从一九九一年到二〇〇〇年，我们要实现现代化建设的第二步战略目标，把国民经济的整体素质提高到一个新水平。”实现第二步战略目标的基本要求，是在大力提高经济效益和优化经济结构的基础上，使国民生产总值按不变价格计算，到2000年比1980年翻两番。到2000年，以1990年价格计算的国民生产总值要达到31100亿元，10年国民生产总值平均每年增长百分之六左右。同时，“人民生活从温饱达到小康，生活资料更加丰裕，消费结构趋于合理，居住条件明显改善，文化生活进一步丰富，健康水平继续提高，社会服务设施不断完善”[②]。

在20世纪80年代发展的基础上，20世纪90年代前5年即“八五”时期，我国改革开放和现代化建设取得新的进展，国民经济发展较为迅速，国家经济实力得到进一步增强，国民经济的市场化、社会化程度进一步提高，“八五”计划提出的现代化建设主要任务已经完成或超额完成。根据现代化建设的新形势、新情况和新要求，党和国家调整、提升了现代化建设第二步发展战略的具体目标。《中共中央关于制定国民经济和社会发展“九五”计划和2010年远景目标的建议》与《中华人民共和国国民经济和社会发展“九五”

① 第二步发展战略目标实现所达到的小康水平，从实现程度来看，是总体上达到小康，故被称为“总体小康”，以区别于21世纪头20年所要实现的“全面小康”。

② 中共中央文献研究室编：《十三大以来重要文献选编》中，人民出版社1991年版，第1374页。

计划和2010年远景目标纲要》提出，经过20世纪80年代以来三个五年计划时期的努力，原定到2000年国民生产总值比1980年翻两番的任务将于1995年提前完成。因此，到2000年国民经济和社会发展的主要奋斗目标确定为：全面完成现代化建设的第二步战略部署，到2000年，在我国人口将比1980年增长3亿左右的情况下，实现人均国民生产总值比1980年翻两番，按1995年价格计算的国民生产总值从5.76万亿元增加到8.5万亿元；基本消除贫困现象，人民生活达到小康水平；加快现代企业制度建设，初步建立社会主义市场经济体制。为下世纪初开始实施第三步战略部署奠定更好的物质技术基础和经济体制基础。①

为了确定人民生活达到小康水平的具体内容，国家统计局会同当时的国家计委和农业部共同对小康生活标准进行了分析研究，于20世纪90年代中期制定出《全国人民小康生活水平的基本标准》《全国农村小康生活水平的基本标准》《全国城镇小康生活水平的基本标准》三套标准，以衡量全国人民小康生活水平的实现程度。

全国标准是测度全国人民小康生活水平的统一标准，由5类共16项指标构成标准指标体系。第一类为经济发展水平，只有全国人均国内生产总值一个指标；第二类为物质生活水平，由城镇居民人均可支配收入、农民人均纯收入、城镇人均居住使用面积、农村居民人均钢筋砖木结构住房面积、人均蛋白质日摄入量、城市居民每万人拥有铺装道路面积、农村通公路的行政村比重、恩格尔系数8项指标组成；第三类为人口素质，由成人识字率、人均预期寿命和婴儿死亡率3项指标组成；第四类为精神生活，由教育娱乐支出比重和电视机普及率2项指标组成；第五类为生活环境，由森林覆盖率和农村初级卫生保健基本合格以上县百分比2项指标组成。这16项指标达到小康生活水平的临界值是:（1）全国人均国内生产总值2500元（按1980年的价格和汇率计算，2500元相当于900美元）;（2）城镇居民人均可支配收入2400元;（3）农民人均纯收入1200元;（4）城镇人均住房使用面积12平方米；

① 中共中央文献研究室编:《十三大以来重要文献选编》中，人民出版社1991年版，第1480、1837页。

（5）农村居民人均钢筋砖木结构住房面积15平方米；（6）人均蛋白质日摄入量75克；（7）城市居民每万人拥有铺装道路面积8平方米；（8）农村通公路行政村比重85%；（9）恩格尔系数50%；（10）成人识字率85%；（11）人均预期寿命70岁；（12）婴儿死亡率3.1%；（13）教育娱乐支出比重11%；（14）电视机普及率100%；（15）森林覆盖率15%；（16）农村初级卫生保健基本合格以上县比重100%。城镇标准是测度城镇居民小康生活水平的统一标准，由经济水平、物质生活、人口素质、精神生活和生活环境与社会保障5类12项指标构成标准指标体系；农村标准是测度农民小康生活水平的统一标准，由收入水平、物质生活、人口素质、精神生活、生活环境和社会保障与安全6类16项指标构成标准指标体系。

（二）第二步战略目标及总体小康的实现

党的十一届三中全会以后，在以邓小平同志为主要代表的中国共产党人和以江泽民同志为主要代表的中国共产党人的领导下，中国的经济发展突飞猛进。根据我国现代化建设发展的实际情况并按照小康标准来衡量，到2000年年底，我国已经胜利实现现代化建设的第二步战略目标，人民生活总体上达到小康水平。

从现代化建设、整个经济发展来看，我国已跻身世界经济大国行列，开始成为世界经济发展中的增长大国、总量大国和贸易大国之一。

首先，看增长速度。改革开放20多年来，我国国内生产总值年均增长率高达9.5%，是同期世界经济平均增长速度的8倍，是发展中国家经济平均增长速度的2倍，是发达国家经济平均增长速度的4倍。换言之，在全球同一时期经济发展中，发展中国家经济发展前行一步，我国经济发展则迈出两步；发达国家经济前行一步，我国经济发展则迈出四步。

其次，看经济总量。1987年，我国就提前3年实现现代化建设第一步发展战略目标要求的国民生产总值翻一番。在此基础上，到1995年，现代化建设第二步发展战略目标要求的到2000年国民生产总值比1980年翻两番的任务提前完成。我国国民生产总值1980年为4517.8亿元人民币，1995年达到57494.9亿元人民币，2000年达到89404亿元人民币，按平均汇率计算已突破

1万亿美元。按照世界银行的有关数据，1999年我国国内生产总值在全球排位第七，与1995年世界排名相同，但此次相对于排名前六个国家的差距大幅度缩小。到2000年，我国国内生产总值在发展中国家的排名为第一位（1990年为发展中国家的第二位）。

最后，看经济联系。我国正逐步成长为世界贸易大国，对外贸易总额在2000年达到4743亿美元，全球排位从20世纪90年代初的第11位跃居至第7位，对外贸易总额占世界贸易总额的比重也有相当提升。

从人均发展水平来看，人均国民生产总值翻两番的目标也提前实现。1980年，我国的人均国内生产总值为460元，1997年为6053元，按可比价格计算，平均每年的增长速度为8.7%。到2000年，我国国民生产总值按美元计算达到10483亿美元，人均国民生产总值为825美元；我国的国内生产总值按人民币计算达到89404亿元，按当年平均汇率折合为10655亿美元，首次突破1万亿美元大关，人均国内生产总值也突破800美元，达到854美元。以世界银行按照人均水平对不同发展程度国家的划分标准，我国已迈入下中等收入国家的行列。

随着现代化建设的不断推进，人民群众的生活水平明显提高，实现了从贫困到总体小康的历史性跨越。我国城镇居民人均可支配收入，1978年为343元，1998年为5425元，扣除价格因素，20年实际增长2.2倍，年均递增6.2%；1999年又达到5854元，考虑价格下降因素，比上年实际增长9.3%；2000年则达到6280元，扣除价格因素，比上年实际增长6.4%。农民人均纯收入1978年为134元，1998年为2162元，扣除价格因素，20年实际增长3.4倍，平均每年增长7.9%；1999年又达到2210元，实际增长3.8%；2000年则达到2253元，扣除价格因素影响，实际增长2.1%。农村的扶贫开发工作取得了巨大成就，农村绝对贫困人口大幅度减少，按照当时的贫困标准，贫困人口从1978年的2.5亿人减少到1998年的4200万人，农村贫困发生率从30.7%下降为4.6%，1999年又有800万农村绝对贫困人口脱贫，2000年的贫困人口下降为3000万左右，农村贫困发生率降至3.7%，国家八七扶贫攻坚计划确定的减除农村绝对贫困的任务基本完成。随着收入的较大幅度增长，人民生活水平明显提高，生活质量明显改善。

根据由16项指标组成的小康标准，国家统计局用综合评分方法进行测算，到2000年，16项指标中有13项完成或超额完成，3项达到一定程度①，小康目标的实现水平为96%。在进入新世纪之际，我国人民生活总体上达到小康水平。

总体上达到小康水平是中华民族发展史上新的里程碑。首先，总体上达到小康水平标志着人民生活实现了由贫困到温饱，再由温饱到小康的两大历史性跨越，世界上人口最多的国家从总体上解决了千百年来困扰着人民的吃饭和温饱问题，这确实是人类社会发展历史上的一个奇迹，是中国特色社会主义制度的伟大胜利。其次，总体上达到小康水平标志着中国国家经济实力进一步增强，我国已经成为经济大国。我国改革开放以后20多年来GDP年均增长率高达9.5%，国内生产总值在2000年居于世界排名第六位，对外贸易总额在全世界的排名也上升为第七位。最后，总体上达到小康水平标志着中国的社会经济发展在新世纪进入新的发展阶段，现代化建设进入实施第三步发展战略的新阶段，体制改革进入完善社会主义市场经济体制的新阶段，对外开放进入进一步融入经济全球化的新阶段。

① 这3项指标是：农民人均纯收入按1990年物价指数，到2000年年底应达到1200元，实际为1066元，实现85%；全国人均蛋白质日摄入量应达到75克，但实际低于75克，因为农民人均为70克，实现90%；农村初级卫生保健基本合格以上县比重没有达到100%，实现80%。

第三章　两大战略期与全面建成小康社会

随着我国现代化建设第二步战略发展目标的顺利实现，人民生活总体上达到小康水平，如何实施现代化建设第三步发展战略，需要党和国家进行顶层设计，作出重大决策。在对21世纪推进中国现代化建设进行部署的过程中，党和国家实际上把实施现代化建设第三步发展战略的50年划分为前20年和后30年两个大的战略期，在21世纪头20年进行全面建设，从而全面建成小康社会。

一、确立两大战略期与进入全面建设小康社会

在考虑和部署中国21世纪现代化建设第三步发展战略实施的过程中，党和国家先是考虑将21世纪划分为第一个10年、第二个10年、接下来30年这样三个阶段推进发展，在这样一种思路的基础上，进而确立了21世纪头20年全面建设小康社会、后30年全面建设社会主义现代化国家的两大战略期。进入新世纪，中国现代化建设步入全面建设小康社会的发展阶段。

（一）第三步发展战略两大战略期的确立

早在20世纪90年代中期，根据现代化建设第二步发展战略目标即将实现、第三步发展战略将要展开的情况，党和国家就开始前瞻性地研究、部署现代化建设第三步发展战略的实施。1995年，党的十四届五中全会通过《中

共中央关于制定国民经济和社会发展“九五”计划和2010年远景目标的建议》(简称《建议》)，在对20世纪最后5年中国经济社会发展进行战略部署时，进而扩展、延伸到新世纪的前10年即到2010年，也就是实施现代化建设第三步发展战略的头10年。《建议》面向21世纪，初步确定了实施现代化建设第三步发展战略前10年的奋斗目标，提出了与奋斗目标相对应的国民经济和社会发展的指导方针、主要任务。1996年，第八届全国人大四次会议通过《中华人民共和国国民经济和社会发展“九五”计划和2010年远景目标纲要》，根据党中央的《建议》确立了整个国家经济社会发展的宏伟纲领。1997年，党的十五大报告再次确认了中国现代化建设“三步走”发展战略，并根据“三步走”战略和我国社会经济发展的实际情况，对中国新世纪现代化建设第三步发展战略实施初步作出了部署，提出了划分为第一个10年、第二个10年、接下来30年这样三个阶段推进的战略考虑。党的十五大报告指出：“展望下世纪，我们的目标是，第一个十年实现国民生产总值比2000年翻一番，使人民的小康生活更加宽裕，形成比较完善的社会主义市场经济体制；再经过十年的努力，到建党一百年时，使国民经济更加发展，各项制度更加完善；到世纪中叶建国一百年时，基本实现现代化，建成富强民主文明的社会主义国家。”①

当时，有些论者将党的十五大提出的这三个阶段推进21世纪发展的战略考虑概括为“新三步走”战略步骤，从当时的理论宣传、政策阐释来说也是可以的。然而，从国家经济社会发展、现代化建设的历史进程考察，21世纪发展的第一个10年和第二个10年，在现代化建设进程中的历史任务和战略要求，都是要进一步提高中国发展的小康水平，为接下来30年全面建设社会主义现代化国家奠定更加坚实的基础，因而同属一个大的历史战略时期。这个历史战略时期，就是全面建设小康社会的战略期。

1997年，江泽民在党的十五大报告中，实际上已经提出21世纪我国要“进入和建设小康社会”，进而要更加有力地推进社会主义现代化建设。党的

① 中共中央文献研究室编：《十五大以来重要文献选编》上，人民出版社2000年版，第4页。

十五大报告指出："在中国这样一个十多亿人口的国度里，进入和建设小康社会，是一件有伟大意义的事情。这将为国家长治久安打下新的基础，为更加有力地推进社会主义现代化创造新的起点。"[①]在2000年全国党校工作会议上，江泽民又指出："我们要在胜利完成第二步战略目标的基础上，开始实施第三步战略目标，全面建设小康社会并继续向现代化目标迈进。"[②]在即将跨入21世纪之际，党的十五届五中全会通过了《中共中央关于制定国民经济和社会发展第十个五年计划的建议》。该建议明确指出："我们已经实现了现代化建设的前两步战略目标，经济和社会全面发展，人民生活总体上达到了小康水平，开始实施第三步战略部署。""从新世纪开始，我国将进入全面建设小康社会，加快推进社会主义现代化的新的发展阶段。"[③]从这些决策性质的论述和判断中，可以认为，进入21世纪中国实施和完成现代化建设第三步发展战略，要经历两个大的过程，第一个大的过程是"全面建设小康社会"，第二个大的过程是"更加有力地推进社会主义现代化""继续向现代化目标迈进""加快推进社会主义现代化"。

进入21世纪，在对21世纪发展、实施现代化建设第三步发展战略进行重大部署时，党和国家明确了21世纪实施现代化建设第三步发展战略50年的两大战略期，对于全面建设小康社会20年战略期的经济社会发展作了战略安排。2002年11月，党的十六大总结了中国改革开放以来特别是自1989年党的十三届四中全会以来的发展实践，明确肯定我国已经实现现代化建设"三步走"发展战略的前两步战略目标。十六大报告指出："经过全党和全国各族人民的共同努力，我们胜利实现了现代化建设'三步走'战略的第一步、第二步目标，人民生活总体上达到小康水平。这是社会主义制度的伟大胜利，是中华民族发展史上一个新的里程碑。"报告进而对新世纪发展作出战略决策，指出："综观全局，二十一世纪头二十年，对我国来说，是一个必须紧紧抓住并且可以大有作为的重要战略机遇期。根据十五大提出的到2010年、

① 中共中央文献研究室编：《十五大以来重要文献选编》上，人民出版社2000年版，第50页。
② 江泽民：《论党的建设》，中央文献出版社2001年版，第419页。
③ 中共中央文献研究室编：《十五大以来重要文献选编》中，人民出版社2001年版，第1369页。

建党一百年和新中国成立一百年的发展目标，我们要在本世纪头二十年，集中力量，全面建设惠及十几亿人口的更高水平的小康社会，使经济更加发展、民主更加健全、科教更加进步、文化更加繁荣、社会更加和谐、人民生活更加殷实。这是实现现代化建设第三步战略目标必经的承上启下的发展阶段，也是完善社会主义市场经济体制和扩大对外开放的关键阶段。经过这个阶段的建设，再继续奋斗几十年，到本世纪中叶基本实现现代化，把我国建成富强民主文明的社会主义国家。”①

显然，在21世纪上半叶的50年历史时期中，要实施和完成现代化建设第三步发展战略，包括两个大的战略期。21世纪前20年，也可以说是到建党100年时，是一个大的战略机遇期，这是实施现代化建设第三步发展战略的前一个历史发展阶段，要为现代化建设第三步战略目标的实现奠定更加坚实的基础，这个战略期推进经济社会发展的全部内容、全部要求、全部任务，就是全面建设，进而全面建成小康社会。习近平总书记后来就此指出：“到建党100周年时，全面建成惠及十几亿人口的更高水平的小康社会，是我们党进入新世纪后，在基本建成小康社会基础上提出的奋斗目标，是对人民的庄严承诺。”②接下来的30年，也就是到中华人民共和国成立100周年时，就成为又一个大的战略机遇期，这是实施现代化建设第三步发展战略的后一个历史发展阶段，在这个战略期推进现代化建设，要实现社会主义现代化，建成富强民主文明和谐美丽的社会主义国家。考虑到以后党的十八大、十九大对于中国现代化建设的战略安排，这两大战略期也可以概括为“两个全面”，即21世纪上半叶的前20年全面建设，进而全面建成小康社会，后30年全面建设社会主义现代化国家、建成社会主义现代化强国。这两个战略期的奋斗目标，也就是“两个一百年”奋斗目标：第一个一百年，是到中国共产党成

① 江泽民：《全面建设小康社会，开创中国特色社会主义事业新局面——在中国共产党第十六次全国代表大会上的报告》（2002年11月17日），《中国共产党第十六次全国代表大会文件汇编》，人民出版社2002年版，第17、18—19页。

② 习近平：《关于〈中共中央关于制定国民经济和社会发展第十四个五年规划和二〇三五年远景目标的建议〉的说明》，《中国共产党十九届中央委员会第五次全体会议文件汇编》，人民出版社2020年版，第86页。

立100周年时全面建成小康社会；第二个一百年，是到中华人民共和国成立100周年时建成富强民主文明和谐美丽的社会主义现代化强国。

两大战略期的确立，是对中国现代化建设“三步走”发展战略的进一步展开。已经确立的现代化建设“三步走”发展战略，对第三步战略提出了一个大致的构想。而两大战略期则是在实施与完成“三步走”发展战略前两步以后，把现代化建设第三步发展战略的目标与步骤进一步具体化，作出了新的规划，明确了分为两大战略期加以实施的目标和任务，进一步全面规划了21世纪上半叶中国现代化建设的宏伟蓝图，激励全国人民继续解放思想、锐意进取，在现代化进程中阔步迈向全面建成小康社会，进而全面建设社会主义现代化国家的新的历史时期。

（二）全面建设小康社会的客观要求

在总体上达到小康水平以后，进入21世纪之所以要确定20年战略机遇期来全面建设小康社会，是中国经济社会发展的客观要求。对此，党的十六大报告作了完整的说明。党的十六大报告指出：“必须看到，我国正处于并将长期处于社会主义初级阶段，现在达到的小康还是低水平的、不全面的、发展很不平衡的小康，人民日益增长的物质文化需要同落后的社会生产之间的矛盾仍然是我国社会的主要矛盾。我国生产力和科技、教育还比较落后，实现工业化和现代化还有很长的路要走；城乡二元经济结构还没有改变，地区差距扩大的趋势尚未扭转，贫困人口还为数不少；人口总量继续增加，老龄人口比重上升，就业和社会保障压力增大；生态环境、自然资源和经济社会发展的矛盾日益突出；我们仍然面临发达国家在经济科技等方面占优势的压力；经济体制和其他方面的管理体制还不完善；民主法制建设和思想道德建设等方面还存在一些不容忽视的问题。巩固和提高目前达到的小康水平，还需要进行长时期的艰苦奋斗。”①显而易见，根据我国基本国情以及21世纪之初经济社会发展状况，巩固已经达到的小康水平并在已有基础上继续提高，

---

① 江泽民：《全面建设小康社会，开创中国特色社会主义事业新局面——在中国共产党第十六次全国代表大会上的报告》（2002年11月17日），《中国共产党第十六次全国代表大会文件汇编》，人民出版社2002年版，第17—18页。

还需要进行一个长时期的艰苦奋斗。概括而言，就是中国在21世纪之初才刚刚进入小康社会，达到的小康还是低水平的、不全面的、发展很不平衡的小康，有待于在当时达到的基础上继续巩固现有成就并全面提升成果建设。

首先来看低水平的小康。中国是一个人口大国，人均经济量的水平是比较低的。2000年我国人均国内生产总值和人均国民生产总值都超过800美元，而根据世界银行《2000/2001年世界发展报告》，1999年全世界的人均国民平均生产总值是4890美元，高收入国家人均国民平均生产总值为25730美元，中等收入国家也有2000美元，其中下中等收入国家为1200美元，上中等收入国家为4900美元，低收入国家为410美元，中、低收入国家为1240美元。与发达国家和一些发展中国家比较，我国还存在着很大的差距。因此，虽然经过改革开放以后20多年的努力奋斗，经济社会发展和人民生活总体达到小康水平，但小康水平确实是比较低的。从下表可以看出我国与世界其他排名靠前国家及地区的经济人均量差距。

一些国家及地区的人均GNP及其排名（1999）

国家及地区	人均GNP及排名		按PPP衡量的人均GNP及排名	
	人均GNP（美元）	排名	人均GNP（美元）	排名
瑞士	38350	3	27486	6
挪威	32880	5	26552	8
日本	32230	6	24041	14
丹麦	33030	7	24280	12
美国	30600	8	30600	4
新加坡	29610	9	27024	7
德国	25350	13	22404	21
中国香港	23520	20	20939	26
法国	23480	21	21897	24
英国	22640	22	20883	27
澳大利亚	20050	26	22448	20
意大利	19710	28	20751	29

续表

国家及地区	人均GNP及排名		按PPP衡量的人均GNP及排名	
	人均GNP（美元）	排名	人均GNP（美元）	排名
韩国	8490	51	14637	49
巴西	4420	70	6317	81
俄罗斯	2270	98	6339	80
泰国	1960	102	5599	90
中国（内地）	780	140	3291	128
印度	450	162	2149	153

注：PPP即购买力平价。
资料来源　世界银行:《2000/2001年世界发展报告》，中国财政经济出版社2001年版，第278—279页。

其次来看不全面的小康。就21世纪之初小康的实现层次和内容而言，一是已经达到的小康基本上还处在物质生活层面，文化生活层面、反映整个生活质量的小康水平还比较低。2000年我国的恩格尔系数为46%，其中城镇居民的为37.9%，农村居民的为47.7%，居民用于食品的支出在整个支出中的比例仍然偏大，用于卫生保健、文化学习、旅游等方面的消费支出在整个支出中占据的比例则偏低。第三产业主要以服务业为主，与人民群众的精神性消费、提高自身素质有关，但2000年在整个产业结构中的比重只占33.2%。二是已经达到的小康还主要体现在个人和家庭的生活消费方面，而以制度性保障为基础的基本公共服务水平还不高。进入21世纪我国虽然初步建立了社会保障体系，但整个社会保障的制度机制还不健全，对社会弱势群体的保障程度不高，城市居民最低生活保障的覆盖范围有限，农村的社会保障制度才开始探索。三是已经达到的小康基本上体现在经济发展与基本生活状况的改善，而生态文明建设、绿色发展仍有诸多问题、短板。一方面随着经济社会发展和人的生活水平提高，对于资源的需求在不断提升；另一方面，我国人口众多、人均自然资源拥有量相对短缺，经济社会发展所需要的基本资源如土地、水、矿产和森林等，人均占有量都没达到世界平均水平的一半，从而使生态环境、自然资源和经济社会发展的矛盾日益突出。

最后来看不平衡的小康。从地域分布来看，全国除市辖区以外的2000多个县级区域，按照比较富裕、小康、温饱、未达温饱的阶段衡量，到2000年年底，达到比较富裕的只占0.3%，处在小康和比较富裕之间的占13.7%，处在温饱和小康之间的占63.2%，未达温饱的占22.8%。从人口分布来看，2000年全国基本达到小康水平的占74.84%，接近小康水平的占12.82%，还有12.34%的人口未达温饱和小康。还有东部、中部、西部三大地带的不平衡，城市和农村的不平衡，不同收入阶层的不平衡，等等。因此，虽然全国小康的实现程度已达96%，但是要使全体人民都过上更加富足的小康生活、经济社会发展达到更高程度的小康水平，建成一个全面的小康社会，还需要进行较长时期的持续努力、艰苦奋斗。

显然，进入21世纪之际我国经济社会发展和人民生活总体上达到小康水平，只是刚刚跨越温饱、开始进入小康社会，要巩固和提高已经达到的小康水平，就必然要在一个相当长的历史时期继续进行长期的艰苦奋斗，也就是全面建设小康社会，进而为实现现代化建设第三步战略目标，全面建成社会主义现代化国家，奠定更加坚实的基础。

（三）全面建设小康社会的战略机遇期

21世纪头20年全面建设小康社会，是21世纪中国现代化建设的重要战略机遇期。党的十六大报告郑重提出："综观全局，二十一世纪头二十年，对我国来说，是一个必须紧紧抓住并且可以大有作为的重要战略机遇期。"①这个论断，是站在人类社会21世纪发展和我国社会主义现代化建设新的发展阶段的时代高度，总览全局、审时度势提出的一个极富世界眼光和战略眼光的科学判断。

在全球发展中，并不是任何时候都是战略机遇期。战略机遇期的形成和出现一般至少和三个因素有关：一是较长时期的和平环境，大国之间不存在爆发全面战争的可能；二是科学技术的发展出现重大突破，能够带动和促进

---

① 江泽民：《全面建设小康社会，开创中国特色社会主义事业新局面——在中国共产党第十六次全国代表大会上的报告》（2002年11月17日），《中国共产党第十六次全国代表大会文件汇编》，人民出版社2002年版，第17页。

生产力跨越式发展；三是国际经济联系保持扩大的趋势，出现和存在开放发展的国际经济环境。在21世纪之初从这三个方面来看，21世纪头20年对我国来说是一个重要的战略机遇期。

首先，21世纪一个较长的历史时期内有可能争取保持和平的国际环境，为我国集中精力进行现代化建设提供基本的外部保障。20世纪90年代以后，第二次世界大战以后形成的冷战终结，开始形成所谓“一超多强”的国际基本格局。进入21世纪以后，这种国际格局没有发生改变，而是继续在曲折中向多极化方向发展。“一超”指的是美国，其作为世界上唯一超级大国的地位并未动摇；“多强”有仍然保持相当强大经济实力和科技实力的欧盟、日本，具有相当重要的国际地位的俄罗斯、印度等，还有经济实力迅速增长、国际影响日益增长的中国。各大国之间也必然存在各种分歧、利益差异以及利害冲突，但在一定意义上不再是不可调和、不能共处、极端对抗的状态，大国对外战略的主要取向是在全球发展、国际竞争和综合国力的较量中取得优势，避免直接的军事对抗。因此，缓和是21世纪一个较长时期国际形势的主要趋势。国际形势总体趋向缓和，世界大战打不起来。就我国与其他国家的关系而言，中俄之间是友好睦邻关系，与欧盟是全面伙伴关系，与印度的关系得到较大改善并在不断发展，与日本的关系虽有所停滞但经济联系密切、不存在战争前景。论及中美关系，虽然存在台湾问题的障碍，但中美两国正在建立一种比较正常的、以共同利益为基础的国家关系。中国与东南亚国家之间在南海领海和岛屿主权归属上存在一些矛盾，但这些矛盾并非就会导致大规模的军事冲突，中国与东盟已经达成建立中国—东盟自由贸易区的协议。因此，中国与其他国家发生大规模军事对抗或被迫卷入周边局部战争的可能性也不大。正如当时有的学者所说：“自秦汉以来的2000多年的历史中，中国第一次免除了来自北部的威胁；自鸦片战争160多年来第一次免除了来自海上的大规模的军事威胁；自1894年甲午战争失败以来的100多年中，第一次免除了来自东边日本的威胁。”[①]在一个较长时期的国际和平环境下，中

① 叶自成、吴东：《500年中国寻梦》，《南方周末》，2002年11月28日A10版。

国就可以继续紧紧扣住经济建设这个中心，集中精力推进经济社会发展，全面建设小康社会。

其次，以电子信息技术为基本内容的新型科技与产业迅猛发展，为我国发挥发展中国家后发优势、加快推进经济社会发展提供了重要条件。进入21世纪，全球科学发展、技术创新的突出表现是电子信息技术发展迅猛，信息化已经成为世界经济和社会发展的大趋势，已经并将继续在全球范围内形成一场新的技术、产业和社会革命。以微电子、计算机和互联网为代表的信息科技迅猛发展，成为当代最先进、最活跃、最具发展前景的生产力，信息科技和信息产业已成为经济增长的主要推动力，成为世界经济新的增长点、主要推动力和新兴的支柱产业。随着现代信息技术和信息产业的发展，全球网络经济急剧扩张，互联网和电子商务高速增长，世界大企业的实力地位和优势对比将发生根本变化，一批新的战略产业将蓬勃兴起。江泽民在谈到21世纪科技发展的趋势时指出："二十一世纪科技创新将进一步成为经济和社会发展的主导力量。在新的世纪里，科技与经济和社会发展的结合将更加紧密。新的科学发现和技术发明，特别是高科技的不断创新及其产业化，将对全球化的竞争和综合国力的提高、对世界的发展和人类文明的进步，产生更加巨大而深刻的影响。社会生产方式和产业结构，生产工具、劳动者素质等生产力要素以及人们生活方式和思想观念，都将发生新的革命性变化。对此，我们应有充分的估计和认识。"①正是科学技术，特别是信息网络技术的迅猛发展，使我国有可能在21世纪全面建设小康社会进程中，把工业化与信息化有机结合，加快以先进生产力取代落后生产力的进程，实现第一个百年奋斗目标。

最后，经济全球化的发展，为我国通过扩大开放推进全面建设小康社会提供了重要契机。经济全球化使世界范围的产业结构调整进一步深化，以信息产业为标志的新经济结构越来越凸显出来，产业结构和经济结构进一步向技术、知识密集型转变，我国可以抓住这个契机，利用国内、国际两种资源，开拓国内、国际两种市场的要求，促进产业结构调整和优化，加快发展

① 中共中央文献研究室编：《十五大以来重要文献选编》中，人民出版社2001年版，第950—951页。

高新技术产业，实现技术发展的跨越、产业结构的升级与外贸结构的转型，进一步发挥“后发优势”，加快工业化和现代化的步伐，逐步缩小与发达国家的经济差距，推动技术进步、制度创新和经济增长。经济全球化推动着全球范围内的资源配置，资本、技术等各类生产要素在世界各国之间的流动加快，我国可以进一步利用国内、国际两种资源，引进更多的资金、更先进的技术和管理经验以及扩大进出口贸易。经济全球化促进世界市场的扩展，推动国际分工的深化，加快交通、通信、金融等具有纽带连接功能部门的迅猛发展，创新出日益多样化的交易手段，不断扩大着人类社会经济交往范围，有利于我国实施“走出去”战略，为我国市场主体融入世界经济，参与国际竞争，开拓国际市场，扩大对外投资，创建、发展、提升中国的跨国公司，提供了更大规模的市场容量和更为广阔的发展前景。

21世纪的国际政治、科技和经济的基本因素，决定了头20年对于我国全面建设小康社会是重要的战略机遇期。同时，从我国自身发展的各种因素来看，也具备了在21世纪头20年全面建设小康社会过程中再迈上新的发展台阶、大有作为的可能性。总体上而言，我国的经济社会发展具有广阔的空间，从改革开放以来20多年的发展已经使我国拥有比较雄厚的进一步发展的经济基础，社会主义市场经济体制的初步建立为经济增长和发展提供了基本的体制保障，充足的人力资源使我国在国际竞争中具有一定的低成本优势，加之扩大内需会支撑经济增长和经济社会发展、城镇化进程会拉动经济增长和经济社会发展、已经启动的西部大开发会促进经济增长和经济社会发展、对外开放扩大会推动经济增长和经济社会发展，等等。这些都决定了在21世纪头20年我国经济社会发展再上新的台阶具备了有利条件与可能，全面建设小康社会处在重要的战略机遇期。

回顾历史，我国曾经出现过多次错失发展机遇的情景而使人扼腕叹息。13世纪的宋元更替之际，持续的战乱扼杀了刚刚开始产生的资本主义萌芽；17世纪明清交替之际，又是战乱导致中国落伍于世界资本主义的发展竞争；18世纪后期，以蒸汽机发明和应用为标志的工业革命出现，但清政府的腐朽腐败致使中国开始落后于世界发展潮流；19世纪中叶，经历了鸦片战争惨败、西方列强的入侵，一批仁人志士试图通过变法救亡图存、强兵富国，但在以慈禧太后为首的腐败清政府的疯狂镇压下而导致失败；1911年辛亥革命后，军阀混战，在孙中山先生三民主义旗帜下变法图新、振兴民族经济的发展机遇又被葬送；中华人民共和国成立以后，相当长的一段时期内坚持以阶级斗争为纲，政治运动接二连三，特别是“文化大革命”十年内乱，都导致我国没有抓住在20世纪50年代开始发生、60年代发展的世界新的科技革命后世界性产业结构调整、升级的机遇，与发达国家的差距日益扩大。进入21世纪，我们又面对着新的机遇，这种机遇是战略性机遇，是历史发展的大机遇。显然，21世纪头20年作为重要战略机遇期，使中国的全面建设小康社会充满了希望，同时也对中国的全面建设小康社会提出挑战，客观上要求中国必须紧紧抓住21世纪头20年这一重要战略机遇期，完成全面建设小康社会的重要任务，实现全面建设小康社会的奋斗目标。

二、全面建设小康社会与全面建成小康社会的奋斗目标

紧紧抓住21世纪头20年可以大有作为的战略机遇期，全面建设小康社会必须要有明确的奋斗目标。进入21世纪伊始，在对全面建设小康社会进行战略部署时，党的十六大就确定了全面建设小康社会的奋斗目标。在21世纪全面建设小康社会的发展过程中，党的十七大根据新情况、新形势提出了全面建设小康社会奋斗目标新要求，十八大面向全面建成小康社会新阶段，进而确立了全面建成小康社会的奋斗目标和要求。全面建设进而全面建成小康社会的奋斗目标，涵盖经济社会发展的诸多方面，突出经济增长和经济发展的基本要求，指明了21世纪头20年中国经济社会发展的前进方向，同时也展示了21世纪头20年中国经济社会发展的灿烂前景。

（一）全面建设小康社会奋斗目标的确立

进入21世纪，第一次完整地确立全面建设小康社会奋斗目标，是党的十六大。党的十六大报告提出：“要在本世纪头二十年，集中力量，全面建设惠及十几亿人口的更高水平的小康社会，使经济更加发展、民主更加健全、

科教更加进步、文化更加繁荣、社会更加和谐、人民生活更加殷实。”十六大报告确定，全面建设小康社会的目标，完整地包括4个方面。一是物质文明建设即经济建设，“在优化结构和提高效益的基础上，国内生产总值到2020年力争比2000年翻两番，综合国力和国际竞争力明显增强。基本实现工业化，建成完善的社会主义市场经济体制和更具活力、更加开放的经济体系。城镇人口的比重较大幅度提高，工农差别、城乡差别和地区差别扩大的趋势逐步扭转。社会保障体系比较健全，社会就业比较充分，家庭财产普遍增加，人民过上更加富足的生活”。二是政治文明建设即政治建设，“社会主义民主更加完善，社会主义法制更加完备，依法治国基本方略得到全面落实，人民的政治、经济和文化权益得到切实尊重和保障。基层民主更加健全，社会秩序良好，人民安居乐业”。三是精神文明建设即文化建设，“全民族的思想道德素质、科学文化素质和健康素质明显提高，形成比较完善的现代国民教育体系、科技和文化创新体系、全民健身和医疗卫生体系。人民享有接受良好教育的机会，基本普及高中阶段教育，消除文盲。形成全民学习、终身学习的学习型社会，促进人的全面发展”。四是可持续发展即后来明确的生态文明建设，“可持续发展能力不断增强，生态环境得到改善，资源利用效率显著提高，促进人与自然的和谐，推动整个社会走上生产发展、生活富裕、生态良好的文明发展道路”。①

党的十六大确立的全面建设小康社会奋斗目标的一个基本内容，是到2020年国内生产总值力争比2000年翻两番，体现了全面建设小康社会，要坚持发展是硬道理、以经济建设为中心的要求。在21世纪全面建设小康社会过程中，继续保持持续的经济增长与发展，是继续增强我国经济实力、科技实力、国防实力、综合国力、民族凝聚力的重要条件，也是缩小与发达国家的差距、提升人民群众已经达到的小康生活水平的物质保障，而力争实现国内生产总值翻两番就是保持持续经济增长与发展的具体体现。2000年，我国的

① 江泽民:《全面建设小康社会，开创中国特色社会主义事业新局面——在中国共产党第十六次全国代表大会上的报告》(2002年11月17日),《中国共产党第十六次全国代表大会文件汇编》，人民出版社2002年版，第18、19—20页。

国内生产总值突破1万亿美元，按当年价格计算，到2020年翻两番就是要达到按2000年价格与汇率计算的4万亿美元以上。2000年我国人均国内生产总值超过800美元，如果按照大致的整数计可计为1000美元，以此考虑，在人口适度增长的条件下实现国民经济总量翻两番时，我国的人均水平即人均国内生产总值大致可达3000美元。当时一段时期，人们一讲全面建设小康社会就是人均3000美元，一说全面建设小康社会发展阶段就是人均1000—3000美元，这么说的主要原因就在于此。

从发展的视角认识十六大所确立的全面建设小康社会的目标，有两个方面值得重视。

一方面，突出了21世纪建设小康社会的全面要求。党的十六大确立的目标，是中国特色社会主义经济、政治、文化全面发展的目标，确立了经济建设和经济体制改革的目标和任务，也确立了政治建设和政治体制改革、文化建设和文化体制改革以及资源环境方面的目标和任务，提出要“发展社会主义市场经济、社会主义民主政治和社会主义先进文化，不断促进社会主义物质文明、政治文明和精神文明的协调发展”①，这就把中国特色社会主义事业总体布局，从改革开放开始以后提出的物质文明建设和精神文明建设的两大建设构成，扩展为三大文明建设、4个基本方面，即物质文明建设、政治文明建设、精神文明建设及经济建设、政治建设、文化建设、可持续发展，体现了全面建设小康社会所建设的是经济、政治、文化全面发展，可持续发展能力不断增强，整个社会全面进步的更高水平的小康社会。

另一方面，需要强调的是，在党的十六大确立的全面建设小康社会奋斗目标中，从可持续发展的角度，提出要促进人与自然的和谐，推动整个社会走上生产发展、生活富裕、生态良好的文明发展道路，尽管在战略决策、大政方针上没有明确概括出生态文明建设，但实际上已经包括我们今天所讲的生态文明建设的内容，预示着全面建设小康社会中，资源、环境、生态文明

① 江泽民:《全面建设小康社会，开创中国特色社会主义事业新局面——在中国共产党第十六次全国代表大会上的报告》(2002年11月17日),《中国共产党第十六次全国代表大会文件汇编》，人民出版社2002年版，第54—55页。

的重要性，也为以后进一步提出包括生态文明建设在内的“五位一体”总布局奠定了决策基础。

（二）全面建设小康社会奋斗目标的新要求

在2002年党的十六大到2007年党的十七大这5年的发展中，党和国家就深化机构改革、完善社会主义市场经济体制、加强党的执政能力建设、制定“十一五”规划、构建社会主义和谐社会等关系全局的重大问题作出决定和部署，提出并贯彻科学发展观的重大战略思想，全面建设小康社会取得重要成就。

党的十七大根据进入21世纪以来世情、国情、党情、民情发生的重大变化，立足于21世纪以来，特别是党的十六大以来经济社会发展的新起点，在党的十六大确立的全面建设小康社会目标的基础上，提出了实现全面建设小康社会奋斗目标的新要求。一是“增强发展协调性，努力实现经济又好又快发展。转变发展方式取得重大进展，在优化结构、提高效益、降低消耗、保护环境的基础上，实现人均国内生产总值到2020年比2000年翻两番。社会主义市场经济体制更加完善。自主创新能力显著提高，科技进步对经济增长的贡献率大幅上升，进入创新型国家行列。居民消费率稳步提高，形成消费、投资、出口协调拉动的增长格局。城乡、区域协调互动发展机制和主体功能区布局基本形成。社会主义新农村建设取得重大进展。城镇人口比重明显增加”。二是“扩大社会主义民主，更好保障人民权益和社会公平正义。公民政治参与有序扩大。依法治国基本方略深入落实，全社会法制观念进一步增强，法治政府建设取得新成效。基层民主制度更加完善。政府提供基本公共服务能力显著增强”。三是“加强文化建设，明显提高全民族文明素质。社会主义核心价值体系深入人心，良好思想道德风尚进一步弘扬。覆盖全社会的公共文化服务体系基本建立，文化产业占国民经济比重明显提高、国际竞争力显著增强，适应人民需要的文化产品更加丰富”。四是“加快发展社会事业，全面改善人民生活。现代国民教育体系更加完善，终身教育体系基本形成，全民受教育程度和创新人才培养水平明显提高。社会就业更加充分。覆盖城乡居民的社会保障体系基本建立，人人享有基本生活保障。合理有序的收入分配格局基本形成，中等收入者占多数，绝对贫困现象基本消除。人人享有基本医疗卫生服务。社会管理体系更加健全”。五是“建设生态文明，基本形成节约能源资源和保护生态环境的产业结构、增长方式、消费模式。循环经济形成较大规模，可再生能源比重显著上升。主要污染物排放得到有效控制，生态环境质量明显改善。生态文明观念在全社会牢固树立”。[①]

党的十七大提出的全面建设小康社会目标新要求的一个重要内容，是对十六大提出的到2020年国内生产总值比2000年翻两番的目标内容作了调整、提升，把总量翻两番调整、提升为人均翻两番，即在优化结构、提高效益、降低消耗、保护环境的基础上，实现人均国内生产总值到2020年比2000年翻两番。这是因为，党的十六大以后我国经济发展处在高速增长时期，2003—2007年国内生产总值平均增长率在10%以上，经济增长与发展明显超过原来的预期，十六大提出的总量翻两番的目标完全有可能提前实现，因此需要提出奋斗目标的新要求。十六大与十七大提出的目标内容都是翻两番，但两个翻两番是不一样的，人均翻两番是比总量翻两番更高的目标要求。按照总量翻两番考虑，2000年我国国内生产总值按1万亿美元计，总量翻两番就是达到按2000年价格与汇率计算的4万亿美元，人均水平大致为3000美元。而按照人均翻两番考虑，2000年我国人均国内生产总值以1000美元计，人均翻两番就是达到按2000年价格与汇率计算的人均水平大致为4000美元，显然比人均3000美元是一个调整和提升。2020年人均水平达到4000美元，在考虑到其时总人口为14亿多，则按2000年价格与汇率计算的经济总量2020年要达到5.5万亿美元左右，显然比总量翻两番的4万亿美元也是一个调整与提升。

党的十七大之所以提出全面建设小康社会奋斗目标新要求，从当时党和国家作出决策的依据来看，一是人民群众提出新期待，随着经济社会快速发展、物质文化生活条件改善，人民群众对建设全面的小康社会有了多方面的新期待；二是经济发展出现新约束，国内有效需求相对不足、资源环境制约进一

① 胡锦涛：《高举中国特色社会主义伟大旗帜　为夺取全面建设小康社会新胜利而奋斗——在中国共产党第十七次全国代表大会上的报告》（2007年10月15日），《中国共产党第十七次全国代表大会文件汇编》，人民出版社2007年版，第19—20页。

步强化、科技创新能力不强以及发展的不平衡等新的约束条件，要求全面建设小康社会必须增强发展的协调性，实现又好又快发展；三是社会转型出现新特征，由单一的社会结构向复杂的社会结构转型，要求全面建设小康社会必须进一步发展社会事业和促进社会和谐；四是国际环境发生新变化，世界经济失衡和重组的速度明显加快，我国已经从国际经济秩序被动适应者逐步转变为世界重大事务的主要参与者，要求必须根据世界经济政治新走势推进全面小康社会的建设；五是执政理念实现新发展，我们党提出了科学发展观这一重大战略思想，推进全面建设小康社会必须贯彻落实科学发展观，坚持科学发展。

党的十七大提出的全面建设小康社会奋斗目标的新要求，在党的十六大提出的全面建设小康社会奋斗目标的基础上，根据十六大以后全面建设小康社会进程推进的新情况、新特点、新要求，对于全面建设小康社会的奋斗目标作了进一步的调整、扩展、完善和深化，把党的十六大提出的全面建设小康社会奋斗目标的三大文明建设、4个基本方面，提升为中国特色社会主义总体布局的四大建设即经济建设、政治建设、文化建设、社会建设和包括四大建设与生态文明的5个基本方面，构成了全面建设小康社会经济、政治、文化、社会、生态5个方面的目标体系，表明了全面建设小康社会科学发展与和谐发展的统一，体现了以人为本、全面协调可持续发展的科学发展观。

（三）全面建成小康社会奋斗目标的确立

在全面建设小康社会的历史进程中，经过21世纪前10余年的发展，全面建设小康社会在各方面均取得了重大进展，从党的十八大开始，全面建设小康社会在历史进程中进入全面建成小康社会决定性阶段，也就是全面建成小康社会新阶段。面向新阶段，党的十八大认真总结了党的十六大、十七大以来全面建设小康社会取得的巨大成就，综观国际国内大势，充分考虑了广大人民群众的新期待，深刻分析了全面建成小康社会面临的新情况、新问题，在党的十六大、十七大确立的全面建设小康社会目标的基础上，对到2020年全面建成小康社会提出了与时俱进的新要求，进一步确定了全面建成小康社会的奋斗目标。

党的十八大提出：“根据我国经济社会发展实际，要在十六大、十七大确立的全面建设小康社会目标的基础上努力实现新的要求。”全面建成小康社会的奋斗目标包括5个基本方面。一是经济建设的目标，“经济持续健康发展。转变经济发展方式取得重大进展，在发展平衡性、协调性、可持续性明显增强的基础上，实现国内生产总值和城乡居民人均收入比2010年翻一番。科技进步对经济增长的贡献率大幅上升，进入创新型国家行列。工业化基本实现，信息化水平大幅提升，城镇化质量明显提高，农业现代化和社会主义新农村建设成效显著，区域协调发展机制基本形成。对外开放水平进一步提高，国际竞争力明显增强”。二是政治建设的奋斗目标，“人民民主不断扩大。民主制度更加完善，民主形式更加丰富，人民积极性、主动性、创造性进一步发挥。依法治国基本方略全面落实，法治政府基本建成，司法公信力不断提高，人权得到切实尊重和保障”。三是文化建设的奋斗目标，“文化软实力显著增强。社会主义核心价值体系深入人心，公民文明素质和社会文明程度明显提高。文化产品更加丰富，公共文化服务体系基本建成，文化产业成为国民经济支柱性产业，中华文化走出去迈出更大步伐，社会主义文化强国建设基础更加坚实”。四是社会建设的目标，“人民生活水平全面提高。基本公共服务均等化总体实现，全民受教育程度和创新人才培养水平明显提高，进入人才强国和人力资源强国行列，教育现代化基本实现。就业更加充分。收入分配差距缩小，中等收入群体持续扩大，扶贫对象大幅减少。社会保障全民覆盖，人人享有基本医疗卫生服务，住房保障体系基本形成，社会和谐稳定”。五是生态文明建设的目标，“资源节约型、环境友好型社会建设取得重大进展。主体功能区布局基本形成，资源循环利用体系初步建立。单位国内生产总值能源消耗和二氧化碳排放大幅下降，主要污染物排放总量显著减少。森林覆盖率提高，生态系统稳定性增强，人居环境明显改善”。十八大还明确了这5个方面奋斗目标包括着力深化经济体制、政治体制、文化体制、社会体制、生态文明制度改革的目标。①

① 胡锦涛：《坚定不移沿着中国特色社会主义道路前进　为全面建成小康社会而奋斗——在中国共产党第十八次全国代表大会上的报告》（2012年11月8日），《中国共产党第十八次全国代表大会文件汇编》，人民出版社2012年版，第16—17页。

党的十八大提出的全面建成小康社会奋斗目标的一个重要内容，是对十七大提出的实现人均国内生产总值到2020年比2000年即人均翻两番的目标内容作了调整、提升，把人均翻两番调整、提升为在提高发展平衡性、包容性、可持续性的基础上，到2020年国内生产总值和城乡居民人均收入比2010年翻一番，即通常所概括的两个翻一番。之所以进行这样的调整、提升，一方面是基于全面建成小康社会新阶段的实际情况和发展要求，由于21世纪头10余年我国经济高速增长，从2012年到2020年的9年，人均国内生产总值平均每年增长只要达到4.5%，党的十七大提出的到2020年人均翻两番的目标就可实现，这样的增长和发展速度显然偏低，因而有必要根据新情况、新要求调整、提升目标内容；另一方面，则是因为进入全面建成小康社会新阶段，人民群众收入增长问题愈益重要、突出，人民群众期盼更加富裕、美好生活的愿望更加强烈，因而必须在奋斗目标的基本内容中加以特别强调。

可以看出，党的十八大确立的这样一个奋斗目标的基本内容，体现了三个特点：一是指标扩展，从十六大、十七大的一个翻番内容要求，扩展为两个翻一番；二是基点前移，从十六大、十七大提出以2000年为基点，前移为以2010年为基点；三是力度适中，两个翻一番要实现，要求十八大以后经济增长和居民收入增长大致为年均7%，这既具有现实可能性，又必须付出一定的艰辛努力。

党的十八大确立的全面建成小康社会奋斗目标，涵盖了经济、政治、文化、社会和生态文明五大领域的发展与改革，完整体现了中国特色社会主义事业“五位一体”总体布局的要求，在党的十六大确立三大文明建设、十七大确立四大建设的基础上，十八大明确确立中国特色社会主义事业经济建设、政治建设、文化建设、社会建设和生态文明建设“五位一体”总布局，全面建成小康社会奋斗目标就使得“五位一体”总布局在这个历史时期的目标与任务上得以落实，因而全面建成小康社会奋斗目标就是“五位一体”总布局的五大建设的奋斗目标，体现了全面建设，进而全面建成小康社会在“全面”上的鲜明特征。

党的十八大确立的全面建成小康社会奋斗目标，突出了全面建成小康社会新阶段需要着力解决的突出矛盾，在目标导向上突出针对发展不平衡、不协调、不可持续的重点问题，在目标内容上强化提高发展的质量、发展的效率、发展的公平正义以及发展的可持续性；同时突出了全面深化改革开放在全面建成小康社会中的重要战略地位，强调了全面建成小康社会的制度保障，明确确定构建系统完备、科学规范、运行有效的制度体系的目标要求。

特别要强调的是，党的十六大、十七大提出、确立的都是全面“建设”小康社会奋斗目标，而党的十八大明确提出的是全面“建成”小康社会奋斗目标，从建设到建成，反映了全面建设小康社会的进程已经进入尾声阶段，即快要建成的阶段，体现了21世纪头20年战略机遇期发展中对奋斗目标的丰富、深化和提升，同时体现了整个全面建设小康社会，进而全面建成小康社会的奋斗目标在决策上的确定性，勾画出我国到2020年的全面建成小康社会的宏伟发展蓝图。此后，党的十八届五中全会、国家的“十三五”规划纲要，按照全面建成小康社会目标的要求对“十三五”时期经济社会发展进行了战略部署。2017年党的十九大重申全面建成小康社会奋斗目标，郑重宣告：从现在到2020年，是全面建成小康社会决胜时期。要按照党的十六大、十七大、十八大提出的全面建成小康社会的各项要求，全面建成小康社会、实现第一个百年奋斗目标。①

三、全面建成小康社会战略布局与目标实现

在全面建设小康社会的历史进程中，经过21世纪前10余年的发展，全面建设小康社会在各方面取得了重大进展，以党的十八大为标志，全面建设小康社会在发展中进入全面建成小康社会新阶段。党的十八大以后，按照以习近平同志为核心的党中央作出的全面建成小康社会的战略布局，全面建

① 习近平:《决胜全面建成小康社会　夺取新时代中国特色社会主义伟大胜利——在中国共产党第十九次全国代表大会上的报告》（2017年10月18日），《中国共产党第十九次全国代表大会文件汇编》，人民出版社2017年版，第22页。

成小康社会的进程不断推进，到2020年全面建成小康社会的奋斗目标顺利实现。

（一）进入全面建成小康社会新阶段

进入21世纪，头20年全面建设小康社会的历史进程，大体上可划分为两个推进阶段。考虑到这20年中国经济社会发展的具体情况，以及党的中央领导集体及其推进发展的大政方针、战略部署既一脉相承又与时俱进，前一阶段到2012年党的十八大，后一阶段从党的十八大开始，进入全面建成小康社会新阶段。

进入21世纪全面建设小康社会的发展中，尤其是党的十六大以后的10年中，面对国际局势风云变幻、综合国力竞争空前激烈、国内发展矛盾复杂的形势，我国深化改革开放，加快发展步伐，以加入世界贸易组织为契机，变压力为动力，化挑战为机遇，坚定不移推进全面建设小康社会战略目标。在发展的过程中，我国应对并战胜一系列重大挑战，抗击并战胜了突如其来的非典疫情；克服国际金融危机使我国遭致的严重困难，在全球率先实现经济企稳回升，有效防范了外部经济风险冲击，保持了经济平稳较快发展；抗击汶川特大地震等严重自然灾害并完成恢复重建；成功举办北京奥运会、残奥会和上海世博会；等等。所有这些，成为这一时期全面建设小康社会的重大历史记忆。

也正是在全面建设小康社会这一时期的发展中，中国共产党认真总结我国发展实践，准确把握我国发展的阶段性特征，推进实践基础上的理论创新，围绕坚持和发展中国特色社会主义提出一系列紧密相连、相互贯通的新思想、新观点、新论断，深刻认识和回答了新形势下实现什么样的发展、怎样发展等重大问题，提出、形成和贯彻了以人为本、全面协调可持续发展的科学发展观。科学发展观是同马克思列宁主义、毛泽东思想、邓小平理论、“三个代表”重要思想既一脉相承又与时俱进的科学理论，是马克思主义关于发展的世界观和方法论的集中体现，是马克思主义中国化的重大成果，是中国共产党集体智慧的结晶，是发展中国特色社会主义必须长期坚持的指导思想。在科学发展观的指导下、在科学发展观的贯彻落实中，全面建设小康社会进程不断推进，经济发展方式加快转变，国民经济快速增长，人民生活明显改善，社会事业全面进步，国际地位显著提高，全面建设小康社会取得重要成就。

从这一时期整个国家的发展形势来看，经济持续较快发展，综合国力较大提升。2003—2011年，我国国内生产总值年均实际增长10.7%，不仅大大高于这一时期世界经济3.9%的年均经济增长速度，而且也高于我国改革开放以来9.9%的年均经济增长速度；国内生产总值在2011年达到47.2万亿元，扣除价格因素以后的实际增长，比2002年增长1.5倍；经济总量居世界位次稳步提升，2008年国内生产总值超过德国跃居世界第三位，2010年超过日本居世界第二位，成为仅次于美国的世界第二大经济体；经济总量占世界的份额由2002年的4.4%提高到2011年的10%左右，对世界经济增长的贡献率超过20%。在经济总量稳步增长的同时，人均国内生产总值也快速提升。2011年，我国人均国内生产总值达到35083元人民币，扣除价格因素，比2002年增长1.4倍，年均增长10.1%。按照平均汇率折算，我国人均国内生产总值由2002年的1135美元上升至2011年的5432美元。对外开放进一步深化，对外贸易总额2011年达到36421亿美元，比2002年增长4.9倍，年均增长21.7%，跃居世界第二位；连续多年成为吸收外商直接投资最多的发展中国家，利用外资规模在全球排名上升至第二位。

从这一时期人民生活水平的提高来看，城乡居民收入快速增长，人民生活质量明显改善。2011年，城镇居民人均可支配收入21810元，比2002年增长1.8倍，扣除价格因素，年均实际增长9.2%；农村居民人均纯收入6977元，比2002年增长1.8倍，扣除价格因素，年均实际增长8.1%。2011年，城乡居民家庭恩格尔系数分别为36.3%和40.4%，分别比2002年降低了1.4和5.8个百分点。也是在这一时期，覆盖城乡居民的社会保障体系建设取得突破性进展，初步形成了以社会保险为主体，包括社会救助、社会福利、优抚安置、住房保障和社会慈善事业在内的社会保障制度框架。农村贫困人口数量不断下降，按照进入21世纪以后的贫困标准，农村贫困人口从2002年年末的

8645万人下降到2010年年末的2688万人。[①]

这一时期，我国在奋力推进全面建设小康社会的历史进程中，取得了一系列新的成就，实现了新的跨越，为全面建成小康社会打下了坚实基础。面向新的时期，经济社会发展站在新的历史起点上，全面建设小康社会掀开新的篇章，进入全面建成小康社会新阶段。

（二）全面建成小康社会战略布局

从党的十八大开始进入了全面建成小康社会新阶段，为确保到2020年实现全面建成小康社会的奋斗目标，党和国家提出了一系列全面建成小康社会的重要要求、重大方针、重大举措，形成了我国全面建成小康社会、决胜全面小康的战略布局。

正是在党的十八大以来我国经济社会发展迈入全面建成小康社会新阶段的历史进程中，我们党围绕坚持和发展什么样的中国特色社会主义、怎样坚持和发展中国特色社会主义这个重大时代课题，坚持以马克思列宁主义、毛泽东思想、邓小平理论、“三个代表”重要思想、科学发展观为指导，坚持解放思想、实事求是、与时俱进、求真务实，坚持辩证唯物主义和历史唯物主义，紧密结合新的时代条件和实践要求，以全新的视野深化对共产党执政规律、社会主义建设规律、人类社会发展规律的认识，进行艰辛理论探索，取得重大理论创新成果，形成了习近平新时代中国特色社会主义思想。习近平新时代中国特色社会主义思想，是对马克思列宁主义、毛泽东思想、邓小平理论、“三个代表”重要思想、科学发展观的继承和发展，是马克思主义中国化的最新成果，是党和人民实践经验和集体智慧的结晶，是中国特色社会主义理论体系的重要组成部分，是全党全国各族人民为实现中华民族伟大复兴而奋斗的行动指南，必然也是全面建成小康社会的行动指南。正是以习近平新时代中国特色社会主义思想为指导，全面建成小康社会的发展进程才能不断推进。

---

① 按照我国20世纪80年代的农村贫困标准，2000年我国农村贫困人口已下降为3000万人左右。进入21世纪开始到2010年的农村贫困标准，是以2000年不变价格计算的农民人均纯收入865元为基准。2011年，国家又调整农村贫困标准，以2010年的农民人均纯收入2300元为基准。

全面建成小康社会的战略前提，是准确把握全面建成小康社会的历史起点与严峻挑战。习近平总书记反复强调，全面建成小康社会进入决定性阶段，改革进入攻坚期和深水区。我们党面对的改革发展稳定任务之重前所未有，矛盾风险挑战之多前所未有。中国经济社会发展取得巨大成就，但与此同时，中国依然是世界上最大的发展中国家，在发展道路上面临的风险和挑战依然会很大、很严峻，要实现已确定的奋斗目标必须付出持续的艰辛努力。在2017年7月26日的讲话中，习近平总书记特别指出，党的十八大以来，在新中国成立特别是改革开放以来我国发展取得的重大成就基础上，党和国家事业发生历史性变革，我国发展站上了新的历史起点；与此同时，更要看到短板和不足、困难和挑战，看到形势发展变化给我们带来的风险，增强忧患意识，做到居安思危、知危图安。[①]一方面，经过21世纪头十几年的发展，在进入全面建成小康社会新阶段之际，我国的社会生产力、经济实力、科技实力迈上一个大台阶，人民生活水平、居民收入水平、社会保障水平迈上一个大台阶，综合国力、国际竞争力、国际影响力迈上一个大台阶，国家面貌发生新的历史性变化，全面建成小康社会具有了坚实基础，全面建成小康社会站在了新的起点上；另一方面，全面建成小康社会也面临来自国际环境和国内发展的一系列可以预见和难以预见的严峻挑战。就国际环境而言，在和平与发展仍然是时代主题的前提下，世界多极化、经济全球化、文化多样化、社会信息化深入发展，但国际金融危机深层次影响在相当长的时期内依然存在，全球经济贸易增长乏力，保护主义抬头，地缘政治关系复杂多变，传统安全威胁和非传统安全威胁交织，外部环境不稳定不确定因素增多。就国内发展而言，发展不平衡不充分的一些突出问题尚未解决，突出表现为结构性产能过剩严重、金融风险积聚、资源约束趋紧、城乡区域发展差距和居民收入分配差距较大、基本公共服务供给不足、人口老龄化加快、消除贫困任务艰巨等。因此，全面建成小康社会，就要在处于新方位、站在新

① 《习近平在省部级主要领导干部“学习习近平总书记重要讲话精神，迎接党的十九大”专题研讨班开班式上发表重要讲话强调　高举中国特色社会主义伟大旗帜　为决胜全面小康社会实现中国梦而奋斗》,《人民日报》，2017年7月28日第1版。

起点上，清醒认识与准确把握面对的严峻挑战。

全面建成小康社会的战略要求，其重要方面是持续推进全面建成小康社会跨越“三大陷阱”。一个是人们已经熟知的“中等收入陷阱”。2014年11月10日，习近平总书记在北京出席亚太经合组织领导人同工商咨询理事会代表对话会时指出，对中国而言，“中等收入陷阱”过是肯定要过去的，关键是什么时候迈过去、迈过去以后如何更好向前发展。我们有信心在改革发展稳定之间以及稳增长、调结构、惠民生、促改革之间找到平衡点，使中国经济行稳致远。[①]再一个是所谓的“塔西佗陷阱”。2014年3月18日，习近平总书记参加河南省兰考县委常委扩大会议发表讲话时指出，古罗马历史学家塔西佗提出了一个理论，说当公权力失去公信力时，无论发表什么言论、无论做什么事，社会都会给以负面评价。这就是“塔西佗陷阱”。现在，脱离群众的现象在某些方面比10年前、20年前、30年前更突出了。问题出在哪儿？不能不引起我们沉思！对于“塔西佗陷阱”，习近平总书记指出，我们当然没有走到这一步，但存在的问题也不可谓不严重，必须下大气力加以解决。如果真的到了那一天，就会危及党的执政基础和执政地位。[②]另一个就是所谓的“修昔底德陷阱”，说法源自古希腊著名历史学家修昔底德，认为一个崛起的大国与既有占统治地位的大国竞争时，双方很可能面临军事对抗的危险。2014年1月，在接受美国《赫芬顿邮报》子报《世界邮报》的专访时，习近平总书记表示，我们都应该努力避免陷入“修昔底德陷阱”，强国只能追求霸权的主张不适用于中国，中国没有实施这种行动的基因。2015年9月22日，习近平总书记在美国华盛顿州当地政府和美国友好团体联合举行的欢迎宴会上发表演讲时指出，我们愿同美方加深对彼此战略走向、发展道路的了解，多一些理解、少一些隔阂，多一些信任、少一些猜忌，防止战略误解误判。我们要坚持以事实为依据，防止三人成虎，也不疑邻盗斧，不能戴着

① 《习近平出席亚太经合组织领导人同工商咨询理事会代表对话会》，《人民日报》，2014年11月11日第1版。

② 中共中央党史和文献研究院、中央“不忘初心、牢记使命”主题教育领导小组办公室编：《习近平关于“不忘初心、牢记使命”论述摘编》，党建读物出版社、中央文献出版社2019年版，第132页。

有色眼镜观察对方。世界上本无“修昔底德陷阱”，但大国之间一再发生战略误判，就可能自己给自己造成“修昔底德陷阱”。[①]可见，全面建成小康社会在经济发展、党的建设和国际关系这几个基本方面的重要要求，就是要努力跨越三大陷阱。

全面建成小康社会的战略内容，是坚持以创新、协调、绿色、开放、共享的新发展理念为引领，推进全面建成小康社会的五大发展。一是坚持推进创新发展，着力提高发展质量和效益，包括创新发展动力，培育发展新动能；创新发展领域，拓展发展新空间；创新发展战略，深入实施创新驱动发展战略；创新农业发展，大力推进农业现代化；创新产业体系，构建现代产业新体系；创新制度体制，构建发展新体制；创新调控方式，创新和完善宏观调控方式。二是坚持推进协调发展，着力形成平衡发展结构，包括推动区域协调发展、推动城乡协调发展、推动物质文明和精神文明协调发展、推动经济建设和国防建设融合发展。三是坚持推进绿色发展，着力改善生态环境，包括促进人与自然和谐共生、加快建设主体功能区、推动低碳循环发展、全面节约和高效利用资源、加大环境治理力度、筑牢生态安全屏障。四是坚持推进开放发展，着力实现合作共赢，包括完善对外开放战略布局、形成对外开放新体制、推进“一带一路”建设、深化内地和港澳以及大陆和台湾地区合作发展、积极参与全球经济治理、积极承担国际责任和义务。五是坚持推进共享发展，着力增进人民福祉，包括增加公共服务供给、实施脱贫攻坚工程、提高教育质量、促进就业创业、缩小收入差距、建立更加公平更可持续的社会保障制度、推进健康中国建设、促进人口均衡发展。

全面建成小康社会的战略安排，就是党的十九大提出的紧扣主要矛盾变化、统筹推进五大建设、坚定实施七大战略、坚决打好三大攻坚战。党的十九大对于全面建成小康社会进一步作出了战略安排，这就是：紧扣主要矛盾变化，即紧扣我国社会主要矛盾已经转化为人民日益增长的美好生活需要和不平衡不充分的发展之间的矛盾；统筹推进五大建设，即统筹推进经济建

① 习近平：《在华盛顿州当地政府和美国友好团体联合欢迎宴会上的演讲》（2015年9月22日，西雅图），《人民日报》，2015年9月24日第2版。

设、政治建设、文化建设、社会建设、生态文明建设；坚定实施七大战略，即坚定实施科教兴国战略、人才强国战略、创新驱动发展战略、乡村振兴战略、区域协调发展战略、可持续发展战略、军民融合发展战略；坚决打好三大攻坚战，即坚决打好防范化解重大风险、精准脱贫、污染防治的攻坚战。

全面建成小康社会的战略重点，就是战略安排中所提出的坚决打好防范化解重大风险、精准脱贫、污染防治三大攻坚战。一是坚决打好防范化解重大风险攻坚战。在决胜全面建成小康社会的发展中，我国面临多方面的重大风险既包括国内的经济金融、意识形态、安全生产、医疗卫生方面的风险，也包括国际的经济贸易、大国关系、主权维护、政治军事等方面的风险。如果不能有效应对、防范、处置这些风险，就可能阻碍甚至中断决胜全面建成小康社会的进程。因此，面对云谲波诡的国际形势、复杂敏感的周边环境、艰巨繁重的改革发展稳定任务，必须始终保持高度警惕，既要高度警惕“黑天鹅”事件，也要防范“灰犀牛”事件；既要有防范风险的先手，也要有应对和化解风险挑战的高招；既要打好防范和抵御风险的有准备之战，也要打好化险为夷、转危为机的战略主动战；既要防范化解重大金融风险，也要防范化解社会领域中的重大风险。2019年1月中央举办省部级主要领导干部坚持底线思维着力防范化解重大风险专题研讨班，习近平总书记发表重要讲话，对于防范化解重大风险提出了要求，作了进一步部署。二是坚决打好精准脱贫攻坚战。我国全面建成小康社会的短板以及与此相联系的战略重点，其中最为突出的，是相当数量农村贫困人口的存在以及脱贫攻坚。因而全面建成小康社会的战略重点，其重要的方面是精准扶贫、脱贫攻坚，打赢脱贫攻坚战。中国是一个有着14亿人口的发展中大国，让农村贫困人口摆脱贫困、走向小康、奔向富裕，在相当长的历史进程中，始终是经济社会发展极其重要的内容。在全面建成小康社会发展阶段中，党和国家高度重视继续推进扶贫开发，把精准扶贫、脱贫攻坚放到治国理政的重要位置，纳入全面建成小康社会战略布局，作为全面建成小康社会的重要要求、主要任务、战略重点。2013年，习近平总书记在湖南湘西十八洞村调研时首次提出精准扶贫。以后，在一系列有关论述中，习近平总书记强调全面建成小康社会必须精准扶贫、脱贫攻坚，打赢脱贫攻坚战，让农村贫困人口同步迈进全面小康。党的十九大以后，精准扶贫、脱贫攻坚作为决胜全面小康的三大攻坚战之一。在全面建成小康社会中突出精准扶贫，打赢脱贫攻坚战，就是要精准识别、精准帮扶、精准施策、精准退出，解决好“扶持谁”“谁来扶”“怎么扶”“如何退”的一系列问题，到2020年实现农村贫困人口脱贫。三是坚决打好污染防治攻坚战。在全面建成小康社会的发展中，我国仍然面对严峻的生态环境形势，大气、水、土壤等污染问题依然较为突出。要实现良好的生态环境，就必须把污染防治作为突出重点，着力解决损害群众健康、社会反映强烈的突出环境问题。打好污染防治攻坚战，包括要打赢蓝天保卫战、打好碧水保卫战、推进净土保卫战，加快生态保护与修复，改革完善生态环境治理体系。通过打好污染防治攻坚战，使生态环境质量总体改善、污染物排放总量大幅减少、环境风险得到有效管控，实现生态环境保护水平同全面建成小康社会目标相适应。

（三）全面建成小康社会目标实现

从党的十八大开始进入全面建成小康社会新阶段以后，在习近平新时代中国特色社会主义思想的指导下、在习近平新时代中国特色社会主义思想的贯彻落实中，全面建成小康社会进程不断推进。面对世界经济复苏乏力、局部冲突和动荡频发、全球性问题加剧等错综复杂的外部环境，面对我国经济发展进入新常态的一系列深刻变化、艰巨繁重的国内改革发展稳定任务特别是新冠肺炎疫情的严重冲击，以习近平同志为核心的党中央不忘初心、牢记使命，团结带领全党全国各族人民自信自强、守正创新，就政府机构改革和职能转变、全面深化改革、全面推进依法治国、全面从严治党、推进国家治理体系和治理能力现代化、“十三五”等重大问题作出决定和部署，提出、确立了决胜全面建成小康社会、夺取新时代中国特色社会主义胜利的宏伟纲领，统筹推进“五位一体”总体布局、协调推进“四个全面”战略布局，党和国家事业取得重大的历史性成就、发生深刻的历史性变革。

特别应该指出的是，在全面建成小康社会决胜之年的2020年，面对突袭而至、来势汹汹的新冠肺炎疫情，这场百年来全球发生的最严重传染病大流行，新中国成立以来传播速度最快、感染范围最广、防控难度最大的重大突发公共卫生事件，我国进行了惊心动魄的抗疫大战，经受了艰苦卓绝的历史大考，付出巨大努力，取得抗击新冠肺炎疫情斗争重大战略成果，创造了人类同疾病斗争史上又一个英勇壮举；与此同时，党和国家统筹推进疫情防控和经济社会发展，抓紧恢复生产生活秩序，经济发展稳定转好，我国成为疫情发生以后第一个经济恢复增长的全球主要经济体，在疫情防控和经济恢复上都走在世界前列，显示了中国的强大修复能力和旺盛生机活力！

到2020年，"十三五"规划胜利完成，全面建成小康社会、第一个百年奋斗目标如期实现和圆满完成。

从整个国家的发展来看，我国的经济实力、科技实力、综合国力跃上新的大台阶，2020年国内生产总值突破100万亿元；经济建设取得重大成就，经济保持中高速增长，供给侧结构性改革深入推进，经济结构持续优化，数字经济等新兴产业蓬勃发展，高铁、公路、桥梁、港口、机场等基础设施建设快速发展，农业现代化稳步推进，粮食生产能力继续提高，粮食年产量连续5年稳定在13000亿斤（1斤等于0.5千克）以上；区域发展协调性增强，京津冀协同发展、长江经济带发展、粤港澳大湾区建设等成效显著，城镇化率进一步提高，2020年常住人口城镇化率超过61%；创新驱动发展战略大力实施，创新型国家建设成果丰硕，研发经费投入总量已位居世界第二，全员劳动生产率和科技进步贡献率稳步提高，天宫、蛟龙、天眼、悟空、墨子、大飞机①等重大科技成果相继问世，载人航天、探月工程、超级计算、量子通信等领域取得一大批重大科技成果；对外开放持续扩大，共建"一带一路"成果丰硕，开放型经济新体制逐步健全；污染防治力度加大，生态环境明显改善；人民生活水平显著提高，高等教育进入普及化阶段，建成世界上规模最大的社会保障体系，基本医疗保险覆盖超过13亿人，基本养老保险覆盖近

① 天宫指我国自主设计发射的太空空间站，现已发射"天宫一号"和"天宫二号"两艘飞船。蛟龙指我国自行设计、自主集成研制的"蛟龙号"载人深海潜水器。天眼指我国的500米口径球面射电望远镜，称"中国天眼"。悟空指我国的"悟空号"暗物质粒子探测卫星，是这一时期世界上观测能段范围最宽、能量分辨率最优的暗物质粒子探测卫星。墨子指我国2017年1月18日发射的世界首颗量子科学实验卫星"墨子号"卫星。大飞机主要指我国自主研发的大型客机C919。

10亿人，2020年新冠肺炎疫情防控取得重大战略成果；全面深化改革取得重大突破，全面依法治国取得重大进展，全面从严治党取得重大成效，国家治理体系和治理能力现代化加速推进，中国共产党领导和我国社会主义制度优势进一步彰显。

2013—2019年，我国经济保持在平均6.5%左右的中高速增长合理区间，在世界主要经济体中，经济增速名列前茅；2020年遭受新冠肺炎疫情冲击，全球经济萎缩，中国仍然保持2.3%的经济增长，是全球唯一实现经济正增长的主要经济体；“十三五”以来，对世界经济增长的贡献率在30%左右，稳居世界第一位，超过美国、日本贡献率的总和，是世界经济增长的第一引擎。我国经济总量提升，位居世界前列，国内生产总值在2016年超过70万亿元人民币，2017年超过80万亿元人民币以后，2018年再突破90万亿元人民币，2019年将近100万亿元人民币，2020年突破100万亿元人民币，初步核算为101.5986万亿元人民币；折合为美元，2016年超过11万亿美元、2017年超过13万亿美元、2018年超过14万亿美元后，2019年再突破15万亿美元，2020年接近16万亿美元；经济总量连续10年稳居世界第二位，占世界经济总量的比重进一步提高，2020年超过17%。2018年我国人均国内生产总值达到9700美元，2019年突破人均1万美元，2020年保持在1万美元以上。面对中美贸易摩擦与世界经济的波动，我国2018年、2019年对外贸易总额都超过30万亿元人民币，2020年仍然达到32.1557万亿元人民币，居世界第一位；利用外资保持正增长，在全球外国直接投资下降的情况下，中国仍然是全球投资热土，居世界第二位；在全球投资不确定性增加、全球跨国投资下降的背景下，我国对外投资连续提升，对外投资存量居世界第三位。显然，党的十八大提出的到2020年实现国内生产总值比2010年翻一番的奋斗目标，在2020年已经完全达到。

从这一时期人民生活提高来看，2019年全国居民人均可支配收入已超过3万元，为30733元，按常住地分，城镇居民人均可支配收入达到42359元，农村居民人均可支配收入为16021元；2020年全国居民人均可支配收入为32189元，按常住地分，城镇居民人均可支配收入为43834元，农村居民人均可支配收入为17131元。贫困人口大幅减少，按照现行的每人每年2300元（2010年不变价）的农村贫困标准计算，2012年年末我国农村贫困人口9899万人，农村贫困发生率10.2%；2018年年末我国农村贫困人口减少至1660万人，6年间共减少8239万人，农村贫困发生率下降至1.7%，6年下降8.5个百分点；2019年年末农村贫困人口降至551万人，贫困发生率降至0.6%；2020年农村贫困人口全部脱贫，农村从普遍贫困走向整体消灭绝对贫困。显然，党的十八大提出的到2020年实现城乡居民收入比2010年翻一番、消除农村贫困的奋斗目标，2020年也完全达到。

十八大以来全面建成小康社会进程的推进，经济社会发展取得的巨大成就，毋庸置疑地表明，2020年中国已经实现全面建成小康社会的奋斗目标，即已实现第一个百年奋斗目标。2021年7月1日，习近平总书记在庆祝中国共产党成立100周年大会上的讲话中庄严宣告："经过全党全国各族人民持续奋斗，我们实现了第一个百年奋斗目标，在中华大地上全面建成了小康社会，历史性地解决了绝对贫困问题，正在意气风发向着全面建成社会主义现代化强国的第二个百年奋斗目标迈进。"①

全面建成小康社会奋斗目标的实现，在1840年中国进入近代以来发展的历史进程中，在1949年中华人民共和国成立以来发展的历史进程中，在1978年改革开放以来发展的历史进程中，进而在人类社会21世纪以来发展的历史进程中，都具有重大意义。全面建成小康社会奋斗目标的实现，表明近代以来久经磨难的中华民族迎来了从站起来、富起来到强起来的伟大飞跃，中国的经济实力、科技实力、国防实力、综合国力进入世界前列，中国特色社会主义道路、理论、制度、文化不断发展，科学社会主义在21世纪的中国焕发出强大生机活力，发展中国家走向现代化的途径被加以拓展，中国的国际地位实现前所未有的提升，中华民族的面貌发生了前所未有的变化，中华民族的伟大复兴向前迈出了新的一大步，社会主义中国以更加雄伟的身姿屹立于世界东方。

---

① 习近平：《在庆祝中国共产党成立100周年大会上的讲话》（2021年7月1日），人民出版社2021年版，第2页。

全面建成小康社会奋斗目标的实现，也意味着中国在21世纪实施和完成现代化建设第三步发展战略的历史进程中，具备了新的更加坚实的基础。站在新的历史起点上，中国将承前启后、继往开来掀开新的篇章，进入一个新的历史时期，迈向全面建设社会主义现代化国家的新征程，向第二个百年奋斗目标进军，必然实现中华民族伟大复兴中国梦，建设进而建成富强民主文明和谐美丽的社会主义现代化强国。

第四章 全面建设社会主义现代化国家的战略构想

在21世纪上半叶实施现代化建设第三步发展战略的进程中，2020年全面建成小康社会、实现第一个百年奋斗目标以后，中国经济社会发展就进入30年全面建设社会主义现代化国家的战略期，也就是党的十九大报告所说的“开启全面建设社会主义现代化国家新征程，向第二个百年奋斗目标进军”[①]。30年全面建设社会主义现代化国家，是我国社会主义现代化建设第三步发展战略在新世纪实施的继续和深入，党和国家从中国现代化建设全局与长远的战略高度，明确划分了前15年与后15年两个大的战略阶段，确立了基本实现社会主义现代化，进而全面建成社会主义现代化强国的奋斗目标，对这一时期全面建设社会主义现代化国家提出了战略构想。

一、全面建设社会主义现代化国家的总体布局

全面建设社会主义现代化国家历史时期是现代化建设全面发展的阶段，全面推进建设社会主义现代化国家，就是要统筹推进改革开放以来所形成的包括经济建设、政治建设、文化建设、社会建设和生态文明建设在内的“五

① 习近平:《决胜全面建成小康社会 夺取新时代中国特色社会主义伟大胜利——在中国共产党第十九次全国代表大会上的报告》(2017年10月18日),《中国共产党第十九次全国代表大会文件汇编》,人民出版社2017年版，第22页。

位一体”总体布局，亦即是中国特色社会主义事业“五位一体”总体布局。

（一）马克思关于人类社会活动构成的论述

从人类社会发展的历史来看，尤其是近代以来，人们社会经济活动的内容随着人类社会的发展而不断地扩展、丰富、延伸。马克思在《〈政治经济学批判〉序言》中指出：“我所得到的、并且一经得到就用于指导我的研究工作的总的结果，可以简要地表述如下：人们在自己生活的社会生产中发生一定的、必然的、不以他们的意志为转移的关系，即同他们的物质生产力的一定发展阶段相适合的生产关系。这些生产关系的总和构成社会的经济结构，即有法律的和政治的上层建筑竖立其上并有一定的社会意识形式与之相适应的现实基础。物质生活的生产方式制约着整个社会生活、政治生活和精神生活的过程。”[①]这是一段经典的论述，说明人类社会形态、人们的全部社会经济活动是一个有机整体，由生产力、生产关系和上层建筑三个部分构成；同时也说明，人类的全部社会活动可以分为4个基本方面，这就是物质生活、社会生活、政治生活和精神生活。

放在当代语境下理解，大致可以认为，社会经济发展是一个有机系统，包括经济建设即物质生活、社会建设即社会生活、政治建设即政治生活、文化建设即精神生活。人类在经济领域中进行活动、产生联系、创造财富，促进经济进步和物质生活的改善，可谓之经济建设；人类在社会领域中进行活动、产生联系、创造财富，促进社会进步和社会生活的改善，可谓之社会建设（狭义的社会建设）；人类在政治领域中进行活动、产生联系、创造财富（政治范畴语义的财富，如法律、制度、体制等），促进政治进步和政治生活的改善，可谓之政治建设；人类在精神文化领域中进行活动、产生联系、创造财富（精神文化范畴的财富），促进精神文化进步和精神文化生活的改善，可谓之文化建设。人类社会的发展，国家走向现代化，就是经济建设、社会建设、政治建设、文化建设不断地从较低水平走向较高水平的过程。马克思关于人类社会活动构成的论述，为我们改革开放以后探索和确立中国特色社

① 《马克思恩格斯选集》第二卷，人民出版社1995年版，第32页。

会主义事业、建设社会主义现代化的布局提供了一定理论基础。

（二）两大文明建设到三大文明建设的扩展

1982年，党的十二大报告从中国现代化建设内容的角度概括了经济社会发展的两种文明形态，即物质文明和精神文明。十二大报告认为，在全党把工作重点转移到现代化经济建设上来以后，我们在建设高度物质文明的同时，一定要努力建设高度的社会主义精神文明。这是建设社会主义的一个战略方针问题。十二大报告指出："客观世界包括自然界和社会。改造社会的成果是新的生产关系和新的社会政治制度的建立和发展。改造自然界的物质成果就是物质文明，它表现为人们物质生产的进步和物质生活的改善。在改造客观世界的同时，人们的主观世界也得到改造，社会的精神生产和精神生活得到发展，这方面的成果就是精神文明，它表现为教育、科学、文化知识的发达和人们思想、政治、道德水平的提高。社会的改造，社会制度的进步，最终都将表现为物质文明和精神文明的发展。"①党的十二大用物质文明建设和精神文明建设概括了改革开放以后我国现代化建设的总体内容，明确了当时我国推进现代化建设、实施现代化建设发展战略的总体布局。

不过需要指出的是，仔细研究党的十二大报告关于物质文明建设和精神文明建设的论述，就会发现，虽然当时还没有明确确立后来所说的政治文明或政治建设、社会建设，但十二大报告所界定的物质文明建设与精神文明建设内涵中，已经包括了相关的内容。党的十二大报告中提出物质文明建设和精神文明建设即两大文明建设总体布局中，包括了社会的改造、教育和科学文化知识的发达、社会制度的进步等，其实就是以后概括的社会建设、政治建设的有关内容。改革开放初期，党的十二大确立的两大文明建设，为以后中国特色社会主义事业总体布局的拓展，给予了广阔的空间和余地，并提供了基础。

在建设中国特色社会主义伟大事业的实践中，中国共产党人与时俱进，明确提出了社会主义政治文明的范畴，把中国现代化建设总体布局由物质文

① 中共中央文献研究室编：《十二大以来重要文献选编》上，人民出版社1986年版，第26页。

明建设和精神文明建设的两大文明建设扩展为物质文明建设、精神文明建设、政治文明建设的三大文明建设。

就政治文明这一概念的发源而言，早在1844年，马克思就曾使用政治文明的术语。在《关于现代国家的著作的计划草稿》中，马克思直接使用了“集权制和政治文明”的表述[①]。1978年我国改革开放以后，中国共产党对中国现代化建设的认识不断深化。1982年党的十二大提出要加强社会主义物质文明和精神文明建设时，也提出建设高度的社会主义民主；1987年党的十三大明确把建设民主政治作为社会主义初级阶段的长远方针之一；1992年党的十四大从经济、政治和文化三个基本方面提出了建设中国特色社会主义的主要任务；1997年党的十五大报告进一步明确提出了建设中国特色社会主义的经济、政治、文化的基本目标和基本政策。把建设中国特色社会主义、建设社会主义现代化划分为经济、政治、文化三个基本方面，在经济方面是建设社会主义物质文明，在文化方面是建设社会主义精神文明，那么在政治方面相应地建设社会主义政治文明也就呼之欲出了。

2001年1月，江泽民在全国宣传部长会议上的讲话中明确使用了“政治文明”的概念；2002年5月31日在中央党校省部级干部进修班毕业典礼上，江泽民直接而鲜明地提出了“建设社会主义政治文明”的命题；2002年7月16日，在考察中国社会科学院的讲话中，江泽民进一步明确指出：“建设有中国特色社会主义，应是我国经济、政治、文化全面发展的进程，是我国物质文明、政治文明、精神文明全面建设的进程。”[②]同年11月，党的十六大把建设社会主义政治文明确定为21世纪实施现代化建设第三步发展战略、全面建设小康社会的重要方面之一。这样，中国特色社会主义事业总体布局，就包括了社会主义物质文明建设、政治文明建设和精神文明建设三个方面，对应着现代化建设的经济建设、政治建设和文化建设三个基本方面。

---

① 《马克思恩格斯全集》第42卷，人民出版社1979年版，第238页。

② 《江泽民考察中国社会科学院发表重要讲话强调　大力加强我国哲学社会科学建设　为有中国特色社会主义事业服务》,《人民日报》，2002年7月17日第1版。

（三）“四位一体”总体布局的提出

在21世纪实施中国现代化建设第三步发展战略、全面建设小康社会的过程中，中国共产党又把物质文明建设、政治文明建设、精神文明建设这三大文明建设构成的总体布局，扩展、延伸为经济建设、政治建设、文化建设和社会建设“四位一体”的总体布局。

2002年党的十六大所提出的21世纪全面建设小康社会的宏伟纲领中，就要求全面建设小康社会的重要方面包括社会更加和谐。2003年10月，党的十六届三中全会召开，审议通过《中共中央关于完善社会主义市场经济体制若干问题的决定》，明确提出指导21世纪现代化建设、全面建设小康社会的科学发展观，要求统筹经济社会发展。2004年9月召开的党的十六届四中全会，研究加强党的执政能力建设，明确加强党的执政能力建设，要提高5个方面的能力，即不断提高驾驭社会主义市场经济的能力、发展社会主义民主政治的能力、建设社会主义先进文化的能力、构建社会主义和谐社会的能力、应对国际局势和处理国际事务的能力；并强调提高构建社会主义和谐社会的能力，必须适应我国社会的深刻变化，把和谐社会建设摆在重要位置。①

2005年2月19日，胡锦涛在省部级主要领导干部提高构建社会主义和谐社会能力专题研讨班上的讲话中首次明确指出：“随着我国经济社会的不断发展，中国特色社会主义事业的总体布局，更加明确地由社会主义经济建设、政治建设、文化建设三位一体发展为社会主义经济建设、政治建设、文化建设、社会建设四位一体。”而且特别强调：推进社会建设，“构建社会主义和谐社会，是我们党从全面建设小康社会、开创中国特色社会主义事业新局面的全局出发提出的一项重大任务，适应了我国改革发展进入关键时期的客观要求，体现了广大人民群众的根本利益和共同愿望”。这里，讲话完整概括了中国特色社会主义事业“四位一体”的总体布局，表明在21世纪全面建设小康社会的进程中，中国特色社会主义事业总体布局，就从原来的“三大文

---

① 《中共中央关于加强党的执政能力建设的决定》(2004年9月19日中国共产党第十六届中央委员会第四次全体会议通过)，《人民日报》，2004年9月27日第1版。

明建设”扩展为“四大文明建设”的“四位一体”。[①]2005年9月3日，在纪念中国人民抗日战争暨世界反法西斯战争胜利60周年大会上的讲话中，胡锦涛明确提出：“我们要牢牢坚持发展是硬道理的战略思想，紧紧抓住和用好重要战略机遇期，坚持以科学发展观统领经济社会发展全局，坚持以经济建设为中心，促进社会主义经济建设、政治建设、文化建设与和谐社会建设全面发展，不断增强我国的经济实力、科技实力、国防实力和民族凝聚力，不断满足人民日益增长的物质文化需要，继续开创中国特色社会主义事业新局面。”[②]

2006年10月，党的十六届五中全会，专门研究加强社会建设、构建社会主义和谐社会，审议通过《中共中央关于构建社会主义和谐社会若干重大问题的决定》（简称《决定》），《决定》提出：“坚持以科学发展观统领经济社会发展全局，按照民主法治、公平正义、诚信友爱、充满活力、安定有序、人与自然和谐相处的总要求，以解决人民群众最关心、最直接、最现实的利益问题为重点，着力发展社会事业、促进社会公平正义、建设和谐文化、完善社会管理、增强社会创造活力，走共同富裕道路，推动社会建设与经济建设、政治建设、文化建设协调发展。”[③]进而从指导思想、奋斗目标、基本原则和主要任务等方面对加强社会建设、构建和谐社会作出战略部署。2007年党的十七大进一步提出：“要按照中国特色社会主义事业总体布局，全面推进经济建设、政治建设、文化建设、社会建设，促进现代化建设各个环节、各个方面相协调，促进生产关系与生产力、上层建筑与经济基础相协调。”[④]

可以说，在科学发展观的指导与贯彻落实下，中国现代化建设、中国特色社会主义总体布局，从物质文明建设、政治文明建设、精神文明建设的“三大建设”，发展成为包括经济建设、政治建设、文化建设与社会建设的“四位一体”，中国现代化建设的奋斗目标和要求，也从建设富强民主文明的

---

① 胡锦涛：《胡锦涛文选》第二卷，人民出版社2016年版，第274页。

② 胡锦涛：《胡锦涛文选》第二卷，人民出版社2016年版，第341页。

③ 《中共中央关于构建社会主义和谐社会若干重大问题的决定》（2006年10月11日中国共产党第十六届中央委员会第六次全体会议通过），《人民日报》，2006年10月19日第1版。

④ 胡锦涛：《高举中国特色社会主义伟大旗帜　为夺取全面建设小康社会新胜利而奋斗——在中国共产党第十七次全国代表大会上的报告》（2007年10月15日），《中国共产党第十七次全国代表大会文件汇编》，人民出版社2007年版，第15页。

社会主义现代化国家扩展为建设富强民主文明和谐的社会主义现代化国家。

（四）“五位一体”总体布局的确立

在人类社会的发展中，生态环境恶化以及人与自然失调的问题日益严重和突出，人类为追求物质财富的增加和物质生活的改善忽视了生态环境自身平衡、发展的要求和规律，从而导致生态环境恶化和自然资源枯竭的危机，在全球范围直接威胁到人类自身的生存和发展。正如恩格斯所指出的：“我们不要过分陶醉于我们人类对自然界的胜利。对于每一次这样的胜利，自然界都对我们进行报复。”①20世纪80年代，国际社会最终达成了可持续发展的共识；90年代初，联合国环境与发展大会通过全球《21世纪议程》，标志着全球可持续发展战略的初步形成。人类终于认识到，经济社会发展、一个国家的现代化与生态环境以及人与自然的关系密不可分，现代化的推进也要包括生态环境以及所体现的人与自然关系的改善。

我国在现代化建设中日益重视经济社会发展同生态环境及资源的协调问题，于20世纪90年代初正式提出要实施可持续发展战略，随后又把可持续发展战略纳入到国民经济和社会发展的长期计划中。进入到21世纪以后，2002年党的十六大报告说明全面建设小康社会目标的可持续发展内容时，明确提出要推动整个社会走上生产发展、生活富裕、生态良好的文明发展道路，把提高可持续发展能力、改善生态环境纳入到全面建设小康社会的重要内容之中。2007年党的十七大，明确把建设生态文明作为全面建设小康社会奋斗目标新要求的重要方面。

2012年，党的十八大指出，建设中国特色社会主义的总布局是全面推进经济建设、政治建设、文化建设、社会建设、生态文明建设。相应地，建设富强民主文明和谐的社会主义国家也就扩展上升为建设富强民主文明和谐美丽的社会主义国家。2012年11月17日，习近平总书记在十八届中央政治局第一次集体学习中指出：“党的十八大把生态文明建设纳入中国特色社会主义事业总体布局，使生态文明建设的战略地位更加明确，有利于把生态文明

① 《马克思恩格斯选集》第四卷，人民出版社1995年版，第383页。

建设融入经济建设、政治建设、文化建设、社会建设各方面和全过程。这是我们党对社会主义建设规律在实践和认识上不断深化的重要成果。”[①]2017年，党的十九大在全面总结经验、深入分析形势的基础上，根据经济建设、政治建设、文化建设、社会建设、生态文明建设“五位一体”总体布局，对决胜全面建成小康社会，进而全面建设社会主义现代化国家作出了战略部署。

中国现代化建设的实践推进与理论创新表明，中国现代化建设、中国特色社会主义伟大事业的总体布局，已经由“两大文明建设”“三大文明建设”“四位一体”扩展、上升为包括经济建设、政治建设、文化建设、社会建设和生态文明建设的“五位一体”总体布局。这是中国共产党人坚持以马克思主义世界观、方法论观察人类社会发展，不断推进马克思主义中国化，把马克思主义基本原理同当代中国发展实际紧密结合，对于社会主义现代化建设布局长期探索、与时俱进的结晶，是对当代中国社会主义现代化建设问题所作出的科学回答，是我们党在总结历史经验教训基础上确定的我国社会主义现代化建设的重要要求，表明中国特色社会主义事业总体布局更加明确，全面建设社会主义现代化国家的思路更加清晰。在“五位一体”总体布局中，5个方面的建设既相互联系又相互促进，互为条件，缺一不可，不能偏废。经济建设提供物质基础，政治建设提供政治保障，文化建设提供精神动力和智力支持，社会建设提供有利的社会条件，生态文明建设则提供人与自然和谐的自然生态环境。继续推进现代化建设第三步发展战略的实施，全面建设社会主义现代化国家，必须在经济建设、政治建设、文化建设、社会建设、生态文明建设5个方面全面展开。

二、全面建设社会主义现代化国家的重要要求

全面建设社会主义现代化国家，牢牢把握中国特色社会主义事业“五位一体”总体布局，其重要要求是必须紧扣我国社会发展主要矛盾变化，继续

① 《习近平谈治国理政》，外文出版社2014年版，第11页。

坚定不移坚持以经济建设为中心，真正跨越中等收入陷阱并迈向高收入发展阶段。

（一）紧扣社会主要矛盾变化

在中国现代化建设的历史进程中，全面建设社会主义现代化国家，社会主要矛盾已经发生变化。党的十九大报告指出："中国特色社会主义进入新时代，我国社会主要矛盾已经转化为人民日益增长的美好生活需要和不平衡不充分的发展之间的矛盾。"①

科学分析和准确把握社会主要矛盾，是确定现代化建设大政方针、重要要求、政策举措的基本依据与重要前提。毛泽东在《矛盾论》中就有关社会发展过程中的主要矛盾，从马克思主义哲学辩证唯物主义的高度进行了深刻分析。对于社会发展过程中主要矛盾的存在及作用，毛泽东指出："在复杂的事物的发展过程中，有许多的矛盾存在，其中必有一种是主要的矛盾，由于它的存在和发展规定或影响着其他矛盾的存在和发展。"②对于社会发展过程中主要矛盾的地位，毛泽东分析说："任何过程如果有多数矛盾存在的话，其中必定有一种是主要的，起着领导的、决定的作用，其他则处于次要和服从的地位。因此，研究任何过程，如果是存在着两个以上矛盾的复杂过程的话，就要用全力找出它的主要矛盾。捉住了这个主要矛盾，一切问题就迎刃而解了。"③对于研究、把握社会发展过程中主要矛盾的重要性，毛泽东强调："对于矛盾的各种不平衡情况的研究，对于主要的矛盾和非主要的矛盾、主要的矛盾方面和非主要的矛盾方面的研究，成为革命政党正确地决定其政治上和军事上的战略战术方针的重要方法之一，是一切共产党人都应当注意的。"④这里大段引用毛泽东的论述，就是要说明、强调，在全面建设社会主义现代化国家中，分析、把握社会主要矛盾的重大意义。

---

① 习近平：《决胜全面建成小康社会　夺取新时代中国特色社会主义伟大胜利——在中国共产党第十九次全国代表大会上的报告》（2017年10月18日），《中国共产党第十九次全国代表大会文件汇编》，人民出版社2017年版，第9页。

② 《毛泽东选集》第一卷，人民出版社1991年版，第320页。

③ 《毛泽东选集》第一卷，人民出版社1991年版，第322页。

④ 《毛泽东选集》第一卷，人民出版社1991年版，第326—327页。

中华人民共和国成立后，经过社会主义改造，我国社会主义基本制度得以建立。1956年9月，党的八大对我国社会主义社会主要矛盾第一次作了完整概括，明确指出："国内的主要矛盾，已经是人民对于建立先进的工业国的要求同落后的农业国的现实之间的矛盾，已经是人民对于经济文化迅速发展的需要同当前经济文化不能满足人民需要的状况之间的矛盾。这一矛盾的实质，在我国社会主义制度已经建立的情况下，也就是先进的社会主义制度同落后的社会生产力之间的矛盾。"①这样对我国社会主要矛盾的分析判断，其实是强调社会主要矛盾已经不是阶级斗争，社会主要矛盾已经转变为落后的社会生产力难以满足人民的经济文化需要，基本上符合当时我国社会主义建设的实际。遗憾的是，由于种种复杂的社会历史原因，在以后相当长的历史时期，这一正确论断没有得到坚持和贯彻。

改革开放以后，停止使用了"以阶级斗争为纲"的口号，全党全国的工作重点转移到社会主义现代化建设上来，1981年党的十一届六中全会通过《中国共产党中央委员会关于建国以来党的若干历史问题的决议》(简称《决议》)，在重新肯定党的八大路线的基础上，对于社会主要矛盾的论断进一步作了提炼与更加精准的概括。《决议》指出："在社会主义改造基本完成以后，我国所要解决的主要矛盾，是人民日益增长的物质文化需要同落后的社会生产之间的矛盾。党和国家工作的重点必须转移到以经济建设为中心的社会主义现代化建设上来，大大发展社会生产力，并在这个基础上逐步改善人民的物质文化生活。"②此后，党的十二大确认了历史决议的论断，一直到21世纪，2017年党的十八大都还继续坚持，十八大还强调"人民日益增长的物质文化需要同落后的社会生产之间的矛盾这一社会主要矛盾没有变"③。

党的十九大立足中国特色社会主义进入新时代，特别是面向开启全面建

① 《中国共产党第八次全国代表大会关于政治报告的决议》(1956年9月27日)，《建国以来重要文献选编》(第九册)，中央文献出版社1994年版，第341页。

② 中共中央文献研究室编：《三中全会以来中央文献选编》下，人民出版社1982年版，第839—840页。

③ 胡锦涛：《坚定不移沿着中国特色社会主义道路前进　为全面建成小康社会而奋斗——在中国共产党第十八次全国代表大会上的报告》(2012年11月8日)，《中国共产党第十八次全国代表大会文件汇编》，人民出版社2012年版，第15页。

设社会主义现代化国家新征程，对于我国社会主要矛盾转化作出了重大论断，提出社会主要矛盾已经转化为人民日益增长的美好生活需要和不平衡不充分的发展之间的矛盾。这一变化有着充分的现实依据。一方面是因为，我国稳定解决了十几亿人的温饱问题，不仅已经在总体上实现小康，而且2020年要全面建成小康社会，进而迈向全面建设社会主义现代化国家的新征程，随着人民生活水平显著提高，对美好生活的向往更加强烈，人民日益增长需要的领域、层次和重心不断扩展与提升，人民美好生活需要日益扩展，不仅对物质文化生活提出了更高要求，而且在民主、法治、公平、正义、安全、生态环境等方面的要求日益增长。因此，“日益增长的物质文化需要”，已经难以完全真实反映人民群众不断变化的需求。另一方面，则是经过改革开放以来的快速发展，我国社会生产力水平总体上显著提高，社会生产能力在很多方面进入世界前列，我国长期存在的短缺经济和供给不足状况已经发生根本性变化，原来存在的“落后的社会生产”的情况已经从根本上得到改变。在整个经济社会发展方面，更加突出的问题是发展不平衡不充分，在新的历史时期制约着人民日益增长的美好生活需要的满足。所以，我国社会主要矛盾的变化，深刻反映了人民需要的新扩展和经济社会发展的新情况，反映了中国现代化建设不断推进的客观事实。

我国社会主要矛盾的变化，是历史性的、关系中国现代化建设全局的重大变化，要求在全面建成小康社会以后的全面建设社会主义现代化国家的历史时期，紧扣社会主要矛盾变化，大力提升发展质量和效益，着力解决好发展不平衡不充分问题，更好满足人民在经济、政治、文化、社会、生态等方面日益增长的需要，更好推动人的全面发展、社会全面进步。

（二）坚持以经济建设为中心

在全面建设社会主义现代化国家的进程中，全面推进经济建设、政治建设、文化建设、社会建设和生态文明建设，把握社会主要矛盾变化，经济建设仍然是第一位的，必须坚定不移地继续坚持以经济建设为中心。正如党的十九大报告所指出：“全党要牢牢把握社会主义初级阶段这个基本国情，牢牢立足社会主义初级阶段这个最大实际，牢牢坚持党的基本路线这个党和国家的生命线、人民的幸福线，领导和团结全国各族人民，以经济建设为中心，坚持四项基本原则，坚持改革开放，自力更生，艰苦创业，为把我国建设成为富强民主文明和谐美丽的社会主义现代化强国而奋斗。”①

经济建设就是解放和发展生产力。按照马克思主义的基本观点，生产力是社会存在和发展的最一般条件，也是推动人类历史发展和进步的决定性力量。在社会生产方式中，生产力是最活跃、最革命的因素。生产力总是处在不断发展和变动的过程中。先进的生产力替代落后的生产力，落后的生产力让位于先进的生产力，如此循环往复，进而带动生产关系的发展变化，带动上层建筑的变化，以至带动整个社会的发展。有什么样的生产力，最终就会形成什么样的生产关系以及相应的政治制度与精神文化，也就会建立起什么样的社会。“手推磨产生的是封建主的社会，蒸汽磨产生的是工业资本家的社会。”②生产力发展的状况决定生产关系的性质，生产力的发展变更决定着生产关系的发展和变更。生产力与生产关系的矛盾运动，从根本上决定着人类社会的发展进程。正因为生产力的发展是社会发展的最根本的决定性因素，是推动人类社会发展的最终决定力量，因而社会主义的本质要求就是解放和发展生产力，中国共产党要始终代表中国先进生产力的发展要求，在整个社会主义历史时期，尤其是全面建设社会主义现代化国家发展阶段，都要以解放和发展生产力为根本任务，进而也就决定了全面建设社会主义现代化国家必须继续坚持以经济建设为中心。

在经济建设、政治建设、文化建设、社会建设、生态文明建设的相互关系中，经济建设具有基础作用、条件作用和动力作用。首先，经济建设是其他方面建设的物质基础。恩格斯在谈到马克思唯物史观的伟大贡献时指出：“正像达尔文发现有机界的发展规律一样，马克思发现了人类历史的发展规律，即历来为繁芜丛杂的意识形态所掩盖着的一个简单事实：人们首先必须

① 习近平：《决胜全面建成小康社会　夺取新时代中国特色社会主义伟大胜利——在中国共产党第十九次全国代表大会上的报告》（2017年10月18日），《中国共产党第十九次全国代表大会文件汇编》，人民出版社2017年版，第10页。

② 《马克思恩格斯选集》第一卷，人民出版社1995年版，第142页。

吃、喝、住、穿，然后才能从事政治、科学、艺术、宗教等等；所以，直接的物质的生活资料的生产，因而一个民族或一个时代的一定的经济发展阶段，便构成基础，人们的国家设施、法的观点、艺术以至宗教观念，就是从这个基础上发展起来的，因而，也必须由这个基础来解释，而不是像过去那样做得相反。”[①]其他方面建设归根结底必须与经济建设相适应，必须从经济建设中获得实践经验和感性材料。离开了经济建设，其他方面建设就可能成为无本之木、无源之水。其次，经济建设提供了其他方面建设的物质条件。在人类社会的发展中，其他方面建设并不是纯粹与物质财富、物质设施无关，而是需要一定的经济条件和物质保障。在一定意义上，经济建设的推进，是同其他方面建设所需要的经济条件的改善和物质保障的强化联系在一起的。其他方面建设所需要的物质财富、物质设施是通过经济建设而获得的，所必需的物质条件和物质保障是由经济建设提供的。脱离了经济建设，没有经济建设所提供的物质条件和物质保障，其他方面建设显然是无法进行的。最后，经济建设还为其他方面建设提供经济的物质的动力。在经济建设推进中，会提出其他方面建设调整、变革、完善的客观要求。比如，对于政治建设，恩格斯就指出：“在现代历史中，国家的意志总的说来是由市民社会的不断变化的需要，是由某个阶级的优势地位，归根到底，是由生产力和交换关系的发展决定的。”[②]对于科学文化，恩格斯还指出：“如果说，在中世纪的黑夜之后，科学以意想不到的力量一下子重新兴起，并且以神奇的速度发展起来，那么，我们要再次把这个奇迹归功于生产。”[③]“社会一旦有技术上的需要，这种需要就会比十所大学更能把科学推向前进。”[④]正是经济建设、生产技术发展的客观需要，促进了科学文化的发展。在全面建设社会主义现代化国家的历史进程中，经济建设同样为其他方面建设提供物质基础和物质条件，并不断推动其他方面建设向更高的程度提升。经济建设的这些作用，客

① 《马克思恩格斯选集》第三卷，人民出版社1995年版，第776页。
② 《马克思恩格斯选集》第四卷，人民出版社1995年版，第250页。
③ 《马克思恩格斯全集》第二十卷，人民出版社1971年版，第524页。
④ 《马克思恩格斯选集》第四卷，人民出版社1995年版，第732页。

观上决定了在全面建设社会主义现代化国家中，必须继续坚持以经济建设为中心。

坚持以经济建设为中心，不断解放和发展社会生产力，也是对中国现代化建设实践，特别是建设中国特色社会主义事业伟大实践的深刻总结。中华人民共和国成立后，中国共产党成功地进行了生产资料所有制的社会主义改造，初步建立起以公有制为基础的社会主义生产关系，为解放和发展生产力奠定了基础，进而开始进行大规模的经济建设，很快就使整个社会发展欣欣向荣。但在以后的时期，从重提阶级矛盾是社会主要矛盾，到提出“以阶级斗争为纲”，特别是发生十年“文革”那样的严重错误，逐步地把经济建设摆在无足轻重的位置，偏离了经济建设的中心，使中国社会生产力的发展遭受到严重的影响，导致整个社会发展迟滞。党的十一届三中全会以后，实现了工作重心由阶级斗争到经济建设的转移，把是否有利于解放和发展生产力作为判断一切工作的标准，制定了在改革开放中以经济建设为中心、解放和发展生产力的总政策，开辟了改革开放和社会主义现代化建设的新时期。在改革开放以来40多年的发展中，由于坚定不移地坚持以经济建设为中心，我国国民经济持续快速健康发展，人民的生活水平大幅度提高，国家的综合国力显著增强，社会主义在中国展示了解放和发展生产力的新的活力。历史的经验表明，坚持以经济建设为中心，不断解放和发展社会生产力，中国特色社会主义事业就兴旺发达；偏离经济建设这个中心，违背生产力的发展要求，中国特色社会主义事业就会遇到坎坷和曲折。在全面建设社会主义现代化国家的历史进程中，只有继续坚持以经济建设为中心，不断解放和发展生产力，才能全面建设，进而建成社会主义现代化强国。

坚持以经济建设为中心，不断解放和发展社会生产力，也是在全面建设社会主义现代化国家的历史进程中解决中国问题的关键。中国特色社会主义进入新时代，迈向全面建设社会主义现代化国家新征程，国际环境正在发生着广泛而深刻的变化，国内改革和发展出现了许多新的情况和新的特点。从国际环境看，世界正处于大发展大变革大调整时期。一方面和平与发展仍然是时代主题，世界多极化、经济全球化、社会信息化、文化多样化深入发展，全球治理体系和国际秩序变革加速推进，各国相互联系和依存日益加深，国际力量对比更趋平衡；另一方面，世界面临的不稳定性不确定性突出，世界经济增长动能不足，贫富分化日益严重，地区热点问题此起彼伏，恐怖主义、网络安全、重大传染性疾病、气候变化等非传统安全威胁持续蔓延，人类面临许多共同挑战。从国内发展看，我国的改革和发展已经进入了一个新的时期，社会经济生活必将而且已经出现许多重大变化，在30年的新征程中全面建设社会主义现代化国家，隐藏着新的风险、充满着新的挑战，也孕育着新的机遇。我国能否抵御新风险，迎接新挑战，抓住新机遇，重要方面取决于能否继续坚持以经济建设为中心，不断解放和发展社会生产力。只有继续坚持以经济建设为中心，不断解放和发展社会生产力，才能进一步提升综合国力，巩固和完善中国特色社会主义制度，应对发展的不平衡、不充分，创造条件解决经济和社会生活中遇到的新矛盾和新问题；才能保证中国在全球发展中高举和平、发展、合作、共赢的旗帜，推动建设相互尊重、公平正义、合作共赢的新型国际关系，推动构建人类命运共同体；也才能为社会主义现代化的全面实现、建成社会主义现代化强国进一步奠定坚实的基础。因此，在全面建设社会主义现代化国家的历史进程中，除非发生大规模的外敌入侵，无论遇到什么情况，都必须始终紧扣经济建设这个中心不放，不断地解放和发展社会生产力。

（三）跨越中等收入陷阱并迈向高收入阶段

研究分析中国全面建设社会主义现代化国家，要有世界的眼光、全球的视野。当今的世界，是一个开放的世界；当今的中国，是一个开放的中国。用世界眼光、全球视野，从全球发展、国际比较、对外开放的方面来理解、分析，中国迈向全面建设社会主义现代化国家新征程，已经稳定处于上中等收入国家行列，进而要稳定下来、继续前进，确确实实跨越中等收入陷阱，在发展中进入高收入国家行列。

在全球发展中，有一些国际经济组织对整个世界经济发展多多少少有影响，可以称之为全球性国际经济组织，至少有三个，就是世界银行（World Bank）、国际货币基金组织（IMF）和世界贸易组织（WTO），这三个全球性国际经济组织成为国际经济体制中重要的三大支柱。

为了对全球发展中不同国家的经济发展进行分析、研究，世界银行根据人均收入对不同国家和地区进行分类。这里的人均收入不是指人均可支配收入，而是指一个国家的经济总量按其国民人数平均分配后所得的人均收入。世界银行现在使用的划分指标是人均国民总收入。国民总收入（GNI）在统计口径上，是指一个国家或地区的国内生产总值（GDP）加上来自于国外的要素收入，再减去对国外的要素支出。用国民总收入和国内生产总值统计核算一定时期一定经济体的经济总量，在具体数量上可能因有关因素影响而产生差异，但在国民经济总量的性质上，大体与我国使用的国内生产总值（GDP）相类似。

世界银行按照人均收入水平的高低，把世界上的国家与具有独立经济体意义的地区，划分为三种类型四个等级。第一种类型是低收入国家或地区。根据世界银行《2015年世界发展报告》，全世界的低收入国家和地区有37个，绝大多数是非洲国家，非洲撒哈拉以南的30多个国家，基本上都是世界银行确定的低收入国家，此外还有几个亚洲国家。第二种类型是中等收入国家或地区。第三种类型是高收入国家或地区，根据世界银行《2015年世界发展报告》，全世界的高收入国家和地区有74个，美国、日本以及其他发达国家都是高收入国家，亚洲四小龙（新加坡、韩国、中国的香港与台湾地区），一些石油资源丰富的阿拉伯石油输出国（如沙特阿拉伯、科威特、卡塔尔、阿联酋等）以及一些人均收入高的小岛国和地区，都在高收入国家或地区的行列中。

全世界有200多个国家和具有独立经济体意义的地区，低收入国家或地区和高收入国家或地区合起来是一百出头，其余都处在中等收入行列中。世界银行又依照一定标准，把中等收入国家或地区划分为下中等收入和上中等收入两个部分。这样就形成了4个等级，依次为低收入国家或地区、下中等收入国家或地区、上中等收入国家或地区、高收入国家或地区。

按照世界银行的划分标准，在历史发展的进程中，改革开放之初前后，中国属于低收入国家，甚至被世界银行称为是世界上最不发达的国家之一。

经过改革开放以后20年的发展，即20世纪90年代后期，中国从低收入国家行列进入下中等收入国家行列。按照世界银行2000年的划分标准，低收入国家或地区的划分区间为人均755美元及以下，下中等收入国家或地区的划分区间为人均756—2995美元，上中等收入国家或地区的划分区间为人均2996—9265美元，高收入国家或地区的划分区间为人均9266美元及以上。中国1999年人均GDP超过800美元，达到世界银行下中等收入国家的标准。所以，如果从一般意义上说中国是中等收入国家，可不仅仅是现在，20多年以前中国就已经是中等收入国家，中国在中等收入国家行列中持续发展已经20多年了。从中国现代化建设"三步走"发展战略来看，在2000年实现现代化建设第二步战略目标之际，也就实现了从低收入发展国家向中等收入发展国家的跨越。

在21世纪的发展中，中国又从下中等收入国家行列上升到上中等收入国家行列之中。

按照世界银行2011年发展报告的划分标准（人均国民总收入），低收入国家或地区的划分区间为人均1005美元及以下，下中等收入国家或地区的划分区间为人均1006—3975美元，上中等收入国家或地区的划分区间为人均3976—12275美元，高收入国家或地区的划分区间为人均12276美元及以上。大体上可以看作，人均水平1000—4000美元为下中等收入国家或地区，人均水平4000—12000美元，也可再上延到13000美元为上中等收入国家或地区。2009年中国人均国内生产总值3800美元左右，一方面仍处于下中等收入国家行列，另一方面在下中等收入国家行列中已经接近顶端。在2010年，中国人均国内生产总值为4394美元，以人均国民总收入计也已超过了4000美元，按照世界银行的标准来衡量、判断，中国进入上中等收入国家行列。这样，从21世纪第二个10年开始，中国就迈入了上中等收入国家行列推进发展的阶段。

在全面建成小康社会的发展进程中，中国按经济总量平均的人均水平不断提高。2011年人均GDP超过5000美元，达到5432美元；2012年人均GDP超过6000美元，达到6093美元；2013年人均GDP超过6700美元，达到6768美元；2014年人均GDP超过7000美元，大约为7500美元；2015年人均GDP

初步核算接近8000美元，2015年人均GDP为人民币49351元，折合7924美元；2016年中国人均GDP稳定在8000美元以上；2019年中国人均GDP突破1万美元；2020年保持在1万美元以上。显然，就发展水平提升看，从21世纪第二个10年开始，尤其是党的十八大以来，在全面建成小康社会的历史进程中，再到迈向全面建设社会主义现代化国家的初期，中国已经稳定处于上中等收入国家行列推进发展的重要阶段。

强调中国发展处于上中等收入国家发展阶段，就是要强调在这个发展阶段面对中等收入陷阱问题。一个国家在处于上中等收入发展阶段中，面对的困难、问题、矛盾、风险，概括起来，就是所谓的中等收入陷阱问题。对于中等收入陷阱，一般的解释是说一个国家处在中等收入发展阶段，由于发展动力不足而形成的经济长期停滞不前的状态。其实，确切而论，根据第二次世界大战以后国际社会发展实践与全球发展理论的研究，中等收入陷阱应该是指一个典型国家从下中等收入阶段进入到上中等收入阶段以后在发展过程中可能出现的停滞不前的状态。

当一个国家从下中等收入阶段上升到上中等收入阶段，一方面意味着经济社会发展跨越了一个大台阶，上升到一个新平台；另一方面，由于上升到一个新平台，经济社会发展的状况必然发生重大变化。一些在原来发展过程中出现的不明显的困难、问题、矛盾、风险现在明显了，不突出的现在突出了，不严重的现在严重了，不激烈的现在激烈了，不尖锐的现在尖锐了，不复杂的现在复杂了；原来没有出现、产生的困难、问题、矛盾，也开始出现、产生并激化。所有这些困难、问题、矛盾、风险，交织在一起、堆积在一块，也就呈现出多重叠加的复杂情况。面对上中等收入阶段出现的新情况、新挑战，如果没有及时推进发展转型，那么所面临的困难就有可能难以克服、面临的问题就有可能难以解决、面临的矛盾就有可能难以缓解、面临的风险就有可能难以应对。进而就有可能出现这样的情况：一方面上升到上中等收入阶段以后，不一定下降、回落到下中等收入阶段；但另一方面，在上中等收入阶段的发展过程中，则可能走一走、停一停，甚至停滞不前、徘徊不前、陷在那里，好像是陷入泥潭而不能自拔。对于这种情况，2007年世界银行在分析、总结亚洲金融危机10年来东亚国家发展时，提出了中等收入陷阱的概念。因此，比较准确地看，中等收入陷阱问题是一个典型的国家在上中等收入阶段推进发展过程中可能面对的严峻挑战。

在发展的历史进程中，中国从全面建成小康社会迈向全面建设社会主义现代化国家之际，稳定地处于上中等收入发展阶段。从此出发，全面建设社会主义现代化国家发展中的基本要求，概括起来是依次递进的三个方面。一是应对中等收入陷阱问题、成功跨越中等收入陷阱。习近平总书记在北京出席亚太经合组织领导人同工商咨询理事会代表对话会时指出，对中国而言，“中等收入陷阱”过是肯定要过去的，我们有信心在改革发展稳定之间以及稳增长、调结构、惠民生、促改革之间找到平衡点，使中国经济行稳致远。全面建成小康社会之际的2020年，中国的人均GDP大致达到1.04万美元。按照世界银行的标准，一方面还处在上中等收入国家行列，另一方面则进入到上中等收入国家行列的顶端，进而为接下来在新的历史时期发展中上升到高收入发展阶段提供了基础、创造了条件。一般预测，中国有可能在全面建设社会主义现代化国家的初始时期即“十四五”时期，从上中等收入国家行列上升到高收入国家行列。但是，必须注意，跨越中等收入陷阱并非只是简单地从上中等收入国家行列进入高收入国家行列，更重要的是保持在这一行列稳定前进，防止一遇风险、波动又重新跌落下来。因此，进入全面建设社会主义现代化国家新征程以后，在“十四五”时期的发展中，极其重要的要求就是从上中等收入国家行列迈向高收入国家行列，进而要予以稳定，真正跨越中等收入陷阱。二是在高收入国家行列中稳定推进，努力前移国家的排位。三是要努力奋斗，不断提高现代化建设水平，进入高收入国家行列，成为社会主义现代化强国。

三、全面建设社会主义现代化国家的战略安排

2020年以后，在全面建成小康社会基础上，中国现代化建设开启了全面建设社会主义现代化国家新征程。综合分析国际国内形势和我国发展条件，

在深入研究、反复论证的基础上，党的十九大确定了全面建设社会主义现代化国家的两阶段战略安排，党的十九届五中全会对全面建设社会主义现代化国家新征程的第一个五年即“十四五”时期的发展作出了战略部署。

（一）现代化建设战略含义与特征的一般认识

准确认识和把握全面建设社会主义现代化国家战略安排，不妨还是从最基本的关于现代化建设战略含义与特征开始。人类社会发展进入当代以后，一个国家现代化进程已经逐渐由自在发展状态向自为发展状态转变，即是说，现代化的发展逐渐摆脱了偶然性支配下的自发而缓慢的推进状态，进入了经由一定战略规划自觉控制与选择的状态。尤其是当代中国的现代化进程，必然是要在一定的发展战略或战略构想指导下进行的。

就原意而言，“战略”一词是一个军事用语。毛泽东在1936年所著《中国革命战争的战略问题》一书中指出，“战略问题是研究战争全局的规律的东西”，“凡属带有要照顾各方面和各阶段的性质的，都是战争的全局”。[①]也就是说，战略是指把握战争的规律而对战争全局的筹划和指导。

随着人类社会政治、经济、科学技术和文化教育的不断发展，战略概念逐渐被引入到社会活动的各个领域，泛指重大的、带全局性或决定全局的筹划。事实上，不仅经济、政治、文化以至整个社会，包括军队、国家、政党、地区、部门、企业等，都有自身的不同的战略问题。毛泽东当年在论述中国社会主义建设中的重大问题时，就开始使用战略这一说法。1956年毛泽东所作《论十大关系》这一著名的讲话，实际上从战略高度分析、阐述了我国当时社会主义经济建设中10个方面的关系，并且在谈及经济建设和国防建设的关系时明确指出：“这是战略方针的问题。”[②]1957年毛泽东《在省市自治区党委书记会议上的讲话》中谈到统筹兼顾时指出：“调动一切积极力量，为了建设社会主义。这是一个战略方针。”[③]1958年，发展经济学家赫希曼所著《经济发展战略》一书由美国耶鲁大学出版社出版，提出所谓的不平衡增长的

---

① 《毛泽东选集》第一卷，人民出版社1991年第2版，第175页。

② 《毛泽东文集》第七卷，人民出版社1999年版，第28页。

③ 《毛泽东文集》第七卷，人民出版社1999年版，第187页。

经济发展战略。此后，经济发展战略这一概念逐渐被人们所接受、认同，并广泛使用，经济发展战略成为关系经济发展的一个极其重要的问题。我国在改革开放以后，随着党和国家的工作重心转移到经济建设上来，现代化建设战略就成为中国社会主义现代化建设的重大问题，进而提出、形成中国现代化建设“三步走”宏伟发展战略。

根据战略这一术语的原意以及在经济社会发展中的运用，现代化建设战略最基本的含义，应该是指有关推进现代化建设的整体性和长远性的筹划。今人一讲战略，往往引用清末民初经史学家陈澹然（1859—1930）《迁都建藩议》中所述：“不谋万世者，不足谋一时；不谋全局者，不足谋一域。”其意中有关万世，即长远、全局的谋划，实则也就是战略。具体一些说，现代化建设战略，是指在把握现代化发展的外部环境和内部条件的基础上，根据现代化建设客观规律的要求，从现代化建设的长远、整体和全局出发，为了推进长期、稳定并具有较高质量的现代化建设，对整个现代化建设的方向、目标、根本政策、基本方针、指导原则和行动部署等作出长期的、总体的和全局的谋划与决策。

一个国家一定历史时期的现代化建设战略，具有5个基本特征。

一是全局性。全局性是现代化建设战略的首要特征。现代化建设战略是基于整个现代化建设全局而作出的行动纲领，不是某个局部、侧面的具体决策，因而要把握现代化建设全局的总体目标和根本任务，对现代化建设的全局具有普遍的、权威的指导作用，其实施对整个现代化建设的全貌会产生重大影响。所谓“不谋全局者，不足谋一域”，就体现于此。

二是长远性。现代化建设战略是以长远的眼光对现代化建设过程长期行为的谋划，体现了战略主体对现代化建设长期发展的构想和选择。当然，现代化建设战略的长远性并不意味着对现实问题和眼前利益的漠不关心，而是要从现实出发，从长远的发展来规划推进现代化的行动方略，以实现当前与长远、现实与未来的统筹兼顾。所谓“不谋万世者，不足谋一时”，就体现于此。

三是方向性。现代化建设战略基于一定的经济、社会条件，依据客观规律的要求，反映相当长时期现代化建设的基本趋势，确定现代化建设发展进程的指向，提出符合客观实际的发展目标，从而规定、指明了现代化建设在一定历史时期推进的方向和前景。

四是稳定性。现代化建设战略是以对现代化建设长期发展趋势的科学分析为依据的，是对现代化建设发展持续进行的长期筹划，必然要在较长的时期中贯彻实施，因而在实施战略的相当长时期内具有相对稳定性。当然，相对稳定性不意味着僵硬、凝固。现代化建设战略的实施是一个长期的行为，是一个动态的过程，随着国际国内客观的经济、社会环境的变化，随着现代化建设发展诸因素和各种联系的变化，对现代化建设战略也可以进行调整、补充和完善。

五是实践性。现代化建设战略是以一定的科学理论为指导、为依据的，因而必然具有理论性。但是，现代化建设战略首先是一种直接指导和规范现在与将来现代化建设发展实践的筹划，要在现代化建设的实践中贯彻落实，通过现代化建设的实践来体现，故而具有强烈的实践性。

这些基本特征是相互联系、相互渗透的，只有同时具备了这几种特征的关于现代化建设的谋划或筹划，才能称得上是现代化建设战略。

基于现代化建设战略的一般含义与特征，可以认识到，党的十九大确立的中国全面建设社会主义现代化国家的战略安排，就是在把握国际环境深刻变化、国内发展矛盾转变的基础上，根据中国现代化建设客观规律的要求，从中国现代化建设的整体和全局出发，对2020年以后的30年整个现代化建设所作出的事关全局、长期、总体和根本的谋划与决策。全面建设社会主义现代化国家战略安排，在中国2020年以后30年的长时期发展中，关系到现代化建设的全局与长远，揭示与体现了2020年以后的30年中国现代化建设的方向，在全部30年的现代化建设中都要稳定地发挥作用，在全部30年的实践中都要贯彻实施。

（二）全面建设社会主义现代化国家的两阶段战略安排

中国在2020年全面建成小康社会基础上迈向全面建设社会主义现代化国家新征程，从2021年到2050年就是中国全面建设社会主义现代化国家发展阶段，这是对新时代中国特色社会主义继续发展的战略定位。党的十九大确定了这一时期全面建设社会主义现代化国家的两阶段战略安排。之所以概括为“两阶段战略安排”，是依据党的十九大报告说明全面建设社会主义现代化国家战略构想时所使用的“分两个阶段来安排”“战略安排”这样的确切用语。

1.全面建设社会主义现代化国家的战略阶段

全面建设社会主义现代化国家战略安排，明确确定了2020年以后的30年全面建设社会主义现代化国家的战略阶段。

战略阶段是指一定战略时期内战略进程的时序划分。现代化建设发展战略的实施，总是要经历相当长的时间跨度，其间必然呈现出发展的阶段性，因而有必要根据发展要求，把整个战略实施时期划分为若干个阶段，把战略总目标分解为阶段分目标，确定各个分阶段的具体任务。现代化建设战略阶段的划分不是主观随意的，既要考虑整个现代化建设战略实施的时间跨度，以及在这个时间跨度中战略总任务实现的难易程度，以保证整个战略时期的控制和指导；还要考虑战略重点解决的先后顺序，有的战略重点可能需要先行保证，有的战略重点则可能要求后续突出，也有的战略重点可能必须贯穿战略时期始终；也必须考虑整个战略时期中发展的速度分布，推进发展进程的速度是先快后慢还是先慢后快，是两头慢中间快还是两头快中间慢，是高速、中速、低速还是中高速或中低速等，以及发展中所要求的平均速度等，都会对战略阶段的形成产生制约作用。战略阶段的具体划分不可能有统一的模式，必须根据不同时期的具体特点以及一定形势下的经济社会条件进行具体的划分、确定。

总结中国现代化建设与改革开放的实践经验，科学划分现代化建设的战略阶段，以相互联系和不断递进的战略阶段推进来促进现代化建设，是党和国家治国理政经验与智慧的升华。

迈向全面建设社会主义现代化国家新征程，全面建设社会主义现代化国家要历时30年，有必要按照第二个百年奋斗目标，把全面建设社会主义现代化国家的30年时间划分为前后相继、依次递进的战略阶段。党的十九大就此作出重大决策：“综合分析国际国内形势和我国发展条件，从二〇二〇年到本世纪中叶可以分两个阶段来安排。”“第一个阶段，从二〇二〇年到二〇三五年，在全面建成小康社会的基础上，再奋斗十五年，基本实现社会主义现代化。”“第二个阶段，从二〇三五年到本世纪中叶，在基本实现现代化的基础上，再奋斗十五年，把我国建成富强民主文明和谐美丽的社会主义现代化强国。”①

30年全面建设社会主义现代化国家战略目标的第一个阶段，也可以说是第一步，是从2020年到2035年，在全面建成小康社会的基础上，再奋斗15年，基本实现社会主义现代化。这一阶段推进中国特色社会主义新时代现代化建设，是要巩固已经实现的全面小康的成果，在全面小康的基础上进一步提高国家整体发展水平，真正转变为高质量发展，从上中等收入国家的发展行列迈进高收入国家发展行列，成为高收入国家并对已有成果予以稳定，同时能使经济总量迈入世界第一排位，成为世界第一大经济体并予以稳定，基本实现社会主义现代化，为全面实现社会主义现代化进一步奠定坚实基础。这一阶段，可以看作是全面建设社会主义现代化国家稳定推进阶段。

30年全面建设社会主义现代化国家的第二个阶段，也可以说是第二步，是2035年到21世纪中叶，在基本实现社会主义现代化的基础上，再奋斗15年，把我国建成富强民主文明和谐美丽的社会主义现代化强国。这一阶段，推进中国特色社会主义新时代现代化建设，可以概括为全面建成社会主义现代化国家，中国稳居全球第一大经济体位置，进入高收入国家前列，经济、文化、社会等各个方面进入世界强国行列，建设成为全球发展中的创新型强国、开放发展强国。这一阶段，可以看作是全面建成社会主义现代化国家决定性阶段。

2.全面建设社会主义现代化国家的战略目标

全面建设社会主义现代化国家的战略安排，确定了30年全面建设社会主义现代化国家的战略目标。

现代化建设战略目标，是根据指导思想与发展要求所规定的现代化建设一定战略时期预期达到的总要求和总水平，也是一定战略时期内应完成的总

① 《中国共产党第十九次全国代表大会文件汇编》，人民出版社2017年版，第23页。

任务。战略目标是指导思想、发展要求的体现，表示着现代化建设战略的直接指向，决定着战略任务、战略重点和战略措施，因而是整个现代化建设战略的核心。现代化建设战略目标是对整个战略实施期望状态的高度概括，是对一定时期现代化建设可能前景的认识。因此，现代化建设战略目标不是对短期发展结果的预测，而是对相当长的时期内现代化建设进程的选择和确认，表明现代化建设由此状态到彼状态的质的飞跃，必然要经过长期的努力奋斗才能实现。同时，现代化建设战略目标也不是由主观随意确定的，不仅仅是人们美好的愿望，作为对现代化建设客观进程的预见性反映，现代化建设战略目标应该是客观可行的，经过积极的、艰苦的努力之后能够实现的。现代化建设战略目标是经济社会全面发展的目标，规定着现代化建设各主要方面应该实现的基本要求，由一个目标体系来构成。

党的十九大确定，全面建设社会主义现代化国家第一个阶段的战略目标，是基本实现社会主义现代化。具体体现在中国特色社会主义事业总体布局的五大建设方面：一是在经济建设方面，“我国经济实力、科技实力将大幅跃升，跻身创新型国家前列”；二是在政治建设方面，“人民平等参与、平等发展权利得到充分保障，法治国家、法治政府、法治社会基本建成，各方面制度更加完善，国家治理体系和治理能力现代化基本实现”；三是在文化建设方面，“社会文明程度达到新的高度，国家文化软实力显著增强，中华文化影响更加广泛深入”；四是在社会建设方面，“人民生活更为宽裕，中等收入群体比例明显提高，城乡区域发展差距和居民生活水平差距显著缩小，基本公共服务均等化基本实现，全体人民共同富裕迈出坚实步伐，现代社会治理格局基本形成，社会充满活力又和谐有序”；五是在生态文明建设方面，“生态环境根本好转，美丽中国目标基本实现”。①

2020年10月召开的党的十九届五中全会，审议通过《中共中央关于制定国民经济和社会发展第十四个五年规划和二〇三五年远景目标的建议》，从展望2035年发展的视阈，进一步从9个具体方面提出了基本实现社会主义现

① 《中国共产党第十九次全国代表大会文件汇编》，人民出版社2017年版，第23页。

代化的远景目标。①

第一，我国经济实力、科技实力、综合国力将大幅跃升，经济总量和城乡居民人均收入将再迈上新的大台阶，关键核心技术实现重大突破，进入创新型国家前列。通过2021—2035年15年的奋斗，我国经济实力、科技实力、综合国力要较大幅度得到提高即大幅跃升，经济转向并保持高质量发展，实现从数量和规模扩张向质量和效益提升的根本转变，从经济大国迈向经济强国，经济总量再迈上新的大台阶，成为世界第一大经济体并予以稳定；在经济持续稳定增长的同时实现居民收入同步增长、在劳动生产率提高的同时实现劳动报酬同步提高，城乡居民人均收入也要再迈上新的大台阶；通过深入实施创新驱动发展战略，坚持走中国特色自主创新道路，在关键共性技术、前沿引领技术、现代工程技术、颠覆性技术创新等方面取得重大突破，实现关键核心技术自主可控，进入创新型国家前列，可以理解为进入全球创新型国家的第一梯队。

第二，基本实现新型工业化、信息化、城镇化、农业现代化，建成现代化经济体系。在21世纪发展中，新型工业化、信息化、城镇化、农业现代化，即“新四化”同步发展成为现代化建设的重要内容，到2035年基本实现“新四化”，工业化方面要从制造大国迈向制造强国；信息化方面要实现互联网、大数据、人工智能和实体经济深度融合以及公共服务、社会治理等领域数字化智能化水平的大幅提升；城镇化方面要基本形成以城市群为主体、大中小城市和小城镇协调发展的城镇化格局；农业现代化方面要使乡村振兴取得决定性进展。与此同时，到2035年要建成包括现代化产业体系、现代化创新体系、现代化城乡融合发展体系、现代化区域协调发展体系、现代化开放经济体系的完整现代化经济体系。

第三，基本实现国家治理体系和治理能力现代化，人民平等参与、平等发展权利得到充分保障，基本建成法治国家、法治政府、法治社会。这个方面的目标，在2017年党的十九大就已明确提出，2019年党的十九届四中全

① 《中国共产党第十九届中央委员会第五次全体会议文件汇编》，人民出版社2020年版，第22—23页。

会对坚持和完善中国特色社会主义制度、推进国家治理体系和治理能力现代化进行全面部署时明确了具体内容，2020年党的十九届五中全会进一步重申与强调。基本实现国家治理体系和治理能力现代化，突出的是制度建设和治理能力建设，就是支撑中国特色社会主义制度的根本制度、基本制度、重要制度等各方面制度体制到2035年更加完善；人民平等参与、平等发展权利得到充分保障，体现为人民当家做主制度体系更加健全，人民民主得到更加充分发展，人民积极性、主动性、创造性进一步提高；基本建成法治国家、法治政府、法治社会，就是到2035年依法治国得到全面落实，形成完备的法律规范体系、高效的法治实施体系、严密的法治监督体系、有力的法治保障体系，形成科学立法、严格执法、公正司法、全民守法的良好格局。

第四，建成文化强国、教育强国、人才强国、体育强国、健康中国，国民素质和社会文明程度达到新高度，国家文化软实力显著增强。这方面的目标表明，到2035年，全国人民的文化自信、文化自觉和文化凝聚力将显著提高，中华文化影响力进一步提升，我国将总体实现教育现代化，成为学习大国、人力资源强国，国民思想道德素质、科学文化素质明显提高，社会文明程度达到新高度，人民身体素养和健康水平、体育综合实力和国际影响力均居于世界前列，建成与社会主义现代化国家相适应的健康国家。

第五，广泛形成绿色生产生活方式，碳排放达峰后稳中有降，生态环境根本好转，美丽中国建设目标基本实现。这方面目标实际是生态文明建设的远景目标，到2035年广泛形成两种绿色方式，即绿色生产方式和绿色生活方式，碳排放总量在2030年前达到峰值后进而开始稳中有降，基本建立清洁低碳、安全高效的能源体系和绿色低碳循环发展的经济体系，基本建立生态安全屏障体系，能源、水资源等利用效率达到国际先进水平，大气、水、土壤等环境状况明显改善，森林、河湖、湿地、草原、海洋等自然生态系统的质量和稳定性明显改善，形成生产空间安全高效、生活空间舒适宜居、生态空间山青水碧的国土开发格局。

第六，形成对外开放新格局，参与国际经济合作和竞争新优势明显增强。这方面是开放经济发展的远景目标，到2035年，我国对外开放水平全面提高，建设更高水平开放型经济新体制取得新的重大进展，共建“一带一路”达到新水平；由贸易大国迈向贸易强国，贸易结构更加优化，市场化、法治化、国际化营商环境更加完善，引进外资和对外投资达到新水平，自由贸易试验区、自由贸易港等对外开放高地实现高质量发展，形成面向全球的贸易、投融资、生产、服务网络。

第七，人均国内生产总值达到中等发达国家水平，中等收入群体显著扩大，基本公共服务实现均等化，城乡区域发展差距和居民生活水平差距显著缩小。到2035年人均国内生产总值达到中等发达国家水平，意味着我国不仅稳定处于高收入国家行列，而且达到高收入国家行列中发达国家的中等水平，整个国家在发展水平上大幅提升；中等收入群体显著扩大，意味着收入分配格局的重大改观，形成橄榄型分配格局；基本公共服务实现均等化，意味着基本公共服务覆盖全民、兜住底线、均等享有得到保障；三大差距即城乡发展差距、区域发展差距和居民生活水平差距显著缩小，则意味着发展中不平衡不协调的问题得到有效缓解。

第八，平安中国建设达到更高水平，基本实现国防和军队现代化。到2035年，党委领导、政府负责、民主协商、社会协同、公众参与、法治保障、科技支撑的社会治理体系更加完善，共建共治共享的社会治理制度更加完善，社会治理能力明显提升，人民安居乐业、社会安定有序得到保障；基本实现国防和军队现代化，意味着政治建军、改革强军、科技强军、人才强军、依法治军不断推进，国防和军队建设的机械化信息化智能化融合发展全面提升，军事理论、军队组织形态、军事人员、武器装备现代化达到新水平。

第九，人民生活更加美好，人的全面发展、全体人民共同富裕取得更为明显的实质性进展。到2035年，人民生活更加美好、更加幸福，有更好的教育、更稳定的工作、更满意的收入、更可靠的社会保障、更高水平的医疗服务、更舒适的居住条件、更优美的环境、更丰富的精神文化生活，改革发展成果更多、更公平惠及全体人民。

全面建设社会主义现代化国家第二个阶段的战略目标，是全面实现社会主义现代化，把我国建成富强民主文明和谐美丽的社会主义现代化强国。具体而言，“我国物质文明、政治文明、精神文明、社会文明、生态文明将全面提升，实现国家治理体系和治理能力现代化，成为综合国力和国际影响力领先的国家，全体人民共同富裕基本实现，我国人民将享有更加幸福安康的生活，中华民族将以更加昂扬的姿态屹立于世界民族之林”①。

深刻领会、准确把握全面建设社会主义现代化国家战略目标，可以从4个方面来认识。

第一，全面建设社会主义现代化国家战略目标，提升了我国现代化建设的总要求。我国改革开放以后已经确定的现代化建设“三步走”发展战略提出，到2050年基本实现社会主义现代化，建成社会主义现代化国家。而根据我国改革开放40多年现代化建设的发展进程和取得的成效，考虑未来发展的条件与可能性，全面建设社会主义现代化国家战略目标则把基本实现社会主义现代化目标前移至第一个阶段的2035年，进而在更高层次与程度确定到2050年要全面实现社会主义现代化，把一般意义上建成社会主义现代化国家提升并定位为建成社会主义现代化强国。

第二，全面建设社会主义现代化国家战略目标，体现了以人民为中心的发展思想。这个战略目标中关于全体人民共同富裕迈出坚实步伐、人民将享有更加幸福安康的生活的内容，要求在全面建设社会主义现代化国家进程中，更加关注人民对美好生活新的多样化需求，更加注重多谋民生之利、多解民生之忧，使全体人民在共建共享发展中有更多获得感，逐步实现全体人民共同富裕体现了人民对美好生活的向往是我们党的奋斗目标，体现了我们党全心全意为人民服务的根本宗旨，体现了中国特色社会主义的本质要求，集中体现了以人民为中心的发展思想，明确了中国要实现的社会主义现代化就是以人民为中心的现代化。

第三，全面建设社会主义现代化国家战略目标，涵盖了现代化建设全面发展的内容。这个战略目标是一个目标体系，包括了现代化建设的经济建

① 《中国共产党第十九次全国代表大会文件汇编》，人民出版社2017年版，第23页。

设、政治建设、文化建设、社会建设、生态文明建设的目标要求。在现代化建设的艰辛探索中，我国先后提出要建设的社会主义现代化国家的目标要求，从“富强民主文明”到“富强民主文明和谐”，现在又把生态文明建设纳入其中，扩展、提升为“富强民主文明和谐美丽”，要求物质文明、政治文明、精神文明、社会文明、生态文明全面提升，进而更加突出地体现了我们要实现的社会主义现代化，是更高水平的全面现代化。

第四，全面建设社会主义现代化国家战略目标，突出了全面现代化的高质量发展要求。在现代化建设第一步战略目标、第二步战略目标、全面建成小康社会战略目标中，都从总的方面提出或总量，或人均量翻番的要求，翻番的目标要求也必然会体现为增长速度的数量要求。应该说，这样的目标要求反映了当时现代化建设的阶段性特征。进入全面建设社会主义现代化国家发展阶段，仍然会有总量或人均量翻番的内容，也必然会有增长和发展的数量指标，但是，推进现代化全面建设，更加突出地表现为提升发展质量和效益，要求更好地解决发展不平衡不充分的问题。全面现代化，就是高质量发展的现代化。所以，全面建设社会主义现代化国家战略目标，没有如同以前从总的方面设置数量指标要求，而是要集中、鲜明地突出全面现代化的高质量发展要求。

3.全面建设社会主义现代化国家的战略重点

全面建设社会主义现代化国家的战略安排，也包括了30年全面建设社会主义现代化国家的战略重点。

现代化建设战略中的战略重点，是指那些在现代化建设中对于实现战略目标具有决定意义、对于推动整个现代化建设产生重大影响的重要方面或内容。战略重点具有客观依据，从现代化建设的空间结构来看，现代化建设的不同方面、不同构成、不同要素等在现代化建设进程中的地位和作用是不同的，其中具有全局性、关键性的，就会成为战略重点；从现代化建设的时间顺序看，在一定时期的现代化建设进程中，总有某些方面或内容，由于种种原因而制约、影响着整个经济社会发展，因而成为战略重点；从现代化建设的资源配置来看，用于现代化建设的资源总是有限的，要使有限的资源使用能产生最大的效益、促进高质量发展，就必须相对集中配置于某些具有全局决定意义的方面，从而形成战略重点。在现代化建设战略实施中，必须处理好战略重点与非重点之间的关系：一方面，必须把战略重点切实放在重点位置上，在工作指导、资源投入、政策倾斜等方面予以保证，特别是要排除非重点对重点的干扰；另一方面，在突出战略重点时必须兼顾非重点，使战略重点的倾斜与非重点的兼顾相协调，同时，战略重点的突出不应以损害非重点的发展为前提，而应有利于带动非重点的发展，最终推动整个现代化建设进程。

在全面建设社会主义现代化国家战略安排中，实际上突出了全面建设社会主义现代化国家的一系列战略重点。一是更加突出了提升经济实力的首要地位，全面现代化首先还是经济的现代化，以经济现代化支撑国家综合国力增强、整个现代化的全面实现；二是更加突出了推进与实现制度现代化的重要地位，全面现代化既包括发展的现代化、建设的现代化，也包括制度、体制的现代化，要基本实现进而全面实现国家治理体系和治理能力的现代化；三是更加突出了创新发展的动力地位，全面现代化必然也是创新的现代化，创新在全面建设社会主义现代化国家的进程中的功能、作用、地位愈益突出和重要，因而大幅跃升科技实力、跻身创新型国家前列就被特意强调；四是更加突出了社会公平正义，现代化的全面建设要突出体现在更高程度、更广领域实现社会的公平正义，在现代化建设的经济、政治、文化、社会、生态文明诸多方面都要保障平等参与、平等发展、公平正义；五是突出了现代化建设中人的核心地位，现代化归根结底是人的现代化，社会主义现代化归根结底是人的全面发展，是以人民为中心的现代化，全面建设社会主义现代化国家坚持以人民为中心的发展思想，要不断促进人民生活更加美好，促进全体人民共同富裕达到新水平。

全面建设社会主义现代化国家的战略安排，是贯彻践行习近平新时代中国特色社会主义思想的行动纲领，是党和国家综合分析国际国内形势与我国发展条件对未来发展作出的重大决策，是适应我国发展实际、发展要求作出的推进现代化建设的必然选择，是对全面建成小康社会基础上30年中国经济社会发展描绘的宏伟蓝图，使未来的发展路径、前进方向更加明晰，鼓舞人心、催人奋进，有利于保持中国现代化建设推进的连续性和稳定性，有利于调动全社会积极性、凝聚全社会力量、统一全社会意志和行动，有利于继续按照现代化建设“三步走”总体战略推动党和国家事业不断向前发展，动员和激励全党全国各族人民万众一心，为实现中华民族伟大复兴的中国梦而努力奋斗。

（三）基本实现社会主义现代化的重要内容

全面建设社会主义现代化国家的第一个阶段从2020年至2035年，要基本实现社会主义现代化。从全面建成小康社会达到的境况出发，侧重于经济建设，可以分析认识基本实现社会主义现代化发展阶段的一些重要内容。

经济增长速度保持平均5%左右，稳速增长。在2016年至2019年“十三五”发展的前4年中，我国的经济增长速度保持在6.5%左右的中高速增长；2020年虽然遭遇到新冠肺炎疫情的冲击，但经济建设还是实现了2%以上的正增长，是全球疫情流行以来唯一实现正增长的主要经济体。以此为基础，2021—2035年我国经济增长速度有可能保持在5%左右的中速区间。持续的经济增长，是一国现代化建设、经济发展的基础与重要内容。根据全面建设社会主义现代化国家的要求，在改革开放以后保持40多年9%左右高速增长以后，我国还必须保持适度的经济增长。根据对中国经济2021—2035年的增长潜力、增长基础、增长条件、增长空间等各方面的分析研究，我国经济2021—2035年的GDP增长有可能，也有必要保持在平均5%左右的增长速度。因此，这一时期，我国推进现代化建设、推进经济高质量发展，必须采取重大战略举措，保持我国经济平均5%左右的平稳增长，防止经济出现大的波动。

经济总量稳步提升，成为世界第一经济体。根据“十三五”规划，按低线计算到2020年我国GDP总量约为93万亿元人民币。实际上，2019年全年国内生产总值达到99万亿元人民币，2020年则突破了100万亿元人民币，达到101万亿元人民币。2021—2035年这15年按保持平均5%左右的经济增长速度，到2035年时我国GDP总量有望达到200万亿元人民币左右。通过国际比较分析，考虑到全球经济的变化以及汇率变动，有可能在2035年以前，我国的经济总量超越美国，成为世界第一大经济体。在全面建设社会主义现代化国家战略构想中，没有明确提出经济总量翻番的目标，但绝不意味着经济总量提升无足轻重。经济总量提升是国家经济实力提升的首要内容，进而是整个国家综合实力提升的基础与前提，因此，推进基本实现社会主义现代化，虽然不能唯GDP而GDP，但同样不能忽视GDP，必须高度重视经济总量，进而促进国家经济实力的提升。

人均GDP继续提升，进入并稳定处于高收入国家行列。2019年中国人均GDP突破1万美元，2020年达到1.04万美元。根据世界银行的动态标准，我国人均GDP、人均国民总收入在“十四五”期间会达到高收入国家的标准。也就是说，在“十四五”时期的发展中，我国会从上中等收入国家行列上升到高收入国家行列，进而在现代化建设推进中，人均收入水平在高收入国家的行列中逐步提升。我国进入了高收入国家行列，但只是处于高收入国家行列的低位。这意味着：第一，进入高收入国家行列，表明我国在发展的历史进程中初步跨越了中等收入陷阱；第二，初步跨越中等收入陷阱以后，推进现代化建设的重要内容、重要任务，就是要稳固发展成果，避免一遇风险又从高收入国家行列滑落回中等收入国家行列中；第三，进入高收入国家行列后，与欧美的发达国家相比，我国人均GDP、人均收入水平仍存在较大差距。我国要继续谋求发展之道，高度重视进一步缩小人均收入水平上与发达国家差距。

城镇化率持续提升。城镇化是现代化过程的必经阶段，也是推动国家或地区现代化的重要力量。世界上发达国家的城镇化水平都超过70%，而城镇化水平较低的国家都是发展中国家。对于我国这样人口规模巨大、疆域辽阔且区域差异显著的发展中大国，推进基本实现社会主义现代化，城镇化是一个重要方面。在全面建成小康社会过程中，我国城镇化进程取得重大进展，2018年年末我国常住人口城镇化率为59.58%，户籍人口城镇化率为43.37%；2019年年末我国常住人口城镇化率为60.60%，户籍人口城镇化率为44.38%。实现全面建成小康社会的2020年，我国常住人口城镇化率达到61%以上，户籍人口城镇化率达到45%以上。但是，这样的城镇化水平仍然远低于发达国家80%的平均水平，还有较大的发展空间。根据城镇化发展的一般规律、我国提升城镇化质量、推进新型城镇化的内在要求，这一阶段我国城镇化率年均提升应在1%左右，至2035年时，常住人口城镇化率可达到70%以上，进一步接近发达国家的平均水平，户籍人口城镇化率应达到60%以上，户籍人口城镇化率与常住人口城镇化率的差距缩小至10个百分点左右。因此，这一时期，推进基本实现社会主义现代化的重要内容，是要稳步推进新型城镇化，提升新型城镇化水平与质量。

基本实现新型工业化。工业化是一个国家实现现代化的必由之路。改革开放以来，尤其是在全面建设进而全面建成小康社会的过程中，中国工业发展取得了举世瞩目的辉煌成就，中国已经是世界上第一大工业国，工业增加值约占全球的1/4，是全球拥有联合国产业分类目录中工业门类最全的国家，高精尖制造业等复杂性生产能力不断取得突破，工业化与信息化融合程度不断加深，工业科技水平也取得了很大的进步。在全面建成小康社会中，从工业化进程看，中国已经在总体上进入工业化后期阶段。2020年中国实现全面建成小康社会目标，重要方面是基本实现工业化。但是，从历史的、全球的视野观察，对照国际经验和先进工业化国家、后工业化国家的发展水平，我国还没有达到新型工业化实现的水平，更高程度的新型工业化任务并未完成。因此，基本实现社会主义现代化的一个重要内容，就是坚定不移走中国特色新型工业化道路，推进高质量工业化，从基本实现工业化向基本实现新型工业化迈进，为基本实现新型工业化而努力。在向基本实现新型工业化的发展中，要不断优化提升产业结构，完善制造业创新体系建设，构建产学研深度融合的技术创新体系，大力推进智能制造工程，加快制造业数字化转型步伐，着力推动信息网络技术、人工智能与实体经济特别是制造业深度融合，谋划世界级先进制造业集群的培育，打造形成数字经济时代下制造业国际竞争新优势，促进我国产业迈向全球价值链中高端，提升产业链供应链现代化水平，推动建设实体经济、科技创新、现代金融、人力资源协同发展的产业体系。到2035年，制造业整体达到世界制造强国阵营中等水平，从制造大国迈向制造强国，基本实现新型工业化。

大幅提升科技实力，进入创新型国家前列。在全面建成小康社会过程中，我国科技发展取得举世瞩目的成就，科技整体能力持续提升，创新对发展的支撑作用显著增强，一些重要领域已跻身世界前列，某些前沿方向开始进入并跑、领跑阶段，创新型经济格局初步形成，到2020年进入创新型国家行列。但同建设世界科技强国的目标相比，我国科技基础仍然薄弱，科技创新能力特别是原创能力还多有不足，面临重大科技瓶颈，关键领域核心技术受制于人的格局还没有从根本上改变。因此，在全面建成小康社会的基础上，在基本实现社会主义现代化的进程中，必须加快建设创新型国家的进程步伐。要瞄准世界科技前沿，强化基础研究，加强应用基础研究，突出关键共性技术、前沿引领技术、现代工程技术、颠覆性技术创新，拓展实施国家重大科技项目，实现前瞻性基础研究、引领性原创成果重大突破，大力发展新一代信息网络技术、智能绿色制造技术、生态绿色高效安全的现代农业技术、安全清洁高效的现代能源技术、资源高效利用和生态环保技术、海洋和空间先进适用技术、智慧城市和数字社会技术等；加强国家创新体系建设，以国家实验室建设为抓手，建设集突破型、引领型、平台型为一体的国家实验室，强化战略科技力量，整合全国创新资源，推动创新能力从“跟踪、并行、领跑”并存、“跟踪”为主向“并行”“领跑”为主转变，促进资源配置从以研发环节为主向产业链、创新链、资金链统筹配置转变；深化科技体制改革，全面优化科技创新环境，制定和落实鼓励企业技术创新各项政策；培养造就一大批具有国际水平的战略科技人才、科技领军人才、青年科技人才和高水平创新团队，强化知识产权创造、保护、运用，激发各类人才的创新活力和潜力。研究与试验发展（R&D）经费是同科技创新相关的一个重要指标，2019年全年我国研究与试验发展（R&D）经费占GDP的比重为2.23%[①]，2020年达到2.4%。如果按照每年增加0.1个百分点左右考虑，2035年可达到3%以

① 根据国家统计局、科学技术部、财政部三部门2020年8月27日发布的《2019年全国科技经费投入统计公报》，2019年，我国科技经费投入力度进一步加大，研究与试验发展（R&D）经费投入保持较快增长，全国共投入研究与试验发展（R&D）经费22143.6亿元，比上年增加2465.7亿元，增长12.5%；研究与试验发展（R&D）经费投入强度（与国内生产总值之比）为2.23%，比上年提高0.09个百分点。

上。到2035年，总体上扭转科技创新以跟踪为主的局面，国家创新体系更加完备，实现科技与经济深度融合、相互促进，跃升至创新型国家前列。

推动生态环境根本好转，基本实现美丽中国建设目标。推进绿色发展，加快建立绿色生产和消费的法律制度与政策导向，建立健全绿色低碳循环发展的经济体系，构建市场导向的绿色技术创新体系，发展绿色金融，壮大节能环保产业、清洁生产产业、清洁能源产业，推进能源生产和消费革命，构建清洁低碳、安全高效的能源体系；解决突出环境问题，构建政府为主导、企业为主体、社会组织和公众共同参与的环境治理体系，优化生态安全屏障体系，构建生态廊道和生物多样性保护网络，完善天然林保护制度，健全耕地草原森林河流湖泊休养生息制度，建立市场化、多元化生态补偿机制，构建国土空间开发保护制度，完善主体功能区配套政策，建立以国家公园为主体的自然保护地体系。到2035年达到生态环境根本好转，美丽中国建设目标基本实现。

（四）全面实现社会主义现代化的主要方面

站在全面建成小康社会、实现第一个百年奋斗目标的历史起点上，到21世纪中叶我国要全面建成富强民主文明和谐美丽的社会主义现代化强国。全面建设社会主义现代化，是中国特色社会主义经济、政治、文化、社会和生态文明全面发展的现代化。根据2020年全面建成小康社会达到的基础、到2035年的发展情况，可以考虑到21世纪中叶全面实现社会主义现代化的主要方面。

一是经济建设方面，2050年建成社会主义现代化经济强国。我国将拥有高度的物质文明，社会生产力水平大幅提高，经济总量和市场规模可能超越其他国家，稳居世界第一大经济体之位；进入高收入国家的前列，人民生活普遍比较富裕；核心竞争力名列世界前茅，建设成为世界创新型强国、进入世界创新型国家前3位；第三产业增加值占国内生产总值比重超过70%，户籍人口城镇化率与常住人口城镇化率基本一致，达到70%以上，实现城乡发展一体化、区域发展一体化；人民币国际地位进一步提高，作为储备货币成为国际货币，中国成为全球经济治理中发挥重大作用的国家。

二是深化改革、政治建设方面，2050年建成民主的社会主义现代化强国。我国将拥有高度的政治文明，实现国家治理体系和治理能力现代化，全面建成完善的社会主义市场经济体制，全面建成民主、法治的政治制度，全面建成创新型、服务型、法治型政府，全面建成现代化的党的建设制度。

三是文化建设方面，2050年建成文明的社会主义现代化强国，即成为稳定而高水平的社会主义文化强国。我国将拥有高度的精神文明，社会主义核心价值体系深入人心，国民素质和社会文明程度达到高层次水平，中国精神、中国价值、中国力量成为中国发展的重要影响力和推动力。建成全社会公共文化服务体系，文化产品丰富，文化产业在第三产业中的地位进一步提升。中国文化国际影响力居于世界前列，成为全球发展中的文化强国。

四是社会建设方面，2050年建成和谐的社会主义现代化强国。我国将拥有高度的社会文明，人民生活水平和生活质量普遍达到富裕程度，公平正义普遍彰显。全面实现城乡、区域公共服务均等化，实现教育现代化，成为位居世界前列的人力资源强国和人才强国；人均经济量位于全球前列，人均可支配收入达到较高水平，收入分配更加均衡，基尼系数稳定处于相对合理区间；实现高水平的社会保障全覆盖，社会和谐稳定，成为社会建设强国。

五是生态文明建设方面，2050年建成美丽的社会主义现代化强国。我国将拥有高度的生态文明，绿色发展方式和绿色生活方式形成并不断完善，循环经济、低碳经济体系形成并不断完善，天蓝、地绿、水清的优美生态环境成为普遍常态，经济社会发展对生态环境影响、资源能源耗费控制在可承载、可接受、自净化的范围内，人与自然和谐共生达到新境界，对全球生态安全、气候变暖、可持续发展作出较大贡献，成为全球发展中的绿色经济强国。

第二篇

经济发展：从经济高速增长到经济高质量发展

在21世纪中国全面建设、全面建成小康社会进而迈向全面建设社会主义现代化国家的历史过程中，经济发展经历了从高速增长向高质量发展的演进过程。党和国家提出中国现代化建设要走新型工业化道路，进而提出引领发展全局的“创新、协调、绿色、开放、共享”的新发展理念，面向全面建设社会主义现代化国家新征程又提出加快构建新发展格局。在经济发展从高速增长向高质量发展的演进过程中，党和国家提出加快转变经济发展方式，在党的十八大以后确立以供给侧结构性改革为主线，迈向全面建设社会主义现代化国家新征程，推动经济高质量发展，加快构建新发展格局，必须坚持以深化供给侧结构性改革为主线，坚定不移地推进供给侧结构性改革。

第五章　向经济高质量发展的演进过程

发展是当代世界各国面临的共同课题，也是中国在整个社会主义初级阶段的主题。当年在设计与领导中国改革开放的过程中，邓小平就站在时代的高度，用精辟的语言，阐述了人类社会发展的真理，深刻揭示了发展在我国社会主义现代化建设中的重要地位，在1992年的南方重要谈话中凝聚为一句话：“发展才是硬道理。”[①]在21世纪中国全面建设进而全面建成小康社会过程中，经济发展经历了从高速增长向高质量发展的演进过程，迈向全面建设社会主义现代化国家新征程，更要坚定不移推动经济高质量发展。

一、可供借鉴的若干发展理论

20世纪中叶以后，随着社会生产力水平的提高、科学技术的进步以及人类社会发展中各种危机的不断出现，与此相适应的现代化建设发展理论也在逐步演进。其间，形成、提出的一些发展理论，为我国全面建成小康社会进而全面建设社会主义现代化国家，可在一定意义上提供一些理论上的参考借鉴。

（一）深化经济发展含义的发展理论

近代工业革命以来，西方工业化国家的现代化道路，在一定意义上是把

① 《邓小平文选》第三卷，人民出版社1993年版，第377页。

工业化作为一个国家经济活动的中心内容，把追求经济增长作为一个国家经济活动的中心任务，把用国民生产总值表示的经济总量增长作为衡量一个国家经济发展的首要标志。第二次世界大战以后一段时期，西方发达国家出现经济高速增长的势头，先后实现民族独立的广大发展中国家则开始步入工业化轨道，以发展中国家经济发展为研究内容的发展经济学也开始产生、形成。一些发展经济学家认为，发展中国家推进工业化、加快经济发展的障碍源于过度的资本短缺和过度的贫困累积，推进工业化、加快经济发展就是要推进经济增长，增加国民经济总量和提升人均收入水平，从而形成了发展等于经济增长的发展理论。有的学者明确提出："经济发展问题实质上就是通过增加人均产出来提高国民收入水平，使每一个人都能消费得更多。"[①]"经济发展可以定义为物质福利持续而长期的改善……反映出产品和劳务流量的增加。"[②]按照这种观点，"发展几乎总是被视为一种经济现象，即迅速取得的总量和人均国民生产总值增长,……贫困、失业和收入分配问题都是第二位重要的"[③]。显然，根据这种发展理论，发展与经济发展、经济发展与经济增长基本上就是同义词。

基于这样的发展理论，一些发展中国家沿袭发达国家工业化、经济发展的老路，强调以经济增长为中心的传统发展战略，过分重视追求国民生产总值增长而忽视了经济进步和社会发展，虽然国家的经济总量有所增加，但总的来说却出现了所谓"有增长而无发展"的现象。经济增长没有自动带来诸如公平提高、就业增加、福利增进等社会目标的实现，粗放型的经济增长导致资源日益耗竭、生态环境遭到破坏、社会矛盾不断加剧，致使国民经济运行失衡、经济活动效率低下，资源浪费和环境破坏成为发展的代价，其后果是资源短缺、生态系统失衡、人民实际生活质量下降，最终使发展难以持续而陷入困境。这种情况使人们认识到，经济增长并不简单地等于经济发展。一位学者明确指出："在50年代和60年代，许多第三世界国家确实实现了它们的经济增长指标，但是，人民大众的生活水平却基本上依然如故。这种情

① 转引自［澳］海因茨·阿恩特:《经济发展思想史》，商务印书馆1997年版，第52页。

② 转引自［澳］海因茨·阿恩特:《经济发展思想史》，商务印书馆1997年版，第53页。

③ 郭熙保主编:《发展经济学经典论著选》，中国经济出版社1998年版，第4页。

况暴露出发展的狭义定义很不恰当。越来越多的经济学家和政策制定者现在大声疾呼要‘把国民生产总值赶下台’，并要求加强直接解决普遍存在的绝对贫困、日益增大的不平等的收入分配和日益上升的失业问题。”[①]

既然经济增长不等于经济发展，就需要对这两个范畴进行明确区分，确定经济发展的现代含义。一部较为流行的关于经济发展的著作提出：“经济增长指更多的产出，而经济发展则既包括更多的产出，同时也包括产品生产和分配所依赖的技术和体制安排上的变革。……还意味着产出结构的改变，以及各部门间投入分布的改变。”[②]“经济发展的一般定义包括：物质福利的改善，尤其是对那些收入最低的人们来说；根除民众的贫困，以及与此相关的文盲、疾病和过早死亡；改变投入与产出的构成，包括把生产的基础结构从农业转向工业活动；以生产性就业普及于劳动适龄人口而不是只及于少数具有特权的人的方式来组织经济活动；以及相应地使有着广大基础的集团更多地参与经济方面和其他方面的决定，从而增进自己的福利。”[③]显然，经济发展所包含的内容比经济增长更丰富、深刻、全面，经济发展是包括经济增长在内的整个社会经济进步的过程。

（二）强调整体综合发展的发展理论

随着发展实践的推进，人们又认识到，经济发展虽然是发展的重要内容，但经济发展并不是发展的唯一内容，发展是以人为主体的，以民族、历史、环境、资源等自身内在条件为基础的，包括经济增长、科技水平、政治民主、文化观念、社会转型等多种因素在内的整体综合发展过程。其突出的一种理论形态，是法国学者佩鲁以“新发展观”为名提出的整体综合发展理论。

1979年8月，在厄瓜多尔首都举行了“研究综合发展观”的专家会议。作为这次学术讨论会的成果，联合国教科文组织委托法国著名经济学家、法兰西学院名誉教授、法国数学科学和应用经济研究所所长弗朗索瓦·佩鲁撰写一部论述新的发展问题的著作，两年之后冠名《新发展观》出版。这部著

① 郭熙保主编：《发展经济学经典论著选》，中国经济出版社1998年版，第4页。

② ［美］查尔斯·P. 金德尔伯格等：《经济发展》，上海译文出版社1986年版，第5页。

③ ［美］查尔斯·P. 金德尔伯格等：《经济发展》，上海译文出版社1986年版，第3页。

作不是局限于提供和描述某种特定的发展模式，而是试图从哲理的高度来剖析和论证所谓“新发展观”的内涵和理论框架。

这种发展理论认为，新的发展，就是为全人类和一切人的利益服务发展，也是促进人类和人自身的发展。即是说，新的发展是以社会—人的发展为中心，经济只是一个手段，任何发展战略的出发点应该是社会—人的需要，这种需要不仅指物质需要或个人衣食住行的需要，而且包括和每个民族的文化价值与传统相一致的一系列复杂的社会、文化及精神需要。从此出发，新的发展应该是整体的、综合的和内生的。发展是整体的，是指研究发展必须有整体的观念，在各种具体分析之外，既要考虑到作为整体的社会和人类的各个方面，又要关注到人们相互依存关系中出现的各个方面的差异；发展是内生的，这是指必须充分、合理地开发和利用本国的内部力量与资源；发展是综合的，则是指发展的一体化，强调各个部门、地区和社会阶层之间的协调一致。从这些基本观点出发，任何社会经济发展决策不能只是从单纯注重数量关系的纯经济观点出发，应该强调的是人与人之间以及社会集团之间的关系，而不是简单的人与财富的关系。

这种观点认为，发展是通过产品或服务交换以及信息和服务交流而产生的人与人之间的活动展开的。从经济方面看，发展包括三方面内容：首先，发展是整体内部各组成部分之间的联结，即各个部门、各种产业、各个地区和不同企业等社会经济结构的子系统，都在商品价格和流通的网络中占有其相对的位置和重要性，并以一定的物质和知识传播为基础。其次，发展意味着各个不同部门之间直接或间接的作用与反作用，对于作用与反馈需要进行调节控制，在这个过程中，各个不同的部门或作为整体的社会改变着本身的结构，各种经济结构同社会各个集团的精神结构与社会结构密切联系，两者不断相互发生作用。最后，发展是指各种形式的人力资源在变化的结构中都有机会获得发展和发挥作用。日益强大、复杂的经济与社会机器提供日益增多、精美的经济和精神产品，要求更有能力、更为成熟的行为主体。同时，使用者和消费者也对产品数量与质量提出更高要求。在这个过程中，人不断推动着经济和社会前进，而经济和社会的发展也带动着人的发展。

这种发展理论还认为，实现经济振兴和社会进步的条件，需要满足三个要求：第一，在一个漫长的时期内，发展中国家必须就生活条件、文化和政治意志的锻炼提高个人与群体的标准；第二，必须使特殊的经济和社会结构向着最佳一般结构的方向发展，以促进该共同体每个个别成员的个性全面发展；第三，在前两个条件的基础上，必须尽可能迅速促使革新和投资获得收益，并在所有人口中普及科学文化知识。

关于发展的辩证法，这种发展理论提出，发展研究方法的各个方面都是密切联系、相互依赖的。首先，要从国内和国外市场的各种约束条件来探索人的发展，以便为人的发展和才能的发挥创造条件，这就是基本需要与购买力的辩证法。其次，要降低或减少强国所强加给发展中国家经济结构的优势，寻求进入世界经济体系的途径，这就是独立与合作的辩证法。最后，要寻求在工业和农业之间确立适度的平衡，这就是内部经济结构与外部经济结构的辩证关系。

关于发展和文化价值，这种发展理论认为，在增长、发展、进步三者的关系中，文化价值即一整套渗透于人类生活的外在形式以及思想深处的规范，是抑制和加速增长的动机的基础，并决定着增长作为一种目标的合理性。经济发展必然要经受文化价值的检验，在发展过程中，必须以艰苦卓绝的努力向着新的方向传承传统文化价值。

（三）体现人的发展地位的发展理论

这里所说体现人的发展地位的发展理论，是指联合国教科文组织提出的“以人为中心的”内源发展理论。所谓“内源发展”，即“以人为中心的内源发展”，是在联合国教科文组织的第一个中期计划（1977—1982）中开始提出，并在第二个中期计划（1984—1989）中被列为向发展中国家推行的发展模式。[①]其理论内容为：（1）强调发展的内源性和以人为中心的目的性。发展的内源性，是指起源于内部的发展，或者说发展应产生于内部。从发展的目的性来看，发展是以人为中心的发展，或者说人是发展的中心。这一方面是指，发

① 参见联合国教科文组织编：《内源发展战略》，社会科学文献出版社1988年版；康宗锟：《内源发展》，《经济学动态》1986年第3期。

展是为了满足社会成员经济、政治、社会、文化、道德和精神等的实际需要；另一方面又指人民群众必须参与发展进程及其有关决策。（2）强调本国人民的文化本性和传统的价值标准在发展中的地位，主张依靠本国的逐渐增强的能力去解决一个国家自己的问题，认为内源发展就是根植于本国人民的文化本性和传统价值标准的发展。（3）强调发展模式的多样性，认为以人为中心的内源发展模式不是强加于任何国家的无个性特征的形式，而是一个独立和自主的过程。因为既然一个社会是按其本身的文化本性和价值标准来选择发展模式的，而各国的文化本性和价值标准又是各不相同的，因而各国人民自觉自愿、自由选择的发展模式必然是多种多样的。这就是说，内源发展实际上包含着多种多样各具特色的发展模式。（4）强调发展内容的协调性和整体性，发展既包括社会系统和生态系统的协调发展，又包括社会生活一切领域相互协调的发展。（5）强调发展的实验性，把发展看作是一个持续不断的修正过程，认为政府和社会机构要在发展的社会实践中促进教育、训练和信息交流，以便人民有能力和有机会参与发展。

1985年12月，联合国教科文组织在巴黎召开了讨论内源发展的会议。教科文组织发展研究顾问科兰教授在会议主旨报告中，把“以人为中心的内源发展的要求”列举为：（1）发展应是把社会生活的一切方面结合起来的全体人民的发展，即包括所有的人在内的经济、政治、社会、文化和精神的发展；（2）无论在增长成果的分配方面还是在贡献与牺牲的分配方面都要更加公平；（3）要有一个灵活的并能不断修改的开放型计划过程，同时要注意不同社会集团的态度与动机的演变，以便对计划作出修正；（4）提倡发展的多样化和独创性，每个社会自觉地、自由地选择自己适应其文化价值与生活方式的发展模式；（5）促进发展的人道化和民主化；（6）各国都动员其资源用于实际的持久的发展，集合起来将成为全球的发展。以上这些，可以看作是对内源发展理论的一个简要概括。

（四）测量人类发展程度的发展理论

20世纪90年代开始，人类发展（Human Development）的概念被提出。1990年联合国开发计划署（United Nations Development Program，简称UNDP）

发表了第一份《人类发展报告》，提出人类发展概念以及测量人类发展程度的指标“人类发展指数”。这种理论认为，用于测量人类发展水平的指标，必须能够反映人类发展的基本内涵，既包括经济发展，也包括社会发展，要有充分可靠的数据来源，所包括的变量应是有限并便于统计的，而且测量发展是用若干基本指标构成的综合指数。根据这样的原则，人类发展指数包括三个基本指标：一是预期寿命，用出生时预期寿命来衡量，反映健康状况；二是受教育程度，用成人识字率（2/3权重）及小学、中学、大学综合入学率（1/3权重）共同衡量，反映知识水平；三是生活水平，用实际人均GDP（购买力平价美元）来衡量，反映生活状况。以上三项指标按照一定的计算方法，得出的综合指数即人口发展指数，用以测量不同国家及全球在一定时期的发展状况、发展水平，为全球及不同国家本身确定发展战略提供参考。

从1990年第一份《人类发展报告》开始，联合国开发计划署基本上每年都发表《人类发展报告》，每份报告选择一定主题，对世界各国的人类发展状况进行评估和比较。1990年报告的主题是人类发展的概念与度量；1991年报告的主题是为人类发展融资；1992年报告的主题是人类发展的全球维度；1993年报告的主题是人民的参与；1994年报告的主题是人类发展的新维度；1995年报告的主题是妇女与人类发展；1996年报告的主题是经济增长与人类发展；1997年报告的主题是从人类发展视角看贫困；1998年报告的主题是消费模式及其对人类发展的意义；1999年报告的主题是全球化与人类尊严；2000年报告的主题是人权与社会发展；2001年报告的主题是让新技术为人类发展服务；2002年报告的主题是在破碎的世界中深化民主；2003年报告的主题是千年发展目标：消除人类贫困的全球公约；2004年报告的主题是多样化世界里的文化自由；2005年报告的主题是处于十字路口的国际合作：不均衡世界中的援助、贸易与安全；2006年报告的主题是透视贫水：权力、贫穷与全球水危机；2007/2008年报告的主题是应对气候变化：分化世界中的人类团结；2009年报告的主题是跨越障碍：人员流动和发展；2010年报告的主题是国家的真正财富：人类发展进程；2011年报告的主题是可持续性与平等：共享美好未来；2013年报告的主题是南方的崛起：多元化世界中的人类进步；

2014年报告的主题是促进人类持续进步：降低脆弱性、增强抗逆力；2015年报告的主题是从实践活动与工作透视人类发展；2016年报告的主题是人类发展为人人；2018年报告的主题是2018年数据更新：人类发展指数和指标；2019年报告的主题是超越收入、超越平均、超越今天：21世纪人类发展历程中的不平等问题；2020年报告的主题是下一个前沿：人类发展与人类世。

这种测量人类发展程度的理论认为，发展作为人类自身的发展，就是要提高人民的生活质量，扩大人民发展的机会和能力。人类发展一方面体现于人民发展机会的扩大，包括接受教育和训练机会、获得公共卫生服务的机会、从事就业劳动的机会，也包括享受社会保障的机会等等；另一方面，人类发展体现于人的各种发展能力的提高，包括延长寿命的能力、享受健康身体的能力、获得更多知识的能力、参与就业竞争的能力、提高自身收入水平来购买各种商品和服务的能力、参与社会公共事务的能力、抵御经济和社会风险的能力等等。可见，发展就成为涉及人与社会各个方面的全面的发展。1997年联合国大会通过综合阐述发展理论的《发展纲领》提出，应承认发展是当代最紧迫、影响最深远的任务，必须看到发展有许多范畴——和平、经济增长、保护环境、社会正义和民主，发展的核心必须是增进人类的幸福，消除贫穷、饥饿、疾病和无知，而所用方法必须在今后的世世代代仍能持续。发展的每一个方面，对其他各个方面的成功，都极其重要。成功的发展，不可能单从任何一个方面去努力而实现，也不能将任何一个方面排斥在发展进程之外。

2019年12月，联合国开发计划署发布《2019年人类发展报告》，报告的主题为“超越收入、超越平均、超越今天：21世纪人类发展历程中的不平等问题”。报告从高素质教育、高速互联网等现代科技和气候变化的角度分析了人类发展中新一代不平等问题，认为人类社会在克服极端贫困，获得基础教育、基本卫生服务和基本技术等基本能力方面取得了一些进展，全球发展中脱离贫困、饥饿和疾病的人数空前增长，但新一代人类发展不平等正围绕教育、科技和气候变化出现，增强能力方面的不平等正在扩大，人类发展中的不平等损害了社会发展，削弱了社会凝聚力和人们对政府、各类机构与彼此之间的信任，甚至在极端情况下会使人们走上街头。因此，必须超越收入、超越平均水平、超越当下来探索、分析人类发展的不平等问题，采取相应政策，采取创新行动，纠正不平等现象，促进和减少人类发展的不平等。对于中国发展，报告认为包括中国在内的亚太地区是全球人类发展进步最快的地区。中国不仅在普及宽带互联网方面处于世界领先地位，并在提高预期寿命、教育和医疗保障等方面也取得了巨大进步。按照人类发展指数测量，1990—2018年，中国的人类发展指数从0.501跃升到0.758，增长超过了51%，跃升到"高人类发展水平"国家之列。自1990年联合国开发计划署引入人类发展指数以来，中国成为世界上唯一一个从"低人类发展水平"上升到"高人类发展水平"的国家。

2020年12月，联合国开发计划署发布《2020年人类发展报告》，报告的主题为"下一个前沿：人类发展与人类世"（2020 Human Development Report: The Next Frontier: Human Development and The Anthropocene）。报告认为，新冠肺炎疫情大流行是世界面临的最新危机，除非人类释放对自然的控制，否则这样的危机就不会是最后一次。报告提出，随着人类和地球进入一个全新的地质时代——人类世时代①，那种不平等的、碳密集型的增长驱动的人类进步模式已经走到了尽头，所有国家应通过考虑人类对地球带来的危险压力，消除阻碍变革的权力和机遇之间的严重失衡，重新设计发展的道路。故此，报告在原有的包括卫生、教育和生活水平的发展指数基础之上，首次把二氧化碳排放和材料足迹两大全新衡量指标纳入人类发展指数之中，这是人类发展指数提出30年之后的首次扩展，将人类活动对于地球生态环境的损害纳入发展指数的考量。报告指出，世界上还没有一个地方能够在避免对环境造成巨大压力的情况下，实现高度的人类发展，进入人类世时代，人类对于地球

① 人类世（Anthropocene）被认为是指地球所进入的新的地质年代。一般认为，人类世是由1995年诺贝尔化学奖得主、荷兰大气化学家保罗·克鲁岑（Paul Crutzen）于2000年提出，认为快速增长的人口和经济发展对全球环境造成巨大影响，地球在演进中已告别原来的地质年代"全新世"，人类活动对地球的影响足以开创一个新的地质时代，即人类世。进入21世纪以后，一些学者提出，地球已经进入"人类世"，与"人类世"相关联的现象包括全球气候变暖、生物栖息地减少、混凝土和塑料等物质增加等等，这些变化将存留千年或更久，正在改变地球系统。

所施加的影响力前所未有的强大，在新冠肺炎疫情、创纪录高温和不平等不断恶化的情况下，人类发展新的前沿，就是重新定义何为发展和进步，让碳足迹和消费足迹的成本不再被掩盖，尽力消除不平等现象、推进创新及友善于自然，以一种使所有人都能在这个新时代繁荣发展的方式减轻对地球的压力，支持人类社会和地球的共存。

二、全面建设小康社会进程中的经济高速增长

经济发展中包括着经济增长，经济增长是一个国家现代化建设、经济发展的重要内容，在现代化建设、经济发展中具有极其重要地位。进入21世纪实施现代化建设第三步发展战略、全面建设小康社会，需要有一个加快发展、经济高速增长的阶段。邓小平说："可能我们经济发展规律还是波浪式前进。过几年有一个飞跃，跳一个台阶，跳了以后，发现问题及时调整一下，再前进。"[①]"我们国内条件具备，国际环境有利，再加上发挥社会主义制度能够集中力量办大事的优势，在今后的现代化建设长过程中，出现若干个发展速度比较快、效益比较好的阶段，是必要的，也是能够办到的。我们就是要有这个雄心壮志!"[②]在"九五"计划即将胜利完成、我国现代化建设第二步战略目标即将实现之际，时任中共中央总书记江泽民面向21世纪明确提出加快发展、推进高速增长的要求："保持适度快速增长，是必要的，也是有条件的。在当前国际国内的经济环境下，如果没有一个较快的速度，扩大就业、增加财政收入，都会有问题。从长远看，实现跨世纪发展目标，缩小与发达国家的差距，也需要有一个较快的发展速度。"[③]"综合分析国际国内条件，我们完全有条件保持一个较快的发展速度。"[④]在党和国家战略决策的指引下，全国人民努力奋斗，总体上推进、实现了全面建设小康社会过程中10余年的

① 《邓小平文选》第三卷，人民出版社1993年版，第368页。
② 《邓小平文选》第三卷，人民出版社1993年版，第377页。
③ 《十五大以来重要文献选编》上，人民出版社2000年版，第657页。
④ 《十五大以来重要文献选编》中，人民出版社2001年版，第1399—1401页。

经济高速增长。

（一）经济高速增长的理论逻辑

在全面建设小康社会过程中推进、实现一定时期的经济高速增长，有着重要的理论依据。经济增长是一定时期整个经济动态化的表现。经济学理论表明，经济增长是指一国或一定区域在一定时期实际产出的增加，或者说是经济活动总量的增加，是生产部门的实物增长和服务部门的劳务增长的总和，也可以理解为由生产能力的扩大而带来的经济数量的增加、经济规模的扩大。但是，经济增长不仅意味着经济总量的增加，同时也包括随经济总量增加而出现的结构性变化，如三次产业在国民经济总量中所占比重的变动，物质资本、人力资本与金融资本的积累，需求、生产、贸易与就业构成的转变，以及与之相联系的人口变迁、城镇化发展等。经济增长作为一定时期经济活动总量的增加，可以用国内生产总值或国民生产总值、国民总收入等指标来衡量。经济增长对于整个现代化建设、经济发展有着重要的意义，在现代化建设、经济发展中具有十分重要的地位和作用。

首先，经济增长是整个经济发展的重要标志。经济增长是经济发展的重要组成部分，是经济发展不可或缺的重要内容。经济增长最主要的数量表现是经济总量的增加，而经济总量的增加意味着国民财富的增加，当这种增加超过人口的增长之后，人均经济量即通常所说的人均国内生产总值也就得以提高，而这一指标的提高，在一定意义上则意味着人民的物质文化生活水平将能得到提高和社会物质文化生活福利将能得以改善。正因为如此，经济增长就成为国家经济发展中要确定的重要具体目标，而人均水平或人均国内生产总值也就成为衡量一定经济发展水平的最主要的标准，一定的人均水平或人均国内生产总值指标高，表明人民收入水平高、经济发展的程度高；人均水平或人均国内生产总值的增长率高，表明国家经济发展获得一定的成功。对此，邓小平就强调，贫穷不是社会主义，发展太慢也不是社会主义。如果长期发展太慢，就不可能提高人民的生活水平，经济的繁荣、社会的稳定和国家的富强都难以实现，社会主义就会失去应有的吸引力和凝聚力，我们党和政府就会失去群众的拥护。邓小平明确地说：“加强思想政治工作，讲艰苦奋斗，都很必要，但只靠这些也还是不够。最根本的因素，还是经济增长速度，而且要体现在人民的生活逐步地好起来。”①

其次，经济增长在一定意义上是经济发展的前提和基础。经济增长并不绝对地等于经济发展，有了经济增长，并不意味着就一定能够实现经济发展，在一些发展中国家的一定发展时期中，曾出现过“有增长而无发展”或“无发展的增长”的状况。但是，经济增长在经济发展中毕竟有着十分重要的作用，经济发展毕竟要以一定的经济增长为基础和前提，并且只能在经济增长的过程中来求得和实现发展。显而易见，一定时期只有保持和获得足够的经济增长率，在发展过程中才能够克服人口增加的压力；只有实现一定的经济增长，生产和提供更多的产品与劳务，才能够满足广大人民群众不断增长的物质和文化生活需要；只有提高生产能力和扩大经济规模，才能够提供更多的就业岗位；也只有创造更多的社会财富，国家才有可能通过增加财政收入来调节社会收入分配。因此，离开了经济增长，整个经济发展就会遭遇巨大障碍；加快经济发展，在一定时期就有必要推进、实现较高经济增长。

最后，经济增长是整个经济发展自身特点的表现与反映。一个国家的经济社会进步，在很大程度上反映了经济发展的重要特征。经济发展中资源禀赋、技术水平、人力资源等因素所形成的发展约束，经济结构的具体变化过程及演进方向、所能够发挥的优势等，必然形成整个现代化建设、经济发展一定时期的特点，而诸如此类的特征在很大程度上是要通过一定的经济增长表现出来的。因此，经济发展中不同发展模式的形成，不同时期经济发展的政策选择，以及经济发展中所产生的发展差异、经济联系和利益协调等，都与经济增长有关。而这些决定了推进经济发展，必须高度重视经济增长；而在一定时期加快经济发展，也就必须推进、实现较高的经济增长。

（二）经济高速增长的实际依据

实施现代化建设第三步发展战略，在全面建设小康社会过程中推进、实现一定的经济高速增长，更有着重要的客观实际依据。

① 《邓小平文选》第三卷，人民出版社1993年版，第355页。

第一，从我国经济总量的差距来看，必须加快经济发展，推进一定时期经济高速增长。

在进入21世纪之际，我国已跻身世界经济大国行列。但相对于有关国家特别是有关大国，中国还不是经济强国，甚至还不是世界经济多极化中具有相当影响力的一极。

就经济总量而言，当时世界经济多极化中具有相当影响力的是“三极”，即美国、欧盟和日本。在世界经济总量（Gross National Income，缩写为GNI）[①]中，美国占30%以上，欧盟的德、英、法、意四国汇总占将近20%，日本占将近14%。一般认为只有至少占世界经济总量和世界贸易总额的5%以上才有资格成为经济多极化中具有相当影响力的一极，而我国当时的进出口总额刚刚超过世界贸易总额的5%，且占世界经济总量还不到4%。与美、日和欧盟相比，2000年美国的国民总收入超过9.6万亿美元，日本的国民总收入超过4.3万亿美元，欧盟中四个大国的国民总收入汇总超过6.1万亿美元，而我国只有1万多亿美元。当时我国的经济总量只是美国的11.04%，欧盟四国汇总的17.45%，日本的24.56%，德国的51.75%，英国的72.75%，法国的74.53%。显然，我国在经济总量上同发达国家存在着较大差距。如果考虑到一个国家的国土面积、人口和自然资源等因素的情况与其占有世界经济总量比重之间的对应关系，我国同发达国家的差距则更大。保罗·肯尼迪曾谈到，美国按其面积、人口、资源等要素，占有世界财富的合理比重应为16%—18%。[②]日本的人口仅占世界的2.1%（2000），国土面积大约在世界上占0.3%，有的学者指出，日本按其面积、人口和自然资源等要素，在世界经济中的恰当比重不应高于8%。[③]美国、日本等发达国家在世界经济总量中占有较高比重的情况，也在客观上说明我国在世界经济总量中的地位与本

① 国民总收入（GNI）相当于国民生产总值（GNP），是对国民收入最广义的测算。它测算的是一国居民拥有的来自国内和国外资源的全部增加值，包括国内生产总值加上来自国外来源的初级收入净额。

② “同样道理，人们会说美国的地理版图、人口和资源使它本应拥有世界财富和力量的16%或18%，但是由于有利的历史和技术环境使它在世界财富和力量中所占的比重在1945年高达40%或许更多。”见［美］保罗·肯尼迪:《大国的兴衰》，求实出版社1988年版，第647页。

③ 林利民:《未来5—10年大国经济实力对比》,《经济世界》2001年第1期。

身具有的国土面积、人口和资源等要素状况是不相适应的，中国必须加快经济发展、推进经济高速增长、扩大财富规模，对世界经济的发展作出更大的贡献。

正如邓小平当年所强调，不发展不行，发展慢了也不行，发展慢了就是不发展，发展太慢不是社会主义，“低速度就等于停步，甚至等于后退”[①]。因此，“对于我们这样发展中的大国来说，经济要发展得快一点”[②]。邓小平的这些论述，指出了一定时期争取时间、加快发展、推进高速经济增长的思路。在现代化建设的一定时期，只有加快发展，才能变被动为主动。加快发展，发展自己，就要争得较快的增长速度。发展自己需要速度，竞争需要速度，缩小同发达国家的差距更需要速度，实现现代化建设的阶段目标也需要速度。历史的经验教训表明，进行现代化建设、推进经济发展，不能要求盲目的、脱离实际的高速度，但速度低了也不行。凡是能积极争取的发展速度还是要积极争取，能快的就不要阻挡。在21世纪全面建设小康社会的过程中，要有发展的紧迫感，要坚持从实际出发，注意量力而行，抢时间争取一个适当的、比较满意的，同时是一定时期内较高的经济增长速度。

第二，从我国参与国际竞争的差距来看，必须加快经济发展，推进一定时期经济高速增长。

进入21世纪以后，我国的现代化建设面临着更加激烈的国际竞争，但我国在国际竞争力方面与其他大国却存在较大的差距。国际竞争力可以被看作一个国家在参与、融入全球经济体系、经济过程、经济活动中，创造增加值和国民财富、创新科学技术、提升整个经济发展水平与质量的综合能力。根据国际权威机构瑞士国际管理发展学院的有关国际竞争力的报告，2002年世界最具有竞争力的前10个国家和地区是：美国、芬兰、卢森堡、荷兰、新加坡、丹麦、瑞士、加拿大、中国香港、爱尔兰。虽然我国大陆地区的排名比2001年上升了两位，但仍只是第31位。

从某种意义上说，全球发展过程中国家与国家之间的综合国力竞争的支

---

① 《邓小平文选》第三卷，人民出版社1993年版，第375页。
② 《邓小平文选》第三卷，人民出版社1993年版，第377页。

撑点，就是国家的经济发展程度和科学技术水平，而我国则仍然面临着发达国家在科学技术上总体占优势的巨大压力。我国工业尤其是制造业的装备和技术水平与国际先进水平还存在较大差距，1999年1000家大型工业企业的总体竞争力在国际上仅排第38位，与前10位的发达国家差距很大。在国际分工体系和参与国际经济竞争中，我国主要出口低技术产品和劳动密集型产品，附加值低，贸易结构和贸易条件不利。我国人力资源结构不合理，熟练劳动力、技术工人和中高级人才较少，每万名劳动力中从事研发的工程技术人员不及美国、日本等发达国家的1/10，高等教育发展程度低于世界平均水平，与发达国家差距更大。在科技投入上，我国研究与开发经费（Research and Development，缩写为R&D）占国内生产总值的比重远远低于发达国家，这一指标我国2000年为1%，而发达国家为2.3%。根据全球工业化推进和科技发展的实践，研究与开发经费占GDP的比重小于1%的国家，基本处于技术引进与应用层次；具有一定引进、消化、吸收能力的国家，这一指标一般在1.5%以上；而自主创新能力较强的发达国家全部在2%以上。我国许多尖端技术和重大核心技术的自主研发能力不强，每万名劳动力中从事研究与开发的工程技术人员，不足美国、日本等发达国家的1/10，2000年我国每百万人中本国居民获准专利数只有1件，而美国为289件，日本为994件；国民经济和社会的信息化程度低于世界平均水平，更远远落后于发达国家，我国每万人互联网用户只有1，而美国为791，日本为490。根据联合国《2001年人类发展报告》首次发布的技术成就指数①和排序，2000年中国这项指数为0.299，在全世界的72个国家和地区中排名第45位，不仅大大落后于发达国家，甚至落后于马来西亚（0.396）、墨西哥（0.389）、阿根廷（0.381）等发展中国家。如此巨大的差距，对我国加快发展提出了紧迫的要求，要在激烈的国际竞争中谋求发展的制高点，就必须以一定时期较高经济增长为基础。

第三，从我国面临国防安全保障的严峻挑战来看，必须加快经济发展，

① 技术成就指数由技术创造、新兴技术应用、传统技术应用和人的技能培养4个方面能力的8项指标构成。从人类发展研究的宗旨出发，这一综合指标衡量的是各国创造、应用技术和公民享受技术成就的程度或可能性，着重评价一个国家作为整体参与创造和利用技术的情况。

推进一定时期经济高速增长。

进入21世纪，和平与发展仍是时代的主题，新的世界大战在可预见的时期内不会发生。但是，影响和平与发展的不确定因素也在增加，世界还很不安宁。世界军事变革迅猛发展，军事力量对比出现新的严重失衡。以信息技术为核心的高新技术在军事领域广泛应用，战场向陆、海、空、天、电多维空间扩展，中远程精确打击成为重要作战样式，战争形态正在向信息化方向发展。世界主要国家普遍进行军事战略调整，加快以高技术为基础的军队现代化建设。中国在增强国家整体军事实力和国防安全保障能力方面面临严峻挑战，要求中国逐步加快国防现代化建设。而加快国防现代化建设步伐，必须以加快经济发展、推进一定时期经济高速增长为基础、为前提。

在经济增长的基础上，我国的国防费用也有所增加。我国年度国防费用占国内生产总值的比例，1995年为1.09%，2001年为1.50%。但是，我国国防费用一直保持较低幅度的增长，主要是补偿性增长。1979—2001年，国防费用占同期国家财政支出的比例总体呈下降趋势，1979年为17.37%，1983年为12.57%，1987年为9.27%，1991年为9.75%，1995年为9.33%，1998年为8.66%，2001年为7.65%，2001年与1979年相比，下降近10个百分点。2000年、2001年我国年度国防费用分别为1207.54亿元人民币、1442.04亿元人民币，2002年我国年度国防费用预算为1694.44亿元人民币，占同期国家财政支出比重分别为7.60%、7.65%和8.03%。2002年我国国防支出的总体水平在世界上仍然相对较低，与美国、英国、法国等国家相比，我国国防费用占国内生产总值和国家财政支出的比重也是较低的，2002年我国的国防费用只相当于美国5.86%、英国的58.62%、法国的83.61%。

美国在国家整体军事实力和国防安全上要追求军事上的绝对优势与绝对安全，2002年的军费已达到3480亿美元，占美国政府财政支出的比重已近17%，占全球军费总支出的35%左右，超过了位居其后的15—20个最大的国防支出国的军费总和，美国的军事研究支出3倍于仅次于它的6大军事强国的军事研发支出总和。日本是世界第二的军费大国，并在走向世界军事大国方面不断出台重大举措，在机构方面提出要把防卫厅升格为防卫省；在立法方面出台了一系列法规，如《联合国维和行动合作法》《周边事态法案》《武力攻击事态法案》等，还4次修改《自卫队法》，为走军事大国的道路扫除法律障碍，把防务政策由防御型变为进攻型和扩张型，把使用武力的范围由保卫本土扩大到公海和执行维和任务的地区。中国周边的另一个发展中大国印度，已经拥有核武器，2000年的国防开支为136亿美元，2001年将近150亿美元，2002年又有相当幅度的增加。印度的国民总收入和人均国民总收入都低于中国，分别是中国国民总收入的44.23%（2002）、人均国民总收入的54.76%（2002），但印度的国防费用却接近中国。这些情况说明，在21世纪的世界竞争中，各大国都非常重视提升自己的国防实力和安全保障能力。我国要维护民族独立、促进经济发展，要维护世界和平、促进共同发展，也必须有一个强大的国防安全体系作为保障。而要逐步加强国防现代化建设，则又必须加快经济发展、保持一定时期经济高速增长，在经济增长的基础上推进国防现代化。

总之，在进入21世纪之际，中国面对着全球范围的以经济和科技为主要内容的综合国力的大竞争，经济优先已成为世界潮流，一个国家在国际上的地位很大程度上依赖于经济实力。在这场竞争中，如同逆水行舟，不进则退。我们既面临着霸权主义和强权政治的压力，又面临着发达国家在经济、科技竞争中占有优势的压力。推行霸权主义、强权政治的国家，主要是凭借其强大的经济实力对落后国家施加压力。“中国能不能顶住霸权主义、强权政治的压力，坚持我们的社会主义制度，关键就看能不能争得较快的增长速度，实现我们的发展战略。”①加快经济发展，保持和推进一定时期经济高速增长，正是进入21世纪一定时期中国现代化建设的客观要求。

（三）经济高速增长的重要成就

根据加快发展、推进较高经济增长的客观要求，在党和国家领导下，经过全国人民努力奋斗，我国保持、实现了21世纪全面建设小康社会进程中10余年的经济高速增长。

① 《邓小平文选》第三卷，人民出版社1993年版，第356页。

1. 2001—2005年“十五”时期的经济社会发展

进入21世纪全面建设小康社会，从国民经济与社会发展的规划期来看，首先是2001—2005年“十五”时期的经济社会发展。“十五”时期（2001—2005）是实施现代化建设第三步发展战略、全面建设小康社会的第一个5年，可以说是继往开来的5年。在发展中我们党对经济社会发展规律的认识有了新的飞跃，提出了以人为本、全面协调可持续的科学发展观和建设社会主义和谐社会的重大战略思想。面对亚洲金融危机后世界经济低迷、石油价格大幅上涨、恐怖主义猖獗等风云变幻的国际环境，我国应对加入世界贸易组织后的新变化，应对并战胜非典疫情和重大自然灾害的挑战，有效抑制了经济运行中的不稳定和不健康因素，经济社会保持着良好的发展势头，开始进入新一轮的经济高速增长时期，社会主义现代化建设取得重大成就。

“十五”时期，我国经济增长进入上升期，实现了年平均接近10%的经济高速增长。国内生产总值由2000年的99215亿元上升到2005年的182321亿元，平均每年以9.5%的速度递增。经济快速发展、高速增长使我国在世界的地位持续提高。2005年我国的经济总量超过意大利、法国和英国，跃居世界第四位，国内生产总值占世界的份额提高到5.0%。人均GDP则由2000年的7858元（949美元）提高到2005年的13985元（1707美元），稳定处在下中等收入国家行列，在向上中等收入国家行列中推进发展迈出重要一步。

以经济高速增长为基础，经济社会发展诸多方面取得重要进展。在农村农业发展方面，党中央、国务院采取了多项支持“三农”的政策，建设社会主义新农村，特别是全面取消农业税，延续了2000多年的农业税在“十五”时期退出了我国历史舞台，极大地调动了农民的生产积极性，促进了农业发展、粮食增产。在重大项目建设方面，一批对经济社会长远发展有重大促进作用的项目相继建成投产、发挥效益，西气东输管道工程实现全线商业运营，青藏铁路全线通车，三峡工程进展顺利，西电东送形成输送能力。在科技发展方面，2001—2005年，全国研究与开发经费支出达8203亿元人民币，占同期国内生产总值的1.16%，其中2005年达到1.3%；组织实施一大批“863”计划课题，安排高技术产业化示范工程项目，在国际上率先完成水稻基因组测序工作，“神舟五号”“神舟六号”载人航天飞行取得圆满成功，成功开发纳米“超级开关”材料，成功研制并启用10万亿次高性能计算机，自主建成的大型商用核电站秦山核电站二期工程建成并投入商业运行。

对外开放成效显著。“十五”第一年，我国成功加入世界贸易组织，对外经济贸易环境发生了深刻而重大的变化。5年间，对外经济迅猛发展，外贸进出口持续快速增长。2005年，我国进出口贸易总额达14221亿美元，比2000年增长199.8%，平均每年增长24.6%，进出口贸易总额占我国GDP的比重已经接近65%。我国进出口贸易总额在世界各国和地区的排名由2000年的第八位跃居到第三位，成为仅次于美国和德国的贸易大国。2005年，我国出口额为7620亿美元，比2000年增长205.8%，平均每年增长25%。

人民生活水平有较大幅度提高，城乡居民生活进一步改善。“十五”时期，实施积极的就业政策，把扩大就业摆在经济社会发展更加突出的位置，平均每年实现城镇新增就业人口836万人，5年共增加就业人员4180万人。2005年，城镇居民人均可支配收入达10493元，扣除价格因素，比2000年实际增长58.3%，年均增长9.6%；农村居民人均纯收入达3255元，扣除价格因素，比2000年实际增长29.2%，年均增长5.3%。居民消费结构明显改善，生活质量持续提高。2005年城镇居民家庭恩格尔系数为36.7%，农村居民家庭恩格尔系数为45.5%，分别比2000年降低2.7和3.6个百分点。

“十五”时期经济快速发展、经济高速增长，我国的经济实力、综合国力和国际地位显著提高，为我国21世纪现代化建设、全面建设小康社会奠定了更坚实的基础。

2. 2006—2010年“十一五”时期的经济社会发展

“十一五”时期（2006—2010），是实施现代化建设第三步发展战略、全面建设小康社会的第二个5年，可以说是全面建设小康社会发展中的极不平凡的5年。面对国内外环境的复杂变化和重大风险挑战，全国全面贯彻落实科学发展观，有效应对国际金融危机的巨大冲击，保持了经济平稳较快发展的良好态势，总体上继续保持、实现经济高速增长，社会主义现代化建设进一步取得重大成就。

我国“十一五”时期仍然处于经济高速增长时期，实现了平均11%以上的高速经济增长。在“十一五”发展阶段中，2008年遭受百年不遇的国际金融危机的巨大冲击和影响，我国采取重大举措果断应对，经济增速在世界各国中实现率先回升。2006—2010年，我国国内生产总值年均实际增长达11.2%，远高于同期3.5%的世界平均水平。2010年，我国国内生产总值达到397983亿元，扣除价格因素，比2005年增长69.9%。经济总量居世界位次稳步提升，国内生产总值在2008年超过德国，位居世界第三位；2010年超过日本，成为仅次于美国的世界第二大经济体。GDP占世界的比重，从2005年的5%提高到2010年的9.5%。人均国内生产总值2010年达到29748元人民币，扣除价格因素，比2005年增长65.7%，年均实际增长10.6%。按美元计算，人均国内生产总值2010年突破4000美元，根据世界银行的划分标准，在中等收入国家行列中从下中等收入发展阶段开始迈入上中等收入发展阶段。

以经济高速增长为基础，经济社会发展诸多方面取得重要进展。我国战胜了四川汶川特大地震、青海玉树强烈地震、甘肃舟曲特大山洪泥石流等重大自然灾害；成功举办了2008年北京奥运会和2010年上海世博会，实现了中国人的百年梦想；社会保障体系的框架在这一时期基本确立，城乡养老、医疗和最低生活保障制度建设取得突破性进展。在科技发展方面，2010年，研究与试验发展（R&D）经费支出6980亿元，比2005年增长1.85倍，占国内生产总值的1.75%，比2005年提高0.43个百分点；“神舟七号”载人航天飞行取得圆满成功，“嫦娥一号”“嫦娥二号”卫星成功发射，首台千万亿次超级计算机系统“天河一号”调试成功，第一台深海载人潜水器“蛟龙一号”下海测试成功。

对外开放水平进一步提升。2010年，我国货物进出口总额29728亿美元，比2005年增长了1.09倍，平均每年增长15.9%。我国进出口贸易总额在世界各国和地区排名，2009年超过德国，上升至世界第二位。其中，货物出口额从世界第三位上升至世界第一位，货物进口额从世界第三位上升至世界第二位。我国货物进出口总额占世界的比重，在2010年接近10%。

人民生活水平有较大幅度提高，城乡居民生活进一步改善。就业规模不断扩大，城镇新增就业年均1100万人以上，5年共增加就业人员5771万人。2010年，城镇居民人均可支配收入19109元，比2005年增长82.1%，扣除价格因素，年均实际增长9.7%；农村居民人均纯收入5919元，比2005年增长81.8%，扣除价格因素，年均实际增长8.9%。其中，2010年农村居民人均纯收入实际增长10.9%，比城镇居民人均可支配收入实际增速近3.1个百分点。

“十一五”时期经济快速发展、经济高速增长，我国综合国力大幅提升，人民生活明显改善，国际地位和影响力显著提高，为我国21世纪现代化建设、全面建设小康社会，为21世纪第二个10年的发展奠定了重要基础。

3. 党的十六大至十八大10年的经济社会发展

就经济增长周期来看，这一时期的高速经济增长，实际上是从完全摆脱20世纪末亚洲金融危机影响、经济增长开始上行的2003年起始的，延续到“十二五”时期初。因此，实际上也就是党的十六大到十八大的10年。

完整地总结10年发展，我国紧紧抓住进入21世纪的重要战略机遇，有效应对来自于国际国内、经济社会自然方面的一系列重大挑战，变压力为动力，化挑战为机遇，坚定不移推进全面建设小康社会，总体上保持、实现平均每年高达10.7%的经济高速增长速率。以经济高速增长为基础，整个现代化建设、经济社会发展取得了巨大成就。①

客观而言，保持10年经济高速增长，我们也付出了极为昂贵的成本与代价，经济高速增长过程中也积累了许多方面的矛盾与困难，我国发展中不平衡、不协调、不可持续问题依然突出，经济增长受资源环境的约束加剧，科技创新能力不强，产业结构不合理，城乡区域发展差距和居民收入分配差距依然较大，社会矛盾明显增多，消极腐败现象较为突出，等等。对于这些，必须清醒认识、科学判断、准确把握、高度重视，进而在新的发展中采取措施、克服困难、缓解矛盾、解决问题。

---

① 在第三章“两大战略期与全面建成小康社会”的“全面建成小康社会战略布局与目标实现”中，论及进入全面建成小康社会新阶段时，对于10年经济社会发展情况、成就进行了说明。

但是，决不能因此而否定这10年中国的经济高速增长。这10年的经济高速增长，是改革开放以后30多年发展中，高速经济增长周期最长、经济运行状况最好的时期；这10年的经济高速增长，使得改革开放以后中国的整个经济发展发生了重大的质的变化与提升，现代化建设、经济社会发展上了一个大台阶；这10年的经济高速增长，为接下来全面建成小康社会，进而迈向全面建设社会主义现代化国家奠定了重要基础。正如党的十八大报告所肯定："十年来，我们取得一系列新的历史性成就，为全面建成小康社会打下了坚实基础。我国经济总量从世界第六位上升到第二位，社会生产力、经济实力、科技实力迈上一个大台阶，人民生活水平、居民收入水平、社会保障水平迈上一个大台阶，综合国力、国际竞争力、国际影响力迈上一个大台阶，国家面貌发生新的历史性变化。"①

三、全面建成小康社会中转向经济高质量发展

现代化建设、经济发展本身就是一个动态过程，必然形成层次有别、前后相继的不同发展阶段，迈向具有质的变化的新层次、新形态，进而把经济发展提高到一个又一个新的发展高度，完成一步又一步的现代化建设战略目标。正是在党的十八大以后，现代化建设进入全面建成小康社会新阶段，经济发展进入新常态，我国经济开始由经济高速增长转向高质量发展。

（一）转向经济高质量发展的客观依据

进入全面建成小康社会新阶段，经济发展进入新常态，新常态下经济发展的显著特点，突出地从增长速度转向、经济结构变化、经济动力转换三个基本方面展现出来，可以概括为增速换挡、结构优化和动能转换。这些新情况、新特点，客观上要求经济高质量发展。

1. 经济转向高质量发展是新常态下增速换挡的客观要求

进入经济发展新常态，其重要变化、显著特点之一就是增速换挡，即经

①《中国共产党第十八次全国代表大会文件汇编》，人民出版社2012年版，第6页。

济增长速度开始从高速增长向中高速增长转变，经济高质量发展就是适应新常态下增速换挡的客观要求。

改革开放以来的很长时期，中国经济都保持了10%左右的高速增长。看1978—2011年33年，中国经济年均增长9.9%；看进入21世纪党的十六大到2012年党的十八大的10年，中国经济年均增长10%以上；看“十一五”期间（2006—2010），中国经济年均增长11.2%。

但是，从“十二五”时期开始，中国的经济增长出现了下行趋势。2010年中国的经济增长，国家统计局最初公布的数据为10.3%，2012年1月国家统计局公告发布2010年GDP最终核实数据为10.4%。进入“十二五”，中国经济逐年下行，2011年的经济增长最终核实为9.3%，2012年的经济增长最终核实为7.7%，2013年的经济增长也为7.7%，2014年的经济增长最终核实为7.3%，2015年的经济增长最终核实为6.9%。从“十二五”收官之年开始，我国经济增长进入7%以下的运行区间。可见，不论是与前30多年的平均增长率比较，还是与21世纪以来、“十一五”时期的经济增长率比较，“十二五”时期以来中国的经济增长下行确实无疑。

新常态下经济增长从10%左右的高速增长转向中高速增长，客观上要求提升经济发展的质量与效益，以高质量发展促进现代化建设推进。改革开放以来30多年平均年10%左右的经济高速增长，是中国发展取得巨大成就的突出表现。但是，与此同时也积累了资源衰竭、生态恶化、环境污染、发展失调等一系列突出问题和矛盾，经济社会对于10%上下的高速增长，甚至超高速增长的承受力加速递减，基本上已达不堪重负的程度，明显出现了“四个难以为继”。一是资源难以为继，资源难以支撑高投入、高耗费的经济高速增长；二是环境难以为继，局部改善、总体恶化的生态环境态势在高污染的经济高速增长中难以从根本上扭转；三是结构难以为继，失衡、失调的经济结构在粗放型的经济高速增长条件下难以实现根本上的优化升级；四是社会难以为继，一系列愈益复杂、尖锐的社会矛盾和冲突表明社会发展难以承受经济高速增长的重负。因此，继续保持如前30多年10%左右的经济高速增长难以为继，就如一个运动员以百米冲刺的速度跑了一段赛程以后不可能继续保持一样。所以，现代化建设不能再追求以前10%左右的经济高速增长。如果一定还要保持如前30多年的经济高速增长，其结果必定仍然是粗放型的高增长，只有转向高质量发展，才能推进经济发展整体转型，缓解乃至解决“四个难以为继”问题，从根本上、源头上扭转粗放型发展方式，加快形成引领新常态的科学发展方式，实现“十三五”发展、全面建成小康社会奋斗目标，迈向全面建设社会主义现代化国家新征程。

2. 转向经济高质量发展是新常态下结构优化的客观要求

进入经济发展新常态，其又一个重要变化、显著特点就是结构优化，即经济结构开始向着优化升级方向转变，经济高质量发展就是适应新常态下结构优化的客观要求。

在中国特色新型工业化道路的推进中，我国经济结构逐步优化。产业结构不断升级，从落后的农业国发展成为世界制造业大国并正向服务业主导型经济转变。从三次产业结构看，第一产业增加值占国内生产总值比重明显下降，第二产业增加值在绝对量不断提高的前提下占国内生产总值比重适度下降，第三产业增加值占国内生产总值的比重逐步提高。2013年第三产业增加值达到46.1%，第一次超过第二产业的43.9%，2015年则超过50%，在国内生产总值中占据半壁江山，成为国民经济三次产业中的第一大产业。进入新常态，产业发展呈现由工业主导型向服务业主导型转变的新趋势。

经济结构改善的又一个重要表现是城乡结构。在中国特色新型城镇化道路的推进中，城镇化迅猛发展，城镇化水平不断提高。我国2011年常住人口城镇化率首次突破50%，达到51.27%，比2002年提高12.18个百分点，城镇总人口比2002年增长了37.6%，乡村总人口减少了16.1%，城乡结构发生历史性变化。2013年，我国常住人口城镇化率达到53.73%，2015年常住人口城镇化率超过56%。这标志着在中国发展的历史过程中，农民占总人口的绝大多数、大多数、多数的情况已经从根本上开始发生重大变化，进入新常态，常住、生活、工作在城镇的人口已经占总人口的多数，城乡结构确实开始出现重要改善。

中国城镇化率变动情况

年份	2002年	2011年	2012年	2013年	2014年	2015年
常住人口城镇化率（城镇人口占总人口比重）	39.09%	51.27%	52.6%	53.73%	54.77%	56.1%

资料来源　根据国家统计局有关统计公报整理。

经济结构改善还表现在区域结构上不同区域发展的协调性有所增强，需求结构上内需拉动经济增长的作用不断提升，消费结构上居民消费比重逐步扩大并日益多元化，等等。正如习近平总书记所指出，经济发展新常态的一个显著特点，就是“经济结构不断优化升级，第三产业、消费需求逐步成为主体，城乡区域差距逐步缩小，居民收入占比上升”[①]。

新常态下经济结构开始向着优化升级方向演进，客观上要求通过高质量发展稳定开始形成的结构优化升级趋势，促进产业新体系的构建和城乡区域发展协调性的增强。

一方面，进入新常态以后，我国经济结构优化升级刚刚开始形成趋势，整个经济结构的合理化程度还不够高，产业发展总体质量和效益有待进一步提升，城乡区域发展的协调性有待进一步增强。随着经济增长趋势的转变，支撑经济高速增长的传统产业发展动力开始减弱，新的竞争优势还在形成之中，城乡区域协调发展也需要培育新的发展极与增长点。只有转向高质量发展，才能稳定并促进结构优化趋势的继续扩展，为构建产业新体系、形成城乡区域协调发展新格局提供坚实基础。另一方面，进入新常态以后，我国经济结构优化升级面对着全球经济发展的重大变革，新一轮科技革命的突破和全球分工格局的重塑，发达国家推动再工业化和其他发展中国家竞相加快推进工业化进程，为我国继续推进经济结构转型升级既带来了难得的历史机遇，也使我国经济结构继续优化升级面临高端回流和中低端分流的双向挤压。只有高质量发展，才能塑造国际竞争新格局中我国的竞争新优势，为更

① 中共中央文献研究室编：《习近平关于社会主义经济建设论述摘编》，中央文献出版社2017年版，第74页。

深更广地融入全球发展、提升我国在全球发展中的地位和国际竞争力提供有力支撑。

3. 转向经济高质量发展是新常态下动能转换的客观要求

进入经济发展新常态，还有一个重要变化、显著特点是动能转换，即经济发展动力从要素驱动、投资驱动转向创新驱动，经济高质量发展就是适应新常态下动能转换的客观要求。

经济发展需要动力，这些动力包括土地、资源、劳动力等各种生产要素的投入，也包括技术进步、创新驱动。新中国成立以后乃至改革开放以来相当长的时期内，虽然也强调并努力促进科技进步，但经济增长与发展相当程度上首先或主要是依靠土地、资源、劳动力等各种生产要素的增加、投资的扩大。在经济发展进入新常态以后，这种情况开始发生重要变化。

经过多年不懈努力，我国科技创新整体能力持续提升，在基础科学、前沿科学和战略高技术领域，取得一系列具有国际影响力的重大理论、技术和工程成果，有多复变函数论、陆相成油理论、人工合成牛胰岛素等成就，有高温超导、中微子物理、量子反常霍尔效应、纳米科技、干细胞研究、肿瘤早期诊断标志物、人类基因组测序等基础科学突破，有“两弹一星”、超级杂交水稻、汉字激光照排、高性能计算机、三峡工程、载人航天、探月工程、移动通信、量子通信、北斗导航、载人深潜、高速铁路、航空母舰等工程，一些重要领域跻身世界先进行列，某些前沿方向开始进入并行、领跑阶段。企业创新能力快速提升，发明专利授权量居世界第二，产业的技术含量不断提升，高速铁路、核电、第四代移动通信、特高压输变电等一系列重大技术取得突破，带动产品和装备走向世界。我国创新驱动发展已经具备良好的基础。

进入经济发展新常态，我国科技发展正在进入由量的增长向质的提升的跃升期，科研体系日益完备，人才队伍不断壮大，科学、技术、工程、产业的自主创新能力快速提升。经济转型升级、民生持续改善和国防现代化建设对创新提出了巨大需求。庞大的市场规模、完备的产业体系、多样化的消费需求与互联网移动智能时代创新效率的提升相结合，为创新提供了广阔空间。新型工业化、信息化、城镇化、农业现代化同步发展、并联发展、叠加发展，为创新驱动提供了巨大的发展前景。社会主义市场经济体制的不断完善，为转向创新驱动发展提供了制度与体制保障。

从总体上看，在经济发展进入新常态以后，传统发展动力不断减弱，创新驱动功能日益提升，创新驱动在打造发展新引擎、培育增长新亮点、塑造领先新优势、开辟发展新空间等方面的作用不断增强，我国经济发展动能已经开始从要素驱动向创新驱动转换。转向高质量发展就是要强化创新驱动的重大作用，真正使创新成为新常态下引领发展的第一动力，促进科技创新与制度创新、管理创新、商业模式创新、业态创新和文化创新等相结合，推动发展方式向依靠持续的知识积累、技术进步和劳动力素质提升转变，推动整个经济发展向形态更高级、分工更精细、结构更合理的阶段演进。

（二）转向经济高质量发展的全球背景

现代化建设进入全面建成小康社会新阶段、经济发展进入新常态以后，我国发展仍处于可以大有作为的重要战略机遇期，同时也面临诸多矛盾叠加、风险隐患增多的严峻挑战。从全球发展来看，和平与发展的时代主题没有变，世界多极化、经济全球化、文化多样化、社会信息化深入发展，世界经济在深度调整中曲折复苏，新一轮科技革命和产业变革蓄势待发，全球治理体系深刻变革，发展中国家群体力量继续增强，国际力量对比逐步趋向平衡。同时，国际金融危机深层次影响在相当长时期依然存在，全球经济贸易增长乏力，保护主义抬头，地缘政治关系复杂变化，传统安全威胁和非传统安全威胁交织，外部环境不稳定不确定因素增多。世界经济发展进入新的转折，经济全球化开始进入一个新的发展时期，应对全球经济发展中的严峻挑战，必须转向经济高质量发展。

首先，转向高质量发展是应对全球经济增长乏力的现实要求。2008年国际金融危机发生以后，全球经济进入了低速增长的时期。据国际货币基金组织统计，从2002年到2007年，世界经济年均增长速度为4.4%，而在国际金融危机本身结束以后的数年，世界经济年均增长速度大致在2%—3%。在以后一个相当长的时期内，世界经济难以回归较高的、较长时期持续的经济增长状态。国际金融危机以后，在对全球经济增长预测时，世界银行和国际货币基金组织纷纷下调增长预期，说明世界经济增长放缓是一个不争的事实，世界经济的不确定性和脆弱性不容忽视。从世界经济增长乏力的状态来看，一些主要经济体的需求不振、经济增长疲弱，全球大宗商品价格维持低位、贸易以及资本流动放缓，全球经济增速减缓必然会持续一定的时期，世界经济难以立即回归较高增长。面对全球经济增长乏力的严峻挑战，必然要求我国经济转向高质量发展，提高供给与需求的质量和效益，培养、稳固新的经济增长点，才能实现全球经济低速增长环境中我国经济的持续健康稳定发展。

其次，转向高质量发展是应对世界经济深度调整的现实要求。在我国经济发展进入新常态之际，世界经济也进入一个新的深度调整期，包括国际市场需求结构的调整、全球经济生产结构的调整以及世界贸易格局的调整。从国际市场需求结构的调整来看，发达国家的低储蓄、高消费难以维系，居民储蓄率有所上升，消费率将继续下降，国际市场需求短期内不会恢复快速增长，甚至会相对收缩；从全球经济生产结构的调整来看，许多国家都要继续促进本国经济的恢复，发达国家提出再工业化、再制造业化、工业4.0等，发展中国家要振兴本国经济，全球生产能力供给将会有所增加，供给结构必然发生较大变化；从世界贸易格局的调整来看，突出的表现是贸易保护主义倾向强化，美国等许多国家针对中国纷纷采取贸易保护主义措施，一些国家扩大出口的要求愈益强烈，各国保护国内市场和争夺国际市场的竞争日趋激烈，国际贸易中的不确定因素增多。全球经济的深度调整，必将对我国经济新常态下推进发展提出新的要求。我国显然不可能再过分依赖国际市场需求的过度扩张，不可能在国际竞争中以数量形成竞争优势，也不可能再站在全球生产价值链低端应对各种保护主义。只有转向高质量发展，更加注重提高经济活动的质量与效益，实现整体经济转型，真正构建和确立新发展理念引领、符合科学发展要求的新的经济体系，才能适应全球经济深度调整的要求，实现现代化建设、经济发展的持续健康稳定推进。

最后，转向高质量发展是争创国际竞争新优势的现实要求。世界经济在发展中，已经发生并持续发生广泛而深刻的变化，科技进步日新月异，知识创新、技术创新、制度创新、管理创新正逐渐成为推动经济社会发展的引领力量，成为有效利用全球资源的核心要素和主要动力。世界正在进入信息化、数字化、网络化的时代，宽带、无线、智能网络继续快速发展，超级计算、虚拟现实、网络制造和网络增值服务产业等突飞猛进。人们正在逐渐突破语言文字的壁障，发展网络教育与学习、研发制造、贸易服务等新模式，生产与消费方式、产业结构、社会组织结构与管理方式正逐渐进一步深刻改变。尤其是在全球经济的深度调整中，世界上许多国家把新能源、新材料、生物医药、低碳技术、绿色经济等作为新一轮的经济发展重点，以求抢占全球经济发展新的制高点。这些从客观上提出了以本国竞争新优势参与经济全球化的新要求。改革开放以来，我国的对外开放、融入经济全球化进程、参与国际竞争取得了巨大成就，但主要依靠的是传统优势，包括低劳动力成本、适用低水平技术的推广应用以及一定程度上对资源粗放型消耗与生态环境恶化的承受。随着经济发展的推进，传统的竞争优势逐渐弱化，经济发展深层次矛盾则愈益突出。我国由于自主创新能力不强，缺乏核心技术，缺少自主知识产权，缺少世界知名品牌，不得不更多地依靠廉价劳动力的比较优势换来微薄的利益，成为低端产品的“世界工厂”。这种状况若不改变，我国在激烈的国际经济竞争中就将会处于战略被动地位。只有真正转向高质量发展，提升整个经济发展的质量与效益，才能形成全球发展新条件下、世界经济深度调整期参与国际经济合作和竞争的新优势。

总而言之，从全球发展来看，我国经济必须全面、总体转向高质量发展，扩大高层次、高质量的开放型经济，满足世界经济新形势下的有效需求，才能应对全球经济增长乏力、世界经济深度调整以及争创国际竞争新优势的严峻挑战，不断提高应对国际风险的能力，为长期的持续健康稳定发展创造更多的机会和动力，进而实现更高质量、更有效率、更加公平、更可持续的发展。

（三）转向经济高质量发展的明确提出

正是从我国全面建成小康社会新阶段、经济发展新常态的客观依据出发，适应应对全球发展严峻挑战的现实要求，我国明确提出要从经济高速增长转向经济高质量发展。而提出、要求转向经济高质量发展，经历了一个一脉相承、与时俱进的过程。

1.改革开放后提出转到以提高经济效益为中心的轨道

经济高质量发展的重要内涵、重要内容，体现为经济活动的较高效率、良好效益，因而突出、重视经济增长和发展中的效率与效益，实际上在一定意义上也是突出、重视经济发展质量。改革开放以后，在转向以经济建设为中心、强调加快发展、实施现代化建设前两步发展战略的过程中，党和国家就不断强调、要求经济建设中的效率与效益，在一定意义上体现了对经济发展质量的重视。

1982年党的十二大明确确定1980—2000年现代化建设奋斗目标时，强调的是要以不断提高经济效益为前提；在对现代化建设进行具体部署时，更是明确提出："要继续坚定不移地贯彻执行调整、改革、整顿、提高的方针，厉行节约，反对浪费，把全部经济工作转到以提高经济效益为中心的轨道上来。"①此后，在实施与推进现代化建设第一步、第二步发展战略的过程中，提高经济效益就成为经济增长和发展的一个战略要求。

1987年党的十三大报告，在对实现第二步发展战略部署时提出："必须坚定不移地贯彻执行注重效益、提高质量、协调发展、稳定增长的战略。"而且明确说明这个战略的基本要求就是："努力提高产品质量，讲求产品适销对路，降低物质消耗和劳动消耗，实现生产要素合理配置，提高资金使用效益和资源利用效率，归根到底，就是要从粗放经营为主逐步转上集约经营为主的轨道。"②显然，已经把提高质量、注重效益放在了经济发展中的重要地位。

进入20世纪90年代，中国改革开放和现代化建设处于新的关键时期，1992年年初邓小平视察武昌、深圳、珠海、上海等地，就改革开放、现代化建设的重大问题发表南方谈话。邓小平在强调抓住时机、发展自己、加快速度的同时，并没有忽视发展的质量与效益。邓小平指出："能发展就不要

① 《中国共产党第十二次全国代表大会文件汇编》，人民出版社1982年版，第18页。

② 中共中央文献研究室编：《十三大以来重要文献选编》上，人民出版社1991年版，第17页。

阻挡，有条件的地方要尽可能搞快点，只要是讲效益，讲质量，搞外向型经济，就没有什么可以担心的。”邓小平还特意说明：“我国的经济发展，总要力争隔几年上一个台阶。当然，不是鼓励不切实际的高速度，还是要扎扎实实，讲求效益，稳步协调地发展。”①

1992年党的十四大作出建立社会主义市场经济体制、加快现代化建设发展步伐的重大决策，在把经济增长速度目标从原来的6%提高为8%—9%时，提出要在提高质量、优化结构、增进效益的基础上努力实现这样的发展速度，并且要求：“要真抓实干，大胆而又细致地工作，齐心协力办好几件大事，走出一条既有较高速度又有较好效益的国民经济发展路子。”②

在现代化建设第二步发展战略即将完成、即将迈向实施现代化建设第三步发展战略的1997年，党的十五大提出要调整和优化经济结构，要求“着眼于全面提高国民经济整体素质和效益，增强综合国力和国际竞争力，对经济结构进行战略性调整”。十五大报告面向21世纪现代化建设，明确提出：“要坚持社会主义市场经济的改革方向，使改革在一些重大方面取得新的突破，并在优化经济结构、发展科学技术和提高对外开放水平等方面取得重大进展，真正走出一条速度较快、效益较好、整体素质不断提高的经济协调发展的路子。”③

可以看出，从改革开放之初党的十二大到1997年面向21世纪的党的十五大，党和国家提出的“把全部经济工作转到以提高经济效益为中心的轨道上来”“坚定不移地贯彻执行注重效益、提高质量、协调发展、稳定增长的战略”“走出一条既有较高速度又有较好效益的国民经济发展路子”“真正走出一条速度较快、效益较好、整体素质不断提高的经济协调发展的路子”，都体现了现代化建设的一个基本要求，就是现代化建设、整个经济发展必须注重质量与效益，中国的现代化建设发展道路，应该是体现发展质量提高、经济效益良好、整体素质增强的发展道路。这些为21世纪现代化建设发展中转

① 《邓小平文选》第三卷，人民出版社1993年版，第375页。

② 中共中央文献研究室编：《十四大以来重要文献选编》上，人民出版社1996年版，第16—17页。

③ 中共中央文献研究室编：《十五大以来重要文献选编》上，人民出版社2000年版，第25、20页。

向经济高质量发展奠定了战略决策上的基础，现代化建设、经济转向高质量发展就是这些战略决策的既一脉相承，又与时俱进。

2.进入21世纪强调经济高速增长必须注重质量与效益

中国现代化建设进入21世纪以后，在全面建设小康社会、经济高速增长的过程中，党和国家没有忽视发展质量和效益的重要性，而是反复强调推进经济高速增长必须注重增长的质量与效益。

2002年党的十六大报告总结社会主义现代化建设的宝贵经验之一，就是坚持以经济建设为中心，发展要有新思路，实现速度和结构、质量、效益相统一；在对物质文明建设、经济发展进行部署时要求：“走新型工业化道路，必须发挥科学技术作为第一生产力的重要作用，注重依靠科技进步和提高劳动者素质，改善经济增长质量和效益。”[①]

2007年党的十七大提出夺取全面建设小康社会新胜利，十七大报告全面论述了全面建设小康社会的科学发展观，强调了科学发展观的第一要义是发展，发展对于全面建设小康社会、加快推进社会主义现代化，具有决定性意义，必须坚持把发展作为党执政兴国的第一要务，着力把握发展规律、创新发展理念、转变发展方式、破解发展难题，提高发展质量和效益，实现又好又快发展，为发展中国特色社会主义打下坚实基础。[②]根据贯彻落实科学发展观的要求，国家的“十二五”规划纲要对“十二五”时期国民经济和社会发展进行部署时，所提出的这一时期经济社会发展目标的重要内容，就是经济增长质量和效益明显提高，合理调控经济增长速度，更加积极稳妥地处理好保持经济平稳较快发展、调整经济结构、管理通胀预期的关系，实现经济增长速度和结构质量效益相统一。与此同时，国家宏观调控目标也在适度下调，“十二五”规划纲要明确提出，“十二五”时期中国经济平均年增长率的预期目标为7%；“十二五”时期年度的经济增长调控目标分别是，2011年的经济增长预期目标为8%左右，2012年、2013年、2014年的经济增长预期目标均为7.5%左右，2015年的经济增长预期目标为7%左右。

① 《中国共产党第十六次全国代表大会文件汇编》，人民出版社2002年版，第8、21页。
② 《中国共产党第十七次全国代表大会文件汇编》，人民出版社2007年版，第14—15页。

2012年党的十八大面向全面建成小康社会新阶段，强调以经济建设为中心是兴国之要，发展仍是解决我国所有问题的关键，坚持发展是硬道理的本质要求就是坚持科学发展，要适应国内外经济形势新变化，把推动发展的立足点转到提高质量和效益上来。①

21世纪以来在全面建设小康社会进程中，党和国家所提出的现代化建设、整个经济发展要提高质量和效益的战略思想，为党的十八大以后确立从经济高速增长转向高质量发展进一步提供了战略决策上的基础。

3.党的十八大后明确提出并确定转向经济高质量发展

必须指出，作为继续推进中国现代化建设、决胜全面建成小康社会、全面建设社会主义现代化国家的大政方针、发展要求，明确提出并确定转向经济高质量发展，是在党的十八大以后以习近平同志为核心的党中央领导集体作出的重大战略决策。

（1）转向经济高质量发展的决策依据是经济发展进入新常态的重大判断

党的十八大以来，我国对现代化建设经济发展阶段的认识不断深化。在2013年年底中央工作经济会议的讲话中，习近平总书记在论述我国经济增长趋势变动时讲到了新常态，作出“三期叠加”的判断。习近平总书记指出：“面对世界经济持续低迷的复杂局面，面对我国经济增长速度换挡期、结构调整阵痛期、前期刺激政策消化期‘三期叠加’的状况，经济形势可以说是变幻莫测、瞬息万变。我们强调要冷静观察、谨慎从事、谋定而后动。”②

2014年5月，习近平总书记在河南考察时，从整个经济发展的视野明确提出经济发展新常态。习近平总书记指出，我国发展仍处于重要战略机遇期，我们要增强信心，从当前我国经济发展的阶段性特征出发，适应新常态，保持战略上的平常心态。进而在考察中，习近平总书记提出了要推动“三个转变”，即推动中国制造向中国创造转变、中国速度向中国质量转变、

① 《中国共产党第十八次全国代表大会文件汇编》，人民出版社2012年版，第18页。

② 中共中央文献研究室编：《习近平关于社会主义经济建设论述摘编》，中央文献出版社2017年版，第73页。

中国产品向中国品牌转变。[①]这里，已经提出了经济发展从速度转向质量的要求。此后，习近平总书记、党中央反复强调经济发展新常态，对经济发展新常态进行了完整的论述说明。

根据经济发展新常态的重大判断，2014年年底的中央经济工作会议提出坚持以提高经济发展质量和效益为中心，主动适应经济发展新常态。并明确指出，经济发展进入新常态，我国经济正在向形态更高级、分工更复杂、结构更合理的阶段演化，经济增长速度要从高速增长转向中高速增长，经济发展方式要从规模速度型转向质量效益型，经济结构调整要从增量扩能为主转向调整存量、做优增量并举，发展动力要从主要依靠资源和低成本劳动力等要素投入转向创新驱动。这里，已经明确了经济发展转向质量效益是新常态的重要内容与要求。

2015年10月党的十八届五中全会通过的《中共中央关于制定国民经济和社会发展第十三个五年规划的建议》，立足于经济发展新常态，提出“十三五”时期的发展要以提高发展质量和效益为中心，加快形成引领经济发展新常态的体制机制和发展方式，并强调要实现更高质量、更有效率、更加公平、更可持续的发展。2015年年底的中央经济工作会议又一次强调，认识新常态、适应新常态、引领新常态；而引领经济发展新常态，要努力实现多方面工作重点转变；实现转变的总的要求，则是推动经济发展，要更加注重提高发展质量和效益。

显然，中国经济发展进入新常态，经济增速、经济结构、经济动力等发展的状况、条件、任务、要求必然要发生重要变化，在新常态中必须根据新情况、新特点，立足发展大局、抓住发展根本，把握发展趋势、遵循发展规律，客观上要求现代化建设、经济发展更加注重发展质量，转向高质量发展。转向、推动高质量发展，是我国适应新常态、把握新常态、引领新常态的主动选择。

---

① 《习近平在河南考察时强调深化改革发挥优势创新思路统筹兼顾　确保经济持续健康发展社会和谐稳定》,《人民日报》，2014年5月11日第1版。

（2）转向经济高质量发展的决策指导是新发展理念

在党的十八大以后的发展中，在深刻总结国内外发展经验教训、深刻分析国内外发展大势的基础上，习近平总书记、党中央提出创新、协调、绿色、开放、共享的新发展理念。党的十八届五中全会明确提出，破解发展难题，厚植发展优势，必须牢固树立创新、协调、绿色、开放、共享的发展理念。以经济发展新常态的重要判断为依据，坚持新发展理念的指导、引领，就要求现代化建设、经济发展更加注重质量与效益，转向高质量发展。

根据党的十八届五中全会的“十三五”规划建议，2016年3月国家制定的《国民经济和社会发展第十三个五年规划纲要》就推进发展的总体要求提出，坚持发展是第一要务，要牢固树立和贯彻落实创新、协调、绿色、开放、共享的发展理念，以提高发展质量和效益为中心，并据此对中国“十三五”现代化建设作出战略部署。

2016年年底的中央经济工作会议，总结了党的十八大以来初步确立适应经济发展新常态的经济政策框架，其中一个重要方面就是形成以新发展理念为指导、以供给侧结构性改革为主线的政策体系，引导经济朝着更高质量、更有效率、更加公平、更可持续的方向发展；并又一次重申，推进现代化建设、经济发展，要牢固树立和贯彻落实新发展理念，适应把握引领经济发展新常态，坚持以提高发展质量和效益为中心，促进经济平稳健康发展和社会和谐稳定。

显然，坚持以新发展理念为引领，贯彻落实新发展理念，集中体现就是经济转向高质量发展、推动高质量发展，只有转向、推动、实现高质量发展，才能体现创新是引领发展的第一动力、协调是持续健康发展的内在要求、绿色是永续发展的必要条件、开放是繁荣发展的必由之路、共享是发展的根本目的。

（3）转向经济高质量发展的决策确立是党的十九大所作明确部署

2017年10月，党的十九大召开，习近平总书记在十九大报告中指出，中国特色社会主义进入新时代，我国社会主要矛盾已经转化为人民日益增长的美好生活需要和不平衡不充分的发展之间的矛盾，社会主要矛盾的变化是关系全局的历史性变化，对党和国家工作提出了许多新要求。这些要求集中而言，就是“要在继续推动发展的基础上，着力解决好发展不平衡不充分问题，大力提升发展质量和效益，更好满足人民在经济、政治、文化、社会、生态等方面日益增长的需要，更好推动人的全面发展、社会全面进步”。在对经济建设进行布局时明确提出，我国经济已由高速增长阶段转向高质量发展阶段，必须坚持质量第一、效益优先，以供给侧结构性改革为主线，推动经济发展质量变革、效率变革、动力变革，提高全要素生产率，不断增强我国经济创新力和竞争力。①十九大以后，习近平总书记从不同方面、不同角度反反复复强调转向经济高质量发展、推动经济高质量发展，党和国家按照转向高质量发展、推动高质量发展的要求，对于决胜全面建成小康、全面建设社会主义现代化国家作出一系列具体部署安排。

2020年10月，党的十九届五中全会审议通过《中共中央关于制定国民经济和社会发展第十四个五年规划和二〇三五年远景目标的建议》，对全面建设社会主义现代化国家新征程的第一个5年，即“十四五”时期的发展作出战略部署，进一步明确提出，我国已转向高质量发展阶段，要以推动高质量发展为主题。为此，习近平总书记对需要重点说明的第一个问题进行了完整的论述：“‘十四五’时期经济社会发展要以推动高质量发展为主题，这是根据我国发展阶段、发展环境、发展条件变化作出的科学判断。我国仍处于并将长期处于社会主义初级阶段，我国仍然是世界上最大的发展中国家，发展仍然是我们党执政兴国的第一要务。必须强调的是，新时代新阶段的发展必须贯彻新发展理念，必须是高质量发展。当前，我国社会主要矛盾已经转化为人民日益增长的美好生活需要和不平衡不充分的发展之间的矛盾，发展中的矛盾和问题集中体现在发展质量上。这就要求我们必须把发展质量问题摆在更为突出的位置，着力提升发展质量和效益。”②

---

① 《中国共产党第十九次全国代表大会文件汇编》，人民出版社2017年版，第9、10、11、14页。

② 习近平：《关于〈中共中央关于制定国民经济和社会发展第十四个五年规划和二〇三五年远景目标的建议〉的说明》，《中国共产党第十九届中央委员会第五次全体会议文件汇编》，人民出版社2020年版，第80页。

中国特色社会主义进入新时代，全面建成小康社会进而全面建设社会主义现代化国家，转向高质量发展、推动高质量发展，是遵循经济规律发展的必然要求，是保持经济持续健康发展的必然要求，是适应我国社会主要矛盾变化的必然要求，更是全面建成小康社会、全面建设社会主义现代化国家的必然要求。

在全面建成小康社会，进而全面建设社会主义现代化国家的历史进程中，转向并推动高质量发展是相当长时期我国确定发展思路、制定经济政策、实施宏观调控的根本要求。在推进现代化建设的发展实践中，要按照转向、推进高质量发展的根本要求，以习近平新时代中国特色社会主义思想为指导，坚持创新、协调、绿色、开放、共享的新发展理念，统筹推进“五位一体”总体布局和协调推进“四个全面”战略布局，坚持以供给侧结构性改革为主线，坚持质量第一、效益优先，推动质量变革、效率变革、动力变革，加快形成推动高质量发展的指标体系、政策体系、标准体系、统计体系、绩效评价、政绩考核，创建和完善高质量发展的制度环境，围绕推动高质量发展，突出发展重点，不断增强经济创新力和竞争力，推进中国制造向中国创造转变、中国速度向中国质量转变、制造大国向制造强国转变，推动我国经济在实现高质量发展上不断取得新进展。

四、推进经济高质量发展的主要方面与正确认识

在全面建成小康社会进程中，从经济高速增长转向经济高质量发展，党和国家对于推进高质量发展提出一系列大政方针，作出一系列安排部署，形成推进高质量发展的完整体系。对于全面建设社会主义现代化国家新征程，推进经济高质量发展，必须对其进行准确把握和正确认识。

（一）推进经济高质量发展的主要方面

从经济高速增长转向经济高质量发展阶段，在现代化建设中推进高质量发展，并不是一个纯粹抽象的概念范畴或者空洞的原则规定，作为决胜全面建成小康社会、全面建设社会主义现代化国家的总体性根本要求与发展安

排，是一个系统的、由相互联系的诸多方面构成的完整体系，至少有以下方面：

第一，推进高质量发展的基本遵循。在党的十九大刚刚确立转向经济高质量发展阶段、推进经济高质量发展伊始，2017年年底的中央经济工作会议总结我国十八大以来5年的现代化建设、经济发展，提出了“七个坚持”，也就是推进高质量发展的基本遵循。这就是：坚持加强党对经济工作的集中统一领导，保证我国经济沿着正确方向发展；坚持以人民为中心的发展思想，贯穿到统筹推进“五位一体”总体布局和协调推进“四个全面”战略布局之中；坚持适应把握引领经济发展新常态，立足大局，把握规律；坚持使市场在资源配置中起决定性作用，更好发挥政府作用，坚决扫除经济发展的体制机制障碍；坚持适应我国经济发展主要矛盾变化完善宏观调控，相机抉择，开准药方，把推进供给侧结构性改革作为经济工作的主线；坚持问题导向部署经济发展新战略，促进经济社会发展变革；坚持正确工作策略和方法，稳中求进，保持战略定力、坚持底线思维，一步一个脚印向前迈进。

第二，推进高质量发展的理念引领。在决胜全面建成小康社会、全面建设社会主义现代化国家过程中，发展是解决我国一切问题的基础和关键，发展必须是科学发展、高质量发展，要推进、实现科学发展、高质量发展，就必须坚定不移地以创新、协调、绿色、开放、共享的新发展理念为引领。新发展理念阐明、回答、确定了推进高质量发展的5个具体方面的重要问题。一是高质量发展的动力，即创新，推进高质量发展要坚持创新为第一动力；二是高质量发展的要求，即协调，推进高质量发展要坚持增强发展的整体性、协调性；三是高质量发展的条件，即绿色，推进高质量发展要坚持推动形成、完善绿色生产方式和生活方式；四是高质量发展的重要路径，即开放，推进高质量发展要坚持顺应人类社会开放发展大势、推进全方位高层次对外开放；五是高质量发展的目的，即共享，推进高质量发展要坚持推进全民、全面、共建、渐进共享。推进高质量发展，就是要让创新成为第一动力、协调成为内生要求、绿色成为必要条件、开放成为必由之路、共享成为根本目的的发展。

第三，推进高质量发展的目标步骤。党的十九大报告在布局经济建设时，从总的方面指出："我国经济已由高速增长阶段转向高质量发展阶段，正处在转变发展方式、优化经济结构、转换增长动力的攻关期，建设现代化经济体系是跨越关口的迫切要求和我国发展的战略目标。"[①]我国推进经济高质量发展的目标，显然很明确就是要建设进而建成现代化经济体系。以全面建设社会主义现代化国家战略安排为依据，建设现代化经济体系的战略步骤也是分为两个阶段，即两步走，第一阶段即第一步，到2035年基本建成现代化经济体系；第二阶段即第二步，到2050年全面建成现代化经济体系。

第四，推进高质量发展的基本取向。基本取向可以概括为"一个提高、两个坚持、三大变革"。"一个提高"是提高全要素生产率，从以往的主要依靠生产要素投入数量提高来推动经济增长与发展，转变为主要依靠体现科学技术进步的全要素生产率提高来推动经济增长与发展；"两个坚持"是必须坚持质量第一、坚持效益优先，把提高质量、提升效益放在全部经济增长与发展的首要位置，在经济社会发展的各个方面、各个环节、全部过程贯彻以质量和效益为中心的要求；"三大变革"是推动经济发展质量变革、效率变革、动力变革，以质量变革提高整体国民经济素质，以效率变革提升整体国民经济特别是供给效率，以动力变革形成整体国民经济新的内生动力，全面增强我国经济创新力和竞争力。

第五，推进高质量发展的发展主线。就是推进高质量发展要以供给侧结构性改革为主线。必须明确，在新发展阶段的相当长历史时期中，我国经济运行矛盾的主要方面仍然在供给一侧、生产一端，必须坚持以供给侧结构性改革为主线不动摇，更多采取改革的办法，运用更多市场化、法治化手段，坚定不移地以供给一侧为指向重点、以供给结构为内容重点、以深化改革为方式重点，不断深化供给侧结构性改革，推动经济高质量发展。

第六，推进高质量发展的调控原则。推进高质量发展，必须有党和国家的宏观调控、宏观管理，其重要原则就是坚持稳中求进工作总基调。稳中求

① 《中国共产党第十九次全国代表大会文件汇编》，人民出版社2017年版，第24页。

进工作总基调是治国理政的重要原则，也是中国特色社会主义新时代现代化建设、经济发展的重要原则，必须长期坚持。在推进高质量发展中，“稳”和“进”是辩证统一的。从稳的基本内容看，就是在推进高质量发展中要稳政策，保持宏观经济政策基本稳定；稳增长，保持经济运行平稳持续；稳价格，保持物价总水平基本稳定；稳社会，保持维护社会和谐稳定。不过，在推进高质量发展的一定过程中，稳的具体内容可以根据经济运行的具体情况加以具体确定，自党的十九大以来，我国提出来要“六稳”，即稳就业、稳金融、稳外贸、稳外资、稳投资、稳预期。从进的基本内容看，就是在推进高质量发展中，不断推进供给侧结构性改革取得新进展，深化经济体制改革取得新突破，扩大开放发展迈出新步伐，改善民生、绿色发展取得新成效。推进高质量发展，要把“稳”和“进”作为一个整体来把握，坚持稳是主基调、稳是大局，以稳为前提在关键领域不断有所进取，把握好推进高质量发展的节奏和力度，统筹实施高质量发展的各项政策，在稳中求进中实现经济高质量发展。

第七，推进高质量发展的主要内容。就是加快建设5个体系，一是加快建设实体经济、科技创新、现代金融、人力资源协同发展的高质量现代化产业体系；二是加快建设包括国家创新体系、区域创新体系、企业创新体系的高质量现代化创新体系；三是加快建设城乡融合发展、城乡一体化的高质量现代化城乡经济体系；四是加快建设区域协调发展的高质量现代化区域经济体系；五是加快建设以“一带一路”建设为重点、全方位高层次开放的高质量现代化开放经济体系。

第八，推进高质量发展的经济制度。推进高质量发展必须有相应的制度支撑、体制保障。在推进高质量发展中，必须坚定不移坚持社会主义市场经济改革方向，使市场在资源配置中起决定性作用，更好发挥政府作用。必须明确，市场作用、政府作用都重要，但在重要的两个作用中，对资源配置中起决定性作用的是市场而不是政府，政府重要作用的发挥，也必须以市场作用为基础、为依据。必须坚持和完善我国社会主义基本经济制度，坚持公有制为主体、多种所有制共同发展，毫不动摇巩固和发展公有制经济，毫不动摇鼓励、支持、引导非公有制经济发展；坚持按劳分配为主体，多种分配方式并存，完善按要素分配的体制机制；坚持加快完善社会主义市场经济体制，着力构建市场机制有效、微观主体有活力、宏观调控有度的经济体制。也要加强社会保障体系建设，按照兜底线、织密网、建机制的要求，全面建成覆盖全民、城乡统筹、权责清晰、保障适度、可持续的多层次社会保障体系。

第九，推进高质量发展的重要任务。推进高质量发展在一定具体时期会有一定的具体任务，党的十九大面向新发展的一定时期，确定了贯彻新发展理念、推进高质量发展、建设现代化经济体系的六大任务：一是深化供给侧结构性改革，把发展经济的着力点放在实体经济上，把提高供给体系质量作为主攻方向，显著增强我国经济质量优势；二是加快建设创新型国家，强化基础研究、应用基础研究，深化科技体制改革，以创新驱动为建设科技强国、质量强国、航天强国、网络强国、交通强国、数字中国、智慧社会提供战略支撑；三是实施乡村振兴战略，充分认识农业农村农民问题是关系国计民生的根本性问题，始终把解决好“三农”问题作为工作的重中之重，坚持农业农村优先发展；四是实施区域协调发展战略，建立更加有效的区域协调发展新机制，完善现代化区域经济协调发展体系；五是加快完善社会主义市场经济体制，以完善产权制度和要素市场化配置为重点，深化国有企业改革、市场监管改革、财政制度改革、金融体制改革，创新和完善宏观调控；六是推动形成全面开放新格局，以“一带一路”建设为重点，坚持“引进来”和“走出去”并重，加强创新能力开放合作，形成陆海内外联动、东西双向互济的开放格局。

党的十九大以后，党和国家按照高质量发展的这些主要方面，对于现代化建设、经济发展一步一步作出具体安排部署。2019年年底的中央经济工作会议，就根据转向高质量发展、推进高质量发展的要求，具体安排部署了2020年的经济社会发展。这次中央经济工作会议强调，2020年是全面建成小康社会的胜利之年和“十三五”规划收官之年，要实现第一个百年奋斗目标，为“十四五”发展和实现第二个百年奋斗目标打好基础，做好经济工作十分重要。要紧扣全面建成小康社会目标任务，坚持稳中求进工作总基调，坚持新发展理念，坚持以供给侧结构性改革为主线，坚持以改革开放为动力，推动高质量发展，坚决打赢三大攻坚战，全面做好稳就业、稳金融、稳外贸、稳外资、稳投资、稳预期的“六稳”工作，统筹推进稳增长、促改革、调结构、惠民生、防风险、保稳定，保持经济运行在合理区间，确保全面建成小康社会和“十三五”规划圆满收官，得到人民认可、经得起历史检验。这次中央经济工作会议明确确定了2020年推进高质量发展的重点工作，一是坚定不移贯彻新发展理念，紧紧扣住新发展理念推动发展，把注意力集中到解决各种不平衡不充分的问题上；二是坚决打好三大攻坚战，集中兵力打好深度贫困歼灭战，确保脱贫攻坚任务如期全面完成，打好污染防治攻坚战，坚持方向不变、力度不减，突出精准治污、科学治污、依法治污，打好防范化解重大风险攻坚战，要保持宏观杠杆率基本稳定，压实各方责任，化解金融、经济、社会的各类风险；三是确保民生特别是困难群众基本生活得到有效保障和改善，稳定就业总量，加快补齐民生短板，兜住基本生活底线，加大城市困难群众住房保障；四是继续实施积极的财政政策和稳健的货币政策，积极的财政政策要大力提质增效，稳健的货币政策要灵活适度，财政政策、货币政策要协同精准发力；五是着力推动高质量发展，加快现代化经济体系建设，全面提高经济整体竞争力；六是深化经济体制改革，加快建设高标准市场体系，加快国资国企改革、金融体制改革等，推动对外开放继续往更大范围、更宽领域、更深层次的方向走。贯彻落实党和国家推进高质量发展的安排部署，2020年中国高质量发展迈出新的步伐、取得新的成就，全面建成小康社会、第一个百年奋斗目标胜利完成。

2020年10月，党的十九届五中全会审议通过的《中共中央关于制定国民经济和社会发展第十四个五年规划和二〇三五年远景目标的建议》，2021年3月十三届全国人大四次会议审议通过的《中华人民共和国国民经济和社会发展第十四个五年规划和二〇三五年远景目标纲要》，面向全面建设社会主义现代化国家新征程，对于“十四五”时期推动高质量发展作出了系统谋划与战略部署。

（二）推进经济高质量发展非经济低速增长

转向高质量发展阶段、推进高质量发展，绝非转向经济低速增长，不能把高质量发展简单地、片面地等同于经济低速增长。我国现代化建设进入新发展阶段以后，所确定的全面建设社会主义现代化国家的战略构想中，不再如以前从总的要求出发提出经济总量翻番以及相联系的具体经济增长指标，但是，并不意味着经济高质量发展就与经济增长速度没有关系，高质量发展也需要以一定的经济增长速度为支撑。

我国转向高质量发展阶段、推进高质量发展，与此相应的经济增长速度应该是适度、稳定的经济增长。适度、稳定的经济增长是国民经济良性运行的结果，也是经济稳定、结构合理、效益提高的一种综合体现，推进高质量经济发展的重要内容，就是要力争保持和达到持续适度的经济增长。从具体的经济增长速度区间分析，如果把一定的经济增长水平放到0—10%的区间来考虑，可以划分为三段，下面一段的增长率为低速增长区间，中间一段的增长率为中速增长区间，上面一段的增长率为高速增长区间。我国推进高质量发展的经济增长速度，先是要经历一个过渡的经济中高速增长，即在高速增长下限和中速增长上限的一定区间合并而成的一个相对独立、特殊的增长区间；进而在全面建设社会主义现代化国家的过程中，总体而言，推进高质量发展的经济增长速度，是较长时期保持、稳定在适度的经济中速增长区间。

1.经济增长演进规律的遵循

推进高质量发展，保持、稳定经济增长在中速而非低速区间，是对现代化历史进程中经济增长演进规律的遵循。从第二次世界大战以后全球发展实践来看，一个国家在经历高速经济增长以后进入新的发展时期，不一定就是经济低速增长，正常情况下都是转向经济适度增长阶段。

第二次世界大战以后的全球发展中，一些国家和地区都保持过20—30年的经济高速增长，日本1955—1973年年均经济增长9.22%，新加坡1965—1984年年均经济增长9.86%，韩国1962—1991年年均经济增长8.48%，中国香港1968—1988年年均经济增长8.69%，中国台湾1962—1987年年均经济增长9.48%。在持续了20—30年高速增长以后，这些国家或地区都出现了经济增长减速的情况，接下来在正常情况下所进入的是经济中高速、中速增长。亚洲新兴工业化国家和地区的年均经济增长率基本保持在5%—7%上下，新加坡为7.18%（1984—2000），韩国为5.76%（1991—2000），中国香港为4.14%（1988—2000），中国台湾为6.59%（1987—2000）。在一定的发展过程中，西方发达国家的经济增长走势也大都经历了类似的变化。分析表明，在现代化、工业化进程中，从一定时期的经济高速增长转向适度增长的高质量发展，是现代经济发展过程中经济增长规律作用的结果，在推进高质量发展中，努力保持、稳定经济中高速、中速增长，就是按照经济增长规律办事。

2.继续缩小人均水平差距的要求

在即将实现全面建成小康社会奋斗目标之际，2019年中国人均GDP按平均汇率折算突破了1万美元大关，达到了10276美元；在全面建成小康社会目标实现之际，2020年我国人均GDP继续保持在1万美元以上，估计在10500美元左右。这意味着中国经济发展的质量在稳步提升，人民生活在持续改善，收入水平稳定处于世界上中等收入国家行列。

但是，从全球发展来看，我国的这种发展水平与发达国家仍然具有较大差距。根据世界银行2019年6月公布的数据显示，2018年全球GDP为85.8万亿美元，人均GDP为1.13万美元；从人均水平来看，在全球主要经济体中，人均GDP美国为6.26万美元，德国为4.82万美元，加拿大为4.61万美元，英国为4.25万美元，法国为4.15万美元，日本为3.93万美元，意大利为3.43万美元，韩国为3.14万美元，俄罗斯为1.15万美元，中国为0.98万美元，巴西为0.89万美元，印度为0.2万美元。

国际货币基金组织的数据与世界银行的数据大体一致，根据国际货币基金组织2019年4月发布的《世界经济展望》，2018年中国的人均GDP为9608美元，在纳入到统计范围的180多个国家与地区中排位在70位以后。

也就是说，我国全面建成小康社会之际所达到的人均水平，虽然已经接近全球人均水平，但仍然未达到全球人均水平。与发达国家相比较，我国还有较大差距。发达国家的人均GDP一般都在3万美元以上，最高的则已经在人均10万美元以上。因此，对于迈向全面建设社会主义现代化国家新征程以后，我国在发展水平上与发达国家的差距，我们一定要对其有清醒认识、准确把握。在全面建设社会主义现代化国家过程中，推进经济高质量发展，我国人均GDP水平要从上中等国家行列迈向高收入国家行列，提升到高收入国家的中间水平，达到人们一般所说的中等发达国家的水平，必须保持适度稳定的经济中速增长。

3. 支撑整个经济社会发展的选择

推进高质量发展，保持、稳定经济增长在中速而非低速区间，也是发挥经济增长支撑整个经济社会发展的现实要求。全面建设社会主义现代化国家过程的整个经济社会发展和深化改革，都需要一定、适度的经济增长予以支撑。

首先，高质量发展突出体现为人民美好生活水平、质量的不断满足与提高，这又表现为城乡居民人均收入的不断提高，具体地表现为城乡居民可支配收入必须保持、稳定、达到一定的增长率，其基础与前提，就要保持和实现适度稳定的经济增长。推进经济高质量发展过程中，每年的全部经济增长率总是要有一定比重用于三个基本方面，一定部分用于满足新增人口达到全国平均生活水平所需要，一定部分用于满足提高经济社会发展水平所需要，再有一定部分满足提高现有人口生活水平所需要。我国是一个人口大国，虽然新增人口增幅已经开始下降，但在很长时期内人口总规模会保持在14亿以上，提高如此庞大规模人口的生活水平与生活质量，就必须保持适度、稳定经济增长，稳定、持续提高城乡居民人均可支配收入。

其次，高质量发展促进人民美好生活水平与质量提高，必须让更多的劳动人口获得就业机会，这就需要保持和实现适度、稳定的经济增长。我国作为人口大国，在全面建设社会主义现代化国家过程中，始终会面对巨大的就业压力。经济学中有一个奥肯定律，反映了经济增长与就业的相关变动关系。经济增长变化一个百分点所对应的就业数量变化，被称为就业弹性。就业弹性随着经济发展阶段的变化会提升或降低。理论分析和实践经验都证明，发展经济、持续增长是缓解和解决就业问题的根本出路。我国经济增长一个百分点拉动非农就业增加的数量，2000—2008年为100万左右，2009—2012年上升到140万左右，2013—2020年上升到180万左右。在以后的现代化建设过程中，虽然就业弹性也会提高或降低，但无论如何，要实现一定的非农新增就业，必须有一定的适度经济增长为支撑、作保障。没有适度、稳定的经济增长，就难以缓解巨大的非农新增就业压力，就无法给新进城农民工提供打工的机会。所以，转向高质量发展阶段，只有保持适度、稳定的经济增长，才能有效缓解高质量发展中的就业压力，满足人民美好生活需要中的就业需求。

最后，高质量发展需要不断提高国家对现代化建设、经济发展的治理能力，其重要方面就是现代化建设、经济发展的资源动员能力，一个具体表现就是国家财政收入的不断增加，而国家财政收入的持续、合理提升，也是以一定的经济增长为基础的。一个百分点的经济增长率，必然对应着一定的财政收入增长率。只有保持适度、稳定的经济增长，才能获得相应适度、稳定的财政收入增长，进而提高国家对全面建设社会主义现代化国家的资源动员能力，发挥国家、政府在全面建设社会主义现代化国家中的重要作用。

4.促进国防现代化的需要

转向高质量发展阶段、推进高质量发展，必须保持适度、稳定经济增长，一个不得不强调的重要方面，是同国际安全形势、推进国防现代化相联系的。

面向2020年以后的人类社会，和平、发展、合作、共赢的时代潮流不可逆转，但国际安全面临的不稳定性不确定性更加突出，世界并不太平。一方面，国际力量加快分化组合，新兴市场国家和发展中国家力量持续上升，战略力量对比此消彼长、更趋均衡，促和平、求稳定、谋发展已成为国际社会的普遍诉求，和平力量的上升远远超过战争因素的增长；但是另一方面，霸权主义、强权政治、单边主义时有抬头，地区冲突和局部战争持续不断，国际安全体系和秩序受到冲击。美国调整国家安全战略和国防战略，奉行单边主义政策，挑起和加剧大国竞争，大幅增加军费投入，加快提升核研究、太空探索、网络安全、导弹防御等领域能力，损害全球战略安全稳定。全球和地区性安全问题持续增多，极端主义、恐怖主义不断蔓延，网络安全、生物安全、海盗活动等非传统安全威胁日益凸显。世界经济和战略重心继续向亚太地区转移，亚太地区成为大国博弈的焦点，美国强化亚太军事同盟，加大

续表

军事部署和干预力度，在韩国部署“萨德”反导系统，严重破坏地区战略平衡，给亚太安全增添复杂因素。世界各主要国家纷纷调整安全战略、军事战略，调整军队组织形态，发展新型作战力量，抢占军事竞争战略制高点，国际军事竞争格局正在发生历史性变化，以信息技术为核心的军事高新技术日新月异，武器装备远程精确化、智能化、隐身化、无人化趋势更加明显，战争形态加速向信息化战争演变，智能化战争初现端倪。与此同时，中国面临多元复杂的安全威胁和挑战，反分裂斗争形势更加严峻，台湾省民进党顽固坚持“台独”分裂立场，强化敌意对抗，挟洋自重，在分裂道路上越走越远；国土安全依然面临威胁，国际和地区动荡、恐怖主义、海盗活动等也在影响着中国的海外利益，太空、网络安全威胁日益显现，自然灾害、重大疫情等非传统安全问题的危害性上升。

在这样的国际背景下，中国特色军事变革取得重大进展，但机械化建设任务尚未完成，信息化水平亟待提高，军事安全面临技术突袭和技术代差被拉大的风险，军队现代化水平与国家安全需求相比还存在差距，与世界先进军事水平相比还存在差距。

从中国国防费用的增长变化来看，21世纪以来保持了投入规模稳步增长态势，仅看2012—2017年，中国国防费用便从6691.92亿元人民币增加到10432.37亿元人民币。但是，从国际情形比较来看，中国国防费用投入无论是占国内生产总值和国家财政支出的比重，还是国民人均和军人人均数额，在位居世界前列的国家中，都处于较低水平。从开支总量看，2017年中国国防费用不到美国的1/4。从国防费用占国内生产总值比重看，2012—2017年，中国国防费用占国内生产总值平均比重约为1.3%，美国约为3.5%、俄罗斯约为4.4%、印度约为2.5%、英国约为2.0%、法国约为2.3%、日本约为1.0%、德国约为1.2%。中国国防费用占国内生产总值的平均比重在国防费用位居世界前列的国家中排在第六位，是联合国安理会常任理事国中最低的。从国防费用占财政支出比重看，2012—2017年，中国国防费用占财政支出平均比重约为5.3%，美国约为9.8%、俄罗斯约为12.4%、印度约为9.1%、英国约为4.8%、法国约为4.0%、日本约为2.5%、德国约为2.8%。中国国防费用占财政支出的平均比重排在第四位。从人均国防费用水平看，2017年中国国民人均国防费用为750元人民币，约相当于美国的5%、俄罗斯的25%、印度的231%、英国的13%、法国的16%、日本的29%、德国的20%。中国军人人均国防费用为52.16万元人民币，约相当于美国的15%、俄罗斯的119%、印度的166%、英国的27%、法国的38%、日本的35%、德国的30%。中国国民人均国防费用排在第七位，军人人均国防费用排在第六位。[①]

部分国家国防费用比较

国家	2012—2017年国防费用占GDP平均比重（%）	2012—2017年国防费用占财政支出平均比重（%）	2017年中国国民人均国防费用相当于各国比重（%）	2017年中国军人人均国防费用相当于各国比重（%）
美国	3.5	9.8	5	15
日本	1.0	2.5	29	35
英国	2.0	4.8	13	27
法国	2.3	4.0	16	38
德国	1.2	2.8	20	30
俄罗斯	4.4	12.4	25	119
印度	2.5	9.1	231	166
中国	1.3	5.3	100	100

资料来源　根据《新时代的中国国防》白皮书有关数据整理,《人民日报》2019年7月25日第18版。

进入“十四五”时期的开局之年，2021年十三届全国人大四次会议通过的全年国家财政预算中，2021年中国年度国防支出预算为13553.43亿元人民币，同比增长6.8%。[②]按照2020年全年人民币平均汇率1美元兑6.8974元人民币，13553.43亿元人民币大致折合1965亿美元。而美国2021财年的军费预算达到7405亿美元，占其余世界各国国防费用总量的近40%，远远高于世

① 《〈新时代的中国国防〉白皮书发表》,《人民日报》，2019年7月25日第18版。

② 财政部:《关于2020年中央和地方预算执行情况与2021年中央和地方预算草案的报告——2021年3月5日在第十三届全国人民代表大会第四次会议上》,《人民日报》，2021年3月14日第8版。

界排名前10位的其他9个国家的总和。中国军费预算水平是美国军费预算的26%，基本上只相当于美国的1/4。从人均国防费用预算看，中国总人口超过14亿，2021年人均国防预算在1000元左右，仍然较大幅度地低于美国、英国、法国，相当幅度地低于日本、俄罗斯等国。有关专门研究提供的数据表明，2011年以来的10年，世界国防费用总量占全球GDP的平均比重为2.3%左右，美国国防费用占本国GDP的平均比重约为3.5%、俄罗斯约为4.4%、法国约为2.3%、英国约为2%，而中国则约为1.3%。国防费用占本国财政支出的平均比重，美国约为10%、俄罗斯约为12%、印度约为9%，中国则为5.3%左右。从国民人均和军人人均水平看，2020年，中国国民人均国防费用为906元人民币，约合139美元，相当于美国的6.2%、英国的17.7%、法国的18%、日本的34.8%、俄罗斯的43.3%；中国军人人均国防费用63.4万元人民币，约合9.7万美元，相当于美国的18.3%、英国的37.3%、法国的80.8%、日本的51%。[①]

放眼外部环境，中国的发展面临着多方面的军事压力。在美国长期以来的亚太战略规划中，企图用两道“岛链”来遏制中国。美国已经提出所谓的“太平洋威慑计划”，要加强对中国的常规威慑，其做法是沿着包括冲绳岛、台湾岛、菲律宾岛屿在内的一系列岛屿组成的第一岛链打造反华导弹网络，强化在第一岛链的精确导弹打击力量；在包括日本的小笠原群岛、硫黄列岛和美国的马利亚纳群岛等岛屿组成的第二岛链，部署能够维持长时间战斗行动能力的部队，构建一体化防空导弹防御能力。美军不但自身加大在印度洋—太平洋地区的军事力量建设，而且还支持、鼓动其盟友和“小兄弟”在印太海域，甚至是南海展示军事存在。另外，英国、法国、德国等欧洲国家也都已经派遣或者宣布计划派遣军舰前往南海，响应美国的所谓“航行自由”行动。还要指出，在美国特朗普政府大幅提高对台军出售的频率及谋划出售攻击性武器后，岛内一些人也企图倚美拒统、以武谋“独”。面对这样的外部环境，中国必须保持国防费用的相当支出规模与适度增长水平。

① 何雷：《详解2021年度中国国防费》，《瞭望》2021年第11期。

总体上看，中国已成为世界第二大经济体，国防费用随着发展逐步增加，但与维护国家主权、安全、发展利益的保障需求相比，与履行大国国际责任义务的保障需求相比，与自身建设发展的保障需求相比，还存在一定差距。

在全面建设社会主义现代化国家的历史进程中，中国始终不渝奉行防御性国防政策，国防建设要坚决捍卫国家主权、安全、发展利益，要为巩固中国共产党领导和社会主义制度提供战略支撑，为捍卫国家主权、统一、领土完整提供战略支撑，为维护国家海外利益提供战略支撑，为促进世界和平与发展提供战略支撑，反对和遏制“台独”阴谋，打击“藏独”“东突”等分裂势力，就必须保持与国家经济发展水平相协调的国防费用适度稳定增长，建设同国际地位相称、同国家安全和发展利益相适应的巩固国防与强大军队。还要看到，国际安全面临的不稳定性不确定性更加突出，新冠肺炎疫情肆虐全球，霸权主义、强权政治、单边主义时有抬头，地区冲突和局部战争持续不断，国际安全体系和秩序受到冲击；我国国土安全面临的风险挑战也不容忽视，陆地边界争议尚未彻底解决，海上岛屿领土问题和海洋划界争端也依然存在；台湾民进党顽固坚持“台独”分裂立场，是台海和平稳定的最大现实威胁。面对这样的复杂严峻形势，国防力量必须强大，军队建设必须走向现代化。而要想如此，就必须推进经济高质量发展、保持适度稳定持续的经济增长，在适度经济增长的基础上推进国防现代化。

可以考虑，在基本实现社会主义现代化的发展时期，大约要保持、实现5%—6%的经济增长；在全面实现社会主义现代化的发展时期，大约要保持、实现4%—5%的经济增长。必须强调，推进高质量发展中保持、实现适度和稳定的经济增长，并不是自然而然就能达到的，不是一个轻而易举的自发过程，必须经过艰苦的努力，采取有效的政策举措，同时应对各个方面的压力、矛盾、困难和风险。

（三）推进经济高质量发展须摆脱原有经济高速增长的路径依赖

从经济高速增长转向高质量发展，推进高质量发展必然要突出“转向”，所谓“转向”，其实就是要从原来的经济高速增长的路径转向经济高质量发展的路径，在这样转向的过程中，就要求摆脱对原有经济高速增长的路径依赖。

简单地讲，理论分析中所说的路径依赖，是指事物在发展演进过程中，由于某种原因一旦进入某一条特定的路径，就可能对这种路径产生依赖性，沿着这种路径的轨迹或方向继续演进和发展并得到自我强化。经济发展的演进中也同样存在着路径依赖的问题，一个国家、一个社会在一定时期的经济发展一旦进入了某一条路径，这种经济发展演进的既定方式、方向等就会在以后的发展中得到自我强化。也就是说，原有的经济发展实际上本身具有自我强化的机制，具有沿着既定方式方向演进的惯性。从经济高速增长转向高质量发展，推进高质量发展，必须摆脱原有经济高速增长的路径依赖。

第一，推进高质量发展要摆脱原有经济高速增长的利益固化依赖。转向高质量发展、推进高质量发展是有难度的，转向之难的深层次原因就是利益因素。在原有经济高速增长形成和长期演进中，已经形成与此相联系、相适应的利益格局、利益关系，同时也必然形成与此相联系、相适应的既得利益群体、利益阶层、利益集团，它们对原有的经济高速增长有着强烈的需求，它们力求巩固原有的经济高速增长的粗放方式，至多愿意在原有高速增长粗放的形式框架下做一些改良和调整，而不愿意或者实际上反对彻底改变原有的经济高速增长的粗放方式，哪怕转向高质量发展更有效率，对社会、对国家更为有利，因为转向高质量发展、推进高质量发展的实质是整个经济社会利益格局的深层次调整。在全面建成小康社会过程中，习近平总书记谈改革、讲发展，反复强调要以更大政治勇气智慧突破利益固化的藩篱，进一步解放和发展社会生产力，进一步激发和凝聚社会创造力。因此，转向、推进经济高质量发展，必须突破原有经济高速增长所形成的利益固化依赖，以更大的勇气智慧、更有力的政策举措调整经济发展中的利益格局、利益关系。

第二，推进高质量发展要摆脱原有经济高速增长的示范学习依赖。原有的经济高速增长并非一无是处，实际上在特定的历史条件下也具备一定的合理性，在中国走向现代化建设的一定时期表现出了巨大的成效性，甚至也被人们在一定意义上认为是现代化建设、经济发展的成功。在原有的经济高速增长形成、确定、稳定、推进中，人们已经潜移默化地接受，并且有意无意、自觉不自觉地认同或相信这种经济高速增长的合理性，因而有意无意、自觉不自觉地力图保持原有的经济高速增长。在这样的过程中，经济高速增长的投入方式、推进手段、实施方法等会被一个又一个的地区、领域、行业等主动学习、接受、实行，通过粗放的高速增长实现自身的发展、实现自身的利益获取，就使得原有经济高速增长沿着本身的轨迹去进一步发展、强化和固化。当转向经济高质量发展以后，在推进高质量发展中，人们就有可能按照原来的增长与发展惯性，以原来的高速增长为示范，学习原有高速增长的投入方式、推进手段、实施方法，其结果就很可能回归原有粗放型增长与发展的路子。因此，推进、实现高质量发展，必须摆脱原有经济高速增长的示范学习依赖，创新发展阶段推进发展的投入方式、推进手段、实施方法等，沿着新的发展路径前进。

第三，推进高质量发展要摆脱原有经济高速增长的系统协调依赖。原有经济高速增长在形成、确定、稳固、演进的过程中，已经形成为一个完整的系统或者是有其自身内在联系的一个体系，在这个系统、体系中的方方面面、各类行为主体，作为这个系统构成的各级组织、部分或要素，彼此之间已经形成、建立了相当稳固的协调关系，所以其彼此之间就会采取相互配合的行为来维护这种原有的高速增长的方式。要真正转向经济高质量发展、推进经济高质量发展，就不能延续原有经济高速增长的系统协调，而是必须彻底摆脱原有经济高速增长的系统协调依赖，形成新的系统协调，构建适应高质量发展的组织机构、行为主体、运行机制及其所适应形成的发展体系。

第四，推进高质量发展要摆脱原有经济高速增长的成本代价依赖。原有的经济高速增长当然是有成本的，甚至是成本高昂、代价巨大。但实际上正是这种高成本、高代价的支出，使我们获得了高增长、快发展、总量提高等巨大的收益或成就，这种成本和收益我们已经接受，而且成本与收益已经显性化。在一个可能的发展空间下，人们也许宁愿继续承受原有的增长成本与代价，而不愿转向新的高质量发展。因为转向经济高质量发展，也是要付出成本和代价的。在转向高质量发展的一定时期，其成本与代价，一是表现为不确定性，转向高质量发展作为经济转型会有直接成本、间接成本、机会成本、交易成本等，由于缺乏经验体会，这种成本与代价的高低大小，人们难以把握；二是转向高质量发展的初置成本一般而言可能较高、较大，但高到什么水平、大到什么程度，究竟能否承受，人们存有顾虑；三是从经济高速增长转向高质量发展的一定时期，可能会在一定程度上影响政绩、影响经济规模的扩大，这些影响到底能否接受，人们有时难以取舍；四是从经济高速增长转向高质量发展、推进高质量发展，还会增加当前工作的难度，如增长速度下调、财政收入减少会影响就业、影响城市建设等，这些困难怎样才能克服，人们往往难以准确抉择。所有这些实际上就是转向经济高质量发展、推进高质量发展的成本代价，而为了规避或降低这些成本代价，人们也许宁愿回归承受原有经济高速增长的成本代价。因此，必须摆脱原有经济高速增长的成本代价依赖，勇于承担新的转向成本、接受转向代价、应对转向风险，坚定不移向经济高质量发展转变，以新的创新推进高质量发展。

迈向全面建设社会主义现代化国家新征程，真正转向高质量发展、推进高质量发展，已经具备条件，是有空间、有可能、有潜力的，人们应该有信心。如果说，中国改革开放以来的前40多年，创造了长达40多年经济高速增长的“中国奇迹”，那么，在全面建设社会主义现代化国家的历史进程中，将会续写出长达30年左右经济高质量发展的新的“中国奇迹”。

第六章　新型工业化与新发展理念和新发展格局

21世纪进入全面建设小康社会发展阶段伊始，党的十六大提出中国现代化建设要走新型工业化道路。在新型工业化推进、全面建成小康社会的发展中，党和国家提出引领发展全局的“创新、协调、绿色、开放、共享”的新发展理念。面向全面建设社会主义现代化国家新征程，党和国家又提出，在新发展理念引领下加快构建新发展格局。

一、中国特色新型工业化

我国全面建成小康社会、全面建成社会主义现代化国家，工业化是一个极其重要的方面。党的十六大报告明确地提出，我国在21世纪头20年全面建设小康社会奋斗目标的一个重要内容，就是基本实现工业化。为此，党的十六大报告中郑重地提出要走新型工业化道路。在全面建成小康社会的发展中，党的十八大进一步提出要坚持走中国特色新型工业化道路。在中国的现代化建设中，中国特色新型工业化道路具有重要地位，必须不断推进中国特色新型工业化进程。

（一）工业化道路的一般阐释

工业化是任何一个大国经济发展必然要经历的阶段。一位研究工业化问题的外国学者在其著作中开篇就说：“在现代世界上，几乎没有一个国家的统治者和被统治者不把提高物质生活水平看作是一个理想的目标，不把工业化看作是达到这一目标的必要手段。”①

经济学文献中对工业化概念的解释很多，不同的解释当然具有差异，但大的方面基本一致。一种极具学理性的解释是：“‘工业化’(Industrialization)可以被定义为一系列基要的‘生产函数’(Production Function)连续发生变化的过程。这种变化可能最先发生于某一个生产单位的生产函数，然后再以一种支配的形态形成一种社会的生产函数而遍及于整个社会。”②一部权威性专业辞典的解释是：“工业化是一种过程。下面是一种明确的工业化过程的一些基本特征。首先，一般来说，国民收入（或地区收入）中制造业活动和第二产业所占比例提高了，或许因经济周期造成的中断除外。其次，在制造业和第二产业就业的劳动人口的比例一般也有增加的趋势。在这两种比率增加的同时，除了暂时的中断以外，整个人口的人均收入也增加了。”③

综合经济学以往的研究，可以把工业化定义为：工业化是现代工业在国民经济中发展并逐步占据统治地位的过程，或者说是国民经济结构从以农业占据统治地位向以现代工业占据统治地位转变的过程，也可以说是一个国家由传统农业国转变为现代工业国的过程。

对工业化的这个定义，可从4个方面把握：第一，工业化是一个历史性和世界性的范畴；第二，工业化的核心内容是现代工业的发展，表现为现代工业的持续增长，也可以说表现为工业在国民经济和劳动人口中的份额持续上升，推进和实现工业化，就是使现代工业在国民经济中占据主导地位；第三，工业化是一个经济结构调整、变革、演进的过程，表现为产业结构向着合理化、高度化的方向演进，表现为工业的技术创新、制度创新不断推进，也表现为结构演进过程中主导产业的依次更替；第四，工业化也是现代化进程不断推进的过程，工业化是以工业增长为动力、以工业进步带动包括工

① [英]汤姆·肯普：《现代工业化模式——苏日及发展中国家》，中国展望出版社1985年版，第1页。原著1983年出版。

② 张培刚：《农业与工业化》上卷，华中工学院出版社1984年版，第70—71页。

③ [英]约翰·伊特韦尔等编：《新帕尔格雷夫经济学大辞典》第二卷，经济科学出版社1996年版，第861页。

业、农业、服务业在内的整个国民经济增长与发展的过程，同时也相应改变着人们的社会活动方式，因而工业化的发展也意味着现代化进程的推进。

（二）中国特色新型工业化的内涵

早在中华人民共和国成立之初，我国就提出了实现工业化的任务。经过半个世纪的奋斗，特别是改革开放20多年的发展，在进入21世纪之际，我国已经把一个落后的农业大国建设成为拥有独立的、比较完整的，并有一部分现代化水平的工业体系和国民经济体系的国家。但是，从21世纪之初刚刚进入全面建设小康社会阶段的情况来看，我国的工业化任务还没有完成，主要表现在：农业现代化和农村城镇化水平比较低，农业劳动力和农村人口在我国劳动力和总人口中的比重还分别占50%和62%；产业结构的层次低，竞争力不强，工业特别是制造业的技术水平还不高，服务业的比重和水平同已经实现工业化的发达国家相比还有相当大的差距。因此，在21世纪发展中，走中国特色新型工业化道路，加快推进工业化，在21世纪头20年基本实现工业化，进而在全面建成社会主义现代化国家过程中基本实现中国特色新型工业化和全面实现中国特色新型工业化，仍然是我国现代化建设进程中艰巨的历史性任务。

工业化是一个历史性和世界性的范畴。所谓历史性的范畴，是指工业化随着历史的发展有着不同的具体内容和标志。在18世纪英国工业革命时期，是以蒸汽机的使用即机械化为标志和内容的；19世纪末20世纪初，电气化又成为工业化的内容和标志；伴随着科学技术的飞速进步，工业化在当代又进入以自动化、信息化为标志和内容的时代。工业化作为世界性的范畴，是说工业化的内容和标志，不是孤立的，而是在世界范围内各国的相互比较中才能确定的，是工业的发展要接近或达到当时世界的先进水平。18世纪30年代—19世纪40年代，按照当时历史的工业发展水平，英国在世界上第一个基本完成工业革命，蒸汽机的发明和应用成为当时工业革命的动力，带动了纺织、冶金、采矿、机器制造、交通运输等行业的迅速发展，人类社会的经济活动进入机器大工业时期。跟随英国工业革命的脚步，19世纪美、法、德、俄、日等国也先后开始并基本完成了工业革命。这些国家工业化道路的一个基本特征，就是在全球从广大殖民地掠夺能源、原材料并倾销其工业制成品，导致全球范围贫富两极分化、资源大量消耗和生态环境恶化。

我国是在人类社会进入21世纪这样一个新的历史时期、社会经济发展具备新的历史条件之下要完成基本实现进而全面实现工业化的任务，但人类社会历史的发展、世界范围科学技术的进步和我国的基本国情决定了不能再走资源消耗高、环境污染重、科技含量低的传统工业化道路。因此，在总结人类社会近现代以来工业化经验教训基础上，从我国国情出发，根据新的历史进程实现工业化的要求和有利条件，我国明确提出走中国特色新型工业化道路。党的十六大报告提出：在全面建设小康社会的进程中，“要坚持以信息化带动工业化，以工业化促进信息化，走出一条科技含量高、经济效益好、资源消耗低、环境污染少、人力资源优势得到充分发挥的新型工业化路子”①。根据党的十六大报告，新型工业化主要包括以下四个方面：

第一，新型工业化是工业化和信息化相互融合的工业化。新型工业化的新，首先就是工业化内容的新。在人类社会近现代历史的发展中，传统工业化不可能包括信息化的内容。随着人类社会科学技术的发展，以信息技术为标志和重要内容的新科技革命迅速兴起与展开，信息化成为人类社会发展、经济活动的一种必然趋势。进入21世纪，人类社会进入信息时代，工业化内容中必然要包括信息化，并与信息化相结合、相融合。信息网络技术的创新与发展，推动了信息及通信设备制造业、软件业、信息服务业等诸多新兴产业的产生、形成、兴起和快速发展；同时，信息网络技术也日益同传统产业广泛结合，促进传统产业迅速地提高劳动生产率和服务效率，扩大生产规模、提高产品与服务质量、降低生产经营成本，推动传统产业的不断改造、提升；信息网络技术还对整个社会经济活动发生影响，促使新的生产经营方式、新的业态、新的动能等在社会经济活动中培育、发展、壮大。所以，新型工业化必然要包括信息化的发展，以信息化带动工业化，以工业化促进信息化，推动与实现信息化与工业化相互融合。

第二，新型工业化是以科技进步、科技创新为动力，以提高经济效益、

① 《中国共产党第十六次全国代表大会文件汇编》，人民出版社2002年版，第21页。

突出发展质量为要求的工业化，也就是科技含量高、经济效益好，或者是集约型、内涵式的创新驱动发展道路。这里新型工业化的新，就是工业化发展动力的新，新就新在科技进步、创新驱动。从世界工业化的发展方式来看，工业化在推进中经历了粗放型和集约型两种不同的发展方式。粗放型方式是指主要靠增加自然资源、劳动力等生产要素量的投入来推进工业化，集约型方式是指主要通过技术进步和提高劳动者素质从而提高劳动生产率来推进工业化。工业革命以来，工业化之所以成为世界各国发展的大趋势，就是因为工业化可以大大提高劳动生产率，促进社会生产力加快发展。我国在21世纪推进、实现工业化，同西方发达国家原来实现工业化的历史条件、国际环境已有很大不同。当代经济全球化不断发展，全球制造业生产能力不断提高，国际竞争日趋激烈。我国实现工业化，不可能像西方发达国家当年那样，去掠夺其他国家的资源、原材料并强行进行不平等交换，而必须依靠以科技进步和科技创新为动力，不断提高工业产品的科技含量。因此，我国在新的历史条件下，在激烈的国际竞争中实现工业化，必须实施科教兴国战略、创新驱动战略，充分发挥科学技术作为第一生产力的重要作用，着重依靠科技进步和提高劳动者素质，不断提高经济效益和竞争力。也只有这样的工业化，才是符合人类社会新的历史时期、新的时代要求的工业化。

第三，新型工业化是注重可持续发展、生态环境保护和生态文明建设的工业化。这里新型工业化的新，就是工业化发展要求的新，新就新在资源消耗低、环境污染少，传统的工业化道路是以大量消耗自然资源和牺牲生态环境为代价的。虽然发达国家“先污染、后治理”，在其本国范围内取得了一定的成效，但从全球范围看，发达国家自工业化以来对资源的大量消耗和对生态环境的严重破坏，已经造成无法挽回的损失。我国是世界上人口最多的发展中国家，人口规模和经济规模越来越大，如果不改变主要依靠增加资源投入的高消耗、高污染、高排放的工业化推进方式，资源和环境必然难以承受，不仅实现经济持续稳定发展会遇到前所未有的困难，而且全面建成小康社会、全面建设社会主义现代化国家和不断提高人民生活水平与质量、满足人民美好生活需要的目标也难以实现。因此，必须把实现可持续发展、资源消耗低和环境污染少、建设生态文明，作为新型工业化的基本要求。

第四，新型工业化是充分发挥我国人力资源优势的以人民为中心的工业化。工业化的进程，是发展工业并用先进的工业生产技术改造和装备农业等传统产业部门的过程。因此，一方面，工业化必然伴随大量的农业劳动力转移到非农产业和城镇。同时，随着工业和国民经济各部门资本有机构成与劳动生产率的不断提高，同量资本将同更少的劳动力相结合。因而工业化和扩大就业在客观上存在一定的矛盾。特别是我国人力资源极为丰富，就业和再就业的压力比任何国家都大，而且在信息化时代，劳动生产率有可能比以往提高得更快，从而更加加剧生产率提高与就业的矛盾。另一方面，极为丰富的人力资源又是我国的宝贵财富和巨大优势。改革开放以来，我国经济之所以能够持续快速增长，外商直接投资之所以持续不断地大量进入我国，我国制造业产品之所以能够在国际市场上具备竞争力，重要原因之一就是我国人力资源丰富。所以，充分发挥我国人力资源优势，妥善处理好工业化提高劳动生产率与扩大就业的矛盾，不仅是扩大内需、提高生产质量、保持社会稳定的必要条件，而且是发挥我国独特优势，保持和提高竞争力的重要方面。走中国特色新型工业化道路，就是要坚持以人为本、以人民为中心，把中国的人口优势转变为人力资源优势，把人口红利提升为人力资源红利。

在全面建设进而全面建成小康社会过程中，新型工业化的内容、要求、任务等不断深化、丰富和提升。2007年党的十七大明确提出，要坚持走中国特色新型工业化道路，加快转变经济发展方式，推动产业结构优化升级，发展现代产业体系，大力推进信息化与工业化融合，促进经济增长由主要依靠投资、出口拉动向依靠消费、投资、出口协调拉动转变，由主要依靠第二产业带动经济发展向依靠第一、第二、第三产业协同带动经济发展方向转变，由主要依靠增加物质资源消耗向主要依靠科技进步、劳动者素质提高、管理创新转变。2012年党的十八大明确提出“新四化”同步发展，强调坚持走中国特色新型工业化、信息化、城镇化、农业现代化道路，推动信息化和工业化深度融合、工业化和城镇化良性互动、城镇化和农业现代化相互协调，促进工业化、信息化、城镇化、农业现代化同步发展。2017年党的十九大确立习近平新时代中国特色社会主义思想，概括出“十四个坚持”的新时代坚持和发展中国特色社会主义的基本方略，在坚持新发展理念中强调，要推动新型工业化、信息化、城镇化、农业现代化同步发展，主动参与和推动经济全球化进程，发展更高层次的开放型经济，不断壮大我国经济实力和综合国力。

（三）中国特色新型工业化的测度

中国特色新型工业化不是一个抽象、模糊、空泛的概念，应该有着可把握、可衡量的具体内容，可以用一系列指标对中国特色工业化的推进状况与发展进程进行测度。

对于工业化的测度，钱纳里、库兹涅茨、霍夫曼等经济学家从不同角度提出了自己的理论。根据已有研究，结合我国自身发展的实际情况，测度中国特色新型工业化的推进状况，可从规模、结构、质量、科技和环保五大维度15个基本方面提出具体指标。内容如下表。

中国特色新型工业化衡量指标

类型	序号	指标名称	说明
规模指标	1	制造业增加值比率	由制造业增加值占总商品增加值的比率表示，反映工业中制造业增加值占国民经济总商品增加值的比重，体现工业基本规模
	2	信息化综合指数	由计算机拥有量、互联网用户数、信息产业增加值比重等一系列数据反映整个国民经济信息化水平的具体指标构成的指标体系表示，反映信息化规模与水平
	3	城镇化率	表示与工业化相联系的城镇化规模与水平
结构指标	4	三次产业贡献度	用第一产业、第二产业和第三产业占国内生产总值的比重表示，反映产业结构基本状况
	5	三次产业从业比	用第一产业、第二产业和第三产业就业人员占全社会就业人员总数的比重表示，反映就业结构基本状况
	6	高新技术产业增加值比重	由高新技术产业增加值占工业增加值比重、占国内生产总值比重表示，反映工业结构的基本状况
质量指标	7	劳动生产率	可用全员劳动生产率、三次产业劳动生产率表示，反映工业化效率
	8	人均GDP	从整个经济发展水平角度反映工业化水平与质量
	9	居民人均收入	可用全国居民人均收入水平、城乡居民人均收入水平表示，从国民基本生活角度反映工业化水平与质量

续表

类型	序号	指标名称	说明
科技指标	10	科技创新综合指数	由一系列说明国家创新体系建设程度的具体指标构成的指标体系表示，反映工业化的创新规模、水平与质量
	11	研发（R&D）费用	可用研发（R&D）费用占GDP比重、主要工业行业研发费用情况、高技术研发费用情况等指标表示，反映科技创新的投入状况
	12	专利授权	可用全社会专利授权量、有效发明专利拥有量等指标表示，反映科技进步的基本状况及其应用前景
生态指标	13	单位GDP能耗	可用单位国内生产总值能耗、单位工业增加值能耗、单位区域GDP能耗及下降率表示，反映工业化进程中能源耗费基本状况
	14	二氧化碳和主要污染物排放	可用二氧化碳排放量和主要污染物排放总量及下降率表示，反映工业化进程中二氧化碳和主要污染物排放及减低基本状况
	15	资源循环利用综合指数	可用一系列说明资源循环利用程度的具体指标构成的指标体系表示，反映资源节约和高效利用的基本状况

（四）中国特色新型工业化的推进

在全面建设小康社会进而全面建成小康社会过程中，我国推进新型工业化取得长足发展。就工业经济本身发展而言，我国建立起门类齐全的现代工业体系，工业制造加快向高质量发展推进，成长为世界第一工业制造大国。

从工业体系来看，我国制定和实施了一系列重大产业政策，对工业经济内部结构进行了多次重大调整，产业结构在不断调整中优化升级，门类比较健全的现代工业体系已经形成。传统工业在产业规模迅速扩大的同时，不断通过淘汰产能落后、加快技术改造等实现转型升级，钢铁、有色金属、电力、煤炭、石油加工、化工、机械、建材、轻纺、食品、医药等行业不断发展壮大，钢铁行业已经拥有世界上最大最先进的冶炼、轧制设备，钢材品种质量提升实现巨大突破，大多数钢材品种的自给率超过了100%；有色金属工业实现了从主要技术装备依赖进口到高附加值产品出口和电解铝技术输出国外的转变，落后的自焙槽电解铝生产工艺已经全部淘汰，中厚板高端航空铝材已用于大飞机和军工等领域，高铁用铝材全部实现了国产化。新兴产业不断加快孕育发展，高技术产业、先进制造业、战略性新兴产业发展迅速，智能制造发展取得积极成效，工业化和信息化深度融合进展加快，制造业数字化网络化智能化水平持续提升，“互联网+制造业”新模式不断涌现，大规模个性化定制在服装、家具等行业加快推广，协同研发制造在汽车、航空、航天等高端制造领域日益兴起。工业互联网发展已迈出实质步伐，已经广泛应用于石油、石化、钢铁、家电、服装、机械、能源等行业。工业经济不断向中高端迈进，2018年，高技术制造业、装备制造业增加值占规模以上工业增加值比重分别为13.9%和32.9%。2020年全年规模以上工业中，高技术制造业增加值占规模以上工业增加值的比重为15.1%，装备制造业增加值占规模以上工业增加值的比重为33.7%。我国已拥有41个工业大类207个中类666个小类，一个行业比较齐全、具有一定技术水平的现代工业体系已经形成。

从工业经济实力来看，工业生产突飞猛进，工业实力显著增强。我国工业增加值1992年突破1万亿元大关，2007年突破10万亿元大关，2012年突破20万亿元大关，2018年突破30万亿元大关，2020年增加到31.3万亿元。工业生产能力迅猛提升，主要产品产量居世界前列，原煤、钢铁、建材、化工等能源原材料行业已形成庞大的生产能力。2018年，原煤产量36.8亿吨，粗钢产量9.3亿吨，水泥产量22.1亿吨，平板玻璃8.7亿重量箱，化肥产量5424.4万吨，均居世界前列。主要消费品行业实现了供应不足向供应充裕的巨大转变，钟表、自行车、缝纫机、电池、啤酒、家具、塑料加工机械等100多种轻工产品的产量居世界第一。高技术装备类产品发展迅速，2018年，我国手机、计算机和彩电等产品产量，占全球总产量的比重在70%—90%之间；汽车产量为2781.9万辆，连续多年蝉联全球第一；高铁动车组已成为中国的亮丽名片，走出国门。

从工业技术来看，自主创新能力显著增强，一些技术已从“跟跑”发展转变为“并跑、领跑”。在创新驱动战略的指引下，作为创新主体的规模以上工业企业不断加大科技投入力度，科技创新水平显著提高，成为促进我国工业持续快速发展的根本动力和源泉。研发成果日益丰硕。发电设备、输变电设备、轨道交通设备和通信设备产业方面已经处于国际领先地位。“神威·太湖之光”超级计算机多次蝉联全球超算500强榜首。载人航天和探月工程取得重要成果，北斗导航进入组网新时代。

从工业国际竞争力和影响力来看，工业国际竞争力不断增强，影响力不断提升。我国出口商品中工业制成品上升到90%以上，机电产品出口2018年占我国出口总值的比重接近60%。同时，传统劳动密集型产品加快更新换代，出口产品档次和质量不断提高，家电、皮革、家具、自行车、五金制品、电池等行业已成为我国在全球具有一定国际竞争力的行业。在国际竞争力增强的同时，我国工业的国际影响力也在不断提升。据世界银行数据显示，按现价美元测算，2010年我国制造业增加值首次超过美国，成为全球制造业第一大国，自此以后连续多年稳居世界第一，2017年我国制造业增加值占世界的份额高达27.0%，成为驱动全球工业增长的重要引擎。到2020年，我国已连续11年成为世界最大的制造业国家，我国制造业对世界制造业贡献的比重接近30%。

把握新型工业化的内涵，综合考虑新型工业化的测度指标，根据我国工业经济乃至整个国民经济发展情况，我国提出的全面建成小康社会基本实现工业化的目标要求，应该说在2020年已经达到。在全面建设社会主义现代化国家新征程中，继续坚持和推进中国特色新型工业化，“十四五”规划建议和纲要提出，到2035年基本实现中国特色新型工业化。据此可以推测，在这样的基础上，到2050年要全面实现中国特色新型工业化。

二、准确把握新发展理念

在新型工业化的推进中，中国的经济社会发展进入全面建成小康社会新阶段以后，经济发展进入新常态，党和国家提出引领发展全局的“创新、协调、绿色、开放、共享”的新发展理念。新发展理念是指导、引领中国全面建成小康社会，进而全面建设社会主义现代化国家的行动指南。

（一）新发展理念的战略背景

新发展理念提出的战略背景，就是全面建成小康社会进程中，中国经济发展进入新常态。从中国发展决策的角度看，是习近平总书记提出了中国经济发展进入新常态并进行论述。

在2013年年底中央经济工作会议的讲话中，习近平总书记在论述我国经济增长趋势变动时讲到了新常态。2014年5月，习近平总书记在河南考察时提出：我国发展仍处于重要战略机遇期，我们要从当前经济发展的阶段性特征出发，适应新常态，保持战略上的平常心态。[①]在提出中国经济发展进入新常态以后，为了进一步引起人们的高度重视，2014年7月29日上午，习近平总书记在主持党外人士关于经济形势座谈会的讲话中又指出，正确认识我国经济发展的阶段性特征，进一步增强信心，适应新常态，共同推动经济持续健康发展。

中国经济发展进入新常态作为一个重大判断提出以后，究竟如何认识，习近平总书记进行了论述。2014年11月9日，在亚太经合组织（Asia-Pacific Economic Cooperation，缩写为APEC）工商领导人峰会上，习近平发表题为《谋求持久发展　共筑亚太梦想》的讲话，对于认识新常态的基本方面，首次进行了系统阐述。第一，明确指出中国经济发展进入新常态。也就是说，在中国发展的历史进程中，经济发展已经进入新阶段、处于新时期、出现新变化、产生新趋势，可以高度概括为经济发展进入新常态。第二，说明了中国经济发展新常态的主要特点。中国经济发展新常态的主要特点表现在经济增速、经济结构、经济驱动三个方面，经济增长速度从高速增长转为中高速增长，经济结构不断优化升级，经济驱动从要素驱动、投资驱动转向创新驱动。第三，阐述了中国经济发展新常态的主要发展条件。中国经济发展进入新常态以后，经济增速虽然放缓，实际增量依然可观；经济增长更趋平稳，增长动力更为多元；经济结构优化升级，发展前景更加稳定；政府大力简政放权，市场活力进一步释放。第四，强调了进入新常态继续推进发展的基本要求。既然中国经济发展进入新常态，继续推进经济发展就要在认识新常态

① 中共中央文献研究室编：《习近平关于社会主义经济建设论述摘编》，中央文献出版社2017年版，第73页。

的前提下适应新常态。[①]

正是根据习近平总书记提出的中国经济发展进入新常态，2014年年底的中央经济工作会议突出地强调了经济发展新常态。2015年年底的中央经济工作会议又一次强调，认识新常态、适应新常态、引领新常态，是当前和今后一个时期我国经济发展的大逻辑，这是我们综合分析世界经济长周期和我国发展阶段性特征及其相互作用作出的重大判断。

在对进入新常态的“十三五”时期发展进行战略部署的过程中，习近平总书记进一步论述了中国经济发展新常态。2016年1月18—21日，省部级主要领导干部学习贯彻十八届五中全会精神专题研讨班在中央党校举办。习近平总书记在研讨班开班式的重要讲话中，进一步论述了中国经济发展新常态。习近平总书记指出，“十三五”时期，我国经济发展的显著特征就是进入新常态。这是我国经济向形态更高级、分工更优化、结构更合理的阶段演进的必经过程。从历史长过程看，我国经济发展历程中新状态、新格局、新阶段总是在不断形成，经济发展新常态是这个长过程的一个阶段。新常态是一个客观状态，是我国经济发展到今天这个阶段必然会出现的一种状态，是一种内在必然性，我们要因势而谋、因势而动、因势而进。谋划和推动“十三五”时期我国经济社会发展，就要把适应新常态、把握新常态、引领新常态作为贯穿发展全局和全过程的大逻辑。[②]

正是在对进入新常态以后中国现代化建设进行战略部署时，习近平总书记在党的十八届五中全会明确提出新发展理念。十八届五中全会通过的“十三五”规划建议提出，实现“十三五”时期发展目标，破解发展难题，厚植发展优势，必须牢固树立创新、协调、绿色、开放、共享的新发展理念。习近平总书记在十八届五中全会上的讲话中指出：“面对经济社会发展新趋势新机遇和新矛盾新挑战，谋划‘十三五’时期经济社会发展，必须确立新的发展理念，用新的发展理念引领发展行动。”“发展理念是发展行动的先导，

① 习近平：《谋求持久发展　共筑亚太梦想——在亚太经合组织工商领导人峰会开幕式上的演讲》（2014年11月9日，国家会议中心），《人民日报》，2014年11月10日第2版。

② 《习近平谈治国理政》第二卷，外文出版社2017年版，第245—246页。

是管全局、管根本、管方向、管长远的东西，是发展思路、发展方向、发展着力点的集中体现。”创新、协调、绿色、开放、共享的五大发展理念，“是‘十三五’乃至更长时期我国发展思路、发展方向、发展着力点的集中体现，也是改革开放30多年来我国发展经验的集中体现，反映出我们党对我国发展规律的新认识”。[①]党的十八届五中全会是我们党在中国经济发展进入新常态以后召开的一次重要会议，会议审议通过的“十三五”规划建议，明确了“十三五”时期我国发展的指导思想、目标任务、重大举措，在发展理念、发展政策、发展体制上有一系列重大突破，其中最突出的就是鲜明提出创新、协调、绿色、开放、共享的新发展理念。新发展理念是贯穿全会精神的灵魂和主线，“十三五”规划建议与“十三五”规划纲要就是按照这条主线来谋篇布局的。2016年1月，习近平总书记在省部级主要领导干部学习贯彻十八届五中全会精神专题研讨班发表重要讲话强调，要深入学习领会党的十八届五中全会精神，特别是要深入学习领会创新、协调、绿色、开放、共享的新发展理念，推动我国经济社会持续健康发展，确保如期实现全面建成小康社会奋斗目标。

显然，在历史的进程中，中国经济社会发展进入全面建成小康社会新阶段，进入经济发展新常态，新阶段、新常态下推进发展，客观上要求要有指导发展、引领发展的新理念。新发展理念就是中国经济社会发展进入新阶段、新常态治国理政、引领发展的重要理念，是指导、引领我国决胜全面建成小康社会、全面建设社会主义现代化国家的新发展理念。

（二）新发展理念的现实依据

在全面建成小康社会进程中，进入新常态，提出、确立新发展理念，以新发展理念把握、引领经济发展新常态，引领中国现代化建设发展全局，有着重要的现实依据。

首先，提出新发展理念是新常态下适应经济发展新情况的现实要求。我国经济发展进入新常态，正在向形态更高级、分工更复杂、结构更合理的阶

① 中共中央文献研究室编:《习近平关于社会主义经济建设论述摘编》，中央文献出版社2017年版，第19—20页。

段演化，出现了一系列经济发展新常态的新情况。在消费需求方面，以前具有明显的模仿型排浪式消费基本结束，个性化、多样化、多元型消费开始形成趋势；在投资需求方面，以前大规模、大范围、高强度的传统产业投资开发逐渐减缓，基础设施互联互通和一些新技术、新产品、新业态、新商业模式的投资机会加快出现；在生产能力和产业组织方面，以前供给不足、短缺经济的状况已经根本改变，传统产业供给能力超出需求，企业兼并重组、生产相对集中不可避免，新兴产业、服务业、小微企业作用更加凸显，生产小型化、智能化、专业化渐成产业组织的新表现；在生产要素作用方面，以前低劳动力成本的优势开始弱化，人口老龄化日趋发展，农业富余劳动力减少，经济增长将更多依靠提高人力资源质量和技术进步。这些新情况、新表现、新趋势，客观上要求中国经济发展要在新发展理念即创新、协调、绿色、开放、共享理念指导下，才能适应发展中的新变化，应对发展中的新挑战，进一步实现新发展。

其次，提出新发展理念是新常态下适应世界经济深度调整持续推进的现实要求。在我国经济发展进入新常态以后，世界经济在国际金融危机后的深度调整也在继续推进。一方面，世界经济原有增长与发展机制的调整仍在进行中，全球经济的较低增长仍在持续，全球贸易在低速区间波动，单边主义、保护主义时有抬头，国际经济竞争尤其是大国之间的竞争加剧并出现新的特点，发达国家在知识产权、环境保护等方面不断提出苛刻要求，新兴经济体面临参与全球经济治理和规则制定的严峻挑战，传统安全威胁和非传统安全威胁交织，能源资源、粮食、公共卫生、气候变化、网络安全等全球性问题更加突出；另一方面，全球范围内新一轮科技革命和产业变革继续深化，信息、生物、新能源、智能制造等领域正在出现大范围科技进步与新的形态，世界新兴产业及其价值链分工布局正在发生重大变化，传统产业、低技术产业面临淘汰风险，低成本劳动力等传统优势地位下降，技术和产业大变革背景下国家竞争力不进则退。这种世界经济深度调整持续的情况，必然要求我国创新发展理念，在新的发展理念引领下，适应全球经济增长与发展的新情况、新特点。正是因为如此，新发展理念才被提出。我国只有坚持新发展理念，通过创新发展、协调发展、绿色发展、开放发展、共享发展，才能实现整体经济转型，真正确立和实施科学发展方式，不断提高应对国际风险的能力，为长期稳定的经济增长与发展创造更多的机会和动力，促进更长时间、更高水平、更好质量的发展。

最后，提出新发展理念也是新常态下突破资源短缺瓶颈制约、扭转生态环境恶化趋势的现实要求。我国是世界上的资源总量大国，但由于人口众多，又是人均资源短缺的国家。在经济发展进入新常态以后，资源承载力逼近上限，发展中面临着严重的资源短缺瓶颈制约的压力。经济发展新常态是消费结构、工业化、城镇化发生明显变化的阶段，也必然是人均资源消费量增长较快和资源结构快速变化的过程。随着经济增长和人民生活水平的不断提高，我国资源需求总量稳定上升，而资源供给能够保证需求的比重逐步下降，资源短缺的瓶颈制约日益突出。与此同时，随着我国经济社会的快速发展，发达国家上百年工业化过程中分阶段出现的生态环境问题在我国集中出现。进入新常态继续推进发展，面临着日益突出的生态环境与发展的矛盾，环境污染、生态恶化相当严重，生态环境问题在类型、规模、结构、性质以及影响程度上都发生了深刻变化，生态环境承载能力已经达到或接近上限。因此，只有牢固树立创新、协调、绿色、开放、共享的新发展理念，统筹人与自然和谐发展，增强可持续发展能力，才能应对、缓解乃至解决进入新常态以后我国持续增长和发展中的资源环境问题，实现更高质量、更有效率、更可持续的发展。

总而言之，正是针对我国发展中的突出矛盾和问题，为了应对进入新常态发展中的严峻挑战，才提出了新发展理念。新发展理念以问题为牵引，直指我国发展中的突出矛盾和问题。新发展理念的提出，凸显了问题意识，强化了问题导向，是瞄着问题去、追着问题走，要求在破解发展难题中实现发展的新进步。

（三）新发展理念的精神实质

发展理念是关于发展的动力、要求、条件、途径和目的等重大发展问题的总体看法与根本观点。习近平总书记指出："新发展理念是一个系统的理论体系，回答了关于发展的目的、动力、方式、路径等一系列理论和实践问题，阐明了我们党关于发展的政治立场、价值导向、发展模式、发展道路等重大政治问题。”①发展理念管全局、管根本、管方向、管长远，具有战略性、纲领性、引领性，直接关乎发展成效乃至成败。有什么样的发展理念，就会有什么样的发展道路、发展模式和发展战略，就会对发展的实践产生根本性、全局性的重大影响。创新、协调、绿色、开放、共享的新发展理念，对决胜全面建成小康社会、全面建设社会主义现代化国家进程中的中国发展重大问题进行了阐明，在总体上创造性地回答了进入新常态新阶段新形势下我国要实现什么样的发展、如何实现发展的重大问题，同时又针对性地具体地说明了新常态新阶段新形势下中国的发展动力、发展要求、发展条件、发展途径和发展目的。新发展理念集中体现了经济发展进入新常态新阶段新形势下更长时期我国的发展思路、发展方向、发展着力点，深刻揭示了实现更高质量、更有效率、更加公平、更可持续、更加安全发展的必由之路。用新发展理念指导现代化建设实践，必须从地位、内容和要求这几个方面准确把握新发展理念的精神实质。

创新。首先，看地位，创新是引领发展的第一动力，必须把创新摆在国家发展全局的核心位置，抓创新就是抓发展，谋创新就是谋未来，抓住了创新，就抓住了牵动经济社会发展全局的“牛鼻子”。其次，看内容，创新包括全面创新，科技创新是创新的极其重要的内容，但绝不能把创新仅仅局限于科技创新或哪一个方面的创新，从整体发展而言，创新包括理论创新、制度创新、科技创新、文化创新等各方面创新，在现代化建设中推进发展，就是要不断推进理论创新、制度创新、科技创新、文化创新等各方面创新。最后，看要求，现代化建设中的创新，要求以创新为发展基点塑造发挥先发优势的引领型发展，在国际发展竞争日趋激烈和我国发展动力转换的形势下，必须把发展基点放在创新上，形成促进创新的体制架构，通过创新培育发展

① 《习近平在省部级主要领导干部学习贯彻党的十九届五中全会精神专题研讨班开班式上发表重要讲话强调　深入学习坚决贯彻党的十九届五中全会精神确保全面建设社会主义现代化国家开好局》，《人民日报》，2021年1月12日第1版。

新动力，让创新贯穿党和国家一切工作，让创新在全社会蔚然成风，塑造更多发挥先发优势的引领型发展，做到人有我有、人有我强、人强我优。

协调。首先，看地位，协调是持续健康发展的内在要求，协调是中国的经济社会发展要保持不同领域、不同地区、不同方面的相互适应、有机配合、优势互补与彼此促进，协调既是发展手段又是发展目标，同时还是评价发展的标准和尺度，是发展两点论和重点论的统一，是发展平衡和不平衡的统一，是发展短板和潜力的统一，持续健康发展的内在要求就是协调。其次，看内容，协调就是要促进现代化建设各方面相互协调，重点促进城乡协调发展，促进区域协调发展，促进经济社会协调发展，促进新型工业化、信息化、城镇化、农业现代化同步发展，在增强国家硬实力的同时注重提升国家软实力。最后，看要求，协调就是着力增强发展的整体性协调性，必须牢牢把握中国特色社会主义事业总体布局，协调推进“四个全面”战略布局，正确处理发展中的重大关系，不断增强发展整体性。从各级党委、政府、领导干部做好工作而言，要学会运用辩证法，善于“弹钢琴”，处理好局部和全局、当前和长远、重点和非重点的关系，着力推动协调发展。

绿色。首先，看地位，绿色是永续发展的必要条件和人民对美好生活追求的重要体现，绿色就是良好的生态环境，生态环境没有替代品，用之不觉，失之难寻，推进绿色发展、建设生态文明，是关系人民福祉、关乎民族未来的长远大计。面对资源约束趋紧、环境污染严重、生态系统退化的严峻形势，必须树立尊重自然、顺应自然、保护自然的绿色发展、生态文明理念，把绿色发展、生态文明建设放在突出地位，融入经济建设、政治建设、文化建设、社会建设的各方面和全过程，努力建设美丽中国，实现中华民族永续发展。其次，看内容，绿色就是要形成、完善绿色发展方式和生活方式，必须坚持节约资源和保护环境的基本国策，坚持可持续发展，坚定走生产发展、生活富裕、生态良好的文明发展道路，加快建设资源节约型、环境友好型社会，形成人与自然和谐发展的现代化建设新格局，推进美丽中国建设，为全球生态安全作出新贡献。最后，看要求，绿色就是要着力改善生态环境、从根本上扭转生态环境恶化趋势。要坚持绿色富国、绿色惠民，为人民提供更多优质生态产品，要树立大局观、长远观、整体观，坚持节约资源和保护环境的基本国策，像保护眼睛一样保护生态环境，像对待生命一样对待生态环境，推动形成绿色发展方式和生活方式，协同推进人民富裕、国家强盛、中国美丽。

开放。首先，看地位，开放是国家繁荣发展的必由之路，现代化建设新阶段的开放，不是对过去做法的简单重复，而是准确把握当今世界发展大势、准确把握当代中国发展大势、直面我国对外开放中的突出矛盾和问题，主动顺应经济全球化潮流，以新思路、新举措发展更高水平、更高层次的开放型经济，充分运用人类社会创造的先进科学技术成果和有益管理经验，既立足国内，充分发挥我国资源、市场、制度等优势，又很好利用国际国内两个市场、两种资源，以开放促改革、促发展、促创新，与世界各国互利共赢、共享发展成果。其次，看内容，开放是顺应大势、推进全方位高层次对外开放，顺应我国经济深度融入世界经济的趋势，奉行互利共赢的开放战略，坚持内外需协调、进出口平衡、“引进来”和“走出去”并重、引资和引技引智并举，发展更高层次的开放型经济，积极参与全球经济治理和公共产品供给，提高我国在全球经济治理中的制度性话语权，构建广泛的利益共同体。最后，看要求，现代化建设新阶段中的开放，是要着力形成对外开放新体制、着力发展高层次开放型经济、着力提高推进对外开放能力，要进一步探索实践，丰富对外开放内涵，不断提高把握国内国际两个大局的自觉性和能力，提高对外开放质量和水平，开创对外开放新局面，协同推进战略互信、经贸合作、人文交流，努力形成深度融合的互利合作格局。

共享。首先，看地位，共享是中国特色社会主义的本质要求，共享就是坚持以人民为中心的发展思想，以人民为中心的发展思想，不是一个抽象的、玄奥的概念，不能只停留在口头上、止步于思想环节，而要体现在经济社会发展各个环节；共享就是要使全体人民在发展中有更多获得感，必须坚持发展为了人民、发展依靠人民、发展成果由人民共享，作出更有效的制度安排，使全体人民在共建共享发展中有更多获得感，增强发展动力，增进人民团结，朝着共同富裕方向稳步前进。其次，看内容，共享是全民、全面、共建、渐进共享，就共享覆盖范围而言，共享是全民共享；就共享包括领域而言，共享是全面共享；就共享实现途径而言，共享是共建共享；就共享实现过程而言，共享是渐进共享。最后，看要求，共享是人人参与、人人尽力、人人享有，实现全体人民全面小康，进而在全面建设社会主义现代化国家进程中促进全体人民走向共同富裕。共享就是按照人人参与、人人尽力、人人享有的要求，坚守底线、突出重点、完善制度、引导预期，注重机会公平，保障基本民生，根据现有条件把能做的事情尽量做起来，实现全体人民共同迈入全面小康社会，不断朝着全体人民共同富裕的目标前进。

党的十九大对决胜全面建成小康社会、全面建设社会主义现代化国家的指导思想进行论述时指出，坚持以习近平新时代中国特色社会主义思想为指导的重要方面，就是坚持新发展理念，坚定不移贯彻创新、协调、绿色、开放、共享的发展理念；在对决胜全面建成小康社会、全面建设社会主义现代化国家的经济建设作出战略布局时明确提出，要贯彻新发展理念，建设现代化经济体系。党的十九届五中全会在对全面建设社会主义现代化国家新征程第一个5年即“十四五”时期的发展进行战略部署时要求：“坚持新发展理念。把新发展理念贯穿发展全过程和各领域，构建新发展格局，切实转变发展方式，推动质量变革、效率变革、动力变革，实现更高质量、更有效率、更加公平、更可持续、更为安全的发展。”①

进入全面建设社会主义现代化国家的新发展阶段，继续推进现代化建设必须以新发展理念来引领、指导，牢固树立新发展理念、深入贯彻新发展理念，崇尚创新、注重协调、倡导绿色、厚植开放、推进共享，全面推进创新发展、协调发展、绿色发展、开放发展、共享发展，破解发展难题，厚植发展优势，推进全面建设社会主义现代化国家不断迈向新台阶。

① 《中国共产党第十九届中央委员会第五次全体会议文件汇编》，人民出版社2020年版，第25页。

三、加快构建新发展格局

迈向全面建设社会主义现代化国家新征程，要在新发展理念引领下，加快构建新发展格局。党的十九届五中全会对全面建设社会主义现代化国家新征程一定时期的发展进行部署时，明确提出，要加快构建以国内大循环为主体、国内国际双循环相互促进的新发展格局。这是对“十四五”时期和未来更长时期我国经济发展战略、路径选择作出的重大调整完善，是着眼于我国长远发展和长治久安作出的重大战略部署，对于我国在新发展理念引领下实现更高质量、更有效率、更加公平、更可持续、更为安全的发展，具有重要而深远的影响。

（一）加快构建新发展格局的提出确立

从国家发展战略决策的角度考察，是习近平总书记在2020年4月首提新发展格局。进入2020年，面对新冠肺炎疫情对我国经济社会发展的影响与冲击，习近平总书记结合疫情防控对涉及国家中长期经济社会发展的重大问题进行了思考。在2020年4月10日举行的中央财经委员会第七次会议上的讲话中，习近平总书记从发展战略角度论述了国家中长期经济社会发展战略若干重大问题，第一个问题是坚定实施扩大内需战略。在论述中，习近平总书记指出：“实施扩大内需战略，是当前应对疫情冲击的需要，是保持我国经济长期持续健康发展的需要，也是满足人民日益增长的美好生活的需要。”“我们要牢牢把握扩大内需这一战略基点，使生产、分配、流通、消费各环节更多依托国内市场实现良性循环，明确供给侧结构性改革的战略方向，促进总供给和总需求在更高水平上实现动态平衡。扩大内需和扩大开放并不矛盾。国内循环越顺畅，越能形成对全球资源要素的引力场，越有利于构建以国内大循环为主体、国内国际双循环相互促进的新发展格局，越有利于形成参与国际竞争和合作新优势。”①在此，习近平总书记明确、完整地提出构建以国内

① 习近平：《国家中长期经济社会发展战略若干重大问题》，《求是》，2020年第21期。

大循环为主体、国内国际双循环相互促进的新发展格局。此后，在习近平总书记的一系列重要讲话中，在党和国家的许多重要文献中，反复强调面向新发展要构建以国内大循环为主体、国内国际双循环相互促进的新发展格局。

面向全面建成小康社会基础之上全面建设社会主义现代化国家的新发展阶段，党的十九届五中全会把加快构建新发展格局，作为“十四五”乃至更长远时期发展的重大战略予以确立。在即将迈向“十四五”之际，2020年10月26—29日，中国共产党第十九届中央委员会第五次全体会议在北京举行。习近平总书记在全会上，就“十四五”规划建议讨论稿的说明和全会精神的贯彻落实，先后发表重要讲话，全会审议通过《中共中央关于制定国民经济和社会发展第十四个五年规划和二〇三五年远景目标的建议》(简称《建议》)。《建议》在文本上为2万字，结构上包括15个部分，内容上有60条，按照党的十九大对实现第二个百年奋斗目标作出的分两个阶段推进的战略安排，综合考虑未来一个时期国内外发展趋势和我国发展条件，紧紧抓住我国社会主要矛盾，对“十四五”时期我国发展作出了系统谋划和战略部署，是开启全面建设社会主义现代化国家新征程、向第二个百年奋斗目标进军的纲领性文件，提出、确立了中国“十四五”发展的战略纲领。在这样一个系统、完整、重大的战略纲领中，其重要内容就是明确确立了要加快构建以国内大循环为主体、国内国际双循环相互促进的新发展格局。

在说明“十四五”时期经济社会发展指导思想时,《建议》提出，坚持以马克思列宁主义、毛泽东思想、邓小平理论、“三个代表”重要思想、科学发展观、习近平新时代中国特色社会主义思想为指导,“十四五”时期经济社会发展的重大指导方针就是加快构建以国内大循环为主体、国内国际双循环相互促进的新发展格局；在说明“十四五”时期经济社会发展必须遵循的原则时,《建议》强调坚持党的全面领导，重要内容就是不断提高贯彻新发展理念、构建新发展格局能力和水平；强调坚持新发展理念，就是把新发展理念贯穿发展全过程和各领域，构建新发展格局；在部署“十四五”时期经济社会发展重要任务时，提出的12个领域经济社会发展和改革开放的重点内容，在很多方面都与加快构建新发展格局有关，特别是《建议》第五部分，即12

个领域中的第三个重点任务，明确提出“形成强大国内市场，构建新发展格局”。[①]

为推动认真学习、贯彻落实党的十九届五中全会精神，省部级主要领导干部学习贯彻党的十九届五中全会精神专题研讨班于2021年1月11—14日在中央党校（国家行政学院）举办，习近平总书记在开班仪式上发表重要讲话。习近平总书记讲话的一个重要内容，就是论述加快构建新发展格局，指出构建新发展格局明确了我国经济现代化的路径选择。习近平总书记强调，加快构建以国内大循环为主体、国内国际双循环相互促进的新发展格局，是《建议》提出的一项关系我国发展全局的重大战略任务，需要从全局高度准确把握和积极推进。[②]

2021年3月5—11日，十三届全国人大四次会议举行，审议通过《中华人民共和国国民经济和社会发展第十四个五年规划和2035年远景目标纲要》（简称《纲要》）。《纲要》根据《建议》编制而成，共19篇65章192节，文本约7.4万字，进一步描绘了全面建设社会主义现代化国家新征程第一个5年乃至更长时期我国发展的宏伟蓝图，突出体现了加快构建新发展格局的方针、要求和任务，对于“十四五”发展中加快构建新发展格局作出具体部署安排。

简而言之，面对国内国际形势重大变化、面向中国中长期发展，2020年习近平总书记首提新发展格局；面向开启全面建设社会主义现代化国家新征程，党的十九届五中全会确立中国“十四五”发展的战略纲领，明确提出加快构建以国内大循环为主体、国内国际双循环相互促进的新发展格局；2021年1月习近平总书记在省部级主要领导干部学习贯彻党的十九届五中全会精神专题研讨班上发表重要讲话，对于加快构建新发展格局进一步作了全面论述；2021年3月，十三届全国人大四次会议审议通过的《中华人民共和国国

① 《中国共产党第十九届中央委员会第五次全体会议文件汇编》，人民出版社2020年版，第24、25、35页。

② 《习近平在省部级主要领导干部学习贯彻党的十九届五中全会精神专题研讨班开班式上发表重要讲话强调　深入学习坚决贯彻党的十九届五中全会精神确保全面建设社会主义现代化国家开好局》，《人民日报》，2021年1月12日第1版。

民经济和社会发展第十四个五年规划和2035年远景目标纲要》，对于加快构建以国内大循环为主体、国内国际双循环相互促进的新发展格局作出全面、具体的战略部署。

（二）加快构建新发展格局的基本内涵

在新发展阶段要加快构建的新发展格局，从最直接的内容把握，包括三个基本方面，一是以国内大循环为主体，二是包括国内国际双循环，三是国内国际双循环相互促进。可以从这三个基本方面，认识新发展格局的基本内涵。

1.新发展格局是以国内大循环为主体的发展格局

在党和国家的有关重要文献中，没有从学理的角度像教科书那样对国内大循环下定义，就国家发展决策而言显然具有合理性。从学习理解的角度来认识，国内大循环指的就是国内经济大循环，可以理解为，是按照经济高质量发展要求，为满足国内经济社会发展需求，以现代产业体系、自主创新体系与现代市场体系为支撑，包括现代开放经济体系在内，生产、分配、交换（流通）、消费顺畅进行，国民经济持续稳定健康发展的整个经济运行体系与过程。

在这样的理解中，国内大循环的根本要求是推动经济高质量发展，因而要按照高质量发展要求来促进、推动经济循环的顺畅进行；国内大循环的根本目的是要满足国内经济社会发展需求，包括人民日益增长的美好生活需要，不能是为循环而循环；国内大循环的支撑，是4个方面的经济体系，即现代产业体系、自主创新体系、现代市场体系和现代开放经济体系，只有现代产业体系提供供给、自主创新体系提供动力、现代市场体系提供载体、现代开放经济体系提供助力，国内大循环才有可能顺畅进行；国内大循环的基本内容，就是生产、分配、交换（流通）、消费顺畅进行，是社会生产和再生产各环节、多领域、全过程在相互联系中顺畅进行，是整个国民经济持续稳定健康发展；国内大循环就其本身性质而言，既是整个国民经济运行体系，包括国民经济的各个方面、不同层次、诸多领域有机构成的国民经济整体，也是整个国民经济运行过程，是社会生产和再生产周而复始的循环过程，是整个国民经济波浪式的不断向更高层次、水平、程度发展的过程。

构建以国内大循环为主体的新发展格局，是党和国家从国内经济发展与国际环境变化两个方面考虑的重大战略抉择。习近平总书记就此指出："构建新发展格局，是与时俱进提升我国经济发展水平的战略抉择，也是塑造我国国际经济合作和竞争新优势的战略抉择。"[①]

从国内经济发展考察。首先，以国内大循环为主体是大国经济发展的必然趋势。大国经济的重要特征，就是必须实现内部可循环，并且提供巨大国内市场和供给能力，支撑并带动外循环。我国经过改革开放以来40多年发展，经济快速成长，客观上要求通过国内大循环为主体保持中国经济持续健康稳定发展，提升经济发展质量，推动经济发展上升到新的层次和水平。其次，以国内大循环为主体已经具备经济基础。就供给、生产能力而言，我国已建立全世界最为齐全、规模最大的工业体系，是全世界唯一拥有联合国产业分类中全部工业门类的国家，"中国制造"开始向"中国智造""中国创新"转变，产业链具有较好的自我循环能力；从需求、消费潜力来看，我国将要迈进高收入国家行列，规模巨大的国内市场不断扩张，有14亿人口，其中4亿多中等收入群体，人均国内生产总值已经突破1万美元，是全球最大和最有潜力的消费市场，具有巨大消费增长空间。最后，以国内大循环为主体也具有区域纵深，我国具有大国经济区域纵深广阔的优势，区域经济协调发展形成以国内大循环为主体的国土空间。

就国际环境变化而论。习近平总书记指出："改革开放以来特别是加入世贸组织后，我国加入国际大循环，市场和资源'两头在外'，形成'世界工厂'发展模式，对我国快速提升经济实力、改善人民生活发挥了重要作用。近几年，随着全球政治经济环境变化，逆全球化趋势加剧，有的国家大搞单边主义、保护主义，传统国际循环明显弱化。"[②]概括而言，一是世界经济形势发生重大变化，新一轮科技革命和产业变革加速发展，世界贸易和产业分工格局发生重大调整，国际力量对比呈现趋势性变迁，2008年国际金融危机

① 《中国共产党第十九届中央委员会第五次全体会议文件汇编》，人民出版社2020年版，第81页。
② 《中国共产党第十九届中央委员会第五次全体会议文件汇编》，人民出版社2020年版，第81页。

后，全球市场收缩，世界经济陷入持续低迷，国际经济大循环动能弱化；二是经济全球化发生重大曲折，西方主要国家民粹主义盛行、贸易保护主义抬头，经济全球化遭遇逆流；三是新冠肺炎疫情产生重大影响，新冠肺炎疫情影响广泛深远，逆全球化趋势更加明显，全球产业链、供应链面临重大冲击，风险加大。可见，“在这种情况下，必须把发展立足点放在国内，更多依靠国内市场实现经济发展”。①

正是根据国内经济发展与国际环境变化，党和国家作出加快构建以国内大循环为主体的新发展格局的战略抉择。习近平总书记结论式地强调：“只有立足自身，把国内大循环畅通起来，才能任由国际风云变幻，始终充满朝气生存和发展下去。要在各种可以预见和难以预见的狂风暴雨、惊涛骇浪中，增强我们的生存力、竞争力、发展力、持续力。”②

2.新发展格局是包括国内国际双循环在内的发展格局

新发展格局以国内大循环为主体，但国内大循环并非是唯一。要加快构建的新发展格局，既包括作为主体的国内大循环，还要包括作为重要内容的国际循环。从学习理解的角度来认识，国际循环指的是国际经济循环，可以理解为，是按照现代开放经济发展要求，为促进经济社会发展与需求实现，以积极参加国际分工和国际市场、融入国际产业链和价值链为支撑，在国内经济大循环的基础上，进出口贸易（国际贸易）、引进外资和对外投资（国际资本流动）、引进技术和对外转移技术（国际技术转移）等顺畅进行，促进国民经济持续稳定健康发展的整个开放经济运行体系与过程。

在这样的理解中，国际经济循环的要求是现代开放经济发展，因而要根据现代开放经济的要求来促进、推动国际经济循环的顺畅进行；国际经济循环的根本目的是要促进经济社会发展与国内需求实现，包括人民日益增长的美好生活需要，不能是为国际循环而循环；国际经济循环的支撑，应该是积

① 《中国共产党第十九届中央委员会第五次全体会议文件汇编》，人民出版社2020年版，第81—82页。

② 《习近平在省部级主要领导干部学习贯彻党的十九届五中全会精神专题研讨班开班式上发表重要讲话强调　深入学习坚决贯彻党的十九届五中全会精神确保全面建设社会主义现代化国家开好局》，《人民日报》，2021年1月12日第1版。

极参加国际分工和国际市场、融入国际产业链和价值链，只有通过积极参加国际分工和国际市场、主动融入国际产业链和价值链，国际经济循环才有可能顺畅进行；国际经济循环的基本内容，是在国内经济大循环的基础上，对外贸易、引进外资、对外投资、引进技术和对外转移技术以及各种形式的对外经济合作等顺畅进行，是开放经济的各环节、多领域、全过程在相互联系中顺畅进行，是开放经济促进国民经济持续稳定健康发展；国际经济循环就其本身性质而言，既是整个开放经济运行体系，包括开放经济的各个方面、不同层次、诸多领域，也是开放经济运行过程，是开放经济体系周而复始的循环过程，是开放经济及其促进整个国民经济波浪式地不断向更高层次、水平、程度发展的过程。

国际循环是新发展格局的重要构成，以国内大循环为主体绝非否定、排斥国际经济循环。参与国际经济循环就是坚持对外开放，对外开放是中国改革开放以来经济发展取得成功的基本经验之一，中国改革开放发展到今天，适应整个人类社会当代开放发展的大趋势，中国经济已经深度融入世界经济，对于中国这样的大国经济而言，国内产业与国际产业、国内市场与国际市场、内需与外需等，在一定意义、一定范围、一定领域已经是相互依存、相互联系的，因而新发展格局决不是封闭的国内循环，而是开放的国内国际双循环。新发展格局中的国际循环，就是要坚持实施更大范围、更宽领域、更深层次的对外开放，奉行互利共赢的开放战略，在国内大循环的基础上，使国内产业与国际产业、国内市场与国际市场、国内需求与国际需求等相促进、相联通，形成参与国际经济合作和竞争新优势，发展更高层次的开放型经济。同时，参与国际经济循环，也意味着我国要更加积极参与全球经济治理和公共产品供给，提高我国在全球经济治理中的制度性话语权，在国际经济循环中构建广泛的利益共同体，促进、推动全球经济增长与发展。

3.新发展格局是国内国际双循环相互促进的发展格局

新发展格局包括国内经济循环与国际经济循环，二者共同构成新发展格局。在新发展格局中，国内经济循环与国际经济循环，不应该是一种板块式的构成，不应是相互孤立、相互隔绝、互不联系的，而应相互联系、相互影响、相互推动，即新发展格局是国内国际双循环相互促进的发展格局。在新发展格局中，国内循环是基础，国际循环是延伸，二者有机结合、融汇统一为新发展格局，必须强化国内大循环的主导作用，以国际循环提升国内大循环效率和水平，实现国内国际双循环互促共进。一方面，国内循环促进国际循环，国内循环发挥我国大国经济优势、超大规模市场优势等，积极融入国际贸易、国际资本流动、国际技术流动等，为世界经济提供更加广阔的国际合作、国际投资、国际市场机会，吸引全球商品和资源要素，打造我国新的国际合作和竞争优势，又为全球发展创造、提供动能；另一方面，国际循环促进国内循环，国际循环通过国际分工与合作，加强国内经济与世界经济紧密的联系互动，在商品、资本、技术、人才等方面促进经济高质量发展，提升国内大循环的效率和水平。

4.准确把握新发展格局基本内涵的若干认识

首先，新发展格局不是以前经济循环的简单重复。习近平总书记指出："新发展格局是根据我国发展阶段、环境、条件变化提出来的，是重塑我国国际合作和竞争新优势的战略抉择。"①必须清楚认识，新发展格局不同于改革开放前的以自力更生为主的经济发展格局，也有别于改革开放过程中包括的"两头在外、大进大出"的经济发展格局。新发展格局是为适应百年未有之大变局进行加速调整，在国内高质量发展步入新阶段、国内发展主要矛盾发生新转变时，对于整体发展格局的新选择、新取向、新战略。

其次，新发展格局不是一时一事一势的权宜之策。新发展格局不是特定时段应对某个局部、某一问题的被动之举，不是偶然事件冲击下的应急措施，也不是某种特定局势变动、单纯外部条件影响形成的产物。加快构建新发展格局，是新发展阶段中长期发展的战略选择，是大国经济发展的全局性整体国家战略决策，是实现中华民族伟大复兴的第二个百年奋斗目标、应对百年未有之大变局的战略安排。因此，对于新发展格局，必须从全面建设社会主义现代化国家整个历史时期、新时代中国特色社会主义发展全局、国际

① 习近平：《在经济社会领域专家座谈会上的讲话》（2020年8月24日），《人民日报》，2020年8月25日第2版。

国内经济政治形势重大变化的战略思维来把握。

再次，新发展格局不是复归封闭的国内经济循环。新发展格局以国内大循环为主体，绝非复归封闭僵化之路，不是改变开放发展的取向，也不是缩小对外开放的大门。新发展格局中作为主体的国内大循环本身就与国际循环相联系，而国际循环也必须以国内大循环为基础、为支撑。新发展格局的应有之意，就是在新发展阶段中我国要更加深度地融入全球化进程，要更大程度地参与国际分工与国际市场，更高水平实现国际合作与互利共赢。

最后，新发展格局不是局部地区产业的自我循环。构建新发展格局是整个国家发展全局、整个国民经济运行整体战略抉择、战略任务，不能简单地理解、等同为一定区域的区域内循环，或者是一定的产业自循环。构建新发展格局，包括促进区域经济协调发展，包括发展现代产业体系、完善产业结构、延伸产业链等，但决不能等同于区域、产业的小循环、自循环。构建新发展格局，更突出地体现为不同区域、产业之间的分工协作与相互促进，体现为社会生产和再生产的各环节相互依存与相互联系，体现为整个国民经济运行的顺达通畅。

简而言之，从全局高度准确把握新发展格局的基本内涵，一是要把握新发展格局是以国内大循环为主体的发展格局，准确认识国内经济大循环的含义，明确以国内大循环为主体是大国经济发展的必然趋势、具备经济基础、具有区域纵深，以国内大循环为主体也是在世界经济形势发生重大变化、经济全球化遭遇重大挫折、新冠肺炎疫情产生重大影响这样的国际环境变化下的战略抉择；二是要把握新发展格局是包括国内国际双循环在内的发展格局，准确认识其中包括的国际经济循环的含义，明确国际经济循环也是大国经济发展的必然趋势、是发展更高层次的开放型经济、是更加积极参与全球发展；三是要把握新发展格局是国内国际双循环相互促进的发展格局，国内循环与国际循环相互联系，国内循环促进国际循环，国际循环促进国内循环。同时必须明确，新发展格局不是以前经济循环的简单重复，不是一时一事一势的权宜之策，不是复归封闭的国内经济循环，也不是局部地区产业的自我循环。

（三）加快构建新发展格局的主要内容

在提出加快构建新发展格局以后，习近平总书记多次反复地或全面完整或突出重点论述加快构建新发展格局的内容。2021年1月在省部级主要领导干部学习贯彻党的十九届五中全会精神专题研讨班开班式上的重要讲话中，习近平总书记从坚持深化供给侧结构性改革、实现高水平的科技自立自强、扩大内需以及实行高水平对外开放4个方面，进行了重点说明。党的十九届五中全会通过的《建议》和十三届全国人大四次会议通过的《纲要》，都对加快构建新发展格局的任务进行了具体部署。根据习近平总书记论述以及党和国家的安排部署，加快构建新发展格局的主要内容，大致包括以下若干方面：

1.加快构建新发展格局的战略基点

习近平总书记指出："构建新发展格局，要坚持扩大内需这个战略基点，使生产、分配、流通、消费更多依托国内市场，形成国民经济良性循环。"①"要建立起扩大内需的有效制度，释放内需潜力，加快培育完整内需体系，加强需求侧管理，扩大居民消费，提升消费层次，使建设超大规模的国内市场成为一个可持续的历史过程。"②加快构建新发展格局的战略基点，就是扩大内需。

坚持扩大内需战略基点的主要有以下几个方面：一是要加快培育完整内需体系，建立扩大内需的有效制度，加强需求侧管理，完善扩大内需的政策支撑体系，形成强大国内市场；二是增强消费对经济发展的基础性作用，全面促进消费，提升传统消费，培育新型消费，发展服务消费；三是发挥投资对优化供给结构的关键作用，拓展投资空间，优化投资结构，推动企业设备更新和技术改造，推进一批强基础、增功能、利长远的重大项目建设；四是

① 习近平：《关于〈中共中央关于制定国民经济和社会发展第十四个五年规划和二〇三五年远景目标的建议〉的说明》，《中国共产党第十九届中央委员会第五次全体会议文件汇编》，人民出版社2020年版，第82页。

② 《习近平在省部级主要领导干部学习贯彻党的十九届五中全会精神专题研讨班开班式上发表重要讲话强调　深入学习坚决贯彻党的十九届五中全会精神确保全面建设社会主义现代化国家开好局》，《人民日报》，2021年1月12日第1版。

科学调控房地产业发展，房地产业影响投资和消费，事关民生和发展，要坚持“房子是用来住的不是用来炒的”的定位，坚持租购并举、因城施策，完善长租房政策，促进房地产市场平稳健康发展。

2.加快构建新发展格局的战略方向

习近平总书记在说明构建新发展格局时指出：“要坚持供给侧结构性改革的战略方向，提升供给体系对国内需求的适配性，打通经济循环堵点，提升产业链、供应链的完整性，使国内市场成为最终需求的主要来源，形成需求牵引供给、供给创造需求的更高水平动态平衡。”[①]“必须坚持深化供给侧结构性改革这条主线，继续完成‘三去一降一补’的重要任务，全面优化升级产业结构，提升创新能力、竞争力和综合实力，增强供给体系的韧性，形成更高效率和更高质量的投入产出关系，实现经济在高水平上的动态平衡。”[②]加快构建新发展格局的战略方向，就是坚持供给侧结构性改革，坚持以深化供给侧结构性改革为主线。

坚持供给侧结构性改革的主要有以下几个方面：一是加快发展现代产业体系，优先改造传统产业，发展战略性新兴产业，加快发展现代服务业，统筹推进基础设施建设，提高供给体系对国内需求的满足能力，以创新驱动、高质量供给引领和创造新需求，提升供给体系的韧性和对国内需求的适配性；二是着力优化供给结构，改善供给质量，坚定不移建设制造强国、质量强国、网络强国、数字中国，加快数字化发展，推进产业基础高级化，提升产业链供应链现代化水平；三是坚持把发展经济着力点放在实体经济上，提升微观市场主体活力，促进企业发展新技术、研发新产品、创造新模式，提高经济质量效益和核心竞争力；四是要依法平等保护产权，为企业、企业家提供生产经营、改革发展的良好环境。

① 习近平：《关于〈中共中央关于制定国民经济和社会发展第十四个五年规划和二〇三五年远景目标的建议〉的说明》，《中国共产党第十九届中央委员会第五次全体会议文件汇编》，人民出版社2020年版，第82页。

② 《习近平在省部级主要领导干部学习贯彻党的十九届五中全会精神专题研讨班开班式上发表重要讲话强调 深入学习坚决贯彻党的十九届五中全会精神确保全面建设社会主义现代化国家开好局》，《人民日报》，2021年1月12日第1版。

3.加快构建新发展格局的战略支撑

习近平总书记指出："构建新发展格局最本质的特征是实现高水平的自立自强，必须更强调自主创新，全面加强对科技创新的部署，集合优势资源，有力有序推进创新攻关的'揭榜挂帅'体制机制，加强创新链和产业链对接。"[①]《建议》把科技创新、科技自立自强放在诸多重点任务首位，强调"坚持创新在我国现代化建设全局中的核心地位，把科技自立自强作为国家发展的战略支撑"[②]。加快构建新发展格局的战略支撑，就是要自主创新、实现科技的自立自强。

以科技自立自强、自主创新为加快构建新发展格局的战略支撑，其主要方面在于：一是加快实现高水平的科技自立自强，面向世界科技前沿、面向经济主战场、面向国家重大需求、面向人民生命健康，深入实施科教兴国战略、人才强国战略、创新驱动发展战略，完善国家创新体系，加快建设科技强国；二是强化国家战略科技力量，全面加强对科技创新的部署，集合优势资源，加强基础研究、注重原始创新，面向国民经济和社会发展重大问题加强应用研究；三是提升企业技术创新能力，强化企业创新主体地位，集中力量打好关键核心技术攻坚战，锻造产业链供应链长板，补齐产业链供应链短板；四是发挥市场优势，促进新技术产业化规模化应用，发展先进适用技术，加强创新链和产业链对接，实现技术沿着从可用到好用的路径发展；五是激发人才创新活力，全方位培养、引进、用好人才，造就更多国际一流的科技领军人才和创新团队，培养具有国际竞争力的青年科技人才后备军。要建设高质量教育体系，推动全社会加大人力资本投入，加强基础研究人才培养，加强创新型、应用型、技能型人才培养。还要完善科技创新体制机制，有力有序推进创新攻关的体制机制不断完善；加强国际科技交流与合作，在开放条件下促进科技能力提升。

---

① 《习近平在省部级主要领导干部学习贯彻党的十九届五中全会精神专题研讨班开班式上发表重要讲话强调　深入学习坚决贯彻党的十九届五中全会精神确保全面建设社会主义现代化国家开好局》，《人民日报》，2021年1月12日第1版。

② 《中国共产党第十九届中央委员会第五次全体会议文件汇编》，人民出版社2020年版，第28页。

4.加快构建新发展格局的对外开放

新发展格局的重要构成是国际经济循环，积极参与、推动国际经济循环，就是对外开放。习近平总书记指出："构建新发展格局，实行高水平对外开放。""要塑造我国参与国际合作和竞争新优势，重视以国际循环提升国内大循环效率和水平，改善我国生产要素质量和配置水平，推动我国产业转型升级。"①加快构建新发展格局，极为重要、不可或缺、不容忽视的重要内容就是对外开放，必须坚定不移扩大对外开放，坚持实施更大范围、更宽领域、更深层次对外开放，持续深化要素流动型开放，稳步拓展制度型开放，依托国内经济循环体系形成对全球要素资源的强大引力场，依托我国大市场优势，更深度融入全球经济，促进国际合作，开拓互利共赢新局面；加快推进贸易创新发展，提升出口质量，扩大进口，促进经常项目和国际收支基本平衡；进一步扩大市场准入范围，创造更加公平的市场环境，在更高水平上引进外资；推动共建"一带一路"高质量发展，实现高质量引进来和高水平走出去；建设更高水平开放型经济新体制；积极参与全球经济治理体系改革，推动建设开放型世界经济，促进完善更加紧密稳定的全球经济循环体系，促进各国共享全球化深入发展机遇和成果。

加快构建新发展格局必须坚持以新发展理念为引领，全面贯彻创新、协调、绿色、开放、共享的新发展理念，把新发展理念贯穿构建新发展格局的全过程和各领域。在新发展理念引领下构建新发展格局，也要促进区域协调发展，区域协调发展既是国内大循环的重要方面，也同国际循环有着密切联系；我国正处于区域协调发展、城镇化快速推进的重要时期，这个过程既创造巨大需求，也提升有效供给，因此要通过推进区域协调发展来加快构建新发展格局。在新发展理念引领下构建新发展格局，还要注重提高人民生活水平，改善人民生活品质，这既是加快构建新发展格局的出发点和落脚点，也是要构建的新发展格局的重要内容，因而要通过提高人民生活水平、改善人

① 《习近平在省部级主要领导干部学习贯彻党的十九届五中全会精神专题研讨班开班式上发表重要讲话强调　深入学习坚决贯彻党的十九届五中全会精神确保全面建设社会主义现代化国家开好局》，《人民日报》，2021年1月12日第1版。

民生活品质来加快构建新发展格局，必须把促进全体人民共同富裕摆在构建新发展格局的更加重要的位置。在新发展理念引领下构建新发展格局，要求制度体制保障，要坚定不移推进全面深化改革，破除制约构建新发展格局的体制机制障碍，强化有利于加快构建新发展格局的重大改革举措，持续增强构建新发展格局的动力和活力，坚持和完善社会主义基本经济制度，构建高水平社会主义市场经济体制，充分发挥市场在资源配置中的决定性作用，更好发挥政府作用，推动有效市场和有为政府的更好结合。

在全面建设社会主义现代化国家新征程的发展中，构建新发展格局是事关全局的系统性、深层次变革。不断推进全面建设社会主义现代化国家的历史进程，必须坚持以新发展理念为引领，要以推动高质量发展为主题，以深化供给侧结构性改革为主线，面向未来，坚定不移扩大内需、完善供给、推动创新、扩大开放、深化改革，牢牢把握百年未有之大变局提供的战略机遇，加快构建以国内大循环为主体、国内国际双循环相互促进的新发展格局，向第二个百年奋斗目标进军。

第七章　全面建设小康社会中的转变经济发展方式

进入21世纪以后，在全面建设小康社会的过程中，根据贯彻落实科学发展观的要求，党和国家提出加快转变经济发展方式，作为实现未来经济发展目标的关键之一。加快转变经济发展方式，就成为全面建设小康社会过程中，贯彻落实科学发展观、推进国民经济和社会发展的重要要求、重要任务、重要内容。在加快转变经济发展方式推进的基础上，党的十八大以后提出以供给侧结构性改革为主线、推进经济高质量发展。认识进入21世纪全面建设小康社会的现代化进程，应该对这一时期加快转变经济发展方式的提出确立、现实依据、主要内容等进行深入分析并予以准确把握。

一、加快转变经济发展方式的明确提出

作为全面建设小康社会中推进经济发展的战略举措、发展取向，加快转变经济发展方式的明确提出是在党的十七大，但其却是在改革开放以后中国现代化建设进程的演进中形成的。

（一）改革开放以后提出转向集约经营为主轨道

改革开放以后，在转向以经济建设为中心、推进现代化建设的过程中，党和国家提出中国的经济发展要从粗放型向集约型转轨，这是在总结以往经济建设经验教训基础上提出的发展取向。

客观而言，在中华人民共和国成立以后的较长时期内，虽然经济建设取得了一定成就，但经济增长在一定意义上来说是一种低效增长。1983—1987年，按当时的统计口径，我国的经济增长按社会总产值计年均增长8.6%，工农业总产值年均增长8.8%，国民收入年均增长6.8%。但是，这种经济增长速度是依靠生产要素的高投入获得的。以全要素生产率来看，全要素生产率是相对于单要素生产率的范畴，系指总产出与综合要素投入之比，实质上是通过对经济增长内涵因素与内涵要素的量化，来反映一定时期经济质量与效益的综合性指标。据当时有关专家测算，我国独立核算工业企业的全要素生产率，在1978年以前为负增长，改革开放以后才出现正增长。长期以来，我国经济建设中的产出增长率是依靠较高的要素投入增长率来推动的，属于典型的低效增长。从我国经济建设实际中反映经济效益的指标来看，按当时的统计数据，以净产值计，1953—1987年，我国工业劳动生产率平均每年提高5.1%，低于工业净产值平均每年增长11.2%的速度，说明我国工业净产值的增长主要是依靠投入新的生产要素。

正是由于总结了我国经济建设中的经验教训，改革开放不久，党和国家就把工作重点转移到以经济建设为中心，提出要真正从我国实际情况出发，走出一条发展速度比较实在、经济效益比较好、人民可以得到更多实惠的新路子。再经过改革开放以后近10年的摸索，1987年党的十三大明确提出要坚定不移地贯彻执行注重效益、提高质量、协调发展、稳定增长的战略，从粗放经营为主逐步转向以集约经营为主的轨道。

（二）党的十四大后提出加快转变经济增长方式

把转向集约经营为主提升为转变经济增长方式，是在1992年以后推进社会主义市场经济发展的过程中发生的。1992年，根据邓小平南方重要谈话，党的十四大确立了建立社会主义市场经济体制的改革目标。在从计划经济向市场经济转轨推进的过程中，党和国家分析了国民经济和社会发展中必须高度重视和下大气力解决的关系全局发展的重大问题，明确了这些问题主要是：农业基础薄弱，不适应人口增加、生活提高和经济发展对农产品日益增长的需要；国有企业生产经营困难较多，管理体制和经营机制不适应社会主义市场经济的要求；在经济快速增长和经济体制转换过程中，通货膨胀压力大，国家财力有限，宏观调控能力较弱；国民经济整体素质低，产业结构不合理，经营粗放，浪费严重，效益不高；人口多，人均资源相对不足，就业压力大，生态环境问题突出；在全国经济发展和人民生活普遍提高的同时，地区发展差距扩大，部分社会成员之间收入差距悬殊等。党和国家强调，要正确运用已经积累起来的成功经验，充分利用各方面的有利条件，发挥全党和全国各族人民的积极性和创造力，通过改革和发展，切实解决这些前进中的问题。[①]其中一个重大决策，就是明确提出加快转变经济增长方式。

党的十四大以后，在现代化建设实践中，我国已经认识到，发展社会主义市场经济，坚持发展是硬道理，难就难在把速度和效益有机地结合起来，问题往往出在偏重数量增长，单纯追求增长速度，而忽视经济质量，经济效益不理想、整体素质不高。要认真解决此类问题，现代化建设就必须遵循速度和效益相统一的原则，正确处理好两者之间的关系，关键在于要走出一条既有较高速度又有较好效益的国民经济发展路子，其具体路径就是加快转变经济增长方式。时任党总书记的江泽民指出："正确处理速度和效益的关系，必须更新发展思路，实现经济增长方式从粗放型向集约型的转变。这种转变的基本要求是，从主要依靠增加投入、铺新摊子、追求数量，转到主要依靠科技进步和提高劳动者素质上来，转到以经济效益为中心的轨道上来。""全党要提高对转变经济增长方式重大意义的认识，通过深化改革，加快建立有利于提高经济效益的社会主义市场经济体制及运行机制。同时，从法制建设、政策实施、规划制定等多方面采取综合配套措施，切实把提高经济效益作为经济工作的中心。"[②]

1995年党的十四届五中全会通过《中共中央关于制定国民经济和社会发展第九个五年计划和2010年远景目标的建议》，把经济增长方式从粗放型向集约型转变作为具有全局意义的两个根本性转变之一，强调要积极推进经济增长方式转变，把提高经济效益作为经济工作的中心，实现经济增

① 中共中央文献研究室编:《十四大以来重要文献选编》上，人民出版社1996年版，第1479页。
② 《江泽民文选》，人民出版社2006年版，第462页。

长方式从粗放型向集约型转变，形成有利于节约资源、降低消耗、增加效益的企业经营机制，有利于自主创新的技术进步机制，有利于市场公平竞争和资源优化配置的经济运行机制。向结构优化要效益，向规模经济要效益，向科技进步要效益，向科学管理要效益。随后，《国民经济和社会发展"九五"计划和2010年远景目标纲要》对于加快转变经济增长方式作了安排部署。

（三）21世纪发展中确立加快转变经济发展方式

把转变经济增长方式在更高层次上进一步明确提升为转变经济发展方式，是在进入21世纪以后全面建设小康社会的进程中确立的。

2013年，党的十六届三中全会提出以人为本、全面协调可持续的科学发展观，作为指导21世纪国民经济和社会发展的重大战略思想。科学发展观对于21世纪现代化建设中正确处理经济增长速度与效益关系，推进科学发展提出重要要求。时任党总书记的胡锦涛在十六届三中全会第二次全体会议上指出："树立和落实科学发展观，十分重要的一环就是要正确处理增长数量和质量、速度和效益的关系。增长是发展的基础，没有经济数量增长，没有物质财富积累，就谈不上发展。但是，增长并不简单等同于发展，如果单纯扩大数量，单纯追求速度，而不重视质量和效益，不重视经济、政治、文化协调发展，不重视人与自然的和谐，就会出现增长失调，从而最终制约发展的局面。"胡锦涛还要求："一定要坚持科学发展观，不断探索促进全面发展、协调发展、可持续发展的新思路新途径，进一步提高发展质量，实现更快更好发展。"①这里，实际上已经考虑转变经济增长方式基础之上的新思路、新途径，体现了现代化建设要在更高层次推进科学发展的要求。

在学习、研究和贯彻落实科学发展观的过程中，我国对21世纪发展有了更深刻的认识，2006年年底的中央经济工作会议提出现代化建设要坚持又好

① 《胡锦涛文选》第二卷，人民出版社2016年版，第105页。

又快发展。[①]我国在提出转变经济增长方式以后，经过多年努力，取得了一定进展，但在21世纪现代化建设中，要完全体现科学发展观、坚持又好又快发展的要求，只转变经济增长方式显然是不够的。在党的十七大报告的起草过程中，开始考虑从科学发展观要求出发，来确定促进国民经济又好又快发展的关键。2007年6月25日，时任党总书记的胡锦涛在中央党校省部级干部进修班上发表重要讲话，第一次提出实现国民经济又好又快发展的两个关键之一是转变经济发展方式，转变经济发展方式是21世纪现代化建设的重要方针，也是从我国经济发展的实际出发提出的重大战略。胡锦涛就此作了说明："转变经济发展方式，是在探索和把握我国经济发展规律的基础上提出的重要方针。改革开放以来，为了促进国民经济健康发展，我们一直高度重视转变经济增长方式问题。经过多年努力，取得了不小成绩，但仍未取得根本性突破。提出转变经济发展方式，就是要更深刻、更自觉地把握经济发展规律，下更大的决心、采取更有力的措施提高经济发展质量和效益。"胡锦涛明确指出："实现国民经济又好又快发展，关键要在转变经济发展方式、完善社会主义市场经济体制方面取得重大新进展。这是关系经济发展全局的两大任务。"[②]

2007年10月，党的十七大报告面向夺取全面建设小康社会新胜利明确提出，实现未来经济发展目标，关键要在加快转变经济发展方式、完善社会主义市场经济体制方面取得重大进展，并对加快转变经济发展方式作出重大战略部署。2010年2月3—7日，省部级主要领导干部深入贯彻落实科学发展观、加快经济发展方式转变专题研讨班在中共中央党校举行。胡锦涛在开班式的讲话中强调，必须紧紧抓住机遇，承担起历史使命，把加快经济发展方式转变作为深入贯彻落实科学发展观的重要目标和战略举措，毫不动摇地加快经济发展方式转变，不断提高经济发展质量和效益，不断提高我国经济的国际

① 2007年10月16日，胡锦涛参加中国共产党第十七次全国代表大会江苏省代表团讨论时，对把"又快又好"调整为"又好又快"作了说明。胡锦涛："科学发展观的形成提出有一个过程。改革开放之初，我们一直在强调加速发展，注重经济增长速度；后来我们又提出'又快又好'发展；去年中央经济工作会议，我们讲'又好又快'。这是立足基本国情，不断适合发展要求提出的。这不仅仅是文字表述的变化，而是有深刻内涵的，就是要走生产发展、生活富裕、生态良好的文明发展道路。"（《胡锦涛文选》第二卷，人民出版社2016年版，第549页。）

② 《胡锦涛文选》第二卷，人民出版社2016年版，第546页。

竞争力和抗风险能力，使我国发展质量越来越高、发展空间越来越大、发展道路越走越宽。[①]2010年10月，党的十七届五中全会通过的《中共中央关于制定国民经济和社会发展第十二个五年规划的建议》，第一次明确提出要以加快转变经济发展方式为主线推进国民经济和社会发展。2012年11月，党的十八大强调以加快转变经济发展方式为主线是关系中国发展全局的战略抉择，对进一步加快转变经济发展方式作出重大部署。

显然，正是在改革开放以后的历史进程中，我国逐步地从转变经济增长方式推进到转变经济发展方式。加快转变经济发展方式，是我国实现科学发展的必由之路，是我国以科学发展观为指导、推进国民经济又好又快发展的重要要求，关系到全面建设小康社会的全局目标。

二、加快转变经济发展方式的现实依据

在全面建设小康社会的发展进程中，明确提出加快转变经济发展方式，不是由个人主观意志决定的，而是中国经济社会发展的现实要求。对此，时任党的总书记的胡锦涛多次说明、反复强调。2007年6月25日，胡锦涛在中央党校省部级干部进修班发表重要讲话，在强调贯彻落实科学发展观、促进国民经济又好又快发展时，指出转变经济发展方式是从当前我国经济发展的实际出发提出的重大战略，说明提出转变经济发展方式的依据就是我国当时经济发展的实际。[②]2010年2月3日，胡锦涛在省部级主要领导干部深入贯彻落实科学发展观加快经济发展方式转变专题研讨班上发表重要讲话，就加快转变经济发展方式的重要性和紧迫性作了全面论述，明确指出，加快转变经济发展方式是适应全球需求结构重大变化、增强我国经济抵御国际市场风险能力的必然要求，是提高可持续发展能力的必然要求，是在后国际金融危机

① 《胡锦涛在省部级主要领导干部深入贯彻落实科学发展观　加快经济发展方式转变专题研讨班上发表重要讲话强调紧紧抓住历史机遇承担起历史使命　毫不动摇地加快经济发展方式转变》,《人民日报》，2010年2月4日第1版。

② 《胡锦涛文选》第二卷，人民出版社2016年版，第546页。

时期的国际竞争中抢占制高点、争创新优势的必然要求，是实现国民收入分配合理化、促进社会和谐稳定的必然要求，是适应实现全面建设小康社会奋斗目标新要求、满足人民群众过上更好生活新期待的必然要求。[①]综合分析，在全面建设小康社会发展中，突出要求加快转变经济发展方式，总体上可从三个大的方面认识。

（一）增强我国经济抵御国际风险能力的现实要求

2008年下半年国际金融危机发生以后，国际金融市场急剧动荡，世界经济增长明显放缓，对我国经济社会发展也产生了严重冲击。最明显的表现是我国GDP增长率急速下降。从年度增长率来看，2003—2007年，我国GDP年度增长率每年都在10%或以上，2007年达到13%。而在国际金融危机冲击下，2008年GDP增长率初步核算为9%（2009年12月国家统计局最终核实调整为9.6%），比2007年的增长率13%下降4个百分点。从季度增长率来看，2008年第一季度GDP增长率为10.6%，第二季度为10.1%，第三季度为9%，第四季度为6.8%（第一次公布的初步核算数据）。2009年第一季度继续下降至6.1%（2010年年初调整为6.2%），从2008年第一季度到2009年第一季度同比增长增速回落4.5个百分点。2009年第一季度，我国外贸出口从2008年第一季度的21.4%的高增长率回落为-19.8%的负增长。

在国际金融危机冲击下，我国经济运行和发展中的困难，一方面是国际金融危机导致外部世界经济减速，而另一方面，则是由于我国内部经济发展方式落后。这次国际金融危机对我国经济社会发展产生的严重影响，表面上是对经济增长速度的冲击，而实际上是对原有落后的经济发展方式的冲击。国际金融危机的冲击，更加凸显了我国经济发展方式落后的矛盾和问题。正如胡锦涛当时指出，国际金融危机使我国转变经济发展方式问题更加凸显出来，国际金融危机对我国经济的冲击表面上是对经济增长速度的冲击，实质上是对经济发展方式的冲击。[②]度过艰难的2009年，进入2010年，我国应对国际金融危机冲击取得了明显成效，在全球率先实现了经济总体回升向好，

① 《胡锦涛文选》第三卷，人民出版社2016年版，第338—341页。

② 《胡锦涛文选》第三卷，人民出版社2016年版，第329页。

世界经济也逐渐步入复苏。国际金融危机的冲击说明，我国的经济发展方式并没有根本转变。世界经济复杂多变，不稳定、不确定因素增多，在未来的发展中，我国必然还会遇到各种各样的风险和危机。只有加快转变经济发展方式，才能够不断提高应对国际风险的能力，为经济长期的稳定增长创造更多的机会和动力，促进经济更长时间、更高水平、更好质量的发展。

国际金融危机发生以后，世界经济进入一个新的深度调整期，包括世界经济增长速度的调整、全球需求和生产结构的调整以及世界贸易格局的调整。从世界经济增长速度的调整来看，全球经济进入一个低速增长的时期，在国际金融危机以后一个相当时期，世界经济显然难以恢复较高的经济增长。从全球需求和生产结构的调整来看，一方面，美国等发达国家的低储蓄、高消费不会持续，居民储蓄率有所上升，消费率将继续下降，国际市场需求短期内不会恢复快速增长，甚至会相对收缩；另一方面，就生产能力的变化而言，许多国家都要继续促进本国经济的恢复，全球生产能力供给将会有所增加。从世界贸易格局的调整来看，突出的表现是贸易保护主义倾向强化，许多国家针对中国纷纷采取贸易保护主义措施，一些国家扩大出口的要求愈益强烈，各国保护国内市场和争夺国际市场的竞争日趋激烈，国际贸易中的不确定因素增多。

国际金融危机引致的全球经济新调整，对我国在自身发展中提高应对国际风险提出新的要求。从保持持续稳定经济增长与发展来看，我们显然不可能再过分依赖外部世界经济的高速增长环境，在世界经济进入低速调整的国际环境之下，我国只能转向更加注重提高经济增长与发展的质量和效益，在全球供求结构和贸易格局发生深度调整的情况下，我国经济增长高度依赖外需、内需偏低的格局难以为继，必须立足扩大内需，拓展需求空间。总而言之，我国只有加快经济发展方式转变，实现整体经济转型，真正确立和实施科学的经济发展方式，才能在后国际金融危机时期的全球经济发展中，应对可能出现的各种风险，实现国民经济又好又快发展。

（二）缓解资源短缺和环境恶化压力的现实要求

加快转变经济发展方式，也与我国在高速增长过程中遇到的资源短缺和环境恶化压力密切相关。

一方面，我国在高速经济增长的过程中，越来越突出地遇到资源短缺的瓶颈制约。

我国拥有960万平方千米的国土面积，是世界上国土面积大国；拥有13亿（第六次人口普查）人口，是世界上第一人口大国。中国既是资源总量大国，又是人均资源短缺的国家。我国矿产资源总量较大，约占全世界的12%，居世界第三位。我国水资源总量为2.8万亿立方米，约占全世界的6.8%，居世界第六位。我国国土面积在世界的位次排在俄罗斯、加拿大之后，居世界第三位，在土地资源中耕地占比大约为7%。就能源资源而言，中国的水能储量居世界第一，探明的原煤储量居世界第三，能源资源储量较为丰富。但是，由于人口众多，我国又是人均资源短缺的国家。我国人均矿产资源量少，仅为世界人均水平的58%，居世界第五十三位。我国人均水资源拥有量为2200立方米，只及世界平均水平的1/4，特别是北方和西部部分地区在发展中已处于国际公认的极度缺水的程度。我国人均耕地面积已经降至1.40亩（1亩约为666.67平方米）以下，不到世界人均水平的40%，北京、天津、上海、浙江、福建、广东等6省市的人均耕地已经不足0.8亩。我国的人均能源可采储量远低于世界平均水平。在人均资源相对较少的情况下，我国的资源利用效率却较为低下，资源消耗程度比较高。在经济高速增长的过程中，日益面临严重的资源短缺的瓶颈制约。

从资源需求来看，我国全面建设小康社会的阶段是消费结构、工业化、城镇化发生明显变化的阶段，也必然是人均资源消费量增长较快和资源结构快速变化的过程。随着经济增长和人民生活水平的不断提高，我国能源和主要资源的人均消费水平也进一步提高，资源需求总量稳定上升，经济社会发展中的资源需求压力不断加大。

从资源供给来看，主要矿产资源中，开采储量能保证需求的比重，相对于经济增长与发展的要求逐步下降。就水资源而言，当时全国600多个城市中有2/3供水不足，其中1/6的城市严重缺水。国际上通常认为，一条河流用水不能超过常年流量的40%。否则，河流生态就会受到严重影响。而在我国很多河流开发利用率超过了这个标准，辽河、淮河、黄河地表水资源利用率均在60%上下，海河更是接近90%，生态用水被大量掠夺，生态环境容量很小。就耕地资源而言，我国耕地的后备资源严重不足，且60%以上分布在水源不足和水土流失、沙化、盐碱化严重的地区，开发利用的制约因素多，再考虑到生态保护的要求，通过开发补偿耕地的潜力十分有限。就能源资源而言，我国煤炭资源是比较丰富的，但探明程度依然很低，缺口依然巨大。我国石油消费量的年均增长，远远超过同期世界年均增长的水平。

从资源降耗来看，进入21世纪以后，在经济高速增长过程中，呈现出高投入、高消耗的状况。2009年，我国单位国内生产总值能耗是美国的2.9倍、日本的4.9倍、欧盟的4.3倍、世界平均水平的2.3倍；消费的铁矿石、粗钢、氧化铝和水泥分别达到8.7亿吨、5.67亿吨、2600万吨和16亿吨，约占全世界消费总量的54%、43%、34%和52%。为了满足国内经济发展的需要，能源资源进口越来越多，2009—2011年石油、铁矿石等资源的进口依存度都超过了50%。

高速经济增长中的资源高消耗成为我国经济发展的重要瓶颈，也使我国发展面临极大的国际压力。出现这样的情况，固然与我国所处的高速增长阶段有关，但我国经济结构特别是产业结构不合理、经济增长与发展过于粗放，则是主要原因。显然，要缓解甚至解决21世纪我国经济持续增长和发展中的资源短缺瓶颈制约，必须加快转变经济发展方式，在社会生产、流通、消费的各个领域，在经济和社会发展的各个方面，切实保护和合理利用各种资源，提高资源利用效率，建设资源节约型国民经济体系。也就是胡锦涛总书记所指出的："我国长期形成的主要依靠物质投入的传统经济发展方式与资源环境的矛盾日益突出，部分地区资源环境承载能力接近极限，外延型扩张模式难以为继。我们只有加快产业结构和能源结构调整，加强节能和提高能效工作，才能有效突破资源环境瓶颈制约，在经济长远发展和国际竞争中占据主动和有利位置。"①

① 《胡锦涛文选》第三卷，人民出版社2016年版，第341页。

另一方面，我国在经济高速增长的过程中，生态环境恶化对于经济社会发展的压力也越来越重。

多年来，党和国家将环境保护确立为一项基本国策，把可持续发展作为一项重大战略，在推进经济发展的同时，采取一系列措施加强环境保护。但是，随着我国经济高速增长，发达国家上百年工业化过程中分阶段出现的生态环境问题在我国集中出现，生态环境与发展的矛盾日益突出，环境污染、生态恶化相当严重。

从生态环境恶化的表现来看。一是水污染严重。全国七大水系监测断面中，五类水质和劣五类水质占据相当比重，按污染程度由轻到重依次是长江、珠江、松花江、淮河、黄河、辽河、海河；全国75%的湖泊出现不同程度的富营养化，滇池、巢湖、太湖污染最为严重；不少湖泊出现藻类暴发，使水体缺氧，有的藻类会产生霉素，长期饮用会导致器官病变，甚至具有致癌作用。二是大气污染严重。我国二氧化硫和二氧化碳排放量已居世界第一，二氧化硫排放量已远远高于环境承载能力，燃煤产生的二氧化硫、氮氧化物在一定条件下形成酸雨，继欧洲、北美之后，我国青藏高原以东、长江干流以南已经成为世界第三大酸雨区，60%以上的南方城市出现酸雨，酸雨覆盖面积占国土面积的30%，区域性酸雨污染严重；二氧化硫污染和酸沉降污染已经对我国的自然资源、生态系统、材料、能见度和公众健康构成了威胁，严重影响了国民经济的发展和人民群众的正常生活；大气污染也造成了巨大的经济损失，有关研究结果表明，由二氧化硫等导致的酸雨污染每年给我国造成的经济损失超过1100亿元，因整个大气污染所造成的损失每年约占我国GDP的2%—3%。三是固体废弃物污染。我国每年产生工业固体垃圾10亿吨以上，城区生活垃圾无害化处理率很低，对生态环境安全及人体健康已形成极大威胁。四是生态恶化，我国生态形势依然严峻，荒漠化严重，森林质量相对下降，草地退化，生物物种数量锐减，水生态失衡等，生态恶化的趋势没有得到根本扭转，各类生态系统的整体功能在不断下降，生态恶化的范围不断扩大，危害程度加剧，自然环境抵御各种自然灾害的能力在减弱。

特别需要重视的是在经济高速增长的过程中，生态环境呈现大范围生态退化和复合性环境污染的状况，与以前相比，生态环境问题无论在类型、规模、结构、性质以及影响程度上都发生了深刻变化。首先，环境约束加大，环境污染呈加剧蔓延趋势。全国范围内主要污染物排放已超过环境承载能力，污染与破坏已从陆地蔓延到近海，从地表延伸到地下，从单一污染发展到复合污染。工业结构性污染呈现不同空间的梯度性转移和变化，在一些重要经济区域和流域形成了点、线、面源污染共存，生活、生产污染叠加，各种新旧污染物交织，水、气、土污染交互影响的复杂态势。其次，新污染物质和持久性有机污染物的危害逐步显现。一些新型污染物质如抗生素、内分泌干扰物、藻类毒素、杀虫剂氧化副产物等对生态系统、食品安全、人体健康等存在着更大的风险和更久远、更难以预料的潜在影响，持久性有机污染物的危害加重。最后，生态环境问题更加复杂、风险更加巨大。一系列重大环境问题，如湖泊与近岸海域水体富营养化，区域酸沉降与城市大气复合污染，土壤与面源污染，有毒有害污染物排放，区域、流域生态系统退化，生物多样性减少，外来物种入侵和遗传资源流失，以及突发的重大环境污染事件等，越来越多地危及社会稳定与环境。此外，环境问题在国际事务中的重要性也非常突出。在经济全球化、市场一体化的过程中，涉及生态环境的国际贸易争端与摩擦不断加剧，履行国家环境义务、改善全球环境质量、突破绿色贸易壁垒等已成为国家外交事务的新热点和基本内容之一。

显而易见，我国人口众多，资源相对不足，生态环境承载能力弱，特别是随着经济快速增长和人口的不断增加，生态环境的形势十分严峻。胡锦涛指出：“这些问题的产生，一方面是因为我国人口众多、资源短缺、环境容量有限、身体脆弱，加之我国发展很快，发达国家几百年发展进程中逐步显露的问题在我国被压缩到几十年集中显现；另一方面是经济发展方式没有根本转变。”①因此，在现代化建设的推进中，我国必须加快转变经济发展方式，高度重视生态环境问题，增强可持续发展的能力，统筹人与自然和谐发展，实现经济社会发展与生态环境的相互适应、相互协调。这是适合我国国情的

① 《胡锦涛文选》第三卷，人民出版社2016年版，第610页。

必然选择。

（三）促进国民经济又好又快发展的现实要求

改革开放以来，我国经济增长与发展取得了巨大成就，但主要依靠的是传统优势，包括低劳动力成本、适用低水平技术的推广应用以及一定程度上对资源粗放型消耗与生态环境恶化的承受。

随着经济发展的推进，传统的竞争优势逐渐弱化，经济发展深层次矛盾也愈益突出。产业结构和经济结构不合理的“软肋”明显地显现，制造业总体上处于国际分工链条低端，自主创新能力较弱，缺乏核心技术，缺少自主知识产权，缺少世界知名品牌，不得不更多地依靠廉价劳动力的比较优势换取微薄的利益，成为低端产品的“世界工厂”。

看当时的情况，我国出口商品中的90%是贴牌产品，纺织服装出口占全球纺织服装贸易总额的24%，但自主品牌不足1%，且没有一个世界知名品牌。美国《商业周刊》和国际品牌公司曾公布的全球100个著名品牌中，美国拥有50个，欧洲占有38个，亚洲也有11个（其中日本8个、韩国3个），而我国连一个也没有。我国彩电、手机、台式计算机、DVD播放机等产品的产量虽居世界第一，但关键芯片依赖进口。我国企业不得不将每部手机售价的20%、计算机售价的30%、数控机床售价的20%—40%支付给国外的专利持有者。这些，都是原有落后的经济发展方式的突出表现。

胡锦涛就此指出：“我国经济长期积累的结构性矛盾仍然突出，经济增长方式粗放问题仍然严重，投资规模增长过快，消费需求特别是居民消费需求不足。”“如果再不加快转变经济发展方式，我国经济平稳较快发展的良好势头将难以长期保持下去。”①因此，我国只有加快经济发展方式的转变，把调整优化产业结构和经济结构作为主攻方向，才能为长期的稳定增长创造更多的机会和动力，促进更长时间、更高水平、更好质量的发展。

① 《胡锦涛文选》第二卷，人民出版社2016年版，第546—547页。

三、加快转变经济发展方式的主要内容

明确了加快转变经济发展方式的现实依据以后，接着就应该认识加快转变经济发展方式的主要内容。要认识转变经济发展方式的主要内容，必须先认识什么是转变经济发展方式；而要认识什么是转变经济发展方式，则首先应从科学发展的要求认识经济发展。

（一）从科学发展的要求认识经济发展

从经济学基本理论分析，在人类社会发展实践的推进中，人们逐渐区分了经济增长与经济发展，不能把经济发展简单地等同于经济增长。经济发展是包括经济增长、随着经济增长而实现结构优化、分配改善、生活提高、福利增进和制度变革等一系列内容在内的经济进步的整个社会过程。①

在全面建设小康社会推进中，我国提出树立和落实科学发展观，突出强调要从科学发展来认识、把握经济发展，经济发展中包括经济增长，但决不能把经济发展简单地等同于经济增长，更不能把经济发展简单归结为国内生产总值即GDP的增加。

保持适度经济增长是经济发展的重要内容，但远不是整个经济发展的全部。就经济增长的衡量指标国内生产总值GDP本身而言，这个指标是衡量、测度、分析、判断经济增长和经济发展的重要指标，有其自身的特点和通用性，不能简单否定。但是，如果只用GDP来测度经济发展的程度，则具有诸多不足。一是GDP不能说明产出中的产品和劳务的种类，也不能说明由于使用这些产品而获得的福利的大小，这个指标不仅包括了有益于社会发展的产出结果，而且往往也把一部分有损于社会发展的产出结果包括在内，因而在GDP中包括有损害发展的“虚数”部分，从而造成了对发展的不完全真实的反映；同时，它主要反映了增长部分的数量，无法完整全面反映增长部分的质量。二是GDP不能说明发展过程中的所付出的各种社会代

① 在第五章“可供借鉴的若干发展理论”的有关内容中，对现代意义的经济发展进行了论述。

价，仅就资源与环境而言，GDP不反映资源的稀缺性和可能出现的资源枯竭隐患，往往表现为自然资源消耗越多而GDP增长也就越快；同时，GDP往往不能计算经济增长中环境污染的成本，不仅不能反映环境的缓冲能力、自净能力、抗逆能力下降的状况，反而将产生环境污染的经济活动的收益计入其中，甚至将环境污染算成对经济的贡献。三是GDP难以完整全面反映经济发展的状况，社会经济活动中有相当部分的产品和劳务在GDP中难以得到完整反映，收入分配状况无论是改善或是恶化也难以得到直接、完整反映。

因此，必须按照科学发展观的要求，彻底扭转以往存在的过分突出经济增长、在经济发展中唯GDP而GDP的倾向。经济发展的成就、政府和各级领导干部的政绩固然与GDP增长有关系，但更重要的必须表现在包括经济结构改善、人民生活提高、社会就业增加、社会保障扩大等整个经济发展水平的提升，以及科学、教育、文化、医疗、卫生等方面的进步。诚如胡锦涛所指出："经济发展需要数量的增长，但不能把经济发展简单地等同于数量的增长。要充分运用我国的体制资源、人力资源、自然资源、资本资源、技术资源以及国外资源等方面的有利条件和有利因素，推动经济发展不断迈上新台阶。""树立和落实科学发展观，必须着力提高经济增长的质量和效益，努力实现速度和结构、质量、效益相统一，经济发展和人口、资源、环境相协调，不断保护和增强发展的可持续性。"①要从这样科学发展的视角认识与把握经济增长与经济发展，进而认识与把握经济发展方式、转变经济发展方式的主要内容。

（二）转变经济发展方式的理论内容

从经济发展与经济增长内涵的不同，进而可以区分经济发展方式和经济增长方式。胡锦涛在新进中央委员会的委员、候补委员学习贯彻党的十七大精神研讨班上的讲话中指出："由转变经济增长方式到转变经济发展方式，虽然只是两个字的改动，但却有着十分深刻的内涵。转变经济发展方式，除了

① 《胡锦涛文选》第二卷，人民出版社2016年版，第168页。

涵盖转变经济增长方式的全部内容外，还对经济发展的理念、目的、战略、途径等提出了新的更高的要求。”[①]正如经济发展同经济增长一样，经济发展方式的概念或范畴，比经济增长方式更为深刻和丰富。

经济增长方式主要是指社会经济活动中，资源、劳动、资本等生产要素投入、结合、消耗并产生效益的具体方式，表现的是社会经济发展中投入与产出的活动方式。在最一般的意义上，经济增长方式被划分为两种基本的类型，一种是粗放型经济增长方式，即主要通过扩大生产要素数量实现经济增长的方式；另一种是集约型经济增长方式，即主要通过提高生产要素效率实现经济增长的方式。转变经济增长方式，主要是指从粗放型经济增长方式转向集约型经济增长方式。

经济发展方式则是指社会经济活动中实现经济增长、形成经济结构、进行收入分配、表现生活状况、影响生态环境、利用能源资源等具体方式有机结合而成的总体方式。转变经济发展方式，则是指经济发展要在转向集约型经济增长的基础上，逐步实现包括产业结构优化升级、促进收入分配合理公平、提高生活水平和生活质量、节约能源资源、保护和改善生态环境等一系列具体经济活动方式都发生变化在内的经济发展总体方式的转型。经济发展方式并不简单地等同于经济增长方式，经济发展方式包括经济增长方式，同时还包括形成经济结构的方式、进行收入分配的方式、表现生活状况的方式、影响生态环境的方式、利用能源资源的方式等诸多经济活动的具体方式。而转变经济发展方式，不仅包括经济增长方式的转变，同时还包括形成经济结构方式的转变、进行收入分配方式的转变、表现生活状况方式的转变、影响生态环境方式的转变、利用能源资源方式的转变等等。

（三）转变经济发展方式的工作内容

在把握转变经济发展方式理论内容的基础上，可以进一步认识转变经济发展方式的工作内容。

① 《胡锦涛文选》第三卷，人民出版社2016年版，第4页。

2010年2月，在中央党校举办的省部级主要领导干部加快经济发展方式转变专题研讨班上的讲话中，胡锦涛提出了加快经济发展方式转变的8项重点工作，即“八个加快”：第一，加快推进经济结构调整；第二，加快推进产业结构调整；第三，加快推进自主创新；第四，加快推进农业发展方式转变；第五，加快推进生态文明建设；第六，加快推进经济社会协调发展；第七，加快发展文化产业；第八，加快推进对外经济发展方式转变。[①]

2010年10月，党的十七届五中全会审议通过的《中共中央关于制定国民经济和社会发展第十二个五年规划的建议》，明确提出了以加快转变经济发展方式为主线，指出“以加快转变经济发展方式为主线，是推动科学发展的必由之路，符合我国基本国情和发展阶段性新特征。加快转变经济发展方式是我国经济社会领域的一场深刻变革，必须贯穿经济社会发展全过程和各领域，提高发展的全面性、协调性、可持续性，坚持在发展中促转变、在转变中谋发展，实现经济社会又好又快发展”[②]。进而明确了加快转变经济发展方式的“五个坚持”，即坚持把经济结构战略性调整作为加快转变经济发展方式的主攻方向；坚持把科技进步和创新作为加快转变经济发展方式的重要支撑；坚持把保障和改善民生作为加快转变经济发展方式的根本出发点和落脚点；坚持把建设资源节约型、环境友好型社会作为加快转变经济发展方式的重要着力点；坚持把改革开放作为加快转变经济发展方式的强大动力。可以说，“八个加快”“五个坚持”就是当时全面建设小康社会进程中加快转变经济发展方式的工作内容。

党的十八大面向2020年全面建成小康社会的目标，进一步明确了加快转变经济发展方式的主要内容或重要任务。十八大报告提出的经济建设布局的5项重要任务，实际上都与转变经济发展方式有关，都是加快转变经济发展方式的重要任务。全面深化经济体制改革，是加快转变经济发展方式的关键；实施创新驱动发展战略，是加快转变经济发展方式的支撑；推进经济结

① 《胡锦涛文选》第三卷，人民出版社2016年版，第343—357页。

② 《中共中央关于制定国民经济和社会发展第十二个五年规划的建议》(2010年10月18日中国共产党第十七届中央委员会第五次全体会议通过)，《人民日报》，2010年10月28日第1版。

构战略性调整，是加快转变经济发展方式的主攻方向；推动城乡发展一体化，是要转变农业和农村发展方式；全面提高开放型经济水平，是要加快转变对外经济发展方式。不仅如此，十八大报告提出了社会建设布局中关于保障和改善民生的有关任务，生态文明建设布局中关于节约资源和保护环境的有关任务，实际上也都与转变经济发展方式有关，也都是加快转变经济发展方式的重要任务。

四、加快转变经济发展方式的初步成效

尽管必须指出，在全面建设小康社会进程中，我国还没有从根本上完全完成经济发展方式的转变，但是，经过多年努力，到党的十八大召开前，从加快转变经济发展方式“五个坚持”的内容来看，我国转变经济发展方式已经初见成效。

（一）把经济结构战略性调整作为主攻方向方面的成效

加快转变经济发展方式的“五个坚持”，第一个方面是坚持把经济结构战略性调整作为加快转变经济发展方式的主攻方向，其成效可看产业结构调整、城镇化发展和区域协调推进。

产业结构调整不断推进。2003—2011年，第一产业年均增长4.6%，第二产业年均增长11.9%，第三产业年均增长11.1%，均保持较快发展态势，经济增长由主要依靠工业带动向三次产业协同带动转变。从三次产业结构看，第一产业增加值占国内生产总值比重明显下降，从2002年的13.7%下降到2011年的10.1%，下降了3.6个百分点；第二产业增加值占国内生产总值比重从2002年的44.8%提高到2011年的46.8%，提高了2.0个百分点；第三产业增加值占国内生产总值的比重从2002年的41.5%提高到2011年的43.1%，提高了1.6个百分点。

城镇化进展明显。2011年，城镇总人口比2002年增长了37.6%，乡村总人口减少了16.1%。2011年，我国城镇化率首次突破50%，达到51.3%，比2002年提高了12.2个百分点，城乡结构发生历史性变化。城镇吸纳就业的能

力不断增强。2011年，城镇就业人员35914万人，比2002年增加10755万人，年均增加1195万人。城镇就业人员占全国就业总量的比重为47.0%，比2002年提高12.7个百分点。

区域协调发展开始推进。进入21世纪以来，我国陆续实施了西部大开发战略、东北地区等老工业基地振兴战略、促进中部地区崛起战略和继续鼓励东部地区率先发展战略，各地区发展潜力不断释放，区域比较优势得到充分发挥，开始呈现出协调发展的趋势。2011年，中部地区、西部地区生产总值占全国的比重分别为20.1%、19.2%，分别比2002年提高1.3、2.0个百分点。2011年，中部地区、西部地区、东北地区全社会固定资产投资占全国的比重分别为23.2%、23.5%和10.7%，分别比2002年提高5.5、3.2和2.4个百分点。

（二）把科技进步和创新作为重要支撑方面的成效

加快转变经济发展方式的“五个坚持”，第二个方面是坚持把科技进步和创新作为加快转变经济发展方式的重要支撑，其成效可看科技进步。

科技进步不断推进。2011年，全国研究与试验发展（R&D）经费支出8687亿元，比2002年增长5.7倍，占国内生产总值的比重由1.07%上升到1.84%。重要科学前沿和战略必争领域取得了一批重大创新成果。千万亿次超级计算机系统“天河一号”研制成功，百亩超级杂交稻试验田亩产突破900公斤，载人潜水器“蛟龙号”创下了7062米的下潜纪录，“嫦娥一号”、“嫦娥二号”探月卫星成功发射，“神舟九号”载人航天飞行圆满成功，特别是“天宫一号”目标飞行器与“神舟九号”飞船顺利完成载人交会对接，标志着中国载人航天工程取得了具有决定性意义的重要进展。

（三）把保障和改善民生作为根本出发点和落脚点方面的成效

加快转变经济发展方式的“五个坚持”，第三个方面是坚持把保障和改善民生作为加快转变经济发展方式的根本出发点和落脚点，其成效可看城乡居民收入增长和生活水平的提高。

城乡居民收入快速增长。2011年，城镇居民人均可支配收入21810元，比2002年增长1.8倍，扣除价格因素，年均实际增长9.2%；农村居民人均纯收入6977元，比2002年增长1.8倍，扣除价格因素，年均实际增长8.1%。城乡居民收入年均增速超过1979—2011年7.4%的年均增速。其中，2010年、2011年农村居民收入增速连续两年高于城镇，城乡居民收入差距有所缩小。

居民生活水平明显改善。2011年，城乡居民家庭恩格尔系数分别为36.3%和40.4%，比2002年分别降低了1.4和5.8个百分点。2011年年底，城镇居民家庭平均每百户拥有家用汽车18.6辆，比2002年年底增长20.1倍；拥有移动电话205.3部，增长2.3倍；拥有家用电脑81.9台，增长3.0倍。农村居民家庭平均每百户拥有电冰箱61.5台，增长3.1倍；空调机22.6台，增长8.9倍；移动电话179.7部，增长12.1倍。2011年，全国电话普及率达到每百人94.90部，比2002年提高1.8倍。

（四）把建设资源节约型、环境友好型社会作为重要着力点方面的成效

加快转变经济发展方式的“五个坚持”，第四个方面是坚持把建设资源节约型、环境友好型社会作为加快转变经济发展方式的重要着力点，其成效可看能源结构与节能降耗。

能源结构逐步改善。能源生产供应能力稳步提高，2011年，中国能源生产总量达到31.8亿吨标准煤，比2002年增长1.1倍，是世界第一大能源生产国，能源自给率在90%左右；非化石能源占一次能源消费比重由2002年的7.3%提高到2011年的8.0%，水电装机规模居世界第一位。

节能降耗取得成效。2011年，单位国内生产总值能耗比2002年下降12.9%。污染物排放总量得到控制。2010年，化学需氧量和二氧化硫排放量比2005年分别下降12.45%和14.29%。2011年年末，城市污水处理厂日处理能力达11255万立方米，比2002年年末增长2.1倍；城市污水处理率达到82.6%，提高42.6个百分点。2011年，七大水系的水质监测断面中，Ⅰ—Ⅲ类水质断面比例占56.3%，比2005年提高15.3个百分点。在监测城市中空气质量达到二级以上（含二级）标准的城市占监测城市数的88.8%，比2005年提高28.7个百分点。

（五）把改革开放作为强大动力方面的成效

加快转变经济发展方式的“五个坚持”，第五个方面是坚持把改革开放作为加快转变经济发展方式的强大动力，其成效在此仅看进出口结构。

进出口结构有所优化。2011年，中国进出口总额达到36421亿美元，进出口总额跃居世界第二位，其中货物出口额居世界第一位，货物进口额居世界第二位。在出口总额中，工业制成品占比由2002年的91.2%提高到2011年的94.7%，机电产品由48.2%提高到57.2%，高新技术产品由20.8%提高到28.9%。与此同时，先进技术、设备、关键零部件的进口也快速增长，大宗资源能源产品进口规模不断扩大。

在加快转变经济发展方式的推动下，中国经济社会发展取得了举世瞩目的辉煌成就。2003—2011年，国内生产总值年均实际增长10.7%，其中有6年实现了10%以上的增长速度，在受国际金融危机冲击最严重的2009年依然实现了9.2%的增速。这一时期的年均增速不仅远高于同期世界经济3.9%的年均增速，而且高于改革开放以来9.9%的年均增速。

2011年，中国国内生产总值达到47.2万亿元，扣除价格因素，比2002年增长1.5倍。经济总量居世界位次在2010年超过日本，居世界第二位，成为仅次于美国的世界第二大经济体。中国经济总量占世界的份额由2002年的4.4%提高到2011年的10%左右，对世界经济增长的年平均贡献率超过20%。在经济总量稳步增长的同时，人均国内生产总值也快速增加。2011年，中国人均国内生产总值达到35083元，扣除价格因素，比2002年增长1.4倍，年均增长10.1%。按照平均汇率折算，中国人均国内生产总值由2002年的1135美元上升至2011年的5432美元。

显然，进入21世纪以来，在全面建设小康社会的发展中，尤其是在提出、贯彻落实科学发展观的过程中，我国转变经济发展方式确实初见成效。一方面，从发展战略进程看，要迈向全面建成小康社会新阶段；另一方面，从全球发展、国际比较来看，按照世界银行的标准，我国已经进入在上中等收入国家行列中推进发展的历史阶段。面向新阶段，继续推进科学发展，在新的发展中必须继续推进和深化转变经济发展方式。

五、加快转变经济发展方式的推进部署

在取得初步成效的基础上，党的十八大面向2020年全面建成小康社会，确定了进一步加快转变经济发展方式的战略目标，明确了加快转变经济发展方式推进的战略要求，提出了加快转变经济发展方式推进的战略任务，实际上形成了加快转变经济发展方式的推进部署。

（一）加快转变经济发展方式的战略目标

十八大报告在说明全面建成小康社会目标新要求和对经济建设进行新布局时，实际上提出了面向2020年全面建成小康社会转变经济发展方式的战略目标。

十八大报告提出，全面建成小康社会目标新要求，在经济建设方面，是经济持续健康发展。具体表现为：转变经济发展方式取得重大进展，在发展平衡性、协调性、可持续性明显增强的基础上，实现国内生产总值和城乡居民人均收入比2010年翻一番；科技进步对经济增长的贡献率大幅上升，进入创新型国家行列；工业化基本实现，信息化水平大幅提升，城镇化质量明显提高，农业现代化和社会主义新农村建设成效显著，区域协调发展机制基本形成；对外开放水平进一步提高，国际竞争力明显增强。十八大报告在对经济建设进行布局时还提出，要适应国内外经济形势新变化，加快形成新的经济发展方式。这实际上提出了面向2020年全面建成小康社会加快转变经济发展方式的战略目标，即到2020年，加快转变经济发展方式取得重大进展，初步形成新的经济发展方式。

（二）加快转变经济发展方式的战略要求

十八大报告在对经济建设进行布局时，明确提出了加快转变经济发展方式的战略要求。

一是坚持主题，即以科学发展为主题。在加快转变经济发展方式的过程中必须明确，以经济建设为中心是兴国之要，发展仍是解决我国所有问题的关键。只有推动经济持续健康发展，才能筑牢国家繁荣富强、人民幸福安

康、社会和谐稳定的物质基础。必须坚持发展是硬道理的战略思想，决不能有丝毫动摇。在当代中国，坚持发展是硬道理的本质要求就是坚持科学发展。按照科学发展的要求，转变经济发展方式，就是要转向科学发展。

二是贯穿主线，即以加快转变经济发展方式为主线。以加快转变经济发展方式为主线，必须适应国内外经济形势新变化，立足于提高质量和提高效益两个基点。在加快转变的过程中，着力激发各类市场主体发展新活力，着力增强创新驱动发展新动力，着力构建现代产业发展新体系，着力培育开放型经济发展新优势，使经济发展更多依靠内需特别是消费需求拉动，更多依靠现代服务业和战略性新兴产业带动，更多依靠科技进步、劳动者素质提高、管理创新驱动，更多依靠节约资源和循环经济推动，更多依靠城乡区域发展协调互动，不断增强长期发展后劲。

三是“四化”同步，即促进工业化、信息化、城镇化、农业现代化同步发展。加快转变经济发展方式，要坚持走中国特色新型工业化、信息化、城镇化、农业现代化道路，推动信息化和工业化深度融合、工业化和城镇化良性互动、城镇化和农业现代化相互协调，促进工业化、信息化、城镇化、农业现代化同步发展。

（三）加快转变经济发展方式的战略任务

十八大提出的推进经济建设的5个方面的重要任务，实际上从一定意义看都是加快转变经济发展方式的重要任务，可以概括为全面改革、创新驱动、结构调整、城乡一体、扩大开放。一是全面深化经济体制改革，要全面深化5个方面改革，即政府改革、基本经济制度改革、调节机制改革、财税体制改革、金融体制改革；二是实施创新驱动发展战略，从科技创新是提高社会生产力和综合国力的战略支撑、处于国家发展全局核心位置的重要地位出发，坚持走中国特色自主创新道路，以全球视野谋划和推动创新，加快建设国家创新体系；三是推进经济结构战略性调整，突出需求结构、产业结构、区域结构、城乡结构4个方面的调整与优化升级，着力解决制约经济持续健康发展的重大结构性问题；四是推动城乡发展一体化，加大统筹城乡发展力度，加快完善城乡发展一体化体制机制，促进城乡要素平等交换和公共资源均衡配置，形成以工促农、以城带乡、工农互惠、城乡一体的新型工农、城乡关系；五是全面提高开放型经济水平，完善互利共赢、多元平衡、安全高效的开放型经济体系，加快转变对外经济发展方式，创新开放发展模式，全面推进外贸、外资、走出去、国际区域合作等领域的发展。

在全面建设小康社会进程中，提出、推进加快转变经济发展方式，为在全面建成小康社会、全面建设社会主义现代化国家中继续推进经济发展在一定意义上作了准备、提供了基础。正是在新的发展中对加快转变经济发展方式的深化，我国经济发展从高速增长转向高质量发展，不断推进以供给侧结构性改革为主线的高质量发展。

第八章　确定为经济发展主线的供给侧结构性改革

从经济高速增长转向高质量发展，进一步推进经济发展方式的转变，推进经济高质量发展，必须不断推进、深化供给侧结构性改革。习近平总书记在党的十九大报告中指出："必须坚持质量第一、效益优先，以供给侧结构性改革为主线，推动经济发展质量变革、效率变革、动力变革。"[①] 供给侧结构性改革是党和国家提出、确定的中国高质量发展的重大战略举措，在全面建成小康社会进而全面建设社会主义现代化国家的发展中，必须坚持以供给侧结构性改革为主线，坚定不移地推进、深化供给侧结构性改革。

一、供给侧结构性改革是发展主线

在中国现代化建设过程中，为了突出一定时期经济发展、经济工作的方向、任务与重点，党和国家会适时提出、确定经济发展的主线。在即将跨入21世纪，对21世纪经济社会发展作出决策时，2000年10月，党的十五届五中全会审议通过的《中共中央关于制定国民经济和社会发展第十个五年计划的建议》面向21世纪发展，明确提出："要把发展作为主题，把结构调整作为

① 《中国共产党第十九次全国代表大会文件汇编》，人民出版社2017年版，第24页。

主线，把改革开放和科技进步作为动力，把提高人民生活水平作为根本出发点。”[①]围绕着结构调整主线，对21世纪发展中经济结构战略性调整作了安排部署。在全面建设小康社会的发展中，2010年党的十七届五中全会审议通过的《中共中央关于制定国民经济和社会发展第十二个五年规划的建议》，在经济结构战略性调整的基础上，确定了以科学发展为主题、以加快转变经济发展方式为主线，对加快转变经济发展方式作了安排部署。而明确提出供给侧结构性改革、确定以供给侧结构性改革为主线，则是在对“十三五”发展进行战略部署的过程中。

（一）党的十八届五中全会提出结构性改革的重要要求

2015年10月26—29日，中国共产党第十八届中央委员会第五次全体会议在北京举行。十八届五中全会研究中国“十三五”发展，审议通过了《中共中央关于制定国民经济和社会发展第十三个五年规划的建议》[②]。十八届五中全会及其审议通过的“十三五”规划建议，提出了中国“十三五”发展系统、完整的战略部署，其重要要求就是要在“十三五”发展中加快形成引领经济发展新常态的发展方式、加大结构性改革，实际上隐含着供给侧结构性改革的要求与内容。

“十三五”规划建议提出、明确了“十三五”时期我国发展的指导思想和总体要求，即：高举中国特色社会主义伟大旗帜，全面贯彻党的十八大和十八届三中、四中全会精神，以马克思列宁主义、毛泽东思想、邓小平理论、“三个代表”重要思想、科学发展观为指导，深入贯彻习近平总书记系列重要讲话精神，坚持全面建成小康社会、全面深化改革、全面依法治国、全面从严治党的战略布局，坚持发展是第一要务，以提高发展质量和效益为中心，加快形成引领经济发展新常态的体制机制和发展方式，保持战略定力，坚持稳中求进，统筹推进经济建设、政治建设、文化建设、社会建设、生态

① 中共中央文献研究室编：《十五大以来重要文献选编》中，人民出版社2001年版，第1372页。

② 从“七五”（1986—1990）时期开始，在对新的5年发展计划进行战略决策时，都是中央先召开当届五中全会，提出制订5年计划或规划的建议，作为编制国民经济和社会发展5年计划或规划的指导性文件，再由国家制订并由全国人大审议通过5年计划或规划纲要。

文明建设和党的建设，确保如期全面建成小康社会，为实现第二个百年奋斗目标、实现中华民族伟大复兴的中国梦奠定更加坚实的基础。其中明确提出，中国“十三五”发展就是要加快形成引领经济发展新常态的体制机制和发展方式，这就必然要求在“十三五”的发展中深化改革、进一步加快转变经济发展方式。建议提出的“十三五”发展必须遵循的基本原则强调，必须坚持以经济建设为中心，从实际出发，把握发展新特征，加大结构性改革力度，加快转变经济发展方式，实现更高质量、更有效率、更加公平、更可持续的发展。而加快转变经济发展方式、加大结构性改革力度的主攻方向就是通过深化改革推进经济结构的战略性调整，着力解决制约经济持续健康发展的重大结构性问题。

推进经济结构战略性调整，必须优化产业结构、协调区域结构、提升城乡结构、改善需求结构，必须加快促进产业升级、培育新的经济增长点，推进企业兼并重组、提升企业的市场竞争力与国际竞争力，促进区域产业结构优化、不同区域产业发展协调，等等。显然，这些内容的重要方面就是对产业结构、供给一侧、生产一端进行重要调整。因此，虽然十八届五中全会审议通过的“十三五”规划建议中没有完整的供给侧结构性改革的表述，但实际上已经提出了中国“十三五”发展中供给侧结构性改革的要求。与此同时，十八届五中全会提出的创新、协调、绿色、开放、共享的新发展理念，就是指导、引领中国“十三五”发展中推进供给侧结构性改革的重要理念。“十三五”规划建议提出的中国“十三五”发展的一系列有关重要任务，都与供给侧结构性改革的具体内容相联系。

（二）习近平总书记明确提出并论述供给侧结构性改革

就中国“十三五”发展的战略决策来看，是习近平总书记明确提出了中国的供给侧结构性改革。

习近平总书记首提着力加强供给侧结构性改革。十八届五中全会刚刚结束不久，为了贯彻落实全会精神，中央财经领导小组第十一次会议于2015年11月10日上午召开，由中央财经领导小组组长习近平主持，研究经济结构性改革和城市工作。习近平总书记发表重要讲话强调：“推进经济结构性改革，是贯彻落实党的十八届五中全会精神的一个重要举措。要牢固树立和贯彻落实创新、协调、绿色、开放、共享的发展理念，适应经济发展新常态，坚持稳中求进，坚持改革开放，实行宏观政策要稳、产业政策要准、微观政策要活、改革政策要实、社会政策要托底的政策，战略上坚持持久战，战术上打好歼灭战，在适度扩大总需求的同时，着力加强供给侧结构性改革，着力提高供给体系质量和效率，增强经济持续增长动力，推动我国社会生产力水平实现整体跃升。”①可以看出，习近平总书记根据十八届五中全会关于结构性改革的要求与任务，更加突出地明确为供给侧结构性改革，这是习近平总书记第一次提出供给侧结构性改革。

习近平总书记进一步论述供给侧结构性改革。2016年1月18—21日，省部级主要领导干部学习贯彻十八届五中全会精神专题研讨班在中央党校举办，习近平总书记在研讨班开班式上的重要讲话中进一步论述了供给侧结构性改革。习近平总书记强调了中国供给侧结构性改革与西方经济学中供给学派的不同，明确指出，供给侧结构性改革，重点是解放和发展社会生产力，用改革的办法推进结构调整，减少无效和低端供给，扩大有效和中高端供给，增强供给结构对需求变化的适应性和灵活性，提高全要素生产率。习近平总书记论述了需求和供给、需求侧管理和供给侧管理的关系，分析了世界经济结构深刻调整、国内经济发展深刻变化的表现，明确指出，当前和今后一个时期，我国经济发展面临的问题，供给和需求两侧都有，但矛盾的主要方面在供给侧。解决中国发展中的结构性问题，必须推进供给侧结构性改革，从供给侧发力，把改善供给结构作为主攻方向，实现由低水平供需平衡向高水平供需平衡跃升。习近平总书记还进一步明确了供给侧结构性改革的重要任务，明确指出，推进供给侧结构性改革，要从生产端入手，重点是促进产能过剩有效化解，促进产业优化重组，降低企业成本，发展战略性新兴产业和现代服务业，增加公共产品和服务供给，提高供给结构对需求变化的

① 中共中央文献研究室编:《习近平关于社会主义经济建设论述摘编》，中央文献出版社2017年版，第87页。

适应性和灵活性，也就是去产能、去库存、去杠杆、降成本、补短板。[①]在这次讲话中，习近平总书记对于供给侧结构性改革，从概念范畴到理论内容、基本理论到大政方针、政策举措到主要任务，都进行了系统全面的论述说明。

2016年1月26日，中央财经领导小组第十二次会议举行，研究供给侧结构性改革方案，习近平总书记主持并发表重要讲话。习近平总书记在讲话中强调："供给侧结构性改革的根本目的是提高社会生产力水平，落实好以人民为中心的发展思想。要在适度扩大总需求的同时，去产能、去库存、去杠杆、降成本、补短板，从生产领域加强优质供给，减少无效供给，扩大有效供给，提高供给结构适应性和灵活性，提高全要素生产率，使供给体系更好适应需求结构变化。"[②]此后，习近平总书记在论述现代化建设、高质量发展时，总是对供给侧结构性改革反复强调、说明。

（三）"十三五"规划纲要明确发展主线是供给侧结构性改革

2015年年底中央经济工作会议确定2016年是推进结构性改革的攻坚之年。2015年12月18—21日，中央经济工作会议在北京举行，习近平总书记在会上发表重要讲话，李克强总理在会上发表讲话并作总结讲话。中央经济工作会议总结2015年经济工作，分析国内国际经济形势，部署2016年经济工作，明确宏观经济政策取向，确定经济社会发展重点工作，重点是落实"十三五"规划建议要求，推进结构性改革，推动经济持续健康发展。中央经济工作会议明确了"十三五"开局之年的2016年是推进结构性改革的攻坚之年，要求更加注重供给侧结构性改革。会议指出，引领经济发展新常态，要努力实现多方面工作重点转变。推动经济发展，要更加注重提高发展质量和效益。稳定经济增长，要更加注重供给侧结构性改革。会议强调，推进供给侧结构性改革，是适应和引领经济发展新常态的重大创新，是适应国际金融

① 参阅《推进供给侧结构性改革》，《习近平谈治国理政》第二卷，外文出版社2017年版，第251—256页。

② 中共中央文献研究室编：《习近平关于社会主义经济建设论述摘编》，中央文献出版社2017年版，第102页。

危机发生后综合国力竞争新形势的主动选择，是适应我国经济发展新常态的必然要求。会议强调，2016年及今后一个时期，要在适度扩大总需求的同时，着力加强供给侧结构性改革。

2016年年初中央政治局会议明确“十三五”发展以供给侧结构性改革为主线。2016年2月22日，中共中央政治局召开会议，讨论国务院拟提请第十二届全国人民代表大会第四次会议审议的政府工作报告稿和审查的中华人民共和国国民经济和社会发展第十三个五年规划纲要草案稿。中共中央总书记习近平主持会议。会议强调，“十三五”时期推进发展，以供给侧结构性改革为主线。会议强调，在“十三五”时期，要高举中国特色社会主义伟大旗帜，全面贯彻党的十八大和十八届三中、四中、五中全会精神，以马克思列宁主义、毛泽东思想、邓小平理论、“三个代表”重要思想、科学发展观为指导，深入贯彻习近平总书记系列重要讲话精神，坚持全面建成小康社会、全面深化改革、全面依法治国、全面从严治党的战略布局，坚持发展是第一要务，牢固树立和贯彻落实创新、协调、绿色、开放、共享的发展理念，以提高发展质量和效益为中心，以供给侧结构性改革为主线，扩大有效供给，满足有效需求，加快形成引领经济发展新常态的体制机制和发展方式，保持战略定力，坚持稳中求进，统筹推进经济建设、政治建设、文化建设、社会建设、生态文明建设和党的建设，确保如期全面建成小康社会，为实现第二个百年奋斗目标、实现中华民族伟大复兴的中国梦奠定更加坚实的基础。

“十三五”规划纲要确定中国“十三五”发展主线是供给侧结构性改革。2016年3月，十二届全国人民代表大会第四次会议审议通过《中华人民共和国国民经济和社会发展第十三个五年规划纲要》。“十三五”规划纲要有6万多字，包括20篇80章。第一篇指导思想、主要目标和发展理念实际上是总论，包括5章，即第一章发展环境、第二章指导思想、第三章主要目标、第四章发展理念、第五章发展主线。纲要在指导思想中确定中国“十三五”发展要以供给侧结构性改革为主线，确定了中国“十三五”发展，要牢固树立和贯彻落实创新、协调、绿色、开放、共享的发展理念，以提高发展质量和效益为中心，以供给侧结构性改革为主线，扩大有效供给，满足有效需求，加快形成引领经济发展新常态的体制机制和发展方式。纲要在发展主线中提出，贯彻落实新发展理念、适应把握引领经济发展新常态，必须在适度扩大总需求的同时，着力推进供给侧结构性改革，使供给能力满足广大人民日益增长、不断升级和个性化的物质文化和生态环境需要。

综上所述，党的十八届五中全会作出中国全面建成小康社会决胜阶段的战略部署，实际上提出中国“十三五”供给侧结构性改革的要求，习近平总书记明确提出并深刻论述了供给侧结构性改革，“十三五”规划纲要明确了以供给侧结构性改革为主线推进中国“十三五”发展。2017年，党的十九大提出中国特色社会主义新时代发展的宏伟纲领，面向决胜全面建成小康社会，进而全面建设社会主义现代化国家，进一步强调以供给侧结构性改革为主线，并对推进、深化供给侧结构性改革作出战略部署。2020年10月党的十九届五中全会审议通过的“十四五”规划建议与2021年3月十三届全国人大四次会议审议通过的“十四五”规划纲要，进一步强调要以深化供给侧结构性改革为主线。供给侧结构性改革，就成为中国决胜全面建成小康社会，尤其是全面建设社会主义现代化国家新征程相当长时期推进发展的重要要求、重要内容、重要任务，在新发展阶段推进高质量发展、加快构建新发展格局，必须以深化供给侧结构性改革为主线，破解发展难题，厚植发展优势，实现发展目标。

二、供给侧结构性改革的科学内涵

为了贯彻落实党的十八届五中全会精神，省部级主要领导干部学习贯彻十八届五中全会精神专题研讨班于2016年1月18—21日在中央党校举办，习近平总书记在开班式上发表重要讲话。这个专题研讨班的总结强调，学习领会习近平总书记重要讲话精神、推进供给侧结构性改革，必须深刻认识供给侧结构性改革的科学内涵。从内涵来看，供给侧结构性改革包括三个基本方面，即供给侧、结构、改革，这三个方面不是简单堆积在一起，而是有机结合，构成和体现了供给侧结构性改革的完整、科学的内涵。

（一）供给侧结构性改革的取向重点是供给侧

深刻认识供给侧结构性改革的科学内涵，首先要看到，供给侧结构性改革的取向重点是供给侧，而不是需求侧。供给侧结构性改革，本身并没有忽视需求、需求结构或需求侧结构性改革，更谈不上否定需求、需求结构或需求侧结构性改革，但是，供给侧结构性改革更加突出的是在供给一侧、生产一端推进结构性改革，结构性改革的取向重点是供给侧，而不是需求侧。

从简单的意义上看，在社会经济活动中，需求是指消费者或购买者需要、要求、愿意并可能购买的商品或服务，供给是指生产者或经营者提供、生产、愿意并可能交付的商品或服务。在现代市场经济中，供给和需求都不仅仅是单一的行为、活动和关系，而是发展形成为系统完整的体系，进而在一定意义上构成市场经济活动的两个基本方面，即供给侧和需求侧。就整个国民经济而言，供给侧就是生产经营、提供商品和服务全部活动的总和或系统，需求侧就是需求形成、购买商品和服务全部活动的总和或系统。

就整个国民经济运行和宏观调控来看，一般而言，需求侧包括消费需求、投资需求和出口需求，直接影响、决定短期经济增长与发展，主要体现的是短期经济增长与发展的总量问题。供给侧则包括与生产有关的一系列要素，主要有人力资源、自然资源（特别是土地供给）、资本形成、技术创新和制度供给等，这些要素更突出、更重要地影响和决定长期经济增长与发展，主要体现的是中长期经济增长与发展的结构问题，实际上就是生产要素效率、资源有效配置问题。一个国家整个国民经济运行和宏观调控，都是既包括供给侧，又包括需求侧，放弃需求侧谈供给侧或放弃供给侧谈需求侧都是片面的，二者不是非此即彼、一去一存的替代关系，而是要相互配合、协调推进，但总是要有一定的取向重点。

在一个国家经济运行与发展中，整个国民经济管理和宏观调控是以供给侧为取向重点还是以需求侧为取向重点，不是绝对不变的，而是要依据经济发展阶段特征、宏观经济运行状况以及社会经济活动主要矛盾转换作出抉择。我国经济发展进入新常态、新时期、新阶段，发展中面对一系列严峻挑战，国内产能过剩、需求发生重大变化等都表明我国经济发展面临的问题，在供给和需求两侧都有，发展中总量问题与结构性问题并存，但矛盾的主要方面在供给侧，结构性问题更加突出。对此，2016年1月习近平总书记在重庆调研时指出："当前和今后一个时期，制约我国经济发展的因素，供给和需求两侧都有，但矛盾的主要方面在供给侧。要加大供给侧结构性改革力度，重点是促进产能过剩有效化解，促进产业优化重组，降低企业成本，发展战略性新兴产业和现代服务业，增加公共产品和服务供给，着力提高供给体系质量和效益，更好满足人民需要，推动我国社会生产力水平实现整体跃升，增强经济持续增长动力。"①因此，促进国民经济持续健康稳定发展，提高宏观调控的有效性，就必须从生产端入手，把供给一侧作为取向重点，着力推进供给侧结构性改革。

供给侧结构性改革的取向重点是供给侧，就是要在不忽略需求侧、适度扩大总需求的同时，更加重视用改革的办法推进供给一侧的结构调整，促进供给一侧的生产要素有效配置，促进供给一侧的产能过剩有效化解，促进供给一侧的产业发展，促进供给一侧的企业降低成本，促进供给一侧的产品和服务供给，促进供给一侧的结构优化升级，减少无效和低端供给，扩大有效和中高端供给，提高供给的数量、质量、结构、层次、水平、方式、业态等对需求变化的适应性和灵活性，在供给一侧提升经济增长与发展的质量和效益，进而实现较长时期的稳定经济增长与持续发展。

（二）供给侧结构性改革的内容重点是供给结构

从供给侧结构性改革的科学内涵看，供给侧结构性改革的内容重点是供给结构，而不是简单的供给数量。供给侧结构性改革，本身并没有忽视供给数量、供给数量的调整，更谈不上否定供给数量、供给数量的调整。但是，供给侧结构性改革更加突出的是对供给结构通过改革方式进行战略性调整。习近平总书记就此明确指出："我们提的供给侧改革，完整地说是'供给侧结构性改革'，我在中央经济工作会议上就是这样说的。'结构性'三个字十分重要，简称'供给侧改革'也可以，但不能忘了'结构性'三个字。供给侧

① 中共中央文献研究室编：《习近平关于社会主义经济建设论述摘编》，中央文献出版社2017年版，第95页。

结构性改革，重点是解放和发展社会生产力，用改革的办法推进结构调整，减少无效和低端供给，扩大有效和中高端供给，增强供给结构对需求变化的适应性和灵活性，提高全要素生产率。”①

供给结构可以理解为是国民经济中供给要素的构成状况、配置层次、比率关系及其内在联系等的总和。构成状况表明不同供给要素的种类、数量、分布等状况；配置层次表明不同供给要素的高端、中端、低端以及高效、低效、无效等水平情况；比率关系表明不同供给要素各自所占的比重、比例大小及其协调、合理、优化等状况；内在联系表明不同供给要素之间相互依存、制约、促进的状态与方式。

供给结构的状况及其转换，是国民经济发展和市场经济运行的极其重要的方面。一个国家的经济增长和经济发展，不仅在经济整体规模上表现为数量扩张，更重要的是在结构上表现为质量与效益的提升，其实现必然要通过供给结构的合理、优化、升级。供给结构的状况、供给结构的演进、供给结构的优化升级，制约着整个经济增长和经济发展的质量和水平，在一定意义上决定着经济增长和经济发展的进程，合理、高效、优化的供给结构是经济增长与经济发展持续、稳定、健康的必备条件。只有合理优化的供给结构在供给一侧为整个国民经济提供支撑，同时供给结构转换与升级不断形成新的经济发展极、增长点，整个经济增长与发展才能在中长期持续、稳定、健康进行。

供给侧结构性改革的内容重点是供给结构，就是供给侧改革不是简单地增加供给数量，而是针对供给侧结构性矛盾突出的问题，从生产端进行结构性战略调整，改革、调整供给要素的构成状况、配置层次、比率关系、内在联系等。就理论层面的含义来看，可以分为以下四个方面：

一是要促进供给要素的有效配置，通过供给结构的战略性调整和改革，尽可能去除无效供给、较大幅度减少低效供给、扩大和提升中端供给、不断优化高效供给。

① 中共中央文献研究室编：《习近平关于社会主义经济建设论述摘编》，中央文献出版社2017年版，第95页。

二是要促进供给要素的合理构成，使不同供给要素在供给结构中各就其位、各尽其用，都在相应的结构位置上发挥优势，保持增长、发展的势头，促进各种供给要素充分发挥效能，并按照一定的集约度展开，实现按比例结合及其最大的经济效益，同时还要有利于自然环境的保护和生态平衡，实现绿色发展。

三是促进供给要素的优化联系，各类供给要素并不是相互孤立、互不影响的，而是应该具有一定的相互依存、相互制约、相互影响的内在联系，当某一要素发生变动，就要通过前向关联、后向关联、侧向关联对其他要素活动产生影响，并且向深层波及，从而构成供给要素之间不同方向、不同层次、不同方式的内在联结机制。调整、改革供给结构，就是促进不同供给要素之间形成、实现合理的内在联系，在动态的、发展的意义上实现供给要素之间比例关系的合理与协调，发挥供给结构的整体性效应。

四是促进供给要素的效率提高，不仅仅要促进单要素生产率提高即劳动、资本、资源、技术等每一类别供给要素生产率的提高，更要促进全要素生产率的提高，即在各类供给要素投入既定条件下因结构功能所实现的高于各类供给要素投入的生产率，其重点是要发挥创新驱动、制度改善、管理提升等综合性结构作用，推动稳定经济增长与持续经济发展。

（三）供给侧结构性改革的方式重点是深化改革

深刻认识供给侧结构性改革的科学内涵，还要看到供给侧结构性改革的方式重点是深化改革，而不是简单地对供给要素、供给数量进行变动、增减。供给侧结构性改革，必然要涉及、包括供给数量、供给要素、供给结构的变动、增减与调整，但是，这些变动、增减与调整，更加突出的是通过深化改革的方式来实现的。供给侧结构性改革的方式重点是深化改革，是通过深化改革从制度、体制机制方面促进供给一侧的结构性战略性调整。

进入经济发展新常态、新时期、新阶段以后，我国面临的结构性问题与矛盾是深层次的，深就深在制度、体制根源上，在供给结构方面，无论是产能过剩严重，还是企业成本过高，或者房地产库存过大，等等，根本原因都在于制度、体制机制不完善，都在于体制机制存在弊端。习近平总书记讲到，推进供给侧结构性改革要把握的一个基本要求，就是供给侧结构性改革的“本质属性是深化改革。供给侧结构性矛盾的原因是要素配置扭曲，是体制机制障碍。要推进国有企业改革，加快政府职能转变，深化价格、财税、金融、社保等领域基础性改革，为推进供给侧结构性改革创造条件”①。而改革最基本的含义、内容和要求，就是要破除制度、体制机制的弊端。只有通过深化改革，才能在制度体制上促进劳动力、资本、土地、资源等各类供给要素的高效投入，在制度体制上促进技术创新、人力资本、管理改善等供给要素的升级优化，在制度体制上促进各类企业、创新创业者等供给主体积极性、创造性和活力的激发，在制度体制上促进供给结构的调整、完善、优化、升级。

因此，供给侧结构性改革的方式重点，必然就是深化改革，用改革推进供给侧的结构性战略调整。必须用改革的方式推进供给一侧的结构性战略调整，调整各类扭曲的政策和制度安排，加大重点领域关键环节市场化改革力度，完善公平竞争、优胜劣汰的市场环境和机制，最大限度激发供给主体活力，优化供给要素配置，完善供给结构合理优化升级的制度体制保障。

综上所述，供给侧结构性改革的取向重点是供给侧、内容重点是供给结构、方式重点是深化改革，这三个方面的有机统一体现了供给侧结构性改革的内涵，就是用改革的方式推进供给侧的结构性战略调整，促进中国决胜全面建成小康社会乃至全面建设社会主义现代化国家相当时期内经济稳定增长与持续发展。

三、供给侧结构性改革的准确把握

深刻认识供给侧结构性改革的科学内涵，必须从三个基本方面准确把握。要准确把握，中国的供给侧结构性改革不是西方供给学派，不是忽视需求、需求侧，也不是只突出政府或市场。

① 中共中央文献研究室编：《习近平关于社会主义经济建设论述摘编》，中央文献出版社2017年版，第106页。

（一）供给侧结构性改革不是西方供给学派

由于西方国家也出现过经济学理论中的供给学派以及相应的供给学派实践，因而有人就有可能自觉不自觉地、有意无意地把我国的供给侧结构性改革与西方供给学派联系起来。因此，准确把握供给侧结构性改革的科学内涵，必须明确我国的供给侧结构性改革，在理论上不是以西方供给学派的理论方法为依据，在实践上也不是搬用西方供给学派的政策建议。正如习近平总书记在省部级主要领导干部专题研讨班讲话中所强调："首先，我要讲清楚，我们讲的供给侧结构性改革，同西方经济学的供给学派不是一回事，不能把供给侧结构性改革看成是西方供给学派的翻版，更要防止有些人用他们的解释来宣扬'新自由主义'，借机制造负面舆论。"①

20世纪70年代，西方国家经济陷入所谓"滞胀"局面，即一方面是经济停滞，另一方面是通货膨胀，二者相互交织。对于这种情况，第二次世界大战以后在西方国家产生过重要影响的凯恩斯主义的需求管理理论难以阐释，实践中需求管理政策出现失效。这时，西方经济学流派中产生形成了供给学派，并对当时西方国家的政府管理、宏观调控产生一定影响。

供给学派强调供给自动创造需求，从供给入手促进经济增长。而从供给入手、增加生产首先要减税，通过减税提高市场主体储蓄、投资能力和积极性。同时，为了配合减税，一方面要削减政府开支以平衡预算，另一方面要限制货币发行以稳定物价、稳定经济。供给学派在理论上和政策建议上的一个突出特点是强调减税，并极为突出税率的作用。

供给学派在实践上表现为美国的"里根经济学"和英国的"撒切尔主义"。美国在20世纪70年代陷入滞胀，1981年里根就任美国总统后，根据西方供给学派的理论与政策建议，提出"经济复兴计划"，被称为"里根经济学"，其核心是减税。主要措施包括降低税率、减少政府干预、缩减政府开支、紧缩货币供给等。"里根经济学"对缓解当时美国经济增长中的矛盾有一定的作用。英国在20世纪70—80年代出现滞胀与结构性问题，撒切尔夫人上台后

① 《习近平谈治国理政》第二卷，外文出版社2017年版，第251页。

推行新自由主义，推行私有化等措施，被称为“撒切尔主义”。“撒切尔主义”对缓解当时英国的经济问题起到了一定作用。

我国经济发展在进入新常态以后提出供给侧结构性改革，与西方供给学派不是一回事。

第一，从提出供给侧结构性改革的决策依据来看。在进行决策时，并不是先组织对供给学派的理论与实践进行分析研究，从中导出理论依据与实践借鉴，进而在决策上提出供给侧结构性改革。而是在已经提出的发展转型、转变经济发展方式、结构性改革的基础上，进一步针对新常态下中国发展中的突出问题与矛盾，在决策上提出供给侧结构性改革。在对供给侧结构性改革的认识把握上，一定要突破一种思维惯式，即一讲我国的一个决策、一项政策、一种理论，总是说以外国、以西方的某种理论为依据、为借鉴。至少供给侧结构性改革在决策上不是以西方供给学派的理论为依据的。

第二，从供给侧结构性改革的经济发展状况来看。供给学派理论及其实践的形成是在西方国家经济停滞膨胀的时期，而我国则处在从高速增长转向中高速增长、高质量发展的经济发展状况之中，是应对结构性问题、体制性矛盾的客观要求，是要调整供给结构、促进供给结构的优化升级以适应需求结构的明显变化。

第三，从供给侧结构性改革的内容任务来看。面对滞胀局面，西方供给学派最主要的政策主张是减税、国有企业私有化、减少政府管制等，我国供给侧结构性改革的一系列内容任务与此不能简单等同。我国供给侧结构性改革中有以营改增为主要内容的结构性减税、有政府的简政放权等，但这些不是供给学派相关政策主张的搬用；我国供给侧结构性改革中有深化国有企业改革，但这也决不是供给学派实践中的私有化。我国的供给侧结构性改革，并非只是局限在减税、减少管制等供给的几个相关方面，而是经济发展新常态下、新阶段中，以整个供给一侧为取向重点、用改革方式进行整个结构性调整的一整个方法、手段、政策、措施等体系。

第四，从供给侧结构性改革的改革思路来看。西方供给学派强调要减少甚至取消市场经济中的政府干预，提倡、鼓吹的是新自由主义，实际上或多或少否定市场经济中的政府作用、政府职能。而我国的供给侧结构性改革，并没有否定市场经济中的政府作用，是在市场决定性作用基础上，发挥政府的重要作用。如果仅从市场与政府关系考察，供给学派的弱化或否定政府作用的观点可以研究，但一定要防止用供给学派的理论观点宣扬新自由主义，进而导入社会经济政治制度上，否定我国社会主义市场经济中的政府作用、政府职能，甚至直接或隐晦否定我国的社会经济制度。

因此，决不能用西方供给学派的理论来阐释我国的供给侧结构性改革，也不能用西方供给学派的政策建议套用于我国供给侧结构性改革的具体内容。中国的供给侧结构性改革，是中国特色社会主义理论的丰富和发展，是中国改革发展实践的新发展、新探索、新创新。

（二）供给侧结构性改革不是忽视需求侧

必须指出，在决策上从一开始提出供给侧结构性改革，就没有否定需求。2015年11月10日习近平总书记在中央财经领导小组第十一次会议的讲话中，第一次明确提出供给侧结构性改革时就指出，在适度扩大总需求的同时，着力加强供给侧结构性改革，着力提高供给体系质量和效率，增强经济持续增长动力，推动中国社会生产力水平实现整体跃升。2016年的政府工作报告中强调，在适度扩大总需求的同时，突出抓好供给侧结构性改革，既做减法，又做加法，减少无效和低端供给，扩大有效和中高端供给，使供给和需求协同促进经济发展。因此，无论是就决策而言，还是从一般理解而论，似乎没有发现或言论或文章讲供给侧结构性改革否定需求。但是，由于供给侧结构性改革的取向重点是供给侧，就有可能使人有意无意、自觉不自觉地或者理论认识或在实践贯彻中忽视需求、需求侧。故而在把握供给侧结构性改革的科学内涵时，必须强调供给侧结构性改革不是忽视需求、需求侧，而是既强调供给又关注需求，在适度扩大总需求的同时，要突出抓好供给侧结构性改革。

在市场经济活动中，供给和需求、供给侧和需求侧不是相互孤立、相互隔绝、互不联系的，而是相互制约、相互影响、互为条件、相互转化的。从市场活动看，供给和需求是市场力量、市场行为的两个基本方面，供给和需求的相互联系与相互作用，构成了市场活动的基本内容。从宏观经济运行看，总供给和总需求的相互联系与相互作用，就构成国民经济宏观运行的基本内容。与这些相联系，供给侧管理和需求侧管理，也就成为现代市场经济宏观管理的两个基本方面。因此，在强调需求、需求侧时，并不意味着就否定供给、供给侧；同理，在强调供给、供给侧时，也不意味着就否定需求、需求侧。

从供给与需求的辩证关系上准确把握供给侧结构性改革，要理解认识以下这几个方面：

第一，供给侧结构性改革的直接目的，就是为了满足和适应需求，是要让供给、供给结构不断满足最广大人民群众日益增长、变化、丰富、升级的物质文化需要，让供给、供给结构适应变化了的需求和需求结构，不是脱离需求、需求结构讲供给侧结构性改革。

第二，供给侧结构性改革不是简单地扩大供给、紧缩需求，而是在改善整个供给结构的同时，要进一步扩大需求、扩大内需，特别是要扩大消费需求，进而适度扩大总需求。要深挖国内需求潜力，增强消费拉动经济增长的基础作用，适应消费升级趋势，破除政策障碍，优化消费环境，积极调整改革需求结构，促进供给需求有效对接、投资消费有机结合、城乡区域协调发展，开拓需求更大空间，适度扩大需求总量，形成对经济发展稳定而持久的内需支撑。

第三，供给侧结构性改革不能忽略需求、需求侧管理，在推进供给侧结构性改革过程中，同时要不断完善需求管理，需求管理不再是通过强刺激扩张社会总需求，而是要稳定需求，实施改善和提升需求结构、适度扩大总需求的调控政策。所以，供给侧结构性改革，要正确处理供给与需求、供给侧与需求侧、供给管理与需求管理的辩证关系，在不忽视需求、完善需求管理、适度扩大总需求的同时，通过改革推进供给一侧的结构性战略调整，进而在发展中实现从低水平的供求平衡向更高质量、更高水平的供求平衡跃升。

（三）供给侧结构性改革不是只突出政府作用或只突出市场作用

一方面，推进供给侧结构性改革的重要内容是政府改革，由于是从国家角度出台一系列促进供给侧结构性改革的重要政策举措，同时政府在我国市场经济中又有着重要的职能，因而供给侧结构性改革容易被认为是只突出政府作用。另一方面，在供给侧结构性改革中，我们强调市场主体的作用，加上党的十八届三中全会明确提出让市场在资源配置中起决定性作用，因而供给侧结构性改革也容易被认为是只突出市场作用。因此在把握供给侧结构性改革的科学内涵时，必须强调供给侧结构性改革不是只突出政府作用，或者只强调市场作用，而是既要发挥市场决定性作用，又要更好发挥政府作用。

需要指出的是，供给侧结构性改革不是要回归计划经济或搞“新计划经济”，中国的改革，既不走改旗易帜的邪路，也不走封闭僵化的老路。中国社会主义建设和改革开放实践表明，高度集中、僵化的计划经济，不能适应社会主义现代化建设发展的要求，它使广大劳动者和企业失去积极性、主动性和创造性，使整个国民经济失去生机与活力，阻碍社会生产力发展，延缓实现社会主义现代化的步伐，导致人民群众生活水平长期提高缓慢，使社会主义制度应有的优越性没有得到充分体现。因此，中国经济体制改革，就是在坚持社会主义基本制度的前提下，对原有的计划经济进行根本的、彻底的改革。在改革的历史进程中，中国已经建立并不断完善社会主义市场经济体制，计划经济已经成为历史，走回头路、复归计划经济不得人心、没有出路。所以，供给侧结构性改革不可能，也不可以回归计划经济。

我国的供给侧结构性改革，是在社会主义市场经济不断发展、社会主义市场经济体制建立和不断完善的过程中进行的，市场在资源配置中发挥决定性作用。在我国社会主义市场经济中，市场是市场经济运行和活动的决定性调节者，整个市场经济运行和活动，由以价值规律为核心的市场规律体系和市场机制系统发挥决定性调节作用；市场是市场经济要素流动、资源配置的决定性依据，整个市场主体行为选择、调整和市场要素流动、资源配置的直接的及决定性依据，是市场内生的以市场价格为核心的市场机制、市场信号；市场是市场经济活动中各种关系的决定性内容，整个市场经济活动中的各种关系，是以市场交换关系和竞争关系为基本内容的市场关系体系；市场也是政府管理、国家宏观调控的决定性基础和依据，整个市场经济运行和经济活动的承载者是市场，国家的宏观管理与调控、政府导向作用的发挥必须以市场为基础，政府管理只能依据市场而对市场运行进行导向。因此，供给侧结构性改革必须充分发挥市场在资源配置中的决定性作用，通过改革调整各类越位、超配的政策和制度安排，进一步完善市场机制，激发市场主体活力，缩小行政配置资源的范围，矫正行政配置资源过多的扭曲，进而促进供给结构的完善、优化、升级。

在我国社会主义市场经济中，政府又必然承担着重要的经济调控职能。政府要通过产权制度保护公民及其财产安全，采用各种必要的手段，界定、维护和保障市场主体的财产权利；政府具有微观规制职能，包括保护竞争、抑制垄断、进行行业管理、尽可能消除经济活动的外部性、对信息不对称采取处理措施以及对商品价格和服务收费进行管理等，通过承担这些方面的职能，维护和创造市场机制正常发挥作用所需要的基本条件；政府具有宏观调控职能，国家要运用各种政策手段进行宏观调控，稳定宏观经济，为市场机制实现效率提供宏观条件；政府具有承担公共物品供给的职能，为了推动经济发展和维护社会的共同利益，通过一定方式向社会提供有关基础设施、社会公共服务等公共物品；政府也具有调节收入分配、促进社会公平的职能，通过社会保障制度等，对整个社会收入分配关系进行调节；政府还承担着一定的促进经济发展的职能，包括制定发展战略和发展规划，制定并实施有利于促进发展的经济政策，对促进经济发展所必需的重要基础设施直接投资，制定并实施有利于促进区域经济协调发展的区域政策，等等。所以，供给侧结构性改革必须在发挥市场对资源配置决定性作用的同时，更好发挥政府作用。政府要通过改革加快转变政府职能，提高政府效能，推动简政放权、放管结合、优化服务，要切实履行好宏观调控、市场监管、公共服务、社会管理、保护环境等重要职能，进而促进供给结构的完善、优化、升级。

综上所述，正确认识供给侧结构性改革的科学内涵，必须明确，我国的供给侧结构性改革在理论上不是以西方供给学派的理论方法为依据，在实践上也不是搬用西方供给学派的政策建议；供给侧结构性改革不是忽视需求、需求侧，而是既强调供给又关注需求，在适度扩大总需求的同时，突出抓好供给侧结构性改革；供给侧结构性改革也不是只突出政府作用或者只强调市场作用，而是要在发挥市场决定性作用的同时，更好发挥政府作用。

四、供给侧结构性改革的主要内容

党和国家提出供给侧结构性改革以后，在2015年年底的中央经济工作会议上强调，推进供给侧结构性改革，在适度扩大总需求的同时，去产能、去库存、去杠杆、降成本、补短板，提高供给体系质量和效率。“十三五”规划纲要明确提出，以供给侧结构性改革为主线，必须用改革的办法推进结构调整，去产能、去库存、去杠杆、降成本、补短板，加快培育新的发展动能，改造提升传统比较优势，夯实实体经济根基，推动社会生产力水平整体改善。习近平总书记明确指出：“推进供给侧结构性改革，要从生产端入手，重点是促进产能过剩有效化解，促进产业优化重组，降低企业成本，发展战略性新兴产业和现代服务业，增加公共产品和服务供给，提高供给结构对需求变化的适应性和灵活性。简言之，就是去产能、去库存、去杠杆、降成本、补短板。”[①] 习近平在十八届中央政治局第三十次集体学习时的讲话中还强调：“要在适度扩大总需求的同时，着力推进供给侧结构性改革，重点是去产能、去库存、去杠杆、降成本、补短板，增强供给结构对需求变化的适应性和灵活性，推动我国社会生产力水平实现整体跃升。”[②] 这就明确说明，提出供给侧结构性改革以后，首先确定的一定时期的主要内容，包括五大任务：去产能、去库存、去杠杆、降成本、补短板，即“三去一降一补”。

（一）去产能，积极稳妥化解产能过剩

去产能就是要淘汰供给结构中过剩落后产能。产能过剩是供给结构中存在的突出问题，产能过剩最突出的是钢铁和煤炭两大产业，进一步包括水

① 中共中央文献研究室编：《习近平关于社会主义经济建设论述摘编》，中央文献出版社2017年版，第101页。

② 《习近平在中共中央政治局第三十次集体学习时强调准确把握和抓好我国发展战略重点　扎实把“十三五”发展蓝图变为现实》，《人民日报》，2016年1月31日第1版。

泥、电解铝、平板玻璃，还包括石化产业、船舶产业、光伏产业以及风电产业。产能过剩不仅造成大量的资源浪费，而且加剧企业的债务负担和市场活动中的金融风险，已经成为新常态下经济发展的突出障碍，必须尽快通过供给侧结构性改革予以化解。去产能是供给侧结构性改革的首要任务，是重中之重。

推进去产能，要求按照企业主体、政府推动、市场引导、依法处置的原则，研究制定全面配套的政策体系，因地制宜、分类有序处置，妥善处理保持社会稳定和推进结构性改革的关系；要求尊重市场，在市场机制作用下让企业通过自行淘汰、收购兼并、资产重组等方式主动去产能；要求在去产能的过程中，要严格控制增量，防止新的产能过剩。

去产能的产业重点是压减钢铁、煤炭等突出产能过剩行业的产能，通过减量化生产、推进结构调整、债务处置和做好职工安置等措施，促进这些行业化解过剩产能和脱困发展。2016年国务院出台《国务院关于钢铁行业化解过剩产能实现脱困发展的意见》，提出在近年来淘汰落后钢铁产能的基础上，从2016年开始，用5年时间再压减粗钢产能1亿—1.5亿吨，使钢铁行业产能利用率趋于合理，产品质量和高端产品供给能力显著提升；同时出台《国务院关于煤炭行业化解过剩产能实现脱困发展的意见》，提出在近年来淘汰落后煤炭产能的基础上，从2016年开始，用3—5年的时间，再减少产能5亿吨左右、减量重组5亿吨左右，使煤炭行业过剩产能得到有效化解，市场供需基本平衡。与此同时，要求加快培育、发展具有市场竞争力并适应需求变化的新产业，加快开发具有自主知识产权的新技术和附加值较高的新产品。

产能过剩领域中存在一些“僵尸企业”，即那些长期亏损、扭亏无望，但由于获得发放贷款的银行或政府支持而长期不退出市场、破产倒闭的问题企业。去产能就是要坚定地处置“僵尸企业”，让“僵尸企业”退出市场，依法为实施市场化破产程序创造条件，按规则、按程序处置不良资产，加快破产清算案件审理。推进去产能，要求尽可能多兼并重组、少破产清算，发挥资本市场作用配合企业兼并重组。在去产能的过程中，做好职工安置工作是一个重要方面，相应的配套政策有财税支持、不良资产处置、失业人员再就业和生活保障以及专项奖补等。

（二）去库存，化解房地产库存

去库存，就是要通过一系列举措引导住房需求合理释放，促进房地产行业商品房库存的有效化解。我国多年来房地产业快速发展，形成了商品房供过于求的局面，既存在长期房价居高不下的突出问题，也形成了商品房库存过高的问题，2015年年末我国商品房待售总面积已达7.19亿平方米。商品房高库存已经成为房地产行业乃至整个国民经济健康发展的主要障碍，也成为关系民生改善的突出矛盾，同时还涉及地方政府的收入、债务负担和金融风险。因此，通过有效化解房地产行业的商品房高库存，就成为供给侧结构性改革的一个极为重要的任务。

去库存的重要内容是扩大住房有效需求。一是扩大农民工市民化的住房有效需求，按照加快提高户籍人口城镇化率和深化住房制度改革的要求，通过加快农民工市民化，扩大有效需求，打通供需通道，消化库存，稳定房地产市场；二是扩大农业转移人口等非户籍人口的住房有效需求，落实户籍制度改革方案，允许农业转移人口等非户籍人口在就业地落户，使他们形成在就业地买房或长期租房的预期和需求；三是扩大新市民的住房有效需求，要明确深化住房制度改革方向，以满足新市民住房需求为主要出发点，以建立购租并举的住房制度为主要方向，把公租房扩大到非户籍人口。同时，发展住房租赁市场，鼓励自然人和各类机构投资者购买库存商品房，成为租赁市场的房源提供者，鼓励发展以住房租赁为主营业务的专业化企业。

去库存的重要内容也包括调整商品住房供给。发挥企业在去库存中的主导作用，鼓励房地产开发企业顺应市场规律调整营销策略，适当降低商品住房价格，减少新的无效供给；通过改革土地制度、财税制度、金融制度、预售制度等解决房地产发展的深层问题，促进房地产业兼并重组，提高产业集中度，消除房地产业的“泡沫”；取消过时的购房住房限制性措施，加大棚户区改造货币化安置力度和保障房建设，出台商品房差别化信贷和税收优惠政策等。

为了推进去库存，国家与各级政府采取了一系列举措。国务院办公厅

2016年5月发布《国务院办公厅关于加快培育和发展住房租赁市场的若干意见》，提出加快培育和发展住房租赁市场，以建立购租并举的住房制度为主要方向，健全以市场配置为主、政府提供基本保障的住房租赁体系；并确定到2020年，基本形成供应主体多元、经营服务规范、租赁关系稳定的住房租赁市场体系，基本形成保基本、促公平、可持续的公共租赁住房保障体系，基本形成市场规则明晰、政府监管有力、权益保障充分的住房租赁法规制度体系。中央政府与各级地方政府采取的举措，推动了去库存的深入。

（三）去杠杆，防范化解金融风险

经济、金融意义上的“杠杆”，是指社会经济活动中通过金融信贷等形式，以较小规模的资金撬动较大量资金、扩大经营规模、获取较高收益的市场行为方式。个人融资融券、企业向银行借贷、政府发行地方债等，都是杠杆行为。就市场主体的经济活动而言，一般以总资产与权益资本的比率来表示杠杆率水平；就国民经济管理和宏观调控来看，一般以债务额在国内生产总值中的比重衡量杠杆率水平。适度杠杆行为可以获得、增加收益，有利于企业盈利和经济发展；但杠杆率过高、杠杆行为过度、债务增速过快，必然导致金融经济结构恶化、经济风险隐患加大，影响经济稳定增长和持续发展。新常态下我国经济发展的突出问题就是杠杆率过高，由杠杆率过高引起的金融风险加剧，因而必须通过供给侧结构性改革控制和降低杠杆率，防范和化解金融风险，去杠杆就成为供给侧结构性改革的又一个重要任务。

去杠杆的重要内容，一是市场去杠杆，这里指依法处置信用违约，以可控方式和可控节奏释放债务风险，淘汰或重组“僵尸企业”，避免风险累积，改善企业的债务结构，增加企业权益资本比重，运用资本市场、风险投资等多渠道，逐步减少企业过高的杠杆率，从根本上解决企业过于依赖成本较高的银行贷款问题。二是政府去杠杆，这里指有效化解政府债务风险，要有效化解地方政府债务风险，做好地方政府存量债务置换工作，完善全口径政府债务管理，严控债务增量，改进地方政府债券发行办法，从根本上解决地方政府举债过高问题。三是金融去杠杆，这里指全面加强金融监管，加强全方位监管，规范各类融资行为，抓紧开展金融风险专项整治，坚决遏制非法集资蔓延势头，加强风险监测预警，妥善处理风险案件，坚守不发生系统性和区域性风险的底线。

去杠杆要坚持市场化、法治化原则，主要依靠市场主体根据本身实际降低杠杆率。要进一步完善现代企业制度，规范法人治理结构，真正形成市场主体的自我约束机制。在增量方面，要适当控制，大力发展多层次资本市场，提高股权融资比重。在存量方面，要分类处置，对于“僵尸企业”，通过破产清算和兼并重组相结合的方式去杠杆；对于一般高杠杆企业，通过自身结构调整、债务结构调整、盘活存量、兼并重组等方式去杠杆；对于有发展前景但杠杆率较高、遇到暂时性困难的企业，通过债务重组降低杠杆率。

2016年9月，国务院发布《国务院关于积极稳妥降低企业杠杆率的意见》及其附件《关于市场化银行债权转股权的指导意见》，对供给侧结构性改革任务之一的“去杠杆”作出部署，提出以市场化、法治化方式，积极稳妥降低企业杠杆率，助推供给侧结构性改革，助推国有企业改革深化，助推经济转型升级和优化布局，为经济长期持续健康发展夯实基础。在党和国家有关去杠杆的政策方针指引下，供给侧结构性改革的去杠杆不断深入推进。

（四）降成本，帮助企业降低成本

降成本，就是要通过一系列举措帮助企业降低成本。经济发展进入新常态以后，实体经济企业面对的情况发生了重要变化，一方面市场需求出现了一系列新特点、新变化，另一方面生产供给进入高成本时代。企业市场活动、生产经营的成本上升，已经成为导致企业效益下降、竞争优势减弱的突出问题。只有降低实体经济企业成本，市场主体才会真正有活力和生机，经济持续发展才能有支撑，竞争优势才能真正形成并得到发挥。因此，必须通过供给侧结构性改革帮助实体经济企业有效降低成本，降低成本成为供给侧结构性改革的一个极为重要的任务。经过努力，要取得降低实体经济企业成本的成效，使实体经济企业综合成本合理下降，盈利能力较为明显增强。

2016年8月，国务院印发《降低实体经济企业成本工作方案》，对于帮助企业降低成本作了全面安排。降低实体经济企业成本包括两个基本方面：一个方面是降低企业的制度体制成本，另一个方面是降低企业的市场活动和生产经营成本。具体来看，包括6个方面的主要内容。

一是降低制度成本，即降低制度性交易成本。具体包括：打破地域分割和行业垄断，加强公平竞争市场环境建设；深化“放管服”改革，为企业创造更好的营商环境；加快社会信用体系建设，加强知识产权保护；提升贸易便利化水平，合理降低服务收费标准；加快剥离国有企业办社会职能和解决历史遗留问题，减轻企业负担。通过深化改革，进一步落实简政放权、放管结合、优化服务改革综合措施，改善营商环境，为企业设立和生产经营创造便利条件，大幅压缩行政审批前置中介服务事项，显著增强政府和社会中介机构服务能力。

二是降低税费成本，即合理降低企业税费负担。具体包括：全面推开营改增试点，确保所有行业税负只减不增；落实好研发费用加计扣除政策，修订完善节能环保专用设备税收优惠目录；扩大行政事业性收费免征范围，清理规范涉企收费；取消减免一批政府性基金，扩大小微企业免征范围。通过进一步正税清费，营造公平的税负环境，相当程度合理降低企业税费负担。

三是降低融资成本，即有效降低企业融资成本。具体包括：保持流动性合理充裕，营造适宜的货币金融环境；降低融资中间环节费用，加大融资担保力度；完善商业银行考核体系和监管指标，加大不良资产处置力度；稳妥推进民营银行设立，发展中小金融机构；大力发展股权融资，合理扩大债券市场规模；引导企业利用境外低成本资金，提高企业跨境贸易本币结算比例。通过这些举措，逐步降低实体经济企业贷款、发债利息负担水平，合理降低融资中间环节费用占企业融资成本比重，确实有效降低实体经济企业融资成本。

四是降低人工成本，即合理降低企业人工成本。具体包括：降低企业社保缴费比例，采取综合措施补充资金缺口；完善住房公积金制度，规范和阶段性适当降低企业住房公积金缴存比例；完善最低工资调整机制，健全劳动力市场体系。通过这些举措，合理控制企业人工成本上涨，保持企业工资水平合理增长，合理降低企业“五险一金”缴费占工资总额的比例。

五是降低用能用地成本，即进一步降低企业成本。具体包括：加快推进能源领域改革，放开竞争性环节价格；加快推进电力体制改革，合理降低企业用电成本；完善土地供应制度，降低企业用地成本。

六是降低物流成本，即较大幅度降低企业物流成本。具体包括：改善物流业发展环境，大力发展运输新业态；合理确定公路运输收费标准，规范公路收费管理和监督执法；规范机场铁路港口收费项目，清理不合理服务收费。通过这些举措，深化流通体制改革，较大幅度降低企业物流成本，社会物流总费用占社会物流总额的比重由当时的4.9%降低0.5个百分点左右，工商业企业物流费用率由8.3%降低1个百分点左右。

（五）补短板，扩大有效供给

补短板，就是要在一些发展滞后的领域中扩大有效供给。经济发展进入新常态以后，经济社会发展中的一些薄弱环节凸显，农村存在相当数量绝对贫困人口、企业创新能力不强、基础设施建设亟待进一步提升等已经成为全面建成小康社会面临的短板，也是新常态下经济发展转型升级的短板。只有补上、补齐这些短板，加强这些薄弱环节，才能确保如期全面建成小康社会，促进经济社会协调发展。因此，必须通过供给侧结构性改革扩大短板领域的有效供给。补短板成为供给侧结构性改革的一个极为重要的任务。

补短板、扩大有效供给主要有以下几个方面：一是补扶贫脱贫短板，要打好脱贫攻坚战，坚持精准扶贫、精准脱贫，瞄准建档立卡贫困人口，加大资金、政策、工作等投入力度，真抓实干，提高扶贫质量；二是补企业技术短板，要支持企业技术改造和设备更新，降低企业债务负担，创新金融支持方式，提高企业技术改造投资能力，解决企业创新能力不强、创新活力不足、科技研发投入偏低、科技成果转化缓慢、高新技术产业规模较小等问题；三是补产业发展短板，培育发展新产业，促进新一代信息技术、生物、绿色低碳、高端装备与材料、数字创意等新兴产业加快发展，加快技术、产品、业态等创新；四是补基础设施短板，要补齐软硬基础设施短板，解决城市基础设施和公共服务设施建设滞后，中心城区地下管网老旧，水电气暖及环卫设施不配套等问题，提高投资有效性和精准性，推动形成市场化、可持续的投入机制和运营机制；五是补人力资源短板，要加大投资于人的力度，使劳动者更好适应变化了的市场环境，解决人力资源政策不活、人才管理体制机制改革相对滞后、各领域人才特别是企业科技管理人才相对匮乏、各类人才待遇较低等问题；六是补农业生产短板，要继续抓好农业生产，保障农产品有效供给，保障口粮安全，保障农民收入稳定增长，加强农业现代化基础建设，落实藏粮于地、藏粮于技战略，把资金和政策重点用在保护与提高农业综合生产能力以及农产品质量、效益上。

（六）深化供给侧结构性改革的内容和任务

在全面建成小康社会的发展中，供给侧结构性改革的去产能、去库存、去杠杆、降成本、补短板具体任务得到落实，供给侧结构性改革取得阶段性显著成效。去产能方面，坚决淘汰无效低端产能，严控水泥、玻璃、电解铝等新增产能，多年来存在的“地条钢”、小煤窑等顽疾得以控制，钢铁、煤炭行业去产能的目标任务提前超额完成，产能利用率明显提高。去库存方面，通过加大金融信贷支持、棚改货币化安置和公租房货币化补贴力度，培育和发展住房租赁市场，鼓励农民进城购房，房地产市场库存水平逐步消化，以商品房在建未售面积衡量的广义库存逐步下降，由商品房和商品住宅待售面积衡量的狭义库存也在减少，进而促进了房地产市场的正常运行与投资回升。去杠杆方面，统筹利用债转股、优化债务结构等政策措施得到贯彻落实，总杠杆率上升速度得以放缓，企业杠杆率趋于下降，全国规模以上工业企业资产负债率、国有控股企业资产负债率都有所降低。降成本方面，通过全面推行“营改增”试点、扩大减半征收企业所得税优惠范围、清理规范行政事业性收费和政府性基金等减税降费举措，降低“五险一金”缴费比例，下调用电价格，放宽创业投资税收优惠条件，提高和扩大研发费用税前加计扣除比例和范围，深化“放管服”改革等，规模以上工业企业主营业务收入中的成本在一定程度上得以下降。补短板方面，创新驱动、基础设施、脱贫攻坚、城乡统筹发展、民生建设、生态环保等短板领域的投入力度得到提高，重点领域投资保持较快增长，补短板成效明显。供给侧结构性改革所取得的成效，促进了经济运行保持在合理区间，推动了经济发展质量效益的稳步提升。

在供给侧结构性改革的去产能、去库存、去杠杆、降成本、补短板取得明显成效的基础上，面向继续推进经济高质量发展，面向全面建设社会主义现代化国家新征程，供给侧结构性改革的内容与任务也得到深化、扩展与提升。根据党的十九大提出的决胜全面建成小康社会、全面建设社会主义现代化国家的战略部署，从更加完整、全面、系统的程度领会和把握深化供给侧结构性改革，其内容和任务有以下几个方面：

首先，深化供给侧结构性改革的总体要求，一是以供给侧结构性改革为主线，坚持质量第一、效益优先，推动经济发展质量变革、效率变革、动力变革，提高全要素生产率；二是着力加快建设实体经济、科技创新、现代金融、人力资源协同发展的现代化产业体系，这是在一个相当长时期内推进供给侧结构性改革的最基本的内容和任务；三是必须突出实体经济和供给体系，必须把发展经济的着力点放在实体经济上，把提高供给体系质量作为主攻方向，显著增强我国经济质量优势。

其次，深化供给侧结构性改革基本内容，就是要建设、建成现代化产业体系。就具体内容和任务来看，一是加快建设制造强国，加快发展先进制造业，推动互联网、大数据、人工智能和实体经济深度融合，在中高端消费、创新引领、绿色低碳、共享经济、现代供应链、人力资本服务等领域培育新增长点、形成新动能；二是促进我国产业迈向全球价值链中高端，培育若干世界级先进制造业集群；三是支持传统产业优化升级；四是加快发展现代服务业，瞄准国际标准提高水平；五是加强水利、铁路、公路、水运、航空、管道、电网、信息、物流等基础设施网络建设，即加强基础产业建设，其中既包括传统的基础产业和基础设施建设，更包括以5G、人工智能、工业互联网、物联网等为代表的新型基础产业与基础设施建设。

再次，深化供给侧结构性改革的重要任务，仍然是坚持去产能、去库存、去杠杆、降成本、补短板，在取得阶段性成效的基础上要继续推进“三去一降一补”，优化存量资源配置，扩大优质增量供给，实现供需动态平衡。

最后，深化供给侧结构性改革的重要支撑，是发挥人力资本、人力资源的重要作用。一方面，激发和保护企业家精神，鼓励更多社会主体投身创新创业；另一方面，建设知识型、技能型、创新型劳动者大军，弘扬劳模精神和工匠精神，营造劳动光荣的社会风尚和精益求精的敬业风气。

进入全面建设社会主义现代化国家的新发展阶段，推进“十四五”发展，尽管国际国内形势许多方面发生重大而深刻的变化，我国也提出要以国内大循环为主体、强调扩大内需和提升消费，但经济运行矛盾的主要方面仍然是在供给一侧、生产一端，因而加快构建以国内大循环为主体、国内国际双循环相互促进的新发展格局必须坚持以深化供给侧结构性改革为主线，扩大内需、提升消费必须以深化供给侧结构性改革为基础。继续坚持以供给侧结构性改革为主线，决不能有丝毫动摇。党的十九届五中全会审议通过的“十四五”规划和2035年远景目标的建议与十三届全国人大四次会议审议通过的“十四五”规划和2035年远景目标纲要，都强调“十四五”时期经济社会发展要以深化供给侧结构性改革为主线，并对深化供给侧结构性改革作出具体部署。在全面建设社会主义现代化国家新征程中，要以新发展理念为引领，根据加快构建以国内大循环为主体、国内国际双循环相互促进的新发展格局的要求，持续深化供给侧结构性改革，巩固“三去一降一补”成果，激发各类市场主体活力，提升产业链供应链现代化水平，畅通国民经济循环，营造良好的政策环境和制度环境，改善供给结构，提高供给体系质量和效率，促进需求扩大、消费提升，推动我国社会生产力水平实现整体跃升。

五、供给侧结构性改革的支柱政策

推进供给侧结构性改革，要有相应的政策支撑。2015年11月10日，习近平总书记在中央财经领导小组第十一次会议上的讲话提出了供给侧结构性改革，明确指出：“实行宏观政策要稳、产业政策要准、微观政策要活、改革政策要实、社会政策要托底的政策，战略上坚持持久战，战术上打好歼灭战，在适度扩大总需求的同时，着力加强供给侧结构性改革。”[①]2016年1月

① 中共中央文献研究室编：《习近平关于社会主义经济建设论述摘编》，中央文献出版社2017年版，第87页。

29日，习近平总书记在十八届中央政治局第三十次集体学习时的讲话中更加明确指出：推进供给侧结构性改革，“宏观政策要稳、产业政策要准、微观政策要活、改革政策要实、社会政策要托底的政策组合，是当前推动经济社会发展的五大支柱性政策。贯彻落实这五大政策，都要注意突出重点”[①]。显然，宏观政策要稳、产业政策要准、微观政策要活、改革政策要实、社会政策要托底这5个方面，就成为供给侧结构性改革的五大支柱政策。

（一）宏观政策要稳

宏观政策要稳，就是要保持宏观经济政策的稳定性，为供给侧结构性改革营造稳定的宏观经济环境。对此，习近平总书记指出：“宏观政策要稳，就是要坚持积极的财政政策和稳健的货币政策，为经济结构性改革营造稳定的宏观经济环境。”[②]

1.宏观政策要稳的内容

从2008年下半年应对金融危机到2010年，我国实施的宏观经济政策是积极的财政政策和适度宽松的货币政策。2011年，宏观经济政策进行了较大调整，继续实施积极的财政政策以及稳健的货币政策。从2011年开始，我国实施的宏观经济政策一直是积极的财政政策和稳健的货币政策。推进供给侧结构性改革，宏观政策要稳，就是要继续实施积极的财政政策和稳健的货币政策，创新宏观调控方式，加强区间调控、定向调控、相机调控，统筹运用财政和货币政策等政策工具，不搞调控政策的强刺激，确保经济运行在合理区间，为供给侧结构性改革的有序推进营造良好稳定的宏观经济环境。

宏观经济政策要稳的具体内容，表现为积极的财政政策要加大力度、稳健的货币政策要灵活适度，这是中国经济步入新常态以后，宏观调控为供给侧结构性改革提供稳定宏观环境的重要取向，也体现了推进供给侧结构性改革在宏观调控上的重要创新。

---

① 《习近平在中共中央政治局第三十次集体学习时强调准确把握和抓好我国发展战略重点　扎实把“十三五”发展蓝图变为现实》，《人民日报》，2016年1月31日第1版。

② 中共中央文献研究室编：《习近平关于社会主义经济建设论述摘编》，中央文献出版社2017年版，第87—88页。

首先，这是稳中求进工作总基调的新体现。推进国民经济和社会发展，加强供给侧结构性改革，必须坚持稳中求进的工作总基调，在宏观调控上，“稳”就体现为保持宏观经济政策的连续性和稳定性，继续实施积极的财政政策和稳健的货币政策；而“进”则体现为要根据经济发展新常态出现的一系列新情况、新特点、新变化、新趋势，以及推进供给侧结构性改革的要求，对宏观经济政策具体实施的思路、方式、方法、手段进行创新，这种创新在积极的财政政策实施中就体现为要加大力度，在稳健的货币政策实施中就体现为要灵活适度。

其次，这是推进供给侧结构性改革在宏观政策区间定位上的新选择。积极的财政政策和稳健的货币政策在实际实施中并不是狭隘的一个点，而是一定的区间，可以在一定的范围内变化浮动。把积极的财政政策的实施区间定位于加大力度、把稳健的货币政策的实施区间定位于灵活适度，正是宏观经济政策适应经济发展新常态、促进供给侧结构性改革在实施区间定位上的新选择，有利于促进保持持续稳定的中高速增长、促进质量效率集约型增长、促进经济结构的深度调整与优化升级、促进培育新的经济增长点。

最后，这是推进供给侧结构性改革在宏观调控上精准调控操作内容的新要求。新常态下我国经济正在向形态更高级、分工更复杂、结构更合理的阶段演化，经济运行和发展的深层次结构性矛盾极为突出，因此，着力推进供给侧结构性改革，必然对宏观经济政策层面的精准调控操作内容提出新的要求。积极的财政政策要加大力度、稳健的货币政策要灵活适度，就是这一新要求的具体体现。

2.积极的财政政策要加大力度

推进供给侧结构性改革，宏观政策要稳，积极的财政政策要加大力度。一方面要求财政政策具体手段的作用力度和弹性要适当提高，具体工具运用的约束程度要加强；另一方面则要求财政政策具体工具运用的绩效要进一步提高，具体手段作用的效率要进一步提升，要降低具体政策工具手段使用的成本。这是因为推进供给侧结构性改革客观上要求积极的财政政策为保持中高速稳定增长发挥较大作用，促进经济运行保持在合理区间，同时国民经济发展与经济增长要更加突出质量与效率。财政政策要加大力度不是简单的口号，而是体现在一系列财政政策工具手段措施的操作运用上。突出的有以下三个方面：

一是在运用财政政策具体工具手段促进稳增长、转方式、调结构方面加大力度。加大力度促进经济稳定增长，适当提高财政赤字国债规模，创新和完善地方政府举债融资机制；加大力度实施促进投资的具体政策措施，优化投资结构，切实提高投资效率，促进提高有效供给能力；加大力度实施促进消费的具体政策措施，多渠道促进城乡居民增收，打造多点支撑的消费增长格局；加大力度实施促进外贸增长的具体政策措施，发挥出口促进增长的支撑作用，促进基础设施互联互通重大项目实施，推动优势产业走出去。

二是在深化财税体制改革、完善财政政策内在稳定器作用方面加大力度，加快推进营改增、消费税、资源税、个人所得税等税制改革，全面实施营改增，取消违规设立的政府性基金，加快制定非税收入征收管理办法，进一步减轻企业特别是小微企业负担，推进政府购买服务，推广运用PPP模式，支持国企国资改革，完善政府预算体系，优化转移支付结构，积极盘活全国财政存量资金，进一步加强地方政府性债务管理。

三是在落实创新驱动发展战略、推进社会全面发展方面加大力度，适当增加必要的财政支出和政府投资，加大对民生等薄弱环节的支持。支持加快推进科技重大专项工作，建立健全转移支付同农业转移人口市民化挂钩机制和以居住证为载体的基本公共服务提供机制，进一步完善政府促进就业创业的财税政策。

3.稳健的货币政策要灵活适度

推进供给侧结构性改革，宏观政策要稳，稳健的货币政策要灵活适度。一方面要求在稳健的货币政策的框架之中，具体货币政策工具手段的运用可稍松、可稍紧，可松紧搭配，而不是有松无紧或有紧无松；另一方面，则要求稳健区间之内具体政策工具手段松紧操作程度的选择、松紧趋向走势的确定必须适度，也就是要适应供给侧结构性改革的客观要求，适应宏观调控目标的实现要求。这是因为推进供给侧结构性改革，要求稳健的货币政策为保持总供求相对平衡、经济增长相对稳定持续和经济结构转型升级营造适宜的货币金融环境。

同样地，货币政策要灵活适度也不是空洞的抽象要求，而是体现在一系列货币政策工具手段措施的操作运用上。

其一，在综合运用多种货币政策工具方面更加注重灵活适度，根据国内国际经济金融形势变化和经济发展需要，适当控制和调整货币供应量增长，灵活运用公开市场操作、利率、存款准备金率、再贷款等货币政策工具，发挥差别准备金动态调整机制的逆周期调节和结构引导作用，保持流动性合理充裕和社会融资总量适度增长。

其二，在金融支持转方式调结构方面更加注重灵活适度，根据盘活存量、优化增量的要求，优化流动性的投向和结构，落实好“定向降准”的相关措施，发挥好信贷政策支持再贷款和再贴现政策的作用，拓宽小微企业多元化融资渠道，开发适合企业技术创新需求特点的融资产品，引导金融机构加大对重点行业和科技、文化、战略性新兴产业等重点领域的金融支持，降低融资成本，扩大直接融资比重，优化信贷结构。

其三，在深化金融改革、防范金融风险方面更加注重灵活适度，推进利率市场化和完善人民币汇率形成机制，推动多层次资本市场建设，深化金融机构改革，加强和改善宏观审慎管理，有效防范系统性金融风险。

（二）产业政策要准

产业政策要准，就是要发挥产业政策对产业运行与发展的调控作用，准确定位供给侧结构性改革方向。习近平总书记指出：“产业政策要准，就是要准确定位经济结构性改革方向，发展实体经济，坚持创新驱动发展，激活存量增长动力，着力补齐短板，加快绿色发展，积极利用外资，积极稳妥扩大对外投资。”①

产业政策要准，首先是在供给侧结构性改革中产业政策发挥作用的方向要准。在供给侧结构性改革中，产业政策发挥作用，归根结底就是要促进社会资源的有效配置。所实施的产业政策，在不忽视调整需求总量和需求结构

① 中共中央文献研究室编：《习近平关于社会主义经济建设论述摘编》，中央文献出版社2017年版，第88页。

的前提下，重点通过调整供给总量和供给结构促进整个经济结构的协调，改善资源在产业部门之间的分配，实现资源配置的优化高效，加速产业体系的完善与升级。

产业政策要准，其次是在供给侧结构性改革中产业政策优化结构的方向要准。产业政策要促进产业体系的结构合理优化，合理优化的产业结构意味着资源的优化配置和充分利用，这就为完善供给体系和提高供给质量提供了条件。定向准确的产业政策，有利于社会资源的合理配置和产业组织结构的合理优化，实现产业之间相互协调和配合，在不同产业间形成合理的推进序列，按产业体系的变动趋势及时推动产业的转型换代、优化升级，进而促进社会经济效益的提高和推动经济增长与经济发展。从产业政策优化结构的方向来看，推进供给侧结构性改革，要推进农业现代化、加快制造强国建设、加快服务业发展、提高基础设施网络化水平等，推动形成新的增长点。

产业政策要准，再次是在供给侧结构性改革中产业政策促进竞争的方向要准。在市场经济中，产业政策一般并不能对市场主体的资源配置行为产生直接影响，而是通过影响市场机制、改变相对价格来实现对市场主体资源配置行为的调节。因此，产业政策能够通过鼓励有效竞争、反对垄断、保护适当集中、鼓励规模经济、完善市场秩序等政策的制定与实施，促进适度竞争的市场结构的完善，进而促进市场竞争机制发挥作用。因此，在供给侧结构性改革中，产业政策以促进市场机制发挥作用为重要取向，要实施普惠性、功能性产业政策，在完善现代市场体系、促进市场公平竞争、引导市场要素流动、激发市场主体活力等方面发挥积极作用。同时，要促进新兴产业发展，推动产业技术进步和加速产业间技术转移，提高产业、产品的国际竞争力，发挥产业比较优势，全面提升产业竞争力。

产业政策要准，最后还体现为在供给侧结构性改革中产业政策突出重点的方向要准。产业政策要推动创新驱动，注重激活存量，着力补齐短板，加快绿色发展，发展实体经济。

（三）微观政策要活

微观政策要活，就是要实施一系列发挥市场决定性作用的微观政策，激发和提升微观经济主体及其市场活动的活力。习近平总书记指出："微观政策要活，就是要坚持和完善基本经济制度，完善市场环境、激发企业活力和消费潜能，在制度上政策上营造宽松的市场经营和投资环境，营造商品自由流动、平等交换的市场环境。"①

微观政策要活，集中体现为要确保、巩固和强化企业与消费者的微观市场主体地位。在市场经济中最重要、最基本的市场主体就是企业与消费者。

企业是市场经济活动的基本单位，是独立的商品生产者和经营者。在市场经济中，企业不仅使一般的产品和服务转化为商品，而且把社会的一切生产、分配、交换和消费都纳入市场领域。企业市场主体地位的确立及与之相适应的企业制度的形成，是市场经济建立、发展以及市场发挥配置资源决定性作用的重要标志和保障。

消费者就是作为市场活动当事人的个人或家庭。个人或家庭作为经济活动当事人出现在市场活动中，以消费者、劳动者和其他生产要素所有者的身份参与市场运行。作为消费者，其能够投出"货币选票"；作为劳动者或人身生产要素所有者，能够提供劳动力；作为各种要素所有者，则能够以各种方式进行投资。这些行为对资源的流向、组合、调整、优化以至实现有效、合理配置发挥着极其重要的作用。

推进供给侧结构性改革，必须确立、巩固、强化企业与消费者的市场主体地位。一方面，要按照市场在资源配置中起决定性作用的内在要求，确立企业（不论是公有制还是非公有制）的市场主体地位，构建财产关系明确、符合市场经济要求的企业独立的产权制度，真正使企业能够自主进行市场活动、自主经营、公平竞争，推动资源有效配置；另一方面，要保障并逐步扩大个人作为市场主体的各种权利，必须取消对消费者消费选择的限制，尊重和维护消费者的主权，让消费者的"货币选票"对资源配置方向发挥制约作用；必须确认劳动者的劳动选择权和对自身人力资源的所有权，使劳动者能成为人力资源市场主体；必须确认各种生产要素所有者的资产所有权和投资

① 中共中央文献研究室编：《习近平关于社会主义经济建设论述摘编》，中央文献出版社2017年版，第88页。

选择权，并使之在市场活动中得以实现。唯有如此，才能形成和完善企业自主经营和公平竞争、消费者自由选择和自主消费的市场环境，在这种市场环境下，企业活力和消费者潜力才能被激发，供给侧结构性改革的推进才能不断进行。

微观政策要活的突出重点是要激发企业活力。要做好为企业服务工作，在制度上、政策上营造宽松的市场经营和投资环境，鼓励和支持各种所有制企业创新发展，依法平等保护各种所有制企业产权和合法利益，严肃查处侵犯各种所有制企业合法权益的行为，营造公平、公正、透明、稳定的法治环境，提高企业投资信心，改善企业市场预期，构建新型政商关系，促进各类企业各展其长、共同发展。要深化国有企业改革，进一步增强和提升国有企业活力。要更好激发非公有制企业活力，大幅放宽电力、电信、交通、石油、天然气、市政公用等领域的市场准入资格，消除各种隐性壁垒，鼓励民营企业扩大投资、参与国有企业改革。在项目核准、融资服务、财税政策、土地使用等方面要一视同仁。还要营造商品自由流动、平等交换的市场环境，消除市场壁垒和地方保护。要提高有效供给能力，通过创造新供给、提高供给质量，扩大消费需求。

（四）改革政策要实

改革政策要实，就是要提高执行力、发扬创新精神、完善落实机制，加大力度推动改革政策落地。推进供给侧结构性改革，必须贯彻落实所提出的一系列改革政策，改革政策要发挥效用，关键还在于落实。只有加大力度，把改革政策落到实处，供给侧结构性改革才能不断推进。习近平总书记指出："改革政策要实，就是要加大力度推动重点领域改革落地，加快推进对经济增长有重大牵引作用的国有企业、财税体制、金融体制等改革。"①

落实供给侧结构性改革的改革政策，首先要对供给侧结构性改革的相关政策有深刻领会，要防止一知半解、断章取义、生搬硬套，必须弄清楚整体政策安排与某一具体政策的关系、系统政策链条与某一政策环节的关系、政

① 中共中央文献研究室编：《习近平关于社会主义经济建设论述摘编》，中央文献出版社2017年版，第88页。

策顶层设计与政策分层对接的关系、政策统一性与政策差异性的关系、长期性政策与阶段性政策的关系。既不能以局部代替整体，也不能以整体裹挟局部；既不能以灵活性损害原则性，也不能以原则性束缚灵活性。

落实供给侧结构性改革的改革政策，要有定力和韧劲。要防止徒陈空文、等待观望、急功近利，必须要有时不我待的紧迫意识和夙夜在公的责任意识。要注意避免合意则取、不合意则舍的倾向，破除妨碍改革政策落实的那些思维定式。要敢于啃硬骨头、敢于涉险滩，既要敢于突破，又要一步一个脚印、稳扎稳打向前走，确保实现供给侧结构性改革的改革任务。

贯彻供给侧结构性改革的改革政策，要坚持从实际出发、科学创新探索。在贯彻落实供给侧结构性改革的改革政策中，要解放思想、更新观念、与时俱进，结合实际创新思路、创新方法，变中求新、变中求进、变中突破，创造性地贯彻落实，努力开创供给侧结构性改革的新局面。

对于中央供给侧结构性改革的改革政策，可以结合实际，进一步具体化政策导向。遇到改革政策的空白点，可以积极探索、大胆试验；遇到思想阻力和工作阻力，要努力排除，不能退让和妥协，不能松懈斗志、半途而废。要把握好供给侧结构性改革中的改革试点，加强统筹协调，调动地方积极性，允许地方进行差别化探索，发挥基层首创精神，使广大人民群众在供给侧结构性改革中真正有更多获得感。

贯彻供给侧结构性改革的改革政策，要提高执行力。提高执行力，必须转变思维方式、工作方式，防止大而化之、笼而统之，必须在精准上下功夫。要对各项任务细化分解、明确责任、明确时限、明确要求，讲标准、讲效率、讲质量，把各项工作做细致、做精致。要完善责任制度，健全激励、监督、考核、问责等机制。

（五）社会政策要托底

社会政策要托底，就是要更好发挥社会保障的社会稳定器作用，守住民生底线。在供给侧结构性改革中，一个基本要求就是要保障群众基本生活，保障基本公共服务，尤其是有可能会对一部分人民群众的就业和生活提高发生影响，这就需要社会保障发挥作用，把重点放在兜底上。习近平总书记指出："社会政策要托底，就是要守住民生底线，做好就业和社会保障工作，切实保障群众基本生活。"[①]

在供给侧结构性改革中，让社会政策发挥托底作用，具有十分重要的意义。它直接关系到供给侧结构性改革与社会发展、稳定的全局，关系到国家的长治久安和经济持续稳定增长，关系到全面建成小康社会宏伟目标的实现。因此，必须完善和落实一系列守住民生底线的社会政策，促进供给侧结构性改革中的共享发展。社会政策要托底，发挥重要作用的是社会保障。社会政策要托底的基本要求，是发挥社会保障的社会稳定器作用。

首先，要建立和完善更加公平更可持续的社会保障制度。实施全民参保计划，基本实现法定人员全覆盖。坚持精算平衡，完善筹资机制，分清政府、企业、个人等的责任。适当降低社会保险费率。完善社会保险体系。完善职工养老保险个人账户制度，健全多缴多得激励机制，同时发展职业年金、企业年金、商业养老保险。健全医疗保险稳定可持续筹资和报销比例调整机制，实行职工退休人员医保缴费参保政策，同时鼓励发展补充医疗保险和商业健康保险。统筹救助体系，强化政策衔接，推进制度整合，确保困难群众基本生活无虞。

其次，增加公共服务供给。坚持普惠性、保基本、均等化、可持续方向，从解决人民群众最关心最直接最现实的利益问题入手，增强政府职责，提高公共服务共建能力和共享水平。加强义务教育、就业服务、社会保障、基本医疗和公共卫生、公共文化、环境保护等基本公共服务的提供，努力实现全覆盖。加大对革命老区、民族地区、边疆地区、贫困地区的转移支付力度。加强对特定人群特殊困难的帮扶。创新公共服务提供方式，能由政府购买服务提供的，政府不再直接承办；能由政府和社会资本合作提供的，广泛吸引社会资本参与，加快社会事业改革。

再次，促进就业创业。坚持就业优先战略，实施更加积极的就业政策，创造更多就业岗位，着力解决结构性就业矛盾。完善创业扶持政策，鼓励以

① 中共中央文献研究室编：《习近平关于社会主义经济建设论述摘编》，中央文献出版社2017年版，第88页。

创业带就业，建立面向人人的创业服务平台。统筹人力资源市场，打破城乡、地区、行业分割和身份、性别歧视，维护劳动者平等就业权利。加强对灵活就业、新就业形态的支持，促进劳动者自主就业。加强就业援助，帮助就业困难者就业。推行终身职业技能培训制度，实施新生代农民工职业技能提升计划，对供给侧结构性改革中的失业人员和转岗职工免费进行职业培训。提高劳动力素质、劳动参与率、劳动生产率，增强劳动力市场灵活性，促进劳动力在地区、行业、企业之间自由流动。建立和谐劳动关系，维护职工和企业合法权益。完善就业服务体系，提高就业服务能力。

最后，还要实施脱贫攻坚工程。实施精准扶贫、精准脱贫，因人因地施策，提高扶贫实效。分类扶持贫困家庭，对有劳动能力的支持发展特色产业和转移就业，对缺乏基本生存和生产条件的实施扶贫搬迁，对生态特别重要和脆弱的实行生态保护扶贫，对丧失劳动能力的人口实施兜底性保障政策，对因病致贫的人口提供医疗救助保障。实行低保政策和扶贫政策衔接，对贫困人口应保尽保。扩大贫困地区基础设施覆盖面，因地制宜解决通路、通水、通电、通网络等问题。加大中央和省级财政扶贫投入，发挥政策性金融和商业性金融的互补作用，整合各类扶贫资源，开辟扶贫开发新的资金渠道。

第三篇

产业发展：经济高质量发展的现代产业体系建设

从全面建成小康社会到迈向全面建设社会主义现代化国家新征程，推进经济高质量发展，深化供给侧结构性改革，必然要建设现代产业体系。2007年党的十七大报告面向推进全面建设小康社会，提出“发展现代产业体系”；2010年党的十七届五中全会审议通过的《中共中央关于制定国民经济和社会发展第十二个五年规划的建议》，提出“发展结构优化、技术先进、清洁安全、附加值高、吸纳就业能力强的现代产业体系”；2012年党的十八大报告面向全面建成小康社会新阶段，提出“推进经济结构战略性调整”“优化产业结构”的战略任务；2016年《中华人民共和国国民经济和社会发展第十三个五年规划纲要》，提出“加快构建创新能力强、品质服务优、协作紧密、环境友好的现代产业新体系”；2017年党的十九大报告面向决胜全面建成小康社会、全面建设社会主义现代化国家新征程，进一步明确提出“着力加快建设实体经济、科技创新、现代金融、人力资源协同发展的产业体系”；2020年10月党的十九届五中全会审议通过《中共中央关于制定国民经济和社会发展第十四个五年规划和二〇三五年远景目标的建议》把“加快发展现代产业体系”作为“十四五”时期发展的重要任务。推进经济高质量发展、具有实体经济意义的重要内容、主要任务、产业支撑，就是发展现代产业、建设现代产业体系。对现代产业体系建设的认识，应从有关产业体系与产业政策的基础性理论出发，进而从我国现代化建设实践发展中，把握建设现代产业体系的基本内容，明确加快发展现代产业体系的主要任务。在全面建设社会主义现代化国家的新发展阶段，发展战略性新兴产业已经成为现代产业体系建设的一个极其重要的战略任务，因而有必要对发展战略性新兴产业的提出和确立、产业领域和重要政策等有所认识。

第九章　产业体系演进与产业政策构成

从全面建成小康社会迈向全面建设社会主义现代化国家，在推进经济高质量发展、深化供给侧结构性改革中，必须发展现代产业、建设现代产业体系。要发展的现代产业、要建设的现代产业体系，是由不同的产业构成的，因此，理解、把握现代产业体系建设，要从产业及产业分类出发，进而认识产业体系演进与产业政策构成。

一、产业及其分类划分与产业体系

按照最基本的分析问题、研究问题的逻辑，可以由产业进而对产业分类得出产业体系的基本认识。

（一）产业的含义、形成与发展

产业，在字义上可解释为是从事生产经营的行业。在经济学理论上，产业可以解释为是在社会经济活动中，根据一定的社会分工，满足社会发展和国民需要所形成，进而相对确定的从事产品和劳务生产经营的各行各业、各个部门。一般意义上的产业，包括国民经济的各行各业、各个部门，从产品生产到商品流通、各类生产生活服务以至于文化、教育等各行各业都可称为“产业”。产业是介于微观经济组织与宏观经济整体之间的若干“集合”。相对于企业来说，产业是具有某些相同特征的同类企业的集合体；相对于国民经济整体来说，产业是其有机的构成部分。

产业是在人类社会发展的历史过程中形成的，在人类社会产生以后的历史演进中，随着社会生产力水平的逐渐提升和社会分工的形成发展，经济活动中的产业也相应产生、形成。产业的产生、形成和发展过程，实则就是人类社会经济活动中社会分工的产生、形成与不断发展、细化的过程。在原始社会的旧石器时代，人类赖以为生的经济活动只有采集、狩猎，原始人群共同劳动，不可能出现社会分工，也就没有不同的生产行业、经济部门，产业也就无从谈起。随着人类社会的发展，社会生产力水平的提高，相继发生了三次社会大分工。第一次社会大分工是农业和畜牧业相分离，大约发生在原始社会的新石器时代，实际上是在广义的农业中形成相对独立的农业种植业、畜牧业产业部门；第二次社会大分工是手工业和农业的分离，大约发生于原始公社末期和奴隶社会初期，形成了专业的工匠即小手工业者阶层，手工业成为一个独立的产业部门，实际上可以看作是工业的产业形成；第三次社会大分工是商业和其他产业部门相分离，发生于奴隶社会初期，形成专门从事流通活动的商人阶层，实际上意味着商业成为一个独立的产业部门。显然，随着三次社会大分工的产生，相应形成了农业、工业、商业这三大类产业部门。

在人类社会演进中，社会生产力不断发展，社会分工进一步细化，在三大产业形成、发展的基础上，农业产业、工业产业、商业产业内部的分工也开始形成、产生、扩展，更多的次一级的产业、行业相继产生、形成、发展。人类社会发展进入近代以后，资本主义生产方式产生、形成，农业规模化、集约化的发展，使得原来同农业种植业交织在一起的农村家庭手工业呈现逐步独立的趋势，农村家庭手工业的生产资料和劳动力不断脱离原来所依附的农业种植业，独立的纺织工业开始形成并不断发展，纺织工业的形成产生致使农业和工业彻底分离。随着农业生产力的发展，广义农业内部的分工也日益扩展，逐渐形成广义农业内部的种植业、畜牧业、渔业、林业等不同产业部门。随着工业生产力的发展，工业内部的分工更是日益细化。一方面机器的大量使用促进了劳动生产率的提高，对原材料、初级产品加工的进一步细分成为可能，加工生产越分越细，工业产业部门也就越来越多样化，如纺织工业在发展中分离出服装加工业，钢铁工业在发展中分离出机械工业等；另一方面，大量使用机器导致一定产品可以分解为不同部分而大批量生产，从而引致更多独立的工业产业的形成、发展，纺织、钢铁、冶金、机械等众多产业部门也就相继形成并不断发展。

社会分工的细化、发展，不仅推动诸多传统产业部门的分化、层次化而形成更多的产业、行业，而且促进许多前所未有的崭新产业、行业不断产生和发展。在19世纪，社会分工的细化、发展促进了石油化工、电气制造等一系列崭新产业行业的形成和发展；在20世纪，社会分工的细化、发展又促进了原子工业、宇航工业、电子工业等一系列崭新产业行业的形成、发展；在21世纪，社会分工的细化、发展又促进了一系列同信息网络相联系的新兴产业行业的形成、发展。随着科学发展、技术创新及科学技术更加广泛地运用于、渗透于、融入于社会经济活动，现代社会分工的范围将进一步扩大、层次将进一步细化，越来越多全新的产业、行业部门将不断产生、形成和发展。同时，社会分工的细化、发展，不仅推动不同层次产业行业的产生、形成、发展，而且促进和增强了各产业部门之间的相互依存、相互制约、相互联系和相互影响，从而使一定社会经济整体或国民经济体系成为由相互联系、相互促进的不同产业构成的有机整体。

（二）产业分类及其具体划分

在社会经济活动中，不同的产业承担着不同的分工任务，各有其不同的地位、作用和特点。产业分类就是指依据经济分析的一定目的和角度，选择某些特定的依据或标准，对不同的产业进行类别划分。由于选择的分类标准和依据不同，产业分类也就有许多不同的划分方法。

1.三次产业分类

三次产业分类是对国民经济产业部门的最基本的，也是总体上的划分。一般认为，澳大利亚经济学家费希尔1935年在《安全与进步的冲突》一书中，首次提出三次产业的分类及其依据。此后，英国经济学家克拉克1940年在《经济进步的条件》一书中，运用三次产业分类法研究了经济发展与产业结构变化之间的规律，拓展了三次产业分类法在产业经济研究中的应用，促进了三次产业分类法在经济学理论研究与国民经济管理中的认同、接受。

三次产业分类法以经济活动与自然界的关系作为产业分类标准，把全部经济活动划分为三大类：产品直接取之于自然的物质生产部门为第一产业，也可以说是第一次产业；加工取自自然的物质生产部门，即对取自自然的资源进行加工而形成产品的物质生产部门为第二产业，也可以说是第二次产业；派生于第一产业、第二产业而供给其他无形财富的社会经济部门为第三产业，也可以说是第三次产业。随着社会经济发展，根据不同产业特点的逐步显现，人们以三次产业分类标准为基本依据，所形成的三次产业基本划分是：第一产业指广义的农业，第二产业指以制造业为主体的广义的工业，第三产业指广义的服务业。在全球发展中，国际社会基本上通行三次产业的划分，但不同国家对于农业、工业、服务业的具体构成和类别划分，则根据各国不同情况有所差异。

改革开放以后，我国在国民经济发展中从1985年开始采用三次产业划分，三次产业划分的具体范围是：第一产业为农业，包括种植业、林业、牧业和渔业等；第二产业为工业和建筑业，工业包括采掘业、制造业、自来水业、电力业、蒸汽和热水及煤气业等；第三产业为第一、第二产业以外的其他各业。由于第三产业所包含的行业较多、范围较广，因而又把第三产业再划分为两大部门与4个层次。两大部门是流通部门和服务部门。4个层次分别为：第一层次是流通部门，包括交通运输业、邮电通信业、商业、饮食业、物资供销业和仓储业；第二层次是为生产和生活服务的部门，包括金融业、保险业、地质普查业、房地产业、公用事业、居民服务业、旅游业、咨询业、信息服务业和各类技术服务业；第三层次是为提高科学文化和居民素质服务的部门，包括教育、文化、广播电视、科学研究、卫生、体育和社会福利等；第四层次是为社会公共需要服务的部门，包括国家机关、政党机关、社会团体和军队警察等。

进入21世纪以后，根据我国社会主义市场经济发展，2003年国家统计局对原有的三次产业的分类进行调整，印发《三次产业划分规定》。2013年，国家统计局再次修订、发布新的《三次产业划分规定》，明确了三次产业的范围：第一产业是指农、林、牧、渔业（不含农、林、牧、渔服务业）；第二产业是指采矿业（不含开采辅助活动），制造业（不含金属制品、机械和设备修理业），电力、热力、燃气及水生产和供应业，建筑业；第三产业即服务业，是指除第一产业、第二产业以外的其他行业。

2.产业功能分类

产业功能分类是在考察产业之间技术经济联系和产业间消长变化的基础上，根据不同产业在社会再生产过程中的相对地位、作用和功能，把社会经济中的全部产业划分为主导产业、配套产业、基础产业和其他服务业等几种类型。

主导产业是具有高增长率并能带动或推动国民经济其他产业部门发展的产业，是在国民经济分工中形成的专业化部门，产业关联效应较强，从而构成整个国民经济增长的支柱与核心。主导产业是经济增长的主体，能够通过产业关联效应带动整个国民经济的全面增长。

配套产业是与主导产业有密切联系、为主导产业直接配套协作的产业部门，其形成与发展因主导产业的不同而有所不同。即是说，有什么样的主导产业，就相应要求发展什么样的配套产业；主导产业发展到多大程度，就相应要求配套产业发展到多大程度。从与主导产业的联系方式看，配套产业一般分为前向联系产业、后向联系产业、侧向联系产业三个组成部分。配套产业的作用是适应主导产业，为主导产业提供配套服务，保证主导产业顺利稳定地实现增长与发展。在产业结构的发展变化中，有些配套产业可能成长为主导产业。

基础产业和其他服务业，是为上述两类产业和人民生活提供服务的产业部门，分为两个部分：一是基础结构部门，包括交通运输、邮电通信、公用动力、供水系统以及科研、教育、卫生等部门；二是为满足人民消费与生活需要提供服务的部门，包括传统的理发、饮食、修理等服务行业和各种各类新兴的现代服务业。

产业功能分类能够体现国民经济中不同产业的地位、作用以及相互联系的程度，有助于研究分析产业体系、产业结构的功能，科学地对产业体系、产业结构进行规划与选择，促进合理优化的产业体系、产业结构的形成与建立，因而是国民经济发展与调控中一种极为重要的产业分类方法。

3. 标准产业分类

标准产业分类是按照经济活动的同质性即产品或劳务的经济用途、生产工艺或使用的原材料相同等特征，由权威机构对产业进行分类编制并颁布。这种分类法能够准确、详尽地描述国民经济中不同产业及产业结构、产业体系的状况，具有相当的权威性、涵盖的完整性和较强的实用性，有助于对整个国民经济的全部产业进行科学的、规范的管理。在信息技术飞速发展的时代，标准产业分类法特别适应于运用信息化、智能化、数字化等现代工具进行统计和数据处理。

联合国分别于1948年、1958年和1988年制定、修改了《全部经济活动的国际产业分类标准》（简称ISIC）。它把全部经济活动先分为10个大项，在每个大项下面分成若干中项，每个中项下面又分成若干小项，最后，又将小项分解为若干细项，共有大、中、小、细四级。各大、中、小、细项都规定有统计编码。其中10个大项是：第一，农业、狩猎业、林业和渔业；第二，矿业和采石业；第三，制造业；第四，电力、煤气、供水业；第五，建筑业；第六，批发与零售业、餐馆业和旅店业；第七，运输业、仓储业和邮电业；第八，金融业、不动产业、保险业及商业性服务业；第九，社会团体、社会及个人的服务；第十，不能分类的其他活动。在21世纪发展中，根据全球经济发展情况这个标准被适时进行修订，现在采用的是2009年发布的第四版。

我国也十分重视对国民经济各产业的分类，并将其作为国家的一项标准工作来进行管理。参照联合国标准产业分类法，我国分别于1984年、1994年制定和修改了《中国国民经济行业分类与代码》（GB/T4754—94），把全部的国民经济分为16个门类91个大类352个中类和更多的小类。这16个门类依次是：A类的农、林、牧、渔业（含5个大类），B类的采掘业（含7个大类），C类的制造业（含30个大类），D类的电力、煤气及水的生产和供应业（含3个大类），E类的建筑业（含3个大类），F类的地质勘查业、水利管理业（含2个大类），G类的交通运输、仓储及邮电通信业（含9个大类），H类的批发和零售贸易、餐饮业（含6个大类），I类的金融、保险业（含2个大类），J类的房地产业（含3个大类），K类的社会服务业（含9个大类），L类的卫生、体育和社会福利业（含3个大类），M类的教育、文化艺术及广播电影电视业（含3个大类），N类的科学研究和综合技术服务业（含2个大类），O类的党政机关和社会团体（含4个大类），P类的其他行业（含1个大类）。进入21世纪，根据国民经济发展，2011年我国对行业标准分类进行了调整、修订，现最新发布的是2017年的标准分类即《国民经济行业分类（GB / T 4754—2017）》。

4.其他产业分类

产业分类还有一些其他方法，一般为以下几种：

两大部类产业分类。两大部类产业分类，是马克思在分析研究社会再生产实现问题时提出的一种产业分类方法。这种分类把社会总产品从实物形态上按其最终用途划分为生产资料和消费资料，并相应把生产这些产品的部门划分为生产生产资料的产业部门和生产消费资料的产业部门。这种分类在一定意义上揭示了社会再生产顺利进行所需要的两大部类产业之间的比例关系，说明了社会再生产的实现条件和社会经济需要的满足过程，不仅是研究社会再生产过程的理论基础，也是分析产业经济的基本理论基础。

工农业两大部门分类。这种分类舍象非物质生产活动，把社会物质生产部门总体上划分为工业和农业两个主要产业部门。这种分类对于研究一定时期工业化不同阶段的特征以及经济发展中的二元结构问题具有一定意义。

农轻重产业分类。这种分类法是在两大部类、工农业两大部门分类的基础上，进一步把工业部门划分为轻工业与重工业，进而把社会生产划分为农业、轻工业和重工业三个产业大类，用于具体研究这三个主要物质生产部门之间的内在联系和比例关系，对于分析工业化进程中一定时期的产业关系及其变动有一定的实用价值。

要素集约度分类。这种分类法根据不同产业在生产过程中对资本、劳动和技术的不同依赖程度，划分了三类产业：即劳动密集型产业，指资本有机构成水平较低、产品中活劳动所占比重较大的产业，如食品、服装等产业；资本密集型产业，指资本有机构成水平较高、产品中物化劳动即资本投入量所占比重较大的产业，如钢铁、化工、机械等产业；技术密集型产业，指产品的技术含量高、脑力劳动所占比重大的产业，如航天、电子计算机、光学仪器等产业。这种产业分类法有利于判断国民经济的发展水平，也被用于研究不同产业的生产要素优势、规划产业结构优化升级等。

此外，按产品加工程度的差异，可把产业划分为资源工业和加工工业；按产业产生和发生的客观序列，可把产业划分为新兴产业与传统产业；按产业在经济运行中需求供给状况，可把产业划分为长线产业和短线产业；按产业发展的市场导向不同，可把产业划分为进口替代产业和出口导向产业；还可按照产品市场竞争程度的高低，把产业划分为竞争性产业和非竞争性产业；等等。这些分类方法，对于从不同的角度分析研究产业发展、产业体系也是有用的。

（三）产业体系的基本内涵

根据对产业、产业分类的说明，可以看出，在现代化建设、国民经济的发展中，总是按照一定分类标准存在着不同的产业，这些不同产业并不是相互独立、相互隔绝、互不联系的，而是相互依存、相互制约、相互联系，形成为一个完整、系统、有机的体系，即产业体系。

所谓产业体系，就是国民经济中各类产业的构成状况、比例关系及其内在联系的总和。也就是说，从基本方面看，产业体系一是包括国民经济中各产业的构成状况，表明整个国民经济的产业种类和数量；二是包括国民经济中产业之间的比率，表明不同产业在整个国民经济中所占的比重及其相互之间的比例大小；三是包括产业之间的经济技术联系，表明不同产业之间相互依存、相互制约、相互促进的状态与方式。各产业的构成状况与比例关系，可以看作是产业体系的数量规定；而各产业之间的内在联系，则可以看作是产业体系的质量规定。

二、经济发展中产业体系演进趋向

尽管小生产水平的农业、小手工业形态的工业以及分散并受地域限制的商业，在几千年以前的人类社会发展中已经产生形成，但严格意义上的产业体系却是在人类社会进入近现代社会以后工业化的推进中所形成并不断演进的。从最基本的语义和最一般的意义上理解，产业体系演进到当代，所形成的就是现代产业体系。因此，把握现代产业体系的基本内涵，应该从产业体系的演进来认识。

（一）三次产业地位递进的演进趋向

进入近代社会以后，早在17世纪，人们开始注意到产业体系中不同产业地位的特征与工业化进程、经济发展阶段有关。就理论研究而言，英国经济学家配第较早地指出，世界各国的国民收入水平差异及其形成不同的经济发展阶段，关键在于不同产业特征与地位所表现的产业体系的不同。20世纪40年代，英国经济学家克拉克根据三次产业的划分，对产业体系中三次产业地位演进的趋向进行了考察。因此，人们就把配第和克拉克所分析、揭示的产业体系中三次产业在经济发展中的地位变动趋势，概括为配第-克拉克定理。

这种理论认为，随着国民人均收入的提高，劳动力在三次产业中的分布是不同的，经济发展也划分为三个阶段。第一个阶段，是以农业为主的低开发经济时期，人们主要从事农业劳动，由于劳动生产率低，人均收入也比较低，全社会的国民收入较少。第二个阶段，随着经济发展，工业、制造业比重迅速提高，社会进入以工业、制造业为主的经济时期，这时由于制造业的劳动生产率高，人均收入也比较高，引起劳动力从农业向制造业转移，全社会国民收入增加，国民人均收入也随之提高。对经济学基本理论有很大影响的《新帕尔格雷夫经济学大辞典》就此从工业化过程的角度作了说明："工业化是一种过程。下面是一种明确的工业化过程的一些基本特征。首先，一般来说，国民收入（或地区收入）中制造业活动和第二产业所占比例提高了，或许因经济周期造成的中断除外；其次，在制造业和第二产业就业的劳动人口的比例一般也有增加的趋势。"①第三个阶段，随着经济增长和经济发展的

① ［英］约翰·伊特韦尔等编：《新帕尔格雷夫经济学大辞典》第二卷，经济科学出版社1996年版，第861页。

进一步推进，商业、服务业得到了迅速发展，由于商业、服务业的人均收入比农业和制造业要高，引起劳动力主要向商业和服务业转移，全社会的国民收入增长加快，人均国民收入进一步提高。

可以看出，随着社会人均国民收入水平的提高，劳动力首先由第一产业向第二产业转移；当人均收入水平进一步提高时，劳动力便向第三产业转移。这样，就揭示出产业体系中三次产业地位演进的基本趋向，即在社会经济发展中，最初经济发展阶段的产业体系以第一产业为主体，人均国民收入低并占有绝大多数劳动力；随着经济发展，人均国民收入增加，劳动力从第一产业向第二产业转移，使第二产业的劳动力比重迅速提高，第一产业的劳动力比重相对下降，第二产业逐渐取代第一产业而在产业体系中成为主体；随着经济进一步发展，人均国民收入大大提高，同时社会劳动力主要向第三产业转移、集中，使第三产业所占劳动力比重迅速提高，而第一产业的劳动力比重迅速下降，第二产业所占劳动力相对稳定，第三产业在产业体系中所占的比重不断提高且增加为最大。

显然，在工业化推进、经济发展过程中，第一产业、第二产业、第三产业依次递进更替为产业体系中比重最大的产业，这种三次产业地位递进的演进趋向具有普遍的意义。因此，在现代化建设、经济发展中，建设现代产业体系，就是应根据所处的经济发展阶段，按照三次产业地位递进的演进规律进行产业配置、调整，即先是在推进工业化进程中加快发展现代工业并提升其在产业体系中的比重，继而在现代工业质量提升、比重适度的基础上加快发展现代服务业并增加其在产业体系中的比重。

（二）产业体系优化合理的演进趋向

从一定时期现代化建设、经济发展来看，必须形成、建立优化合理的产业体系，也就是人们常说的产业体系优化或合理化。因此，产业体系向着优化合理的方向演进，既是产业体系本身发展的一种客观趋向，也是推进现代化建设、经济发展的客观要求。

产业体系优化合理的演进趋向，表现在以下几个方面：

一是表现为促进、推动各类不同产业在产业体系中逐步向着保持优化合理地位的方面发展。在经济发展的不同阶段，不同产业的作用以及增长速度是不同的，因而各产业在产业体系中的地位也不尽相同。如主导产业关系着经济增长的方向和整个产业体系的发展，要求保持较高的增长率，在产业体系中处于主导地位；支柱产业支撑着经济的繁荣，是一些高投资率和高增长率的部门，在产业体系中占有较大的比重；基础产业是经济增长的物质技术基础和其他产业发展的保证，一般处于先行发展的地位；还有大量处于一般地位的为生产和生活服务的产业，在产业体系中随着市场需求的变动而变动。因此，必须使不同的产业在产业体系中各就其位、各尽其用，使国民经济中的每一个产业都在相应的结构位置上发挥优势，保持增长、发展的势头。

二是表现为促进、推动不同产业之间保持优化合理的比例关系。经济增长和经济运行是在各产业平衡协调的条件下进行的，因而在产业地位合理优化的基础上，产业之间的比例关系也要优化合理、平衡协调。不同地位的产业在产业体系乃至整个国民经济中的比重是不同的，只有保持优化合理、平衡协调的比例关系，才能避免整个体系结构失调的问题发生，防止瓶颈产业的出现。产业之间保持优化合理的比例关系，并不是要把产业之间的比例关系绝对化，使经济运行在低水平的基础上循环往复，而是在动态的、发展的意义上实现产业之间比例关系的优化合理、平衡协调。

三是表现为促进、推动不同产业之间形成、保持优化合理的内在联系。处在产业体系之中的各类产业并不是相互孤立、互不影响的，而是应该具有一定的相互依存、相互制约、相互影响的内在联系，当某一产业发生变动，就会通过前向关联、后向关联、侧向关联对其他产业的投入产出活动产生影响，并且向深层波及，从而构成产业间的不同方向、不同层次、不同方式的内在联结机制。特别是主导产业与其他非主导产业之间、最有优势的产业和其他的产业之间所形成的优化合理的内在联系，是整个产业体系优化合理的重要内容。所以，推动产业体系向着优化合理的方向演进，就必须促进产业体系中不同产业形成、保持优化合理的内在联系。

四是表现为促进、推动社会资源在不同产业之间的优化合理配置。优化合理的产业体系要能够发挥经济优势，经济优势是在专业化分工基础上形成的、能够带来比较有利益的经济特色和专长。经济优势一般都与资源和要素禀赋有关，优化合理配置资源的一个重要方面，就体现为充分开发、利用优势资源并发挥经济优势。发挥经济优势，要特别注重以动态比较利益为取舍标准，使产业体系中不同产业分工在动态变化中取得效益。同时，既要注意发挥现实的经济优势，又要注意发挥潜在的经济优势，优化合理的产业体系必定是从有利于发挥现实优势出发而在发展变动中又有利于发挥潜在优势；发挥经济优势的产业体系，还必须把资源导向和市场导向相结合，实现发挥资源优势和市场优势的统一。优化合理的产业体系要能够实现生产要素在不同产业之间的有效配置，使各种生产要素充分发挥效能，并按照一定的集约度展开，实现按比例的结合及其最大的经济效益。优化合理的产业体系还要有利于自然环境的保护和生态平衡，实现社会经济的可持续发展。

（三）产业体系升级推进的演进趋向

产业体系作为以往经济发展的结果和未来发展的基础，是与经济发展相对应而不断变化的，产业体系的演进不是混乱无序，而是具有一定客观规律可循的，表现出不断地从低级向高级发展演化的趋向，这就是产业体系高级化或高度化，也就是人们通常所说的产业升级、产业体系升级，表现为产业体系的高要素集约化、高加工度化和高技术化的演变轨迹。

一是产业体系演进的高要素集约化。劳动力、资本与技术是产业、产业体系运行和发展的三种基本要素，在现代化建设、经济发展中，产业、产业体系对于这些要素的集中程度会发生变化。而高要素集约化，是指产业、产业体系发展，从依赖劳动力为主、劳动力要素集中程度较高，逐步转为依赖资本、资本要素集中程度较高，进而再转为依赖技术为主、技术要素集中程度较高的演进趋向。在这一过程中，劳动密集型产业、资本密集型产业在产业体系中依次退居次要位置，而技术密集型产业进而知识密集型产业的地位、比重则日益上升。

二是产业体系的高加工度化。高加工度化是指产业、产业体系以原材料生产为重心，向以加工、组装、装备制造为重心的趋向演进。高加工度是指产业、产业体系的加工程度不断深化，由纺织转化为生产服装，由对木材的粗加工变为生产高档家具等，都是产业加工程度不断深化的表现。产业体系的高加工度化，意味着产业体系以生产初级产品为主向生产高级复杂产品为主转换，意味着产品附加价值的不断提高，意味着产业体系中加工组装产业、装备制造产业的发展大大快于原材料产业，并且产业所占比重不断提高，成为整个产业体系的重心。

三是产业体系的高技术化。高技术化是指在现代化建设、经济发展中，产业、产业体系的技术创新程度、技术水平不断提升的演进趋向。在经济发展中，随着社会科学技术的进步，体现较高劳动生产率的各种新技术、创新成果日益与相关产业结合、融合，或者不断提升已有产业的技术水平，或者促进形成、产生具有较高技术水平的新兴产业、产业集群，从而不断提升相关产业的技术水平，提升整个产业体系的技术水平，使整个产业体系中具有较高技术水平或高技术产业的比重、地位、作用不断提升并成为整个产业体系的重心。

（四）现代产业体系及其建设的内涵

对于现代产业体系以及现代产业体系建设这样的概念，人们往往有意无意觉得都知道了，但是，就理论学习而言，还是应该对其理论内涵有一个基本的认识与把握。从产业、产业分类、产业体系及其演进的分析，进而可以概括归纳出现代产业体系及其建设的内涵。

把三次产业地位递进的演进趋向与产业体系优化合理、升级推进的演进趋向综合在一起，可以看出，经济发展中产业体系的演进趋向主要表现为：从产业发展阶序看，在产业体系中据有重心位置的产业，一般是依次从第一产业向第二产业转换，再向第三产业转换，或者说是先从消费资料部门向生产资料部门转换，然后又从生产资料部门向消费资料部门和服务部门转换；从产业的相互联系看，各类不同产业在产业体系中逐步向着保持优化合理地位、比例关系、内在联系、有效配置的方面演进；从产业的要素集约度看，与技术进步有密切联系的劳动力、资本、技术等生产要素结合的变动，表现为从劳动密集型向资金密集型，再向技术密集型和知识密集型转换；从产业的生产深度看，在科学技术进步和需求不断扩大的情况下，产业内部对劳动对象的加工程度表现出一种不断深化有序的过程，即从初级产业和原材料产业向初加工工业，再向高加工工业演进，同时也表现为从低附加价值产业向高附加价值产业转换；从产业的技术水平看，产业部门的技术水平不断提高，不断地由技术水平低的传统技术产业向现代技术产业，以至高新技术产业转换，先进技术与知识不断地、越发广泛深入地渗透到生产过程与产品之中。更为概括地来说，产业体系的演进趋向，或者说产业体系的优化升级，就是产业体系的高层次化、高优化合理化、高集约化、高加工化和高技术化。

从产业体系的演进趋向来认识，现代产业体系应该是在经济发展中进入当下时代形成、达到产业发展阶序高层次化并不断提升的产业体系，形成、达到产业相互联系高优化合理化并不断提升的产业体系，形成、达到产业要素构成高集约化并不断提升的产业体系，形成、达到产业生产深度高加工化并不断提升的产业体系，形成、达到产业技术高技术水平化并不断提升的产业体系。概括而言，现代产业体系可以理解为是一个国家在工业化推进、经济发展进入到当下时代，放在全球发展的坐标体系中，按照当下时代的先进标准与水平，国民经济中各类产业的构成状况、比例关系及其内在联系等总体上形成、达到高层次化、高优化合理化、高集约化、高加工化和高技术化，并且在现代化建设进程中不断提升的产业体系。

从基本理论上把握了产业、产业体系及现代产业体系，就可以更加准确深刻地认识建设现代产业体系的基本内涵。一个国家在现代化建设过程中，产业体系及其演进是客观存在的，现代产业体系是现代化建设的重要内容和重要支撑。现代化建设的过程，实际上也是经济结构、产业体系演进、变动、调整、转型的过程。现代化建设、经济高质量发展在客观上要求产业体系也向着现代化的方向推进。建设现代产业体系，就是在现代化建设、经济高质量发展中，在遵循客观经济规律的前提下发挥主观能动性，立足于自身国情、从所处经济发展阶段出发，根据具体条件和面临挑战机遇，把握经济发展一定阶段产业体系演进趋向，采取实施有效的政策举措，推进产业体系中各类产业的构成状况、比例关系及其内在联系等，向着产业发展阶序高层次化调整、改善，向着产业相互联系优化合理化调整、改善，向着产业要素构成高集约化调整、改善，向着产业生产深度高加工化调整、改善，向着产业技术高技术水平调整、改善，推进产业体系整体转型，实现产业体系的现代化。

三、产业政策内涵与产业政策构成

在推进经济高质量发展的过程中，发展现代产业、建设现代产业体系，国家要通过制定和实施产业政策进行调控，因而有必要对产业政策的基本理论与基本内容有所把握。

（一）产业政策的内涵

虽然产业政策的概念是20世纪后半叶才出现并得到广泛使用的，但产业政策的提出和推行却有很长的历史。早在19世纪中叶，德国经济学家李斯特在其出版的《政治经济学的国民经济体系》中，提出了著名的“幼稚产业保护理论”，认为一个国家在经济发展的一定阶段，必须对所谓的幼稚产业或新兴产业，由政府提供保护主义政策，通过保护政策促进相关产业的培育、成长、发展，这样的产业保护政策，实际上已经具有现代产业政策的内容。20世纪30年代，美国罗斯福新政时期，推行《全国产业复兴法》，其中有关促进产业公平竞争、政府投资兴办公共工程、鼓励产业复兴等政策，也可以在一定意义上被认为是具有现代产业政策的内容。第二次世界大战后，日本积极推行“产业合理化政策”，之后又确定带动整个经济腾飞的“战略产业”，并通过政府的经济计划和经济措施扶植“战略产业”的起飞，诱导经济按既定的目标发展。同时，专门设置了从属于通产省的咨询机构——产业结构审议会，就产业结构的前景及政策提出报告，这种报告涉及的有关内容一般就成为了政府制定的产业政策。20世纪70年代以后，产业政策逐渐为世界许多国家所采纳，成为进行国家管理与调控国民经济的重要政策。

我国改革开放后，面对十分严重的产业结构失衡问题，开始比较明确和自觉地提出与实施产业政策。产业政策作为国家宏观调控政策体系的一个重要组成部分被明确正式地收入国家文献中，始于1986年通过的《中华人民共和国国民经济和社会发展第七个五年计划》。此后，1989年3月，国务院颁发《关于当前产业政策要点的决定》，对制定产业政策的基本原则、产业发展序列以及推行产业政策的保障政策、组织实施措施等方面进行了明确的规范。1994年2月，国务院又颁发《90年代产业政策纲要》，对20世纪90年代我国产业政策要解决的主要问题、产业政策目标及组织实施措施等方面进行了新的规范，标志着我国进入产业政策实践和发展的新阶段。在21世纪的发展中，产业政策的制定和实施不断完善，对我国产业体系的调整、提升、发展发挥了重要作用。

1.产业政策的含义

产业政策是国家根据经济发展的要求和一定时期内整个产业体系以及不同产业的现状与变动趋势，以市场机制作用为重要依据，对产业结构、产业组织、产业布局和产业技术等进行规划、干预与引导的一系列政策的总和。产业政策的目标在于引导社会资源在产业体系之内、产业部门之间以及一定产业内部进行优化配置，促进整个产业体系的合理协调、优化升级，实现国民经济持续稳定的增长与发展。完整地理解和把握产业政策应注意以下几个方面：

首先，产业政策是国家调控市场经济运行、产业部门之间和产业部门内部的资源配置而实现一定的经济和社会目标的政策措施。产业政策并没有否定市场机制“看不见的手”配置资源的重要作用，但与此同时明确了政府在资源配置方面的重要作用，也是对原有宏观经济管理的财政政策、货币政策的扩展。产业政策的实施使得市场经济运行在市场机制基础上具有了更强的自觉性和规划性，国家、政府对于市场经济、资源配置的调控作用得以发挥和增强。

其次，产业政策的制定和实施要依据经济发展的要求和一定时期内产业体系及不同产业的现状和变动趋势，也就是要从本国一定发展阶段的实际情况出发。制定和实施产业政策，可以吸收借鉴外国的经验和做法，但不能照搬照抄，必须从本国实际出发，针对本国产业体系发展的具体问题，提出、制定、实施相关产业政策。由于各国的基本国情有很大的差别，资源禀赋也各不相同，政治制度和社会价值标准更是彼此各异，推行产业政策的体制基础和文化土壤也存在差别，因而用产业政策去引导社会资源的配置，必须采取、实施符合本国实际的具体措施。不同国家所处的经济发展阶段也各不相同，不同阶段所面临的推进经济发展的任务是不一样的，社会供求结构也有很大的差异，这就决定了产业政策的内容必然不尽相同。特别是要明白，国际经济环境在不断地变化，世界市场的需求和供给情况、各国的技术状况、世界新产业发展的动态都在不断发生变化，只有根据变化了的情况和要求来制定、调整、实施产业政策，才有可能实现促进产业体系发展、调控国民经济的政策目标。

再次，产业政策要以市场机制的作用为依据，要充分发挥市场在资源配置中的决定性作用。产业政策本身就是市场经济中国家宏观调控政策体系的有机构成部分，因而只有充分发挥市场在资源配置中的决定性作用，以市场机制的作用作为实施产业政策的重要依据，培养富有创新能力和竞争实力的市场主体，才有可能实现政策绩效。脱离市场机制作用的依据，甚至否定市场配置资源的决定性作用，必然导致产业政策低效甚至失效。

最后，产业政策是规划、调控、引导产业体系及相关产业形成、演进以及优化升级的一系列政策措施的体系。产业政策是国家一定时期经济发展战略在产业发展领域的体现，通过一系列相关政策措施促进产业运行中的资源存量调整和增量重组，推动产业资源配置的合理、优化和产业成长、发展。产业政策的实施涉及国家调控经济的规划计划、财政税收、货币金融、规制管理等多个方面，涵盖产业结构、产业组织、产业布局、产业技术及产业发展等一系列领域与环节，因而完整的产业政策是由规划、调控、引导整个产业体系和不同产业形成、演进以及优化升级的一系列政策措施构成的政策体系。

2. 产业政策的特征

产业政策的形成是经济发展到一定阶段的客观产物。虽然不同发展阶段产业政策的内容和表现形式不尽相同，但就其本质来说，产业政策一般具有以下几个特征：

一是产业政策具有引导性。产业政策既包括了产业的发展战略选择，又有一系列的产业发展政策。产业政策一旦形成和实施，一方面为企业指明宏观经济环境的变化方向，告诉企业哪些产业是有发展前途的，哪些产业是面临衰落的，从而使企业依据国家发展战略作出自己的决策判断；另一方面，财政、金融、工信、商务等部门也根据产业政策来实施对不同产业和企业相应的政策措施。产业政策的引导性还表现为其一般不具有计划经济体制中的指令性计划的性质，产业政策不是通过直接控制企业、经营企业、压制企业来贯彻国家调控产业资源配置的意图，而是通过政策的间接引导、发挥企业活力来实现国家调控的意图。

二是产业政策具有协调性。产业政策是一个政策体系，包括不同层次、不同方面的政策措施，由于产业和产业之间存在着各种投入产出联系，所以产业政策的各项政策措施之间都是相互关联的。这就决定了有效的产业政策体系本身应当是协调的，在这个政策体系中不同的政策措施之间也应是相互协调的，协调表现为相互关联、相互制约、相互促进。同时，国家的宏观调控政策体系中不仅有产业政策，还有财政政策、货币政策、收入分配政策等，产业政策和其他经济政策之间也有一种协调一致、相互促进、相辅相成的关系。

三是产业政策具有动态性。产业政策要引导生产要素和资源在国民经济各产业之间的配置，资源的不同配置往往与各产业在国民经济中的不同地位相联系。随着经济发展的推进，收入水平随着经济增长呈现出从低到高的变化，供给结构、需求结构和就业结构也都发生相应的变化。同时，经济发展所处的国际经济环境也在不断发生变化。因此，产业政策的内容和形式都会随着收入水平的提高与经济结构的变化以及国际经济环境的变化而变化。产业政策具有动态性，说明产业政策不是固定不变的，而应根据实际情况和变化了的情况不断适时调整。

四是产业政策具有稳定性。产业政策的动态性，并不意味着产业政策是瞬息变化、随时调整的。作为一种中长期的国民经济管理和调控政策，产业政策以科学预测与决策为基础，在相当时期内是稳定、连续的。产业政策可以影响经济运行的短期平衡，但主要是一种涉及中长期经济发展的政策。某种产业一旦建立，某类结构一经形成，就具有一定的结构刚性。只有经过长期努力，通过现有产业的重组和改造以及新兴产业的创立和发展，才能从根本上改变原有结构。因此，产业政策的影响和作用主要表现为影响经济的中长期发展。从这个意义上来说，产业政策又具有一定的稳定性。

3.产业政策的作用

产业政策是人们对产业经济运行的客观实际的一种主观认识，其制定与实施的作用可能是积极的、有效的，也可能是消极的、失效的。就积极方面而言，产业政策的作用主要有4个方面。

第一，促进社会资源的有效配置。有效的产业政策突出地通过调整供给总量和结构而使供给与需求在总量及结构上实现平衡，也可以通过调整需求总量和结构而使供给与需求在总量及结构上实现平衡，改善资源在产业部门之间的分配，从而保证社会资源的有效配置。发展中国家还可以充分借鉴发达国家产业政策实施、产业体系演进的经验教训，发挥后发优势，通过发挥国家、政府调控经济作用，较快地实现资源配置的优化过程，加速产业体系构建、完善和优化升级。

第二，促进产业体系的优化升级。一定的产业体系，是社会劳动在各产业之间分配的结果，合理优化的产业体系意味着资源的优化配置和充分利用，这就为实现更高和更合理的产出提供了条件。合理优化的产业体系，不仅能保证宏观经济效益的提高，而且也能为提高微观经济效益创造一个良好的外部环境。正确的产业政策，有利于社会资源的合理配置和产业组织结构的合理化，实现产业之间相互协调和配合，在不同产业间形成合理的推进序列，按照产业发展的变动趋势及时推动产业体系的升级换代，进而促进社会经济效益的提高和推动经济的增长与发展。

第三，促进市场结构的完善。在市场经济中，产业政策一般并不能对市场主体的资源配置行为产生直接影响，而是通过影响市场机制、改变相对价格来实现对市场主体资源配置行为的调节。因此，产业政策不仅具有纠正市场缺陷、弥补市场失效的作用，而且在产业组织上，能够通过鼓励有效竞争、反对垄断、保护适当集中、鼓励规模经济、完善市场秩序等政策的制定与实施，促进适度竞争的市场结构的完善，进而起到优化市场机制的作用。

第四，促进产业竞争力的提高。有效的产业政策能够保护和促进民族工业、新兴产业的发展，能够推动产业的技术进步和加速产业间技术转移，使产业的形成和发展适应世界新技术革命发展的趋势，进而改善进出口结构，提高本国工业、产品的国际竞争力，更好地发挥本国比较优势与参与国际分工。

产业政策本身是一个复杂的政策体系，其内容可分为产业结构政策、产业组织政策、产业布局政策和产业技术政策等。这些产业政策相互联系、相互交叉，政策对象和手段涉及国民经济的相关部门和不同层次。

（二）产业结构政策

产业结构政策是指通过确定产业的构成比例、相互关系和产业发展序列，为实现产业体系合理化和高度化而实施的政策。产业体系的结构实际上涉及两个方面的问题：一个方面是不同产业的协调，即产业体系的合理化，如果产业体系的结构失衡，国民经济增长和发展就会受到限制；另一方面是产业体系的升级或高度化，经济发展的过程本身也就是结构转换的过程，只有推动产业体系的升级，才能使经济发展进入更高的阶段。因此，运用产业结构政策调控、促进产业发展，一方面是要纠正结构偏差，促进产业协调，实现产业体系的合理化；另一方面则是要培育和支持对经济发展意义重大的产业，促进产业体系的成长升级，推动产业体系的高度化演进。对产业结构政策可以从不同的角度进行划分与论述，这里大致分为狭义的产业结构调整政策、新兴产业优先发展政策、传统产业改造优化升级政策、基础产业鼓励扶持政策等。

1.产业结构调整政策

从广义上讲，产业结构政策就是产业结构调整的政策，促进产业协调和推动产业体系的结构升级，必然要以各种政策措施对产业体系的结构进行调整。而这里所讲的产业结构调整政策，是指对于产业体系的结构失衡、失调实施的调整政策，即狭义上的产业结构调整政策。对产业体系的结构进行调整，主要通过增量调整与存量调整两种方式及其相应的政策措施进行，在实际调整过程中，往往是将这两种调整方式及其相应的政策措施结合起来使用。

增量调整方式是通过增加生产要素的新投入来调整产业体系的结构并使之合理化，如将新增生产要素投向短线产业、瓶颈产业、薄弱产业，使这些产业以较快速度增长，从而使结构性短缺问题得到缓解或解决，促使产业体系的结构趋向合理化。其相应的政策主要是投资政策，包括对相关产业、企业给予投资补助、税收优惠、融资支持、低息贷款以及鼓励引进技术、对进口设备免征关税等，还有国家直接投资的各种措施。

存量调整方式是通过把一些长线产业的过剩资本存量调剂到资本存量短缺的产业，以改变现有资本存量在产业间的不合理分布状况，促进产业体系的结构合理化。其优点是通过产业间资本存量的调节余缺，使现有滞存的资本、资产得到充分利用，转化为新的生产能力。存量调整的政策措施主要有：促进企业兼并、合并和改组的政策；某些产能过剩行业的限产政策；提供转产贷款，提高信用保险限额，发放转产补贴等措施促进产能过剩企业转产；采取向转产企业劳动力提供转换岗位的技能培训、发放部分补贴等措施，提高劳动力转移的能力等。

2.新兴产业优先发展政策

新兴产业是随着科技创新在经济发展中形成、产生的新的产业部门，是在经济发展中起着先导与示范作用的产业，如21世纪发展中的计算机产业、新材料产业、新能源产业、生物技术产业、航空航天产业等。新兴产业在一国经济发展中的地位和作用极为重要，不仅关系一国经济的国际竞争力，而且从长远意义上决定着一个国家的前途和命运。同时，新兴产业的发展需要以高新技术的研究与开发为基础，许多新兴产业发展需要巨额投资，而且存在较高的风险和不确定性。因此，国家必须采取政策措施优先发展新兴产业。一是对于一些重大的、基础性研究和开发可以直接提供资金支持，甚至直接由国家组织进行；二是对企业或有关组织进行的新兴产业发展的研究与开发给予鼓励和优惠；三是推动新兴产业及其技术的扩散和产业化，通过各种方式促进新兴产业的生成、发展与壮大。

3.传统产业改造优化升级政策

传统产业是一个相对概念，在不同发展阶段包含不同的内容，通常是指建立在传统技术基础之上的具有较长发展历史的产业部门。一般说来，传统产业曾经是一个国家国民经济的重要支柱，曾经作为新兴产业的基础而对新兴产业的发展作出过贡献。但是，随着经济的发展和人们收入水平的提高以及社会需求结构的变化，传统产业的产品价格和经济地位可能相对下降，面临生产能力过剩、长期开工不足、行业收益率降低、产业竞争力下降、企业亏损等困境。由于一些传统产业仍然有着较大的发展潜力，在经济发展过程中仍然起着重要作用，甚至是新兴产业赖以存在和发展的物质基础，因而通过技术更新、改造实现传统产业的优化升级，是现代经济发展、建设现代产业体系的重要方面。国家要利用各种政策手段，鼓励用高新技术与先进适用技术对传统产业进行改造，推动传统产业与先进技术、信息化深度融合，促进产业升级，优化传统产业的技术结构和产品结构，振兴传统产业。

4.基础产业鼓励扶持政策

基础产业是指那些构成国民经济发展的基础性条件的部门和产业，一般包括交通、能源、原材料等产业。在国民经济发展过程中，基础产业一般应先行发展。但是，由于基础产业一般具有投资数量大、收效周期长等特点，有些产业还具有一定程度的“公共产品”的性质，因而单纯依靠市场调节很难保证与其他产业发展的协调与适应。因此，政府的鼓励、支持与扶植就是这些产业顺利发展的必要条件。许多国家经济发展的经验证明，缺乏政府的有效支持，基础产业往往会产生严重的供给不足，成为国民经济发展的瓶颈或制约部门，表现为在国民经济运行中运输能力紧张、能源原材料短缺、通信设施落后等。为保证基础产业与国民经济的协调发展，有必要采取对基础产业的扶持政策，如基础产业的投资倾斜政策、设备改造支持政策、技术引进鼓励政策等。在市场经济的发展中，促进基础产业的发展也必须引入竞争机制，但并不否定国家对基础产业的鼓励扶植政策。

（三）产业组织政策

发展现代产业、建设现代产业体系，还涉及产业组织，而对产业组织的调控主要是通过产业组织政策进行的。

1.产业组织的概念

所谓产业组织，是指提供同一或有密切替代关系产品、服务的同类企业市场关系的集合体。这里的产业，一般是指提供同一或有替代关系的同类商品的企业在同一市场上的集合。产业组织所涉及的产业所内含企业的集合不是固定不变的，随着新技术的发展，往往会使替代关系的商品越来越多，本来属于不同产业和市场的企业变为同一产业、同一市场中的企业。例如电子计算机的诞生，使得原属集成电路的电子产业和计算机的机械制造业融合为新的电子计算机产业。这里的组织，则是指产业内企业间不同程度的垄断、竞争的结合形态以及产业内企业间相互联系的具体组织形态。

产业组织这一概念，首先表明产业组织作为同类企业市场关系的集合体，本质上是同类企业间的垄断、竞争关系。离开了市场和市场机制，即便是生产有密切替代关系产品的同类企业，相互间也不构成垄断、竞争的市场关系，也就不称其为真正的产业组织。因而培育市场并促进市场发展，使企业成为法人实体和市场竞争主体是产业组织形成与发展的必要条件。其次，构成市场关系集合体的不同企业必须生产和提供同一或有密切替代关系的产品与服务，否则，也不可能形成垄断、竞争的市场关系，难以构成同一产业组织。最后，生产同类产品的企业集合必须处于统一的产业市场上，彼此间才能在同一市场上产生竞争或联合的企业市场关系。在区域封锁、市场分割状态下，不同区域生产同一或有密切替代关系的产品和服务的企业群，不能在统一市场上形成竞争关系，也就难以形成真正意义上的产业组织。

2.产业组织政策的内涵及政策目标

所谓产业组织政策，是指由政府制定的指导和调控产业市场结构与市场行为，协调竞争和经济规模矛盾，以实现产业组织合理化的各种政策手段的总称。产业组织政策的实施主体是政府，通过调控市场结构、市场行为和市场绩效诸方面来影响产业市场，进而影响产业内各企业的生产经营决策与行为，产业组织政策的政策手段以制度、法规为主，具有较强的政策干预的权威性。产业组织政策一方面要促进竞争有效展开并防止过度竞争，另一方面要充分发挥规模经济的作用，促进规模经济效益的实现，其核心是保护市场机制，使企业在竞争中增强活力，促进产业组织形成有效竞争态势，实现资源的优化配置。

在推动经济发展中，产业结构政策与产业组织政策是相互配套的。产业结构政策主要规定产业结构的调整和产业发展方向，目的是促进产业体系的结构合理化和高度化。而产业组织政策一方面具有维护市场机制的基本功能，促使产业组织形成有效竞争的合理态势；另一方面又配合产业结构政策的实施，促进产业体系的结构优化。产业体系的结构失衡是制约国民经济持续稳定健康发展的主要因素之一，而产业组织的扭曲则是制约产业体系结构优化的深层障碍。要实现产业体系的结构合理化和高级化，必须根据结构优化升级的目标，对产业体系的结构、组织、技术和布局等方面进行配套调整，而产业组织政策则居于突出地位。产业组织政策通过调整产业内的企业组织结构，支持重点产业的发展，对限制发展产业的企业实行兼并、联合和破产等，促进生产要素的流动。只有从根本上理顺产业内企业之间的关系，才有可能实现产业结构的协调和升级。

产业组织政策的直接目标，是促进产业组织形成有利于资源高效率配置的有效竞争态势。所谓有效竞争，是指产业组织处于既能保持产业内企业间的适度竞争活力，又能获得规模经济效益的合理化状态。政府制定产业组织政策的直接目标就是要使产业之间实现有效竞争，使资源得到高效率的使用。由于影响市场绩效的主要因素是市场结构和市场行为，即市场结构和市场行为影响、决定着市场绩效。因此，产业组织政策一般就是通过调控市场结构、市场行为的政策手段来调节影响市场绩效的条件，进而间接控制市场绩效，实现其具体目标。

一是调控市场结构。即采用相应的政策措施，来改善不合理的市场结构，维持合理的市场结构。主要包括：改善市场结构，分割处于垄断地位的企业，以降低卖方集中度，适当降低进入壁垒，减少不合理的产品差别等；

预防形成垄断性市场结构，如建立企业合并的预审制度，对中小企业给予必要的扶持等；在某些产业，如资源开发产业，实施限制政策，以防止过度竞争损害资源配置效率和社会福利；对适合大批量生产、经济规模显著的产业，为防止过度竞争而造成资源浪费，鼓励其适当集中。

二是调控市场行为。即对产业内企业的市场行为进行监管、调节，以维护市场中的公平交易行为，限制和消除不正当竞争与垄断行为。主要包括：禁止和限制竞争者的共谋、垄断组织及不正当的价格歧视；政府和公众监督，即通过政府和公益组织以及大众媒介，对卖方的价格、质量进行监督；对欺骗、行贿、中伤竞争者的各种不正当行为进行监控和必要的处置。

三是调控资源配置。包括对稀缺资源实行保护，以禁止滥用资源，如实施森林法、矿产资源法等；对处于形成阶段的新兴产业实行补贴；对外部不明显经济的产业如高污染企业，通过相应政策手段让其自身承担污染的成本；对教育、国防、环境生态治理以及公共设施的建设维护等产业，由国家融资和投资等，以使社会资源在这类产业中得到合理分配，确保其合理发展。

当然，各项政策手段的实施都要有个“度”，即降低生产集中度，应以不妨碍规模经济为界；鼓励适当集中度，应以防止垄断弊端产生为限。

3.产业组织政策的基本内容

产业组织政策体系包括相互配套的两大类政策：第一类是鼓励竞争、限制垄断的维护市场竞争秩序的政策；第二类是鼓励规模经济、限制过度竞争的政策，即产业合理化政策。从政策作用的具体对象分类，产业组织政策也可分为市场结构政策、市场行为政策、市场绩效政策、企业组织结构政策以及扶植中小企业政策等。这里根据产业组织政策实施的实践，对产业组织政策作以下划分并进行简要说明：

第一，规范市场竞争行为的政策。这种政策从控制市场行为入手来维护市场竞争秩序。其主要内容：一是禁止欺诈行为，欺诈行为包括欺骗性广告，虚假的合格验证，盗用的商标名称、商号名称等；二是禁止给予酬金和回扣的不正当销售行为；三是禁止搭卖，搭卖是指卖主利用优势地位，进行强制搭配销售；四是禁止贸易限制，贸易限制是指两个或更多经济主体之间存在损害自由竞争的协议、共谋或行为，如瓜分市场、维持垄断高价、削减生产设备、限制产量及分配销售额等协议；五是禁止、限制某些转售价格维持，转售价格维持是指制造商利用垄断地位强迫零售商按其规定的价格出售商品，或在零售商不遵守转卖价格时制造商不向其提供商品；六是其他禁止行为，诸如非法使用竞争对手的商标、商号、专利，败坏竞争对手的商誉，行贿、收买竞争对手的职员或代理人，窃取对方情报等均属不正当竞争行为，所以均在禁止之列。

第二，反垄断政策。垄断是指对生产和市场的控制以及对竞争的限制。垄断破坏了价格在合理配置资源方面的有效作用，导致垄断企业内部资源分配的非效率性，限制企业技术创新，甚至造成技术停滞的趋势等。由于垄断的危害及其与市场竞争的相伴性，所以反垄断政策就成为产业组织政策的重要内容。反垄断政策措施主要是从干预市场结构和干预企业行为两方面进行的。市场经济条件下，导致市场垄断的主要因素是卖方集中度、产品差别化和进入障碍，因此，政府干预市场结构、抑制垄断的相应措施，主要是降低卖方集中度或制止集中度的上升，降低进入障碍或制止其上升，降低产品差别化程度等。在采取政策措施的时效上，可以是对垄断市场结构的事前控制，如实施有关反垄断性兼并的法规、企业合并预审制度等，预先对企业间的横向或纵向合并是否可能出现垄断进行审查，将过度垄断因素消除在萌芽阶段。也可以对垄断市场结构实施事后控制，对市场份额过大、产业规模已达到垄断程度的企业，可依法分割企业或要求企业放弃部分控股、出卖部分资产，以降低其市场占有率，但这种分割企业的强烈措施在实施时要极为慎重。政府干预企业市场行为以抑制垄断，更多的是采取干预企业定价方式、干预企业非价格竞争的程度以及反对压制竞争对手的行为等有关措施。具体有：禁止限制交易的契约、结合与合谋；禁止垄断和企图垄断的结合与合谋；禁止对不同销售对象实行价格歧视；禁止签订排他性交易协议；禁止采取不公平的竞争方法以及欺诈性行为来垄断市场；禁止企图垄断的联合等。

第三，企业兼并政策。企业兼并是市场经济和企业竞争不断发展的产物，是企业扩大、获取规模经济效益的一条捷径。通过兼并可以促进衰退产业的收缩和新兴产业的迅速成长，有利于产业体系的结构转换和升级；企业兼并可以促进企业扩大规模并向集团化发展，有利于促进产业组织的优化；通过企业兼并也可以形成大批量生产体系，迅速提高规模经济效益，增强产业的国际竞争能力。因此，企业兼并对于促进国家产业结构和产业组织优化、提高资源配置效益，具有极为重要的意义。国家鼓励和促进兼并的产业组织政策实施方式大致可分为三类：一是通过强有力的经济手段促进兼并，如在金融方面给予适当优惠，在财政、税收等方面给予政策性支持和引导等；二是通过行政手段促进兼并，既可以通过行政指导方式促进企业兼并，也可以通过行政手段强制性地实施兼并，但后者的运用容易产生较大的副作用，在特定的情况下才可以考虑使用；三是通过法律手段促进兼并，一般是根据规模经济的要求，用立法规定规模起点标准，促进大规模生产组织的建立。由于企业兼并既有促进规模经济的有益的一面，但同时也可能导致垄断，加强垄断的力量，限制市场机制的作用，从而削弱竞争活力。因此，国家在鼓励和促进兼并发挥其积极作用的同时，也应制定、实施限制不正当兼并的产业组织政策。

第四，中小企业、小微企业鼓励扶持政策。中小企业、小微企业在企业总数中占绝大比重，在现代社会化大生产和分工协作中发挥着其他类型的企业不可替代的作用，其存在和发展有利于保持产业内部的竞争活力，也有利于扩大就业。但在与大企业进行生产协作和市场交易中，在劳动力、资本、技术和信息等市场条件方面，中小企业、小微企业处于不利地位。因此，在发挥市场机制作用的前提下，国家应采取鼓励扶持中小企业、小微企业的产业组织政策。中小企业、小微企业鼓励扶持政策，一般是指国家针对市场竞争中中小企业、小微企业所处的不利地位而制定实施的促进中小企业、小微企业发展的政策，其作用在于改善中小企业、小微企业在劳动力、资本、技术、信息等方面的不利市场条件，维护中小企业、小微企业在市场竞争中的合法权益，发挥中小企业、小微企业的作用，促进中小企业、小微企业的发展。具体包括：人力资源支持政策，即帮助中小企业、小微企业进行职业培训和能力开发，协助中小企业、小微企业提高人力资源素质的政策；财税、金融支持政策，包括给予中小企业、小微企业税收优惠、财政补贴的政策，政府有关支持中小企业、小微企业的专门金融机构贷款和信用保证制度；正当交易条件政策，即对大企业运用市场支配能力加以限制，帮助中小企业、小微企业组织起来，提高市场竞争能力和应变能力的政策；指导政策，即为中小企业、小微企业提供技术、市场、经营等信息，以及为中小企业、小微企业提供生产经营诊断和咨询的政策等。

（四）产业布局政策

任何产业的形成与发展，总是要具体地落实在一定的空间位置上。因此，现代产业发展、现代产业体系建设，不仅要有合理优化的产业结构和有效率的产业组织，而且要有协调合理的产业布局。

产业布局是指产业部门的空间分布与地域组合。产业布局既是一个静态的空间立体概念，又是一个与时间相结合的动态发展过程。从静态看，产业布局表明产业体系在地域空间的分布状态，是以往产业体系发展演进的结果，从产业体系的区域结构方面反映一个国家产业体系的发展规模和水平；从动态看，产业布局是政府对产业体系在空间上的协调与组合，是对产业体系空间发展推移过程的战略部署和规划。从空间层次考察，产业布局可以分为宏观布局、中观布局和微观布局三个层次，产业的宏观布局是产业体系在全国各地区的配置，产业的中观布局是一定区域或一定部门内部产业的配置，产业的微观布局实际上是确定一个企业或一组企业的建设区位。从整个国民经济发展、完整的现代产业体系建设看，所涉及的主要是产业的宏观布局，着重考察整个国民经济中不同区域的产业分布及其分工协作关系。

推进高质量发展、建设现代产业体系要完善产业布局，对产业布局进行调控，主要是通过产业布局政策进行的。产业布局政策是指国家在一定时期内根据经济发展要求、不同产业的分布现状和变动趋势，为促进产业布局合理、优化而进行规划、干预和引导的一系列政策措施的总称。产业布局政策是产业政策体系的一个重要组成部分，是促进产业资源合理配置、推动经济空间结构优化、实现产业合理布局的重要调控手段，也是促进国民经济持续稳定增长和区域经济协调发展的有效措施。作为建设现代产业体系的产业政策重要组成部分的国家产业布局政策，其主要内容为:(1) 制定和实施国家整个产业布局的发展战略、规划纲要，确定国家整个国民经济范围的产业总体布局和布局演进趋势;(2) 划分不同产业培育发展区域和产业基地，确定相关经济区域和产业基地的产业发展方向;(3) 确定相关产业重点建设区域，安排不同时期不同区域的产业转移和衔接;(4) 实施政府直接投资、财政补贴以及差别性政策措施，鼓励、支持一定区域相关产业的发展。

产业布局政策是通过一系列政策手段来具体实施的。产业布局政策手段是指国家实施产业布局政策所能够使用的各种具体的政策措施，是实现产业布局政策目标的保证。产业布局的政策手段主要有:(1) 产业布局战略和规划，即在对不同产业与各个区域经济发展环境和条件进行全面分析的基础上，制定产业布局战略和规划，用以指导全国的产业布局;(2) 产业布局的区域性差别财政政策和贸易政策手段，即运用价格、税收、利率等杠杆间接调节产业布局，如对不同区域实行不同的财政补贴、税收优惠等;(3) 产业布局的劳动力、资本重新分配政策，如劳动力迁移政策、流动政策、国家直接投资分配政策等;(4) 产业布局的区域经济发展支持性政策手段，如国家提供拨款、无息或低息贷款的资金援助，包括基础设施建设、人力资源培训、技术援助，以及有关的政策优惠;(5) 产业布局的限制性政策手段，如对大城市过度规模扩张的控制政策，对大城市一些高耗能、高耗水、高污染产业实行投资许可制、征收特别税或对其迁移则给予补贴等。

第十章　现代产业体系建设的主要内容

从我国现代化建设实践考察，在21世纪发展中党和国家明确确定了建设现代产业体系的基本内容。2007年党的十七大报告根据加快转变经济发展方式的要求，明确提出“发展现代产业体系”，其基本内容包括：第一，大力推进信息化与工业化融合，促进工业由大变强，振兴装备制造业；第二，提升高新技术产业，发展信息、生物、新材料、航空航天、海洋等产业；第三，发展现代服务业，提高服务业比重和水平；第四，加强基础产业基础设施建设，加快发展现代能源产业和综合运输体系；第五，鼓励发展具有国际竞争力的大企业集团。

2010年党的十七届五中全会审议通过的《中共中央关于制定国民经济和社会发展第十二个五年规划的建议》进一步要求“发展结构优化、技术先进、清洁安全、附加值高、吸纳就业能力强的现代产业体系”，其基本内容，一是改造提升制造业，发展先进装备制造业，调整优化原材料工业，改造提升消费品工业，促进制造业由大变强；二是培育发展战略性新兴产业，积极有序发展新一代信息技术、节能环保、新能源、生物、高端装备制造、新材料、新能源汽车等产业，推动高技术产业做强做大；三是加快发展服务业，大力发展生产性服务业和生活性服务业，积极发展旅游业，拓展服务业新领域、新业态；四是加强现代能源产业和综合运输体系建设，构建安全、稳定、经济、清洁的现代能源产业体系，构建便捷、安全、高效的综合运输体系；

五是推动信息化和工业化深度融合，发展和提升软件产业、电子商务、互联网、物联网建设等；六是发展海洋经济，发展海洋油气、运输、渔业等产业。

2012年党的十八大报告面向全面建成小康社会，对于建设现代产业体系提出“优化产业结构”，其基本内容可概括为6个方面：一是牢牢把握发展实体经济坚实基础，实行更加有利于实体经济发展的政策措施，提高大中型企业核心竞争力，支持小微企业特别是科技型小微企业发展；二是推动先进制造业健康发展，加快传统产业的转型升级；三是推动战略性新兴产业发展；四是推动服务业特别是现代服务业发展壮大；五是合理布局建设基础设施和基础产业；六是建设下一代信息基础设施，发展现代信息技术产业体系，健全信息安全保障体系，推进信息网络技术广泛运用。

2016年年初，《中华人民共和国国民经济和社会发展第十三个五年规划纲要》面向全面建成小康社会决胜阶段，提出推进供给侧结构性改革，“加快构建创新能力强、品质服务优、协作紧密、环境友好的现代产业新体系”，其基本内容包括：第一，实施制造强国战略，提高制造业创新能力和基础能力，加快发展新型制造业，推动传统产业改造升级；第二，支持战略性新兴产业发展，提升新兴产业支撑作用，培育发展战略性产业；第三，加快推动服务业优质高效发展，促进生产性服务业专业化，提高生活性服务业品质；第四，实施网络强国战略，加快推动网络信息经济发展壮大，发展信息网络产业、现代互联网产业、大数据产业等；第五，构筑现代基础设施网络，完善现代综合交通运输体系，建设现代能源体系。

2017年党的十九大报告面向决胜全面建成小康社会、全面建设社会主义现代化国家，明确提出“着力加快建设实体经济、科技创新、现代金融、人力资源协同发展的产业体系”，从深化供给侧结构性改革所强调的基本内容有5个方面：一是加快建设制造强国，加快发展先进制造业，培育若干世界级先进制造业集群；二是支持传统产业优化升级；三是推动互联网、大数据、人工智能和实体经济深度融合，在中高端消费、创新引领、绿色低碳、共享经济、现代供应链、人力资本服务等领域培育新增长点、形成新动能；四是加快发展现代服务业；五是加强水利、铁路、公路、水运、航空、管道、电网、信息、物流等基础设施网络建设。

2020年10月党的十九届五中全会审议通过《中共中央关于制定国民经济和社会发展第十四个五年规划和二〇三五年远景目标的建议》，把“加快发展现代产业体系，推动经济体系优化升级”作为进入新发展阶段的“十四五”时期发展的重要任务，明确加快发展现代产业体系的5个具体方面，即提升产业链供应链现代化水平、发展战略性新兴产业、加快发展现代服务业、统筹推进基础设施建设、加快数字化发展。2021年3月十三届全国人大四次会议审议通过的《中华人民共和国国民经济和社会发展第十四个五年规划和2035年远景目标纲要》，对于“十四五”期间加快发展现代产业体系，从深入实施制造强国战略、发展壮大战略性新兴产业、促进服务业繁荣发展、建设现代化基础设施体系等方面，确定任务安排、作出具体部署。

以建设现代产业体系的基本理论为基础，以21世纪以来党和国家建设现代产业体系一脉相承、与时俱进的大政方针为依据，如果把农业产业发展作另外考虑，在全面建设社会主义现代化国家新征程中推进经济高质量发展，建设现代产业体系的基本内容可以简要概括为5个基本方面：一是发展制造业，加快建设制造强国，加快发展先进制造业，支持传统产业优化升级，培育世界级先进制造业集群；二是发展战略性新兴产业，提升新兴产业的支撑作用，培育发展战略性产业，加快推动现代信息网络产业发展壮大；三是发展服务业，推动服务业特别是现代服务业优质高效发展，促进生产性服务业专业化，提高生活性服务业品质；四是发展基础产业和基础设施建设，完善现代综合交通运输体系，建设现代能源产业体系；五是发展实体经济，鼓励发展具有国际竞争力的大企业集团，提高大中型企业核心竞争力，支持小微企业特别是科技型小微企业发展。根据现代产业体系建设的这些基本内容，这里主要论述5个方面。

一、促进制造业创新发展

制造业作为工业的主要产业部门，包括对各类自然物质资源和原材料进行加工和再加工、为国民经济各部门提供生产资料、为全社会提供消费资料的各类产业。根据全部经济活动的国际标准产业分类和我国国民经济行业分类，在工业领域，除了采掘业，建筑业和电、水、煤气供应行业外，其他所有行业都属于制造业范畴。

（一）制造业的地位与作用

制造业在国民经济发展、全面建成小康社会、全面建设社会主义现代化国家过程中具有非常重要的地位和作用。制造业提供的生产资料特别是技术装备，是国民经济其他部门得以发展的物质基础和技术条件。农业、工业、服务业和国防等一切部门，所需要装备的设计、制造和批量生产都要靠制造业。计算机辅助设计、计算机辅助制造、计算机集成制造、自动装配线、工业机器人等以信息技术驱动的制造业工作母机，也要靠制造业去设计、制造、供应和运行。制造业为现代居民消费提供日益增多的生活消费品，对于提高人民的生活质量、满足人民日益增长的美好生活需要发挥着重要作用。制造业吸纳了大量的社会劳动力，为工业化过程中实现农村剩余劳动力的转移作出了重要贡献。制造业还提供了国家财政收入的相当大的份额，是国家财政收入持续增加的重要源泉。制造业还是参与国际竞争的重要产业，对于提升国家的国际竞争力发挥着举足轻重的作用。

对于制造业的重要地位和作用，习近平总书记指出："制造业是国家经济命脉所系。"[①]因此，处于工业中心地位的制造业，特别是装备制造业，是国民经济持续发展的产业基础，是国家工业化推进、现代化建设的发动机和动力源泉。只有先进的制造业去不断地、持续地装备、改造和提升国民经济各个产业部门，才能够推动建成现代产业体系，促进实现新型工业化、全面建成社会主义现代化国家的目标。

（二）制造业发展的成就与挑战

在现代化建设推进中，我国制造业有了巨大的发展，我国已经成为世界制造业大国，"中国制造"初步崛起，引起世界瞩目。首先，我国制造业的生

① 《习近平在陕西考察时强调　扎实做好"六稳"工作落实"六保"任务　奋力谱写陕西新时代追赶超越新篇章》，《人民日报》，2020年4月24日第1版。

产能力迅速提高。我国制造业规模跃居世界第一位，工业增加值在2020年达到31.3万亿元，连续11年成为世界最大的制造业国家。建立起门类齐全、独立完整的制造产业体系，家电制造业、电子及通信设备制造业、纺织产业、皮革皮毛羽绒制品业、医药制造业、材料工业、机械装备工业、化工产业、交通设备制造业等10多个行业的近百种产品的产量在世界上位居首位。其中既有劳动密集型的产业和产品、突出资源优势的产业和产品，还有资金密集型、技术密集型的产业和产品，同时也有高新技术的产业和产品。制造业有力推动了国家工业化和现代化进程，促进了综合国力的显著增强，已经成为支撑我国世界大国地位和经济社会发展的重要支柱。其次，我国制造业的创新能力和国际竞争力逐渐提高。载人航天、载人深潜、大型飞机、北斗卫星导航、超级计算机、高铁装备、百万千瓦级发电装备、万米深海石油钻探设备等一批重大技术装备取得突破进展，形成了若干具有国际竞争力的优势产业和骨干企业；制造业的出口在出口总额中占有相当比重，一些名牌制造企业在开拓国际市场中也逐步建立了国际化的品牌声誉；建成世界最大的光纤和4G网络，5G建设实现创新引领，信息化与工业化融合的广度和深度不断拓展。我国制造业对世界制造业贡献的比重达到30%左右，已具备建设工业强国的基础和条件。最后，制造业对我国的经济增长和发展作出巨大贡献。我国已经形成以珠江三角洲地区、长江三角洲地区和包括山东半岛、辽东半岛、京津冀地区的环渤海经济区为主体的世界级产业制造地带，集聚着我国制造业的骨干力量，带动和支撑这些区域乃至整个国家的经济增长与发展，制造业增加值在我国国内生产总值和工业增加值中占有较大份额，制造业吸收了城市就业人口和农业转移剩余劳动力的较大部分。

但是，从我国的综合国力、制造业的素质和竞争能力，特别是拥有的自主核心技术看，同相关发达国家相比，我国制造业发展成长仍然面临着许多问题和挑战。一是从我国制造业总量上看，产值在全球占据的比重还不够大。二是从我国制造业素质来看，我国制造业发展的质量效益有待提高，高端和高质量供给不足，产业基础能力不足；制造业大而不强，信息化水平不高，与工业化融合深度不够，产业链供应链数字化水平还有很大提升空间；

产业结构不合理，低水平的生产能力过剩，而高水平的生产能力不足，高端装备制造业和生产性服务业发展滞后；产品档次不高，缺乏世界知名品牌；资源能源利用效率低，环境污染问题较为突出。三是从我国制造业的技术来看，自主创新能力还不够强，以企业为主体的制造业创新体系不完善，关键核心技术与高端装备对外依存度高，产品研发设计和工艺水平有相当部分主要来自国外，产业链和供应链还存在诸多“断点”“堵点”，部分核心环节和关键技术受制于人，缺乏核心技术已经成为制约我国制造业发展的突出瓶颈。四是从我国制造业在全球制造业生产链中的位置来看，产业国际化程度不高，企业全球化经营能力不足，许多制造业企业在全球生产链中处于中低端水平，高附加值、高技术含量的“中国制造”产品在全球市场上还未形成主流。

在全面建设社会主义现代化国家新征程的发展中，面对全球范围内新一轮影响深远的科技革命和产业变革，适应推动经济高质量发展、以供给侧结构性改革为主线的发展要求，建设现代产业体系，必须促进制造业创新发展。

习近平总书记在考察制造业企业时，有一大段完整的论述，指出：“装备制造业是一个国家制造业的脊梁，目前我国装备制造业还有许多短板，要加大投入、加强研发、加快发展，努力占领世界制高点、掌控技术话语权，使我国成为现代装备制造业大国。一个地方、一个企业，要突破发展瓶颈、解决深层次矛盾和问题，根本出路在于创新，关键要靠科技力量。要加快构建以企业为主体、市场为导向、产学研相结合的技术创新体系，加强创新人才队伍建设，搭建创新服务平台，推动科技和经济紧密结合，努力实现优势领域、共性技术、关键技术的重大突破，推动中国制造向中国创造转变、中国速度向中国质量转变、中国产品向中国品牌转变。”[①]所以，在全面建设社会主义现代化国家新征程中，制造业仍然是整个现代产业体系、是国民经济发展的主体与支柱，我国必须以科技创新为动力，把制造业具有的比较优势逐步提升为竞争优势，建立强大的制造业，打造具有强大国际竞争力的制造

① 中共中央文献研究室编：《习近平关于社会主义经济建设论述摘编》，中央文献出版社2017年版，第74页。

业，实现从制造大国向制造强国的跨越。

（三）促进制造业创新发展的战略思路

从国家发展战略来看，我国已经正式制定并开始实施制造强国战略，颁布了实施制造强国战略第一个10年的行动纲领《中国制造2025》，提出并确定促进制造业创新发展的一系列具体的目标原则、方针政策、重点领域等。“十四五”规划建议和“十四五”规划纲要，对于全面建设社会主义现代化国家新征程中的第一个5年即“十四五”时期的发展中，建设制造强国、实施制造强国战略确定了方针要求、进行了安排部署。这里，仅就促进制造业创新发展的一般思路作一些论述。

第一，实施能力提高战略，不断提高制造业的自主创新能力。提高自主创新能力，是实现由制造业大国向制造业强国转变、价值链低端向高端跃升、提升产业链供应链现代化水平的核心，增强制造业的竞争力，建立强大的制造业体系，关键是加强制造业的自主创新能力建设。就自主创新的模式而言，要由一般的技术引进与自主创新相结合，转变为自主发展与开放合作相促进，在关系国计民生和产业安全的基础性、战略性、全局性领域，着力掌握关键核心技术，完善产业链供应链，形成自主发展能力；同时加强产业全球布局和国际交流合作，提升制造业开放发展水平；尤其是要强化国家战略科技力量，完善制造业共性基础技术供给体系，瞄准制造业前沿领域的技术创新，实施具有前瞻性、战略性的制造业国家重大科技项目，筹划、打好制造业关键核心技术攻坚战。就自主创新的主体而言，完善以企业为主体、市场为导向、政产学研用相结合的制造业创新体系，强化企业技术创新主体地位，推进国家技术创新示范企业和企业技术中心建设，发挥大中型骨干企业技术开发中心的主导作用，形成与完善行业骨干企业的制造业技术创新基地，加强共性技术平台建设，推动产业链上中下游、大中小企业融通创新。就自主创新的对象而言，加强关键核心技术研发攻关，提高关键环节和重点领域的创新能力，攻克一批对产业竞争力整体提升具有全局性影响、带动性强的关键共性技术，为提高整个制造业的开发能力提供技术基础，促进关键共性重大技术产业化的应用示范，推进科技成果转化应用和产业化。就自主创新的投入而言，要提高制造业研发投入强度，增加制造业的科研开发费用，提高国家有关制造业各类科研计划中创新技术研究开发的比重，重点支持共性、基础性、关键性和竞争性技术的研究开发，促进规模以上制造业研发经费内部支出占主营业务收入比重的提升。就自主创新的人才而言，要激发人才创新活力，健全多层次人才聚集和培养体系，加强创新型、应用型、技能型人才培养，加强基础研究人才培养，培养具有国际竞争力的青年科技人才后备军，全方位培养、引进、用好人才，造就更多国际一流的科技领军人才和创新团队，尤其要吸纳和培养一批制造业的技术开发拔尖人才，形成相对稳定的原创性技术研究队伍。

第二，实施“两化”融合战略，推进信息化与工业化深度融合，这里即是信息化与制造业深度融合。信息化会促进制造业整体素质的提高，表现为信息化推动制造业的技术进步，大大提高科学技术对制造业增长的贡献率，促进制造业的粗放型增长向集约型增长转变，推动制造业从主要依靠增加投入实现产出增长转向主要依靠提高要素生产率实现产出增长；信息化促进制造业通过信息网络技术来开发、利用、交流、共享各种信息资源，进而提升制造业的信息开发、掌握、传递、处理、应用等多方面能力；信息化还可以帮助制造业企业降低经营成本、提高综合效益、减少环境污染、捕获商业机会。

信息化与制造业相融合，会造就制造业中的新兴战略产业和新的增长点，必然带动一大批相关产业的生成、兴起和发展，从而不断拓展制造业的发展空间。因此，必须加快信息化与制造业深度融合的步伐，实现制造业的整体升级和跨越式发展。信息化与制造业的深度融合，就是将新一代信息技术与制造技术融合发展打造现代化的新兴制造业，全面提升我国制造业的创新能力与国际竞争力。信息化与制造业深度融合的主攻方向是智能制造，推动智能装备和智能产品研发、系统集成创新与产业化，推进生产过程智能化，培育新型智能生产方式，全面提升企业研发、生产、管理和服务的智能化水平。信息化与制造业深度融合的重要内容是深化互联网在制造领域的应用，推动制造业的数字化，推动工业互联网、云计算、大数据在企业研发设计、生产制造、经营管理、销售服务等全流程和全产业链的综合集成应用。信息化与制造业深度融合的突出重点是紧密围绕制造领域关键环节，开展新一代信息技术与制造装备融合的集成创新和工程应用，加快推动制造业重点领域全面实现智能化。

第三，实施重点推进战略，突出发展高技术制造业和高端装备制造业。制造业的发展也要突出重点。一方面，要加快发展新兴制造业特别是高技术制造业，坚持有所为、有所不为的原则，选择有限目标，组织专项工程，实现超常规发展；另一方面，要大力振兴装备制造业，尤其是高端装备制造业。装备制造业是制造业的主体，具有需求弹性大、产业关联度和带动作用强、科技含量高等特点，加快发展装备制造业特别是高端装备制造业，对于推进经济高质量发展，提高国民经济整体素质，增强国际竞争力，保障经济安全，都具有重要意义。要瞄准高技术制造业和高端装备制造业的战略重点，引导社会各类资源集聚，大力推动重点领域突破发展，重点发展新一代信息技术、高档数控机床和机器人、航空航天装备、海洋工程装备及高技术船舶、先进轨道交通装备、节能与新能源汽车、电力装备、新材料、生物医药及高性能医疗器械、农业机械装备，推动优势和战略产业快速发展，进一步增强优势领域竞争力，提升在全球产业分工和价值链中的地位。

第四，实施基地建设战略，建设与提升以产业集聚为特征的制造业基地。综合考虑资源能源、环境容量、市场空间等因素，调整优化重大生产力布局，优化制造业发展布局，推动东中西部制造业协调发展。已经形成的珠江三角洲、长江三角洲和京津冀区域制造业基地，应扩大企业规模、加强产业集聚，突出各自特色，改造提升现有制造业集聚区，推动产业集聚向产业集群转型升级，推动成长为具有较强国际竞争力的世界级制造业集中地。引导产业合理有序转移，完善产业转移指导目录，根据区域经济协调发展和制造业布局合理化的要求，在中西部形成和发展若干具有国际竞争力的制造业集中地。在各个制造业集中区域内，加强产业配套建设，促进产业链的延伸，建设一批特色和优势突出、产业链协同高效、核心竞争力强、公共服务体系健全的示范基地，提高企业集聚度，培育具有国际竞争力、有较强经济实力的大企业和企业集团。

第五，实施产业链供应链水平提升战略。在全面建设社会主义现代化国家新征程中推进制造业创新发展，制造业产业链供应链现代化水平提升的重要性愈益突出。提升产业链供应链现代化水平，已经成为加快发展现代产业体系、推动制造业高质量发展、加快构建新发展格局以及统筹发展和安全的主要要求。因此，“十四五”规划和2035年远景目标建议与纲要，都把提升产业链供应链现代化水平作为重要战略任务予以明确和进行部署。其主要方面，一是保持制造业比重基本稳定，进一步巩固制造业在国民经济中的基础作用和支柱地位，坚持自主可控、安全高效，分行业做好产业链供应链战略设计和精准施策，推动全产业链系统优化和升级，巩固提升高铁、电力装备、新能源、船舶等领域全产业链竞争力，从符合未来产业变革方向的整机产品入手打造战略性全局性产业链，推动产业链供应链多元化，形成具有更强创新力、更高附加值、更安全可靠的产业链供应链。二是锻造制造业产业链供应链长板，立足我国制造业产业规模优势、配套优势和部分领域先发优势，培育、发展制造业的新兴产业，打造新兴产业发展的产业链供应链长板；推动传统产业高端化、智能化、绿色化，推进新一代信息技术与制造业深度融合，加大企业设备更新和技术改造力度，通过改造提升以锻造传统产业的产业链供应链长板。三是补齐产业链供应链短板，增强产业链供应链自主可控能力，实施产业基础再造工程，加快基础、关键技术和重要产品工程化攻关，加快突破关键核心技术，提升关键基础材料、基础零部件、先进基础工艺、产业技术基础、工业基础软件等方面自主创新能力，完善国内供应链体系，推动产业链供应链多元化，增强产业链供应链抗风险能力。四是优化区域产业链供应链布局，立足产业发展的区域纵深，促进相关产业在国内有序转移，引导产业链关键环节在国内经济体系中发挥作用，增强中西部和东北地区承接产业转移能力建设，推动先进制造业集群化发展，支持老工业基地转型发展，增强产业链供应链根植性和竞争力。五是发挥优质企业在产业链供应链现代化水平提升中的重要作用，着力增强优质企业的活力、实力、创新力、竞争力，培育一批具有全球竞争力的世界一流企业，促进形成具有主导力的产业链供应链“链主”企业；支持中小微企业做专做精，在产业链重要节点形成一批“专精特新”小巨人企业和制造业单项冠军企业，促进大中小企业融通发展。六是优化产业链供应链发展环境，通过深化改革破除产业链供应链现代化水平提升的深层次体制机制障碍，强化资源、技术、资本、人才、装备、数据等要素对产业链供应链现代化水平提升的支撑作用；加强国际产业安全合作，推动搭建国际产业链供应链合作平台，深化产业链供应链互补性合作，推动建立全球产业链供应链应急协调和管理机制，促进提升全球产业链稳定性和多元化水平。

二、支持传统产业优化升级

传统产业是一个相对概念，在不同发展阶段具有不同的内容，通常是指建立在传统技术基础之上的具有较长发展历史的产业部门。就工业、制造业来看，传统产业包括能源、原材料、轻工纺织、机械制造等。一般说来，传统产业曾经是一个国家国民经济的重要支柱，曾经作为新兴产业的基础而对新兴产业的发展作出过贡献。但是，随着经济发展和人们收入水平的提高以及社会需求结构的变化，传统产业中一些产业部门的产品价格和经济地位可能相对下降，面临生产能力过剩、长期开工不足、行业收益率降低、产业竞争力下降、企业亏损等结构困境。由于一些传统产业仍然有着较大的发展潜力，在经济发展过程中仍然起着重要作用，甚至是新兴产业赖以存在和发展的物质基础，因而通过科技创新、技术改造实现传统产业的优化升级，就是现代产业体系建设的重要方面。

（一）正确认识传统产业与劳动密集型产业

支持传统产业优化升级，要正确认识新兴产业和传统产业的关系。在我国工业化、现代化进程中，当然要加快发展新兴产业。同时，发展新兴产业必须和传统产业的改造、优化升级紧密结合。传统产业在我国产业体系中占有相当大的比重，一些重要的传统产业是我国国民经济发展的重要支柱，不仅在满足投资供给、消费需求和扩大就业方面举足轻重，而且在发挥我国比较优势、支撑对外开放扩大、促进国际货物贸易和服务贸易方面具有重要作用。在加快构建新发展格局中，传统产业对于畅通国内大循环这个主体具有重要意义和作用，对于推进高水平对外开放、参与国际循环也有着不能忽视的意义与作用。因此，不能认为传统产业都是“夕阳产业”。在全面建设社会主义现代化国家新征程中建设现代产业体系，必须把新兴产业的发展与传统产业的改造、优化升级结合起来，从而使新兴产业和传统产业各自发挥优势，相互融合、相互促进，共同推动现代产业体系建设和经济高质量发展。

支持传统产业优化升级，要考虑我国劳动力较为充分、人力资源丰富的基本国情，重视发展人力资源密集或劳动密集型产业。一般来说，与劳动密集型产业相对应的是资本技术密集型产业①。资本技术密集型产业一般是国民经济的支柱产业和新兴产业，其科技含量、附加值和劳动生产率都比较高，因而在现代产业体系建设中必须要重视发展资本技术密集型产业。但是，这并没有否定我国劳动密集型产业的地位和作用，立足于我国人口众多、人力资源丰富的基本国情，必须高度重视人力资源密集、劳动密集型产业的发展。发展劳动密集型产业既有利于发挥我国劳动力资源丰富、劳动力成本低的比较优势，而且也有利于扩大劳动就业、增加居民收入、维护社会稳定。因此，在支持传统产业优化升级的过程中，既要重视资本技术密集型产业的发展，也要重视发展劳动密集型产业，包括发展体现相当程度知识技术要素的人力资源密集产业，并引导劳动密集型产业、人力资源密集产业逐步提高科技含量和劳动生产率。

（二）支持传统产业优化升级的主要方面

支持传统产业优化升级，要加快用高新技术特别是信息网络技术改造传

① 资本（资金）密集型产业，是指资本有机构成较高的产业，即在经济活动中单位劳动占用的资本（资金）较多（或在单位产出成本中资本消耗所占的比重较大）的产业；劳动密集型产业是指资本有机构成较低的产业，即单位劳动占用资本（资金）较少（或在单位产出成本中劳动力费用比重较大）的产业。资本（资金）投入多少和技术装备程度成正比，资本（资金）密集型行业（企业），往往就是技术密集型行业（企业），因此资本（资金）密集型产业也称为资本技术密集型产业。一般说来，重化工业的资本密集程度较高，占用和投入资金较多，吸纳劳动力较少；农业、轻纺工业、建筑业的劳动密集程度较高，占用和投入资金相对较少，吸纳劳动力较多。第三产业中零售商业、餐饮业、生活服务业等也属于劳动密集型产业。

统产业，通过信息网络技术的渗透、融合和辐射，促进机械、冶金、化工、纺织、服装等传统产业发展理念、生产方式和经营模式的转变与提升，推动传统产业在技术研发、工艺设计、经营管理、市场营销的各个环节和全过程实现信息化，通过信息化更新技术、重组流程、整合资源、创新模式，促进传统产业重新焕发“青春”、“夕阳产业”朝阳化，促进传统产业焕发新的活力。

支持传统产业优化升级，要通过新材料技术和新工艺设计促进传统产业的改造和提升。传统产业的许多产业部门对材料发展有重大需求，因而除了继续加强传统材料改造和新型材料研究外，还应重视新材料技术的研究和应用，通过新材料技术的研究和应用来提高传统产业的发展水平。同时，传统产业在发展中要高度重视生产工艺和工业设计在技术创新与实际生产中的应用，把工艺创新和产品创新放到同样重要的地位，建设完备的工艺和设计技术平台，发展现代先进的工艺和设计技术，尽快缩短与国际先进水平的差距，变粗放式的工艺和设计为精细化的现代工艺和设计，通过工艺设计水平的提高促进传统产业整体水平的提高。

支持传统产业优化升级，要持续推进传统产业的企业技术改造，明确支持战略性重大项目和高端装备实施技术改造的政策方向，完善促进企业技术改造的政策体系，支持重点行业、高端产品、关键环节进行技术改造，引导企业采用先进适用技术，推广应用新技术、新工艺、新装备、新材料，优化产品结构，全面提升设计、制造、工艺、管理水平，提高企业生产技术水平和效益，促进钢铁、石化、工程机械、轻工、纺织等产业向价值链高端发展。同时，要稳步化解传统产业产能过剩矛盾，按照“消化一批、转移一批、整合一批、淘汰一批”的原则，分业分类施策，推动企业优化存量产能，引导企业主动退出过剩行业，加快淘汰落后产能，推动传统产业向中高端迈进。

支持传统产业优化升级，要深入实施重大技术改造升级工程，推动石化、钢铁、有色、建材等原材料产业布局优化和结构调整，扩大轻工、纺织等优质产品供给，加快化工、造纸等重点行业企业改造升级，鼓励企业应用先进适用技术、加强设备更新和新产品规模化应用，促进传统产业向着高端化、智能化、绿色化的方向改造提升。

三、优质高效发展服务业

服务业是现代产业体系的重要构成。服务业的优质高效发展，对于支撑制造强国建设、促进农业现代化、推动整个产业体系的优化升级、更好满足人民日益增长的美好生活需要具有重要意义。建设现代产业体系，必须优质高效发展服务业。

（一）坚持创新引领发展服务业

服务业是指利用设备、工具、场所、信息、技能等为经济社会活动提供服务的产业总称，是以提供非实物产品为主的产业部门。服务业生产的是服务产品，服务产品具有非实物性、不可储存性和生产与消费同时性等特征。在现代经济社会发展中，服务业一般就是第三产业，或者说第三产业就是服务业。国家统计局在2013年发布新的《三次产业划分规定》，明确了第三产业及其范围，包括18个类别：批发和零售业，交通运输、仓储和邮政业，住宿和餐饮业，信息传输、软件和信息技术服务业，金融业，房地产业，租赁和商务服务业，科学研究和技术服务业，水利、环境和公共设施管理业，居民服务、修理和其他服务业，教育，卫生和社会工作，文化、体育和娱乐业，公共管理、社会保障和社会组织，国际组织，农、林、牧、渔业中的农、林、牧、渔服务业，采矿业中的开采辅助活动，以及制造业中的金属制品、机械和设备修理业。

优质高效发展服务业，要坚持创新引领。创新服务业技能工艺，提升服务业技术创新能力，加强服务业技能工艺创新；创新服务业产业形态，鼓励服务业新兴产业业态创新应用，鼓励平台经济发展，支持平台型企业带动和整合上下游产业等；创新服务业商业模式，鼓励服务业新型商业模式创新应用，促进体验经济发展，支持分享经济发展等；创新服务业信息应用，推动信息技术在服务领域深度应用，促进服务业数字化、智能化发展，以信息技术提升服务业发展水平；创新服务业文化元素，丰富服务业文化内涵，发挥文化元素和价值理念对服务业创新发展的特殊作用，以先进文化提升服务业发展水平；创新服务业质量治理，健全服务质量保障体系，提高服务标准规范水平，打造服务知名品牌产品，推动服务业优质高效发展；创新服务业基础设施完善发展，加快推进服务业基础设施改造升级，实施服务业基础设施建设重大工程，促进服务业基础设施互联互通和系统功能优化，改进提升服务业基础设施运营管理；创新服务业发展的体制和政策，加快服务业深化改革，形成服务业发展充满活力的市场主体，推动服务业发展公平开放的市场准入门槛，面向社会资本扩大服务业重要领域的市场准入和开放资格，加快开放有关重要服务业领域的竞争性业务，营造服务业发展公平普惠的政策环境，完善各类社会资本公平参与服务业重要领域发展的政策，完善适应服务业新业态、新模式和产业融合发展需要的土地、财税、金融、价格等政策，健全服务质量标准体系，健全现代高效的服务业发展监管体系。

通过服务业加快发展，明显提高重要服务业增加值，包括金融业、信息服务业、文化创意产业增加值经济总量的比重，提高服务业增加值占国内生产总值的比重和从业人员占全社会从业人员的比重。

（二）优质高效发展传统服务业和现代服务业

根据不同研究需要和实际活动情况，服务业可以按照不同划分标准进行不同分类。按照产生、形成、发展时序，可分为传统服务业和现代服务业。

传统服务业，一般是在人类社会发展很长的历史过程中，从第三次社会分工开始形成、发展，并且仍然是现代社会重要产业构成的服务业类别，主要是为人们日常生活和基本经济活动提供各种服务的产业或行业，如交通运输业、仓储业、邮政业、商业批发零售业、住宿旅店业、饮食餐饮业等。传统服务业的特点，就发展时限而言，大都历史悠久；就需求满足而言，主要为人们日常生活提供各种服务，但也有的为生产提供服务；就要素集约而言，一般为劳动密集型产业。

现代服务业，是在人类社会发展进入近现代以后，尤其是进入20世纪以后，随着社会分工深化、细化、信息化而形成、发展并且日益成为现代社会重要产业构成的服务业类别。就发展时限看，现代服务业形成、产生、发展于近现代，尤其是当代；就需求满足看，现代服务业既服务于满足生活需求，也服务于满足生产需求。现代服务业包括两种基本类别：一类是同信息网络等新兴科技发展直接联系而产生形成的新兴服务业形态，如计算机和软件服务、移动通信服务、信息咨询服务、健康产业、生态产业、教育培训、会议展览、国际商务、现代物流业等；另一类是通过应用信息网络等新兴科技对传统服务业改造或衍生所形成的服务业形态，如银行、证券、信托、保险、租赁等现代金融业，建筑、装饰、物业等房地产业，会计、审计、评估、法律服务等中介服务业等。现代服务业多为资本密集型、知识型、技能型、信息化、智能化的产业部门，具有高人力资本含量、高技术含量、高附加值的特征，发展上呈现新技术、新业态、新方式的态势，具有消耗资源少、环境污染小、损害生态少的优点，现代服务业的发展是现代产业体系建设、产业体系综合竞争力和高质量发展的重要标志。

优质高效发展服务业，要突出加快发展现代服务业，以市场化、产业化和社会化为方向，提高现代服务业服务水平和技术含量，推动现代服务业与先进制造业、现代农业深度融合，深化业务关联、链条延伸、技术渗透，支持智能制造系统解决方案、流程再造等新型专业化服务机构发展，以现代服务业发展带动服务业整体水平提高。同时，优质高效发展服务业，也要包括用新技术、新模式、新业态对传统服务业进行改造、优化升级，促进传统服务业的技术创新、业态创新、模式创新，促进传统服务业的数字化、智能化、网络化和跨界融合，增加服务供给、优化服务结构、拓宽服务领域、扩大服务就业，提高服务质量和经营效益。

（三）优质高效发展生产性服务业和生活性服务业

优质高效发展服务业，包括发展生产性服务业和生活性服务业。服务业按照服务对象、领域、功能等，可分为生产性服务业、生活性服务业。

生产性服务业是为生产活动提供各种服务的服务业类别，包括为生产活动提供的研发设计与其他技术服务、货物运输仓储和邮政快递服务、信息服务、金融服务、节能与环保服务、生产性租赁服务、商务服务、人力资源管理与培训服务、批发经纪代理服务、生产性支持服务。优质高效发展服务业，要推动生产性服务业向专业化和价值链高端延伸，以产业升级和提高效率为导向，重点发展研发设计、第三方物流、融资租赁、信息技术服务、节能环保服务、检验检测认证、电子商务、商务咨询、服务外包、售后服务、人力资源服务和品牌建设，促进生产性服务业专业化，提高生产性服务业增加值占全部服务业增加值比重。

优质高效发展生产性服务业的一个极为重要的方面，是加快推动制造服务业高质量发展。制造服务业是为制造业产品产生过程和产品使用过程提供各种形式服务的服务业类别，所服务的对象就是制造业，因而制造服务业就是服务制造业的生产性服务业，对于促进制造业转型升级和高质量发展、提升制造业产品竞争力和综合实力具有重要的支撑作用。因此，在建设现代产业体系、优质高效发展生产性服务业的过程中，必须加快推动制造服务业高质量发展。根据国家发改委、教育部、科技部等13个部门2021年3月发布的《关于加快推动制造服务业高质量发展的意见》，加快推动制造服务业高质量发展，要发展制造服务业的研究开发、技术转移、创业孵化、知识产权、科技咨询等科技服务业，加速科技成果转化，促进制造业技术创新能力提升；运用5G技术、大数据、云计算、人工智能、区块链等新一代信息技术，大力发展智能制造，推动供需精准高效匹配，促进制造业发展模式和企业形态根本性变革；加快发展工业软件、工业互联网，培育共享制造、共享设计和共享数据平台，推动制造业实现资源高效利用和价值共享；大力发展现代物流服务体系，促进信息资源融合共享，推动实现采购、生产、流通等上下游环节信息实时采集、互联互通，提高生产制造和物流一体化运作水平；健全制造业供应链服务体系，稳步推进制造业智慧供应链体系，创新网络和服务平台建设，推动制造业供应链向产业服务供应链转型。

生活性服务业是为满足人们生活需要、居民最终消费需求提供服务的服务业类别，包括居民和家庭服务、健康服务、养老服务、旅游游览和娱乐服务、体育服务、文化服务、居民零售和互联网销售服务、居民出行服务、住宿餐饮服务、教育培训服务、居民住房服务、其他生活性服务。优质高效发展服务业，要推动生活性服务业向精细和高品质转变，重点推进居民和家庭服务、健康服务、养老服务、旅游服务、体育服务、文化服务、法律服务、批发零售服务、住宿餐饮服务、教育培训服务等领域加快发展；大力发展旅游业，支持生态旅游、文化旅游、休闲旅游、山地旅游等新兴旅游业发展；推动生活性服务业融合发展，促进专业化、规模化和网络化，鼓励发展针对个性化需求的定制服务，提高生活性服务业品质。

在全面建设社会主义现代化国家新征程的一定时期，优质高效发展服务业，要突出产业转型升级和居民消费升级需要，扩大服务业有效供给，提高服务效率和服务品质，构建优质高效、结构优化、竞争力强的服务产业新体系。推动生产性服务业向专业化和价值链高端延伸，加快发展研发设计、工业设计、商务咨询、检验检测认证等服务业，推动供应链金融、信息数据、人力资源等服务创新发展，提高现代物流、采购分销、生产控制、运营管理、售后服务等发展水平。加快生活性服务业品质化发展，推动生活性服务业向高品质和多样化升级，加快发展健康、养老、育幼、文化、旅游、体育、家政、物业等服务业，加强公益性、基础性服务业供给，扩大覆盖全生命周期的各类服务供给，持续推动家政服务业与智慧社区、养老托育等融合发展。

四、加大力度发展基础产业

基础产业也是现代产业体系的重要构成部分。基础产业是指那些构成国民经济发展的基础性条件的产业和部门，一般包括为经济社会发展提供原材料、能源动力、交通、通信等的产业。这里讲的基础产业，其中包括人们一般所说的基础设施。党的十九大报告讲到发展基础产业、加强基础设施建设时，包括“水利、铁路、公路、水运、航空、管道、电网、信息、物流等”[①]。在现代产业体系、国民经济和社会发展中，交通运输产业或体系、现代能源产业或体系、信息网络产业或体系是基础产业三个极其重要而基本的构成部分。

① 习近平:《决胜全面建成小康社会　夺取新时代中国特色社会主义伟大胜利——在中国共产党第十九次全国代表大会上的报告》(2017年10月18日)，人民出版社2017年版，第31页。

（一）基础产业在现代产业体系中的重要地位

基础产业具有同其他产业相同的一般要素和特征，基础产业的生产活动、运行发展都有一定的经济主体，甚至也是市场主体，都要有资本、劳动、技术的投入与结合，要受到资源环境的约束，其需求同样存在数量、种类、质量等因素的影响，其供给与需求之间也存在平衡与否的关系等。但是，基础产业还具有所谓体现“基础”性质的自身特性：具有一定的公共产品特性，具备公共产品的非排他性与非竞争性，可以产生较高的社会效益；具有基础支撑特性，不仅对于经济活动，而且对于整个社会发展都提供重要的支撑作用；具有网络关联特性，一方面其本身突出表现为点、线、网的产业运行状态，另一方面也在与其他产业、与整个经济社会发展的系统网络联系中发挥作用；具有功能专业特性，具备自身特定的专业功能，所提供的是具有特定技术专业性质的服务与支撑作用。

基础产业在现代产业体系、国民经济和社会发展中处于基础地位，对于现代产业体系建设、促进经济高质量发展乃至全面建设社会主义现代化国家新征程中整个社会发展，具有重要的战略支撑和超前引领作用。基础产业在整个产业体系中占有相当比重，对其他产业的发展至关重要，是其他产业部门发展的基础，基础产业的投资、运行和发展，还可以带动其他相关产业发展，延长产业链条，进而扩展、延伸、丰富整个现代产业体系；基础产业为企业生产经营、市场主体活动提供动力、人流物流、通信联系等基本而重要方面的服务和支撑，保障市场经济运行的正常进行；基础产业的运营及其投资可以增加就业，提供更多就业岗位，进而促进经济增长和社会稳定；基础产业可以稳定经济发展，基础产业投资可以逆经济周期操作，在经济下行压力较大或低迷时期，大量的基础产业投资拉动内需、提振经济、促进经济稳定发展，在经济稳定运行周期，基础产业的建设、运行和自身发展为当下与以后的高质量发展奠定坚实的基础；基础产业可以促进人民有关交通、能源、信息等重要经济社会需求的满足与提升，有助于缩小城乡差距、改善生产生活生态环境，提高生活质量，促进社会福利水平提升。所以，基础产业是支撑现代产业体系建设、整个经济社会发展的基础，是民族复兴、大国崛起的物质基础保障。基础产业越发展，经济高质量发展的后劲越足，国民经济的运行就越持续稳定，人民的生活就越便利，生活质量也就越高。因此，建设现代产业体系、促进经济高质量发展和整个社会协调发展，必须加大力度发展基础产业，推动基础产业重点发展、先行发展。

为保证基础产业与现代产业体系建设、经济高质量发展协调，在全面建设社会主义现代化国家新征程中，国家可根据实际情况采取基础产业投资倾斜政策、重点领域优先发展政策、设备改造支持政策、技术创新鼓励政策等，加大力度发展基础产业。党的十九届五中全会审议通过的“十四五”规划建议，对于“十四五”时期基础产业发展、基础设施建设明确提出要求，要“统筹推进基础设施建设”“构建系统完备、高效实用、智能绿色、安全可靠的现代化基础设施体系”。①

（二）加大力度发展交通运输产业

加大力度发展基础产业，其突出方面是加大力度发展交通运输产业、完善现代综合交通运输体系。交通运输产业是现代产业体系、国民经济中基础性、先导性、战略性产业，对于完善产业体系、协调产业布局、推动产业发展，连接不同产业、不同区域、不同城市，支撑经济高质量发展具有重要作用。加大力度发展交通运输产业、完善现代综合交通运输体系，是建设现代产业体系、推进经济高质量发展、支撑全面建设社会主义现代化国家的客观要求。

在建设现代产业体系中，要加快建设交通强国，坚持网络化布局、智能化管理、一体化服务、绿色化发展，推进各种运输方式一体化融合发展，完善综合运输大通道、综合交通枢纽和物流网络，加快城市群和都市圈轨道交通网络化，提高农村和边境地区交通通达深度，建设国内国际通道联通、区域城乡覆盖广泛、枢纽节点功能完善、运输服务一体高效的现代化综合交通运输体系。

一是构建内通外联的运输通道网络，构建横贯东西、纵贯南北、内畅外

① 《中国共产党十九届中央委员会第五次全体会议文件汇编》，人民出版社2020年版，第34页。

通的综合运输大通道，打造高品质的快速交通网络，加快推进高速铁路建设成网，完善国家高速公路网络，适度建设地方高速公路，加强农村公路建设，增强枢纽机场和干支线机场功能。完善综合运输大通道，加强出疆入藏、中西部地区、沿江沿海沿边战略骨干通道建设，有序推进对能力紧张的通道升级扩容，加强与周边国家互联互通。

二是建设现代高效的城际城市交通，在城市化区域大力发展城际铁路、市域（郊）铁路，形成多层次轨道交通骨干网络，推进城市群都市圈交通一体化，加快城际铁路、市域（郊）铁路建设，构建高速公路环线系统，高效衔接大中小城市和城镇。加快发展、有序推进城市轨道交通、快速公交等大容量公共交通，强化中心城区与对外干线公路快速联系。

三是打造多层级、一体化综合交通枢纽体系，优化枢纽空间布局，建设北京、上海、广州等国际性综合交通枢纽，提升全国性、区域性和地区性综合交通枢纽水平，提升枢纽内外辐射能力，完善枢纽综合服务功能，实现不同运输方式协调高效，发挥综合优势，提升交通物流整体效率。

（三）加大力度发展现代能源产业

加大力度发展基础产业，另一突出方面是加大力度发展现代能源产业，建设现代能源体系。能源产业是开发利用自然界中各种能量资源及将其转变为二次能源的产业部门，能源产业是现代产业体系、经济高质量发展的基础与动力，是现代化建设、国民经济发展的先行产业部门之一。能源产业既包括煤炭产业、石油产业、电力产业等常规能源产业，也包括开发利用太阳能、水能、风能、核能、生物能、地热能、海洋能等各种新能源的产业。

能源是人类社会赖以生存和发展的重要物质基础，我国能源资源十分丰富，是世界能源大国之一，能源的开发和利用、能源产业的发展，能够为整个国家的能源安全提供保障，促进整个产业体系持续优化、不断升级，为现代产业体系建设、经济高质量发展、经济社会生态环境相互协调提供动力支撑，在现代产业体系建设、经济高质量发展中具有十分重要的作用，具有重大的战略意义。因此，在建设现代产业体系中，必须加大力度发展现代能源产业，深入推进能源革命，推动能源生产利用方式变革，优化能源供给结构，提高能源利用效率，建设清洁低碳、安全高效的现代能源体系，维护国家能源安全。

一是推动能源结构优化升级，统筹水电开发与生态保护，继续推进风电、光伏发电的发展，积极支持光热发电，安全建设自主核电系统，加快发展生物质能、地热能，积极开发沿海潮汐能资源，优化建设国家综合能源基地，大力推进煤炭清洁高效利用，加强陆上和海上油气勘探开发，推进炼油产业转型升级。

二是构建现代能源储运网络，统筹推进煤电油气多种能源输送方式发展，加快构建多能互补、外通内畅、安全可靠的现代能源储运网络，加强跨区域骨干能源输送网络建设，加快建设全国干线油气管道。

三是积极构建智慧能源系统，加快推进能源全领域、全环节智慧化发展，加快智能电网建设，推进能源与信息等领域新技术深度融合，建设协调发展、集成互补的能源互联网。

（四）加大力度进行新型基础设施建设

加大力度发展基础产业，还有一个极为重要的方面是加大力度进行新型基础设施建设，简称新基建。在决胜全面建成小康社会、全面建设社会主义现代化国家新征程中，新基建愈益重要、备受关注。在党和国家大政方针中首次明确提出加强新型基础设施建设，是2018年年底召开的中央经济工作会议，此次会议确定2019年重点工作任务的第二项是促进形成强大国内市场，提出“加强人工智能、工业互联网、物联网等新型基础设施建设”[①]。此后，党和国家在有关重要会议、工作部署中不断提出、强调加快推进新型基础设施建设、打造现代化基础设施体系、加快新型基础设施建设进度。尤其是习近平总书记反复强调新基建，2020年4月1日，习近平总书记在浙江考察时强调：“要抓住产业数字化、数字产业化赋予的机遇，加快5G网络、数据中心等新型基础设施建设，抓紧布局数字经济、生命健康、新材料等战略性新兴产业、未来产业，大力推进科技创新，着力壮大新增长点、形成发展新动

① 《中央经济工作会议在北京举行　习近平李克强作重要讲话　栗战书汪洋王沪宁赵乐际韩正出席会议》,《人民日报》，2018年12月22日第1版。

能。"[①]4月下旬在陕西考察时，习近平总书记又强调"推进5G、物联网、人工智能、工业互联网等新型基建投资"。[②]在对全面建设社会主义现代化国家新征程的第一个5年发展进行系统谋划时，"十四五"规划建议明确提出要"系统布局新型基础设施"，"十四五"规划纲要据此专设一节安排部署加快建设新型基础设施。

对于新基建的含义，国家发改委有关部门提出，新型基础设施是以新发展理念为引领，以技术创新为驱动，以信息网络为基础，面向高质量发展需要，提供数字转型、智能升级、融合创新等服务的基础设施体系。主要包括三方面：一是信息基础设施，主要是指基于新一代信息技术衍化生成的基础设施，包括以5G、物联网、工业互联网、卫星互联网为代表的通信网络基础设施，以人工智能、云计算、区块链等为代表的新技术基础设施，以数据中心、智能计算中心为代表的算力基础设施等；二是融合基础设施，主要是指深度应用互联网、大数据、人工智能等技术，支撑传统基础设施转型升级，进而形成的融合基础设施，包括智能交通基础设施、智慧能源基础设施等；三是创新基础设施，主要是指支撑科学研究、技术开发、产品研制的具有公益属性的基础设施，包括重大科技基础设施、科教基础设施、产业技术创新基础设施等。[③]

新基建本身是在现代科技创新基础上发展而来的一种新的现代基础产业体系、基础设施体系，新型基础设施以信息基础设施、融合基础设施和创新基础设施为主要构成因素，既是对传统基础设施有关产业的融合，更是对传统基础设施的提升与超越，初步形成为包括基础产业、基础设施的新技术、新主体、新需求、新业态、新模式、创新驱动等新型要素的基础产业体系。

新基建在现代科技创新基础上形成了现代产业体系建设、经济高质量发

---

① 《习近平在浙江考察时强调　统筹推进疫情防控和经济社会发展工作　奋力实现今年经济社会发展目标任务》,《人民日报》，2020年4月2日第1版。

② 《习近平在陕西考察时强调　扎实做好"六稳"工作　落实"六保"任务　奋力谱写陕西新时代追赶超越新篇章》,《人民日报》，2020年4月24日第1版。

③ 《国家发改委召开新闻发布会表示　经济运行正有序恢复》,《人民日报》，2020年4月21日第7版。

展、整个社会稳定协调的新动力、新支撑、新引擎，新基建聚集最先进的生产要素，推动资源优化配置、扩大有效需求、提升供给质量，成为高质量发展的新动能，对于提振经济具有重要作用；新基建包括的信息、融合、创新基础设施，一方面为实施制造强国战略、优质高效发展服务业、突出发展战略性新兴产业等提供新的支撑，另一方面也为社会发展协调、国家治理良好运行、应对如新冠肺炎疫情的社会发展危机提供新的有效处置支撑。因此，必须加大力度推进新基建，加快释放新型基础设施建设促进现代产业体系建设、高质量发展的支撑作用和动力作用。

一是要统筹考虑新基建与传统基础设施建设、制造业信息化和智能化、战略性新兴产业发展，加强顶层设计和科学规划，适时出台新型基础设施发展的战略规划或指导意见，明确新基建的发展路线和推进路径，实施促进新基建的相关支持和激励政策、能耗和环保等监管政策，制定新基建具体行业的规范和标准体系。

二是着眼国内需求，以应用为导向，挖掘我国市场规模巨大的潜能，适应社会数字消费新需求，促进网上办公、远程教育、远程医疗、车联网、智慧城市等应用；瞄准产业升级和智能制造发展，积极拓展新型基础设施应用场景，引导、促进工业互联网建设；推动通信与相关行业双向开放与合作，消除行业应用壁垒，为平台经济发展和行业开放融合营造良好环境，构建平台及其参与者互促共赢的生态。

三是构建和完善新基建的多元化投融资格局，创新投资建设模式，坚持以市场投入为主，支持多元主体参与建设，国家要加大政府投资，加强政府引导和支持，鼓励金融机构创新产品强化服务，国有企业要积极发挥重要作用，更要激发民间投资参与的积极性，鼓励各种社会资本进入新基建领域，充分发挥民营经济的市场活力、创新能力在新基建中的作用。

四是构建和完善新基建的战略布局，围绕强化数字转型、智能升级、融合创新支撑，布局建设信息基础设施、融合基础设施、创新基础设施，建设高速泛在、天地一体、集成互联、安全高效的信息基础设施，根据发展需要和产业潜力，稳步推进传统基础设施的“数字+”“智能+”升级、加快5G网络规模化部署，加快构建全国一体化大数据中心体系，建设若干国家枢纽节点和大数据中心集群；打造全球覆盖、高效运行的通信、导航、遥感空间基础设施体系；积极稳妥发展工业互联网和车联网，推动物联网全面发展，打造支持固移融合、宽窄结合的物联接入能力；加快交通、能源、市政等传统基础设施数字化改造，加强泛在感知、终端联网、智能调度体系建设。加快新型基础设施建设步伐，要根据市场需求、投资可能、供给实际有序推进，特别要避免一哄而起、遍地开花、急于求成，防止产生新的产能过剩和投资风险，不断促进新型基础设施建设布局的合理、优化、升级。同时，要对新型基础设施的有关产业发展、创新基础设施超前部署，为全面建设社会主义现代化国家新征程中未来一定时期的创新发展，积蓄和准备新的产业、新的供给、新的动力、新的支撑。

五、培育发展未来主导产业

建设现代产业体系，一个极其重要的方面，是要在全面建设社会主义现代化国家新征程中，面向一定时期的未来发展，以战略眼光、全球视野培育发展未来主导产业。

（一）主导产业在现代产业体系的重要地位

在现代产业体系中，主导产业处在关键地位。主导产业创新能力较强、生产规模较大、发展潜力远大、经济效益较高，其产出在国家经济总量、整个产业经济总量中占有较大比重，国内市场与国际市场需求不断提升，同时具有高出国民经济增长的产业部门增长率，因而体现着现代产业发展、现代产业体系建设的方向；主导产业具有较强的技术创新能力，是新兴的、具有动态性质和先进技术水平的产业，能迅速吸收先进科学技术成果，适应现代科技革命与产业变革，创造较高的劳动生产率和较高的附加价值；主导产业在现代产业体系中处于关键环节，同其他产业部门之间有着较强的、直接或间接的经济技术联系，其发展具有关联效应，为其他产业提供科技创新、数据支撑、信息服务、智能装备等方面的基础与条件，带动一大批产业、产业群的形成与发展，进而对整个现代产业体系建设、高质量发展产生广泛、深远的影响。因此，新的主导产业的兴起，必然引领整个产业体系、国民经济乃至社会发展面貌的改变。

（二）主导产业的选择基准

选择、确定主导产业，不是瞬时间、权宜性的抉择，而是必须立足现实，考虑未来，科学分析，全面权衡。在具体进行主导产业选择时，一般可考虑、运用以下4个方面的基本标准，也称为主导产业选择基准。

一是高产业关联度基准。产业体系中不同产业部门之间存在着投入产出、供产销、上下游的相互依赖、相互制约、相互促进的经济联系，即所谓的产业关联，产业关联的程度或强度就是产业关联度。高产业关联度基准，是说在根据产业关联程度选择主导产业时，要以具有高产业关联度的产业部门为主导产业。这是因为，高产业关联度的产业，能够产生较强的产业关联效应，进而能够发挥带动和推动整个产业体系发展的作用，促进现代产业体系建设与完善。具体分析研究产业关联度高低强弱时，通常从影响力和感应度两个方面考察。由于任何一种产业运行通过产业之间的相互关联，都会影响其他的产业运行或者受其他产业运行的影响即感应，因而就把一种产业影响其他产业的程度称为影响力，把受其他产业影响的程度称为感应度。如果把这种关联程度用系数表示，在数量关系上就表现为影响力系数和感应度系数。一定产业部门的产业关联度无论如何变化，不外乎是3种情况：影响力和感应度都比较高的产业部门，影响力较高而感应度较低或影响力较低而感应度较高的产业部门，影响力和感应度都比较低的产业部门。按照高产业关联度的要求，影响力和感应度都比较高的产业部门是主导产业的最佳选择；影响力较高而感应度较低或影响力较低而感应度较高的产业部门具有作为主导产业发展的可能；而影响力和感应度都比较低的产业部门则不宜被确定为主导产业。

二是高需求收入弹性基准。产业的需求收入弹性，是指市场对某一产业产品的需求随着国民人均收入增加而增加的相互关系，以价格不变为前提，可以表示为某一产业的产品需求增加率与国民人均收入增加率的比例。如果一定幅度的收入增加所引起的需求增加的幅度，比收入增加的幅度小，那么需求收入弹性就低；反之，如果一定幅度的收入增加所引起的需求增加的幅度比收入增加的幅度大，那么需求收入弹性就高。需求弹性越高，就意味着这种产业的产品具有越广阔的市场，因而可以进行大批量生产并可能随着人们收入的增加而不断扩大生产，大批量的生产和生产规模的扩大又有利于降低生产成本，进而进一步扩大市场需求，使得这种产业部门高速发展。因此，把具有高需求收入弹性的产业部门确定为主导产业，就是主导产业选择的高需求收入弹性基准，也就是要把那种由于收入增长而引起需求增加幅度最大的产业部门作为主导产业。

三是高生产率上升基准。即是指根据产业科技创新、技术进步和产出增长的潜力与前景，选择科技创新能力强、技术进步快、生产率上升速度高的产业部门作为主导产业。在现代产业体系中，不同产业部门生产率上升的速度是不同的，其根本原因在于不同产业部门的科技创新能力强弱与技术进步速度的不同。生产率上升较快的产业部门，就是生产费用下降较快的产业部门，也是创新能力较强、技术进步速度较快的产业部门。随着科技创新、技术进步速度的加快，这些产业部门中的潜在经济效益会不断实现，生产要素就会向这些产业转移，其生产能力和生产规模就会不断扩大。因此，生产率上升速度较快的产业部门将会在产业体系中占据更大的比重。由于产业技术进步与产业生产率提升、产业运行效益的提高成正比关系，因而选择技术进步快、生产率高、运行效益好的产业部门作为主导产业，加以重点培育、促其加快发展，就能够促进产业体系的高度化演进，同时推动整个国民经济产出有较大规模增长。所以，要根据高生产率上升基准，对不同产业部门的科技创新能力、技术进步程度和生产率高低进行比较分析，把科技创新能力强、技术进步快、生产率上升速度高的产业部门确定为主导产业。

四是高动态比较优势基准。在现代化、工业化的进程中，为了加快现代化建设的发展，谋求未来发展优势，特别是后发展的、经济相对落后国家要追赶、超越先发展的、经济相对发达的国家，选择主导产业就不能仅仅限于现有产业部门的发展现状，更重要的是要着眼于未来主导产业的选择、培育、提升和发展。为此，就要求运用高动态比较优势基准来选择主导产业。所谓高动态比较优势基准，就是立足于产业的动态状况、比较优势、创新发展，把那些在未来具有较高的比较优势，并有可能带动产业体系优化升级、促进高质量发展的产业，选择、确定为国民经济未来的主导产业，作为战略性新兴产业培育发展。用高动态比较优势基准选择主导产业，要把握产业发展的动态比较优势，即从产业动态运行发展的角度认识相关产业的潜在优势，注重于在未来一定时期带动、支撑整个产业体系的优化升级，采取相应的政策措施，培育、扶植、支持所选择的相关产业，促进这些产业尽快发展壮大、发挥作用。

（三）培育未来主导产业的主要领域

由于主导产业在现代产业体系建设中具有特殊重要地位，必须科学、慎重、严格而正确地选择、确定未来一定时期的主导产业，加以培育并促进发展，力争在若干具有重大战略意义的产业领域形成新的产业优势，把握现代产业体系未来发展的主动权，为现代产业体系不断优化升级、高质量发展持续推进，提供产业延伸的战略储备、拓展产业发展的战略空间。着眼前沿技术研发、新兴产业催生和商业模式创新，迈向全面建设社会主义现代化国家新征程，我国要加强现代产业体系建设的战略布局，前瞻谋划未来主导产业的培育、形成与发展。

前瞻谋划未来主导产业的培育与发展，重点在空天海洋、信息网络、生命科学、核技术等核心领域，培育、发展一批具有主导产业意义的战略性新兴产业。在空天海洋领域，显著提升空间进入能力，加快发展新型飞行器及航天器、新一代作业平台和空天一体化观测系统，加快航空领域关键技术突破和重大产品研发，发展新一代深海远海极地技术装备及系统；在信息网络领域，构建未来网络新体系，加强关键技术和产品研发，推动电子器件变革性升级换代，着力构建量子通信和泛在安全物联网；在生物技术领域，加快发展合成生物和再生医学技术，构建基于干细胞与再生技术的医学新模式，推进基因编辑技术研发与应用，加强合成生物技术研发与应用；在核技术领域，加速开发新一代核电装备和小型核动力系统、民用核分析与成像，发展非动力核技术，打造未来发展新优势。

同时，谋划未来主导产业的培育和发展，要在类脑智能、量子信息、基因技术、未来网络、深海空天开发、氢能与储能等前沿科技和产业变革领域，组织实施未来产业孵化与加速计划，谋划布局一批未来产业；在科教资源优势突出、产业基础雄厚的地区，布局一批国家未来产业技术研究机构，加强前沿技术多路径探索、交叉融合和颠覆性技术供给；实施产业跨界融合示范工程，打造未来技术应用场景，加速形成若干未来产业。

第十一章　现代产业体系建设的战略性新兴产业发展

在现代化建设过程中，随着科技创新的驱动、现代分工的深化，更多新型、新兴的产业部门不断产生，这些新的产业部门在整个国民经济和社会发展中具有愈益重要的地位与作用，战略性新兴产业就是这样的产业部门。发展战略性新兴产业，就成为现代产业体系建设的一个极其重要的内容。

一、发展战略性新兴产业的确立与依据

现代产业体系建设的一个极其重要、甚为突出的方面是发展战略性新兴产业，制造业创新发展、传统产业优化升级、优质高效发展服务业、加大力度发展基础产业，以及培育发展未来主导产业，都从不同角度、不同方面、不同领域与战略性新兴产业的发展相联系。在全面建设社会主义现代化国家新征程中推进高质量发展，加快、突出、重点发展战略性新兴产业具有重大意义。

（一）战略性新兴产业的内涵

从语义看，战略性新兴产业，既是战略性产业，同时也是新兴产业。

战略性产业，是在国民经济体系和一定产业体系中具有重要地位，对国计民生、经济发展和国防安全具有战略意义、重要影响的产业。在一定产业体系中，每一特定产业都有其重要性和必要性。选择、确定特定发展阶段的

战略性产业，需要根据国民经济发展、保障国防安全和参与国际竞争等客观要求，以及经济社会发展中要解决的突出矛盾、主要矛盾来决定。

新兴产业是随着经济社会发展、新兴技术的发明、新的科研成果运用而形成、出现的新的产业部门和行业。有新技术产业化形成的新兴产业，如生物工程技术产业化形成生物工程产业，信息网络技术产业化形成信息网络产业。有用高新技术改造传统产业形成新兴产业，如新材料技术改造传统材料产业形成新材料产业，相关新技术改造传统商业形成现代物流产业。有经济社会活动有关领域、有关方面应用新知识、新技术发展为产业化而形成的新兴产业，如现代传媒产业、文化创意产业等。

战略性新兴产业，则是由战略性产业与新兴产业有机融合而成，是在国民经济体系和一定产业体系中具有重要战略地位，对国计民生、经济发展和国防安全有重大战略意义、深远影响，同时是随着经济社会发展、新兴技术的发明、新的科研成果应用而形成、出现的新的产业部门和行业。我国的战略性新兴产业，是以重大技术突破和重大发展需求为基础，对经济社会全局和长远发展具有重大引领带动作用，知识技术密集、物质资源消耗少、成长潜力大、综合效益好的产业。

把握战略性新兴产业的含义，一是两个重大基础，一方面是以科技创新的重大技术突破为基础，另一方面是以经济社会的重大发展需求为基础；二是重大战略作用，战略体现为关系经济社会发展的全局和长远，重大则是表现为对整个经济社会发展具有重要的引领带动作用；三是四个基本特征，从要素集约看是知识技术密集，从投入生产看是物质资源消耗少，从发展前景看是成长潜力大，从产出绩效看是综合效益好。

（二）战略性新兴产业发展的提出与确立

在21世纪全面建设小康社会的发展中，我国提出发展战略性新兴产业。一开始，在名称上概括为新兴战略性产业。2009年9月，国务院先后召开三次新兴战略性产业发展座谈会，听取经济、科技专家的意见和建议，47名中科院院士和工程院院士，大学和科研院所教授、专家，企业和行业协会负责人参加了此次会议，就发展新能源、节能环保、电动汽车、新材料、新医药、生物育种和信息产业建言献策。时任国务院总理的温家宝在讲话中指出，全球科技将进入一个前所未有的创新密集时代，重大发现和发明将改变人类社会生产方式和生活方式，新兴产业将成为推动世界经济发展的主导力量；发展新兴战略性产业，是我们立足当前渡难关、着眼长远上水平的重大战略选择，既要对我国当前经济社会发展起到重要的支撑作用，更要引领我国未来经济社会可持续发展的战略方向；我们要以国际视野和战略思维来选择和发展新兴战略性产业，着眼于提高国家科技实力和综合国力，着眼于引发技术和产业变革。①

此后不久，在产业概念上明确概括为战略性新兴产业。2009年11月3日上午，时任中共中央政治局常委、国务院总理温家宝，在北京人民大会堂向首都科技界发表题为《让科技引领中国可持续发展》的讲话，提出发展战略性新兴产业。温家宝在讲话中指出："我们必须重视发展战略性新兴产业，同时要在最有基础、最有条件的领域突破核心和关键技术。"②

在提出发展战略性新兴产业的要求之后，通过决策程序发展战略性新兴产业成为党和国家的重大战略决策、进入国家重大发展规划。2010年10月10日，国务院下发《国务院关于加快培育和发展战略性新兴产业的决定》，决定提出，战略性新兴产业是引导未来经济社会发展的重要力量，发展战略性新兴产业已成为世界主要国家抢占新一轮经济和科技发展制高点的重大战略，我国正处在全面建设小康社会的关键时期，必须按照科学发展观的要求，抓住机遇，明确方向，突出重点，加快培育和发展战略性新兴产业。2010年10月18日，党的十七届五中全会通过的《中共中央关于制定国民经济和社会发展第十二个五年规划的建议》、2011年3月，第十一届全国人民代表大会第四次会议审议通过的《中华人民共和国国民经济和社会发展第十二个五年规划纲要》都提出，以重大技术突破和重大发展需求为基础，促进新兴科技与新兴产业深度融合，在继续做强做大高技术产业基础上，把战略性

① 《温家宝主持召开新兴战略性产业发展座谈会》，《人民日报》，2009年9月23日第3版。

② 《温家宝：让科技引领中国可持续发展》(2009年11月3日)，《人民日报》，2009年11月24日第2版。

新兴产业培育发展成为先导性、支柱性产业。

根据“十二五”规划建议和纲要，2012年7月国家出台《“十二五”国家战略性新兴产业发展规划》，规划要求，把握世界新科技革命和产业革命的历史机遇，面向经济社会发展的重大需求，以改革创新为动力，以营造良好的产业发展环境为重点，以企业为主体，以工程为依托，加强规划引导，加大政策扶持，着力提升自主创新能力，加速科技成果产业化，推动战略性新兴产业快速健康发展，抢占经济科技竞争制高点，促进产业结构升级、经济发展方式转变和经济社会可持续发展。同时，对于“十二五”期间发展战略性新兴产业作出具体部署。

进入全面建成小康社会新阶段，党的十八大、十八届五中全会、国家的“十三五”规划纲要继续强调发展战略性新兴产业。2016年11月，国务院印发《“十三五”国家战略性新兴产业发展规划》，指出战略性新兴产业代表新一轮科技革命和产业变革的方向，是培育发展新动能、获取未来竞争新优势的关键领域，要求“十三五”时期，要把战略性新兴产业摆在经济社会发展更加突出的位置，大力构建现代产业新体系，推动经济社会持续健康发展。

党的十八大以来，尤其是“十三五”时期，我国以新一代信息技术、生物技术、高端装备、绿色低碳等为代表的战略性新兴产业发展迅速，产业部门中一大批具有较强发展潜力的优质企业和产业集群已经形成，在引领经济高质量发展中发挥着重要的引擎作用。面向全面建成小康社会、实现第一个百年奋斗目标之后的全面建设社会主义现代化国家新征程，党的十九届五中全会对“十四五”时期的发展作出系统谋划，明确了加快发展现代产业体系的重要方面就是“发展战略性新兴产业”，国家的“十四五”规划纲要对“十四五”期间发展壮大战略性新兴产业作出了具体部署。在准确研判世界科技进步趋势和产业变革趋向的基础上，我国在“十四五”期间，要着眼于抢占未来产业发展先机，以重大技术突破和重大发展需求为主攻方向，加快做大做强做优战略性新兴产业，推动战略性新兴产业融合化、集群化、绿色化发展，进一步提升国内生产总值中战略性新兴产业增加值所占比重。

（三）战略性新兴产业发展的重要依据

在全面建成小康社会决胜阶段，进而全面建设社会主义现代化国家新征程中，积极发展战略性新兴产业，以战略性新兴产业引领现代产业体系建设，具有客观现实依据。

首先，积极发展战略性新兴产业是适应人类社会最新科技革命与产业变革的现实要求。在国家有关战略性新兴产业发展规划之中，面向新的发展对于全球新一轮科技革命和产业变革的态势与趋势作了说明。在信息产业方面，信息革命进程持续快速推进，物联网、云计算、大数据、人工智能等技术日益广泛渗透于经济社会各个领域，信息经济发展程度成为国家经济实力、综合国力的重要标志；在新材料产业方面，3D打印的增材制造、机器人与智能制造、超材料与纳米材料等领域技术不断取得重大突破，推动传统产业体系分化变革，将重塑国际产业分工格局；在生物产业方面，基因组学及其关联技术迅猛发展，精准医学、生物合成、工业化育种等新模式加快演进推广，生物新经济有望引领人类生产生活迈入新领域；在新能源产业方面，绿色低碳发展成为应对全球气候变化的潮流，清洁生产技术应用规模持续拓展，新能源革命正在改变现有国际资源能源版图；在数字创业方面，数字技术与文化创意、设计服务深度融合，数字创意产业逐渐成为促进优质产品和服务有效供给的智力密集型产业，作为新发展模式的创意经济蓬勃兴起。创新驱动的战略性新兴产业发展逐渐成为推动全球经济增长和持续发展的主要动力，引发国际产业分工和国际贸易格局重构，全球科技革命与产业变革进入新时代。在这样的时代背景之下，各国特别是发达国家纷纷把培育发展生物、新能源、新材料、信息网络、高端装备制造等产业作为新的突破方向和增长引擎，同时采取各种手段限制、打压发展中国家和新兴市场经济体，以抢占未来新的经济科技制高点，谋求掌握发展和转型的主导权。为了适应这种科技革命、产业变革、国际竞争的新态势、新特点，客观上要求我国进一步积极发展战略性新兴产业。唯有如此，才有可能应对人类科技革命、全球产业变革、激烈国际竞争的严峻挑战，应对来自发达国家特别是发达国家大国的限制与压力，培育、形成、提升经济发展和国际竞争新优势。

其次，积极发展战略性新兴产业是深化供给侧结构性改革、推进高质量发展的现实要求。我国总体上基本实现工业化，已建立起符合我国国情的门类齐全、独立完整的工业体系，成为全球具有重要影响的工业大国、经济大国。但大而不优，大而不强，关键技术自给率不高，不同产业部门发展不均衡，重要产业集中度不高，产业发展在总体上处于全球价值链的中低端位置。在全面建设、全面建成小康社会的过程中，战略性新兴产业已经发展，节能环保、新一代信息技术、生物、高端装备制造、新能源、新材料和新能源汽车等产业发展取得相当成就，加快推动了整个产业体系的优化升级。但是，我国战略性新兴产业整体创新水平还不高，一些领域核心技术受制于人，一些高档产品和关键装备还依赖进口，信息化在产业领域应用还处在较低层次。加之整个产业竞争力水平总体不高，能源、原材料、劳动力等成本上升趋势明显，原有竞争优势逐步弱化。在深化供给侧结构性改革、推进经济高质量发展的新发展阶段，只有积极发展战略性新兴产业，才能促进新旧动能加快转换，促进整个供给体系的完善和供给质量的提升，促进整个产业体系的结构优化升级，在高起点上建设现代产业体系，推动经济高质量发展。

最后，发展战略性新兴产业是实现经济社会可持续发展的现实要求。我国人口众多、人均资源量少，石油、天然气、铁矿石等主要矿产资源相当需求依赖进口，能源资源利用率不高，环境承载压力沉重。随着我国工业化、城镇化进程加快，产业发展与能源资源支撑、生态环境约束的矛盾进一步加剧，能源资源安全面临挑战，应对气候变化压力加大。积极发展战略性新兴产业，有利于实现从主要依靠扩张产出规模、过度消耗资源、加重环境负荷的粗放式发展向主要依靠提高经济效率、提升发展质量、降低资源消耗、减轻环境承载的可持续发展转变。

在现代化建设推进中积极发展战略性新兴产业，我国也已具备有利条件。我国工业化、城镇化快速推进，城乡消费结构加速转型升级，国内市场需求快速增长，市场空间日益广阔，新兴产业投资需求不断提升，为战略性新兴产业发展提供了广阔空间。我国综合国力大幅提升，科技创新能力明显增强，创新驱动所需的体制机制环境更加完善，装备制造业、高技术产业和现代服务业迅速成长，人才、技术、资本等要素配置持续优化，为战略性新兴产业发展提供了良好基础。世界经济全球化、多极化趋势没有改变，全球范围的国际经济联系仍在拓展，为我国战略性新兴产业发展提供了有利的国际环境。所以，要不失时机加快发展战略性新兴产业，以战略性新兴产业发展引领现代产业体系建设，推进整个经济高质量发展。

二、发展战略性新兴产业的产业领域

发展战略性新兴产业，必须立足于我国国情和科技、产业基础，明确战略性新兴产业的主要领域和产业类别。确定、划分战略性新兴产业类别的具体原则有：一是同质性原则，就是按照具有相同性质的产业活动对战略性新兴产业归类，即所有性质相同（或相似）的产业活动归入同一个产业类别；二是唯一性原则，就是战略性新兴产业中每一项产品（服务）原则上只能归入战略性新兴产业的某一个产业大类；三是经济活动原则，就是按照产业经济活动对战略性新兴产业分类，战略性新兴产业是从事同一经济活动的产业集合，也是在《国民经济行业分类》基础上对与战略性新兴产业相关活动的再分类；四是可操作性原则，按照现实可能、立足现行产业分类制度和方法，进行战略性新兴产业分类。

在提出和确定发展战略性新兴产业时，我国明确了七大战略性新兴产业，国家统计局2012年12月颁布《战略性新兴产业分类（2012）》(试行)，七大战略性新兴产业为节能环保产业、新一代信息技术产业、生物产业、高端装备制造产业、新能源产业、新材料产业、新能源汽车产业。

2018年11月，国家统计局颁布《战略性新兴产业分类（2018）》，对原有试行战略性新兴产业分类进行调整，确定战略性新兴产业包括新一代信息技术产业、高端装备制造产业、新材料产业、生物产业、新能源汽车产业、新能源产业、节能环保产业、数字创意产业、相关服务业等九大领域，4个层次，第一层次就是九大类产业领域，第二层次可概括为中类，有40个类别，第三层次可概括为小类，有189个类别，第四层次可概括为细类，有166

个类别。

在九大产业领域中，除了相关服务业，我国一定时期重点培育和发展的战略性新兴产业就是八大战略性新兴产业。

（一）发展新一代信息技术产业

信息技术产业，是运用信息手段和技术，收集、整理、储存、传递信息要素，提供信息服务，并提供相应的信息手段、信息技术服务的产业集合。信息技术产业包括从事信息生产、信息流通、信息交易，以及利用信息提供服务的产业部门。

在一定时期加快发展新一代信息技术产业，就是要实施网络强国战略，加快建设“数字中国”，推动物联网、云计算和人工智能等技术向各行业全面融合渗透，构建万物互联、融合创新、智能协同、安全可控的新一代信息技术产业体系。包括：构建网络强国基础设施，深入推进“宽带中国”战略，加快构建高速、移动、安全、泛在的新一代信息基础设施；推进“互联网+”行动，促进新一代信息技术与经济社会各领域融合发展；实施国家大数据战略，落实大数据发展行动纲要，全面推进重点领域大数据高效采集、有效整合、公开共享和应用拓展，完善监督管理制度，强化安全保障，推动相关产业创新发展；做强信息技术核心产业，顺应网络化、智能化、融合化等发展趋势，着力培育建立应用牵引、开放兼容的核心技术自主生态体系，全面梳理和加快推动信息技术关键领域新技术研发与产业化，推动电子信息产业转型升级取得突破性进展；发展人工智能，加快培育人工智能产业生态，促进人工智能在经济社会重点领域推广应用，打造国际领先的技术体系。

（二）发展高端装备制造产业

装备制造业是为国民经济提供生产技术装备的制造业，是制造各种技术装备的产业集合。按照国民经济行业分类，其产品范围包括机械、电子和兵器工业中的投资类制成品，分属于金属制品业、通用装备制造业、专用设备制造业、交通运输设备制造业、电器装备及器材制造业、电子及通信设备制造业、仪器仪表及文化办公用装备制造业等。高端装备主要包括传统产业转型升级和战略性新兴产业发展所需的高技术、高附加值装备。高端装备制造业是以高新技术为引领，处于价值链高端和产业链核心环节，提供高端生产技术装备的制造业，是制造各种高端技术装备的产业集合。

我国装备制造业已形成门类齐全、具有相当规模和技术水平的产业体系，产业经济总量位居世界第一，为高端装备制造业的发展奠定了坚实基础。在一定时期加快高端装备制造业发展，要顺应制造业智能化、绿色化、服务化、国际化发展趋势，加快突破关键技术与核心部件，推进重大装备与系统的工程应用和产业化，促进产业链协调发展，塑造中国制造新形象，带动制造业水平全面提升。

加快发展高端装备制造业，重点要突出5个方面：一是大力发展智能制造系统，着力提高智能制造核心装备与部件的性能和质量，打造智能制造体系，强化基础支撑，积极开展示范应用，形成若干国际知名品牌，推动智能制造装备迈上新台阶；二是实现航空产业新突破，加强航空产业科技自立自强，推进民用航空产品产业化、系列化发展，加强产业配套设施和安全运营保障能力建设，提高产品安全性、环保性、经济性和舒适性，全面构建覆盖航空发动机、飞机整机、产业配套和安全运营的航空产业体系；三是做大做强卫星及应用产业，建设自主开放、安全可靠、长期稳定运行的国家民用空间基础设施，加速卫星应用与基础设施融合发展，建设较为完善的卫星及应用产业链；四是强化轨道交通装备领先地位，推进轨道交通装备产业智能化、绿色化、轻量化、系列化、标准化、平台化发展，加快新技术、新工艺、新材料的应用，研制先进可靠的系列产品，完善相关技术标准体系，构建现代轨道交通装备产业创新体系，打造覆盖干线铁路、城际铁路、市域（郊）铁路、城市轨道交通的全产业链布局；五是增强海洋工程装备国际竞争力，推动海洋工程装备向深远海、极地海域发展和多元化发展，实现主力装备结构升级，突破重点新型装备，提升设计能力和配套系统水平，形成覆盖科研开发、总装建造、设备供应、技术服务的完整产业体系。

（三）发展新材料产业

新材料涉及领域广泛，一般指新出现的具有优异性能和特殊功能的材料，或是传统材料改进后性能明显提高和产生新功能的材料，主要包括新型功能材料、高性能结构材料和先进复合材料，其范围随着经济发展、科技进步、产业升级不断发生变化。新材料的重点领域，包括特种金属功能材料、高端金属结构材料、先进高分子材料、新型无机非金属材料、高性能复合材料和前沿新材料。

新材料产业是指新材料开发利用、新材料相关产品、新材料技术装备的产业，具体包括新材料本身形成的产业、新材料技术及其装备制造业、传统材料技术提升的产业等。与传统材料产业相比，新材料产业具有“三高一强”的特点，即科技要素密集度高、研究与开发投入高、产品附加值高，生产供给与市场需求的国际性强。随着人类社会工业化、现代化的发展，新材料产业的应用范围日益广阔，发展前景不断向好，新材料研发水平及产业化规模已成为衡量一个国家经济社会发展、科学技术创新和军事国防实力的重要标志，世界各国特别是发达国家都十分重视新材料产业的发展。

在现代化建设推进中，我国新材料产业发展迅速，稀土功能材料、先进储能材料、光伏材料、有机硅、超硬材料、特种不锈钢、玻璃纤维及其复合材料等产能均居世界前列。在一定时期进一步发展新材料产业，要顺应新材料高性能化、多功能化、绿色化发展趋势，推动特色资源新材料可持续发展，加强前沿材料布局，以战略性新兴产业和重大工程建设需求为导向，优化新材料产业化及应用环境，加强新材料标准体系建设，提高新材料应用水平，大力发展新型功能材料产业、先进结构材料产业和高性能复合材料产业，推进新材料融入高端制造供应链，促进我国从材料大国向材料强国的战略性转变。

（四）发展生物产业

生物产业指以生命科学理论和生物技术为基础，结合信息学、系统科学、工程控制等理论和技术手段，通过对生物体及其细胞、亚细胞和分子的结构、功能与作用机理开展研究并制造产品，或改造动物、植物、微生物等并使其具有所期望的品质特性，为经济社会发展和人民生活品质改善而提供商品、服务的一系列产业行业的总和，包括生物农业（资源产业）、生物工业（生物制造产业）、生物医药（服务产业）、生物能源、生物环保等具体产业。人类社会进入21世纪，在一定意义上迈向了生命科学时代，生物科技已经成为现代科技研究和开发的重点，在医疗保健、食品、农业、轻化工、环保等重要领域，生物科技的研发、创新，对改善人类健康与生存环境、促进农业现代化和工业高质量发展日益发挥重要作用。

在一定时期加快生物产业创新发展步伐，要把握生命科学纵深发展、生物新技术广泛应用和融合创新的新趋势，加快发展生物医药产业、生物医学工程产业、生物农业产业和生物制造产业，以基因技术快速发展为契机，推动医疗向精准医疗和个性化医疗发展，加快农业育种向高效精准育种升级转化，拓展海洋生物资源新领域，促进生物工艺和产品在更广泛领域替代应用，以新的发展模式助力生物能源大规模应用，培育高品质专业化生物服务新业态，将生物经济加速打造成为继信息经济后的重要新经济形态，为健康中国、美丽中国建设提供新支撑，促进形成一批具有较强国际竞争力的新型生物技术企业和生物经济集群产业。

（五）发展新能源汽车产业

新能源汽车是指采用新型动力系统，完全或主要依靠新型能源驱动的汽车，主要包括纯电动汽车、插电式混合动力汽车及燃料电池汽车。新能源汽车产业，是指新能源汽车生产经营的产业部门，一般包括新能源汽车整车生产、零部件研发生产、动力电池生产等产业。

在一定时期积极发展新能源汽车产业，要坚持电动化、网联化、智能化、共享化发展方向，深入实施发展新能源汽车的国家战略，以融合创新为重点，突破关键核心技术，提升产业基础能力，构建新型产业生态，完善基础设施体系，优化产业发展环境，推动新能源汽车关键核心技术取得重大突破、融合发展协调高效、产业生态健全完善，形成一批具有国际竞争力的新能源汽车整车和关键零部件企业，提升纯电动汽车和插电式混合动力汽车产业化水平，推进燃料电池汽车产业化，促进纯电动乘用车成为主流、燃料电池商用车实现规模化应用、高度自动驾驶智能网联汽车趋于普及，推动新能源汽车产业成为支柱产业，促进我国汽车产业由大变强，迈向世界汽车生产强国行列。

（六）发展新能源产业

新能源产业是开发利用各种新能源的产业集合，一般包括与水能、风能、核能、太阳能、生物能、地热能、海洋能等相关的产业。

发展新能源产业的方向，是加快发展技术成熟、市场竞争力强的核电、风电、太阳能光伏和热利用、页岩气、生物质发电、地热和地温能、沼气等新能源，积极推进技术基本成熟、开发潜力大的新型太阳能光伏和热发电、生物质气化、生物燃料、海洋能等可再生能源技术的产业化，实施新能源集成利用示范重大工程。

在一定时期推动新能源产业发展，要加快发展先进核电、高效光电光热、大型风电、高效储能、分布式能源等，积极推动多种形式的新能源综合利用，大力发展“互联网+”智慧能源，加速提升新能源产品经济性，加快构建适应新能源高比例发展的电力体制机制、新型电网和创新支撑体系，促进多能互补和协同优化，引领能源生产与消费革命。

发展新能源产业要突出4个重点领域：一是核电技术产业，推动核电安全高效发展；二是风能产业，促进风电优质高效开发利用；三是太阳能产业，推动太阳能多元化、规模化发展；四是生物质能产业，加快发展生物质能供气供热，提高核电、风电、太阳能、生物质能占能源消耗总量比重，打造世界领先的新能源产业体系。

（七）发展节能环保产业

节能环保产业是指为节约能源资源、保护生态环境提供技术基础和装备保障的相关产业，涉及节能环保技术装备、产品和服务等，包括三大产业、五大领域。三大产业是高效节能产业、先进环保装备产业和资源循环利用产业，五大领域是节能技术和装备、高效节能产品、节能服务产业、先进环保技术和装备、环保产品与环保服务等重要领域。在现代产业体系中，节能环保产业的产业链长，产业关联度高，就业吸纳能力强，既能够拉动经济增长，又能够促进生态文明建设，推动绿色发展。

在一定时期加快发展节能环保产业，要大力发展高效节能产业，树立节能为本的理念，全面推进能源节约，提升高效节能装备技术及产品应用水平，推进节能技术系统集成和示范应用，支持节能服务产业做大做强，促进高效节能产业快速发展；加快发展先进环保产业，大力推进实施水、大气、土壤污染防治行动计划，推动区域与流域污染防治整体联动，海陆统筹深入推进主要污染物减排，促进环保装备产业发展，推动主要污染物监测防治技术装备能力提升，加强先进适用环保技术装备推广应用和集成创新，积极推广应用先进环保产品，促进环境服务业发展，全面提升环保产业发展水平；深入推进资源循环利用，树立节约集约循环利用的资源观，大力推动共伴生矿和尾矿综合利用、“城市矿产”开发、农林废弃物回收利用和新品种废弃物回收利用，发展再制造产业，完善资源循环利用基础设施，提高政策保障水平，促进资源循环利用产业发展壮大。

（八）发展数字创意产业

数字创意产业中的数字是指现代数字信息技术，创意是指文化创意，数字创意产业就是现代信息技术与文化创意产业融合而成的一种新的产业形态，是以现代数字技术为主要手段，以现代信息技术装备为主要工具，通过人的创意创作、创意设计、创意开发进行数字内容策划、设计、服务、制作并形成内容软体和产品实体的产业化活动。

我国确定的数字创意产业包括4个方面：一是数字创意技术设备制造；二是数字文化创意活动，具体有数字文化创意软件开发、数字文化创意内容制作服务、新型媒体服务、数字文化创意广播电视服务等；三是数字设计服务；四是数字创意与融合服务。

在一定时期突出加快发展数字创意产业，要以数字技术和先进理念推动文化创意与创新设计等产业加快发展，促进文化科技深度融合、相关产业相互渗透，促进形成文化引领、技术先进、链条完整的数字创意产业发展格局。发展的主要方面，一是创新数字文化创意技术和装备，适应沉浸式体验、智能互动等趋势，加强内容和技术装备协同创新，在内容生产技术领域紧跟世界潮流，在消费服务装备领域建立国际领先优势，鼓励深度应用相关领域最新创新成果；二是丰富数字文化创意内容和形式，通过全民创意、创作联动等新方式，挖掘优秀文化资源，激发文化创意，适应互联网传播特点，创作优质、多样、个性化的数字创意内容产品；三是提升创新设计水平，挖掘创新设计产业发展内生动力，推动设计创新成为制造业、服务业、城乡建设等领域的核心能力；四是推动数字文化创意和创新设计在各领域应用，培育更多新产品、新服务及多向交互融合的新业态，形成创意经济无边界渗透格局。

对于全面建设社会主义现代化国家新征程第一个5年，“十四五”时期发展战略性新兴产业，党的十九届五中全会通过的“十四五”规划建议和国家的“十四五”规划纲要明确提出，要加快壮大新一代信息技术、生物技术、新能源、新材料、高端装备、新能源汽车、绿色环保，以及航空航天、海洋装备等产业，加快发展生物医药、生物育种、生物材料、生物能源等产业，推动互联网、大数据、人工智能等同各产业深度融合，推进国家战略性新兴产业集群发展工程，构建一批各具特色、优势互补、结构合理的战略性新兴产业增长引擎，培育新技术、新产品、新业态、新模式。

三、发展战略性新兴产业的重要政策

积极发展战略性新兴产业，必须要有相应的政策支持，实施促进战略性新兴产业发展的各方面政策。

（一）促进战略性新兴产业发展的财税金融政策

财税政策方面，建立和完善促进战略性新兴产业发展的稳定的投入增长机制，充分发挥国家新兴产业创业投资引导基金服务创业创新的作用，鼓励有条件的地区设立战略性新兴产业发展基金，引导社会资金设立一批战略性新兴产业投资基金和国际化投资基金，积极运用政府和社会资本合作（PPP）等模式引导社会资本参与重大项目建设；完善和落实战略性新兴产业发展的税收支持政策，调整完善光伏、风电、生物质等可再生能源发电与新能源汽车推广补贴政策，完善战略性新兴产业企业股权激励个人所得税政策。

金融政策方面，拓宽促进战略性新兴产业发展的多元化直接融资渠道，积极支持符合条件的战略性新兴产业企业上市或挂牌融资，积极支持符合条件的战略性新兴产业企业发行债券融资；引导政策性、开发性金融机构加大对战略性新兴产业的支持力度，鼓励金融机构加大对战略性新兴产业的信贷支持力度；加快设立国家融资担保基金，健全促进战略性新兴产业发展的投融资担保体系。

（二）促进战略性新兴产业发展的科技创新政策

构建促进战略性新兴产业发展的技术创新和支撑服务体系，实施国家技术创新工程，建设一批国家技术创新中心，支撑引领战略性新兴产业发展；加强企业技术中心能力建设，构建企业主导、政产学研用相结合的产业技术创新联盟，支持建设关键技术研发平台，加大对科技型中小企业创新的支持力度，激励战略性新兴产业中的企业增加研发投入；实施和完善战略性新兴产业标准化发展规划，支持关键领域新技术标准应用。

强化战略性新兴产业发展的知识产权保护和运用，完善战略性新兴产业知识产权服务体系，完善战略性新兴产业的商业模式知识产权保护、商业秘密保护、实用艺术品外观设计专利保护等，完善战略性新兴产业知识产权维权机制，依法严厉打击侵犯战略性新兴产业知识产权行为。支持战略性新兴产业中的企业人才队伍建设，重点扶持科技创新创业人才，培养高层次急需紧缺人才和骨干专业技术人才，培养战略性新兴产业技术技能人才，建立健全符合行业特点的人才使用、流动、评价、激励体系，加大力度吸引海外高端人才进入战略性新兴产业。

（三）促进战略性新兴产业发展的产业组织和产业布局政策

营造战略性新兴产业发展的公平竞争市场环境，加大反垄断和反不正当竞争执法力度，保障公平竞争审查制度的有序实施，打破战略性新兴产业有关领域的地区封锁和行业垄断，加大对地方保护、行业垄断、企业违法行为的查处力度。完善战略性新兴产业发展的信用体系，充分发挥全国信用信息共享平台和国家企业信用信息公示系统等作用，推进各类信用信息平台建设、对接和服务创新，加强信用记录在线披露和共享，为经营者提供信用信息查询、企业身份网上认证等服务。

要在空间分布与地域组合上合理布局战略性新兴产业。对战略性新兴产业进行具体布局时，要遵循产业发展规律，考虑产业布局指向。产业部门都有向能满足其主要要求的空间位置或地域接近、靠近的倾向，这就是产业布局取向，一般包括自然条件和自然资源指向、原料地指向、燃料动力指向、消费市场指向、劳动力指向、高科技指向、交通枢纽指向、特殊环境指向等。在空间分布与地域组合上具体布局具体的战略性新兴产业时，必须从这些产业布局的指向出发，尽可能避免出现战略性新兴产业发展中的一哄而上、产能过剩、过度竞争、产业趋同、产业同质等问题。

根据不同区域产业基础和特色优势，坚持因地制宜、因业布局、因时施策，加快形成点面结合、优势互补、错位发展、协调共享的战略性新兴产业发展区域格局；依托城市群建设，发展知识密集型战略性新兴产业集群，打造具有全球影响力、引领我国战略性新兴产业发展的世界级战略性新兴产业发展集聚区，在东部地区打造国际一流的战略性新兴产业城市群，推进中西部地区重点区域战略性新兴产业发展，支持中西部地区发展城市群战略性新兴特色产业，培育和扶持特色鲜明、大中小企业协同发展的战略性新兴产业特色集群和特色产业链。

（四）促进战略性新兴产业发展的改革政策

完善相关市场开放机制，深化民间投资准入改革，进一步完善审批方式，最大限度减少事前准入限制，鼓励各类企业投资战略性新兴产业，激发市场主体活力；深化战略性新兴产业发展的电信体制改革、电力体制改革、环保和资源税费与价格改革、科技成果产权制度改革，推进战略性新兴产业领域国有企业混合所有制改革、混合所有制企业员工持股改革；推进战略性新兴产业发展的简政放权、放管结合、优化服务改革，探索、创新和完善适合新技术、新产品、新业态、新模式发展的监管方式。

四、充分发挥“互联网+”的重要作用

战略性新兴产业发展的重要内容是发展信息产业，特别是发挥“互联网+”的重要作用，因而有必要对“互联网+”的重要作用有所认识。

（一）“互联网+”发挥作用的产业特性

“互联网+”在战略性新兴产业发展、现代产业体系建设中具有重要作用，是与信息产业、“互联网+”的产业特性密切相关的。

首先，“互联网+”具有高生产率的产业特性。“互联网+”是新兴的、具有动态性质和先进技术水平的产业和产业关联，能迅速吸收先进科学技术，尤其是信息技术成果，引入新的生产函数，在现代技术和现代管理的基础上，能创造较高的劳动生产率和较高的附加价值，大大提高国民经济的整体素质，进而对经济增长、整个战略性新兴产业发展作出较大贡献。“互联网+”具有较高的需求收入弹性，随着国民经济发展和社会收入提高，其社会需求、市场需求、产品需求会有较大幅度的增长，进而导致整个国民经济增长。“互联网+”会促进国民经济各行各业在发展中开发利用互联网技术，交流与共享信息资源，从而大大提高国民经济各部门搜寻、传递、处理和应用信息的能力；“互联网+”还可以帮助企业降低成本、提高效益，减少污染、增加商机，等等。这些，必然导致“互联网+”的产出在国内生产总值中占有较大的份额，同时具有大大超出国民经济经济增长率的持续高速增长的产业部门增长率。

其次，“互联网+”具有高技术创新的产业特性。“互联网+”会使有关产业在研究开发、设计、生产、管理、营销的各个环节和全过程采用信息技术、信息系统、信息网络，通过信息化更新技术、重组流程、整合资源，大大提高科学技术，尤其是信息技术对国民经济增长的贡献率，促进整个国民经济自主创新能力的提高，促进经济增长从主要依靠增加投入变为主要依靠科学技术创新、提高要素生产率，促进加快形成新的、符合科学发展要求的经济发展方式，促进供给侧结构性改革不断深化，推动国民经济各行各业面貌发生质的变化，传统产业新兴化，“夕阳产业”朝阳化，一般产业信息化，使整个国民经济不断向着现代化、智能化、高质量的方向前进。

最后，“互联网+”具有高产业关联的产业特性。国民经济各产业部门之间存在着投入产出的相互依赖关系，以及相应的各种经济联系，即为产业关联。“互联网+”本身就意味着作为信息经济、信息产业主要内容的互联网与国民经济各行各业的经济技术联系，意味着互联网要在一个更高程度、更广范围同国民经济各行各业发生、建立、巩固方方面面的经济技术联系，进而也就意味着“互联网+”本身具有极高的产业关联效应。发挥“互联网+”的作用，必然影响、促进、带动一大批相关产业的改造、优化、升级和一大批相关产业的生成、兴起、发展，并引致各类“互联网+”的技术、设备、服务的巨大市场需求，从而不断拓展整个国民经济与社会的发展空间。

在转向经济高质量发展、战略性新兴产业发展的进程中，我国的信息化进程不断加快，信息化水平指数不断提高，“互联网+”应用得到较快的发展，“互联网+”的技术正向各个领域广泛渗透，对整个产业体系的优化升级和传统产业的改造开始发挥重要作用。但是，进一步充分发挥“互联网+”的重要作用也面临严峻挑战。如经济增长下行及电子信息产业增长回落，从产业基础与技术能力上制约“互联网+”发挥作用；电子信息产业增加值占经济总量比重总体上不高，“互联网+”在国民经济发展中实际发挥的作用程度，远低于“互联网+”重要作用程度发挥的预期；特别是我国信息技术自主创新能力亟须进一步提高，集成电路或芯片是发挥“互联网+”作用的最基本、最重要的关键部件和技术支撑，但我国在部分重点技术领域还缺乏对核心技术的控制和掌握，还未完全形成以产品开发为中心的技术创新体系，在超大规模集成电路、操作系统、大型数据库管理系统和关键应用软件方面还缺乏具有自主知识产权的产品。这种“空芯化”状况，是“互联网+”发挥作用的“心头之痛”，必须引起高度重视。

（二）“互联网+”发挥作用的重要内容

立足我国信息化发展的基础，清醒地认识我国在“互联网+”方面的差距，在全面建设社会主义现代化国家新征程中，必须把推进“互联网+”进程作为整个经济社会发展的重大战略问题，作为发展战略性新兴产业的突出重点，充分发挥“互联网+”的重要作用。

第一，确立电子信息产业的增长目标，为充分发挥“互联网+”作用奠定坚实的产业基础。就增长速度而言，要保持电子信息产业增长较大幅度高于国民经济增长，保持电子信息产品出口增长较大幅度高于外贸出口增长；就增长规模来看，电子信息产业增加值占经济总量的比重要有相当幅度提升。

第二，加快推进“互联网+”在国民经济和社会各领域的应用。一是加快运用“互联网+”改造和提升传统产业，积极推进“互联网+”在第二、第三产业的应用，特别是推进“互联网+”在能源、交通、机械、冶金、轻工、建材、化工等传统产业的应用，发展能源、汽车、交通、航管、金融、医疗等量大面广的有关“互联网+”的应用产品、软件与系统，促进产业结构加快优化升级。二是加快更多经济社会领域“互联网+”的应用，在金融、外贸、税收、海关、民航、铁路、公路、水运、邮政、钢铁、石化、汽车、建材、农业等领域推广“互联网+”应用，组织实施“互联网+”的重大工程，促进“互联网+”在科技教育、医药卫生、广播电视、社会保障和公共事业等领域的应用。三是加快推动企业的“互联网+”应用，将“互联网+”与企业现代管理、生产经营、技术创新等相结合，促进“互联网+”用于企业的产品开发、生产、销售和服务的全过程，通过信息集成、过程优化及资源优化配置，实现物流、信息流和价值流的集成与优化，提高企业市场应变能力和竞争能力，建设数字化企业。四是大力推进政府政务的“互联网+”应用，通过“互联网+”促进政府信息资源的开发利用和共享，加强政府监管及对政府政务的有效监督，提高政府行政效率和决策水平，促使政府提供更好的公共服务。在推进“互联网+”应用中，要多维度实施“互联网+”行动计划，扩展信息产业，尤其是互联网的产业关联，提升和强化信息产业，尤其是互联网的产业关联度，不断扩大信息产业、互联网经济促进和拉动整个国民经济发展的乘数效应。

第三，加强“互联网+”应用的基础设施建设。“互联网+”应用的基础设施重点应是基础传输网和业务网，其中接入网络尤为重要，需要加大建设和改造力度。要建设高速宽带传输网络，发展高速互联网，形成和完善从中央到地方的国家主干高速信息通道，构建安全、迅速、便捷的互联网基础设施，建立健全全社会信息网络体系；推进电信网、电视网和计算机网的三网融合，充分利用现有公用电信网、专用通信网、广播电视网、移动互联网等网络资源，统筹规划，优化布局，采用新技术，不断完善“互联网+”的网络结构，提高相互融合的程度；强化互联网与信息安全体系建设，加大对互联网信息安全保障系统及防范技术的开发应用力度，进一步完善有关互联网信息安全认证系统及防范措施，提高“互联网+”应用的安全可靠性。

第四，加快推进有关“互联网+”应用的自主创新，为“互联网+”提供技术支撑。必须推进有关“互联网+”的信息技术产业化，重点是超大规模集成电路、高性能计算机、大型系统软件、超高速网络系统、新一代移动通信装备、数字电视系统等核心信息技术的产业化，建立并完善以企业为主体，产、学、研、用相结合的“互联网+”技术创新体系，促进不同专业技术融合，加强“互联网+”的技术研究和开发。软件和集成电路是“互联网+”应用的最薄弱的环节，要加快发展集成电路产业和软件产业，突破集成电路和软件的核心技术。要实施软件产业化专项工程，开发、研制、完善包括操作系统、数据库管理系统、中间件平台和重大应用共性软件在内的我国互联网软件核心平台，形成从系统软件、中间件到应用软件的产品系列。要在系统芯片和CPU设计的关键技术和产品上取得集成电路产业的重大突破，有目标地开发一批具有标志性的促进“互联网+”的核心芯片，推进“互联网+”的超大规模集成电路设计技术、材料制备技术和装备生产技术及产业的自主创新与历史跨越。

第四篇

区域发展：从统筹区域协调发展到构建区域协调发展战略体系

区域发展是从全面建成小康社会迈向全面建设社会主义现代化国家新征程的重要方面。改革开放以后，我国区域发展从非均衡重点发展转向新世纪全面建设小康社会过程中的统筹区域协调发展，进而在全面建成小康社会过程中形成系统完整的区域协调发展战略体系。区域协调发展战略体系的框架内容，第一个战略层次是西部开发、东北振兴、中部崛起、东部优化四大板块所构成的区域发展总体战略，第二个战略层次是京津冀协同发展、长江经济带发展、长江三角洲区域一体化发展、粤港澳大湾区建设，以及黄河流域生态保护和高质量发展等构成的区域协调发展的重大支撑引领战略，第三个战略层次是主体功能区战略、建设海洋强国战略、新型城镇化战略、支持特殊类型地区加快发展战略等功能区域发展战略。新时代全面推进区域经济协调发展，就是要坚持和不断完善区域协调发展战略体系、全面实施区域协调发展战略。

第十二章　转向构建区域协调发展战略体系的历史进程

推进社会主义现代化建设，从全面建成小康社会迈向全面建设社会主义现代化国家，区域经济发展始终是一个极为重要的方面。在中华人民共和国成立以后的发展历史进程中，区域经济发展从改革开放前的低水平平衡发展，转向改革开放以后的非均衡重点发展；在21世纪全面建设小康社会过程中，又转向统筹区域经济协调发展；随着经济社会发展推进到全面建成小康社会新阶段，区域经济发展也进入到全面推进区域经济协调发展新时期，进而形成区域协调发展战略体系。在全面建设社会主义现代化国家新征程中，进一步全面深入实施区域协调发展战略，不断完善区域协调发展战略体系，推进区域经济协调发展，就成为推进现代化建设、经济高质量发展的重要要求、重要任务、重要内容。

一、区域经济的基本特征与重要地位

中国是一个国土辽阔、人口众多的发展中大国，拥有960万平方千米的国土面积。在中国这样一个大国的现代化建设中，相对于整个国民经济，作为国民经济整体构成的区域经济具有自身的特征，在经济社会发展中具有十分重要的地位。

（一）区域范畴的界定

人类社会的各种活动都是在一定时间序列和空间地域中进行的，空间地域是人类社会一切活动的承载平台。因此，就一般意义而言，区域就是人类社会活动的一定空间地域。在一定地域空间中进行的人类社会活动是被划分为不同类型的，因而依据人类社会活动的不同类型及一定标准对地域空间进行划分，也就有了不同内涵的区域。研究人类各种各样社会活动有许多不同的学科，不同学科对区域内涵的界定就有了具有本学科特点的不同解释。按照地理学的解释，区域是地球表壳的地域单元；按照行政学的解释，区域是国家行政机构依据行政权力覆盖范围实施管理的行政单元；而按照社会学的解释，区域则是具有共同语言、共同信仰和民族特征的人类聚居与活动的社会单元；等等。显然，从经济学的角度、从研究区域经济活动的视阈来看，区域这一概念也有其特殊的内涵。综合对区域范畴以往的多种研究、阐释，大致上可以对区域这一范畴作出界定，即区域是作为一定经济活动和一定地理位置复合而成的国民经济组织单元与社会经济综合体。

首先，区域是一定经济活动和一定地理位置的复合体。即是说，区域是一个空间范畴。任何经济活动，无论是何种产业、由什么主体从事、处于什么发展阶段，总是在一定的地理位置之上进行的，总是处在一定的空间维度之中。恩格斯就从哲学的高度指出："一切存在的基本形式是空间和时间，时间以外的存在和空间以外的存在，同样是非常荒诞的事情。"①列宁也曾就此说道："世界上除了运动着的物质，什么也没有，而运动着的物质只能在空间和时间中运动。"②作为空间范畴，区域总是表现为可以界定范围的一定的地理单元，一定的区域都占有一定的地理位置，有其自身的地理边界，有一定的面积，面积大小可以度量。因此，谈到区域经济，总是指在一定地理范围之内、处在一定空间维度之中的经济。

其次，区域是国民经济的组织单元。尽管按照某种特定的标准，区域可以是指跨国界的或多国界的空间地域，如从国际政治或世界经济的角度考

① 《马克思恩格斯选集》第3卷，第91页。
② 《列宁全集》中文第二版第18卷，第180页。

察，可以把某些跨国的或多国的政治经济活动视为全球范围内的区域活动。但是，我们这里论述的区域，是确定地指一个国家范围内，作为国民经济整体有机构成部分的空间地域单元，不同区域之间相互依存、相互联系，构成整个国民经济体系。正是由此出发，一方面，国民经济整体的运行、增长与发展状况，为区域经济提供了宏观环境与背景，制约着区域经济的运行、增长与发展；另一方面，区域经济的运行、增长与发展状况，对整个国民经济乃至社会、政治也具有极其重要的影响。

最后，区域是社会经济综合体。区域作为一定经济活动和一定地理位置复合而成的国民经济组织单元，也是一个社会经济系统，不仅是由相互联系的生产、交换、流通和消费按一定阶序组合的相对完整的经济系统，而且也是包容社会文化、政治诸因素在内的综合性的一个统一体，同时总有一定的社会经济管理权威的设置，并履行经济社会发展的规划、协调、控制和管理的职能。

必须指出，从区域经济角度所考察的区域，不完全是以自然特征，如地质、地貌、气候、植被等为标准划分的自然地理学研究的自然区，也不纯粹是国家按行政区划划分的大大小小甚至小到乡镇一级的行政区，而是在具有一定范围的行政区划的基础上，根据经济活动的内在联系及系统性与层次性所形成的空间地域。也就是说，这里的区域一方面不是简单、绝对地指一切行政区划，另一方面在实际上又是以一定范围的行政区划作为空间地域单元的，可以是一定层级的不同行政区划作为空间地域单元，也可以是相关不同行政区划协同而成的空间地域单元。这是因为一定范围行政区划的确定总是要考虑经济活动的内在联系，而经济活动的内在联系也总是要受到行政区划内的政府调控，一定行政层级的政府承担着管理社会经济活动、推进经济发展的重要职能。

（二）区域经济的基本特征

把区域作为一定经济活动和一定地理位置复合而成的国民经济组织单元与社会经济综合体，区域经济就既包括其本身的经济系统及其子系统，也包括系统的运行、结构、组织、目标，以及增长与发展，同时还包括系统内部的各种经济联系，以及涉及外部区域之间的、同国民经济整体的经济联系。区域经济显然既有别于作为国民经济整体的宏观经济，也有别于作为市场活动主体经济活动的微观经济，而是有着其自身的特征。

第一，宏观背景的一致性。区域不是一个独立的政治单元，区域之间没有国界与边防，区域经济运行与发展是在国家的社会经济制度之下进行的，一般不存在根本制度背景的差异[①]。同时，整个国民经济的宏观运行态势，以及国家主要的宏观经济政策，是区域经济运行和发展的共同的宏观环境。

第二，较高程度的开放性。在宏观背景一致性的条件下，区域经济就比国家经济具有更大的开放性，也就是说，一国内区域经济之间的相互联系、相互影响和相互依赖的程度要高于世界经济范围内的国与国之间、区域之间的市场关系，由于使用同一种货币而不存在汇率障碍，由于统一税制而不存在关税壁垒，因此劳动力、资本、技术、信息数据等要素在区域间比在国际具有更大的流动性。同时，国家总是要采取各种调控政策与手段，促进国内统一市场的形成与发展，健全与完善整个国民经济的市场体系，这也促进了区域经济开放程度的提高。

第三，经济活动的相对独立性。区域经济是整个国民经济大系统中具有相对独立性的子系统，不同的区域在自身产业结构、经济增长、发展水平及发展战略方面，都有其本身不同于其他区域的特点，在现代化建设推进、社会主义市场经济发展中，区域经济活动的相对独立性已经并继续得到实现。区域经济活动的相对独立性，是在整个国民经济和社会发展的统一性之下得以体现的，并不否定国家对整个经济社会发展的调控和党的领导。

第四，经济发展的差异性。在区域经济活动相对独立的基础上，不同区域是存在差异的。有自然禀赋的差异，包括地理位置与气候、地质地貌、土壤、植被、地下矿藏、水力、森林资源等方面的差异；有经济活动的差异，包括人力资源、资本、技术、数据信息等要素赋存丰度的差异，生产发展水平高低与规模大小的差异，产业结构构成状况与成长演进的差异，市场容量

① 至于实行“一国两制”的中国香港、澳门及两岸统一以后的中国台湾，属于特殊情况。

与发育程度的差异，经济活动成本与效率的差异等；还有人文环境与其他非经济因素的差异，包括人口的数量、素质、密度，以及民族宗教信仰、历史文化传统、社会发育程度、居民性格特征、风俗习惯等方面的差异。这些差异的存在，必然导致区域间经济发展不可能完全同步与等同，表现为区域间在产业结构、经济实力、经济增长速度、经济发展水平和人民群众生活水平上存在差异。

第五，区域经济利益的相对独立性和利益关系的可协调性。由于以上特征，又决定了相对独立的区域经济利益的存在。区域经济利益集中表现为区域内人民群众生活水平的提高，具体地表现为在区域内尽可能实现充分就业，保持区域内市场稳定与物价稳定，扩大区域财政收入，争取更多的建设投资，促进区域经济增长与发展，增加区域居民收入等。区域经济利益的相对独立性，可能导致区域之间的经济利益矛盾，也可能导致区域利益与国家利益的矛盾。但是，区域经济利益是从属于国家整体利益的，区域经济利益与国家整体利益、不同区域之间的经济利益，从根本上看具有一致性，因而区域经济利益相对独立性与国际上不同国家经济利益的高度独立性是不同的，区域经济利益相对独立性所形成的利益矛盾比世界范围内国家之间的利益矛盾更具有可协调性。同时，由于存在着统一的中央政府权威，区域经济利益关系不但可以在出现利益矛盾或冲突时进行事后协调，而且更可以在利益矛盾或冲突发生之前进行事先协调。

（三）区域经济的重要地位

区域经济是整个国民经济的组织单元，在我国现代化建设、经济发展与改革中具有极其重要的地位。在党和国家的发展战略、宏观调控及其相应方针政策的指导下，各区域根据自身的自然、经济、社会条件，发挥区域经济自身优势，促进区域产业结构的优化升级，实现区域经济的良性循环，保持区域经济的稳定、持续增长，使区域经济具有活力与生机，必然对整个国民经济的持续、稳定发展产生重要的作用。作为国民经济空间组织单元的区域经济具有了活力与生机，实际上就为整个国民经济大系统焕发活力与生机提供了空间组织基础。在不同区域发挥自身优势、形成自身特色而推进经济增长与发展的同时，还会在合理协同分工的基础上，逐步建立与完善不同区域经济之间相互协调的经济联系，使整个国民经济在空间结构上成为既有分工、有竞争，又有合作、有协同，既有相对独立性、有多种特点，又有相互协调性、有合成优势的统一的有机整体。显然，这对于我国整个国民经济持续、稳定、协调增长与发展，对于全面建设社会主义现代化国家，具有十分重要的意义。

区域经济在推进自身的发展与改革中，还会形成具有各种特色的经济发展模式与改革模式。我国地域广大、国土辽阔，不同区域的地理条件、人口状况、经济结构、历史演变、纵横联系等方面的差别是比较大的，不同区域从自身的条件与特点出发，在经济发展和推进改革的实践中，必然要发挥主动性、积极性和创新精神，要把握本区域的实际情况和所处的社会经济环境，系统分析、研究、制定本区域的经济发展战略并采取一系列相应的措施、手段、方法，探索适合本区域经济发展和改革的具体道路，由此就会形成各具特色、具有创新性的区域经济发展模式与区域经济改革模式。这样，一是在国民经济发展和经济改革的一定时期、一定阶段、一定范围，由于一定区域经济发展与改革的创新模式的出现，就会形成突破点、突破口或突破区，从而带动整个国民经济发展升级和推进经济改革深化；二是当一定区域经济发展与改革的创新模式出现以后，不但会为其他类似区域的发展与改革提供示范，带动这些区域加快发展与改革，而且会为其他不同类型区域的发展与改革提供借鉴、参考，促进这些区域在发展与改革中做出适合自身特点的选择；三是不同区域的各种特色的经济发展模式与改革模式的探索、创新、形成与完善，必然极大地丰富、充实中国特色社会主义经济发展与经济改革的实践，深化、拓展中国特色社会主义经济发展与经济改革的理论。

二、改革开放前的低水平区域经济平衡发展

区域经济的重要地位、区域经济发展的重要意义，决定了我国在现代化建设、国民经济发展中必然高度重视促进区域经济发展。中华人民共和国成

立伊始，党和国家就从不同区域发展状况的角度考虑社会主义建设。一直到改革开放前，我国经济建设的重要考虑就是力图促进区域经济平衡发展。然而，还是要说明，改革开放前的区域经济平衡发展，实际上是一种低水平的平衡发展。

（一）促进区域经济平衡发展的基本内容

中华人民共和国成立以前，我国生产力的分布极不平衡，70%的工业集中在东部沿海地带，占国土面积40%多的西北、内蒙古地区工业产值仅占全国的3%，占国土面积20%的云、贵、川和西藏地区工业产值仅占全国的6%。为了改变这种历史上遗留下来的生产力布局极不平衡的状况，从中华人民共和国成立开始一直到改革开放前，国家把50%以上的基本建设资金投入内陆地区，在落后的内陆区域进行了大规模的开发建设，试图强行拉平沿海地区和内陆地区的经济技术发展差距，以求区域经济的平衡发展。

这一历史时期推进区域经济平衡发展的基本内容表现为3个方面：一是平衡生产力布局，重点加强内地建设。在"一五"时期，我国实际施工建设的150个重点项目中，内陆地区占118项，占全部项目的79%；在国内自行设计建设、投资1000万元以上的694项重点工程中，内陆地区占472个，为全部项目的68%。[①]二是强调建立区域独立的工业体系。1958年6月，中共中央发出加强协作区工作的文件，决定把全国划分为东北、华北、华东、华南、华中、西南和西北7个经济协作区，并要求各协作区根据工业和资源等条件，尽快建立大型工业骨干和经济中心，形成若干个具有比较完整的工业体系的经济区域。"文化大革命"中的"四五"（1971—1975）计划纲要（草案），也提出要建立不同水平、各有特点、各自为战、大力协同的10个经济协作区。[②]

① 在"一五"时期的156个重点项目中，有4个在"一五"时期没有实施，2个被重复计算，实际施工建设的是150项；按当时的划分，沿海地区包括辽宁、河北、天津、北京、山东、江苏、上海、安徽、浙江、福建、广东和广西，其余为内陆地区。

② 第四个五年计划1970年开始编制，1970年2月15日至3月21日国务院召开全国计划工作会议，研究、讨论了《第四个五年计划纲要（草案）》。同年9月在庐山举行的党的九届二中全会上，《第四个五年计划纲要（草案）》作为会议参考文件被印发。1973年7月，国家计委根据中共中央工作会议对"四五"计划提出的意见，拟订了《第四个五年计划纲要（修正草案）》，修正调整的内容之一，就是把原来提出要建立的经济协作区由10个改为了6个。

三是转向以备战为中心、以三线建设为重点的轨道。1964年8月举行的中央书记处会议，根据毛泽东在会上提出的要准备帝国主义可能发动侵略战争的指示，决定新建的项目都要放在内陆地区。1965年中共中央作出加速全国和各省市战略后方建设的决策，把全国划分为一、二、三线地区①，经济建设的投资重点为三线地区，工业建设要大分散、小集中，不搞大城市，工厂布点要“靠山、分散、隐蔽”，有的要“进洞”。根据这一决策，“三五”（1966—1970）时期内地基本建设投资占全国的66.8%，其中三线地区建设的投资占全国的52.7%；“四五”（1971—1975）时期内地基本建设投资占全国的53.5%，其中三线地区建设的投资占全国的41.1%。

在20世纪70年代中期前后，国家的投资重点有所东移。但在改革开放前，从总体上看，我国的区域经济发展在战略思路上是要努力改变原有不平衡的生产力布局，促进区域平衡发展。从经济发展的角度看，这种战略思路的实施，反映了这样的意图和努力，即改变历史遗留下来的畸形的区域生产力布局态势，加速国家的工业化进程，以求整个国家的生产力布局合理化与区域经济的平衡发展。客观而论，这种战略思路的实施，在当时的历史条件下对于促进区域经济发展的平衡，对于内地的经济技术进步也起到了一定的作用。中华人民共和国成立以后的30年中，内地工业产值增加了40多倍，在全国工业总产值中的比重，由新中国成立初期的28%提高到36%，相当于1949年全国工业总产值的10倍多；大规模的三线建设使内地一些地区的生产力有了很大的发展，一些大型建设项目不仅成为国民经济的骨干，也对所在区域的经济发展产生了一定的带动作用。

（二）促进区域经济平衡发展的主要缺陷

改革开放前促进区域经济平衡发展的努力虽然取得一定成效，但是，这一时期平衡发展思路的实施也存在着根本上的缺陷，实际上是一种低水平的区域经济平衡发展。

---

① 所谓一、二、三线，是按我国地理区域划分的，一线地区为地处东南沿海的战略前沿；二线地区为中部地区；三线地区为战略后方，包括两大片，一是云、贵、川三省及湘西、鄂西地区的西南三线，另一是陕、甘、宁、青及豫西、晋西地区的西北三线。

首先，没有把区域经济的平衡发展建立在生产力发展的客观规律上，生产力的平衡配置带有极强的主观性和片面性，是通过抑制东部区域、沿海区域的发展来强化内地区域的发展，所追求的实际上是一种低水平的平衡。

其次，过分强调区域经济的简单平衡发展而忽视了经济发展和区域生产力布局的效率原则，造成了较大的经济损失。尤其是三线建设，更是片面地突出战备需要，把大企业建立在交通不便、远离原料产地和市场、劳动力素质低下、技术力量薄弱的内地山区，严重影响了新增生产力的经济效益。很长时期中虽把国家投资主要集中于内地，使沿海工业发展受到抑制，但并未根本改变内地经济基础差的状况，建设投资与生产能力的增长不相适应，有的反而成为财政负担，其主要原因就是忽视了经济发展和生产力布局的效率原则。

最后，在区域生产力布局上违背了规模经济原则，使许多新建企业不仅没有获得规模经济效益，而且还产生了外部不经济。三线建设在决策时没有充分考虑经济效益，只服从战备需要，大小企业一律“靠山、分散、进洞”，分布点极为分散；一些工业项目与城市或工矿区的建设不配套，一些工业项目内部也不配套，难以形成综合生产能力；许多项目由于地处山区，大大增加了生产运营的成本。由于规模不经济，使三线地区的工业生产能力不能充分发挥，经济效益更加低下。

此外，这种战略思路在促进区域自身经济发展上所发挥的作用也是较为有限的，在内地，特别是在经济较为落后的区域所进行的生产力布局，实际上是一种“嵌入”的方式，企业之间、工业部门之间、各产业之间没有很好地建立起正常的经济联系，因而一个企业、一个产业部门的建设和发展就难以对其他产业，以及整个区域的经济发展产生带动效应，这就是三线地区新生产力虽然大量配置，但区域的整体经济增长和经济技术水平提高却没有得到相应改变的主要原因之一。

三、改革开放中转向统筹区域经济协调发展

党的十一届三中全会以后，我国开始进行经济体制改革和实行对外开

放，对资源配置和区域经济发展也开始作相应的调整，从简单强调区域经济平衡发展转而重视国民经济整体加快发展和宏观经济效益，起先转向推进以东部地区为重点的区域经济非均衡发展，又在20世纪90年代后期开始调整，继而在21世纪转向统筹区域经济协调发展。

（一）以东部地区为重点的区域经济非均衡发展

1978年12月，邓小平在中央工作会议上所作的《解放思想，实事求是，团结一致向前看》的讲话中，明确提出："在经济政策上，我认为要允许一部分地区、一部分企业、一部分工人农民，由于辛勤努力成绩大而收入先多一些，生活先好起来。一部分人生活先好起来，就必然产生极大的示范力量，影响左邻右舍，带动其他地区、其他单位的人们向他们学习。这样，就会使整个国民经济不断地波浪式地向前发展，使全国各族人民都能比较快地富裕起来。"邓小平认为："这是一个大政策，一个能够影响和带动整个国民经济的政策，建议同志们认真加以考虑和研究。"①邓小平的这一思想，既是新时期改革开放的一项基本的、重大的政策，也是新时期推动整个国民经济发展的重大思路，同时是新时期我国区域经济发展战略转换的理论基础，表明我国在区域经济发展上已经突破过去片面强调平衡发展的束缚。

改革开放以后我国第一个完整的五年计划即"六五"（1981—1985）计划，明确提出要积极利用沿海地区的经济技术区位优势，充分发挥它们的特长，带动内地经济进一步发展，并开始采取一系列措施向沿海地区倾斜。1986年，"七五"（1986—1990）计划明确把全国划分为东部、中部、西部三大经济地带，提出了按三大地带序列推进区域经济发展的战略思路。可以说，一直到20世纪90年代中后期，我国总体上实施了以东部地区为重点的区域经济非均衡发展战略。这种战略划分了三大地带，确定了区域经济发展按东、中、西部三大经济地带梯度推移的战略思路，并实施了一系列向东部区域倾斜的政策措施。

从区域定位看，这种战略把原来划分沿海与内地的"两分法"，转为划

① 《邓小平文选》第二卷，人民出版社1994年版，第152页。

分东、中、西部三大地带的“三分法”。划分东、中、西部三大地带的“三分法”，则是根据经济技术发展水平和地理位置的差异，把全国从东向西划分为三大地带，东部地带包括辽宁、河北、天津、北京、山东、江苏、上海、浙江、福建、广东、广西（海南建省后含海南）11省市自治区（暂未包括台湾、香港、澳门），中部地带包括黑龙江、吉林、内蒙古、山西、安徽、江西、湖北、湖南、河南9省，西部地带包括四川、贵州、云南、西藏、陕西、甘肃、青海、宁夏、新疆（重庆为直辖市后含重庆）9省自治区。从总体上看，全国的经济技术水平呈现出由东向西依次递减，而能源矿产资源则呈现出由西向东依次递减的区域经济分布态势。东部地带是我国的经济发达区域，中部地带是我国的经济正在成长的区域，而西部地带则是我国的经济不发达区域。

从战略思路看，这种战略强调不同区域经济发展的梯度推移。“七五”计划提出：我国地区经济的发展，要正确处理东部沿海、中部、西部3个经济地带的关系。“七五”期间以至20世纪90年代，要加速东部沿海地带的发展，同时把能源、原材料建设的重点放到中部地区，并积极做好进一步开发西部地带的准备。把东部沿海的发展同中、西部的开发很好地结合起来，做到互相支持、互相促进，要继续鼓励一部分地区、一部分企业和一部分人先富起来。根据这种战略思路，我国的区域经济发展是先发展东部，以东部的发展带动中部和西部的发展，使生产力及区域经济布局逐步由东向西做梯度推移。这种发展战略的重点是优先发展东部区域。1987年党的十三大报告指出，在产业发展和地区布局上，既要重点发挥经济比较发达的东部沿海地区的重要作用，又要逐步加速中部地区和西部地区的开发，使这些地区都能各展所长，并通过相互开放和平等交换，形成合理的区域分工和地区经济结构。①

从战略实施看，这种战略是以一系列向东部沿海区域倾斜的政策措施为主要内容的。一是对外开放向东部倾斜，从设立深圳、珠海、汕头和厦门4

① 中共中央文献研究室编:《十三大以来重要文献选编》上，人民出版社1991年版，第21页。

个经济特区开始，到开放沿海14个港口城市和确定沿海经济开放区，形成了面积为32万平方千米、人口1.6亿的广大沿海开放地带，并在这一地带实行相应的优惠政策，这被看作是这一时期国家在对外开放和区域经济发展上最重要的战略举措。二是优惠政策向东部倾斜，国家对东部沿海开放地区从财政、税收、信贷、投资等方面给予了一系列的优惠，如在对外开放上，扩大当地政府利用外资的审批权限和对外经济活动的自主权，减免外商投资企业的所得税和关税，扩大当地政府对外贸易的自主权和外汇留成比例，等等。三是投资布局向东部倾斜，1981—1985年间，东部沿海地带11省市的工业基本建设投资占全国的比重由“五五”计划期间的44%提高到46%；1986—1989年间，几乎所有沿海省份的投资份额都有所提高，投资份额前6名的省市依次为广东、上海、辽宁、山东、江苏和北京，全部都是东部沿海的省份；1995年，在全国的全社会固定资产投资19445亿元中，东部地区为12188.4亿元，占62.7%。四是体制改革向东部倾斜，国家的许多改革方案和措施，或是先在东部区域试行和实施，或是较多地考虑东部区域的情况和需要，也对东部区域的经济发展产生了有利的促进作用。

客观而言，改革开放以后所实施的区域经济非均衡发展战略，取得了举世瞩目的巨大成效。就我国国民经济的整体发展而言，这一战略的实施，造就了带动国民经济整体增长的经济核心区和增长极，促进了整个国民经济的高速增长，增强了国家的经济实力，提高了宏观经济效益和人民生活水平。就不同区域的经济发展而言，这一战略的实施，加快了东部沿海区域经济的迅速发展，使东部区域特别是东南沿海区域成为推动我国国民经济持续高速增长的最重要的力量，使东部沿海开放地带和工业城市群成为我国经济最发达的精华区域。同时，通过一系列的传递、扩散机制和示范效应，也在一定程度上带动了中西部区域经济的开发和发展，促进了内地区域经济的繁荣，各区域经济都得到了快于改革前的增长。1952—1978年，东部地区国民人均收入年均增长4.63%，中部地区年均增长2.92%，西部地区年均增长3.53%；而在1978—1992年，东部地区国民人均收入年均增长8.28%，中部地区年均增长6.73%，西部地区年均增长7.1%。

（二）区域经济非均衡发展开始调整

以东部地区为重点的区域经济非均衡发展确实取得了巨大成效，但在具体实施中，也存在着一些失误和问题。一是在突出重点区域优先发展的同时，实际上对不同区域经济的协调发展重视不够，区域经济发展不平衡及其相应的区域经济发展差距拉大了，这是首要的和最突出的问题；二是在实行一系列向东部沿海区域倾斜的政策措施的过程中，不同程度地存在着范围上过分倾斜、力度上过度倾斜和时限上过长倾斜的状况，在实现发展战略的效率要求的同时，实际上对公平要求的实现兼顾不够；三是一些必要的区域经济发展的政策措施不完善和不完整，因而在区域经济发展中存在着区域之间的利益摩擦和冲突、区域经济封锁，以及区域产业结构趋同等不容忽视的问题。正是为了缓解、解决这些问题，促进区域经济协调发展，党和国家开始对以东部地区为重点的区域经济非均衡发展进行调整。

进入20世纪90年代以后，对区域经济发展的调整开始酝酿。在党和国家一些领导人的讲话及一些重要文件中，开始出现“地区协调发展”的提法。1990年12月，《中共中央关于制定国民经济和社会发展十年规划和“八五”计划的建议》提出，要积极促进地区经济的合理分工和协调发展。政策研究部门和理论界也就区域经济协调发展提出了一些研究成果，如在1993年，国务院发展研究中心课题组就以“中国区域协调发展战略”为题提出了研究报告。①

1995年9月，党的十四届五中全会通过《中共中央关于制定国民经济和社会发展“九五”计划和2010年远景目标的建议》，把“坚持区域经济协调发展，逐步缩小地区发展差距”作为此后15年我国经济和社会发展必须贯彻的一条重要方针，并明确指出：由于多种因素，地区经济发展差距有所扩大。从战略上看，沿海地区先发展起来并继续发挥优势，这是一个大局，内地要顾全这个大局。发展到一定时候沿海多作一些贡献支持内地发展，这也是大局，沿海也要服从这个大局。从“九五”时期开始，要更加重视支持内地的

① 国务院发展研究中心课题组：《中国区域协调发展战略》，中国经济出版社1994年版。

发展，实施有利于缓解差距扩大趋势的政策，并逐步加大工作力度，积极朝着缩小差距的方向努力。①

1996年3月，八届全国人大四次会议通过《中华人民共和国国民经济和社会发展“九五”计划和2010年远景目标纲要》。该纲要中专设了题为“促进区域经济协调发展”的一章，较为系统地阐述了此后15年国家的区域经济发展战略，其突出特点是强调要逐步缩小区域经济发展差距和提出了促进中西部经济发展的6项政策措施。该纲要指出，引导区域经济协调发展，逐步缩小区域经济发展差距，最终实现共同富裕，是体现社会主义本质的重要方面。该纲要提出6项政策措施以支持中西部区域的经济发展：优先在中西部区域安排资源开发和基础设施建设项目，引导资源加工型和劳动密集型产业向中西部区域转移；理顺资源性产品价格，增强中西部区域自我发展的能力；实行规范的中央财政转移支付制度，逐步增加对中西部区域的财政支持；加快中西部区域改革开放的步伐，引导外资更多地投向中西部区域；加大对贫困地区的支持力度，扶持民族地区的经济发展；加强东部沿海区域与中西部区域的经济联合与技术合作。②

1997年党的十五大又对这种战略作了明确肯定，党的十五大报告指出，促进地区经济合理布局和协调发展。东部地区要充分利用有利条件，在推进改革开放中实现更高水平的发展，有条件的地方要率先基本实现现代化。中西部地区要加快改革开放和开发，发挥资源优势，发展优势产业。国家要加大对中西部地区的支持力度，优先安排基础设施和资源开发项目，逐步实行规范的财政转移支付制度，鼓励国内外投资者到中西部投资。进一步发展东部地区同中西部地区多种形式的联合和合作。更加重视和积极帮助少数民族地区发展经济。从多方面努力，逐步缩小地区发展差距。③

2000年10月，党的十五届五中全会通过的《中共中央关于制定国民经

① 中共中央文献研究室编:《十四大以来重要文献选编》中，人民出版社1997年版，第1485页。
② 中共中央文献研究室编:《十四大以来重要文献选编》中，人民出版社1997年版，第1868—1871页。
③ 中共中央文献研究室编:《十五大以来重要文献选编》上，人民出版社2000年版，第26—27页。

济和社会发展第十个五年计划的建议》第六节提出，要促进地区协调发展。2001年3月，第九届全国人大四次会议通过的《中华人民共和国国民经济和社会发展第十个五年计划纲要》的第八章，就是要求促进地区协调发展。

（三）21世纪的统筹区域经济协调发展

我国的区域经济发展，在对非均衡发展调整的基础上，进入21世纪在全面建设小康社会中转向统筹区域经济协调发展。

2002年11月，党的十六大报告确立了21世纪中国全面建设小康社会的宏伟纲领，明确提出全面建设小康社会的重大任务之一就是促进区域经济协调发展。2003年10月，党的十六届三中全会通过《中共中央关于完善社会主义市场经济体制若干问题的决定》，把科学发展观作为指导21世纪中国经济社会发展的重大战略思想，明确提出要按照统筹城乡发展、统筹区域发展、统筹经济社会发展、统筹人与自然和谐发展、统筹国内发展与对外开放的要求推进发展与改革。统筹区域发展，就是要统筹区域经济协调发展。显然，进入21世纪后，在全面建设小康社会中，我国的区域经济发展，已经逐步调整、转向统筹区域经济协调发展。

正是在转向并推进统筹区域经济协调发展的过程中，作为重大举措，党和国家自2000年开始实施西部大开发战略。此后，2003年10月中共中央、国务院下发《关于实施东北地区等老工业基地振兴战略的若干意见》，开始正式实施振兴东北地区等老工业基地的战略。2004年3月，《政府工作报告》明确把促进中部地区崛起作为促进区域协调发展的重要方面，2006年4月《中共中央国务院关于促进中部地区崛起的若干意见》正式出台，促进中部地区崛起也正式成为统筹区域协调发展的战略内容。与此同时，党和国家还出台了一系列重要举措，继续鼓励东部地区率先加快发展。可以说，经过改革开放30年的发展，在全面建设小康社会的进程中，我国统筹区域经济协调发展，形成推进西部大开发、振兴东北地区等老工业基地、促进中部地区崛起、鼓励东部地区率先发展的区域发展格局。2007年10月，党的十七大报告提出，推动区域协调发展，要深入推进西部大开发，全面振兴东北地区等老工业基地，大力促进中部地区崛起，积极支持东部地区率先发展。

从党的十六大到十八大的10年间，在全面建设小康社会进程中，按照统筹区域协调发展的要求，党和国家持续实施推进西部大开发、振兴东北地区等老工业基地、促进中部地区崛起，以及鼓励东部地区率先发展的一系列重大举措，出台了一批经济区、经济带发展规划和促进产业转移的政策措施，不同区域发展潜力不断释放，不同区域经济比较优势得到发挥，统筹区域经济协调发展取得突出成效。

一方面，不同区域发展呈现出协调性增强的趋势。西部地区基础设施建设取得突破性进展，区域发展呈现良性互动态势，青藏铁路、西气东输、西电东送、支线机场、干线公路相继建设完工；中部地区承东启西的区位优势进一步凸显，生态经济区、城市群和综合交通枢纽建设快速发展；东北地区资源型城市转型，以及国有企业、国有林区垦区等多项改革扎实推进；东部地区作为带动国民经济持续快速增长的核心区和增长极继续发挥重要的带动作用，在实现经济快速增长的同时，在体制创新、技术创新、产业升级、扩大开放等方面，也走在全国的前列，对其他区域的发展产生了重要的示范和激励作用。

另一方面，中西部地区加快发展，经济总量占全国的比重持续上升。在“十一五”（2006—2010）时期，东部地区GDP平均增长速度比“十五”时期加快0.1个百分点，中部地区加快2.1个百分点，西部地区加快2.4个百分点，东北地区加快2.6个百分点。十八大前的2011年，中部地区、西部地区的生产总值占全国的比重分别为20.1%、19.2%，分别比2002年提高1.3、2.0个百分点。2011年，中部地区、西部地区、东北地区全社会固定资产投资占全国的比重分别为23.2%、23.5%和10.7%，分别比2002年提高5.5、3.2和2.4个百分点。

四、区域协调发展战略体系的形成及其意义

从党的十八大开始，中国经济社会发展进入全面建成小康社会新阶段，在统筹区域经济协调发展的基础上，中国区域经济发展在历史进程中进入全

面推进区域经济协调发展新时期，党和国家提出一系列全面推进区域经济协调发展的重大战略，构建、形成中国特色社会主义新时代的区域协调发展战略体系。迈向全面建设社会主义现代化国家新征程，继续全面推进区域经济协调发展，就是要不断完善区域协调发展战略体系，全面实施与推进区域协调发展战略。

（一）区域协调发展战略体系的形成确立

从党的十八大开始，中国的区域经济发展推进到新的发展时期。党的十八大面向全面建成小康社会新阶段，提出加快转变经济发展方式、推进经济结构战略性调整，必须以改善需求结构、优化产业结构、促进区域协调发展、推进城镇化为重点。2013年年底的中央经济工作会议面向新发展，明确提出要积极促进区域协调发展，继续深入实施区域发展总体战略，完善并创新区域政策，重视跨区域、次区域规划，坚定不移实施主体功能区制度，扎扎实实打好扶贫攻坚战。

在十八大以后的治国理政中，习近平总书记统筹区域经济发展全局，明确提出“一带一路”倡议、京津冀协同发展、长江经济带发展、粤港澳大湾区建设等区域经济重大支撑引领战略，推动形成区域经济发展纵横联动、全面协调新格局。2014年12月，习近平总书记在中央经济工作会议的重要讲话中指出：“中央决定，要重点实施‘一带一路’、京津冀协同发展、长江经济带三大战略。这三大战略的共同特点，是跨越行政区划、促进区域协调发展。”①2017年10月，粤港澳大湾区建设被写入党的十九大报告，上升为国家重大区域发展战略。习近平总书记在党的十九大报告中，面向中国特色社会主义新时代的新发展，根据我国发展社会主要矛盾的变化，基于舒缓、解决发展中的不平衡不充分问题，从全方位、多层次、系统化和整体性视阈，提出、确定了中国特色社会主义新时代、区域经济发展新时期的区域经济协调发展战略，也就是区域协调发展战略体系。在党的十九大以后，2018年11月5日，习近平总书记在首届中国国际进口博览会上宣布，支持长江三角洲区

① 习近平：《习近平谈治国理政》第二卷，外文出版社2017年版，第236页。

域一体化发展并将其上升为国家战略。2019年9月18日，习近平总书记在郑州主持召开黄河流域生态保护和高质量发展座谈会并发表重要讲话，习近平总书记指出："黄河流域生态保护和高质量发展，同京津冀协同发展、长江经济带发展、粤港澳大湾区建设、长江三角洲区域一体化发展一样，是重大国家战略。"①

显然，党的十八大以后在全面建成小康社会的进程中，在进入21世纪统筹区域经济协调发展的基础上，中国区域经济发展迈入了全面推进区域经济协调发展新时期，党和国家领导全国人民开创了中国特色社会主义新时代区域经济协调发展的新格局，提出、确立了系统完整的区域协调发展战略体系。对此，习近平总书记2019年8月26日在中央财经委员会第五次会议上的讲话中提出，必须适应新形势，谋划区域协调发展新思路，形成优势互补、高质量发展的区域经济布局。对于这种谋划区域协调发展的战略体系，习近平总书记指出："20世纪90年代中后期以来，我们在继续鼓励东部地区率先发展的同时，相继作出实施西部大开发、振兴东北地区等老工业基地、促进中部地区崛起等重大战略决策。党的十八大以来，党中央提出了京津冀协同发展、长江经济带发展、共建'一带一路'、粤港澳大湾区建设、长江三角洲区域一体化发展等新的区域发展战略。下一步，我们还要研究黄河流域生态保护和高质量发展问题。"②习近平总书记的论述，为我们明确了系统完整的区域协调发展战略体系的基本内容。

改革开放以来，尤其是在21世纪全面建设小康社会以来我国区域经济协调发展所形成的基础上，依据十八大以来全面建成小康社会进程中党和国家推进区域经济协调发展的一系列战略决策，党的十九大提出实施区域协调发展战略，实际上进一步明确了区域协调发展战略体系的框架内容。党的十九大报告指出："实施区域协调发展战略。加大力度支持革命老区、民族地区、边疆地区、贫困地区加快发展，强化举措推进西部大开发形成新格局，深化改革加快东北等老工业基地振兴，发挥优势推动中部地区崛起，创新引领率

① 习近平：《在黄河流域生态保护和高质量发展座谈会上的讲话》，《求是》2019年第20期。
② 习近平：《推动形成优势互补高质量发展的区域经济布局》，《求是》2019年第24期。

先实现东部地区优化发展，建立更加有效的区域协调发展新机制。以城市群为主体构建大中小城市和小城镇协调发展的城镇格局，加快农业转移人口市民化。以疏解北京非首都功能为‘牛鼻子’推动京津冀协同发展，高起点规划、高标准建设雄安新区。以共抓大保护、不搞大开发为导向推动长江经济带发展。支持资源型地区经济转型发展。加快边疆发展，确保边疆巩固、边境安全。坚持陆海统筹，加快建设海洋强国。”[①]根据习近平总书记的论述和党的十九大报告，可以认识、把握区域协调发展战略体系的框架内容。

在中国这样一个大国的整个现代化建设系统中，区域经济、区域经济发展及不同区域经济之间相互依存、相互联系和相互作用，构成整个国家、现代化建设的空间结构、空间活动的基本内容。在这样的意义上，推进国家的现代化建设，就是要促进区域经济协调发展。中国特色社会主义进入新时代，从全面建成小康社会迈向全面建设社会主义现代化国家新征程，全面推进区域经济协调发展，就是要坚持和不断完善区域协调发展战略体系、全面实施区域协调发展战略。总体而言，区域协调发展战略体系，其框架内容可以从三大战略层次来把握。

第一个战略层次是西部开发、东北振兴、中部崛起、东部优化四大板块所构成的区域发展总体战略，要强化举措推进西部大开发形成新格局，深化改革加快东北地区等老工业基地振兴，发挥优势推动中部地区崛起，创新引领率先实现东部地区优化发展。

第二个战略层次是京津冀协同发展、长江经济带发展、长江三角洲区域一体化发展、粤港澳大湾区建设，以及黄河流域生态保护和高质量发展等构成的区域经济协调发展的重大支撑引领战略，要以疏解北京非首都功能为“牛鼻子”推动京津冀协同发展，以共抓大保护、不搞大开发为导向推动长江经济带发展，推动长江三角洲区域一体化发展，推动黄河流域生态保护和高质量发展，推进粤港澳大湾区建设。

第三个战略层次是支持特殊类型地区加快发展、主体功能区、新型城镇

① 《中国共产党十九次全国代表大会文件汇编》，人民出版社2017年版，第26—27页。

化等功能区域发展战略，加大力度支持革命老区、民族地区、边疆地区、贫困地区加快发展，支持资源型地区经济转型发展，坚持陆海统筹、加快建设海洋强国，推进以人为核心的新型城镇化战略、以城市群为主体构建大中小城市和小城镇协调发展的城镇格局。

正是根据党的十九大提出的系统完整的区域协调发展战略体系，十九届五中全会通过的“十四五”规划建议对中国“十四五”时期推进区域协调发展提出了战略要求：“坚持实施区域重大战略、区域协调发展战略、主体功能区战略，健全区域协调发展体制机制，完善新型城镇化战略，构建高质量发展的国土空间布局和支撑体系。”[①]国家的“十四五”规划纲要，对于“十四五”时期，深入推进西部大开发、东北全面振兴、中部地区崛起、东部率先发展，推动区域重大战略取得新的突破性进展，支持特殊类型地区加快发展、深入实施主体功能区战略、新型城镇化战略等作出具体安排部署。

（二）区域协调发展战略体系的重要意义

在从全面建成小康社会迈向全面建设社会主义现代化国家进程中，按照区域协调发展战略体系，全面实施区域协调发展战略，全面推进区域经济协调发展，具有极为重要的意义。

首先，按照区域协调发展战略体系，全面实施区域协调发展战略，全面推进区域经济协调发展，是建设现代化经济体系的重要内容。党的十九大面向中国特色社会主义新时代，提出新时代中国特色社会主义发展的宏伟纲领，其中的重要内容就是建设现代化经济体系。十九大报告指出：“我国经济已由高速增长阶段转向高质量发展阶段，正处在转变发展方式、优化经济结构、转换增长动力的攻关期，建设现代化经济体系是跨越关口的迫切要求和我国发展的战略目标。”[②]我国要建设的现代化经济体系，可以被看作是现代化进程中要建设、完善，进而建成的国民经济各个产业、领域、方面、层次等彼此之间相互依存、相互联系、相互促进的系统。根据党的十九大精神，我国在新时代要建设的现代化经济体系，从系统构成把握，应该包括实体经

① 《中国共产党十九届中央委员会第五次全体会议文件汇编》，人民出版社2020年版，第45页。
② 《中国共产党十九次全国代表大会文件汇编》，人民出版社2017年版，第24页。

济、科技创新、现代金融、人力资源协同发展的现代化产业体系，国家创新体系、区域创新体系、企业创新体系有机结合的现代化创新体系，城乡融合、城乡一体化发展的现代化城乡经济体系，区域经济多层次、全空间、各领域全面协调发展的现代化区域经济协调发展体系，以“一带一路”倡议为重点、对外经济开放高层次推进、开放布局全方位优化的现代化开放经济体系，以及市场机制有效、微观主体有活力、宏观调控有度的市场经济体制。显然，推进中国特色社会主义新时代发展，建设现代化经济体系，极其重要、不可或缺、不能替代的一个重要方面就是建设现代化区域经济协调发展体系。只有按照区域协调发展战略体系，全面实施区域协调发展战略，全面推进区域经济协调发展，才能不断推进现代化区域经济协调发展体系的建设与完善。

其次，按照区域协调发展战略体系，全面实施区域协调发展战略，全面推进区域经济协调发展，是保持经济高质量发展、不断提高综合国力的基本要求。在全面建成小康社会基础上全面建设社会主义现代化国家，要通过各区域经济的共同发展来实现，而只有按照区域协调发展战略体系，全面实施区域协调发展战略，全面推进区域经济协调发展，才有可能实现区域经济共同发展，因此按照区域协调发展战略体系全面推进区域经济协调发展，是全面建设社会主义现代化国家的客观需要；全面建设现代化必然要求全面发展现代市场经济，需要形成和完善现代市场体系，只有按照区域协调发展战略体系，全面实施区域协调发展战略，全面推进区域经济协调发展，才有可能真正消除区域市场分割的障碍，形成和完善全国统一市场，让市场在资源配置中发挥决定性作用，因而按照区域协调发展战略体系全面推进区域经济协调发展，是形成和完善统一竞争开放有序的现代市场体系、发展现代市场经济的需要；在日益复杂多变的经济全球化趋势发展中，面对激烈的国际竞争，要求我国不仅要提高东部区域的国际竞争性，而且还要提高中西部区域、不同层次区域的国际竞争能力，所以按照区域协调发展战略体系全面推进区域经济协调发展，也是新时代不断提高国家整体竞争能力的需要。

再次，按照区域协调发展战略体系，全面实施区域协调发展战略，全面推进区域经济协调发展，是保持社会稳定、促进可持续发展的客观需要。经济发展是政治稳定和社会稳定的基础，不同区域经济发展的过度失调会对政治发展与社会发展造成不良影响。我国经济发展程度相对较低的区域大都分布于中西部地区，我国西部许多区域还是少数民族聚居地，其中有20多个少数民族与境外同一民族跨国界而居。提高对中西部地区经济发展的支持力度，加快相对水平较低区域的经济社会发展，是全面实施区域协调发展战略的重要内容。所以，从保持我国政治稳定、社会稳定和民族团结的意义来说，必须按照区域协调发展战略体系，全面实施区域协调发展战略，全面推进区域经济协调发展。虽然我国目前进入全面建设社会主义现代化国家的新发展阶段，但处于社会主义初级阶段的基本国情没有改变，在相当长时期还是面临资源和生态环境承载限度的压力，在这种情况下，必须从整个经济社会实现可持续发展的战略高度协调不同区域的经济活动，建设生态文明，保护自然生态、节约能源资源和改善生态环境，所以按照区域协调发展战略体系全面推进区域经济协调发展，是实现整个国民经济和社会可持续发展的需要。

最后还要特别强调，按照区域协调发展战略体系，全面实施区域协调发展战略，全面推进区域经济协调发展，是中国特色社会主义的本质要求。改革开放伊始，邓小平就提出，要让一部分地区、一部分人先富起来，在此基础上逐步实现共同富裕，这也可以说是按照区域协调发展战略体系全面推进区域经济协调发展最基本的理论基础。一方面，改革开放以来国民经济整体发展和不同区域经济发展的实践证明，东部沿海区域的率先发展和先富起来并带动中西部区域共同发展，取得了巨大的成效，改革开放以来不仅东部而且中西部也都得到了很大的发展；另一方面，为了逐步缩小区域经济发展差距，必须采取重大战略举措，加快中西部地区的发展，加快不同层次、不同区域经济的全面发展，促使不同区域朝着共同富裕的方向共同迈进。所以，实现共同富裕是中国特色社会主义的根本原则和本质特征，而按照区域协调发展战略体系，全面实施区域协调发展战略，全面推进区域经济协调发展，正是其具体体现与重要要求，通过全面推进区域经济协调发展，必将促进不同区域的广大人民群众不断在更高水平上走向共同富裕。

（三）区域协调发展战略体系的内在要求

按照区域协调发展战略体系，全面实施区域协调发展战略，全面推进区域经济协调发展，是要推进和实现现代化建设中不同层次、所有区域经济的共同发展。但是，不同区域经济的共同发展并不意味着无特色、无差异和无重点，区域协调发展战略体系所体现、所要求的，是不同区域经济突出特色、存在差异、各有重点的共同发展。

按照区域协调发展战略体系，全面实施区域协调发展战略，全面推进区域经济协调发展，是不同区域经济突出特色的共同发展。协调发展是要突出不同区域经济的优势和效率，不同的区域应根据自身的比较优势和发展条件，确定在全国区域分工格局中所承担的任务和产业发展方向，采取不同的发展模式，形成各具特色的区域经济。区域协调发展战略体系所体现、所要求的，就是在区域经济发展中要统筹规划，从提高国民经济的整体效益出发，加强区域经济的合理分工，形成有利于发挥区域优势和进行区域协作的经济体系，把全国经济的统一性和区域经济的特色结合起来，逐步实现全国范围内的资源合理利用与优化配置，缩小区域经济发展差距。通过不同区域经济发展的统筹协调，实现不同的区域都能既发挥优势，又能避免结构趋同，在区域经济联系中优势互补，进而建立合理的区域经济空间格局，促进不同区域发挥自己的优势，创出自身的特色，实现自身的经济发展，同时进一步提高国民经济的整体效益。

按照区域协调发展战略体系，全面实施区域协调发展战略，全面推进区域经济协调发展，是不同区域经济存在差异的共同发展。我国是一个幅员辽阔、人口众多的发展中大国，由于自然的、经济的和社会的诸多原因，区域经济发展差异将会长期存在，不同区域不可能同时、同步、同一水平地发展。区域协调发展战略体系所体现、所要求的，就是在不同区域经济普遍增长、高质量发展、人民生活水平不断提高的同时，承认不同区域自我积累、自我发展能力的差异，允许和鼓励一部分地区在公平竞争中率先发展、优化发展，并对其他区域起到示范作用、带动作用和辐射作用，在不同区域经济有差异的、波浪式的增长和发展中，实现整个国民经济的持续稳定和健康发展。因此，按照区域协调发展战略体系，全面实施区域协调发展战略，全面推进区域经济协调发展，不是不同区域经济同时、同等程度的发展，也不是抑制一部分区域的发展，而是承认发展差别，承认不同区域有先有后地走向共同富裕，程度高低有别地实现自身的不断发展。全面推进区域经济协调发展，就是要引导先富裕的区域、先发展的区域发挥带动作用，是要促进经济发展落后的区域、经济发展程度较低的区域也随之实现发展，因而全面推进区域经济协调发展，正是在时序有先后、程度有高低的区域经济有差异的共同发展中实现的。

按照区域协调发展战略体系，全面实施区域协调发展战略，全面推进区域经济协调发展，也是不同区域经济各有重点的共同发展。全面推进区域经济协调发展，没有否定在区域经济发展中突出重点、适度倾斜，只不过更加突出地强调不同地区都要突出各自的重点，国家根据不同地区的不同发展重点进行不同的适度倾斜。东部区域是我国最具有经济活力的区域，国家将继续鼓励东部地区优化发展，继续发挥经济特区和开放地区改革开放的示范带动作用，支持这些区域增强创新优势。与此同时，其他地区也有自身的发展重点，相关区域及其有关产业在符合国家区域政策、产业政策、具备条件的情况下也会成为发展重点。全面推进区域经济协调发展，意味着国家应当在调控不同区域经济的发展中发挥重要作用，为不同区域经济的发展提供公平的发展环境，特别是要采取重大举措，对相关区域和重点产业的发展予以支持和倾斜，进一步促进不同层次、不同区域共同加快发展。

综上所述，在中国区域经济发展的历史进程中，在改革开放前总体上是一种低水平区域经济平衡发展，改革开放后从区域经济非均衡发展转向统筹区域经济协调发展，又在党的十八大以后形成系统完整的区域协调发展战略体系。按照区域协调发展战略体系，全面实施区域协调发展战略，就成为全面建成小康社会基础上全面建设社会主义现代化国家发展过程中，全面推进区域经济协调发展的最基本、最突出、最鲜明的内容和要求。

第十三章　区域协调发展战略体系的区域发展总体战略

区域协调发展战略体系的第一个战略层次，就是实施与推进西部开发、东北振兴、中部崛起、东部率先的区域发展总体战略。在21世纪的发展中，2005年3月的《政府工作报告》指出，实施西部大开发，振兴东北地区等老工业基地，促进中部地区崛起，鼓励东部地区加快发展，是从全面建设小康社会和加快现代化建设全局出发作出的整体战略部署。这是西部、东北、中部、东部四大区域发展战略先后提出、确立以后，从整个区域发展高度对我国总的区域发展战略的概括。不久，2005年10月，党的十六届五中全会审议通过的《中共中央关于制定国民经济和社会发展第十一个五年规划的建议》就明确提出，落实区域发展总体战略，形成东中西优势互补、良性互动的区域协调发展机制。这是在最高决策层面，首次概括出区域发展总体战略。

此后，党和国家在推进区域经济协调发展的战略部署中，第一个战略层次，就是强调区域发展总体战略。2006年3月，依据“十一五”规划建议制定的“十一五”规划纲要就提出，坚持实施推进西部大开发，振兴东北地区等老工业基地，促进中部地区崛起，鼓励东部地区率先发展的区域发展总体战略，健全区域协调互动机制，形成合理的区域发展格局。2007年10月，党的十七大报告指出，要继续实施区域发展总体战略，深入推进西部大开发战略，全面振兴东北地区等老工业基地，大力促进中部地区崛起，积极支持东部地区率先发展。2012年11月，党的十八大报告面向全面建成小康社会新阶段，提出继续实施区域发展总体战略，充分发挥各地区比较优势，优先推进西部大开发，全面振兴东北地区等老工业基地，大力促进中部地区崛起，积极支持东部地区率先发展。2015年10月，党的十八届五中全会通过的“十三五”规划建议，面向全面建成小康社会决胜阶段提出，拓展区域发展空间，要以区域发展总体战略为基础。2016年3月通过的国家“十三五”规划纲要进一步提出，深入实施西部开发、东北振兴、中部崛起和东部率先的区域发展总体战略，创新区域发展政策，完善区域发展机制，促进区域协调、协同、共同发展，努力缩小区域发展差距。2017年10月，党的十九大面向决胜全面建成小康社会、全面建设社会主义现代化国家，要求在建设现代化经济体系、实施区域发展协调战略中，继续实施这四大板块构成的区域发展总体战略。2020年10月，党的十九届五中全会通过的“十四五”规划建议，面向全面建设社会主义现代化国家新征程，对推动区域协调发展进行部署时提出，推动西部大开发形成新格局，推动东北振兴取得新突破，促进中部地区加快崛起，鼓励东部地区加快推进现代化。

一、西部大开发战略的实施与推进

西部大开发战略尽管就其提出、形成的历史阶段而言，是在东部地区率先发展开始之后，但在区域发展总体战略的框架中，仍处于首要位置。西部大开发战略既是全面建设小康社会统筹区域经济协调发展的重大战略，也是全面建成小康社会、全面建设社会主义现代化国家新征程中区域经济协调发展战略体系的重要构成部分。

（一）西部大开发战略的提出

西部大开发战略是在向全面建设小康社会迈进的过程中提出、形成的。改革开放以后，我国区域经济发展转向以东部地区为重点的非均衡发展，确实取得了巨大成效。但是在东西部经济增长都有长足进展的同时，区域经济发展差距也有相当程度的扩大。仅从改革开放以来西部与东部人均GDP差距来看，1978年东部为463.7元，西部为250.8元，西部与东部的绝对差距为

212.9元；1999年东部为10102元，西部为4172元，西部与东部的绝对差距为5930.0元。因此，随着现代化建设第二步战略目标、总体小康即将实现的关口，面向21世纪全面建设小康社会，采取重大战略举措缩小东西部区域发展差距的迫切性日益凸显。缩小差距不能抑制东部地区的发展，而是要加快西部地区的发展，因此实施西部大开发战略，加快西部地区的开发和发展，就在迈向21世纪的发展过程中被提出和确立。

实施西部大开发战略是以邓小平关于"两个大局"的战略构想为重要依据的。邓小平指出："沿海地区要加快对外开放，使这个拥有两亿人口的广大地带较快地先发展起来，从而带动内地更好地发展，这是一个事关大局的问题。内地要顾全这个大局。反过来，发展到一定的时候，又要求沿海拿出更多力量来帮助内地发展，这也是个大局。那时沿海也要服从这个大局。"[①]对于实施第二个大局的战略构想的时机，邓小平在1992年的南方谈话中提出了一个时间表。他说："走社会主义道路，就是要逐步实现共同富裕。共同富裕的构想是这样提出的：一部分地区有条件先发展起来，一部分地区发展慢点，先发展起来的地区带动后发展的地区，最终达到共同富裕。……什么时候突出地提出和解决这个问题，在什么基础上提出和解决这个问题，要研究。可以设想，在本世纪末达到小康水平的时候，就要突出地提出和解决这个问题。"[②]正是在邓小平"两个大局"战略构想的指导下，改革开放以后，我国首先推进以东部沿海地带为重点的区域经济非均衡发展，然后逐步转向统筹区域经济协调发展，明确提出实施西部大开发战略。

西部大开发战略是以江泽民同志主要代表的中国共产党人集体作出的重大决策。1998年5月，江泽民提出要"逐步加快开发西部地区"。[③]1999年6月17日，在西安举行的西北五省区国有企业改革和发展座谈会上，江泽民发表重要讲话，进一步明确提出要实施西部大开发战略，指出加快开发西部地

① 《邓小平文选》第三卷，人民出版社1993年版，第277—278页。

② 《邓小平文选》第三卷，人民出版社1993年版，第373—374页。

③ 江泽民：《全党动手，动员全社会力量，共同做好国有企业下岗职工生活保障和再就业工作》（1998年5月14日），《十四大以来党和国家领导人论国有企业改革和发展》，国家经济贸易委员会、中共中央文献研究室编，中央文献出版社1999年版，第217页。

区是全国发展的一个大战略、大思路，并对西部大开发的一系列重要问题作了论述。根据邓小平关于东西部共同富裕的“两个大局”的战略构想和江泽民关于不失时机地加快开发西部地区的指示精神，中共中央明确提出“国家要实施西部大开发战略”。1999年11月，中共中央、国务院召开中央经济工作会议，在具体部署2000年的工作时，把实施西部大开发战略作为一个重要的方面，这可以看作是实施西部大开发战略的启动。2000年1月，国务院西部地区开发领导小组召开西部地区开发会议[①]，研究加快西部地区发展的基本思路和战略任务，对实施西部大开发战略的重点工作进行全面部署，这可以看作是西部大开发战略实施的全面展开。2000年10月11日，党的十五届五中全会通过《中共中央关于制定国民经济和社会发展第十个五年计划的建议》（简称《建议》），《建议》共16个部分，第6部分“实施西部大开发，促进地区协调发展”专门论述西部大开发，把实施西部大开发作为战略性、宏观性、政策性的问题，进一步确定了西部大开发的战略目标和主要任务。2001年3月5日，第九届全国人民代表大会第四次会议通过《中华人民共和国国民经济和社会发展第十个五年计划纲要》（简称《纲要》），《纲要》共10篇26章，第8章“实施西部大开发战略，促进地区协调发展”，规定了“十五”时期实施西部大开发战略的目标、方针、主要任务等。至此，西部大开发战略被纳入我国21世纪整个国民经济和社会发展的规划之中，成为21世纪现代化建设第三步发展战略实施中国家重大区域发展战略的重要组成部分。

在新中国成立以后的一个很长的历史时期内，确定宏观区域经济发展战略和区域政策，所使用的区域定位是沿海和内地的划分。我国明确划分东中西部三大地带的范围始于1986年六届全国人大四次会议通过的“七五”计划。实施西部大开发战略以后，2000年10月26日下发的《国务院关于实施西部大开发若干政策措施的通知》中，明确把划入中部地区的内蒙古和划入东部地区的广西列入实施西部大开发战略的区域范围之中。这样，实施西部大开

① 国务院于2000年1月成立西部地区开发领导小组，由国务院总理朱镕基担任组长，副总理温家宝担任副组长，领导小组成员包括国务院有关部门的主要负责人。国务院西部地区开发领导小组下设办公室，在当时国家发展计划委员会单设机构，具体承担领导小组的日常工作。

发战略以后的西部，包含12个省区市，即：西北五省区，陕西省、甘肃省、青海省、宁夏回族自治区、新疆维吾尔自治区；西南五省区市，四川省、重庆市、云南省、贵州省、西藏自治区；广西壮族自治区和内蒙古自治区。[①]

在我国整个现代化建设以及区域发展总体战略框架中，西部大开发具有十分重要的战略地位。党的十六大报告对于全面建设小康社会进行部署时就指出："实施西部大开发战略，关系全国发展的大局，关系民族团结和边疆稳定。"[②]在西部大开发战略的实施与推进中，党和国家进一步从战略决策层面确定了西部大开发的重要地位。2010年在《中共中央国务院关于深入实施西部大开发战略的若干意见》中，面向下一轮、新十年的西部大开发，确定西部大开发在我国区域发展总体战略中具有优先地位，在促进社会和谐中具有基础地位，在实现可持续发展中具有特殊地位。党的十八大以后，党和国家在对西部大开发战略的推进进行部署时，突出并反复强调要优先推进西部大开发。

首先，西部大开发在我国区域发展总体战略中具有战略优先地位。在区域发展总体战略的四大区域中，西部12省区市所占的国土面积为686万平方千米，占全国的71%以上；人口约占全国人口总数的30%左右。在如此之广阔的国土空间中进行大开发、推进大发展，促进如此之众多的人口走向共同富裕，对于我国全面建成小康社会，进而全面建设社会主义现代化国家具有重要意义。西部地区区域广大，有着重要的能源原材料基地，有些甚至关系到整个现代化建设、经济高质量长远发展。实施西部大开发战略，促进这些事关整个现代化建设、国民经济全局发展与长远发展的基础性产业、战略性产业的发展，有利于保持中国国民经济发展的后劲和促进经济长期稳定增长与发展。应对世界经济格局深刻变化，扩大内需是我国经济发展长期坚持的战略方针和基本立足点。西部地区幅员辽阔，自然资源丰富，但发展水平较

① 在西部大开发战略的推进中，国家还确定，湖南省湘西土家族苗族自治州、湖北省恩施土家族苗族自治州、吉林省延边朝鲜族自治州，在实际工作中比照西部大开发有关政策措施予以照顾。

② 江泽民：《全面建设小康社会　开创中国特色社会主义事业新局面——在中国共产党第十六次全国代表大会上的报告》，人民出版社2002年版，第24页。

低，蕴藏着巨大的投资机会、巨大的市场潜力和发展潜力。实施西部大开发战略，加快西部地区经济发展，西部地区人民的生活水平和社会购买力就会相应提高，投资需求也会增加，市场容量必然扩大，就会有效地扩大国内投资需求和消费需求，为全国经济社会发展提供巨大市场空间和回旋余地。同时，在西部大开发中还将提供大量的就业机会，吸纳全国众多富余劳动力，从而缓解全国的就业压力。西部地区具有独特的沿边优势，西部地区陆地边界线长1.8万千米，约占我国陆地边界线（2.28万千米）的79%，与13个国家接壤（蒙古、俄罗斯、哈萨克斯坦、吉尔吉斯斯坦、塔吉克斯坦、阿富汗、巴基斯坦、印度、尼泊尔、不丹、缅甸、老挝、越南）。这种地缘优势就决定了西部地区在"一带一路"倡议中能够发挥重要作用，处于向西开放前沿的西部有关省区也就成为推进"一带一路"倡议的核心区域。实施西部大开发战略，激发西部地区经济增长潜力与拓展发展空间，西部地区对国民经济增长与发展、现代化建设的贡献也会进一步提升，进而对于全面建成小康社会、全面建设社会主义现代化国家奋斗目标的实现，作出更大贡献。

其次，西部大开发在我国社会建设、社会发展中具有基础地位。西部地区是我国少数民族集中聚居的地方，西部地区聚居的少数民族占全国少数民族人口的80%，西部地区是各民族文化交汇地，也是国家反分裂、反渗透、反颠覆的重点监察地区；西部地区地处边疆，与13个国家接壤，其战略和国防地位十分重要；西部地区也是我国农村贫困人口较为集中的地区。因此，维护和保持民族地区的稳定，挫败国内外敌对势力的分裂阴谋，加强与邻国的经济文化交流，稳定与巩固边防，进一步改善人民生活，使广大西部地区的人民群众走向共同富裕，很关键的一条，就是不断加快西部地区的经济发展和社会进步。实施西部大开发战略，必然会推动西部地区的经济社会加快发展，进一步巩固和发展平等、团结、互助的社会主义民族关系，增强整个中华民族的凝聚力和向心力，从根本上巩固社会稳定和边疆安宁的大好局面，不断提高西部地区人民群众的生活水平与生活质量，共享发展改革成果，从而促进民族团结、边防巩固、边疆稳定和国家统一。

最后，西部大开发在我国生态文明建设、可持续发展、绿色发展中具有特殊地位。西部地区为长江、黄河的发源地和上游，其水资源的开发利用状况对于保证中下游地区水资源供应和防治洪涝灾害具有举足轻重的影响；西部地区是森林、草原、湿地和湖泊等集中分布区，生态地位极其重要，是国家重要的生态安全屏障。同时，西部地区又是我国生态环境十分脆弱的地区，是水土流失、土地荒漠化和石漠化的严重地区，千百年来频繁的战乱、自然灾害和各种人为的原因，导致西部地区的自然环境不断恶化，黄河频繁出现断流现象，荒漠化逐步向东推移的趋势年复一年地在加剧，长江上游水土流失对中下游地区洪涝灾害的威胁不断加大。这不仅对西部地区，而且也给东部地区的经济社会发展带来了严重的不利影响。西部地区日益恶化的生态环境，极大地制约着西部地区的经济和社会发展，对中华民族的生存和发展也构成了严重威胁。因此，不遏制西部地区的生态环境恶化趋势，就没有全国经济社会的可持续发展和绿色发展。只有加强西部的生态文明建设，才能确保国家生态安全，为我国可持续发展、绿色发展提供支撑和保障。西部大开发的一个重要内容是在西部进行生态环境修复建设，改善西部的生态环境。通过西部大开发战略的实施，建设一个山川秀美的新西部，到时必将改善整个国家的生态环境状况，推动整个国家的可持续发展、绿色发展进程。

总之，没有西部地区的繁荣昌盛，就不可能实现整个国家的繁荣富强；没有西部地区的社会稳定和民族团结，就不可能保持整个国家的社会稳定和民族团结；没有西部地区的全面振兴，就不可能达到整个中华民族的振兴；没有西部地区的现代化，就不可能有我国整个现代化建设的最终成功。

（二）西部大开发战略的确立

在全面建设小康社会伊始，党和国家就确立了实施西部大开发战略的具体战略内容，包括战略目标、指导方针、主要任务、区域重点和支持政策等各个方面。

第一，关于西部大开发的战略目标。

党和国家当时从现代化建设第三步发展战略和21世纪前10年两个层面确定了西部大开发的战略目标。第一个层面，就21世纪上半叶我国实施现代化建设第三步发展战略而言，西部大开发的战略目标，是经过几代人的艰苦奋斗，到21世纪中叶全国实现现代化时，从根本上改变西部地区相对落后的社会发展面貌，将其建设成一个经济繁荣、社会进步、生活安定、民族团结、山川秀美、人民富裕的新西部；第二个层面，21世纪最初的10年，是西部大开发极为重要的关键时期，要促进西部地区经济又好又快发展，人民生活水平持续稳定提高，基础设施和生态环境建设实现新突破，重点地区和重点产业的发展达到新水平，基本公共服务均等化取得新成效，构建社会主义和谐社会迈出扎实步伐。这是西部大开发在21世纪前10年的阶段性目标。

第二，关于西部大开发的指导方针。

为了实现西部大开发的战略目标，党和国家确定了西部大开发的4条指导方针，即4个坚持。一是坚持从实际出发，遵循客观规律。在开展工作、编制规划、制定政策时，都要从西部地区生产力发展的现实水平出发，不搞“一刀切”和“大呼隆”，防止盲目刮风和一哄而起。尊重自然规律和经济规律，既考虑现实需要，又考虑实际可能，努力提升开发的效益。二是坚持积极进取，量力而行。要充分调动各方面的积极性，利用一切有利因素，创造条件加快西部开发。同时也要看到，由于西部地域辽阔，自然条件较差，在开发中要根据人力、物力、财力的可能，有步骤、分阶段地加以推进。三是坚持统筹规划，科学论证。结合全国制订“十五”计划，编制好西部开发规划，正确提出西部开发的目标、原则、步骤和政策措施。规划的制定要广泛听取社会各方面的意见，提高规划的科学性和民主性。安排重大建设项目，要发扬民主，反复论证，防止决策失误。四是坚持突出重点，分步实施。要集中力量，解决一些关系西部地区发展全局的重大问题。对重点区域要重点支持，培育增长极和经济带，带动周边地区的发展。实施西部大开发战略，既要有长远蓝图，又要制定阶段性目标和任务，并使每个阶段的目标相互衔接，稳步推进。

第三，关于西部大开发的主要任务。

依据指导方针，党和国家提出了一定时期西部大开发5个方面的主要任务。实施西部大开发战略，要把加快基础设施建设作为开发的基础，把加强生态环境保护和建设作为开发的根本，把抓好产业结构调整作为开发的关键，把发展科技教育和加快人才培养作为开发的重要条件，把深化改革、扩大开放作为开发的强大动力。

把加快基础设施建设作为开发的基础，重点是6个方面：一是水利，把水资源的合理开发和有效利用放在西部开发的突出位置，实现水资源的永续利用；二是交通，要以公路建设为重点，全面加强铁路、机场、天然气管道干线建设，扩大西部与东部、西南与西北的运输通道，实现通江达海，形成综合运输体系，并促进西部地区与周边国家的联系和交流；三是通信，继续加快西部地区通信干线和支线建设，进一步扩大通信容量，提高通信质量和服务水平，把发展通信网络和小城镇建设结合起来；四是电网，加快西部地区城乡电网建设和改造；五是城市基础设施，重点是加快西部地区大中城市的道路、供排水、污水处理、垃圾处理、供暖等设施建设，逐步解决小城镇公益设施的配套完善问题；六是突出抓好西气东输、西电东送等一批具有战略意义的重点工程。

把加强生态环境保护和建设作为开发的根本，其重点一是保护天然林资源，实施天然林资源保护工程；二是因地制宜实施坡耕地退耕还林还草，采取“退耕还林（草）、封山绿化、以粮代赈、个体承包”的政策措施；三是实施各项防沙治沙和草原保护工程，加快长江、黄河中上游风沙区、草原区等重点地区生态环境建设综合治理和自然保护区的建设等。

把抓好产业结构调整作为开发的关键，主要在于5个方面：一是加强农业，加大农业基础设施建设力度，改善西部地区农业生产条件和农民生活条件；二是发展特色产业，发展有特色的农牧业、绿色食品、中草药及生物制药等产业；三是推进优势资源的合理开发和深度加工，加快资源优势向经济优势的转化；四是加快发展旅游业，努力将旅游业培育、发展成为西部的支柱性产业；五是有重点地发展高新技术产业。

把发展科技教育和加快人才培养作为开发的重要条件，坚持科教先行，重点发展义务教育，大力发展各种形式的职业教育，积极发展高等教育；做好人才培养、使用和引进工作；实行干部交流，加强东部沿海和西部地区之间的干部交流；推广应用高新技术和先进适用技术。

把深化改革、扩大开放作为开发的强大动力，加快西部地区改革和对内对外开放的步伐，大力发展多种所有制经济，增强西部大开发的经济活力，进一步扩大对内对外开放，改善投资环境，积极吸引社会资金和外资参与西部大开发和建设。

第四，关于西部大开发的区域重点。

我国西部地区幅员辽阔，情况各不相同，实施西部大开发战略必须逐步展开。党和国家从西部地区的实际出发，提出西部大开发要依托亚欧大陆桥、长江水道、西南出海通道等交通干线，发挥中心城市作用，以线串点，以点带面，有重点地推进开发。据此，选择经济基础条件较好、区位优势明显、人口较为密集、沿交通干线和城市枢纽的一些地区，作为西部开发的重点区域，促进西陇海兰新经济带、长江上游经济带、南贵昆经济带等的形成，沿交通干线重点发展一批中心城市，形成经济增长极，提高城镇化水平，带动周围地区发展。

促进形成西陇海兰新线经济带。沿亚欧大陆桥，以陇海兰新铁路、连云港至霍尔果斯公路等交通干线为依托，发挥西安、兰州、乌鲁木齐和呼和浩特、银川、西宁等中心城市的枢纽作用，充分利用其经济技术基础较好的条件，支撑西北地区的开发。积极发展依托优势资源的能源、有色金属、石油化工业和旅游业，以特色农产品为主要原料的轻工业、食品、医药行业，以及有优势的生物工程、电子信息、航空航天、新材料等高新技术产业，推进传统产业的改造和升级，加快发展服务业，增强中心城市的综合经济实力和科技创新能力。借助交通干线连接城镇的便利条件，加快发展陕西关中地区、甘肃兰州白银经济区、新疆天山北坡经济区及库尔勒地区、宁夏沿黄地区、青海东部及格尔木地区、内蒙古河套地区、“三西”能源重化工基地。通过建设西电东送、西气东输、生态环境建设等重大工程项目，加强与东部、中部地区的经济联系，促进生产力合理布局和生态平衡，推动同中亚地区的经济技术交流与合作。

促进形成长江上游经济带。沿长江黄金水道，以长江航道、上海至成都公路、沿江铁路等交通干线为依托，发挥重庆、成都等中心城市的枢纽作用，支撑川渝地区的开发。积极发展交通、商贸、金融、信息等综合服务业，加快发展食品、装备制造、电子、中药和生物制药、旅游等产业，充分发挥现有工业基础的作用，加速国防科技工业调整、改革和发展。发挥农业优势，推进农业产业化经营和现代化进程。充分利用沿江、沿路的区位条件，促进市场发育。加快发展成渝地区、攀（枝花）成（都）绵（阳）地区、长江三峡地区。通过建设西电东送等重大工程，扩大与长江中下游地区的经济技术交流与合作。

促进形成南（宁）贵（阳）昆（明）经济区。沿西南出海通道，以南昆铁路、重庆至湛江公路等交通干线为依托，发挥南宁、贵阳、昆明等中心城市的枢纽作用，支撑滇黔桂地区的经济开发。加快城市基础设施建设，进一步完善城市功能，大力发展交通、商贸、旅游等产业，改造提高机械、电子、航空工业，加快利用水能、有色金属、磷矿石、煤炭等资源，建设西南地区水电开发和东输工程，积极开发热带、亚热带生物资源。加快发展广西南（宁）北（海）钦（州）防（城）地区、贵州贵阳附近地区、云南昆明附近地区。加强与我国华南地区及东南亚地区的经济联系，扩大经济技术交流与合作。

第五，关于西部大开发的支持政策。

实施西部大开发战略，需要国家对西部地区的开发和发展提供政策支持。2000年10月，国务院下发《关于实施西部大开发若干政策措施的通知》，确定了西部大开发4个主要方面的支持政策。

一是增加资金投入的政策。主要提出了加大基础设施建设的投入力度、优先安排基础设施建设项目、加大财政转移支付力度、加大金融信贷支持等方面的扶持政策，如国家发行的建设国债资金、中央财政性建设资金、国家政策性银行贷款、国际金融组织和外国政府优惠贷款等，要向西部地区倾斜；采取多种方式、通过多种渠道筹集西部开发资金，各有关部门在专项资金安排上要体现对西部地区的支持等。

二是改善投资环境的政策。包括大力改善投资的软环境，实行税收优惠政策，实行土地和矿产资源优惠政策，运用价格和收费机制进行调节。具体内容有减少审批事项，简化审批程序，提高办事效率，消除行业垄断、地方封锁和保护；对投资西部地区的企业实行优惠的税收政策；进一步提高市场调节价格的比重；积极引导西部地区个体、私营等非公有制经济加快发展；凡对外商开放的投资领域，允许国内各种所有制企业进入，等等。

三是扩大对外对内开放的政策。包括进一步扩大外商投资领域、拓宽利用外资渠道、大力发展对外经济贸易和推进地区协作与对口支援等方面的政策措施。具体内容有鼓励外商投资西部地区的基础设施建设和资源开发领域；适应加入世贸组织的要求，在适当的时候，允许西部地区外资银行逐步经营人民币业务；一些领域的对外开放可在西部地区先行试点，等等。

四是吸引人才和发展科技教育的政策。包括吸引和用好人才、发挥科技主导作用、增加教育投入、加强文化卫生建设等方面的政策措施。具体内容有在西部地区吸引人才、留住人才、鼓励人才创业的政策；在西部地区兴办科技型企业，要简化工商登记，提高股权、期权和知识产权入股比例；加大国家对西部义务教育的支持力度，等等。

2001年8月，国务院西部开发办制定了《关于西部大开发若干政策措施的实施意见》(简称《实施意见》)，12月由国务院办公厅转发。《实施意见》分为20个部分，共70条，对于在西部地区加大建设资金投入力度，优先安排建设项目，加大财政转移支付力度，加大金融信贷支持，大力改善投资软环境，实行税收优惠政策，实行土地使用优惠政策，实行矿产资源优惠政策，采用价格和收费机制进行调节，扩大外商投资领域，拓宽利用外资渠道，放宽利用外资有关条件，大力发展对外经济贸易，推进地区协作与对口支援，吸引和用好人才，发挥科技主导作用，增加教育投入，加强文化卫生等社会事业建设等方面，细化了实施西部大开发的政策措施，使其具有可操作性。《实施意见》还提出，国务院有关部门可根据实际需要，按照国务院关于实施西部大开发若干政策措施和实施意见，在本部门主管范围内，进一步发布有关政策细则或具体实施意见。西部地区各级政府，要按照国家规定，执行统一的西部大开发政策措施及其实施意见和有关细则。在《西部大开发“十一五”规划》中，提出要建立保障西部大开发顺利实施的体制机制，包括国家政策扶持机制、金融服务支持机制、企业发展激励机制、资源合理开发机制、政府协调服务机制和规划有效实施机制。

（三）西部大开发战略的推进

在全面建设、全面建成小康社会并迈向全面建设社会主义现代化国家的进程中，西部大开发战略得以有效实施并持续推进。

1.全面建设小康社会进程中西部大开发战略的实施

2002年7月，《“十五”西部开发总体规划》印发，这是我国第一个包括多省区的大区域5年发展专项规划，此后，类似于国家的国民经济和社会发展5年规划，西部大开发战略的实施就有了5年专项规划。2002年11月，党的十六大报告提出实施西部大开发战略，积极推进西部大开发，促进区域经济协调发展，争取西部大开发在10年内取得突破性进展。2004年3月，国务院颁布《关于进一步推进西部大开发的若干意见》，要求不断探索西部大开发的新路子，提出进一步推进西部大开发战略实施的10项重点工作，一是扎实推进生态建设和环境保护，实现生态改善和农民增收；二是继续加快基础设施重点工程建设，为西部地区加快发展打好基础；三是进一步加强农业和农村基础设施建设，加快改善农民生产生活条件；四是大力调整产业结构，积极发展有特色的优势产业；五是积极推进重点地带开发，加快培育区域经济增长极；六是大力加强科技教育卫生文化等社会事业，促进经济和社会协调发展；七是深化经济体制改革，为西部地区发展创造良好环境；八是拓宽资金渠道，为西部大开发提供资金保障；九是加强西部地区人才队伍建设，为西部大开发提供有力的人才保障；十是加快法制建设步伐，加强对西部开发工作的组织领导。

进入21世纪以后“十五”发展的这一时期，西部大开发战略的实施取得重要进展。2000—2005年，国家在规划指导、重大工程建设、资金投入、政策措施等多方面对西部地区经济建设和社会事业发展予以重点支持，国家累计新开工西部开发重点工程70项，投资总规模约1万亿元人民币，中央累计投入财政性建设资金5500亿元、财政转移支付7500亿元、长期建设国债资金3100亿元。西部大开发促进了西部地区经济快速发展，2000—2005年，西部地区生产总值年均增长10.6%，地方财政收入年均增长15.7%，自身经济实力有了明显提高；基础设施建设取得显著成效，新增公路通车里程22万千米（其中高速公路6853千米），新增铁路营运里程近5000千米，新增电力装机4552万千瓦，新增民航运输机场10个，青藏铁路、西电东送和西气东输等重大建设工程相继完成；生态环境保护不断推进，西部地区累计治理水土流失土地面积1600万公顷（1公顷为10000平方米），实施生态自然修复的土地面积2800万公顷，累计完成退耕还林526万公顷，荒山荒地造林765万公顷，退牧还草1933万公顷。

进入"十一五"时期，2006年3月，国家"十一五"规划纲要提出推进西部大开发，西部地区要加快改革开放步伐，通过国家支持、自身努力和区域合作，增强自我发展能力。2006年5月，国务院西部开发办等6部门发布《关于促进西部地区特色优势产业发展的意见》，明确了西部特色优势产业总体的发展思路，提出了促进西部特色优势产业发展的相关政策措施，体现了西部大开发战略实施中特色优势产业发展和区域重点地区开发相结合。2007年3月，国务院正式批复国家发展改革委、国务院西部开发办组织编制的《西部大开发"十一五"规划》，确定了"十一五"时期推进西部大开发战略实施的指导思想、奋斗目标、主要任务、重点工程、支持政策等，形成"十一五"时期推进西部大开发战略实施的战略部署。2007年10月，党的十七大报告强调实施区域发展总体战略的重要内容，是深入推进西部大开发。2008年国际金融危机发生以后，基于西部地区经济总量小、产品处于产业链低端、自我调整能力弱的现实情况，国务院办公厅于2009年9月下发《关于应对国际金融危机保持西部地区经济平稳较快发展的意见》，强调有效应对国际金融危机的冲击，要坚定不移地深入推进西部大开发，保持西部地区经济平稳较快发展的良好势头，在加强基础设施建设、加大环境保护和生态建设力度、调整产业结构、加强民生工程建设、加快社会事业发展、积极培育经济增长极、深化改革开放、加快地震灾区灾后重建、加大投入力度9个方面提出一系列重要举措，促进西部地区有效应对国际金融危机，推进西部大开发战略实施。

在全面建设小康社会进程中，西部大开发战略实施10年取得显著成效。西部地区综合经济实力大幅跃升，2000—2009年，西部地区生产总值从1.66万亿元增加到6.69万亿元，年均增长12%，高于中部和东北地区的增速；财政收入由1127亿元增加到6055亿元，年均增长近20%；固定资产投资由6111亿元增加到49682亿元，年均增长22.9%。西部地区基础设施建设加快推进，2000—2009年累计新开工重点工程120项，投资总规模超过2万亿元；新增公路通车里程超过94万千米，其中高速公路超过1.6万千米；新增铁路营业里程1万多千米；民用机场数量达到81个，占全国机场总数的49%；重大水利、能源、通信设施建设也全面推进。西部地区人民生活水平不断提高，1999—2009年城镇居民人均可支配收入和农民人均纯收入，年均分别增长10.4%和8.9%；以城镇企业职工基本养老保险、基本医疗保险、失业保险等社会保障制度为重点的社会保障体系不断完善；各族群众生产生活条件得到很大改善。西部地区改革开放取得积极进展，非公有制经济加快发展，有20万家东部企业到西部地区投资创业，投资总额超过2.2万亿元；1999—2009年，西部地区进出口总额年均增长20.9%，高出东部地区1.1个百分点，改革开放成为西部地区加快发展的重要动力。

2.全面建成小康社会进程中西部大开发战略的推进

从21世纪第二个10年开始，尤其是从党的十八大开始进入全面建成小康社会新阶段，西部大开发战略的实施进一步推进。

在西部大开发战略实施10年，将要迈向新一轮、下一个10年之际，党和国家出台《中共中央国务院关于深入实施西部大开发战略的若干意见》，总结了西部大开发战略实施10年的实践经验，提出了新一轮，实际上是下一个10年推进西部大开发战略实施的奋斗目标、战略定位、主要任务、政策措施，成为实施西部大开发战略第二个10年的战略部署。依据《中共中央国务院关于深入实施西部大开发战略的若干意见》和国家的“十二五”规划纲要，2012年2月，国家发改委推出《西部大开发“十二五”规划》，对“十二五”时期推进西部大开发战略实施进行了具体安排部署。2012年11月，党的十八大报告面向全面建成小康社会新阶段，提出在全面建成小康社会中要优先推进西部大开发。

十八大以后，在全面建成小康社会的进程中，以习近平同志为核心的党中央领导集体着眼于我国区域经济发展全局，不断推动新一轮西部大开发走向深入。2013年是全面贯彻落实党的十八大精神的开局之年，当年的《政府工作报告》强调促进区域经济协调发展，要优先推进西部大开发。2014年的《政府工作报告》，在提出培育新的区域经济带作为战略支撑的同时，继续强调优先推进西部大开发。2015年的《政府工作报告》提出拓展区域发展新空间，在西部地区开工建设一批综合交通、能源、水利、生态、民生等重大项目。2015年10月，党的十八届五中全会通过的“十三五”规划建议，确立了引领发展的创新、协调、绿色、开放、共享的新发展理念，面向全面建成小康社会决胜阶段，提出增强发展协调性，推动区域协调发展，深入实施西部大开发，支持西部地区改善基础设施，发展特色优势产业，强化生态环境保护。2016年3月通过的国家“十三五”规划纲要，把深入实施西部大开发战略放在整个国民经济和社会发展的战略框架中进行了安排。2017年1月，国家发改委印发经国务院批复同意的《西部大开发“十三五”规划》，确定全面建成小康社会决胜阶段西部大开发战略实施的指导思想、发展目标和重点任务，形成决胜全面建成小康社会深入推进西部大开发的战略部署。2017年10月，党的十九大面向中国特色社会主义新时代的新发展，面向决胜全面建成小康社会、全面建设社会主义现代化国家，明确提出实施区域发展协调战略中要强化举措推进西部大开发形成新格局。

进入21世纪第二个10年以来，尤其是党的十八大以后在全面建成小康社会新阶段的发展中，西部地区依托丰富的自然资源和能源资源优势，西部大开发战略的实施取得了突出成效。区域经济总体保持较快增长，2007年西部地区生产总值增速超过东部，此后连续12年快于东部，改变了长期以来东部地区经济增长领跑全国的格局。随着区域经济较快增长，区域经济总量不断攀升，西部地区生产总值2011年首次突破10万亿元。2018年达到18.4万亿元。西部地区在整个现代化建设、国民经济发展中的地位进一步得到提高，1999—2018年，西部地区生产总值占全国生产总值比重由17.9%提高到

20.1%，人均地区生产总值从相当于全国平均水平的62.9%提高到75.4%。西部地区与东部地区区域发展差距总体呈缩小趋势，东部地区与西部地区人均地区生产总值的相对差值在2003年为2.5倍，2018年缩小到1.8倍；2013—2018年，按不变价格计算，西部地区人均地区生产总值年均增速8.5%，高于东部、中部、东北地区的7.2%、8.2%和6.1%，在各大区域发展中处于领先位置。西部地区是我国脱贫攻坚战的主战场之一，在西部大开发的深入推进中，西部地区脱贫攻坚取得显著进展，2012—2018年，西部地区农村贫困发生率由17.6%下降到3.2%，累计下降14.4个百分点。

3.面向新发展强化举措推进西部大开发形成新格局

西部大开发战略的实施与推进，取得重大历史性成就，既为西部地区经济社会进一步发展奠定了比较坚实的基础，也扩展了国家发展的战略回旋空间。但同时，西部地区发展不平衡不充分问题依然突出，巩固脱贫攻坚任务依然艰巨，与东部地区发展差距依然较大，维护民族团结、社会稳定、国家安全的任务依然繁重，仍然是全面建成小康社会、全面建设社会主义现代化国家的短板和薄弱环节。面向中国特色社会主义新时代的新发展，迈向全面建设社会主义现代化国家新征程，就四大板块总体战略推进而言，要把深入实施西部大开发战略放在优先位置，推动西部地区高质量发展。就此，党的十九大明确提出，要强化举措推进西部大开发形成新格局。

2020年5月17日,《中共中央国务院关于新时代推进西部大开发形成新格局的指导意见》发布，这是党和国家从现代化建设全局出发、适应区域经济协调发展新阶段的新要求，对新时代新发展深入推进西部大开发战略实施作出的重大战略部署。在这个战略部署中，确定了新时代推进西部大开发形成新格局的战略目标，即确保到2020年西部地区生态环境、营商环境、开放环境、创新环境明显改善，与全国一道全面建成小康社会；到2035年，西部地区基本实现社会主义现代化，基本公共服务、基础设施通达程度、人民生活水平与东部地区大体相当，努力实现不同类型地区互补发展、东西双向开放协同并进、民族边疆地区繁荣安全稳固、人与自然和谐共生。明确了新时代推进西部大开发形成新格局的总体要求，就是强化举措抓重点、补短板、强弱项，形成大保护、大开放、高质量发展的新格局，推动经济发展质量变革、效率变革、动力变革，促进西部地区经济发展与人口、资源、环境相协调，实现更高质量、更有效率、更加公平、更可持续发展。提出了新时代推进西部大开发形成新格局的6个方面36条重大举措，包括：贯彻新发展理念，推动高质量发展；以共建“一带一路”为引领，加大西部开放力度；加大美丽西部建设力度，筑牢国家生态安全屏障；深化重点领域改革，坚定不移推动重大改革举措落实；坚持以人民为中心，把增强人民群众获得感、幸福感、安全感放到突出位置；加强政策支持和组织保障。2020年10月，党的十九届五中全会审议通过的“十四五”规划建议，面向开启全面建设社会主义现代化国家新征程，部署全面推动区域协调发展，进一步强调推动西部大开发形成新格局；2021年3月十三届全国人大四次会议审议通过的“十四五”规划纲要，对“十四五”时期推动西部大开发形成新格局进行了具体部署。

依据党的十九大精神与党和国家所作出的战略部署，这里仅就推进西部大开发形成新格局的一般思路进行简要论述。

第一，新时代推进西部大开发形成新格局，在发展取向上，要坚持强国兴区富民的长期取向。从“一五”时期开始，国家在西部进行生产力布局一直没有停止过，有“一五”时期的重点建设，有20世纪六七十年代的三线建设，有改革开放以后80年代的一些能源基地建设。但是，国家对西部的投入除了国防安全、战备需要的考虑外，大部分时期主要着眼于西部地区的资源开发，把西部当作东部加工企业的原材料、燃料产地，建立东西部垂直一体化的分工体系。西部大开发战略实施以后，这种开发取向实际上就开始调整。随着21世纪全面建设、全面建成小康社会，进而迈向全面建设社会主义现代化国家新征程，西部地区经济社会发展在整个现代化建设、整个国家区域协调发展中的地位更为重要与突出，因而推进西部大开发形成新格局，必须更加明确与坚持强国兴区富民长期取向。所谓强国，是指继续深入实施西部大开发战略是我国全面建设社会主义现代化国家的有机构成部分，西部大开发战略实施的取向，归根结底是要把我国建成社会主义现代化强国，推进西部大开发形成新格局要体现和增强整个国民经济发展的韧性，要为全面建设社会主义现代化国家作出贡献。所谓兴区，是指继续深入实施西部大开发战略，不再着眼于仅仅为其他区域发展承担成本和代价、缓解国家发展某个方面的一时之需，而是通过推进西部大开发形成新格局，要实现西部地区经济社会的振兴，最终建设一个经济繁荣、社会进步、安定团结、山川秀美的新西部。所谓富民，则是指继续深入实施西部大开发战略，要体现以人民为中心的发展思想，把增强人民群众获得感、幸福感、安全感放到突出位置，使西部地区的广大人民群众从根本上摆脱物质贫困和精神贫困，提高西部地区人民群众的福利水平与生活质量，实现人本身的全面发展，与全国人民一道走上共同富裕之路。具体而言，在推进西部大开发形成新格局中，在全面完成脱贫任务基础上巩固脱贫攻坚成果，全面推进乡村振兴战略的实施；要强化西部地区公共就业创业服务，补齐教育、医疗卫生等民生领域短板，支持、推动西部地区教育高质量发展，提升西部地区医疗服务能力和水平，完善西部地区多层次广覆盖的社会保障体系和养老服务体系，健全西部地区公共文化体育服务，改善西部地区住房保障条件，还要增强西部地区防灾减灾与应急管理能力。

第二，新时代推进西部大开发形成新格局，在开发基点上，要坚持增强西部地区自身创新发展能力。改革开放以前在西部进行的大规模的生产力布局和建设，都是在原有计划经济体制下完全依靠国家投资来实施的。改革开放以后西部地区的发展，相当长时期在很大程度上也是依靠国家财力搞建设。在西部大开发战略实施20年以后，整个国家包括西部地区的经济社会发展已经发生了深刻变化，新时代推进西部大开发形成新格局，必须更加明确与坚持增强西部地区自身创新发展能力的开发基点，其实也就是多年来反复强调的增强西部地区自身“造血”功能。就西部地区而言，要彻底改变“等、靠、要”的依赖思想，把推进西部大开发形成新格局建立在自身艰苦奋斗、创新发展、开拓进取的基础上，充分调动和发挥西部地区人民群众的创造性、积极性和主动性，调动和挖掘一切可用的人财物资源、各类生产要素投入大开发，在大开发中实现区域自身的结构优化升级和资源有效配置，营造良好的硬环境与软环境吸引国内外资本、人才、企业融入西部大开发；就国家作用而言，要为推进西部大开发形成新格局提供政策支持，切实提高政策精准性和有效性，引导、促进各类生产要素进入西部以各种形式参与西部大开发，并对重要基础设施建设、生态环境保护、科学技术创新提供投资保障。具体而言，一是提升西部地区科技创新能力，以创新能力建设为核心，建设西部区域创新体系，打造西部区域创新高地；二是提升西部地区产业创新能力，充分发挥西部地区比较优势，培育西部地区产业发展新动能，推动具有西部特色和比较优势的现代农业、现代制造业、信息网络产业、战略性新兴产业、现代服务业、新型生态旅游业及相关产业集群化发展，支持发展特色优势产业，增强西部地区产业竞争力；三是提升西部地区能源供给能力，优化西部地区能源供需结构，加强西部地区新能源和清洁能源基地建设；四是加大西部地区基础设施投入，提升西部地区基础设施保障能力，提高西部地区基础设施通达度、通畅性和均等化水平，加大力度建设西部地区包括高速铁路、普通铁路、高速公路、农村公路、航空港的现代综合性交通运输体系和内外联通通道，建设包括各种类型客运枢纽、货运枢纽、物流园区的物流基础设施，建设西部地区信息网络、大中型水利和水源设施。

第三，新时代推进西部大开发形成新格局，在资源配置方式上，要坚持构建和完善适应发展社会主义市场经济要求和新的开放经济环境的新型西部大开发体制。改革开放以前，我国几次对西部的大规模生产力布局和开发建设，基本上是国家集中开发的体制，主要通过国家投资兴办工业和建设基础设施开发西部，这种开发体制对于基础差、底子薄的西部地区在当时也许是必要的，有着客观必然性。在改革开放以后一定时期推进西部地区开发与发展，逐渐开始发挥市场作用，但国家、政府集中型开发体制的痕迹仍然比较突出。经过40多年的改革开放后，随着社会主义市场经济体制与开放型经济新体制的不断完善，推进西部大开发形成新格局，必须构建和完善适应发展社会主义市场经济要求和新的对外开放环境的新型西部大开发体制。这种新型西部大开发体制坚持市场配置资源的决定性作用，在开发主体上，是多元市场主体参与，不仅充分调动西部地区各类市场主体投资开发的积极性，而且特别要广泛动员、引导、吸引其他地区、境外与国外各类市场主体参与西部开发；在开发的所有制结构上，要从西部地区的实际出发，加大力度进行所有制结构创新，大力发展混合所有制经济、非国有经济和非公有制经济，通过多种所有制经济的共同发展给西部大开发注入活力和生机；在开发的动力机制上，不能再是简单的精神动员，而是适应市场经济运行的经济利益激励，是开发投资回报的引导，是合作双方的互惠互利；在开发的调节机制上，不能再是简单的命令手段和行政控制，而是培育和建设高标准的市场体系，健全要素市场化配置机制，同时发挥中央政府与区域政府的调控、引导作用，努力营造良好营商环境，实现资源的合理、有效配置；在开发导向上，不能再是一般的资源导向型开发，而是要坚决转向、坚定坚持市场导向型开发，推进大开发和大发展，不仅要考虑自身的资源优势，更要考虑这种资源优势是否能够转化为经济优势、市场优势、竞争优势，要从简单着眼本地资源搞开发转向以市场需求为依据确定具体的开发内容，要从单纯地开发能矿资源转向结构优化、技术创新、产品创优，培育和提高市场竞争能力；特别是新型开发体制不是封闭的、自我封锁的，而是全方位、宽领域、多层次开放的体制，西部地区要积极参与和融入“一带一路”建设，强化开放大通道建设，构建内陆多层次开放平台，加大门户城市开放力度，加快沿边地区开放发展，推动西部地区对外开放由商品和要素流动型逐步向规则制度型转变，拓展区际互动合作，充分利用国内外两个市场、两种资源，以大开放、新开放促进大开发、新开发。

第四，新时代推进西部大开发形成新格局，在空间布局上，要坚持培育和建设具有增长极地位的重点区域。西部地域广大，不同区域之间有着很大的差异，开发的条件、难易程度、经济效益和带动作用都不一样。同时，无论是国家还是西部地区本身，也都不可能在整个的西部区域进行大规模的、平均分布的开发投资和发展建设。因此，推进西部大开发形成新格局，必须从现实区情省情出发，坚持有所为、有所不为的原则，防止刮风，防止一哄而起，要突出重点，坚持培育和建设能够实现稳定增长、具有辐射和扩散功能、关联效应较强的具有增长极地位的重点区域。要把若干核心地区作为经济增长中心进行培育和建设，按照西部地区的区域中心、西部各省区的省区中心和产业聚集中心等层次重点建设区域经济增长极；按照主体功能定位、现有发展基础和资源环境承载能力，以重要交通走廊和中心城市为依托，加快以成渝、关中—天水、北部湾、珠江—西江、天山北坡等重点经济区为支撑的核心增长区域建设，推进兰州—西宁、呼包银榆、黔中、滇中、川南、藏中南、酒泉—嘉峪关等次级增长区域发展；在有条件的地区培育若干新增长极，建设重点创新试验区、培育绿色发展引领区、打造内陆和沿边开放试验区，把沿边重点地区培育成为边疆经济社会发展的重要支撑，加快推进重点区域一体化进程；推进成渝地区双城经济圈建设，打造具有全国影响力的重要经济中心、科技创新中心、改革开放新高地、高品质生活宜居地，提升关中平原城市群建设水平，促进西北地区与西南地区合作互动，支持新疆建设国家“三基地一通道”，支持西藏打造面向南亚开放的重要通道。通过中心区域、区域经济增长极的重点开发和建设，辐射和带动整个西部地区开发、发展形成新格局。

第五，新时代推进西部大开发形成新格局，在生态建设上，要坚持形成与完善绿色区域发展模式。西部地区的生态环境十分脆弱，传统的“有水快流”、竭泽而渔、破坏资源和生态环境的粗放型开发模式已经被否定。新时代推进西部大开发形成新格局，必须以人口、资源、环境、生态和经济发展相协调为刚性约束，既要考虑西部地区的发展需要，又不能损害其他地区和整个国家的利益；既要考虑到当代人的发展需要，又不能以牺牲后代人生存发展的需要为代价；坚持生态文明建设、绿色永续发展，促进人与自然和谐共生，全面节约和高效利用能源资源，推动低碳循环发展，加强生态保护和修复，加大环境治理力度，健全生态文明制度体系，建设天蓝、山青、水碧的秀美西部；加大美丽西部建设力度，构筑国家生态安全屏障，结合西部地区发展实际，深入实施重点生态工程，打好污染防治标志性重大战役，完善生态保护补偿机制，稳步开展重点区域综合治理，构建生态环境分区管控体系，健全绿色发展机制，推动西部地区绿色产业加快发展，完善防灾减灾救灾体系。

二、东北地区等老工业基地振兴战略的实施与推进

区域发展总体战略的又一个重要方面，是实施振兴东北等老工业基地的战略。为了促进区域经济协调发展，党和国家在实施西部大开发战略以后，又不失时机地提出确立了东北等老工业基地的振兴战略，在全面建设小康社会过程中开始实施，在新的发展中不断推进。

（一）东北地区等老工业基地振兴战略的提出确立

东北地区是我国近代工业起步较早的地区之一，经过新中国成立以后特别是"一五""二五"时期的大规模经济建设[①]，已基本形成了以钢铁、机械、能源、汽车、造船等重工业为主体的工业基地，我国工业的许多"第一"都源自东北，东北老工业基地奠定了中国工业化的基础，被誉为新中国工业的摇篮。东北老工业基地在全国经济发展中起着十分重要的作用，为国家的改革开放和现代化建设作出了历史性的重大贡献，东北老工业基地是我国汽车工业的发源地，出自东北汽车企业的管理者、技术人员、工人现在遍布全国的汽车工业企业；也是我国机电工业的主要基地，以沈阳、哈尔滨为中心的机床、电机生产企业为我国工业企业提供了许多重大成套装备；抚顺、阜新、大庆等是我国能源、矿产的重要基地；东北地区还有国内高水平的军事工业。

然而，改革开放以来，尤其是自20世纪90年代以来，由于体制性和结构性矛盾日趋显现，企业设备老化，竞争力下降，就业矛盾突出，资源性城市主导产业衰退，东北老工业基地的经济发展遇到了前所未有的困难，与沿海发达地区的差距在不断拉大。改革开放初期，辽宁省GDP是广东省的2倍，而到21世纪初广东省GDP却是辽宁省的2倍；1980年黑龙江省的GDP与东部6省市的平均值相当，到21世纪之初则不足其50%，人均GDP仅是上海市的1/4。1978年，辽宁、黑龙江和吉林三省的人均GDP仅次于三大直辖市，但是到2001年，东北三省在全国的排位却下降到第8、第10和第14位。尽管如

① 第一个五年计划的156项重大工业项目中，有52项在东北。

此，东北三省在我国国民经济体系中仍然占有比较重要的地位。东北原油产量占全国的2/5，木材产量占全国的一半，汽车产量占全国的1/4，造船产量占全国的1/3。就工业而言，2001年东北三省全部国有和规模以上的非国有工业企业的资产总计达15924亿元，占全国的11.76%；其中固定资产净值7318亿元，占全国的13.2%；创造的工业增加值3052亿元，占全国的10.78%；实现的利润总额723亿元，占全国的15.29%。因此，加快东北老工业基地的振兴，既是东北地区自身改革发展的迫切要求，也是实现国家经济社会协调发展的重要战略举措。

2002年11月，党的十六大报告明确指出："支持东北地区等老工业基地加快调整和改造，支持以资源开采为主的城市和地区发展接续产业。"[①]2003年3月，十届全国人大一次会议的《政府工作报告》就此再一次强调。2003年8月4日，新一届国务院总理温家宝在长春主持召开振兴东北老工业基地座谈会。温家宝特别强调，振兴东北这一战略与西部大开发战略，是东西互动的两个轮子，并行不悖，东北的振兴在实现国家现代化的整个过程中始终起着十分重要的作用，现在有必要把振兴东北摆在更加突出的位置，这是我国21世纪新的发展阶段全面建设小康社会的重大历史任务。9月10日，温家宝在北京主持召开国务院常务会议，研究实施东北地区等老工业基地振兴战略问题，提出了振兴东北地区等老工业基地的指导思想和原则、主要任务及政策措施。会议明确提出，努力将东北地区等老工业基地调整、改造、发展成为结构合理、功能完善、特色明显、竞争力强的新型产业基地，逐步成为国民经济新的重要增长区域。2003年9月29日，时任中共中央总书记胡锦涛在北京主持召开中共中央政治局会议。会议指出，支持东北地区等老工业基地振兴，是党的十六大从全面建设小康社会全局着眼提出的一项重大战略任务。各地区、各部门都要从21世纪新阶段我国改革开放和社会主义现代化事业长远发展的高度，深刻认识实施东北地区等老工业基地振兴战略的重大意义。要进一步解放思想、深化改革、扩大开放，着力推进体制创新和机制创

① 江泽民：《全面建设小康社会 开创中国特色社会主义事业新局面——在中国共产党第十六次全国代表大会上的报告》，人民出版社2002年版，第24—25页。

新，促进经济结构战略性调整，加快企业技术改造，走出一条老工业基地调整改造和振兴的新路子。2003年10月，党的十六届三中全会通过《中共中央关于完善社会主义市场经济体制若干问题的决定》，进一步明确提出加强对区域发展协调和指导的重要方面，是振兴东北地区等老工业基地。此后不久，又下发了《中共中央关于实施东北地区等老工业基地振兴战略的若干意见》，并决定成立国务院老工业基地调整改造领导小组。

（二）东北地区等老工业基地振兴战略的初步实施

实施振兴东北等老工业基地战略，就当时东北地区自身条件而言，具有许多基础性有利条件。

一是自然资源相对丰富。全国已探明的主要矿藏储量中，东北地区的石油储量占45%，原煤储量占10%，金矿、钼矿、镍矿和铝土矿的矿藏量都居全国前列；东北地区的森林面积为8.67亿亩，约占全国森林面积总和的一半；东北经济区包括三江平原、松嫩平原、辽河平原，土壤肥沃，土层深厚，土质较好，且耕地平坦，集中连片，适合机械化耕作，生物资源丰富，具有发展大宗农畜产品加工业的优势。

二是人力资源有一定优势。东北地区具有水平很高的大量产业工人和技术人才，但劳动力的成本却较低。就东北振兴战略提出的当时情况来看，东北地区的教育事业发展水平和科技力量高于全国平均水平，具有初中以上文化程度的人口占该地区人口总数的48%，比全国平均水平高出近10个百分点；东北地区高等学府、科研院校云集，科研力量雄厚，区内的知识储备、智力密度、科技产业等优势比较明显，东北地区有高等院校142所，占全国高等院校总数的11.6%，每万人在校的高等院校学生比全国平均水平高40%；东北地区共有自然科学研究机构700多家（包括中国科学院的具有国内最高水平的研究所），国有企事业单位的专业技术人员215.18万人，占全国的9.9%。

三是具有较为雄厚的产业技术基础。东北地区重工业体系相对完整，配套能力强。石油开采、石油化工、钢铁和有色金属冶炼、重型机械制造、发电设备制造、造船、机车、汽车和飞机制造、机床制造等资本与技术密集型工业在全国都占有重要地位。在沈阳、长春、哈尔滨等分别形成了机床、成套设备、汽车、电机的产业积聚优势。

四是具有发达的交通运输条件。东北区内已形成由水陆空立体交通组成的综合运输体系，其铁路营运里程占全国的18.3%，铁路的密度是全国平均密度的2.17倍，大连港和营口港的货物吞吐量占全国沿海主要港口吞吐量的8.8%。

五是具有对外开放的较为优越的地理位置。东北地区与蒙古、俄罗斯、朝鲜、韩国、日本等国接壤或邻近，作为我国面向东北亚地区开放的窗口，对邻近五国的出口总额占全国的20%左右。东北老工业基地与周边国家存在着较强的经济互补性，加深与周边国家的联系，将促进我国的低廉劳动力与东北亚重工业技术、资本的融合，提高我国的重工业国际竞争力，改变东北亚地区的产业分工体系。

因此，充分挖掘利用东北地区的优势，抓住我国加速发展的战略机遇期，实施振兴东北等老工业基地战略，能使东北地区可望较快地成长为我国装备制造业基地、光电子及高新技术产业基地、生态产业基地、新型国家粮食安全基地，以及对东北亚开放合作特区，在我国区域经济整体协调发展中发挥不可替代的作用。

实施振兴东北等老工业基地战略，加快东北等老工业基地的发展，在当时也面临着一些需要克服的障碍因素。主要是：产业结构刚性化，在整个产业结构中，传统产业比重居高不下，具有广阔市场前景和增长潜力的高新技术产业总值规模小、比重低，缺乏对经济增长的整体带动作用，与沿海地区相比第三产业也不发达；产业竞争能力逐步下降，东北地区老工业基地的原材料与装备工业主导产品的地位相对下降，产品普遍缺乏竞争力，企业之间的专业化协作水平低，上下游一体化程度差；资源面临全面枯竭，东北老工业基地部分重点地区的矿产资源如煤矿、森林已经完全枯竭或濒临枯竭，部分地区矿产资源如油田的开采成本也大幅度上升，东北老工业基地资源性产业地位下降，并影响到产业的可持续发展与地区的社会稳定；国有经济比重过高，民营经济发展不足，这一方面导致企业经营机制缺乏灵活性和适应性，另一方面也导致企业重组、资源优化配置的困难，直接影响了经济发展的动力和活力。

从发挥东北地区的优势出发，针对需要解决的严峻问题，国家提出：振兴东北老工业基地，必须进一步解放思想、深化改革、扩大开放，着力推进体制创新和机制创新，形成新的经济增长机制；按照走新型工业化道路的要求，坚持以市场为导向，推进产业结构优化升级，提高企业的整体素质和竞争力；坚持统筹兼顾，实现东北地区等老工业基地经济与社会全面、协调和可持续发展。同时还明确提出原则要求：一是坚持深化改革、扩大开放，以改革开放促调整改造。加快国有经济的战略性调整，继续推进国有企业改革，积极发展非公有制经济，通过扩大开放，拓展发展空间。二是坚持主要依靠市场机制，正确发挥政府作用。产业结构调整、生产要素整合、技术改造、企业改组，应主要由市场决定和选择，同时发挥政府规划引导和政策导向作用，创造良好的发展环境和公平竞争的市场秩序。三是坚持有所为、有所不为，充分发挥比较优势。振兴老工业基地绝不是不加区别地振兴所有产业和企业，要立足于整合现有资源，集中力量使重点地区、重点优势产业及重点行业和企业得到振兴和发展，在市场竞争中实现优胜劣汰，避免盲目重复建设和产业趋同化。四是坚持统筹兼顾，注重协调发展。促进工业与农业、服务业协调发展，城市与农村协调发展，经济与社会协调发展，人与自然协调发展。五是坚持自力更生为主，国家给予必要扶持。挖掘自身潜力，激发内在活力，充分发挥老工业基地广大干部和群众的积极性、创造性，同时国家在完善社会保障体系、解决企业历史遗留问题、支持重点企业技术改造、重大基础设施建设和改善生态环境等方面给予支持。六是坚持从实际出发，讲求实效。充分认识振兴老工业基地任务的艰巨性、复杂性和长期性，统筹规划，从长计议，量力而行，分步实施，切忌追求过高目标和提出不切实际的口号。在实施调整改造的各项措施时，要始终关心群众的切身利益，高度重视扩大就业和社会保障体系的建设，妥善处理好改革、发展和稳定的关系，使人民群众在实施老工业基地振兴战略中得到实惠。

2007年8月，为深入贯彻落实科学发展观，进一步加快东北地区振兴步伐，经国务院批复同意，国家发展和改革委员会与国务院振兴东北地区等老工业基地领导小组办公室正式发布《东北地区振兴规划》。规划范围包括辽宁省、吉林省、黑龙江省和内蒙古自治区呼伦贝尔市、兴安盟、通辽市、赤峰市和锡林郭勒盟（蒙东地区），土地面积共145万平方千米，总人口1.2亿。《东北地区振兴规划》确定了东北振兴的总体思路、主要目标和发展任务，明确提出：经过10—15年的努力，将东北地区建设成为体制机制较为完善，产业结构比较合理，城乡区域发展相对协调，资源型城市良性发展，社会和谐，综合经济发展水平较高的重要经济增长区域；形成具有国际竞争力的装备制造业基地，国家新型原材料和能源保障基地，国家重要商品粮和农牧业生产基地，国家重要的技术研发与创新基地，国家生态安全的重要保障区，实现东北地区的全面振兴。

以出台《关于实施东北地区等老工业基地振兴战略的若干意见》为标志，东北振兴战略的实施取得初步成效。东北三省一批振兴老工业基地调整改造重大项目得以实施，一批国有重点老企业的技术装备水平、生产制造能力和产品质量有了一定提高；一批骨干装备制造企业发挥自身优势，加大对引进消化吸收再创新、集成创新和原始创新的支持力度，在一些重大技术装备领域取得了一些自主化成果，突破了一些瓶颈制约；一批关系到地区长远发展的重大基础设施项目建设加快，新的产业聚集区开始形成，资源城市经济转型取得初步成效。2004年、2005年和2006年，东北三省地区生产总值分别为1.51万亿元、1.71万亿元和1.97万亿元，同比增长12.3%、12.0%和13.5%，高出当年全国的增速；3年GDP的年平均增速为12.6%，比实施振兴战略前3年（2001—2003）的增速提高了2.6个百分点。财政收入稳定增加，2004年、2005年和2006年，东北三省地方财政一般预算收入分别为985.3亿元、1200.7亿元和1449亿元，同比增长15.9%、21.8%和20.7%。投资环境有所改善，招商引资吸引力增强。2004年、2005年和2006年，东北三省实际利用外商直接投资同比增长51.7%、89.5%和48.3%，连续3年都高出全国增速。2008年，东北三省地区生产总值占全国的比重升至8.62%，比2007年高出0.14个百分点，这是进入21世纪后东北三省地区生产总值占全国的比重首次止跌回升。

2009年9月，为了推进东北等老工业基地有效应对国际金融危机带来的负面影响，国务院印发了《国务院关于进一步实施东北地区等老工业基地振兴战略的若干意见》，从优化经济结构、提升自主创新能力、发展现代农业、基础设施建设、可持续发展、保护生态环境、解决民生问题、区域经济一体化、深化改革开放共9个方面提出28项方针举措。2010年4月东北三省和内蒙古自治区在沈阳市首次联合举办东北四省区合作行政首长联席会议，共商推进区域经济一体化发展，协商跨省区的重大基础设施建设、产业布局、生态建设、对外开放等重要问题，签署了《东北四省区合作框架协议》。2012年3月，国家发展改革委印发《东北振兴“十二五”规划》，对“十二五”时期实施东北振兴战略作出安排部署。

（三）东北地区等老工业基地振兴战略的持续推进

实施东北等老工业基地振兴战略以来，东北地区经济发展取得了相当进展。但由于深层次体制机制弊端，影响长远发展的一些问题依然存在。一是体制性、机制性矛盾尚未得到根本解决，非公有制经济发展不充分，市场化程度低，发展活力不足；二是经济结构性矛盾仍然比较突出，高技术产业和现代服务业比重较低，装备制造业产品配套能力和系统集成能力有待提高，原材料工业精深加工度低，企业自主创新能力不强；三是就业再就业和社会保障压力仍然较大，部分群众生活还很困难；四是区内部分资源供给能力下降，一些流域、区域和海域环境污染相当严重；五是资源型城市尤其是资源枯竭型城市可持续发展能力较弱，接续替代产业发展缓慢，社会、生态问题突出。在中国经济发展进入新常态以后，东北地区出现新一轮的经济滑坡，工业企业产能过剩，地方财政收入减少，居民收入增速均低于全国平均水平，经济增速再次下滑，这种现象被称为新东北现象。

党的十八大以后，在全面建成小康社会发展中，党和国家继续推进东北振兴战略的实施，密集出台了一系列促进东北经济复苏和振兴的政策举措。2014年8月国务院颁布实施《关于近期支持东北振兴若干重大政策举措的意见》，就激发市场活力、深化国企改革、创新驱动发展、破解发展难题、促进经济提质增效升级等问题提出重要举措，2015年6月，国家发展改革委、科技部、人力资源和社会保障部、中科院联合发布《关于促进东北老工业基地创新创业发展 打造竞争新优势的实施意见》，提出促进东北老工业基地发展方式从依靠要素驱动向创新驱动转变的一系列举措。2016年3月，国家发展改革委、工业和信息化部、全国工商联、国家开发银行联合发布《关于推进东北地区民营经济发展改革的指导意见》，提出发展民营经济、民营企业增强东北地区经济活力的一系列重要举措。2016年4月，党和国家发布《中共中央国务院关于全面振兴东北地区等老工业基地的若干意见》，全面分析了东北等老工业基地面临的新形势，从体制机制、经济结构、产业结构等方面对全面振兴东北作出安排部署。为贯彻落实党和国家的这个意见，2016年8月，国家发展改革委印发《推进东北地区等老工业基地振兴三年滚动实施方案（2016—2018年）》，对2016—2018年3年期间东北地区等老工业基地振兴工作作出具体部署，提出、确定137项重点工作和127项重大项目，并明确了各项任务的完成时间和责任主体。2016年11月，《东北振兴“十三五”规划》发布，对于全面建成小康社会决胜阶段实施东北振兴战略作出安排部署，提出“十三五”时期东北等老工业基地大力培育经济发展新动能、开创振兴发展新局面的一系列政策举措。同月，国务院印发《关于深入推进实施新一轮东北振兴战略加快推动东北地区经济企稳向好若干重要举措的意见》，就应对东北经济下行压力、推动东北地区经济企稳向好做了安排。2017年3月，国务院办公厅印发《东北地区与东部地区部分省市对口合作工作方案》，鼓励东北地区与东部地区开展全方位合作，依据有关地区资源禀赋、产业基础等，明确辽宁省与江苏省、吉林省与浙江省、黑龙江省与广东省，沈阳市与北京市、大连市与上海市、长春市与天津市、哈尔滨市与深圳市建立对口合作关系，支持内蒙古自治区主动对接东部省市，探索建立相应合作机制。

在全面建成小康社会进程中，随着东北地区等老工业基地振兴战略的持续推进，东北老工业基地振兴步伐也在加快。从发挥区位优势看，东北地区充分利用处于东北亚核心地带优势，加强对外经贸往来。2018年，东北三省进出口总额达到1791.7亿美元，比2003年增长了3.1倍，年均增长10.8%。辽宁沿海经济带、长吉图开发开放先导区、黑龙江沿边经济带开放步伐加快，大连金普新区、哈尔滨新区、长春新区、中德（沈阳）高端装备园、珲春国际合作示范区等重点开发开放平台加快建设。从技术创新驱动看，通过对重点企业进行大规模技术改造，东北地区装备水平显著提升，为一些传统优势产业注入了新的活力，增强了竞争力。大型水轮机组、大型风电机组、350千米高速动车组、高档数控机床等先进装备在东北率先实现国产化，其中高档数控机床产量占全国的1/3。从深化国企改革看，通过产权制度改革，东北百余家大型骨干企业实现了战略性重组，国有资本进一步向重要行业和关键领域集中。

习近平总书记对东北老工业基地的振兴发展一直高度关注，倾注心力。2013年、2015年、2016年、2017年全国两会期间，习近平总书记4次参加东北地区代表团的审议，就东北地区的经济发展、改革方向、全面振兴等问题发表重要讲话。2015年3月全国两会期间，习近平总书记参加吉林代表团审议时指出，东北等老工业基地振兴发展，不能再唱“工业一柱擎天，结构单一”的“二人转”，要做好加减乘除。加法——投资、需求、创新，减法——淘汰落后产能，乘法——创新驱动，除法——市场化程度。现在加法多、其他少，亟待“补课”。习近平还强调，经济形势好的时候，往往结构调整、优化升级的内在动力不够。现在看到了问题，应该更早觉悟。如果按照原来的跑道跑，跑得越快可能偏离越远。这个问题不解决，老工业基地难以凤凰涅槃、腾笼换鸟。老工业基地支柱产业要通过创新实现优化升级、脱胎换骨，进行深入改革创新，实现适应经济新常态的战略性调整。①2017年3月7日在参加辽宁代表团审议时，对于振兴东北地区，习近平总书记指出，要重点抓好产业转型升级，形成具有持续竞争力和支撑力的工业体系，推动形成战略性新兴产业和传统制造业并驾齐驱、现代服务业和传统服务业相互促进、信息化和工业化深度融合、军民融合发展的结构新格局。②

---

① 《把蕴藏的巨大活力激发出来释放出来　不断开创老工业基地振兴发展新局面　习近平总书记参加吉林代表团审议侧记》，《吉林日报》，2015年3月10日第1版。

② 《习近平李克强俞正声刘云山王岐山分别参加全国人大会议一些代表团审议》，《人民日报》，2017年3月8日第1版。

2018年9月，习近平总书记在东北三省考察，主持召开深入推进东北振兴座谈会并发表重要讲话。习近平总书记强调，东北地区是我国重要的工业和农业基地，维护国家国防安全、粮食安全、生态安全、能源安全、产业安全的战略地位十分重要，关乎国家发展大局。新时代东北振兴，是全面振兴、全方位振兴，要从统筹推进“五位一体”总体布局、协调推进“四个全面”战略布局的角度去把握，瞄准方向、保持定力、扬长避短、发挥优势，一以贯之、久久为功，撸起袖子加油干，重塑环境、重振雄风，形成对国家重大战略的坚强支撑。对于在新时代深入推进东北振兴，习近平总书记指出，一是以优化营商环境为基础，全面深化改革；二是以培育壮大新动能为重点，激发创新驱动内生动力；三是科学统筹精准施策，构建协调发展新格局；四是更好支持生态建设和粮食生产，巩固提升绿色发展优势；五是深度融入共建“一带一路”，建设开放合作高地；六是更加关注补齐民生领域短板，让人民群众共享东北振兴成果。①

党的十九大提出，要深化改革加快东北等老工业基地振兴，为新时代、新发展持续推进东北等老工业基地振兴战略实施确定了根本要求和主要方向，必须通过全面深化改革赋能东北等老工业基地，推动东北等老工业基地全面振兴。2020年10月，党的十九届五中全会审议通过的“十四五”规划建议，面向开启全面建设社会主义现代化国家新征程，部署全面推动区域协调发展，进一步要求推动东北振兴取得新突破；2021年3月十三届全国人大审议通过的“十四五”规划纲要，进一步对“十四五”时期推动东北振兴取得新突破进行了具体部署。

根据习近平总书记重要论述与党和国家确定的方向要求，在中国特色社会主义新时代发展中，在全面建设社会主义现代化国家新征程中，加快东北等老工业基地振兴，必须加快市场取向的体制机制改革：一是加快转变政府职能改革，从维护国家国防、粮食、生态、能源、产业安全的战略高度，加强政策统筹，推动重点突破，建设服务型政府，减少政府对市场主体的不合

① 《习近平在东北三省考察并主持召开深入推进东北振兴座谈会时强调　解放思想锐意进取深化改革破解矛盾以新气象新担当新作为推进东北振兴》,《人民日报》，2018年9月29日第1—2版。

理干预；二是加快深化国资国企改革攻坚，真正确立国有企业的市场主体地位，增强市场竞争力；三是加快改善营商环境改革，促进民营经济加快发展；四是加快对内对外开放改革，进一步扩大东北地区对外开放，建设对外开放的合作平台，建设长吉图开发开放先导区，提升有关区域对外合作开放能级，同时打造辽宁沿海经济带，深化与东部地区对口合作，以开放推动改革不断深化；五是加快创新改革，大力开展和积极鼓励创业创新，支持建设技术和产业创新中心，吸引人才等各类创新要素集聚，实施更具吸引力的人才集聚措施，使创新真正成为东北地区发展的强大动力；六是加快供给侧结构性改革，促进传统优势产业提质增效，改造提升装备制造等传统优势产业，培育发展新兴产业，大力发展寒地冰雪、生态旅游等特色产业，提升东北地区等老工业基地发展活力、内生动力和整体竞争力，建设产业转型升级示范区，推进先进装备制造业基地和重大技术装备战略基地建设，加快发展现代化农业，加快建设快速铁路网和电力外送通道，形成新的均衡发展产业结构和竞争优势。通过深化改革，加快形成有活力的体制机制，在全面建设社会主义现代化国家新征程中推动东北振兴取得新突破。

三、促进中部地区崛起战略的实施与推进

区域发展总体战略的又一个重要方面，是实施促进中部崛起战略。为了促进区域经济协调发展，党和国家在实施西部大开发战略、振兴东北等老工业基地战略以后，还不失时机地提出确立了促进中部地区崛起战略，在全面建设小康社会过程开始实施，在新的发展中不断推进。

（一）促进中部地区崛起战略的提出确立

2003年10月，党的十六届三中全会通过的《中共中央关于完善社会主义市场经济体制若干问题的决定》，提出要加强对区域发展的协调和指导，其重要方面就是有效发挥中部地区综合优势，支持中西部地区加快改革开放。2004年3月，十届全国人大二次会议的《政府工作报告》明确提出，统筹区域经济协调发展的重要方面，是加快中部地区发展、促进中部地区崛起，国

家支持中部地区发挥区位优势和经济优势，加快改革开放和发展步伐，加强现代农业和重要商品粮基地建设，加强基础设施建设，发展有竞争力的制造业和高新技术产业，提高工业化和城镇化水平。

2005年3月，十届全国人大三次会议的《政府工作报告》明确提出，要抓紧研究制定促进中部地区崛起的规划和措施，在充分发挥中部地区优势基础上，加快发展现代农业、有竞争力的制造业和高新技术产业等，政府从政策、资金、重大建设布局等方面给予支持。2005年8月中旬，时任国务院总理温家宝赴安徽、湖南就中部崛起进行专题调研，并主持召开促进中部地区崛起座谈会，研究讨论促进中部地区崛起的基本思路和主要工作。2005年8月下旬，胡锦涛赴河南、江西、湖北考察，就坚持以科学发展观统领全局、促进中部地区崛起发表重要意见。2005年10月，党的十六届五中全会通过《中共中央关于制定国民经济和社会发展第十一个五年规划的建议》，进一步明确提出，促进区域协调发展、形成合理的区域发展格局，其重要内容是促进中部地区崛起；中部地区要抓好粮食主产区建设，发展有比较优势的能源和制造业，加强基础设施建设，加快建立现代市场体系，在发挥承东启西和产业发展优势中崛起。

2006年3月，中共中央政治局召开会议，研究促进中部地区崛起工作。会议指出，促进中部地区崛起，是党中央、国务院继作出鼓励东部地区率先发展、实施西部大开发、振兴东北地区等老工业基地战略后，从我国现代化建设全局出发作出的又一重大决策，是落实促进区域协调发展总体战略的重大任务。同年4月，《中共中央国务院关于促进中部地区崛起的若干意见》正式出台，全面分析说明了中部地区发展面临的挑战、机遇和重要地位，提出促进中部地区崛起战略实施的总体要求和遵循原则，明确了促进中部地区崛起的“三基地、一枢纽”，即把中部地区建设成为全国重要的粮食生产基地、能源原材料基地、现代装备制造及高技术产业基地和综合交通运输枢纽。这是党和国家全面部署促进中部崛起的第一份战略文献，也是促进中部崛起战略确定的重要标志。

按照“七五”计划对我国东部、中部和西部三大地带的划分，中部地区包括黑龙江、吉林、山西、河南、湖北、湖南、安徽、江西和内蒙古9省区。实施西部大开发战略以后，内蒙古被划入西部12省区。实施振兴东北等老工业基地战略以后，黑龙江和吉林也被划出中部。这样，实施促进中部崛起战略的中部地区，就包括山西、河南、湖北、湖南、安徽和江西6个省份，国土面积占全国的1/10，人口大约占全国的1/3。

从地理区位看，中部地区位于我国东西交会、南北接应的中心腹地，承东启西，贯通南北，是我国重要的交通枢纽和承东启西的桥梁。中部地区几乎集中了我国全部东西运输通道和运输枢纽，中部以太原和郑州为枢纽，通过京原、石太、太焦、陇海铁路干线，连接华北和西北广大地区，组织大量的煤炭、矿产等能源原材料东运和各种机械、轻工产品西运；南部充分利用长江水系，以武汉为枢纽，一头连接以上海为中心的长江三角洲经济发达地区，另一头承接西南部经济发达的成渝地区；京广、京九、焦柳3条铁路干线横贯南北，使得中部地区成为我国客货运输的主要集散地和中转换装中心之一，在我国区域经济发展中起着承东启西和沟通南北的桥梁作用。我国绝大部分货物集散地和货物中转换装中心，都分布在中部地区，一大批特大城市，如武汉、郑州、长沙、南昌都处于全国交通和战略要冲，对全国经济发展具有极强的牵制和辐射作用。中部的区位优势，对人流、物流、资金流、技术流、信息流在全国范围的顺畅流动和资源的有效配置，对全国区域经济格局的塑造和实现地区经济协调发展，有着不可替代的重要作用。

中部地区位于东部沿海地区和西部山地高原之间，由于地质因素的作用和自然地理的特征，自然资源优势十分明显，按可能实现的价值计算，中部地区的矿产资源占全国的40%左右，在这些资源中，尤以煤炭、铝、铁矿、稀土、钨、珍珠岩、天然碱最为突出。在考虑了资源开发、利用、运输等基本条件和成本因素后，可以说，中部地区的自然资源极为丰富。中部地区包含有广阔的平原、河谷，土地资源的数量和质量具有较大开发利用潜力，是我国粮食、经济作物及农业产业化发展最主要的地区。中部地区的资源组合状况及其综合优势，对于支撑21世纪我国经济高质量发展和持续稳定增长具有重要作用。

中部地区处于我国经济技术梯度的第二梯度，发展基础较为雄厚，一直是我国重要的基础原材料生产区和农业战略重点地带。中部地区具有较为强大的基础产业，加工业也得到培育和较快的发展。一些地区特别是老工业基地已具备了发展装备工业的一定基础，可以通过加强技术改造，提高工业的整体素质，从而加快工业化进程和地区经济发展步伐。同时，也已经形成了若干各具特色的高新技术产业聚集区，一些城市的电子信息、生物制药、新材料等行业已跨入全国先进行列，特别是拥有一大批在国内同行业中具有优势地位和突出特色的明星企业。中部地区拥有的主要工业基地，包括山西、河南的煤炭、有色金属、机械工业基地，湖北、湖南的冶金、机械、化工和电力工业基地，安徽的煤炭、冶金、化工基地，等等，工业基础好，配套能力强，在全国占有重要地位。中部地区是我国重要的农业生产基地，丰富的生物资源、适宜的气候条件和充沛的降水量，为发展农业提供了十分有利的自然条件，区域内分布着江汉平原、洞庭湖平原、鄱阳湖平原、黄淮海平原等全国重要的农业生产区，主要农副产品的商品率大多高于全国平均水平。湖北、湖南、江西、安徽为我国著名的鱼米之乡及商品粮、棉的重要基地，许多重要农产品如粮食、棉花、油料、黄红麻等，在全国占有举足轻重的地位。同时，中部地区也是我国内陆水域最广的地区，拥有淡水湖鄱阳湖、洞庭湖和巢湖等，是著名的水产基地。显然，中部地区加快发展具有良好的自身条件。

（二）促进中部地区崛起战略的初步实施

2006年5月，为贯彻落实《中共中央国务院关于促进中部地区崛起的若干意见》提出的一系列政策措施，国务院办公厅发出《关于落实〈中共中央国务院关于促进中部地区崛起若干意见〉有关政策措施的通知》，明确了对于贯彻落实促进中部崛起政策措施国家有关部门的职责分工事项。2007年1月，国务院办公厅下发《关于中部六省比照实施振兴东北地区等老工业基地和西部大开发有关政策范围的通知》，确定中部地区26个地级以上城市比照实施振兴东北地区等老工业基地有关政策，243个县（市、区）比照实施西部大开发有关政策。

2008年1月，国务院批复同意建立促进中部地区崛起工作部际联席会议制度，以促进国家有关部门有效贯彻党和国家促进中部崛起战略的沟通与合作。2009年9月，国务院颁布《促进中部地区崛起规划》，对2009—2015年促进中部崛起战略的实施作出重要部署。2010年5月9日，为促进中部地区武汉城市圈、中原城市群、长株潭城市群、皖江城市带、环鄱阳湖城市群和太原城市圈等城市群的健康发展，国家发展改革委印发《关于促进中部地区城市群发展的指导意见》，提出中部地区城市群发展的指导思想、基本原则和任务举措。2010年8月，为贯彻实施国务院颁布的《促进中部地区崛起规划》，国家发展改革委印发《促进中部地区崛起规划实施意见》，对于全面落实《促进中部地区崛起规划》的工作目标和任务进度进行了具体安排。2012年8月，国务院出台《关于大力实施促进中部地区崛起战略的若干意见》，强调促进中部地区崛起是一项长期艰巨的历史任务，对于继续实施促进中部地区崛起战略确定目标、提出要求、进行部署。

在这一时期，中央各部委也出台一系列促进中部崛起的政策措施。商务部推出“万商西进工程”，其中就包括推动万家境外和东部沿海企业到中部地区开展投资、采购和经营协作，提高和增强中部地区开展对外合作的能力、承接产业转移能力、自主创新品牌能力，发展现代流通能力和企业“走出去”的能力。为更有效地帮助中部地区加大招商引资力度，商务部还决定选择中部地区作为全国投资促进规划准备工作的试点地区，制订中部地区投资促进规划，逐步在中部地区建立现代化的投资促进工作体系，探索和实施现代化的招商手段，切实改善中部地区的投资环境，提高吸收外资工作的质量。为加快构建中部地区综合交通运输大通道，交通部联合中部6省交通主管部门编制出台《促进中部地区崛起公路水路交通发展规划纲要》，确定中部各省与相邻东部地区间将至少建成两条以上的高速公路，与相邻西部地区间至少建成一条高速公路；实现中部地区中心城市到东部沿海地区当日到达，实现区域中心城市之间、省会至地市级城市高速公路连接。同时提出，扩大中部地区铁路建设总规模，提升中部铁路网能力，形成中部地区与长三角、珠三角、环渤海湾，以及西北、西南、东北等地区的大容量、快速度运输网络。财政部、国家税务总局联合印发《中部地区扩大增值税抵扣范围暂行办法》，决定自2007年7月1日起，在中部地区进行扩大增值税抵扣范围的试点，以减轻试点范围企业的税负水平，加快中部地区企业技术改造和调整产品结构的步伐，促进中部地区的产业结构升级。海关总署也出台10条措施，支持中部地区进一步扩大开放，以推动中部6省的经济发展。2007年12月，经国务院批准，中部地区的长株潭城市群成为“全国资源节约型和环境友好型社会（简称‘两型社会’）建设综合配套改革试验区”。中部地区各省陆续制定了各自的战略目标和发展举措，形成了争先恐后争崛起的良好局面。

这一时期，在国家高度重视和中部6省的共同努力下，促进中部地区崛起战略取得有效进展，中部地区经济社会发展呈现良好势头。中部地区呈现出经济快速发展态势，实现了较高的经济增长，经济总量占全国的比重逐步上升，中部6省经济总量占全国比重下降的局面得以扭转；中部地区经济增长的质量和效益也有显著提升，“三基地、一枢纽”即粮食生产基地、能源原材料基地、现代装备制造及高技术产业基地和综合交通运输枢纽建设加快，能源、原材料、食品加工、制造业等优势产业的支撑地位进一步巩固，以中原城市群、武汉城市圈、长株潭城市群为代表的城市群异军突起，生态建设和环境保护也得以加强；区域经济一体化不断推进，区域合作交流不断深入，产业梯度转移和沿海资本进入加快，巨大的市场、丰富的劳动力资源、较好的产业基础和能源原材料供应条件的后发优势日益突出。

（三）促进中部地区崛起战略的持续推进

党的十八大以后，在全面建成小康社会发展中，党和国家继续推进促进中部地区崛起战略的实施。2013年3月，十二届全国人大一次会议的《政府工作报告》强调继续实施区域发展总体战略，大力促进中部地区崛起。2014年5月，国家发展改革委印发《2013年促进中部地区崛起工作总结和2014年工作要点》，对2013年促进中部地区崛起战略的实施情况进行总结，对2014年继续推进促进中部地区崛起战略的实施进行安排，并要求开展《促进中部地区崛起规划》评估工作，启动新一轮促进中部地区崛起规划前期研究工作。

2016年12月，国务院常务会议审议通过《促进中部地区崛起规划（2016至2025年）》，提出、确立了新一轮促进中部地区崛起战略实施的10年战略部署。与此同时，国务院批复同意国家发展改革委报送的《促进中部地区崛起"十三五"规划》，随即这个规划被印发、实施。《促进中部地区崛起规划（2016至2025年）》和《促进中部地区崛起"十三五"规划》，明确了全面建成小康社会决胜阶段乃至迈向全面建设社会主义现代化国家新征程一定时期促进中部地区崛起战略持续推进的总体思路和重点任务，根据国内外经济形势的新变化和新要求，对2006年3月《中共中央国务院关于促进中部地区崛起的若干意见》中提出把中部地区建设为"三基地、一枢纽"（全国重要的粮食生产基地、能源原材料基地、现代装备制造及高技术产业基地和综合交通运输枢纽）进行了调整，进一步明确提出促进中部地区崛起、把中部地区建设成为"一中心、四区"，即全国重要先进制造业中心、全国新型城镇化重点区、全国现代农业发展核心区、全国生态文明建设示范区、全方位开放重要支撑区。

2017年党的十九大面向中国特色社会主义新时代的新发展，提出要发挥优势推动中部地区崛起。

在全面建成小康社会进程中，随着促进中部地区崛起战略的持续推进，中部地区以新发展理念为引领，奋力开创中部地区崛起新局面，中部地区经济社会发展取得重要进展。中部地区经济迅速发展，2006—2018年，中部地区生产总值年均增长10.8%，比全国平均增速高1.9个百分点；地区生产总值占全国的比重由18.6%上升到21.0%；2018年，中部地区生产总值增长7.8%，固定资产投资增长10.4%，社会消费品零售总额增长10.0%，均居"四大板块"首位；2019年中部地区生产总值为218738亿元，增长7.3%，在四大区域板块中增速继续居首位。中部地区产业发展也迈出实质性步伐，在建设重要先进制造业中心的过程中，中部地区制造业迅速发展，制造业总产值占全国比重从2006年的12.7%提高到2018年的25.0%。促进中部地区崛起战略的实施、推进，中部地区经济发展为支撑整个国家经济稳定增长和发展作出了重要贡献，促进了全面建成小康社会的发展。

习近平总书记对中部地区崛起一直高度关注，倾注心力。党的十八大以来，习近平总书记多次赴中部地区进行实地考察调研，深入企业、农村等地，了解当地经济社会发展情况。2013年11月在湖南考察，2014年5月在河南考察，2016年4月在安徽调研，2017年6月在山西考察，2018年4月在湖北考察，2019年5月在江西考察，对促进中部地区崛起提出一系列重要论述。2019年5月20日至22日，习近平总书记在江西考察，主持召开推动中部地区崛起工作座谈会并发表重要讲话。习近平总书记肯定中部地区资源丰富，历史厚重，承东启西，是我国新一轮工业化、城镇化、信息化和农业现代化的重点区域，也是支撑我国经济保持中高速增长的重要区域；强调推动中部地区崛起是党中央作出的重要决策，对实现全面建成小康社会奋斗目标、开启我国社会主义现代化建设新征程具有十分重要的意义；要求紧扣高质量发展，推动中部地区崛起再上新台阶，不断增强中部地区综合实力和竞争力，奋力开创中部地区崛起新局面。对于促进中部地区崛起战略的继续实施，习近平总书记提出，一是推动制造业高质量发展，主动融入新一轮科技和产业革命，加快数字化、网络化、智能化技术在各领域的应用，推动制造业发展质量变革、效率变革、动力变革。二是提高关键领域自主创新能力，创新支持政策，推动科技成果转化和产业化，加快研发具有自主知识产权的核心技术，更多鼓励原创技术创新，加强知识产权保护。三是优化营商环境，对标国际一流水平，营造稳定公平透明的营商环境，缓解民营企业和中小微企业融资难题。四是积极承接新兴产业布局和转移，加强同东部沿海和国际上相关地区的对接，吸引承接一批先进制造业企业。五是扩大高水平开放，把握机遇积极参与“一带一路”国际合作，推动优质产能和装备走向世界大舞台、国际大市场，把品牌和技术打出去。六是坚持绿色发展，开展生态保护和修复，强化环境建设和治理，推动资源节约集约利用，建设绿色发展的美丽中部。七是做好民生领域重点工作，做好脱贫攻坚工作，创造更多就业岗位，加快补齐民生短板，完善社会保障体系，创新社会治理。八是完善政策措施和工作机制，加大对中部地区崛起的支持力度，研究提出促进中部地区高质量发展的政策举措，加强统筹协调。[①]

党的十九大提出，要发挥优势推动中部地区崛起，为新时代、新发展持续推动促进中部地区崛起战略实施确定了根本要求和主要方向，必须通过发挥中部地区优势赋能，开创中部地区崛起新局面。2020年10月，党的十九届五中全会审议通过的“十四五”规划建议，面向开启全面建设社会主义现代化国家新征程，部署全面推动区域协调发展，强调促进中部地区加快崛起；2021年3月十三届全国人大四次会议审议通过的“十四五”规划纲要，进一步对“十四五”时期开创中部地区崛起新局面进行了具体部署。2021年3月30日，中共中央政治局召开会议审议《关于新时代推动中部地区高质量发展的指导意见》，会议对党的十八大以来促进中部地区崛起战略持续推进作了总结，肯定中部地区经济社会发展取得重大成就，粮食生产基地、能源原材料基地、装备制造及高技术产业基地和综合交通运输枢纽地位更加巩固；强调了中部地区在全面建设社会主义现代化国家新征程中的重要地位，认为中部地区承东启西、连南接北，资源丰富，交通发达，产业基础较好，文化底蕴深厚，发展潜力巨大，推动中部地区高质量发展具有全局性意义；进而对全面建设社会主义现代化国家新征程中推动中部地区高质量发展，明确了指导方针与发展思路。2021年4月，《中共中央国务院关于新时代推动中部地区高质量发展的意见》正式下发。

根据习近平总书记重要论述、党和国家确定的方向要求，在全面建设社会主义现代化国家新征程中，加快推动中部地区崛起，推动中部地区高质量发展，要坚定不移贯彻新发展理念，着力构建以先进制造业为支撑的现代产业体系，着力建设绿色发展的美丽中部，着力推动内陆地区高水平开放，着力改革完善体制机制，着力增强城乡区域发展协调性，着力提升基本公共服务保障水平，积极服务和融入新发展格局；中部地区作为全国大市场的重要组成部分和空间枢纽，要进一步发挥连接东西、贯通南北的区位优势，加快建设现代化基础设施体系和现代流通体系，加强综合立体交通枢纽和物流设

① 《习近平在江西考察并主持召开推动中部地区崛起工作座谈会时强调　贯彻新发展理念推动高质量发展　奋力开创中部地区崛起新局面》，《人民日报》，2019年5月23日第1—2版。

施建设，发展多式联运，加快建设贯通南北、连接东西的现代立体交通体系和现代物流体系，促进长江中游城市群和中原城市群发展，培育壮大中部地区沿江沿线城市群和都市圈增长极，打造全国重要增长极；要发挥中部地区产业体系较为完整的优势，以科技创新引领产业发展，提高关键领域自主创新能力，打造重要先进制造业基地，做大做强先进制造业，建设一批中高端产业集群，促进中部地区有序承接新兴产业布局和产业转移，加快发展现代农业，支持能源产业转型发展，建设一批战略性新兴产业和高技术产业基地，培育一批有国际竞争力的产业集群，加快建设现代产业体系；要坚持走绿色低碳发展新路，加强能源资源的节约集约利用，加强生态建设和治理，支持淮河、汉江生态经济带上下游合作联动发展，加强生态环境共保联治，巩固生态绿色发展格局，实现中部绿色崛起；立足于中部地区优势加快发展内陆开放型经济，着力建设内陆地区开放高地，形成内陆高水平开放新体制，加快对外开放通道建设，全面融入“一带一路”建设，积极开展国际产能和装备制造合作，高标准高水平建设内陆地区开放平台；从发挥中部地区优势出发，完善推动中部崛起的支持政策体系，推动城镇化与产业支撑、人口集聚有机结合，形成重要战略支撑区。

四、继续鼓励东部地区率先发展与优化发展

区域发展总体战略的一个极为重要的方面，是继续鼓励东部地区率先发展与优化发展。改革开放以后，我国区域经济发展转向东部地区率先发展带动整个国民经济高速增长；进入21世纪以后，继续鼓励东部地区率先发展始终是我国区域发展总体战略的不可或缺的重要方面。21世纪伊始，党的十六大部署全面建设小康社会的区域经济发展时明确提出：“东部地区要加快产业结构升级，发展现代农业，发展高新技术产业和高附加值加工制造业，进一步发展外向型经济。鼓励经济特区和上海浦东新区在制度创新和扩大开放

等方面走在前列。”[①]2012年党的十八大部署全面建成小康社会继续实施区域发展总体战略时又强调，积极支持东部地区率先发展。2017年党的十九大面向中国特色社会主义新时代的新发展，部署实施区域协调发展战略时进一步提出，创新引领率先实现东部地区优化发展。2020年10月，党的十九届五中全会审议通过的“十四五”规划建议，面向开启全面建设社会主义现代化国家新征程，部署全面推动区域协调发展，明确提出鼓励东部地区加快推进现代化；2021年3月十三届全国人大四次会议审议通过的“十四五”规划纲要，进一步对“十四五”时期鼓励东部地区加快推进现代化进行了具体部署。

（一）东部地区的区域定位

按照“七五”计划对我国东部、中部和西部三大地带的划分，东部地区包括北京、天津、河北、辽宁、上海、江苏、浙江、福建、山东、广东和广西11省区市，海南建省以后成为了12省区市。实施西部大开发战略以后，广西被划入西部12省区；实施振兴东北等老工业基地战略以后，辽宁被包含其中。这样，实施区域发展总体战略中的东部地区，就剩下了北京、天津、河北、上海、江苏、浙江、福建、山东、广东和海南10省市。

东部地区地理位置优越，自然条件好，处于我国大陆的东部，东邻太平洋，有漫长的海岸线和众多优良港口，对外联系方便，有利于同世界上许多国家进行经济技术交流。该地区气候温和，光热充足，雨热同季，有利于工农业生产。改革开放以来，东部地区凭借自身较好的经济基础、有利的区位优势和国家的政策支持，现代化建设取得了举世瞩目的成就，成为发展最快和经济最具活力的地区。东部地区的区域经济发展水平较高，社会经济基础较为完善，工业化达到比较高的水平，工业总产值在区域经济总量中所占比重很大，加工工业在区域产业结构中占有较大的比重，区域产业结构具有较强的加工增值能力和显著的比较优势，产品结构与市场需求结构耦合程度高，替代弹性大，第三产业也相当发达，资本积累能力强，交通运输、邮电

① 江泽民:《全面建设小康社会　开创中国特色社会主义事业新局面——在中国共产党第十六次全国代表大会上的报告》，人民出版社2002年版，第24页。

通信等基础设施齐备，形成了以大城市为中心的相对完善的城市体系和以大交通枢纽为中心的比较发达的铁路、公路和航空等综合运输网络，科技、文化、教育事业比较发达，劳动力和人才素质较高，农业集约化水平也达到一定程度，外向型经济处于领先水平，具备了较强的区域经济实力。

（二）东部地区率先发展的区域重点

在全面建设小康社会推进过程中，东部地区率先发展继续保持良好态势，继续保持着支撑国民经济增长的战略重心地位，以长三角、珠三角和京津冀为核心的三大都市圈，发展成为带动全国经济发展的重要核心区和增长极，成为拉动我国经济持续快速发展的引擎，也成为世界最具发展潜力的制造业基地之一。

长江三角洲是我国最大的河口三角洲，北起通扬运河，南抵杭州湾，西至镇江，东到海边，包括上海市、江苏省南部、浙江省北部地区。这一地区在历史上就是中国的农业、手工业和商业较为发达的地区，近代以后上海成为中国最重要的经济中心之一。中国1978年改革开放以后，以东部沿海和长江沿岸地区为率先发展的重点，长江三角洲地区的经济获得迅速发展。按照国家《长江三角洲地区区域规划》，规划范围的长江三角洲地区包括上海市、江苏省和浙江省，区域面积21.07万平方千米，核心区为上海市和江苏省的南京、苏州、无锡、常州、镇江、扬州、泰州、南通，浙江省的杭州、宁波、湖州、嘉兴、绍兴、舟山、台州共16个城市，辐射泛长三角地区。在改革开放以来发展的基础上，在全面建设小康社会进程中，长江三角洲经济区发展成为中国最具有经济活力、人口稠密、经济最发达的经济区域之一。首先，长江三角洲成为中国经济总量规模最大的经济板块，地区生产总值、提供的中央财政收入、进出口总额等在全国都占有较大的比重或份额；其次，长江三角洲成为经济实力极为雄厚的经济中心，集中了半数左右的全国经济百强县，聚集了一大批相当规模的产业园区和数千家大型企业，成为中国最大的轻纺、机电基地和重要的钢铁、石化基地，生物工程、航天、光电子技术、信息、新材料等高新技术产业也迅速发展，形成世界区域性金融、航运、贸易和制造业中心；最后，长江三角洲地区形成中国规模最大、实力最强、密度最高的完整城市群，汇集了产业、金融、贸易、教育、科技、文化等雄厚的实力，对于带动长江流域经济的发展，连接国内外市场，吸引海外投资，推动产业与技术转移，参与国际竞争与区域重组发挥了重要作用。

珠江三角洲位于广东省大陆的中南部，是西江、北江、东江下游的冲积平原，在历史上就是中国近代民族工业的发祥地和对外贸易的重要地区之一。改革开放以后，1979年国家对广东省的对外经济活动实行特殊政策和优惠措施，1980年在深圳、珠海设立经济特区，1984年广州市被批准为14个沿海开放城市之一，1985年珠江三角洲地区成为沿海经济开放区之一，经济获得迅速发展。1994年10月，广东省提出珠江三角洲地区要成为广东首先实现现代化的经济区；同年11月，广东省成立珠江三角洲经济区规划协调领导小组（后更名为珠江三角洲经济区现代化建设协调领导小组），组织编制了《珠江三角洲经济区现代化建设规划纲要（1996—2010）》，明确珠江三角洲经济区的范围包括广州、深圳、珠海、佛山、江门、中山、东莞7市和惠州市的惠城区、惠阳市、惠东县、博罗县，以及肇庆市的端州区、鼎湖区、高要市、四会市。2008年12月，国家发展改革委颁布《珠江三角洲地区改革发展规划纲要（2008—2020年）》，所确定的规划范围，是以广东省的广州、深圳、珠海、佛山、江门、东莞、中山、惠州和肇庆为主体，辐射泛珠江三角洲区域，并将与港澳紧密合作的相关内容纳入规划。在改革开放以来的发展基础上，在全面建设小康社会进程中，珠江三角洲经济区发展成为广东省，乃至中国最具有经济活力、人口稠密、经济最发达的经济区域之一。首先，珠江三角洲发展成为我国经济总量规模较大、高新产业发展聚集的经济板块，珠江三角洲的地区生产总值占到广东省总产值比重的80%左右、全国比重的10%左右，沿珠江两岸聚集了大量知名的高新技术企业，形成了以电子信息、新材料、生物医药和光机电一体化等高新技术为主的高新技术产业集群，成为全国乃至世界电子信息产业相对集中的一个重要区域；其次，珠江三角洲成为开放型经济尤为突出的经济区域，有深圳、珠海经济特区，还有一批保税区、出口加工区、经济技术开发区和高新技术产业开发区等，有水陆联运、江海联运、对外开放的国际港口，对外贸易、引进外资、对外投资处于全国前沿；再次，珠江三角洲形成具有较大规模和经济实力的完整城市群，以广州、深圳为中心，包括珠海、东莞、佛山、江门、惠州、中山、肇庆等城市在内的城市群，有较强的集聚和辐射功能，在全国具有较强活力和竞争力，是全国范围内的大城市群之一。

京津冀都市经济圈主要包括北京、天津，以及河北的石家庄、唐山、保定、秦皇岛、廊坊、沧州、承德、张家口等城市。在改革开放以来发展的基础上，在全面建设小康社会进程中，京津冀都市经济圈发展成为继长三角和珠三角之后中国经济增长的第三大引擎，成为我国北方现代化程度较高的城市群和工业密集区。21世纪全面建设小康社会进程中，京津冀区域合作不断推进，在交通基础设施建设方面，北京与河北、天津协调行动，共同推进跨省市交通体系建设，京津城市轨道、京津第二条高速公路陆续开工建设、投入使用；在跨地区产业布局调整和产业转移方面，北京市首钢200万吨钢铁项目落户河北唐山，整体搬迁到唐山的曹妃甸，首钢与河北邯钢共同打造的京唐钢铁联合公司在唐山曹妃甸建立；在市场体系建设、能源供应体系建设、水资源和生态环境建设、社会事业发展等方面，京津冀的区域合作也不断推进。与此同时，天津滨海新区的开发开放与唐山曹妃甸工业区的建设，成为京津冀发展的新增长极。天津滨海新区于1994年设立，2006年5月，《国务院关于推进天津滨海新区开发开放有关问题的意见》下发，明确天津滨海新区包括塘沽区、汉沽区、大港区3个行政区和天津经济技术开发区、天津港保税区、天津港区及东丽区、津南区的部分区域，规划面积2270平方千米。天津滨海新区在21世纪的改革发展中，综合实力不断增强，服务功能进一步完善，发展成为继深圳经济特区、浦东新区之后，又一带动区域发展的新的经济增长极。与滨海新区毗邻的河北省曹妃甸工业区，地处河北省唐山市西南渤海湾畔，拥有渤海湾最优良的水道，被看作“钻石级”港址，作为临港重化工业基地和国家循环经济发展示范区，自2003年开始大规模开发建设以来，基础设施建设、港口建设、产业发展、循环经济发展等不断加快，成为拉动河北和环渤海地区经济发展的重要增长极。京津冀都市经济圈的发展，为全面建成小康社会进程中实施京津冀协同发展战略奠定了基础。

（三）东部地区率先发展的主要方面

在全面建设小康社会过程中，在实施西部大开发战略、东北等老工业基地振兴战略、促进中部地区崛起战略的同时，东部地区继续保持经济增长优势，发挥了对整个国民经济发展的带动作用。

首先，东部地区以产业结构升级和外向型经济带动区域经济整体增长。一是把产业结构升级作为区域结构调整的核心内容，加快传统产业的改造步伐，淘汰、转移和扩散比较优势已经丧失或将要丧失的产业和产品，并引进和运用新技术，嫁接式地改造传统产业，使传统产业新技术化，提高传统产业的智能化、知识化水平；二是强化空间联系，提高大城市的经济依托作用和城市服务功能与水平，以城市中心区为圆心，加快向外围地区的产业扩散，组成城乡一体化的大城市经济圈，增强大城市国际竞争力，加快中小城市的特色功能配套和基础设施建设步伐，促进形成大中小城市之间和城乡之间合理分工、网络开发、设施配套、协调发展的城市现代化新格局；三是进一步提高外向型经济水平，充分利用国际和国内两个市场、两种资源，继续发挥沿海区位优势和产业优势，改善投资环境，扩大利用外资的市场准入领域，加快服务业开放的步伐，吸引更多国外投资，特别是跨国公司投资，提高利用外资的质量，不断优化利用外资结构，优化对外贸易结构，积极实施“走出去”战略，鼓励企业管理水平高、对外开拓能力强、“两头”基本在外的企业开拓海外投资市场；四是培育新的经济增长点，包括加强信息基础设施建设，以宽带高速信息网络为龙头，以开发信息资源为基础，以发展电子商务为先导，加快国民经济信息化、网络化进程；面向海洋、海岛进行开发，围绕开发港、渔、景资源，发展港口经济，建立“蓝色”产业聚集带，提高海洋产业增加值在区域国内生产总值中的比重，形成强大的海洋经济体系等。

其次，东部地区促进经济特区、浦东新区、滨海新区等增创改革发展新优势。东部地区的经济特区、浦东新区等在改革开放的历史进程中曾经发挥了十分重要的作用，在由计划经济向社会主义市场经济转变中发挥了重要的试验场作用，在实行对外开放中发挥了重要的窗口和基地作用，在我国各地区共同发展中发挥了重要的示范、辐射和带动作用，在完成祖国统一大业的历史进程中对香港、澳门的顺利回归并保持繁荣稳定发挥了重要的促进作用。在21世纪全面建设小康社会进程中，经济特区、浦东新区、滨海新区等继续领先，增创新优势。一是加快体制创新，增创经济体制新优势，对于完善社会主义市场经济体制率先进行了积极探索和实践；二是推进科技创新，增创转变经济发展方式新优势，对于加快结构调整、产业优化升级、科技创新驱动等率先进行了积极探索和实践；三是加强区域合作，增创辐射和带动作用新优势，加强与其他区域经济技术交流与合作，增强了对其他地区的示范、辐射和带动作用。

最后，东部地区支持了中西部地区发展，积极参与了西部大开发、东北振兴和促进中部地区崛起。本着互惠互利、优势互补、联合发展的原则，东部地区通过产业转移、技术转让和联合、联营及合作等多种帮扶形式，发挥资本、技术、人才、信息、管理等方面的优势，支持企业到西部、东北、中部投资，不断推动与西部、东北、中部的经济与技术合作，以各种形式加强对中西部、东北有关区域的对口扶持和扶贫帮困，既发挥了支持和带动中西部、东北地区经济发展的作用，同时也为东部地区自身的发展拓展了更大的空间。

（四）推动东部地区转向优化发展

在东部地区率先发展的过程中，全国人口不断向北京、上海、广州等特大城市和经济发达地区聚集，人口分布愈益失衡，大规模的工业化和城镇化强度已经或趋近饱和，资源环境承载压力不断增加，城市基本公共服务不足、不平均也逐渐突出。为了推动东部地区高质量发展，加快推进现代化，提升参与全球分工与竞争的层次，发挥东部地区在构建新发展格局中的重要领头作用，党和国家提出东部地区要转向优化发展，在《全国主体功能区规划》中把东部地区的主体功能定位为优化开发区域，党的十九大进一步提出要创新引领率先实现东部地区优化发展。

在全面建设社会主义现代化国家新征程中，东部地区继续发挥对整个国民经济发展的龙头带动作用，创新引领率先实现优化发展，基本的方面，一是优化创新引领，发挥创新要素集聚优势，加快实现创新驱动发展转型，在创新引领上实现突破，加快创新中心建设，建设开放创新转型升级新高地，打造具有国际影响力的创新高地；二是优化产业创新，加快推动产业升级，加快培育世界级先进制造业集群，打造全球先进制造业基地，引领新兴产业和现代服务业发展，提升要素产出效率，加快建立全方位开放型经济体系，更高层次参与国际合作与竞争，增创扩大开放新优势；三是优化带动作用，支持东部地区更好发挥对全国发展的支撑引领作用，增强辐射带动能力，在公共服务均等化、社会文明程度提高、生态环境质量改善等方面走在前列，支持深圳建设中国特色社会主义先行示范区、浦东打造社会主义现代化建设引领区、浙江高质量发展建设共同富裕示范区。

正是在推进东部地区创新引领率先实现优化发展的过程中，党和国家、习近平总书记先后提出、确立了京津冀协同发展、长江三角洲区域一体化发展、粤港澳大湾区建设等重大支撑引领战略，而京津冀协同发展、长江三角洲区域一体化发展、粤港澳大湾区建设等也就成为东部地区创新引领率先实现优化发展的极其重要、突出、鲜明的内容。

第十四章　区域协调发展战略体系的重要区域引领战略

在实施、推进西部开发、东北振兴、中部崛起、东部优化的区域发展总体战略的基础上，自党的十八大以来，以习近平同志为核心的党中央，根据国内外发展形势变化和我国区域经济协调发展面临的新形势、新任务，统筹国内国际两个大局，提出了“一带一路”倡议、京津冀协同发展、长江经济带发展等重要区域引领战略。在这些重要区域引领战略实施的过程中，“一带一路”倡议越来越突出地成为新时代全方位、高层次对外开放的重要内容。故此，如果把“一带一路”倡议作为我国推进高层次开放型经济发展的重大战略，放在开放型经济发展中考察，那么从我国区域协调发展战略体系而言，重要区域引领战略主要包括京津冀协同发展战略、长江经济带发展战略、长江三角洲区域一体化发展战略、粤港澳大湾区建设战略，以及2019年习近平总书记提出的黄河流域生态保护和高质量发展战略。在全面建成小康社会基础上迈向全面建设社会主义现代化国家新征程，全面推进区域经济协调发展极其重要的内容，就是推动这些重要区域引领战略的持续深入实施。这里，仅就京津冀协同发展战略、长江经济带发展战略、粤港澳大湾区建设战略进行论述。

一、京津冀协同发展战略的确立与实施

党的十八大以后，在全面建成小康社会新阶段发展中，首先提出、确

立的重要区域发展引领战略就是京津冀协同发展战略。在中国发展的历史上，京津冀本就具有相互联系、地域一体的特征，三地同属京畿重地，历史同源，濒临渤海，背靠太岳，人缘相亲，携揽三北，文化一脉相承。在改革开放以后的发展中，京津冀协同发展经历了艰辛探索与有益实践；进入21世纪以后，在全面建设小康社会的进程中，京津冀一体化发展开始加速；党的十八大以后，在全面建成小康社会新阶段的发展中，京津冀协同发展上升为国家战略，成为中国特色社会主义新时代、全面建设社会主义现代化国家新征程中引领我国区域经济协调发展的重大战略部署。

（一）京津冀协同发展战略的提出

在改革开放以来的发展中，我国已经提出过有关京津冀协同发展的一些思路建议。1986年京津冀15个城市联合成立环渤海区域合作市长联席会，1988年成立了以北京为中心，覆盖唐山、秦皇岛、保定、张家口、承德、廊坊等10个城市的环京经济协作区。20世纪90年代，提出京津冀区域经济一体化。2004年2月，国家发展改革委在廊坊召集京津冀部分城市区域经济发展战略研讨会，达成了“廊坊共识”，提出了“京津冀一体化”发展的初步框架，并明确提出要启动京津冀区域发展总体规划的编制。①2005年1月，国务院批复了《北京市城市总体规划（2004—2020）》，对北京的城市功能提出了明确的定位，要求北京市的城市发展必须处理好区域协调发展的关系，坚持区域统筹的原则，积极推进京津冀以及环渤海地区经济合作与协调发展。

在党的十八大以后的发展中，习近平总书记明确提出要推动京津冀协同发展、实施京津冀协同发展的重大国家战略。2013年5月，习近平总书记在

① 2004年2月12日到13日，当时的国家发展改革委地区经济司召集北京市、天津市、河北省暨秦皇岛市、承德市、张家口市、保定市、廊坊市、沧州市、唐山市发展改革部门负责人，在廊坊市共同举行京津冀区域经济发展战略研讨会，石家庄市、衡水市、邯郸市、邢台市发展改革部门负责人列席会议。会议分析了京津冀区域发展与合作面临的形势和问题，研究提出了相关的对策建议，经充分协商，达成10个方面的共识。达成的共识中明确提出加强京津冀区域协调发展、推进区域经济一体化，提出了京津冀区域协调发展的原则、协商制度、共同构建区域统一市场体系、联合开展交通设施建设、协调区域内重大生态建设和环境保护等，并明确提出要启动京津冀区域发展总体规划和重点专项规划的编制，统筹协调区域发展中的基础设施、资源环境、产业布局、城镇体系等相关问题。

天津调研时提出，要谱写新时期社会主义现代化的京津“双城记”。2013年8月，习近平在北戴河主持研究河北发展问题时，提出要推动京津冀协同发展。此后，习近平总书记多次就京津冀协同发展作出重要指示，强调要想解决好北京发展问题，必须将其纳入京津冀和环渤海经济区的战略空间加以考量，以打通发展的大动脉，更有力地彰显北京优势，更广泛地激活北京要素资源，同时天津、河北要实现更好发展也需要连同北京发展一起来考虑。2014年2月，习近平总书记到北京市考察工作，就全面深化改革、推动首都更好发展，特别是破解特大城市发展难题进行考察调研。2月26日，习近平总书记召开座谈会，在讲话中提出了京津冀协同发展的重大国家战略。习近平强调，京津冀协同发展意义重大，对这个问题的认识要上升到国家战略层面。

习近平完整地论述了实施京津冀协同发展战略的大思路。对于战略可能性，习近平指出，北京、天津、河北人口加起来有1亿多，土地面积为21.6万平方千米，京津冀地缘相接、人缘相亲，地域一体、文化一脉，历史渊源深厚、交往半径相宜，完全能够相互融合、协同发展。对于战略要求，习近平总书记提出了4个立足，用4个“以”强调了载体、重点、主线和抓手。习近平要求，推进京津冀协同发展，要立足各自比较优势、立足现代产业分工要求、立足区域优势互补原则、立足合作共赢理念，以京津冀城市群建设为载体、以优化区域分工和产业布局为重点、以资源要素空间统筹规划利用为主线、以构建长效体制机制为抓手，从广度和深度上加快发展。对于战略实施，习近平强调，一定要增强推进京津冀协同发展的自觉性、主动性、创造性，增强通过全面深化改革形成新的体制机制的勇气，继续研究、明确思路、制订方案、加快推进。对于战略内容，习近平总书记提出了7个方面即7个着力，一是要着力加强顶层设计，抓紧编制首都经济圈一体化发展的相关规划，明确三地功能定位、产业分工、城市布局、设施配套、综合交通体系等重大问题，并从财政政策、投资政策、项目安排等方面形成具体措施；二是要着力加大对协同发展的推动，自觉打破自家“一亩三分地”的思维定式，抱成团朝着顶层设计的目标一起做，充分发挥环渤海地区经济合作发展协调机制的作用；三是要着力加快推进产业对接协作，理顺三地产业发展链条，形成区域间产业合理分布和上下游联动机制，对接产业规划，不搞同构性、同质化发展；四是要着力调整优化城市布局和空间结构，促进城市分工协作，提高城市群一体化水平，提高其综合承载能力和内涵发展水平；五是要着力扩大环境容量生态空间，加强生态环境保护合作，在已经启动大气污染防治协作机制的基础上，完善防护林建设、水资源保护、水环境治理、清洁能源使用等领域合作机制；六是要着力构建现代化交通网络系统，把交通一体化作为先行领域，加快构建快速、便捷、高效、安全、大容量、低成本的互联互通综合交通网络；七是要着力加快推进市场一体化进程，下决心破除限制资本、技术、产权、人才、劳动力等生产要素自由流动和优化配置的各种体制机制障碍，推动各种要素按照市场规律在区域内自由流动和优化配置。①

（二）京津冀协同发展战略的确立

2014年3月，十二届全国人大二次会议的《政府工作报告》提出，要谋划区域发展新棋局，由东向西、由沿海向内地，沿大江大河和陆路交通干线，推进梯度发展，加强环渤海及京津冀地区经济协作。为加强实施京津冀协同发展战略的统筹指导，国务院成立京津冀协同发展领导小组，领导小组成员包括京津冀及国家发展改革委等有关部门，并设立专家咨询委员会。2014年年底的中央经济工作会议中，明确提出我国发展的重点任务之一是优化经济发展空间格局，其内容就是重点实施“一带一路”、京津冀协同发展、长江经济带三大战略，完善区域政策，促进各地区协调发展、协同发展、共同发展。

为实施京津冀协同发展战略，京津冀协同发展领导小组指导其办公室会同30多个部门、三省市和京津冀协同发展专家咨询委员会，多次深入调查研究，反复修改完善，先后7轮征求各方意见，形成《京津冀协同发展规划纲要》稿。2015年3月23日，中央财经领导小组第九次会议审议研究了《京津冀协同发展规划纲要》。中共中央政治局2015年4月30日召开会议，审议通

① 《习近平在听取京津冀协同发展专题汇报时强调　优势互补互利共赢扎实推进努力实现京津冀一体化发展》,《人民日报》，2014年2月28日第1版。

过《京津冀协同发展规划纲要》。2015年6月，中共中央、国务院印发实施《京津冀协同发展规划纲要》。规划纲要指出，推动京津冀协同发展是一个重大国家战略，核心是有序疏解北京非首都功能，要在京津冀交通一体化、生态环境保护、产业升级转移等重点领域率先取得突破。规划纲要从战略意义、总体要求、定位布局、有序疏解北京非首都功能、推动重点领域率先突破、促进创新驱动发展、统筹协同发展相关任务、深化体制机制改革、开展试点示范、加强组织实施等方面对京津冀协同发展进行了战略部署，是京津冀协同发展战略的顶层设计，形成推动京津冀协同发展的系统完整的国家战略纲领。2016年2月，《"十三五"时期京津冀国民经济和社会发展规划》印发，这是我国第一个跨省市的区域"十三五"规划，突破了三省市各自"一亩三分地"的思维定式，实现了"三地一盘棋"统筹规划，确定了互联互通、加快重大基础设施建设等9方面的重点任务。

《京津冀协同发展规划纲要》中涵盖的京津冀地区，位于华北平原北部，是我国"首都经济圈"，包括北京16个市辖区，天津16个市辖区，河北11个地级市，面积21.6万平方千米，占全国国土面积的2.3%。北京作为首都，政治地位突出，文化底蕴深厚，科技创新领先，人才资源密集，国际交往密切。天津拥有北方最大的综合性港口，制造业基础雄厚，研发转化能力较强，发展势头良好。河北自然资源丰富，劳动力相对充裕，产业基础较好，经济体量较大，具有广阔的发展空间。截至2017年年末京津冀地区总人口1.125亿人，占全国总人口的8.1%，地区生产总值82559.78万亿元，占全国国内生产总值的9.98%，其中，北京人均GDP为12.9万元，天津人均GDP为11.9万元，河北人均GDP为4.8万元。北京和天津两地接壤，地理上又在河北环抱之中，这一特殊的地理空间毗邻，使得三地山水相连，地缘相接、人缘相亲，地域一体、文化一脉，经济和人文的亲缘性使得交往半径相宜，客观上为实现优势互补、协同发展提供了良好条件。

实施京津冀协同发展战略，推动京津冀协同发展，具有重大意义。习近平总书记指出："京津冀协同发展不仅仅是解决北京发展面临的矛盾和问题的需要，也不仅仅是解决天津、河北发展面临的矛盾和问题的需要，而且是优化国家发展区域布局、优化社会生产力空间结构、打造新的经济增长极、形成新的经济发展方式的需要，是一个重大的国家战略。”①

首先，区域发展不协调、不平衡是我国发展中长期存在的一个难点问题，其重要原因则在于生产要素流动、资源配置面临显性和隐性壁垒以及区域发展协调机制的不健全、不完善。而在整个国家的区域经济发展中、在大区域的经济发展中，京津冀地区发展的不协调、不平衡的矛盾尤为突出、极为复杂，关注度极高。因此，实施京津冀协同发展战略、推动京津冀协同发展，通过深化改革打破行政壁垒，构建开放的区域统一市场，建立区域统筹协调发展新体制，就成为构建区域协调发展体制机制的需要。

其次，京津冀地区同属京畿重地，濒临渤海，背靠太岳，携揽“三北”，战略地位十分重要，是我国经济最具活力、开放程度最高、创新能力最强、吸纳人口最多的地区之一，也是拉动我国经济发展的重要引擎。推动京津冀协同发展，有利于破解首都发展长期积累的深层次矛盾和问题，优化提升首都核心功能，走出一条中国特色解决“大城市病”的路子；有利于完善城市群形态，优化生产力布局和空间结构，打造具有较强竞争力的世界级城市群；有利于全面对接“一带一路”等重大国家战略，增强对环渤海地区和北方腹地的辐射带动能力，为全面建成小康社会，进而全面建设社会主义现代化国家作出更大贡献。因此，实施京津冀协同发展战略、推动京津冀协同发展，是适应我国发展进入中国特色社会主义新时代，应对资源环境压力加大、区域发展不平衡矛盾日益突出等挑战，培育新的增长动力和新的增长极、优化区域发展格局、推动高质量发展的现实需要，是中国发展从全面建成小康社会向全面建设社会主义现代化国家跨越的重大发展战略。

最后，较长时期以来，京津冀地区发展面临诸多困难和问题，特别是北京集聚过多的非首都功能，“大城市病”问题突出，人口过度膨胀，交通日益拥堵，大气污染严重，房价持续高涨，社会管理难度大，引发一系列经济社会问题，引起全社会广泛关注。同时，京津冀地区水资源严重短缺，地下

① 中共中央文献研究室编：《习近平关于社会主义经济建设论述摘编》，中央文献出版社2017年版，第254页。

水严重超采，环境污染问题突出，已成为我国东部地区人与自然关系最为紧张、资源环境超载矛盾最为严重、生态联防联治要求最为迫切的区域。加之区域功能布局不够合理，城镇体系结构失衡，京津两极与周边中小城市区域发展差距悬殊，特别是河北与京津两市发展水平差距较大，公共服务水平差距明显。缓解并最终解决这些问题，必须要有国家层面的大战略。因此，实施京津冀协同发展战略、推动京津冀协同发展，也是对重大区域发展整体统筹协调、有序疏解北京非首都功能、推动京津冀三省市整体协同发展的国家发展战略。

（三）京津冀协同发展战略的实施

从京津冀协同发展战略提出确立到2020年全面建成小康社会，京津冀协同发展战略的实施不断推进，取得重要成效。

一是北京非首都功能疏解有序推进。

京津冀协同发展战略的核心是有序疏解北京非首都功能，降低北京人口密度，实现城市发展与资源环境相适应，调整经济结构和空间结构，探索人口经济密集区优化开发的模式。在京津冀协同发展战略实施中，北京非首都功能疏解取得重大进展，高耗能高耗水企业、区域性物流基地和专业市场、部分教育医疗和培训机构、部分行政事业性服务机构和企业总部等被作为重点疏解机构，关停退出疏解一般制造业企业累计近3000家，拆并提升疏解区域性批发市场和物流中心约1000个，20多所北京市属学校、医院向京郊转移。首都科技、信息、文化等“高精尖”产业新设市场主体占比从2013年的40.7%上升至2020年的60%。北京市主城区人口密度相当幅度降低，人口实现增量和增速双下降，常住人口规模自2017年以来持续下降，2020年北京市常住人口控制目标顺利完成。

二是雄安新区规划建设高标准推进。

规划建设雄安新区，是实施京津冀协同发展战略的重要内容、重点举措，是推动京津冀协同发展的重大历史性战略工程。

2014年10月17日，习近平总书记对《京津冀协同发展规划总体思路框架》作出重要批示：“目前京津冀发展差距较大，不能搞齐步走、平面推进，也不能继续扩大差距，应从实际出发，选择有条件的区域率先推进，通过试点示范带动其他地区发展。”[①]2015年2月10日，习近平总书记主持召开中央财经领导小组第九次会议，审议研究《京津冀协同发展规划纲要》，明确提出“多点一城、老城重组”的思路，“一城”就是研究在北京之外要建设的新城。2015年4月2日和4月30日，在先后主持召开中共中央政治局常委会会议和中央政治局会议研究《京津冀协同发展规划纲要》时，习近平总书记再次强调，要深入研究论证新城问题，可考虑在河北合适的地方进行规划，建设一座以新发展理念引领的现代新城。2015年6月印发的《京津冀协同发展规划纲要》明确提出，规划建设具有相当规模、与疏解地发展环境相当的集中承载地。2016年3月24日，习近平总书记主持召开中共中央政治局常委会会议，听取北京市行政副中心和疏解北京非首都功能集中承载地有关情况的汇报，确定了集中承载地的选址，并定名为“雄安新区”。2016年5月27日，中央政治局会议审议《关于规划建设北京城市副中心和研究设立河北雄安新区的有关情况的汇报》，原则上通过设立雄安新区的方案，随之在高度保密的情况下开始编制《河北雄安新区规划纲要》。[②]

2017年4月1日，新华通讯社受权发布，中共中央、国务院决定设立河北雄安新区。[③]2017年10月，党的十九大报告提出“高起点规划、高标准建设雄安新区”。2018年4月14日，中共中央、国务院作出批复，同意《河北雄安新区规划纲要》。[④]

党中央、国务院批复《河北雄安新区规划纲要》后，雄安新区总体规划、起步区控制性规划、启动区控制性详细规划、白洋淀生态环境治理和保护规划4个基础性规划相继出台，交通、防震、能源等20多个专项规划印发实施，规划体系基本建立。2019年1月，党中央、国务院出台《关于支持河

① 《千年大计、国家大事——以习近平同志为核心的党中央决策河北雄安新区规划建设纪实》，《人民日报》，2017年4月14日第2版。

② 《奋进新时代　建设雄安城——以习近平同志为核心的党中央谋划指导〈河北雄安新区规划纲要〉编制纪实》，《人民日报》，2018年4月27日第2版。

③ 《中共中央、国务院决定　河北雄安新区设立》，《人民日报》，2017年2月2日第1版。

④ 《中共中央国务院关于对〈河北雄安新区规划纲要〉的批复》，《人民日报》，2018年4月21日第1版。

北雄安新区全面深化改革和扩大开放的指导意见》，有关方面陆续制订出台雄安质量标准体系、人力资源、行政体制等15个配套方案。雄安新区启动区和起步区的市政基础设施、生态工程、公共服务配套等120多个重大项目建设加快推进，京雄城际正式开通，雄安新区内白洋淀淀区水质由劣Ⅴ类转为Ⅳ类。

三是空间格局和功能定位优化推进。

京津冀协同发展战略实施的一个重要方面，是优化京津冀区域的空间格局和功能定位，推进重点地区发展。北京重点发展知识经济、服务经济、绿色经济，加快构建高精尖产业结构，城市副中心加快规划建设，北京城市副中心行政办公区一期工程基本建成，北京市级机关35个部门共1.2万人已搬入办公。天津优化发展先进制造业、战略性新兴产业和现代服务业，建设全国先进制造研发基地和金融创新运营示范区，天津滨海新区改革开放深入推进，天津港集装箱吞吐量、海铁联运吞吐量相当幅度增长。河北积极承接北京非首都功能转移和京津科技成果转化，重点建设全国现代商贸物流重要基地、新型工业化基地和产业转型升级试验区，曹妃甸区、新机场临空经济区、张家口首都水源涵养功能区和生态环境支撑区加快建设，张家口赛区76个冬奥项目完成建设。

四是协同发展重点领域突破推进。

协同发展交通、生态、产业三大重点领域不断取得突破，是京津冀协同发展战略实施的突出成效。

首先，京津冀一体化现代交通网络建设不断加快，交通互联互通快速发展，重点项目加快推进，北京大兴国际机场建成投运并运行良好，京津冀机场群和港口群协同联动建设深入推进，京昆高速、京津城际延长线、津保城际铁路、张唐铁路建成通车，京津保核心区1小时通勤圈初步形成，京津冀公交“一卡通”互联互通也已实现。

其次，京津冀生态环境协同治理取得突出成效，环境容量和生态空间不断扩大。构建区域生态环境监测网络、预警体系和协调联动机制，区域污染物排放总量逐步削减；加强大气污染联防联控，实施大气污染防治重点地区气化工程，细颗粒物浓度逐步下降，2020年京津冀地区PM2.5平均浓度为44微克/立方米，比2014年下降51%；加强饮用水源地保护，联合开展河流、湖泊、海域污染治理，京津冀119个国控断面监测中，水质达到或好于Ⅲ类比例上升到64.5%；划定生态保护红线，实施分区管理，持续实施张承地区植树造林、京津风沙源治理、京津冀地下水超采综合治理、引黄入冀补淀等重大工程；京津保地区营造林和白洋淀、衡水湖等湖泊湿地恢复力度不断加大。

最后，京津冀产业升级转移扎实推进，产业结构继续优化。北京现代汽车沧州工厂建成投产以来累计产销整车超过50万辆，北京·沧州渤海新区生物医药产业园共吸引95家北京医药企业签约落户，北京大数据产业链部分环节加快向张北云计算产业基地集聚，曹妃甸千万吨炼油项目、比亚迪新能源客车承德基地等项目建设稳步进行。

五是改革创新重大举措相继推出。

在京津冀协同发展战略实施中，三地一批重大改革创新举措相继落地，改革创新推动区域发展的动力作用日益凸显。北京自贸区高端产业片区正式挂牌；北京市加大科技、数字经济和数字贸易、金融、互联网信息等服务业对外开放，120余项创新政策措施相继实施；北京全国科技创新中心加快建设，北京输出到津冀的技术合同成交额累计超过1200亿元，中关村企业在津冀两地分支机构累计达8300多家。天津自贸区国际贸易单一窗口、国家船舶登记等128项制度创新任务基本完成，天津滨海—中关村科技园、宁河京津合作示范区、武清京津产业新城、宝坻京津科技新城等一批特色园区建设加快。

六是公共服务共建共享积极推进。

在京津冀协同发展战略实施中，三地积极推进民生领域补短板强弱项，基本公共服务均等化水平持续提高。主要包括：建设京津冀区域人力资源信息共享与服务平台，衔接区域间劳动用工和人才政策；优化教育资源布局，鼓励高等学校学科共建、资源共享，推动职业教育统筹发展，京津冀高校联盟建设深入推进，中小学教师互派培养项目深入实施；建立健全区域内双向转诊和检查结果互认制度，医疗卫生协作日益紧密，京津冀60家定点医疗机构实现跨省异地就医门诊费用直接结算，京津冀等地区医疗机构临床检验结果互认项目达43个、互认医疗机构近500家；实现养老保险关系在三省市间的顺利衔接，推动社会保险协同发展。同时，支持河北省实施易地扶贫搬迁工程，加快环首都贫困带脱贫攻坚步伐，京津19个区对河北省张家口、承德、保定28个县（区）实施帮扶项目757个，帮助8.1万名贫困人口就地就近就业。

（四）京津冀协同发展战略的推进

根据习近平总书记的论述、党和国家的战略部署，实施京津冀协同发展战略、推动京津冀协同发展，总的要求和内容可以概括为：一个基点，以有序疏解北京非首都功能、解决北京“大城市病”为基本出发点；两个打造，打造现代化新型首都圈，打造中国经济发展新的支撑带；三个坚持，坚持问题导向，坚持重点突破，坚持改革创新；四个立足，立足各自比较优势，立足现代产业分工要求，立足区域优势互补原则，立足合作共赢理念；五个要求，以资源环境承载能力为基础，以京津冀城市群建设为载体，以优化区域分工和产业布局为重点，以资源要素空间统筹规划利用为主线，以构建长效体制机制为抓手；六个着力，着力调整优化经济结构和空间结构，着力构建现代化交通网络系统，着力扩大环境容量生态空间，着力推进产业升级转移，着力推动公共服务共建共享，着力加快市场一体化进程，落脚于要形成京津冀目标同向、措施一体、优势互补、互利共赢的协同发展新格局。

实施京津冀协同发展战略，要明确区域整体以及三方功能互补、错位发展、相辅相成的功能定位。京津冀整体定位是一群三区（擎），即以首都为核心的世界级城市群、区域整体协同发展改革引领区、全国创新驱动经济增长新引擎、生态修复环境改善示范区；北京市的定位是四个中心，即全国政治中心、文化中心、国际交往中心、科技创新中心；天津市的定位是一地三区，即全国先进制造研发基地、北方国际航运核心区、金融创新运营示范区、改革开放先行区；河北省的定位是一地三区，即全国现代商贸物流重要基地、产业转型升级试验区、新型城镇化与城乡统筹示范区、京津冀生态环境支撑区。在全面建成小康社会、全面建设社会主义现代化国家的过程中，实施京津冀协同发展战略，推动京津冀协同发展，要使首都核心功能更加优化，京津冀区域一体化格局基本形成，京津冀区域经济结构更加合理、生态环境质量总体良好、公共服务水平趋于均衡，成为具有较强国际竞争力和影响力的重要区域，在引领和支撑全国经济社会发展中发挥更大作用。

2019年1月16—18日，习近平总书记在京津冀地区考察，主持召开京津冀协同发展座谈会并发表重要讲话。习近平总书记充分肯定京津冀协同发展战略实施以来取得的显著成效，进而指出，京津冀协同发展是一个系统工程，不可能一蹴而就，要做好长期作战的思想准备，要从全局的高度和更长远的考虑来认识和做好京津冀协同发展工作，增强协同发展的自觉性、主动性、创造性，稳扎稳打，勇于担当，敢于创新，善作善成，下更大气力推动京津冀协同发展取得新的更大进展；同时，对于京津冀协同发展战略的持续推进，提出了一系列明确要求。①2020年10月党的十九届五中全会审议通过的“十四五”规划建议，面向开启全面建设社会主义现代化国家新征程，部署全面推动区域协调发展，进一步强调推进京津冀协同发展；2021年3月十三届全国人大四次会议审议通过的“十四五”规划纲要，进一步对“十四五”时期加快推动京津冀协同发展进行了具体部署。

根据习近平总书记重要论述、党和国家确定的方向要求，迈向全面建设社会主义现代化国家新征程，必须持续推进京津冀协同发展战略的实施，推动京津冀协同发展取得新突破和更大成效。

第一，牢牢抓住疏解北京非首都功能“牛鼻子”，积极稳妥有序疏解北京非首都功能。要更加讲究方式方法，坚持严控增量和疏解存量相结合，内部功能重组和向外疏解转移双向发力，不符合首都功能定位的要有序向外疏解，属于落后产能的要就地淘汰，稳妥有序推进实施，不断优化提升首都核心功能。要发挥市场机制作用，采取市场化、法治化手段，构建功能疏解政策体系，研究出台有针对性的北京非首都功能疏解政策及雄安新区承接北京非首都功能疏解的配套支持政策，实施一批标志性疏解项目，稳妥有序推进一批具有较强影响力和带动性的北京非首都功能向雄安新区疏解，推动津冀

① 《习近平在京津冀三省市考察并主持召开京津冀协同发展座谈会时强调　稳扎稳打勇于担当敢于创新善作善成推动京津冀协同发展取得新的更大进展》，《人民日报》，2019年1月19日第1版。

两省市及雄安新区有选择有错位地承接非首都功能。要立足北京“四个中心”功能定位，不断优化提升首都核心功能。

第二，保持历史耐心和战略定力，高质量高标准推动雄安新区建设。要保持雄安新区建设规划的严肃性和约束性，用法律法规确保一张蓝图干到底。按照“在建一批、新开工一批、储备论证一批”的原则，加快推进雄安新区启动区和起步区重大基础设施及配套公共服务设施建设，打造一批承接北京非首都功能疏解的标志性工程项目。要推动雄安新区管理体制创新，研究推动雄安新区逐步从新区管理体制过渡到城市管理体制，创新雄安新区人才引进与激励政策体系，建设政治过硬、专业过硬、能吃苦、富有开拓创新精神的人才队伍。

第三，高质量推动北京城市副中心规划建设，促进与河北省三河、香河、大厂三县市一体化发展。适当时机制定出台支持北京城市副中心高质量发展意见，加快重大基础设施建设，配置教育、医疗、文化等公共服务功能，提高副中心的承载力和吸引力。瞄准交通、产业、基础设施、公共服务等方面的先行启动事项，深入推进北京市通州区与河北省三县市一体化高质量发展。深入推进北京市中心城区功能重组，优化北京空间布局和经济结构，提升北京市行政管理效率和为中央政务功能服务保障的水平。

第四，全面深化改革，持续推进创新驱动与交通一体化。要持续推进全面深化改革，出台一批改革举措，制订实施京津冀新一轮全面创新改革试验方案，破除制约协同发展的行政壁垒和体制机制障碍，构建促进协同发展、高质量发展的制度保障。加快构建协同创新体系，集聚和利用高端创新资源，积极开展重大科技项目研发合作，打造我国自主创新的重要源头和原始创新的主要策源地，提高北京科技创新中心基础研究和原始创新能力，发挥中关村国家自主创新示范区先行先试作用，发挥北京科技创新优势带动津冀传统行业改造升级，推动京津冀产业链与创新链深度融合，持续增强协同发展的内生动力。立足于推进人流、物流、信息流等要素市场一体化，推动京津冀交通一体化，促进建成轨道上的京津冀发展，提升机场群、港口群协同水平，加快建设京唐、京滨、津兴城际铁路等重大项目，推进跨区域公路项目建设，建设北方国际航运枢纽。

第五，坚持绿水青山就是金山银山的理念，强化生态环境联建联防联治。要增加清洁能源供应，调整能源消费结构，持之以恒推进京津冀地区生态建设，深化大气污染联防联控联治，强化华北地下水超采及地面沉降综合治理，支持张家口首都水源涵养功能区和生态环境支撑区建设，加快形成节约资源和保护环境的空间格局、产业结构、生产方式、生活方式。

第六，坚持以人民为中心的发展思想，促进基本公共服务共建共享。京津冀协同发展战略的实施，就是为了实现好、维护好、发展好京津冀三省市人民群众的根本利益，推动他们朝着共同富裕的目标不断迈进。要着力解决人民群众关心、涉及人民切身利益的热点难点问题，坚持就业优先，优化教育医疗资源布局，不断改善民生、提升人民生活品质。要加大力度促进河北省原有贫困地区巩固拓展脱贫攻坚成果、全面推进乡村振兴工作，进一步完善京津对口帮扶机制，加快推进农业现代化。

二、长江经济带发展战略的确立与实施

党的十八大以后，全面建成小康社会新阶段发展中，继京津冀协同发展战略之后提出、确立的重要区域发展引领战略，就是长江经济带发展战略。长江是我国第一大河、世界第三大河，发源于青海省唐古拉山脉。长江干流全长6300余千米，支流众多，流域面积1万平方千米以上的支流达45条之多。长江流域是指长江干流和支流流经的广大区域，共涉及19个省（自治区、直辖市）。其中，干流流经青海、西藏、四川、云南、重庆、湖北、湖南、江西、安徽、江苏、上海等11个省（自治区、直辖市）；支流展延至贵州、甘肃、陕西、河南、浙江、广西、广东、福建等8个省（自治区）。长江流域土地面积约180万平方千米，占全国的18.8%。长江流域是世界上人口最多、产业规模最大、城市体系最为完整的流域，长江流域以江水流动为纽带，连接上下游、左右岸、干支流，形成经济社会大系统，形成经济社会发展中的重要流域经济。改革开放以来，围绕防灾、发电、航运以及三峡工程等一系列建设，长

江流域的开发开放和发展不断推进。党的十八大以后，在全面建成小康社会新阶段的发展中，党和国家提出确立长江经济带发展战略，成为中国特色社会主义新时代、全面建设社会主义现代化国家新征程中引领我国区域经济协调发展的重大战略部署，长江流域的经济社会发展迈向新的历史时期。

（一）长江经济带发展战略的提出

改革开放以来，在推进东部地区率先开放发展的过程中，我国逐步提出依托长江、构建长江流域经济发展的思路。20世纪80年代提出过“长江产业密集带”发展思路，同时从长江流域一定区域的角度明确提出了“长江经济带”的概念。90年代提出发展“长三角及长江沿江地区经济”的思路，1990年9月，国务院公布《关于长江流域综合利用规划简要报告的审查意见》，指出“长江沿岸地区是我国本世纪或更长时期内重点开发地区之一，在我国经济建设和社会发展中具有极其重要的战略地位”①；1995年党的十四届五中全会明确提出，按照市场经济规律和经济内在联系以及地理自然特点，突破行政区划界限，在已有经济布局的基础上，以中心城市和交通要道为依托，形成“以上海为龙头的长江三角洲及沿江地区经济带”。②

在21世纪全面建设小康社会发展中，长江流域一定区域经济带的开发开放进入国家重要区域发展战略之中。从2000年开始，我国实施西部大开发战略，其重点推进开发的思路，就是依托亚欧大陆桥、长江水道、西南出海通道等交通干线，发挥中心城市作用，以线串点，以点带面，促进西陇海兰新经济带、长江上游经济带、南贵昆经济带的形成。其中形成、建设长江上游经济带，就是沿长江黄金水道，以长江航道、上海至成都公路、沿江铁路等交通干线为依托，发挥重庆、成都等中心城市的枢纽作用，支撑川渝地区的开发，进而扩大长江上游地区与长江中下游地区的经济技术交流与合作。在实施中部崛起战略的过程中，我国又明确提出加快发展“沿长江经济带”、中部地区建设“沿长江经济带”思路。2006年4月，《关于促进中部崛起的若

① 国务院：《关于长江流域综合利用规划简要报告的审查意见》（国发〔1990〕56号），《中华人民共和国国务院公报》1990年23期。

② 中共中央文献研究室编：《十四大以来重要文献选编》中，人民出版社1997年版，第1492页。

干意见》明确指出“以省会城市和资源环境承载力较强的中心城市为依托，加快发展沿干线铁路经济带和沿长江经济带”；2009年9月国务院审议通过《促进中部地区崛起规划》，明确提出加快发展“沿长江经济带”。

明确提出长江经济带发展战略，是党的十八大以后在全面建成小康社会的发展过程中。2013年7月，习近平总书记在湖北考察时指出，长江流域要加强合作，充分发挥内河航运作用，发展江海联运，把全流域打造成黄金水道。[①]2014年3月，十二届全国人大二次会议上的《政府工作报告》提出“建设长江经济带”，完整的长江经济带发展进入国家年度发展重要部署之中。2014年4月25日，习近平总书记在中央政治局会议上提出，推动京津冀协同发展和长江经济带发展[②]，实际上把长江经济带发展与京津冀协同发展同时作为两大重要区域发展战略提出。2014年5月，习近平总书记在上海考察时强调，上海要积极“参与丝绸之路经济带和海上丝绸之路建设、推动长江经济带建设等国家战略”[③]。

（二）长江经济带发展战略的确立

2014年9月，国务院印发《关于依托黄金水道推动长江经济带发展的指导意见》，提出依托黄金水道推动长江经济带发展，打造中国经济新支撑带。2014年12月的中央经济工作会议，明确提出优化经济发展空间格局的重点举措就是实施“一带一路”、京津冀协同发展、长江经济带三大战略。习近平总书记在这次会议上指出：“中央决定，要重点实施‘一带一路’、京津冀协同发展、长江经济带三大战略。这三大战略的共同特点，是跨越行政区划、促进区域协调发展。”[④]也正是在2014年12月，中共中央成立推动长江经济带发展领导小组，由党中央、国务院有关领导担任组长、副组长，中央和国家

① 《习近平在湖北考察改革发展工作时强调坚定不移全面深化改革开放　脚踏实地推动经济社会发展》，《人民日报》，2013年7月24日第1版。

② 《中共中央政治局召开会议研究当前经济形势和经济工作》，《人民日报》，2014年4月26日第1版。

③ 《习近平在上海考察时强调当好全国改革开放排头兵　不断提高城市核心竞争力》，《人民日报》，2014年5月25日第1版。

④ 中共中央文献研究室编：《习近平关于社会主义经济建设论述摘编》，中央文献出版社2017年版，第260页。

机关有关部门、沿江11省市政府和有关单位负责人为成员，领导小组办公室设在国家发展改革委。随即，推动长江经济带发展领导小组办公室会同有关部门和沿江11省市，启动《长江经济带发展规划纲要》研究编制。

2016年1月5日，习近平总书记在重庆召开推动长江经济带发展座谈会，他指出："推动长江经济带发展是国家一项重大区域发展战略。""推动长江经济带发展必须从中华民族长远利益考虑，走生态优先、绿色发展之路，使绿水青山产生巨大生态效益、经济效益、社会效益，使母亲河永葆生机活力。"①

2016年9月，国家《长江经济带发展规划纲要》正式印发，确立了长江经济带发展的战略部署。在提出长江经济带发展战略以后，国家有关部门先后颁布一系列长江经济带发展专项规划与政策文件，包括《长江中游城市群发展规划》《长江三角洲城市群发展规划》《成渝城市群发展规划》《长江经济带生态环境保护规划》《长江岸线保护和开发利用总体规划》《长江经济带综合立体交通走廊规划（2014—2020年）》《长江经济带发展水利专项规划》《长江干线过江通道布局规划（2020—2035年）》《关于建设长江经济带国家级转型升级示范开发区的实施意见》《长江经济带创新驱动产业转型升级方案》等等，形成了"1+N"的长江经济带发展战略规划政策体系。"1"是指一个总体规划，即中共中央、国务院印发的《长江经济带发展规划纲要》，这是推动长江经济带发展的战略纲领；"N"则是围绕《长江经济带发展规划纲要》制定的一系列专项规划、政策文件和实施方案。这样，就基本形成以《长江经济带发展规划纲要》为统领，相关专项规划、实施方案和支持政策等为支撑的长江经济带发展战略体系。

2017年10月，党的十九大报告提出："以共抓大保护、不搞大开发为导向推动长江经济带发展。"②2018年4月26日，习近平总书记在武汉主持召开深入推动长江经济带发展座谈会并发表重要讲话，这是继2016年1月在重庆

① 《习近平在推动长江经济带发展座谈会上强调走生态优先绿色发展之路让中华民族母亲河永葆生机活力》，《人民日报》，2016年1月8日第1版。

② 习近平：《决胜全面建成小康社会　夺取新时代中国特色社会主义伟大胜利——在中国共产党第十九次全国代表大会上的报告》（2017年10月18日），人民出版社2017年版，第33页。

召开的长江经济带发展座谈会之后的第二次长江经济带发展座谈会。习近平总书记指出："推动长江经济带发展是党中央作出的重大决策，是关系国家发展全局的重大战略，对实现'两个一百年'奋斗目标、实现中华民族伟大复兴的中国梦具有重要意义。"根据长江经济带发展战略实施的情况，习近平总书记还强调："总体上看，实施长江经济带发展战略要加大力度。"①显然，在新时代发展中，长江经济带发展战略成为我国全面建成小康社会，进而全面建设社会主义现代化国家的区域发展重要引领战略。

长江经济带覆盖上海、江苏、浙江、安徽、江西、湖北、湖南、重庆、四川、贵州、云南等11个省市，面积约205.23万平方千米，占全国的21.4%。按上、中、下游划分，下游地区包括上海、江苏、浙江、安徽4省市，面积约35.03万平方千米，占长江经济带的17.1%；中游地区包括江西、湖北、湖南3省，面积约56.46万平方千米，占长江经济带的27.5%；上游地区包括重庆、四川、贵州、云南4省市，面积约113.74万平方千米，占长江经济带的55.4%。2018年，长江经济带总人口约5.99亿人，占全国的42.9%。其中，下游地区约2.25亿人，占长江经济带总人口的37.6%；中游地区约1.75亿人，占29.2%；上游地区约1.99亿人，占33.2%。长江经济带地区生产总值约40.3万亿元，占全国的44.1%。其中，下游地区约21.15万亿元，占长江经济带的52.5%；中游地区约9.78万亿元，占24.3%；上游地区约9.37万亿元，占23.3%。长江经济带的人口和经济总量均超过全国的40%，生态地位重要、综合实力较强、发展潜力巨大，推进长江经济带发展，在中国特色社会主义新时代，尤其是全面建设社会主义现代化国家新征程中，具有重要意义。

（三）长江经济带发展战略的实施

从长江经济带发展战略提出确立到2020年全面建成小康社会，长江经济带发展战略的实施不断推进，沿江区域坚持共抓大保护、不搞大开发，坚持生态优先、绿色发展，持续推进生态环境整治，促进经济社会发展全面绿色转型，长江经济带生态环境保护发生了转折性变化，经济社会发展取得重要

① 《习近平在深入推动长江经济带发展座谈会上强调加强改革创新战略统筹规划引导以长江经济带发展推动高质量发展》,《人民日报》，2018年4月27日第1版。

成效。

一是共抓大保护的发展格局基本形成。在一定的历史时期中，沿江区域的经济高速增长忽视了环境容量有限性和生态承载脆弱性，导致生态环境严重透支。长江经济带发展战略突出共抓大保护，为长江大保护立下规矩、划定红线，把修复长江生态环境摆在压倒性位置，生态优先绿色发展的理念深入人心并转化为实践。在长江经济带发展战略实施中，有关部门陆续出台了长江经济带生态环境保护等10余个专项规划和沿江11省市实施方案，各方主体围绕大保护的对接合作不断深化，全社会共同参与的共抓大保护、不搞大开发的发展格局基本形成。

二是长江流域生态环境质量持续改善。在长江经济带发展战略实施、共抓大保护的过程中，划定生态保护红线面积54.42万平方千米，占沿江11省市土地面积的25.47%。大力实施水污染治理、水生态修复、水资源保护“三水共治”，集中开展了“共抓大保护”突出问题整改的专项行动，部署推进城镇污水垃圾处理、化工污染治理、船舶污染治理、农业面源污染治理和尾矿库治理工程，大力构建源头控污、系统截污、全面治污“三位一体”的长江经济带水污染治理体系。一大批高污染高耗能企业被关停取缔，沿江化工企业关改搬转超过8000家。城镇生活污水垃圾处理能力显著提升，地级及以上城市污水收集管网长度比2015年增加20.7%，城市和县城生活垃圾日处理能力比2015年提高60.7%。长江两岸绿色生态廊道逐步形成，沿江城市滨水空间回归群众生活。长江流域水质发生显著变化，长江流域优良断面比例从2016年的82.3%提高到2020年的96%以上，长江流域劣V类水质2020年首次实现完全消除。

三是综合运输大通道的功能初步显现。长江黄金水道功能得到提升，长江干支线高等级航道里程达上万千米，14个港口铁水联运项目全部开工建设，三峡船闸货物通过量连续5年破亿吨。成都天府机场、贵阳机场改扩建等一批枢纽机场项目加快实施。沿江高铁规划建设有序推进，长江经济带铁路、高铁通车里程不断增加，沪昆高铁全线建成运行，武九、西成高铁和兰渝铁路开通运行。高速公路里程达到6.37万千米，比2015年新增1.55万千米，沪蓉、沪渝、沪昆、杭瑞高速公路全线贯通。

四是经济的发展质量和效益稳步提升。经济保持持续健康发展，长江经济带经济总量占全国的比重从2015年的42%提高到2020年的47%左右。新兴产业集群带动作用明显，电子信息、装备制造等产业规模占全国比重均超过50%。创新驱动加快，沿江11省市共培育国家级众创空间超过500家、创新型企业近300家，成为引领区域创新发展的重要载体和引擎。对外开放水平大幅提高，2016年以来，长江经济带新增8个自贸试验区、24个综合保税区，上海洋山港四期建成全球最大规模、自动化程度最高的集装箱码头，宁波舟山港成为唯一吞吐量超11亿吨的世界第一大港，中欧班列线路开放运行达30余条，2019年货物贸易进出口总额突破2万亿美元。

五是长江流域管理体制机制不断完善。建立了"中央统筹、省负总责、市县抓落实"的管理体制，印发了《长江经济带省际协商合作机制总体方案》等指导性文件，推进上中下游协同发展。《长江保护法》于2020年12月26日经十三届全国人大常委会第二十四次会议表决通过，并于2021年3月1日起施行，成为我国首部流域法，长江大保护进入依法保护的新阶段，生态环境行政执法、刑事司法和公益诉讼的衔接机制初步建立。长江经济带的生态补偿机制、水环境质量监测预警机制等也不断完善，《关于建立健全长江经济带生态补偿与保护长效机制的指导意见》《长江流域水环境质量监测预警办法》等先后印发。体制机制的不断完善，为推动长江经济带发展提供了有力保障。

（四）长江经济带发展战略的推进

长江经济带是我国纵深最长、覆盖面最广、影响最大的区域发展经济带，在全面建设社会主义现代化国家新征程中持续推进长江经济带发展战略的实施，对于全面推进区域协调发展具有重要意义和作用。2020年11月14日，习近平总书记在江苏省南京市主持召开全面推动长江经济带发展座谈会并发表重要讲话。习近平总书记充分肯定长江经济带发展战略实施以来，长江经济带生态环境保护发生了转折性变化、经济社会发展取得历史性成就；进而指出，推动长江经济带发展是党中央作出的重大决策，是关系国家发展全局的重大战略，长江经济带覆盖沿江11省市，横跨我国东中西三大板块，人口规模和经济总量占据全国“半壁江山”，生态地位突出，发展潜力巨大，应该在践行新发展理念、构建新发展格局、推动高质量发展中发挥重要作用。习近平总书记要求，坚定不移贯彻新发展理念，推动长江经济带高质量发展，谱写生态优先绿色发展新篇章，打造区域协调发展新样板，构筑高水平对外开放新高地，塑造创新驱动发展新优势，绘就山水人城和谐相融新画卷，使长江经济带成为我国生态优先绿色发展主战场、畅通国内国际双循环主动脉、引领经济高质量发展主力军。[①]2020年10月，党的十九届五中全会审议通过的“十四五”规划建议，面向开启全面建设社会主义现代化国家新征程，部署全面推动区域协调发展，进一步强调推进长江经济带发展；2021年3月，十三届全国人大四次会议审议通过的“十四五”规划纲要，进一步对“十四五”时期全面推动长江经济带发展进行了具体部署。

根据习近平总书记重要论述，党和国家确定的方向要求，迈向全面建设社会主义现代化国家新征程，必须持续推进长江经济带发展战略的实施，推动长江经济带发展取得新突破和更大成效。

第一，坚定不移坚持长江经济带发展的战略定位。

战略定位体现长江经济带发展的方向、趋势、要求与任务，是科学有序推动长江经济带发展的重要前提和基本遵循。推动长江经济带发展，总的要求是必须从中华民族长远利益考虑，共抓大保护、不搞大开发，努力把长江经济带建设成为生态更优美、交通更顺畅、经济更协调、市场更统一、机制更科学的黄金经济带，探索出一条生态优先、绿色发展的新路子。根据长江经济带地理空间特点，坚持生态优先、绿色发展的理念，把握长江黄金水道、长江沿线不同地区的作用特征、比较优势与区位资源，长江经济带发展的战略定位是生态文明建设的先行示范带、引领全国转型发展的创新驱动带、具有全球影响力的内河经济带、东中西互动合作的协调发展带。

一是生态文明建设的先行示范带，建立健全最严格的生态环境保护和水

① 《习近平在全面推动长江经济带发展座谈会上强调　贯彻落实党的十九届五中全会精神　推动长江经济带高质量发展》,《人民日报》，2020年11月16日第1版。

资源管理制度，强化长江全流域生态修复，保护和改善长江流域生态服务能力，全面改善长江水环境和水生态质量，建设水脉畅通、功能完备的长江全流域黄金水道，探索人与自然和谐发展有效模式，发挥生态文明建设的先行示范作用。

二是引领全国转型发展的创新驱动带，坚持制度创新、科技创新，增强市场主体创新能力，促进创新资源综合集成，建设创新型现代产业体系，完善多层次多元化区域创新协同机制，发挥转型发展的创新引领作用。

三是具有全球影响力的内河经济带，以沿江各类开发区为载体，以大型企业为骨干，培育形成一批世界级的企业和产业集群，打造世界级制造业集群，提升长江经济带生产制造和服务总量在全球占据的份额，显著增强参与国际竞争的能力，发挥高质量发展和参与国际竞争的支撑作用。

四是东中西互动合作的协调发展带，打破行政区划壁垒，以沿江综合立体交通走廊为支撑，促进产业分工协作和有序转移，推动各类要素跨区域有序自由流动和优化配置，形成市场体系统一开放、基础设施共建共享、生态环境联防联控、流域事务管理联动协作的区域合作机制，发挥促进东中西互动的协调作用。

第二，突出长江经济带生态修复和保护的首要位置。

面向新时代经济的高质量发展，长江流域的生态环境形势依然严峻，沿岸重化工业高密度分布，流域生态功能退化较为严重，流域环境风险隐患突出，流域生态环境保护与经济社会发展的矛盾日益加剧。因此，推动长江经济带发展，要从中华民族长远利益考虑，把修复和保护长江生态环境摆在压倒性位置，共抓大保护，不搞大开发，这是长江经济带发展战略区别于其他的区域发展战略的最重要要求。

一是从源头上系统开展生态环境修复和保护，立足于生态系统整体性和流域系统性，追根溯源、系统保护修复，加强协同联动，强化山水林田湖草等各种生态要素的协同治理，推动上中下游地区的互动协作，增强各项举措的关联性和耦合性，注重整体推进，在重点突破的同时，加强综合治理系统性和整体性，保护和改善水环境，严格治理工业污染、严格处置城镇污水垃圾、严格控制农业面源污染、严格防控船舶污染，持续开展生态修复和环境污染治理工程，保持长江生态原真性和完整性。

二是把修复长江生态环境摆在压倒性位置，构建综合治理新体系，统筹考虑水环境、水生态、水资源、水安全、水文化和岸线等多方面的有机联系，推进长江上中下游、江河湖泊、左右岸、干支流协同治理，保护和修复水生态，妥善处理江河湖泊关系、强化水生生物多样性保护、加强沿江森林保护和生态修复，改善长江生态环境和水域生态功能，提升生态系统质量和稳定性。

三是全面提高资源利用效率，加快推动绿色低碳发展，有效保护和合理利用水资源，加强水源地特别是饮用水源地保护、优化水资源配置、建设节水型社会、建立健全防洪减灾体系；有序利用长江岸线资源，合理划分岸线功能、有序利用岸线资源，努力建设人与自然和谐共生的绿色发展示范带。

四是进一步完善体制机制。强化国土空间管控和负面清单管理，严守生态红线；完善长江生态保护补偿机制，依托重点生态功能区开展生态补偿示范区建设，实行分类分级的补偿政策，形成上中下游开发地区、受益地区与生态保护地区进行横向生态补偿的合理机制；建立和完善生态产品价值实现机制，让保护修复生态环境获得合理回报，让破坏生态环境付出相应代价；健全长江水灾害监测预警、灾害防治、应急救援体系，推进河道综合治理和堤岸加固，建设安澜长江。

第三，完善长江经济带发展的空间布局。

这就是长江经济带发展规划纲要所提出的“一轴、两翼、三极、多点”的格局。“一轴”是指以长江黄金水道为依托，发挥上海、武汉、重庆的核心作用，以沿江主要城镇为节点，构建沿江绿色发展轴；“两翼”是指发挥长江主轴线的辐射带动作用，向南北两侧腹地延伸拓展，提升南北两翼支撑力；“三极”是指以长江三角洲城市群、长江中游城市群、成渝城市群为主体，发挥辐射带动作用，打造长江经济带三大增长极；“多点”是指发挥三大城市群以外地级城市的支撑作用，以资源环境承载力为基础，不断完善城市功能，发展优势产业，建设特色城市，加强与中心城市的经济联系与互动，带动地区经济发展。

在完善空间布局的过程中，要推进畅通国内大循环，把需求牵引和供给创造有机结合起来，推进上中下游协同联动发展，强化生态环境、基础设施、公共服务共建共享，引导下游地区资金、技术、劳动密集型产业向中上游地区有序转移，留住产业链关键环节。要推进以人为核心的新型城镇化，处理好中心城市和区域发展的关系，推进以县城为重要载体的城镇化建设，促进城乡融合发展。要构建统一开放有序的运输市场，优化调整运输结构，创新运输组织模式。

第四，加快建设和完善长江经济带三大沿江经济走廊。

一是加快建设沿江高质量综合立体交通走廊，围绕建设长江大动脉，整体设计综合交通运输体系，提升航运水道功能，促进港口合理布局，推进长江水脉畅通，打造全流域黄金水道，加快沿江高铁和货运铁路建设，统筹铁路、公路、航空、管道建设，加快交通基础设施互联互通，完善综合交通网络，发展联程联运，把长江建设为网络化、标准化、智能化的综合立体交通走廊，增强对长江经济带发展的战略支撑力。

二是加快建设沿江新型城镇化走廊，以城市群建设为重点，以水道为地域纽带和集聚轴线，以长江三角洲城市群为龙头，以长江中游和成渝城市群为支撑，以黔中和滇中两个区域性城市群为补充，以沿江大中小城市和小城镇为依托，推进农业转移人口市民化、加强新型城市建设、统筹城乡发展，形成区域联动、结构合理、集约高效、绿色低碳的沿江新型城镇化走廊。

三是加快建设沿江现代产业走廊，全面塑造创新驱动发展新优势，加快产业基础高级化、产业链现代化步伐。大力实施创新驱动发展战略，建立促进产学研有效衔接、跨区域通力合作的体制机制，加紧布局一批重大创新平台，加快突破一批关键核心技术，强化关键环节、关键领域、关键产品的保障能力，推动科技创新中心和综合性国家实验室建设，提升原始创新能力和水平，增强自主创新能力，打造创新示范高地；围绕产业基础高级化、产业链现代化，推进产业转型升级，培育和壮大战略性新兴产业，推进新一代信息基础设施建设，打造有国际竞争力的先进制造业集群，打造核心竞争优势，打造自主可控、安全高效并为全国服务的产业链供应链，形成集聚度高、国际竞争力强的现代产业走廊。

第五，着力构建和完善长江经济带东西双向、海陆统筹的对外开放新格局。

要统筹沿海沿江沿边和内陆开放，立足上中下游地区对外开放的不同基础和优势，发挥上海及长江三角洲地区的引领作用，建设面向南亚、东南亚的辐射中心，加快打造内陆开放型经济高地，提升沿边开放水平，实现高质量引进来和高水平走出去，推动贸易创新发展，更高质量利用外资，提升开放型经济发展水平。要加快推进规则标准等制度型开放，完善自由贸易试验区布局，建设更高水平开放型经济新体制，同时把握好开放和安全的关系，织密织牢开放安全网。沿江区域要在国内国际双循环相互促进的新发展格局中找准各自定位，主动向全球开放市场，推动长江经济带发展和共建“一带一路”的融合，加快长江经济带上的“一带一路”战略支点建设，扩大投资和贸易，促进人文交流和民心相通。

三、粤港澳大湾区建设战略的确立与实施

党的十八大以后，全面建成小康社会新阶段发展中，面向全面建设社会主义现代化国家新征程，提出、确立的又一重要区域发展引领战略是粤港澳大湾区建设战略。改革开放以来，特别是香港、澳门回归祖国后，在珠三角地区持续发展的基础上，粤港澳区域合作不断深化实化，粤港澳大湾区经济实力、区域竞争力显著增强，进一步发展成为国际一流湾区和世界级城市群的条件已经具备。党和国家提出确立粤港澳大湾区建设战略，成为中国特色社会主义新时代、全面建设社会主义现代化国家新征程中引领我国区域经济协调发展的又一重大战略部署。

（一）粤港澳大湾区建设战略的提出

湾区是指由一个海湾或相连的若干个海湾、港湾、临近岛屿及海域共同组成的区域。由于地理、交通及经济区位优势得天独厚，湾区往往是航运、

贸易、科技、金融等经济活动的高度聚集区，是区域经济发展中的重要创新高地和产业聚集区。随着区域经济协调发展的深入，湾区经济往往会发展成为支撑一国经济发展的重要增长极，对一定区域发展，进而到整个国民经济发展产生重要作用和影响。我国的粤港澳三地在发展中逐步加强联系合作，就结合成为一个典型的湾区。

改革开放以后，粤港澳三地的联系合作不断加深。香港、澳门两地与广东省山水相依、文化同宗同源。鸦片战争之后，香港、澳门分别被英国、葡萄牙割占为殖民地。20世纪50年代到70年代末，香港经济高速发展，在国际资本的大量投入下，实现了由转口贸易转向加工工业、轻纺工业、金融业、地产业、建筑业等多元化发展，逐步建立起以加工工业为基础，以对外贸易为主导，航运、金融、房地产和旅游业多元发展的经济结构格局，基本奠定了国际性金融、贸易、轻工制造、航运和旅游中心的地位。澳门属于典型的小岛微型经济，自然资源短缺、区域内市场狭小，20世纪60年代以后，逐步形成了以旅游博彩业、出口加工业、建筑业和银行保险业为支柱的多元化经济体系，又以较低的税率优势吸引境外资本投入发展出口加工业。广东省是全国改革开放的前沿，已经形成一定的加工制造业基础，拥有丰富廉价的劳动力和土地资源。在改革开放大政策的推动下，随着经济特区的建立和发展，粤港澳三地经贸关系深入展开，从“三来一补”（来料加工、来样加工、来件装配和补偿贸易）逐步发展成为三资企业。

1997年香港回归、1999年澳门回归以后，粤港澳三地的经济合作进入一个新的历史时期，从以前的有限合作向着“一国两制”下的全面合作推进。为加强粤港澳三地的沟通协调，粤港政府1998年正式建立联席会议机制，粤澳政府2001年正式建立联席会议机制。2003年，内地与香港、澳门特区政府分别签署内地与香港、澳门《关于建立更紧密经贸关系的安排》（简称CEPA），粤港澳合作进入了深入融合发展的时期，逐步形成了以粤港澳合作核心区、大珠三角合作区、泛珠三角地区的整体性发展合作区域。2008年，国务院批准广东省实施《珠江三角洲地区改革发展规划纲要（2008—2020年）》，这个规划纲要明确了规划范围，是以广东省的广州、深圳、珠海、佛山、江门、东莞、中山、惠州和肇庆为主体，辐射泛珠江三角洲区域，并纳入与港澳紧密合作的相关内容，并提出要推动粤港澳经济进一步融合发展，形成粤港澳三地分工合作、优势互补、全球最具核心竞争力的大都市圈之一。2010年4月广东省人民政府和香港特别行政区政府签署《粤港合作框架协议》，确定两地在跨界基础设施、现代服务业、制造业及科技创新、营商环境、优质生活圈、教育与人才等九大领域的合作内容。2011年3月，广东省人民政府和澳门特别行政区政府签署《粤澳合作框架协议》，涵盖粤澳经济、社会、民生、文化等领域，确立了合作开发横琴、产业协同发展、基础设施与便利通关、社会公共服务、区域合作规划等合作重点。

粤港澳大湾区建设作为我国全面推进区域协调发展重大引领战略的明确提出，是党的十八大以后在全面建成小康社会的发展过程中。2012年12月，习近平总书记在党的十八大后首次离京考察就来到广东，在考察中他提出希望广东联手港澳打造更具综合竞争力的世界级城市群。2013年习近平总书记提出建设“一带一路”，2015年3月国家发展改革委等部门发布的《推动共建海上丝绸之路经济带和21世纪海上丝绸之路的愿景与行动》，首次提出要“深化与港澳台合作，打造粤港澳大湾区”。2016年3月，《中华人民共和国国民经济和社会发展第十三个五年规划纲要》正式发布，明确提出“支持港澳在泛珠三角区域合作中发挥重要作用，推动粤港澳大湾区和跨省区重大合作平台建设”。同月，国务院印发《关于深化泛珠三角区域合作的指导意见》，明确提出充分发挥广州、深圳在管理创新、科技进步、产业升级、绿色发展等方面的辐射带动和示范作用，携手港澳共同打造粤港澳大湾区，建设世界级城市群，构建以粤港澳大湾区为龙头的重要经济支撑带。2017年3月5日，十二届全国人大五次会议上的《政府工作报告》提出，“要推动内地与港澳深化合作，研究制定粤港澳大湾区城市群发展规划，发挥港澳独特优势，提升在国家经济发展和对外开放中的地位与功能”。2017年7月1日，在习近平总书记亲自见证下，国家发展改革委和粤港澳三地政府在香港共同签署《深化粤港澳合作　推进大湾区建设框架协议》，形成推进粤港澳大湾区建设的总体框架。2017年10月，党的十九大确立中国特色社会主义新时代发展的宏伟纲领，习近平总书记在十九大报告中明确提出："要支持香港、澳门融入国家发展大局，以粤港澳大湾区建设、粤港澳合作、泛珠三角区域合作等为重点，全面推进内地同香港、澳门互利合作，制定完善便利香港、澳门居民在内地发展的政策措施。"①至此，粤港澳大湾区建设进一步明确成为中国特色社会主义新时代全面推进区域协调发展的重大引领战略。

（二）粤港澳大湾区建设战略的确立

推进粤港澳大湾区建设，需要有系统完整的战略部署。2017年12月18日，习近平总书记在中央经济工作会议上指出，粤港澳大湾区建设要科学规划，加快建立协调机制。2018年3月，十三届全国人大一次会议的《政府工作报告》指出，在部署安排扎实推进区域协调发展战略、塑造区域发展新格局时，进一步明确要出台实施粤港澳大湾区发展规划纲要，全面推进内地同香港、澳门互利合作。2018年5月10日和5月31日，习近平总书记先后主持召开中央政治局常委会会议和中央政治局会议，对《粤港澳大湾区发展规划纲要》进行审议。2018年8月，为加强实施粤港澳大湾区建设战略的统筹指导，党和国家设立粤港澳大湾区建设领导小组，由党中央、国务院有关领导担任组长，中央和国家机关有关部门、有关区域负责人及香港和澳门特首担任小组成员，领导小组研究解决大湾区建设中政策实施、项目安排、体制机制创新、平台建设等方面的重大问题。2018年11月，《中共中央　国务院关于建立更加有效的区域协调发展新机制的意见》印发，在明确推动国家重大区域战略融合发展时，所强调为引领的重大战略中就包括粤港澳大湾区建设，要求以香港、澳门、广州、深圳为中心引领粤港澳大湾区建设，带动珠江—西江经济带创新绿色发展。

2019年2月，中共中央、国务院印发了《粤港澳大湾区发展规划纲要》。规划纲要的近期目标到2022年，远期展望到2035年，对在一定历史时期，特别是迈向全面建设社会主义现代化国家新征程，建设粤港澳大湾区的战略定位、发展目标、空间布局、政策支持、重要举措等方面作了系统谋划，明

① 《中国共产党十九次全国代表大会文件汇编》，人民出版社2017年版，第45页。

确了粤港澳大湾区建设的发展方向、发展空间、美好前景，展示了粤港澳合作发展的重大机遇与未来希望，体现了粤港澳大湾区建设的国家战略意图，是推进粤港澳大湾区建设的行动纲领。

粤港澳大湾区包括香港特别行政区、澳门特别行政区和广东省广州、深圳、珠海、佛山、惠州、东莞、中山、江门、肇庆（称珠三角9市），总面积5.6万平方千米，是我国开放程度最高、经济活力最强的区域之一。粤港澳大湾区地处我国沿海开放前沿，以泛珠三角区域为广阔发展腹地，区位优势明显，交通条件便利，经济实力雄厚，产业体系完备，经济互补性强，创新要素集聚，科技研发、转化能力突出，市场化、国际化水平领先，在“一带一路”建设、开放型经济高质量发展中具有重要作用，在国家发展大局中具有重要战略地位。香港、澳门与珠三角9市文化同源、人缘相亲、民俗相近、优势互补，在改革开放以来，尤其是党的十八大以来的发展中，粤港澳合作不断深化，基础设施、投资贸易、金融服务、科技教育、休闲旅游、生态环保、社会服务等领域合作成效显著，已经形成了多层次、全方位的合作格局。实施粤港澳大湾区建设战略，推进粤港澳大湾区建设，是中国特色社会主义新时代持续发展，开启全面建设社会主义现代化国家新征程的历史必然。

在全面建设社会主义现代化国家新征程中实施与推进粤港澳大湾区建设，具有重大而深远的意义。首先，推进粤港澳大湾区建设，有利于推动“一国两制”实践的丰富，进一步密切内地与港澳交流合作，支持香港、澳门融入国家发展大局，增进香港、澳门同胞福祉，为港澳经济社会发展以及港澳同胞到内地发展提供更多机会，让港澳同胞同祖国内地人民共担民族复兴的历史责任、共享祖国繁荣富强的伟大荣光，保持、促进香港、澳门经济社会长期繁荣稳定。其次，推进粤港澳大湾区建设，能够促进充分发挥“一国两制”的制度优势、港澳独特优势和广东改革开放先行先试优势，深化粤港澳互利合作，建设世界级城市群，建立互利共赢的区域合作关系，推动区域经济协同发展，进一步提升粤港澳大湾区在国家经济发展中的引领作用，为整个国家深化供给侧结构性改革、加快培育发展新动能、实现创新驱动发展、提高经济创新力和竞争力，不断增强和提供支撑。再次，推进粤港澳大湾区建设，能够促进粤港澳大湾区国际竞争力的提升，创新大湾区合作发展体制机制，有利于进一步深化改革、扩大开放，构建新型对外开放格局的战略枢纽，建立与国际接轨的开放型经济新体制，建设高水平参与国际经济合作新平台，提升我国对外开放水平与能力，发挥粤港澳大湾区在国家对外开放中的支撑引领作用。最后，推进粤港澳大湾区建设，促进区域双向开放，能够发挥粤港澳综合优势，拓展国际合作和竞争的新空间，有利于推进“一带一路”建设走深走实，构筑丝绸之路经济带和21世纪海上丝绸之路对接融汇的重要支撑区。

（三）粤港澳大湾区建设战略的实施

2020年10月14日，深圳经济特区建立40周年庆祝大会在广东省深圳市隆重举行，习近平总书记发表重要讲话，强调粤港澳大湾区建设是国家重大发展战略，要求积极作为深入推进粤港澳大湾区建设，抓住粤港澳大湾区建设重大历史机遇，推动三地经济运行的规则衔接、机制对接，加快粤港澳大湾区城际铁路建设，促进人员、货物等各类要素高效便捷流动，提升市场一体化水平。[①]2020年10月党的十九届五中全会审议通过的“十四五”规划建议，面向开启全面建设社会主义现代化国家新征程，部署全面推动区域协调发展，进一步强调推进粤港澳大湾区建设，支持香港、澳门更好融入国家发展大局，高质量建设粤港澳大湾区，完善便利港澳居民在内地发展政策措施；2021年3月，十三届全国人大四次会议审议通过的“十四五”规划纲要，进一步对“十四五”时期积极稳妥推进粤港澳大湾区建设进行了具体部署。

迈向全面建设社会主义现代化国家新征程，必须持续推进粤港澳大湾区建设战略的实施，推动粤港澳大湾区建设取得新突破和更大成效。根据习近平总书记重要论述、党和国家确立的战略部署，特别是《粤港澳大湾区发展规划纲要》，这里简要说明粤港澳大湾区建设的战略定位、空间布局和重要内容。

在新发展阶段推进粤港澳大湾区建设，必须确定和坚持其在区域经济发

---

① 习近平:《在深圳经济特区建立40周年庆祝大会上的讲话》(2020年10月14日),《人民日报》,2020年10月15日第2版。

展、国家发展乃至全球经济发展中的战略定位。一是充满活力的世界级城市群，发挥香港、澳门作为自由开放经济体和广州、深圳作为改革开放排头兵的优势，依托发达的现代基础设施网络，形成空间组织紧凑、经济联系紧密、高度一体化发展的世界级城市群，建成世界新兴产业、先进制造业和现代服务业基地，在构建以国内大循环为主体、国内国际双循环相互促进的新发展格局中发挥更大作用；二是具有全球影响力的国际科技创新中心，充分发挥粤港澳科技研发与产业创新优势，瞄准世界科技和产业发展前沿，大力发展新技术、新产业、新业态、新模式，加快形成以创新为主要动力和支撑的经济体系，建成全球科技创新高地和新兴产业重要策源地；三是"一带一路"建设的重要支撑，更好发挥港澳地区在国家对外开放中的功能和作用，提高珠三角9市开放型经济发展水平，在更高层次参与国际经济合作和竞争，建设具有重要影响力的国际交通物流枢纽和国际文化交往中心；四是内地与港澳深度合作示范区，依托粤港澳良好合作基础，充分发挥深圳前海、广州南沙、珠海横琴等重大合作平台作用，深化珠三角9市与港澳全面务实合作，为内地与港澳更紧密合作起到示范作用；五是宜居宜业宜游的优质生活圈，坚持以人民为中心的发展思想，实现城市群智能管理，提高大湾区民众生活便利水平和居民生活质量，建设生态安全、环境优美、社会安定、文化繁荣的美丽湾区。

区域协调发展战略的基本方面，是对区域空间的构成、分布及其相互联系进行全局性的统筹谋划与安排，即为空间布局。在新发展阶段推进粤港澳大湾区建设，其空间布局包括3个方面。第一个方面是构建极点带动、轴带支撑网络化空间格局，极点带动，是指发挥香港—深圳、广州—佛山、澳门—珠海强强联合的引领带动作用，深化港深、澳珠合作，加快广佛同城化建设，提升整体实力和全球影响力，引领粤港澳大湾区深度参与国际合作；轴带支撑，是指依托以高速铁路、城际铁路和高等级公路为主体的快速交通网络与港口群和机场群，构建区域经济发展轴带，形成主要城市间高效连接的网络化空间格局。第二个方面是完善粤港澳大湾区的城市群和城镇发展体系，优化提升中心城市，即以香港、澳门、广州、深圳四大中心城市作为区域发展的核心引擎，继续发挥比较优势做优做强，增强对周边区域发展的辐射带动作用；建设重要节点城市，即支持珠海、佛山等重要城市充分发挥自身优势，形成特色鲜明、功能互补、具有竞争力的重要节点城市，共同提升城市群发展质量，发展特色城镇，促进城乡融合发展。第三个方面是辐射带动泛珠三角区域发展即发挥粤港澳大湾区辐射引领作用，带动周边地区加快发展，构建以粤港澳大湾区为龙头，以珠江—西江经济带为腹地，带动中南、西南地区发展，辐射东南亚、南亚的重要经济支撑带。

在全面建设社会主义现代化国家新征程的一定历史时期，推进粤港澳大湾区建设的重点内容，大致包括5个方面：一是建设国际科技创新中心，培育若干世界级产业集群，通过深化粤港澳创新合作，构建开放型融合发展的区域协同创新共同体，打造高水平科技创新载体和平台，集聚国际创新资源，建设全球科技创新高地和新兴产业重要策源地；同时，创新引领新产业、新业态、新模式发展，支持传统产业改造升级，加快发展先进制造业和现代服务业，培育壮大战略性新兴产业，大力发展海洋经济，促进产业优势互补、紧密协作、联动发展。二是加快大湾区基础设施互联互通，共建粤港澳合作发展平台，构建现代化的综合交通运输体系，优化提升信息基础设施，建设能源安全保障体系，强化水资源安全保障，推动形成布局合理、功能完善、衔接顺畅、运作高效的基础设施网络；在此基础上，加快推进深圳前海深港现代服务业合作区、广州南沙粤港澳全面合作示范区、珠海横琴粤港澳深度合作示范区等重大合作平台开发建设，拓展港澳发展空间，引领带动粤港澳全面合作。三是紧密合作共同参与“一带一路”建设，在粤港澳打造具有全球竞争力的营商环境，提升大湾区市场一体化水平，深化合作扩大对外开放，共创国际经济贸易合作新优势。四是推进大湾区的绿色发展、生态文明建设，实行最严格的生态环境保护制度，打造生态防护屏障，加强环境保护和治理，创新绿色低碳发展模式，建设美丽湾区。五是建设宜居宜业宜游的优质生活圈，这是以人民为中心的发展思想在粤港澳大湾区建设的体现，坚持积极拓展粤港澳大湾区在教育、文化、旅游、社会保障等领域的合作，打造教育和人才高地，拓展就业创业空间，共建人文湾区、休闲湾区和健康湾区，共同打造公共服务优质、宜居宜业宜游的优质生活圈。

第十五章　区域协调发展战略体系的功能区域发展战略

区域经济发展是一个复杂的系统运动过程，可以从不同层面、不同维度、不同视域分析研究并实施战略、采取措施。根据我国区域发展的实际情况和客观要求，全面推进区域经济协调发展，还必须对一些体现特殊发展功能的地区实施相应的具体发展战略与政策支持。因此，在全面建成小康社会、全面建设社会主义现代化国家的历史进程中，区域协调发展战略体系中，还包括这样一系列区域发展战略。在一定意义上，可以把区域发展总体战略、重大区域引领战略之外的其他区域发展战略都归结为此类区域发展战略，基本上包括：加大力度支持革命老区、民族地区、边疆地区、贫困地区加快发展战略，支持资源型地区经济转型发展战略，主体功能区战略，坚持陆海统筹、加快建设海洋强国战略，以及新型城镇化战略。这里，择主体功能区战略、加快建设海洋强国战略以及新型城镇化战略略作说明。

一、主体功能区战略的确立与实施

在全面建成小康社会、全面建设社会主义现代化国家的历史进程中，全面推进区域协调发展，从完善国土空间开发格局看，就是实施主体功能区战略，按照全国经济合理布局的要求，规范开发秩序，控制开发强度，形成高效、协调、可持续的国土空间开发格局。

（一）主体功能区战略的确立

进入21世纪以后，在全面建设小康社会的发展中，我国区域发展所显示的不协调的重要问题之一，是区域之间在人口聚集、经济发展、资源开发和环境容量方面的综合性失衡，一些人口长期聚居在难以开发利用、不适宜人类居住与从事经济活动的区域，一些地区经济的集中程度与资源分布不一致，一些不合理的无序开发行为使宝贵的国土空间没有得到很好的利用和保护，经济社会发展中有限的国土空间与日益扩大的土地资源需求的矛盾日益尖锐。针对这样的情况，我国区域发展中开始考虑优化国土空间开发格局，促进国土空间、资源环境、人口聚集、经济活动的协调。

2005年10月，党的十六届五中全会审议通过《中共中央关于制定国民经济和社会发展第十一个五年规划的建议》，初步提出主体功能区战略的构想，这个建议提出："各地区要根据资源环境承载能力和发展潜力，按照优化开发、重点开发、限制开发和禁止开发的不同要求，明确不同区域的功能定位，并制定相应的政策和评价指标，逐步形成各具特色的区域发展格局。"[①] 这里，已经有了不同区域功能定位的要求，但还没有完整地提出主体功能区的概念。2006年3月，十届全国人大四次会议批准的《中华人民共和国国民经济和社会发展第十一个五年规划纲要》，明确提出主体功能区的范畴，对"十一五"时期推进形成主体功能区进行了部署，要求"根据资源环境承载能力、现有开发密度和发展潜力，统筹考虑未来我国人口分布、经济布局、国土利用和城镇化格局，将国土空间划分为优化开发、重点开发、限制开发和禁止开发四类主体功能区，按照主体功能定位调整完善区域政策和绩效评价，规范空间开发秩序，形成合理的空间开发结构"[②]，进而确定了优化开发区域、重点开发区域、限制开发区域和禁止开发区域的发展方向。这样，主体功能区战略的框架得以初步构建。2007年10月，党的十七大报告把"主体

① 《中共中央关于制定国民经济和社会发展第十一个五年规划的建议》（2005年10月11日中国共产党第十六届中央委员会第五次全体会议通过），《人民日报》，2005年10月19日第2版。

② 《中华人民共和国国民经济和社会发展第十一个五年规划纲要》（2006年3月14日第十届全国人民代表大会第四次会议批准），《人民日报》，2006年3月17日第3版。

功能区布局基本形成”作为全面建设小康社会目标新要求的重要内容提出，要求在新的发展中推动区域协调发展，优化国土开发格局，按照形成主体功能区的要求，完善区域政策，调整经济布局。

在提出主体功能区战略的构想和框架以后，系统完整的主体功能区战略规划开始制定。2006年12月的中央经济工作会议在对2007年经济工作进行部署时，要求“推进主体功能区规划工作，为促进区域协调发展提供科学依据”。2007年7月，国务院下发《关于编制全国主体功能区规划的意见》，确定编制全国主体功能区规划的主要任务。2010年12月，国务院向全国各省区市和国务院有关部门，印发《全国主体功能区规划》；2011年6月，《全国主体功能区规划》公开公布。《全国主体功能区规划》包括规划背景、指导思想与规划目标、国家层面主体功能区、能源与资源、保障措施、规划实施等重要内容，对实施主体功能区战略进行了系统谋划和战略部署，是一定时期推进形成主体功能区的基本依据，是科学开发国土空间的行动纲领和远景蓝图，是国土空间开发的战略性、基础性和约束性规划。这份规划的制定颁布，标志着系统完整的主体功能区战略得以确立。

2010年10月，党的十七届五中全会审议通过的《中共中央关于制定国民经济和社会发展第十二个五年规划的建议》，强调实施区域发展总体战略和主体功能区战略，构筑区域经济优势互补、主体功能定位清晰、国土空间高效利用、人与自然和谐相处的区域发展格局。这是在中央全会层级的文献中第一次正式明确“主体功能区战略”。根据“十二五”规划建议，2011年3月十一届全国人大四次会议通过的国家“十二五”规划纲要，专门列出“实施主体功能区战略”一章，对“十二五”期间推进主体功能区建设进行具体部署。2012年11月，党的十八大报告面向全面建成小康社会新阶段，把主体功能区基本形成作为全面建成小康社会奋斗目标新要求的重要内容，提出要加快实施主体功能区战略。

（二）主体功能区战略的实施

实施主体功能区战略，就是要根据资源环境承载能力、现有开发密度和发展潜力，统筹考虑未来我国人口分布、经济布局、国土利用和城镇化格局，将国土空间划分为优化开发、重点开发、限制开发和禁止开发4类主体功能区，按照主体功能定位，确定各类型区域发展方向，规范空间开发秩序，管制开发强度，引导人口与经济在国土空间的合理均衡分布，引导产业相对集聚发展，引导形成主体功能定位清晰，人口、经济、资源环境相协调，基本公共服务和人民生活水平差距逐步缩小的区域协调发展格局。

优化开发区域，是指人口密集、开发强度偏高、资源环境负荷过重的部分城市化地区，主要包括环渤海、长江三角洲、珠江三角洲等地区。优化开发区域的优化开发，是在开发、发展中改变依靠大量占用土地、大量消耗资源和大量排放污染实现经济较快增长的模式，把提高经济增长和发展的质量与效益放在首位，提升参与全球分工与竞争的层次，继续成为带动全国经济社会发展的龙头和我国参与经济全球化的主体区域。

重点开发区域，是指资源环境承载能力较强、集聚人口和经济条件较好的城市化地区，主要包括东陇海地区、海峡西岸经济区、中原城市群地区、长江中游地区、成渝地区、关中—天水经济区、兰州—西宁经济区等18个区域。重点开发区域的重点开发，是在开发、发展中完善基础设施，改善投资创业环境，促进产业集群发展，壮大经济规模，加快工业化和城镇化，承接优化开发区域的产业转移，承接限制开发区域和禁止开发区域的人口转移，逐步成为支撑全国经济发展和人口集聚的重要载体。

限制开发区域，是指影响全局生态安全的重点生态功能区，对这类区域要限制大规模、高强度的工业化城镇化开发，主要包括大小兴安岭森林生态功能区等25个地区，涵盖了水源涵养型、水土保持型、防风固沙型和生物多样性维护型等4类区域。限制开发区域的开发、发展，是坚持保护优先、适度开发、点状发展，因地制宜发展资源环境可承载的特色产业，加强生态修复和环境保护，引导超载人口逐步有序转移，逐步成为全国或区域性的重要生态功能区。

禁止开发区域，是指依法设立的各级各类自然文化资源保护区和其他需要特殊保护的区域，对这类区域要禁止开发，主要包括国家级自然保护区、世界文化自然遗产、国家级风景名胜区、国家森林公园和国家地质公园，在

《全国主体功能区规划》中确定了1373处，总面积约120万平方千米。禁止开发区域要依据法律法规规定和相关规划实行强制性保护，控制人为因素对自然生态的干扰，严禁不符合主体功能定位的开发活动。

实施主体功能区战略，就是要进一步完善主体功能区布局，有度有序利用自然，调整优化空间结构，合理控制国土空间开发强度，增加生态空间。推动优化开发区域产业结构向高端高效发展，优化空间开发结构，逐年减少建设用地增量，提高土地利用效率。推动重点开发区域集聚产业和人口，培育若干带动区域协同发展的增长极。划定农业空间和生态空间保护红线，拓展重点生态功能区覆盖范围，加大禁止开发区域保护力度。

实施主体功能区战略，优化合理的国土开发格局，形成合理的空间开发结构，要有相应的政策体系支持。这些政策主要包括：财政政策，要增加对限制开发区域、禁止开发区域用于公共服务和生态环境补偿的财政转移支付，逐步使当地居民享有均等化的基本公共服务；投资政策，要重点支持限制开发区域、禁止开发区域公共服务设施建设和生态环境保护，支持重点开发区域基础设施建设；产业政策，要引导优化开发区域转移占地多、消耗高的加工业和劳动密集型产业，提升产业结构层次，引导重点开发区域加强产业配套能力建设，引导限制开发区域发展特色产业，限制不符合主体功能定位的产业扩张；土地政策，要对优化开发区域实行更严格的建设用地增量控制，在保证基本农田不减少的前提下适当扩大重点开发区域建设用地供给，对限制开发区域和禁止开发区域实行严格的土地用途管制，严禁生态用地改变用途；人口管理政策，要鼓励在优化开发区域、重点开发区域有稳定就业和住所的外来人口定居落户，引导限制开发区域和禁止开发区域的人口逐步自愿平稳有序转移。推进主体功能区战略的实施，要健全主体功能区配套政策体系，根据不同主体功能区定位要求，健全差别化的财政、产业、投资、人口流动、土地、资源开发、环境保护等政策，重点生态功能区实行产业准入负面清单，加大对农产品主产区和重点生态功能区的转移支付力度，建立健全区域流域横向生态补偿机制。

同时，要完善绩效评价和政绩考核制度，实行分类考核的绩效评价办法。对优化开发区域，要强化经济结构、资源消耗、自主创新等的评价，弱化经济增长的评价；对重点开发区域，要综合评价经济增长、质量效益、工业化和城镇化水平等；对限制开发区域，要突出生态环境保护等的评价，弱化经济增长、工业化和城镇化水平的评价；对禁止开发区域，主要评价生态环境保护。

推进主体功能区战略的实施，涉及区域经济发展方方面面的复杂关系，必须统筹协调、正确处理。

第一，要正确处理主体功能区战略与一定区域的区域开发战略的关系。主体功能区战略根据不同区域的资源环境承载能力、现有开发密度和发展潜力，统筹谋划全国经济布局、人口分布、资源利用、环境保护和城镇化格局，确定了不同区域的主体功能定位，为一定区域的区域开发战略确定了国土开发方向。一定区域的区域开发战略要遵循主体功能区战略确定的主体功能，从区域发展实际和发展要求出发，制定区域开发战略，明确区域开发定位，突出区域开发的主体功能，促进区域经济社会全面协调可持续发展。

第二，要正确处理主体功能与非主体功能的关系。一方面，主体功能不等于唯一功能、全部功能，不排斥其他非主体功能，任何区域都不可能只有主体功能，因而一定区域开发在突出主体功能的同时，也要兼顾非主体功能，在可能的范围开发、发挥非主体功能。优化开发和重点开发区域，作为我国主要的工业化和城镇化区域，主体功能是集聚经济和人口，提供工业品和服务产品，但其中也有生态区、农业区、旅游休闲区等，也要保护好基本农田、森林、水源，也要提供一定数量的生态产品和农产品；限制开发和禁止开发区域，作为我国重要的农业区域和重点生态功能区，主体功能是提供农产品和生态产品，保障农产品供给安全和生态系统稳定，但在生态和资源环境可承受的范围内也可以发展特色产业，科学适度开发矿产资源。另一方面，一定区域在区域开发和发展中，必须突出、维护主体功能，不能使非主体功能侵蚀、削弱、损害主体功能。

第三，要正确处理限制开发、禁止开发与发展的关系。限制开发、禁止开发并不是限制发展、禁止发展，只是特指在一定区域限制、禁止进行大规模、高强度的工业化和城镇化开发活动。优化开发和重点开发区域，在突出主体开发功能的同时，也要合理开发利用资源、加强生态环境保护，这本身就是科学发展的内容。限制开发和禁止开发区域，在根据主体功能加强生态修复、环境保护的同时，也可以根据资源环境的承载力进行若干点上的开发，在符合主体功能的领域选择推进经济社会发展的重点。

（三）主体功能区战略的推进

党的十八大以后，主体功能区战略的实施持续推进。2013年11月，党的十八届三中全会通过的《中共中央关于全面深化改革若干重大问题的决定》提出“坚定不移实施主体功能区制度”，并提出“建立国土空间开发保护制度”。2017年10月，党的十九大报告提出“构建国土空间开发保护制度，完善主体功能区配套政策”。2019年10月，党的十九届四中全会通过的《中共中央关于坚持和完善中国特色社会主义制度　推进国家治理体系和治理能力现代化若干重大问题的决定》要求，“完善主体功能区制度”。

在推进主体功能区战略实施的过程中，党和国家出台了《关于完善主体功能区战略和制度的若干意见》。2017年8月29日，习近平总书记主持召开中央全面深化改革领导小组第三十八次会议，审议通过了《关于完善主体功能区战略和制度的若干意见》。会议指出，建设主体功能区是我国经济发展和生态环境保护的大战略，完善主体功能区战略和制度，要发挥主体功能区作为国土空间开发保护基础制度作用，健全不同主体功能区差异化协同发展长效机制，加快体制改革和法治建设，为优化国土空间开发保护格局、创新国家空间发展模式夯实基础。[①]此后不久，中共中央、国务院正式印发《关于完善主体功能区战略和制度的若干意见》（以下简称《若干意见》）。《若干意见》提出，推进主体功能区建设，是党中央、国务院作出的重大战略部署，要坚持保护优先、坚持以承载力为基础、坚持差异化协同发展、坚持生态就是生产力等战略取向，健全优化开发区、重点开发区、农产品主产区、重点生态功能区等各类主体功能区空间发展长效机制。

① 《习近平主持召开中央全面深化改革领导小组第三十八次会议强调　加强领导总结经验运用规律站在更高起点谋划和推进改革》，《人民日报》，2017年8月30日第1版。

2020年10月党的十九届五中全会审议通过的“十四五”规划建议，面向开启全面建设社会主义现代化国家新征程，部署全面推动区域协调发展，进一步强调坚持实施主体功能区战略，立足资源环境承载能力，发挥各地比较优势，逐步形成城市化地区、农产品主产区、生态功能区三大空间格局，形成主体功能明显、优势互补、高质量发展的国土空间开发保护新格局；2021年3月，十三届全国人大四次会议审议通过的“十四五”规划纲要，进一步对“十四五”时期深入实施主体功能区战略进行了具体部署。

根据习近平总书记的重要论述、党和国家确定的方向要求，迈向全面建设社会主义现代化国家新征程，必须持续推进主体功能区战略的实施。以开发内容和提供主体产品的功能为基准划分我国国土空间主体功能区的类型，可以划分为城市化地区、农产品主产区和生态功能区。在全面建设社会主义现代化国家的新发展阶段，要立足我国资源环境承载能力，发挥各地比较优势，逐步形成城市化地区、农产品主产区、生态功能区主体功能明显、优势互补、高质量发展的国土空间开发保护新格局。

第一，支持城市化地区高效集聚经济和人口，保护基本农田和生态空间，分类提高城市化地区发展水平。城市化地区是以提供工业品和服务产品为主体功能的地区，也提供农产品和生态产品。城市化地区要以中心城市和城市群等经济发展优势区域为重点，增强经济和人口承载能力，成为我国经济、人口以及创新资源高效集聚的地区，成为体现我国国家竞争力的主要区域，带动全国经济效率整体提升。京津冀协同发展区、粤港澳大湾区、长江三经济带以及成渝地区等是我国重要的城市化地区或城市群地区，开发、发展的重点，是提升创新策源能力和全球资源配置能力，加快打造引领高质量发展的第一梯队；在中西部有条件的地区，以中心城市为引领，提升城市群功能，更好更多地集聚经济和人口，加快工业化城镇化进程，形成高质量发展的重要区域；同时破除资源流动障碍，优化行政区划设置，提高中心城市综合承载能力和资源优化配置能力，强化对区域发展的辐射带动作用。在高效率集聚经济和人口的同时，城市化地区也要强化生态保护和环境治理，按照资源环境承载能力状况和开发强度控制要求，从严划定城镇开发边界和城镇空间，保护好区域内的基本农田和生态空间。

第二，支持农产品主产区增强农业生产能力，推动农业生产向粮食生产功能区、重要农产品生产保护区和特色农产品优势区集聚，以农产品主产区承担的战略功能为支撑，切实维护国家粮食安全。农产品主产区是以提供农产品为主体功能的地区，也提供生态产品、服务产品和部分工业品，东北平原、黄淮海平原、长江流域、汾渭平原、河套灌区等都是我国重要的农产品主产区。农产品主产区要统筹考虑农业生产资源布局和条件，科学合理划定永久基本农田，保护耕地，禁止开发基本农田；统筹考虑农业生产、农民生活，划定农村生产和生活空间。以此为基础，要采取重大政策举措支持农产品主产区加大农业水利设施建设力度、实施高标准农田建设工程、强化农业科技和装备支撑、提高农业良种化水平、建设智慧农业、建设农业现代化示范区等，保持并提高农产品特别是粮食综合生产能力，优化农业生产结构和布局，加快农业科技进步和创新，有序发展农产品深加工，实施好乡村振兴战略，完善乡村基础设施和公共服务，改善村庄人居环境，促进农产品主产区成为保障国家农产品安全的主体区域、农村居民安居乐业的美好家园。

第三，支持生态功能区把发展重点放到保护生态环境、提供生态产品上，支持生态功能区的人口逐步有序转移，优化生态安全屏障体系。生态功能区是以提供生态产品为主体功能的地区，也提供一定的农产品、服务产品和工业品。我国大小兴安岭森林、三江源草原草甸湿地、祁连山冰川与水源涵养地、青海三江源国家公园、东北虎豹国家公园、大熊猫国家公园等各级各类自然保护地都是生态功能区。生态功能区要按照生态功能极重要、生态环境极敏感、实施管控最严格的要求，科学合理划定生态保护红线，按照最大程度保护生态安全、构建生态屏障的要求，划定生态空间。同时，要支持生态功能区的人口逐步有序向城镇转移并定居落户，促进人口、经济、资源环境的空间协调。以此为基础，要采取重大政策举措，支持生态功能区把保护修复自然生态系统、提供生态产品作为发展的首要任务，推进荒漠化、石漠化、水土流失综合治理，强化湿地保护和恢复，完善天然林保护制度，健全草原森林河流湖泊休养生息制度，构建生态廊道和生物多样性保护网络，提升生态系统质量和稳定性。同时，因地制宜发展不影响生态功能的文化旅游、适量农牧业、民族特色产业等，促进生态功能区以承担的战略功能为支撑，成为切实维护保障国家生态安全的重点区域，成为人与自然和谐共生展示区。

二、建设海洋强国战略的确立与实施

我国不仅是拥有广大陆地国土面积的大国，而且还是海洋大国。海洋是我国经济社会发展重要的战略空间，是孕育新产业、引领经济新增长的重要区域，在国家经济社会发展全局中的地位和作用日益突出。我国海域辽阔，跨越热带、亚热带和温带，大陆海岸线长达1.8万多千米，大陆海岸线海域分布有大小岛屿7600多个，内海和边海的水域面积470多万平方千米，同8个国家海上相邻。我国海洋自然条件优越、海洋资源种类繁多，海洋生物、石油天然气、固体矿产、可再生能源、滨海旅游等资源丰富，开发潜力巨大；同时，海洋还是我国对外开放、建设21世纪海上丝绸之路的重要通道。在全面建成小康社会、全面建设社会主义现代化国家的历史进程中，全面推进区域协调发展，必然要包括加快建设海洋强国，坚持陆海统筹，拓展海洋蓝色经济发展空间。

（一）建设海洋强国战略的确立

改革开放以后，在现代化建设的推进中，我国日益重视海洋的开发与保护。早在20世纪90年代上半期，我国于1994年制定了《中国21世纪议程——中国21世纪人口、环境与发展白皮书》，所确定的中国可持续发展战略中，就包括海洋资源的可持续开发与保护，明确提出要强化海洋资源管理，推动海洋渔业发展，防止、减少和控制海洋生态的退化和长期的不利影响，维持海洋生态平衡和海洋资源的永续利用。20世纪90年代下半期，随着现代化建设第二步发展战略的推进与即将完成，我国开始考虑海洋发展战略。1996年我国颁布的《中国海洋21世纪议程》明确提出，21世纪是人类全面认识、开发利用和保护海洋的新世纪，中国应该实行以发展海洋经济为中心的海洋战略，建设良性循环的海洋生态系统，形成科学合理的海洋开发体系，促进海洋经济持续发展。可以看出，这里不仅已经明确提出中国要实施海洋战略，而且提出中国的海洋战略要以发展海洋经济为中心，同时强调海洋生态系统的良性循环。

进入21世纪，在全面建设小康社会的推进中，党和国家开始部署制定和实施海洋发展战略。2002年党的十六大提出全面建设小康社会的宏伟纲领，在对全面建设小康社会进行战略部署时，明确提出要实施海洋开发。2005年10月，党的十六届五中全会通过“十一五”规划建议，把“开发和保护海洋资源，积极发展海洋经济”作为促进区域协调发展、形成合理的区域发展格局的重要方面。2010年10月，党的十七届五中全会通过“十二五”规划建议，把“十二五”时期确定为全面建设小康社会的关键时期，对夺取全面建设小康社会新胜利作出战略部署，明确提出了要制定和实施海洋发展战略，发展海洋经济，坚持陆海统筹，提高海洋开发、控制、综合管理能力。

2012年11月，党的十八大首次明确提出建设海洋强国。党的十八大确定中国发展进入全面建成小康社会决定性阶段，对推进全面建成小康社会作出战略安排，在部署优化国土空间开发格局时，党的十八大报告明确提出：“提高海洋资源开发能力，发展海洋经济，保护海洋生态环境，坚决维护国家海洋权益，建设海洋强国。”①习近平总书记就此指出，党的十八大作出了建设海洋强国的重大部署，实施这一重大部署，对推动经济持续健康发展，对维护国家主权、安全、发展利益，对实现全面建成小康社会目标，进而实现中华民族伟大复兴都具有重大而深远的意义。②

（二）建设海洋强国战略的实施

党的十八大以后，党和国家进一步确立建设海洋强国战略，对加快建设海洋强国战略的实施作出全面部署。

2013年7月30日，中共中央政治局就建设海洋强国进行第八次集体学

① 《中国共产党十八次全国代表大会文件汇编》，人民出版社2012年版，第36—37页。

② 《习近平在中共中央政治局第八次集体学习时强调　关心海洋　认识海洋　经略海洋　推动海洋强国建设不断取得新成就》，《人民日报》，2013年8月1日第1版。

习，习近平总书记在主持学习时发表重要讲话，论述了我国建设海洋强国战略的基本内容。首先，确定了建设海洋强国的战略地位。建设海洋强国是中国特色社会主义事业的重要组成部分，人类在21世纪进入了大规模开发利用海洋的时期，海洋在国家经济发展格局和对外开放中的作用更加重要，在维护国家主权、安全、发展利益中的地位更加突出，在国家生态文明建设中的作用更加显著，在国际政治、经济、军事、科技竞争中的战略地位也明显上升，因而必须进一步关心海洋、认识海洋、经略海洋，推动我国海洋强国建设不断取得新成就。其次，明确了建设海洋强国的战略方向。我国既是陆地大国，也是海洋大国，拥有广泛的海洋战略利益，要着眼于中国特色社会主义事业发展全局，统筹国内国际两个大局，坚持陆海统筹，坚持走依海富国、以海强国、人海和谐、合作共赢的发展道路，通过和平、发展、合作、共赢方式，扎实推进海洋强国建设。最后，提出了建设海洋强国的战略任务。在以往海洋建设的基础上，在全面建成小康社会的进程中，推进海洋强国建设，一是要提高海洋资源开发能力，着力推动海洋经济向质量效益型转变；二是要保护海洋生态环境，着力推动海洋开发方式向循环利用型转变；三是要发展海洋科学技术，着力推动海洋科技向创新引领型转变；四是要维护国家海洋权益，着力推动海洋维权向统筹兼顾型转变。[①]习近平总书记关于建设海洋强国的讲话，确定了建设海洋强国的方向道路，指出了建设海洋强国的具体路径，说明了建设海洋强国的主要内容，体现了我国建设海洋强国的战略框架。

在全面建成小康社会决定性阶段的推进中，在即将迈向“十三五”时期时，2015年11月党的十八届五中全会审议通过“十三五”规划建议，确定“十三五”时期是全面建成小康社会决胜阶段。在对决胜全面建成小康社会作出谋划时，明确提出要拓展蓝色经济空间，坚持陆海统筹，壮大海洋经济，科学开发海洋资源，保护海洋生态环境，维护我国海洋权益，建设海洋强国。根据“十三五”规划建议，2016年3月十二届全国人大四次会议批准

① 《习近平在中共中央政治局第八次集体学习时强调　关心海洋　认识海洋　经略海洋　推动海洋强国建设不断取得新成就》，《人民日报》，2013年8月1日第1版。

的“十三五”规划纲要中专设一章，对决胜全面建成小康社会的“十三五”时期拓展蓝色经济空间、建设海洋强国作出全面部署，就壮大海洋经济、加强海洋资源环境保护、维护海洋权益提出一系列重大举措，实施一系列重大工程。

在全面建成小康社会发展阶段建设海洋强国战略实施中，我国海洋经济实力不断提高，海洋产业与供给结构调整取得成效，海洋经济区域结构日趋完善，海洋科学技术水平不断提升，海洋经济开放步伐不断加快，海洋经济发展质量稳步提升，为全面建设社会主义现代化国家新征程继续推进海洋强国建设提供了坚实基础。

一是海洋经济总量稳步提升。随着海洋经济总量的稳步增长，海洋经济规模持续扩大，在全面建成小康社会之际，全国海洋生产总值10年间翻了一番。海洋经济对国民经济增长的贡献率超过9%，海洋生产总值占国内生产总值的比重多年连续保持在9%左右，海洋经济已经成为我国现代化建设的重要支撑力量。

二是海洋产业体系不断发展。通过加快转变海洋经济发展方式、推动海洋产业结构优化升级，促进了以海洋渔业、海洋交通运输、海洋工程建筑、海洋油气、海洋船舶、海洋化工等为支柱的传统海洋产业积极转型，发展了以滨海旅游等为主导的生态化、多元化海洋服务业，培育了一批以海洋生物医药、海水利用、海洋电力和海洋可再生能源等为引领的新兴海洋产业。海洋产业链供应链现代化水平不断提高，海洋产业供给结构不断完善、供给质量不断提升，海洋装备制造实力显著增强，海洋能源供给保障能力持续提升，我国港口集装箱吞吐量超过全球的1/4，海运量超过全球的1/3，世界造船大国的地位进一步巩固，海洋工程装备总装建造进入世界第一队列。

三是海洋经济布局不断优化。从经济基础、区位条件、资源禀赋看，我国海洋经济已经形成从北到南、各具特色的三大海洋经济区。北部海洋经济区是由辽东半岛、渤海湾和山东半岛沿岸地区所组成的经济区域，主要包括辽宁省、河北省、天津市和山东省的海域与陆地，以港口物流、海洋船舶、海水淡化、海水养殖、海洋生物医药等产业为主；东部海洋经济区是由长江三角洲的沿岸地区所组成的经济区域，主要包括江苏省、上海市和浙江省的海域与陆地，拥有较为先进的海工装备、海上风电、港口物流、海洋服务业等产业；南部海洋经济区是由福建、珠江口及其两翼、北部湾、海南岛沿岸地区所组成的经济区域，主要包括福建省、广东省、广西壮族自治区和海南省的海域与陆地，是海洋旅游、远洋渔业、海洋文化产业、水产品加工与养殖等海洋产业的集聚区。三大区域的海洋经济不断壮大，占全国海洋生产总值比重大致为30%、30%和40%。

四是海洋科技创新能力增强。党的十八大以来，我国持续推进海洋领域科技创新，一批涉海关键技术和重大项目建设取得突破，拓展了我国开发利用海洋的空间。海洋渔业高技术专业化快速发展，海洋船舶研发建造向高端化发展，深海技术装备研发实现重大突破，"蛟龙号""深海勇士号""奋斗者号"等载人潜水器，以及深海遥控无人潜水器作业系统海试成功，自主设计建造的先进超深水双钻塔半潜式平台"蓝鲸1号"在南海成功试采，海洋科学综合考察船等国家重大科技基础设施通过验收，世界最长的跨海交通工程港珠澳大桥正式通车，智能船舶研发、绿色环保船舶建造取得新突破，海洋领域的数字经济加快发展，等等，显示了海洋科技自主创新、自立自强对海洋开发和发展的重要支撑。

五是海洋开放经济不断扩大。面对美国等西方国家单边主义、保护主义抬头的国际经济形势重大变化，我国稳步推进21世纪海上丝绸之路建设不断走深、走实，不断提高涉海产品国际竞争力，进一步提高海洋对外开放水平，持续扩大海上丝绸之路贸易往来，海洋领域外资准入限制进一步放宽，海洋经济"走出去"步伐持续加快，海洋经济领域全方位开放格局不断完善。

（三）建设海洋强国战略的推进

党的十九大以后，在中国特色社会主义新时代的继续发展中，习近平总书记对建设海洋强国战略的推进，多角度、全方位地进行了论述。2017年10月，在党的十九大报告中说明新时代实施区域协调发展战略时，习近平总书记再次强调"坚持陆海统筹，加快建设海洋强国"。此后，习近平总书记在一系列重要讲话和考察中，反复论述建设海洋强国战略的继续推进。2018年

3月8日，习近平总书记在参加十三届全国人大一次会议山东代表团审议时发表讲话指出，海洋是高质量发展战略要地，要加快建设世界一流的海洋港口、完善的现代海洋产业体系、绿色可持续的海洋生态环境，为海洋强国建设作出贡献。①2018年4月12日，习近平在海南考察时的讲话中强调，我国是一个海洋大国，海域面积十分辽阔，一定要向海洋进军，加快建设海洋强国。②2018年6月，习近平总书记在山东考察青岛海洋科学与技术试点国家实验室时强调，海洋经济发展前途无量，建设海洋强国，必须进一步关心海洋、认识海洋、经略海洋，加快海洋科技创新步伐。③2019年4月23日，习近平在青岛集体会见应邀出席中国人民解放军海军成立70周年多国海军活动的外方代表团团长时发表重要讲话。在讲话中，他强调海洋对人类社会生存和发展具有重要意义，指出海洋孕育了生命、联通了世界、促进了发展，海洋的和平安宁关乎世界各国安危和利益，需要共同维护，倍加珍惜；说明海洋合作交流的必然趋势与中国的宗旨，指出以海洋为载体和纽带的市场、技术、信息、文化等合作日益紧密，中国提出共建21世纪海上丝绸之路倡议，就是希望促进海上互联互通和各领域务实合作，推动蓝色经济发展，推动海洋文化交融，共同增进海洋福祉；提出要加强海洋生态保护，指出中国高度重视海洋生态文明建设，持续加强海洋环境污染防治，保护海洋生物多样性，实现海洋资源有序开发利用，为子孙后代留下一片碧海蓝天。④习近平总书记的这些论述，从认识海洋到经略海洋，从海洋经济到海洋高质量发展，从建设世界一流海洋港口到完善现代海洋产业体系，从加快海洋科技创新到加强海洋生态保护，从海洋和平安宁到海洋合作交流，明确了新时代继续推进建设海洋强国战略实施的基本路径和重要内容。

---

① 《习近平李克强王沪宁赵乐际韩正分别参加全国人大会议一些代表团审议》，《人民日报》，2018年3月9日第1版。

② 《习近平在海南考察时强调　以更高站位更宽视野推进改革开放　真抓实干加快建设美好新海南》，《人民日报》，2018年4月14日第1版。

③ 《习近平在山东考察时强调　切实把新发展理念落到实处　不断增强经济社会发展创新力》，《人民日报》，2018年6月15日第1版。

④ 《习近平集体会见出席海军成立70周年多国海军活动外方代表团团长》，《人民日报》，2019年4月24日第1版。

2020年10月，党的十九届五中全会审议通过的“十四五”规划建议，面向开启全面建设社会主义现代化国家新征程，部署全面推动区域协调发展，进一步强调坚持陆海统筹，发展海洋经济，建设海洋强国；2021年3月，十三届全国人大四次会议审议通过的“十四五”规划纲要，进一步对“十四五”时期积极拓展海洋经济发展空间、加快建设海洋强国进行了具体部署。

根据习近平总书记重要论述、党和国家确定的方向要求，迈向全面建设社会主义现代化国家新征程，必须持续推进建设海洋强国战略的实施。总的要求，是要坚持陆海统筹、创新驱动、生态优先、人海和谐、合作共赢，协同推进海洋生态保护、海洋经济发展和海洋权益维护，力争早日把我国建设成为海洋经济发达、海洋科技领先、海洋生态良好、海洋文化先进的现代海洋强国。

第一，建设现代海洋产业体系，推动海洋经济实现高质量发展。围绕海洋工程、海洋资源、海洋环境等领域，实施重大科技计划项目，优化科技创新平台布局，构建开放共享的创新网络，重点发展深水、绿色、安全的海洋高新技术，突破一批涉海关键核心技术，提升海洋科技创新支撑能力和国际竞争力。以科技创新、科技自立自强为战略支撑，加快发展海洋经济，推进海洋传统产业绿色转型升级，培育壮大海洋工程装备、海洋生物医药、海水淡化与综合利用、海洋可再生能源、海洋高端装备、海洋信息服务等战略性新兴产业，拓展提升海洋文化旅游产业规模和水平，促进海洋产业集群发展，提升海洋产业标准化水平，增强海洋产业国际竞争力，推动海洋产业迈向全球价值链中高端。积极推动现代化海洋牧场建设，探索以近浅海海洋牧场和深远海养殖为重点的现代化海洋渔业发展新模式，发展可持续远洋渔业。

第二，优化海洋经济发展空间布局，全面提高北部、东部、南部三大海洋经济区发展水平。根据不同地区和海域的自然资源禀赋、生态环境容量、产业基础和发展潜力，进一步优化我国北部、东部和南部3个海洋经济区布局。北部海洋经济区要融入京津冀协同发展战略，优化港口资源配置，提高科技创新能力，带动环渤海地区合作发展；东部海洋经济区要融入长江经济带、长江三角洲区域一体化发展战略，建设大宗商品储备加工交易基地和国际海事航运服务基地，提高江海联运水平，促进长江流域发展；南部海洋经济区要对接粤港澳大湾区建设战略，密切珠三角与香港、澳门在海洋领域的合作，共建世界级港口群。要完善海洋经济带，打破区间壁垒，促进生产要素自由流动，使得各沿海经济区协同发展，加大海岛及邻近海域保护力度，合理开发重要海岛，推进深远海区域布局，拓展优化海洋经济空间，形成海洋经济全球布局的新格局。

第三，推进海洋生态文明建设，打造可持续海洋生态环境。加大海洋环境保护与生态修复力度，严格保护海洋资源，加强海洋生态环境保护和监管，严守生态红线，加强海岸线保护修复，优化近岸海域开发布局，科学控制开发强度；科学统筹海洋开发与保护，推进海洋资源集约节约利用与产业低碳发展，拓展入海污染物排放总量控制范围，防范海上溢油、危险化学品泄漏等重大环境风险，提升应对海洋自然灾害和突发环境事件能力；建立以海洋生态系统为基础的沿海、流域、海域协同一体的综合治理体系，加大对海岸带、沿海滩涂保护和开发管理力度，严格围填海管控，加强海岸带综合管理与滨海湿地保护，加快推进重点海域综合治理，形成绿色可持续的海洋生态环境，努力实现人海和谐。

第四，推进“一带一路”倡议海上合作，深度参与全球海洋治理。围绕建设21世纪海上丝绸之路，扩大海洋经济领域开放合作，密切与沿线国家和地区战略对接，打造国际国内海上支点，加强海洋产业投资合作和海洋领域国际合作，建立健全海洋经济对外投资服务保障体系，拓展海洋经济合作发展新空间。同时，积极发展蓝色伙伴关系，深度参与国际海洋治理机制和相关规则制定与实施，推动建设公正合理的国际海洋秩序，综合运用各种手段维护和拓展国家海洋权益，维护我国管辖海域的海上航行自由和海洋通道安全。

三、新型城镇化战略的实施与推进

区域发展从基本的空间构成来看，包括乡村与城镇。城镇特别是大中城市是政治、经济、文化、信息和人民生活的中心，是一个国家或地区现代文明的标志。城市是现代产业的集中地，其聚集性形成生产经营的规模经济，从而成为国民经济增长的核心基地和主要动力源。城市不仅集中了大批的高级经营管理人才、科学技术研究人员，而且拥有良好的信息产业基础和知识经济环境，是现代科技、信息产业和知识经济的主要载体。城市，尤其是中心城市，在我国经济社会发展过程中，对于全国的产业升级、制度创新和对外开放发挥着重要的示范、辐射和带动作用。城镇的繁荣发展水平，城镇的现代化程度，反映并决定着整个国家的发展与现代化水平。全面推进区域协调发展，必须实施与推进新型城镇化战略。

（一）我国城镇化水平的测定

城镇化（或称城市化）一词源于英文“Urbanization”，其词头“urban”意为都市的、市镇的，其词尾“ization”表示行为的过程。据考证，大约1850年前后，西班牙一位名叫塞尔门的工程师写了一本《城市化的理论问题》，区分了“城市化”和“乡村化”，第一次使用了城市化这一术语。在马克思的著作中，也出现过城市化的概念。①

我国改革开放后一定的时期中，有的人在同等意义上使用城市化和城镇化这两个术语，也有人认为城市化与城镇化有区别。2000年10月，党的十五届五中全会通过的《中共中央关于制定国民经济和社会发展第十个五年计划的建议》，明确地采用了城镇化的概念，把原有的城市化的含义也包括其中。现在一般情况下，人们大多在同等意义上使用城镇化的概念。

所谓城镇化，是指由于社会生产力的发展而引起的城镇数量增加、规模扩大及功能增强，农村人口转变为城镇人口以及人口向城镇集中的过程。城镇化并不仅仅只是指人口的转换即农村人口转换为城镇人口，而是有着极其丰富的内涵。城镇化包括人们经济活动的转换，即非农产业在地理上的聚集，规模经济和聚集经济的效益突出，社会劳动生产率持续上升，第二、第三产业日益成为国民经济的主体部分；还包括人们活动空间的转换，即城镇地域的扩大和城镇数量的增加，随着经济活动的转换，城镇地域不断扩展，

① 马克思在《经济学手稿》（1857—1858年）中说：“现代的历史是乡村城市化，而不像在古代那样，是城市乡村化。”见《马克思恩格斯全集》（第46卷）（上册），人民出版社1979年版，第480页。

农村地域逐渐转变成为工业、居住和商业区，从而转化为新的城镇区域或卫星城镇，城镇的规模、等级、数量都得以发展；城镇化也包括人们生活方式的转换，即城镇的思想、观念、意识、行为等的扩散，反映为人们的思想观念、道德规范、社会交往、受教育程度、生活习惯、行为方式、综合素质等方面的进步与改善。但是，城镇化的集中表现是人口的城镇化，是农业人口转换为非农业人口，农村人口转化为城镇人口。城镇化的发展是极其复杂的历史动态过程，然而，任何城镇的兴起和成长都与人口的空间转化联系在一起，城镇发展过程中人们经济活动的转换、活动空间的转换和生活方式的转换，都是以城镇人口聚集以及占总人口比重的提升为基础的。因此，全世界衡量城镇化水平的高低就是以人口城镇化来表现的，城镇人口占一定地域内总人口的比重就表现一定的城镇化水平或城镇化率。

我国衡量城镇化水平也是按照城镇人口占全国总人口的比重来计算的。由于对城镇人口的统计可以按不同的统计口径，因而科学确定城镇人口的统计口径，对于科学地测定城镇化水平非常重要。我国城镇化水平的测定，先后主要有3种城镇人口的统计口径。

第一种是按户籍管理的非农业人口为城镇人口进行统计的城镇化水平，即把按户籍管理的非农业人口占总人口的比重作为衡量我国城镇化水平的指标。以非农业人口作为城镇人口的统计口径始于20世纪60年代。国务院1963年对设市建镇的标准进行调整时，统一了城镇人口的统计口径，明确了市总人口包括市区和郊区人口，市的城市人口为市区和郊区的非农业人口，乡村人口为市区和郊区的农业人口。“非农业人口”不按地域统计，以“非农业人口”为口径统计的城镇人口中就包括了一部分居住在农村地区的非农业人口，而不包括居住在市区、郊区、镇区的农业人口。根据户籍管理制度，非农业人口绝大部分居住在城镇建成区内，且从事非农职业，是具有法定的居住身份和实际意义的城镇人口。我国从20世纪50年代中期开始实行严格的户籍管理制度，因而使用非农业人口作为城镇人口的口径衡量城镇化水平，具有统计资料的易得性和指标的连续性。

在改革开放以后的经济社会发展中，以户籍管理的非农业人口作为城镇人口，进而来测定城镇化水平的缺陷日益明显。一方面，由于我国长期实行严格的户籍管理制度，“农转非”即农业户籍人口转为非农业户籍人口有着诸多限制，使得大部分已经实际从事非农职业和长期居住城镇的农业户籍人口难以进行户籍转换，且随着经济社会发展实际，这一部分人口在逐渐增多；另一方面，随着改革开放和经济发展及其引致的社会结构变化，尤其是城镇建设的扩展，城郊的农村地区实际上已成为城镇的一部分。因此，以户籍管理的非农业人口占总人口的比重来测定城镇化水平，在户籍管理制度没有发生根本变革的情况下，必然低估城镇化的真实水平。按照户籍统计，2000年我国农业人口数为9.28亿，非农业人口数为3.38亿，按户籍管理的非农业人口统计的城镇人口占总人口的比重约为26.7%，乡村人口占73.3%。也就是说，如果按照以户籍管理的非农业人口占总人口的比重来衡量，2000年我国的城镇化水平只有26.7%，比后来通常所说的36.09%要低近10个百分点。

第二种是以城镇建成区的市辖区、街道及居委会的人口为城镇人口进行统计的城镇化水平。即把按1990年第四次人口普查统计口径的城镇人口占总人口的比重作为衡量我国城镇化水平的指标。1990年第四次人口普查时确定了新的城镇人口统计口径，即城镇人口包括：设区的市所辖的区人口、不设区的市所辖的街道人口、不设区的市和县所管辖的行政镇中的居委会人口。这种统计口径比简单地以户籍管理的非农业人口作为城镇人口，有了很大的改进，但也存在不足。一方面，设区的市由于城区范围的调整，如“撤县（市）设区”等，区人口当中可能会包含较大比例的农村地域和从事农业生产的人口；另一方面，在街道和居委会建成区之外实际上已经城镇化了的人口，又没有被纳入到城镇人口的范围之内。一般来说，纳入街道和居委会管理范畴的人口，无非是本地非农业户籍人口或居住在本区域的外来人口，而对居住在街道和居委会地域之外的居民，往往被纳入农村地域人口进行统计。由于城镇建设不断发展，街道和居委会建成区接壤的原农村地域实际上已经城镇化了，这些地域从事着非农职业的人口可能远远超过从事农业生产的人口。但由于这些地域往往不是在市设区的范围内，也不在街道或居委会的管辖地域中，因而这部分人口也就不能被纳入城镇人口进行统计。显然，这一口径既存在着把部分城市郊区从事农业生产的农业人口统计为城镇人口的问题，又无法反映大量外来人口在城镇周边高度集中并实现职业非农化及参与城镇生活的现实。因此，以城镇建成区的市区、街道及居委会人口统计的城镇化指标，可能会在一定程度上低估城镇化的水平。

根据国家统计局1999年国民经济和社会发展统计公报，1999年年末全国总人口为12.6亿，其中城镇人口3.89亿，占30.9%，乡村人口8.70亿，占69.0%。也就是说，按照这种统计口径，1999年我国的城镇化水平是30.9%，假定2000年提高一个百分点，达到31.9%，比后来通常所说的36.09%还是要低4个百分点。

第三种是以设市的市建制的城市和市镇建制的城镇区域内居住半年及半年以上的常住人口为城镇人口进行统计的城镇化水平，即把按2000年第五次人口普查统计口径的城镇人口占总人口的比重作为衡量我国城镇化水平的指标。按照这样标准划分的城镇人口，既从城镇人口中剔除了城市市辖区部分从事农业的人口，又把城镇建成区周边地域已经实际参与城镇经济生活的人口纳入城镇人口的统计范围，同时也摆脱了户籍管理制度对城乡人口划分的束缚，把实际上常住城镇并从事经济活动的外来人口作为城镇人口统计。当然，这样的城镇人口统计标准也存在以下问题：一方面市辖区、不设区的市和建制镇所辖行政区域中包含的农村成分并没有完全剔除；另一方面把大量的流动人口算为城镇人口也可能高估城镇化水平。尽管如此，第五次人口普查所确定的城镇人口划分标准，相对而言更为合理。以此为基础，在21世纪的发展中，城乡人口的划分标准进一步调整。

在21世纪全面建设小康社会的发展中，国家统计局对2000年制定的《统计上划分城乡的暂行规定》进行了修订，于2006年颁布并于2006年1月开始执行修订以后的《关于统计上划分城乡的暂行规定》，明确了新的市镇人口统计标准。2008年7月，国务院批复了国家统计局与民政部、住房和城乡建设部、公安部、财政部、国土资源部、农业部共同制定的《统计上划分城乡的规定》。该规定指出，在统计上划分城乡，是为了科学、真实地反映我国现阶段城乡人口、社会和经济发展情况，准确评价我国的城镇化水平，不改变现有的行政区划、隶属关系、管理权限和机构编制，以及土地规划、城乡规划等有关规定；以我国的行政区划为基础，以民政部门确认的居民委员会和村民委员会辖区为划分对象，以实际建设为划分依据，将我国的地域划分为城镇和乡村。上述规定明确了城镇包括城区和镇区，城区是指在市辖区和不设区的市，区、市政府驻地的实际建设连接到的居民委员会和其他区域；镇区是指在城区以外的县人民政府驻地和其他镇，政府驻地的实际建设连接到的居民委员会和其他区域；与政府驻地的实际建设不连接，且常住人口在3000人以上的独立的工矿区、开发区、科研单位、大专院校等特殊区域及农场、林场的场部驻地视为镇区。乡村是指根据上述规定划定的城镇以外的区域。此后，我国的城乡人口数据根据上述规定划分，进而按照所统计的城镇常住人口占总人口的比例测定常住人口城镇化率。

根据现行的城乡人口划分标准，截止到2019年年末，全国大陆总人口为140005万人，比2018年年末增加467万人，其中城镇常住人口84843万人，占总人口比重（常住人口城镇化率）为60.60%，比2018年年末提高了1.02个百分点。户籍人口城镇化率为44.38%，比2018年年末提高1.01个百分点。“十四五”规划纲要正是以2019年的常住人口城镇化率为基数，确定“十四五”时期的城镇化发展目标，到2025年城镇化率要达到65%。

（二）新型城镇化战略的确立

进入21世纪，在全面建设小康社会的发展中，党和国家明确提出走中国特色的城镇化道路。2000年10月，党的十五届五中全会审议通过《中共中央关于制定国民经济和社会发展第十个五年计划的建议》，面向21世纪的发展，提出随着农业生产力水平的提高和工业化进程的加快，我国推进城镇化的条件已逐渐成熟，要不失时机地实施城镇化战略，走出一条符合我国国情、大中小城市和小城镇协调发展的城镇化道路。2002年11月，党的十六大提出全面建设小康社会的宏伟纲领，确定全面建设小康社会的重要内容，是加快城镇化进程，逐步提高城镇化水平，坚持大中小城市和小城镇协调发展，走中国特色的城镇化道路。此后，2003年10月，党的十六届三中全会、2005年10月，党的十六届五中全会、2006年10月，党的十六届六中全会，都从不同的角度对积极稳妥推进城镇化、走中国特色城镇化道路进行了具体部署。2007年10月，党的十七大对夺取全面建设小康社会新胜利进行安排部署时，把“中国特色城镇化道路”“中国特色自主创新道路”“中国特色新型工业化道路”“中国特色农业现代化道路”一并作为促进国民经济又好又快发展的重要方面，提出走中国特色城镇化道路，就是要按照统筹城乡、布局合理、节约土地、功能完善、以大带小的原则，以增强综合承载能力为重点，以特大城市为依托，形成辐射作用大的城市群，促进大中小城市和小城镇协调发展。2010年10月，党的十七届五中全会审议通过《中共中央关于制定国民经济和社会发展第十二个五年规划的建议》，进一步提出坚持走中国特色城镇化道路，要科学制定城镇化发展规划，完善城市化布局和形态，加强城镇化管理，以大城市为依托，以中小城市为重点，逐步形成辐射作用大的城市群，促进大中小城市和小城镇协调发展。

从党的十八大开始，经济社会发展进入全面建成小康社会新阶段，中国特色社会主义迈向新时代，党和国家明确提出新型城镇化战略。在决策层面上首先提出新型城镇化的是党的十八大。党的十八大报告提出“坚持走中国特色新型工业化、信息化、城镇化、农业现代化道路”，其实分开来看，就是中国特色新型工业化道路、中国特色新型信息化道路、中国特色新型城镇化道路、中国特色新型农业现代化道路。正是为了贯彻落实党的十八大精神，2012年12月召开的中央经济工作会议，把积极稳妥推进城镇化、着力提高城镇化质量，作为推进国民经济健康持续发展的重要任务，提出走集约、智能、绿色、低碳的新型城镇化道路。2013年11月，党的十八届三中全会通过《中共中央关于全面深化改革若干重大问题的决定》，在部署完善城镇化健康发展体制机制时，明确提出“坚持走中国特色新型城镇化道路，推进以人为核心的城镇化”。十八届三中全会闭幕不久，中央城镇化工作会议于2013年12月举行，习近平总书记发表重要讲话，分析城镇化发展形势，明确推进城镇化的指导思想、主要目标、基本原则、重点任务；会议提出走中国特色、科学发展的新型城镇化道路，要求制订实施好国家新型城镇化规划；会议讨论了《国家新型城镇化规划（2014—2020年）》，提出了修改意见。这次会议，实际上从决策层面确定了新型城镇化战略。

2014年3月，中共中央、国务院正式印发《国家新型城镇化规划（2014—2020年）》。该规划提出，走以人为本、四化同步、优化布局、生态文明、文化传承的中国特色新型城镇化道路；新型城镇化的战略要求，是要紧紧围绕全面提高城镇化质量，加快转变城镇化发展方式，以人的城镇化为核心，以城市群为主体形态，以综合承载能力为支撑，以体制机制创新为保障；一定时期推进新型城镇化的战略任务，是要有序推进农业转移人口市民化、优化城镇化布局和形态、提高城市可持续发展能力、推动城乡发展一体化；推进新型城镇化的战略保障是深化改革，统筹推进人口管理、土地管理、资金保障、城镇住房、生态环境保护等制度改革，完善城镇化发展体制机制。这个规划是我国颁布实施的第一个国家城镇化规划，实则是党和国家提出的一定时期系统、完整的新型城镇化战略纲领。

为了在推进新型城镇化中促进城市发展，中央城市工作会议于2015年12月举行。习近平总书记在会上发表重要讲话，分析城市发展面临的形势，明确做好城市工作的指导思想、总体思路、重点任务；会议提出不断提升城市环境质量、人民生活质量、城市竞争力，建设和谐宜居、富有活力、各具特色的现代化城市，提高新型城镇化水平，推动以人为核心的新型城镇化。在迈向"十三五"开局之年之际，习近平总书记对深入推进新型城镇化建设作出重要指示。习近平总书记指出，城镇化是现代化的必由之路，党的十八大以来，党中央就深入推进新型城镇化建设作出了一系列重大决策部署，"十三五"开局之年，新型城镇化建设一定要站在新起点、取得新进展；习近平总书记要求，要坚持以创新、协调、绿色、开放、共享的发展理念为引领，以人的城镇化为核心，促进中国特色新型城镇化持续健康发展。[①]与此同时，国务院发布《关于深入推进新型城镇化建设的若干意见》（2016年2月2日），对"十三五"发展中深入推进新型城镇化建设作出安排部署。

① 《习近平对深入推进新型城镇化建设作出重要指示强调 坚持以创新、协调、绿色、开放、共享的发展理念为引领促进中国特色新型城镇化持续健康发展》，《人民日报》，2016年2月24日第1版。

（三）新型城镇化战略的实施

在全面建成小康社会迈向全面建设社会主义现代化国家的发展中，实施新型城镇化战略，从促进大中小城市和小城镇协调发展来看，重要方面就是按照统筹规划、合理布局、完善功能、以大带小的原则，遵循城镇发展客观规律，增强大城市、中心城市辐射带动作用，加快发展中小城市，突出重点发展小城镇，加快城市群建设，完善城镇管理。

增强大城市、中心城市辐射带动作用。要发展具有合理规模的大城市、中心城市，通过大城市、中心城市的作用带动其他规模较小的城市和镇的发展，并利用规模较小的城市和镇的发展分解大城市发展过程中的负效应，进而形成合理的城镇结构与网络。根据大城市的能量等级和辐射空间，发展大城市、中心城市可以分为3个层次。第一个层次是培育国际性大都市，也可以称为世界城市。我国城镇体系中处于峰顶位置的几个超大城市，与国际大都市、世界城市的标准还有一定的距离，从经济实力、基础设施、要素聚集能力、国际化程度等方面的发展趋势看，要努力使北京、上海等基本达到国际性大都市、世界城市的标准，建设面向国际、在亚洲及全球经济中具有较强竞争力和影响力的国际性大都市、世界城市，并形成国际性大都市圈。第二个层次是扩大和提高作为区域性中心城市的特大城市和大城市。区域性中心城市包括跨省区中心城市和省区中心城市。区域性中心城市要着眼于完善城市功能，调整结构、改善环境、提高质量、适度扩大规模，更好地发挥经济、金融、信息、贸易、科教和文化中心的作用，发挥在跨区域和省域经济社会发展中的服务、辐射和带动作用。第三个层次是扩大和提升一般的大城市，应把有条件的中小城市发展为大城市并完善城市功能。

加快发展中小城市。以提升质量、增加数量为方向，加快发展中小城市。中小城市的发展要挖掘潜力、夯实基础、提高质量、合理扩大规模、适当增加数量。随着一批中等城市升格为大城市，要把一些具备条件的小城市扩张为中等城市，并从小城镇中培育一批小城市，使中小城市数量有所增加。要通过完善和发展大城市带与城市群，来引导、促进中小城市的规模扩张和质量提高，注重基础设施建设，提高承载能力，扩大人口容量和经济容量，实现集约式发展。引导产业项目在中小城市布局，完善中小城市市政基础设施和公共服务设施，推动优质教育、医疗等公共服务资源向中小城市配置。东部地区要重点提高现有城市的质量，壮大规模，增强辐射力；中西部地区可在壮大现有城市规模和提高质量的基础上，适当增加城市数量。优先发展区位优势明显、交通便利、发展潜力大的中小城市，要把功能单一、具备条件的中小城市发展成为综合性城市。具有旅游、交通、商贸、工矿等特定优势和文化、资源、产业功能的中小城市，要进一步强化优势，突出特色，提高优势领域的竞争力。

突出重点发展小城镇。发展小城镇要突出重点、合理布局、科学规划、注重实效，增强小城镇公共服务和居住功能。小城镇建设要规模适度、增强特色、强化功能，把城镇建设规划与经济发展规划紧密结合在一起，城镇功能的定位、规模的确定、基础设施的配置以及建设与环境关系的处理等，都应和经济、社会发展的要求相协调，同时进一步完善推进小城镇发展的各种相关制度安排和政策。发展小城镇要根据实际进行统筹规划，抑制和防止布局过于分散的状况，积极引导其中成长性强的小城镇扩大规模，促进分散从事非农产业的劳动力利用小城镇实现重新整合。城镇密集区和中心城市周边地区的小城镇，要纳入所属区域城镇体系的总体规划，以组团式布局形态与中心城市或其他城市形成合理的功能分工，发展一批卫星城镇，形成为中心城市服务的具有特定功能的小城镇。小城镇建设的重点应是县城和部分基础条件好、发展潜力大的建制镇，要根据发展需要，适度增加城镇容量，开辟商业街道和工业发展园区，并逐步进行城镇基础设施建设，不断完善城镇功能，使这些城镇具有更强的承载力、吸引力和辐射力，逐步带动整个小城镇的建设和发展。距中心城市较远的小城镇，要强化为农业、农村和农民的服务功能，形成农产品集散中心和加工基地，农业信息、技术推广和文化教育中心，带动当地农业和农村经济发展。

加快城市群建设。以城市群为主体，逐步形成辐射作用大的城市群，促进大中小城市和小城镇协调发展，是新型城镇化建设的重要内容。城市群的形成和发展，是世界城市化的重要趋势。我国改革开放以来，在城镇化发展中已经形成了诸如珠江三角洲城市群、长江三角洲城市群、京津冀城市群等一批城市群，以及一些城镇密集区。在新型城镇化战略的实施中，应进一步有重点地促进城镇的集中布局并形成不同规模等级的城市群和城镇密集区，带动全国新型城镇化水平的提高和经济高质量发展。对已经形成的城市群和城镇密集区要重点进行整合，同时培育正在形成的城市群和城镇密集区。城市群和城镇密集区要优化城镇布局，进一步明确区域内各类城镇的功能定位，完善城镇规模结构和布局；强化产业分工，合理规划区域内农业、工业、市场、生态、旅游等各类功能区，优化区域产业布局；增强经济联系，统一规划和建设大型基础设施，合理安排区域内机场、港口、高速公路、快速轨道交通、信息网络、清洁能源供应系统和污染治理设施，实现基础设施共建共享，提高利用率；优化区域用地结构，划定基本农田保护区、风景名胜区，尽量减少城镇建设对耕地的占用，增加绿地面积。通过城市群和城镇密集区的发展，带动整个新型城镇化水平与质量的提高。

完善城镇管理。实施新型城镇化战略、推进新型城镇化进程，还必须加强、完善城镇管理。城镇管理是城镇政府为保证城镇各项功能高效运转和建设活动有序进行而采取的必要的调控行为，是建设现代文明城镇不可缺少的要素，也是加快新型城镇化进程的内在要求。完善城镇管理，要把握好综合化、市场化、规范化和社会化的改革方向，进行制度创新，建立高效、合理、动态发展的城镇管理体制和机制，实现城镇管理方式的现代化，提高管理效率和水平。

一是完善城镇的规划管理。加强和完善规划编制，高标准、高质量地编制好各类城镇规划和城镇体系规划，城镇规划要与经济社会发展、交通、土地、水利、生态环境等规划相衔接，提高城镇规划的合理性、前瞻性、科学性和可操作性。强化城镇规划的法制地位，制定完善城镇规划实施的法规体系，采取法律手段约束规划主体和客体，运用各种科学手段对城镇规划实施进行动态监测，逐步建立规划管理听证制度，推行规划信息和管理程序公示制，提高公众参与程度和管理透明度，建立规范的城镇规划编制、实施管理和监督检查机制，保证城镇规划的有效实施。

二是完善城镇建设的管理。要调整完善城镇建设标准，严格城镇用地功能分区、城镇建筑单体设计、质量监审等技术规范，从塑造城镇整体形象出发，把城镇建筑的民族传统、地方特色和时代精神有机结合起来。严格执行基本建设程序和审批规定，认真做好项目前期工作，坚持“先规划、后建设，先设计、后施工，先地下、后地上”的原则，运用法律手段强化对规划、设计和施工的监管。在建筑施工和管理中，要广泛采用现代科学技术，应用新型建筑材料，提高建筑施工的科技含量，确保城镇建设的工程质量，不断提高城镇建设的综合效益。

三是完善城镇市政基础设施和公用事业管理。改革城镇市政基础设施和公用事业管理体制，推进市政单位的企业化管理和政府管理的合同化、规范化，促进某些市政设施维护管理行业的社会化、产业化和专业化，保证城镇基础设施和公用事业的高效率运营。运用经营业绩协议、管理合同和服务合同等新的管理组织形式，对城镇道路和桥梁、排水管网、污水处理、防灾应变以及社会福利等市政基础设施，进行有效的维护和管理。进一步完善供电、供水、供气、自来水、燃气、电力、交通运输、邮电通信等市场化和半市场化公益性服务的基础设施和公共服务业的管理，改革企业管理制度，提高服务水平和经营效益。对垃圾处理和污水处理等设施经营项目以及绿化建设、环卫保洁等公共服务项目，可以通过招标竞争，引入竞争机制，提高这些部门的管理和运行效率，降低服务成本。

四是完善城镇社区管理。适应城镇社会体制和社会结构的全方位转型，进一步发挥基层社区社会整合与社会控制、管理、服务乃至教育、培训功能，发挥基层社区在深化社区服务、发展社区文化、美化社区环境、优化社区秩序、推进社区教育等方面的作用，培育基层社区组织体系，推进基层群众性自治进程。

五是完善城镇的综合管理。城镇政府部门要改变重建设、轻管理的倾向，加强整体素质建设，增强服务意识，提高行政效率，全面提高城镇管理的水平。要强化城镇安全管理，创建和谐、健康、安全、幸福的城镇人居环境；加大交通秩序整治的力度，合理调控交通流量，严格行车秩序，规范停车行为，建立安全、通畅、文明的交通秩序；加强城镇市容市貌管理，促进城镇窗口、门面和街道形象建设，维护完善城镇整体面貌；加强城镇流动人口的管理，引导人口有序流动，避免流动人口大量聚集带来的各种社会问题；同时应鼓励非政府组织和广大市民参与城镇管理，提高城镇管理的社会化程度。

（四）新型城镇化战略的推进

2017年10月，党的十九大报告在说明新时代实施区域协调发展战略时，要求“以城市群为主体构建大中小城市和小城镇协调发展的城镇格局，加快农业转移人口市民化”。党的十九大闭幕不久，在2012年12月举行的中央经济工作会议上的重要讲话中，习近平总书记把“以促进人的城镇化为核心、提高质量为导向新型城镇化战略”①，作为新时代中国特色社会主义经济思想的重要内容。2019年8月，在主持中央财经委员会第五次会议时，习近平总书记就推动形成优势互补高质量发展的区域经济布局发表重要讲话，把“增强中心城市和城市群等经济发展优势区域的经济和人口承载能力”，作为新形势下促进区域协调发展总的思路的重要内容，并要求形成以城市群为主要形态的增长动力源、提高城市群承载能力、建设用地资源向中心城市和重点城市群倾斜。②2020年10月，党的十九届五中全会审议通过的“十四五”规划建议，面向开启全面建设社会主义现代化国家新征程，部署全面推动区域协调发展，进一步强调推进以人为核心的新型城镇化；2021年3月，十三届全国人大四次会议审议通过的“十四五”规划纲要，进一步对“十四五”时期完善新型城镇化战略、提升城镇化发展质量进行了具体部署。

根据习近平总书记重要论述、党和国家确定的方向要求，迈向全面建设社会主义现代化国家新征程，必须持续推进新型城镇化战略的实施。要坚持走中国特色新型城镇化道路，深入推进以人为核心的新型城镇化，以城市群、都市圈为依托促进大中小城市和小城镇协调联动、特色化发展，使更多人民群众享有更高品质的城市生活。

---

① 习近平：《习近平谈治国理政》第三卷，外文出版社2020年版，第235—236页。

② 《推动形成优势互补高质量发展的区域经济布局》（2019年8月26日），《习近平谈治国理政》第三卷，外文出版社2020年版，第269—273页。

第一，完善城镇空间格局。党的十九大就提出要构建协调发展的城镇格局，在全面建设社会主义现代化国家新征程中，“十四五”及未来一段时期，要发展壮大城市群和都市圈，分类明确不同规模城市发展方向和建设重点，发挥中心城市和城市群带动作用，提高中心城市和城市群综合承载和资源优化配置能力，形成以城市群、都市圈、中心城市为主体，疏密有致、分工协作、定位科学、功能完善的城镇化空间格局，进一步促进大中小城市和小城镇协调发展。一是统筹推动城市群一体化协调优化发展，全面形成“两横三纵”城镇化战略格局，建立健全城市群一体化协调发展机制和成本共担、利益共享机制，统筹推进基础设施协调布局、产业分工协作、公共服务共享、生态共建环境共治，形成多中心、多层级、多节点的网络型城市群；二是依托重要中心城市建设现代化都市圈，依托辐射带动能力较强的中心城市，完善以轨道交通为骨干的都市圈交通网络，促进中心城市与周边城镇同城化发展，更好发挥中心城市辐射带动作用，以点带面促进区域协调发展；三是优化提升超大特大城市中心城区功能，转变超大特大城市开发、建设、发展方式，有序疏解超大特大城市中心城区的非核心功能，增强全球资源配置、科技创新策源、高端产业引领功能，促进城市高质量、可持续发展。四是完善大城市和中等城市宜业宜居功能，大中城市要充分利用综合成本相对较低的优势，主动承接超大特大城市产业转移和功能疏解，因地制宜建设先进制造业基地、商贸物流中心和区域专业服务中心，优化市政公用设施布局和功能，提升城市生活品质。五是推进以县城为重要载体的城镇化建设，推进县城公共服务、环境卫生、市政公用、产业配套等设施提级扩能，引导劳动密集型产业、县域特色经济及农村二、三产业在县城集聚发展，增强县城综合承载能力和治理能力，健全县城建设投融资机制，稳步有序推动符合条件的县和镇区常住人口20万以上的特大镇设市。六是分类促进小城镇健康发展，按照区位条件、资源禀赋和发展基础，因地制宜发展小城镇，促进特色小镇规范健康发展。

第二，实施城市更新行动。“十四五”规划建议明确提出实施城市更新行动，总体而言，就是推动城市空间结构调整优化和品质提升，转变城市开发建设和发展方式，建设宜居城市、创新城市、智慧城市、绿色城市、人文城市、韧性城市，不断提升城市人居环境质量、人民生活质量、城市竞争力。城市更新行动的主要内容包括：按照资源环境承载能力合理确定城市规模、人口密度和空间结构，统筹安排城市建设、产业发展、生态涵养、基础设施和公共服务；建立连续完整的生态基础设施标准和政策体系，完善城市生态系统，保护城市山体自然风貌，修复河湖水系和湿地等水体，加强绿色生态网络建设；推行功能复合、立体开发、公交导向的集约紧凑型发展模式，统筹地上地下空间利用，增加绿化节点和公共开敞空间，新建住宅推广街区制；加强城市建筑设计管理，优化城市空间和建筑布局，强化城市历史文化保护，修复山水城传统格局，塑造城市时代特色风貌；加快推进基于信息化、数字化、智能化的新型城市基础设施建设和改造，打造智慧城市的基础操作平台，提升城市智慧化水平；以安全健康、设施完善、管理有序为目标加强居住社区建设，全面推进城镇老旧小区、老旧厂区、老旧街区、老旧楼宇和城中村改造，推进海绵城市建设以增强城市防洪排涝能力。

第三，提高城市治理水平。提升城市治理水平是推进国家治理体系和治理能力现代化的重要方面，要不断提升城市科学化、精细化、智能化治理水平，推进市域社会治理现代化。一是深化城市治理改革，改革完善城市管理体制，建立健全党委政府统筹协调、各部门协同合作、指挥顺畅、运行高效的城市管理体系，坚持依法治理，加快建设现代社区。二是创新城市治理方式，运用新一代信息技术推动城市管理手段、管理模式、管理理念创新，搭建智慧城市运行管理平台，加强对城市管理的统筹协调、指挥监督、综合评价，提升城市治理效率。三是加大城市风险防控，特别是加强特大城市治理中的风险防控，建立和完善城市安全运行管理机制，健全信息互通、资源共享、协调联动的风险防控工作体系，实现对风险的源头管控、过程监测、预报预警、应急处置和系统治理。四是完善城市住房保障，坚持“房子是用来住的、不是用来炒的”的定位，加快建立多主体供给、多渠道保障、租购并举的住房制度，完善土地出让收入分配机制，有效增加保障性住房供给，探索支持利用集体建设用地按照规划建设租赁住房，完善长租房政策，扩大保障性租赁住房供给，促进房地产市场平稳健康发展。

第四，加快农业转移人口市民化。以人为核心的新型城镇化的极其重要的内容，是加快农业转移人口市民化，推动农业转移人口在城镇稳业安居、全面融入城市。一是深化户籍制度改革，坚持存量优先、带动增量，以城市存量农业转移人口为重点，放开放宽除个别超大城市外的户籍准入限制，完善差别化落户政策，试行以经常居住地登记户口制度；二是保障基本公共服务，健全以居住证为载体、与居住年限等条件相挂钩的基本公共服务提供机制，推进城镇基本公共服务常住人口全覆盖，强化包括非户籍常住人口在内的城镇义务教育、保障性住房、就业服务等基本公共服务保障；三是健全相关机制政策，健全农业转移人口市民化配套政策体系和机制，完善财政转移支付与农业转移人口市民化挂钩政策，建立财政性建设资金对吸纳落户较多城市的基础设施投资补助机制，建立城镇建设用地年度指标同吸纳农业转移人口落户数量挂钩机制，依法保障进城落户农民农村土地承包权、宅基地使用权、集体收益分配权。

第五篇

消除贫困：从扶贫开发、扶贫攻坚到精准扶贫、脱贫攻坚

在人类社会发展中，物质财富不断积累，发展水平也在不断提高。然而，世界性的贫困并没有因此消除，贫困是人类社会的顽疾，贫困及其伴生的饥饿、疾病、社会冲突等严重阻碍人类对美好生活的追求，贫困问题直接威胁到全球的政治安全、经济发展、生态环境和人类健康，是全球发展面临的最严峻挑战之一。反贫困、消除贫困，是人类社会梦寐以求的理想，是世界性的历史课题，是全人类的共同任务，是全球发展和人类社会现代化的极为重要、不可或缺、不能替代的重要内容。

中国是一个有着超过14亿人口的世界上最大的发展中国家，在历史的发展中长期遭受贫困问题困扰，中国的贫困，尤其是农村绝对贫困，规模之大、分布之广、程度之深、治理之难世所罕见。改革开放以后，在中国共产党领导下，中国消除农村绝对贫困的进程全面展开；进入21世纪，在全面建设小康社会的过程中，中国消除农村绝对贫困、扶贫开发进程继续深入推进；党的十八大以后，在全面建成小康社会的过程中，中国消除农村绝对贫困进程推进到精准扶贫、脱贫攻坚的新阶段。党和国家对于继续推进消除农村绝对贫困进程、深化扶贫开发作出了一系列重大部署，创造性地提出并实施精准扶贫方略，采取了一系列精准扶贫、脱贫攻坚的重要举措。在全面建成小康社会的历史进程中，党和国家确定了新时代新阶段精准扶贫、脱贫攻坚、消除农村绝对贫困的奋斗目标，经过持续努力奋斗，在2020年中国如期实现新时代精准扶贫、脱贫攻坚、打赢脱贫攻坚战的目标，历史性地完成消除农村绝对贫困的艰巨任务，创造了又一个具有伟大历史意义、彪炳史册的人间奇迹。

第十六章　中国消除农村绝对贫困的伟大历程

中华民族是历史悠久、勤劳智慧的民族，创造了辉煌灿烂的中华文明。中华民族又是饱经苦难的民族，广大劳动人民长期处于贫困状态，尤以农村绝对贫困为甚。中国共产党领导中国人民建立新中国，为中国摆脱贫穷落后、实现繁荣富强、消除农村贫困奠定了最基本的政治基础与制度基础。改革开放以后，中国消除农村绝对贫困的进程全面展开，启动了消除农村绝对贫困国家行动，制定和实施扶贫开发战略，开始进行大规模扶贫开发。进入21世纪，在全面建设小康社会的过程中，中国消除农村绝对贫困、扶贫开发进程进入了继续深入推进的新阶段，制定并开始实施10年农村扶贫开发纲要，消除农村贫困、扶贫开发取得了重要的成就。党的十八大以后，在全面建成小康社会的过程中，中国消除农村绝对贫困进程推进到精准扶贫、脱贫攻坚的新阶段，党和国家对精准扶贫、脱贫攻坚作出的一系列决策安排，习近平总书记提出精准扶贫、脱贫攻坚的一系列重要思想、重要论述，形成了中国精准扶贫、脱贫攻坚新阶段的系统、完整、重大的战略部署，在2020年如期实现新时代精准扶贫、脱贫攻坚、打赢脱贫攻坚战的目标，历史性地完成消除农村绝对贫困的艰巨任务。

一、消除农村绝对贫困进程的全面展开

早在1949年9月30日中华人民共和国成立前夕，毛泽东主席为中国人民政治协商会议第一届全体会议起草的宣言《中国人民大团结万岁》中就宣告："中华人民共和国现已宣告成立，中国人民业已有了自己的中央政府。""它将领导全国人民克服一切困难，进行大规模的经济建设和文化建设，扫除旧中国所留下来的贫困和愚昧，逐步地改善人民的物质生活和提高人民的文化生活。"[①]新中国成立以后，党和国家始终把解决贫困人口的温饱问题作为重要任务，带领全国各族人民坚持不懈地奋斗。20世纪50年代初，就在一些省派出工作队到困难地区、困难村帮助困难户解决春耕生产的困难。60年代国家有关部门在《加强农村社会保障工作、帮助贫下中农克服困难的报告》中提出要帮助困难户发展生产，报告中明确提出要使困难户"依靠集体经济，通过生产自救，逐步走上与其他社员共同富裕的道路"。70年代后期国家民政部曾派出工作组分赴十几个省、区调查了解农村困难户和各地的扶贫情况，并对全国的扶贫工作进行安排。1978年，在全国经济比较困难的情况下，中共中央和国务院决定每年拨款5000万元，帮助陕北地区发展经济，用于扶贫帮困。不过，改革开放以前的扶贫帮困，主要是国家每年向贫困地区调拨粮食、衣物等救济物品而采取直接救济的"输血"方法，是由民政部门负责的向困难户、贫困户无偿提供吃饭穿衣等最为基本的、维持生存的生活资料的社会救济工作。严格意义上的消除农村绝对贫困国家行动以及具有实质性内容的扶贫开发战略，是在改革开放以后提出并大规模实施的。

（一）启动消除农村绝对贫困国家行动

1978年年底至1985年，是中国提出第一个扶贫开发指导性文件并启动大规模消除农村绝对贫困国家行动的阶段。

1978年12月，中国共产党十一届三中全会通过的《中共中央关于加快

① 《毛泽东文集》第5卷，人民出版社1996年版，第348页。

农业发展若干问题的决定（草案）》指出："农村仍有1亿几千万人口粮不足……，有近四分之一的生产队社员收入在40元以下。"[①]这实际上是党和国家第一次明确确认了中国农村存在着较大规模的贫困人口，并把解决这一问题作为加快农业发展的必要性之一。1981年，农业部人民公社管理局公布了《1977—1979年全国穷县情况》的统计分析报告，提供了1977—1979年间除西藏地区以外的全国所有人均集体分配收入低于50元的县数和低于40元的生产队数，而且还公布了1977—1979年连续3年人均分配收入持续低于50元的穷县在各省的分布与名单，从而首次全面概括了我国农村的贫困状况。后来，根据国家统计局的测算，按照当时的贫困标准，在1978年，我国农村年人均纯收入低于100元的贫困人口有2.5亿，占农村总人口的30.7%。

1982年，针对以甘肃定西为代表的中部干旱地区、河西地区和宁夏西海固地区（简称"三西"地区）生态破坏严重、农民极端贫困的状况，国务院决定专项拨款20亿元（每年2亿元），实施为期10年的"三西"农业建设计划，提出"三年停止破坏、五年解决温饱、两年巩固提高"的目标。"三西"农业建设计划实际上是较大区域的国家扶贫开发计划，这一计划的实施，实际上拉开了中国消除农村绝对贫困国家行动的序幕。

1984年9月，中共中央、国务院发出《关于帮助贫困地区尽快改变面貌的通知》。通知指出，解决好贫困地区的问题具有重要的经济意义和政治意义，改变贫困地区面貌的根本途径是依靠当地人民自己的力量，按照本地的特点，因地制宜，扬长避短，充分利用当地资源，发展商品生产，激发本地区经济的内部活力。这实际上提出了开发式扶贫的思路。通知还强调，解决贫困地区的问题要突出重点，应集中力量解决十几个集中连片贫困区的问题。为有效地促进贫困地区经济发展，该通知提出了5点具体措施：一是进

---

① 1979年9月党的十一届四中全会通过的《中共中央关于加快农业发展若干问题的决定》对此稍有调整，指出："一九七八年全国平均每人占有的粮食大体上还只相当于一九五七年，全国农业人口平均每人全年的收入只有七十多元，有近四分之一的生产队社员收入在五十元以下，平均每个生产大队的集体积累不到一万元，有的地方甚至不能维持简单再生产。""我国农业问题的这种严重性、紧迫性，必须引起全党同志的充分注意。"（中共中央文献研究室编：《三中全会以来重要文献选编》上，人民出版社1982年版，第178页。）

一步放宽政策，对贫困地区实行比一般地区更灵活、更开放的政策，彻底纠正集中过多、统得过死的弊端，给贫困地区农牧民以更大的经营主动权；二是减轻负担，给予优惠，对贫困地区分别情况减免农业税，外地到贫困地区兴办的开发性企业5年内免交所得税等；三是搞活商品流通，加速商品周转；四是增加智力投资，加速培养适应扶贫开发的各种人才；五是加强领导，各有关地区要成立贫困地区经济开发的工作机构，负责检查督促和落实各项扶贫开发的措施。这个通知是中国改革开放以后党和国家制定的第一个专门的消除农村贫困、扶贫开发指导性文件，在改革开放的新时期第一次提出了中国消除农村贫困、扶贫开发的较为完整的工作思路和政策措施，有力地推动了消除农村贫困、扶贫开发的进程。

改革开放之初，农村大面积贫困的原因是多方面的，但最主要原因是人民公社制度导致农民缺乏生产积极性，从而农业生产效率低下。因此，制度变革对于缓解贫困就发挥了重要的作用。这一时期，农村土地经营制度的变革即以家庭承包经营制度取代人民公社制度，极大地激发了农民的劳动热情，从而极大地解放了农业生产力，提高了土地产出率。与此同时，还在农村进行了农产品价格逐步放开、大力发展乡镇企业等多项改革。这些改革，促进了农村经济快速发展，并通过农产品价格的提升、农业产业结构调整以及农村劳动力向非农产业转移3个方面的渠道，将利益传递到贫困人口，使许多农村贫困人口得以脱贫致富，农村贫困现象大幅度缓解，贫困人口大幅度减少。按照当时的农村贫困标准，贫困人口从1978年的2.5亿人减少到1985年的1.25亿人，下降了50%，平均每年减少约1786万人，贫困发生率由1978年的30.7%下降到1985年的14.8%。

（二）形成开发式扶贫的消除贫困战略

1986—1993年，是中国大规模消除农村绝对贫困国家行动全面展开、扶贫开发进入组织化和制度化的阶段。

20世纪80年代中期，在改革开放政策的推动下，中国农村多数地区凭借自身的发展优势，经济得到快速增长，但仍有不少地区由于经济、社会、历史、自然、地理等方面的制约，发展相对滞后。贫困地区与其他地区，特别是与东部沿海发达地区，在经济、社会、文化等方面的差距逐步扩大。中国农村发展不平衡问题凸现出来，低收入人口中有相当一部分人食不果腹、衣不蔽体、房不避风雨，经济收入不能维持其生存的基本需要。为进一步加大消除贫困、扶贫开发力度，党和国家从1986年起采取了一系列扶贫开发的重大战略举措，在全国范围内开展了有计划、有组织和大规模的开发式扶贫，形成了开发式扶贫的消除贫困战略，中国的消除贫困、扶贫开发进入了一个新的历史时期。

一方面，明确了扶贫开发的区域对象并成立扶贫开发的专门领导机构。在贯彻落实《关于尽快改变贫困地区面貌的通知》的基础上，1986年召开的六届全国人大四次会议把扶持老、少、边、穷地区尽快摆脱经济文化落后的状况作为一项重要内容，列入国民经济“七五”（1986—1990）发展计划。同时，对18个集中的贫困区域实施连片开发，确定了对贫困县的扶持标准，核定了贫困县，把全国的贫困县分为国家重点扶持的贫困县和省区扶持的贫困县两类，形成按区域实施扶贫开发战略的基础。又于1986年6月成立了国务院贫困地区经济开发领导小组（1993年更名为国务院扶贫开发领导小组），负责组织、领导、协调、监督、检查扶贫开发工作。各有关省区到县一级也陆续成立了专门的扶贫开发工作机构。

另一方面，对传统的救济式、输血式的扶贫方式进行了彻底的改革，明确了开发式扶贫的工作方针，即在国家必要支持下，利用贫困地区的自然资源，进行开发性生产建设，逐步形成贫困地区和贫困户的自我积累和发展能力，主要依靠自身力量解决温饱、脱贫致富。也制定了一系列专门针对贫困地区和贫困人口的开发式扶贫政策措施，如安排扶贫开发专项资金，较大幅度增加扶贫开发投入，提高贫困人口素质和进行自我发展的能力，实行对贫困地区生产开发项目的优惠政策，动员政府机构与社会各界广泛参与扶贫开发，等等。

开发式扶贫的消除贫困战略的实施，使农村绝对贫困人口稳步减少。1986—1992年年底，按照当时的贫困标准，全国农村的绝对贫困人口从1.25亿人减少为8000万人，平均每年减少640万人左右，年均递减6.2%，贫困人口占农村总人口的比重从14.8%下降到8.7%。到1993年年底，农村绝对贫困人口又减少为7500万人，国家重点扶持贫困县的农民人均纯收入也从1986年的206元增加到483.7元。

（三）制定实施《国家八七扶贫攻坚计划》

1994—2000年，是中国大规模消除农村绝对贫困国家行动继续推进、实施《国家八七扶贫攻坚计划》的阶段。

随着农村改革的深入发展和国家扶贫开发力度的不断加大，在当时标准下中国农村贫困人口逐年减少，贫困特征也随之发生较大变化，贫困人口分布呈现明显的地缘性特征。主要表现在贫困发生率向中西部倾斜，贫困人口集中分布在西南大石山区（缺土）、西北黄土高原区（严重缺水）、秦巴贫困山区（土地落差大、耕地少、交通状况恶劣、水土流失严重）以及青藏高寒区（积温严重不足）等几类地区。导致贫困的主要因素是自然条件恶劣、基础设施薄弱和社会发育落后等。为了解决剩余的农村绝对贫困人口的温饱问题，国务院从1993年开始着手《国家八七扶贫攻坚计划》的制定，在1994年2月28日至3月3日召开全国扶贫开发工作会议以后，于1994年3月正式公布并实施。

《国家八七扶贫攻坚计划》确定了到2000年消除农村贫困、扶贫攻坚的战略目标，即从1994—2000年，集中人力、物力、财力，动员社会各界力量，力争用7年左右的时间，基本解决在当时标准下全国农村7500万绝对贫困人口的温饱问题。同时，规定了扶贫攻坚的具体奋斗目标：（1）到20世纪末解决贫困人口的温饱。一是使绝大多数贫困户年人均纯收入按1990年不变价格达到500元以上；二是扶持贫困户创造稳定解决温饱的基础条件，有条件的地方，人均建成半亩到一亩稳产高产的基本农田；户均一亩林果园，或一亩经济作物；户均向乡镇企业或发达地区转移一个劳动力；户均一项养殖业，或其他家庭副业；牧区户均一个围栏草场，或一个“草库伦”；三是巩固和发展现有扶贫成果，减少返贫人口。（2）加强基础设施建设。基本解决人畜饮水困难；绝大多数贫困乡镇和集贸市场、商品产地的地方通公路；消灭无电县，绝大多数贫困乡用上电。（3）改变教育文化卫生的落后状况。基本普及初等教育，积极扫除青壮年文盲；开展成人职业技术教育和技术培训，使多数青壮年劳力掌握一到两门实用技术；改善医疗卫生条件，防治和减少地方病，预防残疾；严格实行计划生育，将人口自然增长率控制在国家规定的范围内。同时，《国家八七扶贫攻坚计划》提出要继续坚持开发式扶贫方针，明确了扶贫开发的基本途径、主要形式，强化了开发式扶贫的信贷优惠政策、财税优惠政策和经济开发优惠政策。

《国家八七扶贫攻坚计划》实施以后，1996年9月，党中央、国务院召开了中央扶贫开发工作会议，作出《关于尽快解决农村贫困人口温饱问题的决定》；1999年6月，党中央、国务院再次召开会议，作出《关于进一步加强扶贫开发工作的决定》。在《国家八七扶贫攻坚计划》实施过程中，党和国家又进一步加大了扶贫开发力度，较大幅度增加了扶贫开发投入，采取了一系列重大扶贫开发措施。

《国家八七扶贫攻坚计划》是新中国历史上第一个有明确目标、明确对象、明确措施和明确期限的大规模消除农村绝对贫困的国家行动纲领。在这个扶贫攻坚计划的实施中，到1995年年底，当时标准下中国的农村贫困人口下降为6500万，1996年年底下降为5800万，1997年年底下降为5000万，1998年年底下降为4200万人，1999年年底下降为3400万。2000年年底，当时标准下农村贫困人口下降为3000万，贫困发生率降低到3.5%，国家八七扶贫攻坚目标基本实现。

二、消除农村绝对贫困进程的深入推进

进入21世纪，中国发展迈向实施现代化建设第三步发展战略的历史时期，21世纪头20年要全面建设、全面建成小康社会。在这样的历史过程中，2001—2012年党的十八大，可以说是中国消除农村绝对贫困进程继续深入的阶段。在进入21世纪后，按照当时的农村绝对贫困标准，虽然《国家八七扶贫攻坚计划》确定的扶贫开发战略目标基本实现。但是，由于我国还处于社会主义初级阶段，较长时期内存在贫困地区、贫困人口和贫困现象是不可避

免的。尚未解决温饱的农村贫困人口，摆脱贫困的难度很大；初步解决温饱问题的农民群众，由于生产生活条件尚未得到根本改变，巩固温饱成果的任务仍很艰巨；基本解决温饱的贫困人口，其温饱的标准还很低，在这个基础上实现小康，进而过上条件比较宽裕的生活，还需要一定时期的奋斗过程。至于从根本上改变贫困地区社会经济的落后状况，缩小地区差距，更是一个长期的历史性任务。因此，进入21世纪，我国消除农村绝对贫困、扶贫开发进程进入了继续深入推进的新阶段。

（一）21世纪之初消除农村绝对贫困的严峻挑战

21世纪初中国农村的消除贫困、扶贫开发，具有一定的有利条件和发展机遇，扶贫开发已经有了一个较好的基础，经济的持续增长为加快扶贫开发进程提供良好的宏观环境，经济结构的战略性调整有助于贫困地区的结构转换，西部大开发战略的实施为贫困地区加快发展进一步创造条件，对外开放的进一步扩大将促进贫困地区的开放性发展。与此同时，也面临严峻挑战，主要是表现为“三低”。

一是贫困地区的经济发展水平低。反映经济发展水平的一个重要方面是经济结构的状况，经济发展的过程也是产业结构变动的过程，经济不发达阶段，农业是国民经济的主要产业，在产业结构中的比重很大，是国民收入的主要来源；随着经济的发展，制造业占据的比重提高，对国民收入的贡献不断扩大；当经济进一步发展时，第三产业特别是服务业迅速增长，在产业结构中的比重及其对国民收入的贡献也迅速提高。而在贫困地区，农业是当地经济的主要支柱性产业，同时农业的生产力水平又很低。1999年全国592个国定贫困县第一产业增加值占其国内生产总值的比重高达37.6%，比全国平均水平高出20个百分点，就是比西部地区的平均水平也高出13.8个百分点。同期按人口平均的主要农产品产量除糖料、奶类在全国平均水平左右外，其他指标不仅低于全国水平，而且也低于西部12个省市区的平均水平。从单位土地产出情况来看，所有指标均低于全国和本地区平均水平。这表明贫困地区经济主要依赖于小农生产，而小农生产的低效益和低再生产能力，决定了贫困地区经济发展的弱势。反映经济发展水平的另一个方面是人均国内生产总值。与《国家八七扶贫攻坚计划》实施之前相比，贫困地区的经济发展水平有了不同程度的提高。但与全国的平均水平相比，仍有很大差距。1999年全国592个国定贫困县的人均国内生产总值是2573.2元，同全国人均6534元的水平相比，仅为全国平均水平的39.4%。由于地方经济发展水平低，综合实力很弱，依靠自身力量解决贫困问题的难度很大。

二是贫困地区的农民人均收入水平低。经过改革开放以来的扶贫开发，特别是实施《国家八七扶贫攻坚计划》以来，贫困地区农民收入水平逐年升高，生活条件也有所改善。但与全国及本地区非贫困县相比，差距仍然很大。1999年全国592个国定贫困县农民人均纯收入为1347元，与全国农民人均纯收入2210元相差863元，仅为全国农民人均纯收入的61.0%。贫困地区农民人均纯收入中71.55%来源于家庭经营收入，这个比例比全国平均水平高出11个百分点，说明贫困地区农民的纯收入大部分还要依靠家庭经营收入。由于农民家庭经营主要以农业为主，受制于自然条件，因此，收入的稳定性差，风险大，每逢自然灾害，必造成收入大幅度滑坡。这也是贫困地区返贫率高，产生大量短期贫困的主要原因。由于收入低，贫困农户生活拮据，入不敷出，消费水平较低，特别是生产性投入低。贫困农户的低收入迫使其将有限的收入首先投入到生活消费中，决定了其生产的低投入，导致自我发展能力比较弱。1999年，全国国定贫困县农民年人均支出总额中，由家庭生产经营费用和购买生产性固定资产费用所构成的生产性投入，只占全部支出的27.68%。

三是贫困地区、贫困农户的人力资源素质低。主要表现在两个方面：一方面是接受初中以上教育的人少；另一方面是接受各种技能培训的人少。据有关贫困监测资料，当时全国贫困人口劳动力文盲率高达22.1%，比非贫困人口高13.2个百分点。西部贫困地区的文盲率更高，高达29.5%，是全国非贫困人口文盲率的3倍多，西部地区农村劳动力文盲率的近2倍。而初中以上文化程度劳动力所占比重只有38.6%，大大低于全国水平，比非贫困人口低15个百分点。据对592个国定贫困县的抽样调查分析，劳动力文化程度与家庭人均收入之间有显著的正相关关系，文盲、半文盲劳动力贫困发生率为最高，达21.3%。在接受专业技术培训方面，1999年国定贫困县中只有9.3%的农民接受了中、短期专业技术、技能培训，而且在接受培训的劳动力中，参加农林牧渔业技能培训的占培训人员总数的75%，说明贫困地区农民拓宽就业渠道缺乏必要的技术和技能培训。人力资源的素质低，严重制约着收入水平的提高，反映了贫困人口自身脱贫能力的薄弱性。[①]

这些情况说明，从21世纪开始，我国要实施现代化建设第三步发展战略，进入全面建设小康社会的新的发展阶段，适应全面建设小康社会的要求，必须把消除农村贫困、扶贫开发摆在更加突出的位置。

（二）深入推进扶贫开发的战略部署与重要举措

2001年6月，国务院印发《中国农村扶贫开发纲要（2001—2010年）》。纲要提出，从2001—2010年，集中力量，加快贫困地区脱贫致富的进程，把我国扶贫开发事业推向一个新的阶段；在全面建设小康社会、扶贫开发的新阶段中，要尽快解决少数贫困人口温饱问题，进一步改善贫困地区的基本生产生活条件，巩固脱贫成果，提高贫困人口的生活质量和综合素质，加强贫困乡村的基础设施建设，改善生态环境，逐步改变贫困地区经济、社会、文化的落后状况，为达到小康水平创造条件。这一时期的扶贫开发，把贫困地区尚未解决温饱问题的贫困人口作为扶贫开发的首要对象，把贫困人口集中的中西部少数民族地区、革命老区、边疆地区和特困地区作为扶贫开发的重点地域，确定了592个国家扶贫工作重点县，选定15万个贫困村为扶贫工作重点，实施参与式“整村推进”扶贫。

这一时期的扶贫开发，确定了5个坚持的基本方针：（1）坚持开发式扶贫方针。以经济建设为中心，引导贫困地区群众在国家必要的帮助和扶持下，以市场为导向，调整经济结构，开发当地资源，发展商品生产，改善生产条件，走出一条符合实际的、有自己特色的发展道路。通过发展生产力，提高贫困农户自我积累、自我发展能力。（2）坚持综合开发、全面发展。把扶贫开发纳入国民经济和社会发展计划，要加强水利、交通、电力、通信等基础

① 参阅国家统计局农村社会经济调查总队：《中国农村贫困监测报告2000》，中国统计出版社2000年版。有关数据根据其中的资料整理。

设施建设，重视科技、教育、卫生、文化事业的发展，改善社区环境，提高生活质量，促进贫困地区经济、社会的协调发展和全面进步。（3）坚持可持续发展。把扶贫开发与资源保护、生态建设相结合，与计划生育相结合，控制贫困地区人口的过快增长，实现资源、人口和环境的良性循环，提高贫困地区可持续发展的能力。（4）坚持自力更生、艰苦奋斗。充分发挥贫困地区广大干部群众的积极性、创造性，自强不息，不等不靠，苦干实干，主要依靠自身的力量改变贫穷落后面貌。（5）坚持政府主导、全社会共同参与。各级党委和政府要适应发展社会主义市场经济的要求，加强对扶贫开发工作的领导，不断加大工作和投入力度。同时，要发挥社会主义的政治优势，积极动员和组织社会各界，通过多种形式，支持贫困地区的开发建设。

这一时期深入推进扶贫开发，采取与实施了一系列重要的政策措施，包括：加强扶贫开发的制度化、规范化建设，增强扶贫开发的组织领导和协调管理能力；以增加贫困人口的收入为中心，在扶持贫困人口的产业选择上集中力量帮助贫困群众发展有特色、有市场的产业项目；在贫困地区的产业发展中积极推进农业产业化经营，促进规模化、专业化生产格局的形成；加强贫困地区劳动力的职业技能培训，积极稳妥地扩大贫困地区劳务输出；对居住在生存条件恶劣、自然资源贫乏地区的贫困人口，稳步推进易地搬迁扶贫和生态移民；加大科技扶贫力度，提高贫困地区群众的科技文化素质；进一步改善贫困地区的基本生产生活条件，加强贫困乡、村为单位的基本农田、基础设施、环境改造和公共服务设施建设；取消农业税，建立新型农村合作医疗等一系列农村社会保障制度；创造良好的政策环境和投资环境，吸引多种所有制经济组织参与贫困地区的经济开发；进一步动员全社会帮助贫困地区的开发建设，推动扶贫开发领域的国际交流与合作。

2011年，中共中央召开扶贫开发工作会议，中共中央、国务院印发《中国农村扶贫开发纲要（2011—2020年）》。这个纲要提出，要提高扶贫标准，加大投入力度，把连片特困地区作为主战场，把稳定解决扶贫对象温饱、尽快实现脱贫致富作为首要任务，坚持政府主导，坚持统筹发展，更加注重转变经济发展方式，更加注重增强扶贫对象自我发展能力，更加注重基本公共服务均等化，更加注重解决制约发展的突出问题，努力推动贫困地区经济社会更好更快发展。同时，强调坚持开发式扶贫方针，实行扶贫开发和农村最低生活保障制度有效衔接，把扶贫开发作为脱贫致富的主要途径，把社会保障作为解决温饱问题的基本手段。

这一时期的消除农村贫困、扶贫开发取得了重要的成就。到2010年年底，根据20世纪80年代中期确定的贫困标准，我国农村贫困人口从1978年的2.5亿、2000年的3000多万，减少到1000万以下；根据进入21世纪调整以后的贫困标准，我国农村贫困人口从2000年的9422万，减少到2688万，贫困发生率降为2.8%；2011年，中国将扶贫标准提高到2300元，在新的扶贫标准下，中国贫困人口为1.22亿。

三、消除农村绝对贫困进程的脱贫攻坚

党的十八大以后，中国发展进入新时代，全面建成小康社会、实现第一个百年奋斗目标进入关键时期，中国消除农村绝对贫困进程推进到精准扶贫、脱贫攻坚的新阶段。这个新阶段的基本含义一方面是精准扶贫。2013年11月，习近平总书记在湖南湘西十八洞村考察时明确提出扶贫开发要精准扶贫，此后，精准扶贫就成为我国消除农村绝对贫困、扶贫开发新阶段的基本要求、推进方略和工作机制。正如习近平总书记所强调，扶贫开发推进到今天这样的程度，贵在精准，重在精准，成败之举在于精准。[①]这个新阶段基本含义的另一方面是脱贫攻坚。2015年11月，习近平总书记在中央扶贫开发工作会议上强调，这次五中全会把“扶贫攻坚”改成“脱贫攻坚”，就是说到2020年这一时间节点，我们一定要兑现脱贫的承诺。[②]脱贫攻坚集中体现了消除农村绝对贫困进程进入新阶段的奋斗目标和突出特点，表明我国消除农村绝对贫困进程、大规模扶贫开发进入啃硬骨头、攻坚拔寨的冲刺期。

① 中共中央党史和文献研究院编：《习近平扶贫论述摘编》，中央文献出版社2018年版，第58页。

② 中共中央文献研究室编：《习近平关于社会主义经济建设论述摘编》，中央文献出版社2017年版，第213页。

（一）精准扶贫、脱贫攻坚的有利条件与严峻挑战

党的十八大以后，中国特色社会主义进入新时代，我国发展也进入全面建成小康社会决胜阶段，全面建成小康社会是“四个全面”战略布局的首要方面，是实现中华民族伟大复兴中国梦的关键一步，也是全国人民的期待，更是中国共产党对人民的郑重承诺。全面建成小康社会最基本的内容和要求，就是全体人民要进入全面小康社会。有贫困地区的小康，有贫困人口的小康，就不是全面的小康。如期全面建成小康社会最艰巨最繁重的任务在农村、在贫困地区，如果贫困地区还是贫困，还存在几千万农村贫困人口，就不是小康社会的全面建成，全面建成小康社会就是不完整的。在全面建成小康社会新阶段推进精准扶贫、脱贫攻坚，既面临重要的推进条件或机遇，也面临严峻挑战。

进入全面建成小康社会新阶段，我国的农村绝对贫困、扶贫开发、脱贫攻坚已经具备诸多有利条件和发展机遇。一是继续推进扶贫开发、精准扶贫、脱贫攻坚已有一个较好的基础，贫困人口已基本解决了温饱问题，贫困地区的生产生活条件已经有了较大程度的改善，具有了一定的摆脱贫困的发展能力。二是精准扶贫、脱贫攻坚具有了政治保障，党中央、国务院制定出台了一系列重大政策措施，为举全国之力打赢脱贫攻坚战提供了战略上、领导上、组织上的坚强保障；各地区各部门及社会各界积极行动、凝神聚气、锐意进取，形成强大合力，贫困地区广大干部群众盼脱贫、谋发展的意愿强烈，内生动力和活力不断激发，精准扶贫、脱贫攻坚已经成为全党全社会的统一意志和共同行动。三是国家综合实力不断增强，为精准扶贫、脱贫攻坚、打赢脱贫攻坚战奠定了坚实的物质基础，经济中高速增长有利于贫困地区劳动力的扩大就业，从而促进贫困人口收入水平、生活水平的提高。同时，在中高速增长中随着综合国力的进一步增强，国家可以投入更多的力量支持贫困地区的精准扶贫、脱贫攻坚，为贫困地区发展、贫困人口脱贫致富提供重要支持。四是区域发展总体战略的进一步推进和“一带一路”发展战略、京津冀协同发展战略、长江经济带发展战略这些国家重大区域发展战略的加快实施与推进，为贫困地区加快发展、精准扶贫、脱贫攻坚进一步创造良好条件，为彻底改变贫困地区的落后面貌提供多方面动能。

与此同时，进入全面建成小康社会新阶段，我国消除农村绝对贫困、扶贫开发、脱贫攻坚也面临一系列严峻挑战。一是贫困人口数量仍然具有一定规模。进入“十三五”之际，2015年年底，按照新的贫困标准，我国还有5630万农村建档立卡贫困人口，在绝对量上相当于一些人口中等规模国家的总人口，多于韩国总人口，接近法国、英国等欧洲国家总人口，在到2020年的精准扶贫、脱贫攻坚进程中，每年要减贫1100多万人。二是贫困人口聚居分布复杂。贫困人口分布在东、中、西部都有，31个省（区、市）中26个的农村贫困人口超过30万，8个省（区）贫困人口超过300万。贫困人口主要分布在革命老区、边疆地区、民族地区、集中连片特困地区，分布在832个国家扶贫开发工作重点县和12.8万个建档立卡贫困村，多数西部省份的贫困发生率在10%以上，民族8省区贫困发生率达12.1%。这些地区贫困人口多、贫困发生率高，脱贫任务更艰巨。三是相当一部分贫困人口生产生活条件仍然较为恶劣。在5600多万农村贫困人口中，还有1000多万居住在不具备基本生产生活条件的地区，有652万贫困户饮水困难，580万户饮水不安全，有33万个自然村不通硬化路，有3.7%的农户居住在竹草土坯房。四是相当一部分贫困人口人力资源素质较低，自我发展能力低下。农村贫困人口大多是经过多轮扶贫都没有啃下来的硬骨头，有的是缺乏基本生产条件，有的是文化程度太低，有的是因灾、因学等致贫返贫，有的是患重病慢性病，还有的是丧失劳动能力，绝大多数都是特殊困难群体，脱贫难度极大。贫困人口贫困程度更深、减贫成本更高、脱贫难度更大，依靠常规举措难以摆脱贫困状况。五是贫困地区发展的基础仍然薄弱。贫困地区贫困县的财力薄弱，基础设施瓶颈制约依然明显，基本公共服务供给能力不足，产业发展活力不强，贫困人口就业渠道狭窄，生态环境约束趋紧，粗放式资源开发模式难以为继。

显然，在全面建成小康社会过程中，贫困地区以及几千万农村人口的绝对贫困是最突出的短板。要让农村绝对贫困人口脱贫，补上全面建成小康社会的短板，就必须实施精准扶贫、脱贫攻坚的重大战略。在全面建成小康社会新阶段，消除农村贫困、扶贫开发贵在精准、重在精准、成败之举在于精准，实施精准扶贫、推进脱贫攻坚，因乡制宜、因村施策、因户施法，要扶到点上、扶到根上，做到扶持对象精准、项目安排精准、资金使用精准、措施到户精准、因村派人精准、脱贫成效精准。只有通过精准扶贫、脱贫攻坚，才能加快贫困地区发展步伐，确保党和政府的扶贫脱贫政策实惠落到贫困群众身上，确保贫困地区、贫困群众尽快实现稳定脱贫的目标，确保贫困地区人民同全国人民一道进入全面小康社会。

（二）精准扶贫、脱贫攻坚是转向经济高质量发展的战略要求

党的十八大以后，特别是迈入“十三五”时期，我国经济要从经济高速增长转向高质量发展，消除农村贫困、扶贫开发也要转向高质量发展。精准扶贫、脱贫攻坚，正是从经济高速增长转向高质量发展过程中打赢脱贫攻坚战的战略要求。

向经济高质量发展转变的显著特点之一就是增速换挡，即经济增长速度开始从高速增长转向并保持中高速增长，必然要求扶贫开发转向精准扶贫。改革开放以来的很长时期，中国经济保持了10%左右的高速增长。1978—2011年的33年，中国年均经济增长9.9%；2002年党的十六大到2012年党的十八大，10年间中国年均经济增长10.4%。在高速增长的过程中，整个国家的经济高速增长，尤其是区域经济的快速增长，带动了大规模的扶贫开发，广大农村贫困人口在高速增长中自动获益，形成了大规模的减贫效应，30多年减贫7亿多人。但从“十二五”时期开始，中国的经济增长出现下行趋势。“十三五”时期，中国的经济增长开始转向中高速增长。在转向并保持中高速增长的过程中，简单地通过经济增长来实现农村贫困人口脱贫的条件已经发生变化，依靠整个国家的经济增长，尤其是依靠区域经济增长带动贫困人口脱贫的效应逐渐递减。对于尚未脱贫的农村贫困人口而言，只有更加突出地通过精准扶贫的方式，在扶贫开发的对象识别、项目确定、产业选择、资金扶持等各个方面精准施策，实施精准扶贫方略，健全精准扶贫工作机制，才能真扶贫、扶真贫，促进现有标准下的农村贫困人口实现脱贫。

向经济高质量发展转变的又一个显著特点是结构优化，即经济结构改善开始向着优化升级方向出现重要变化，必然要求消除农村贫困、扶贫开发转向精准扶贫。我国产业结构不断升级，第一产业增加值占国内生产总值比重明显下降，第二产业增加值在绝对量不断提高的前提下占国内生产总值比重适度下降，第三产业增加值占国内生产总值的比重逐步提高，产业发展呈现由工业主导型向服务业主导型转变的新趋势。同时，城乡结构发生重大变化，常住人口城镇化率在50%以上不断提升，常住在、生活在、工作在城镇的人口已经占总人口的多数。转向经济高质量发展的经济结构转型，一方面要求扶贫开发要适应产业结构优化升级的情况，必须精准确定一定的贫困人口通过相关产业发展来实现脱贫，有的要通过发展种养业，有的要通过发展特色加工业，有的则要通过发展服务业；另一方面要求扶贫开发要适应城乡结构变动、新型城镇化推进的情况，必须精准地把贫困人口脱贫与城乡一体化协调发展结合起来，在转移就业、教育科技、社会保障方面精准施策。只有精准扶贫、精准施策，健全精准扶贫工作机制，才能取得扶贫开发、脱贫攻坚的成效。

向经济高质量发展转变还有一个显著特点是动能转换，即经济发展动力从要素驱动、投资驱动转向创新驱动，必然要求消除农村贫困、扶贫开发转向精准扶贫。在向经济高质量发展转变的过程中，传统发展动力不断减弱，创新驱动功能日益提升，创新驱动在打造发展新引擎、培育增长新亮点、塑造领先新优势、开拓发展新空间等方面的作用不断增强。适应这种新情况，扶贫开发也要更加突出地依靠创新，而创新最突出的内容就是扶贫开发的精准，体现在扶贫对象识别的创新、扶贫特色产业发展的创新、扶贫资源使用的创新、扶贫路径完善的创新等方面。只有坚持创新，实施精准扶贫方略，健全精准扶贫工作机制，才能真正实现农村贫困人口脱贫。

（三）精准扶贫、脱贫攻坚是推进国家治理现代化的重要方面

我国全面深化改革的总目标，就是完善和发展中国特色社会主义制度、推进国家治理体系和治理能力现代化。所谓国家治理体系，就是在党领导下管理国家的制度体系，包括经济、政治、文化、社会、生态文明和党的建设等各领域体制机制、法律法规安排，是一整套紧密相连、相互协调的国家制度；而国家治理能力，就是运用国家制度管理社会各方面事务的能力，包括改革发展稳定、内政外交国防、治党治国治军等各个方面。消除农村贫困、扶贫开发治理，就是国家治理体系和治理能力的一个重要方面。精准扶贫、脱贫攻坚，建立和完善反贫困、扶贫开发治理体系，提升国家反贫困、扶贫开发治理能力，就成为推进国家治理现代化的战略要求。

自改革开放以来相当长的时期中，虽然扶贫开发取得了巨大成就，但由于种种原因，致使扶贫开发工作中的精准程度不足，贫困人口的确认、贫困分布的状态、具体贫困的致困、脱贫的衡量标准等，在一定程度上都不太清晰，扶贫开发工作在不同程度上存在着“大水漫灌”现象。在新阶段的扶贫开发、脱贫攻坚中，要求不让一个贫困地区、贫困县、贫困家庭在全面建成小康社会中掉队，就不能再“大水漫灌”，而是要“精准滴灌”，这就是精准扶贫。

精准扶贫、脱贫攻坚，健全精准扶贫工作机制，就是要坚持因人因地施策，因贫困原因施策，因贫困类型施策，对不同原因、不同类型、不同状况、不同人群的贫困，采取不同的脱贫措施，对症下药、精准滴灌、靶向治疗，提高扶贫开发、脱贫攻坚的针对性和有效性，促进贫困地区加快发展，让扶贫脱贫更加有效、更加彻底、更可持续。精准扶贫、脱贫攻坚突出扶贫成效、强调坚持创新，要因地制宜，突出问题导向，创新扶贫开发路径，由“大水漫灌”向“精准滴灌”转变；创新扶贫资源使用方式，由多头分散向统筹集中转变；创新扶贫开发模式，由偏重“输血”向注重“造血”转变；创新扶贫考评体系，由侧重考核地区生产总值向主要考核脱贫成效转变。通过精准扶贫、脱贫攻坚，必然促进国家反贫困、扶贫开发治理体系的完善和反贫困、扶贫开发治理能力的提升，进而推进整个国家治理体系与治理能力的现代化。

（四）精准扶贫、脱贫攻坚的持续推进与全面胜利

党的十八大以来，党和国家把人民对美好生活的向往作为奋斗目标，提出实现中华民族伟大复兴的中国梦，推进决胜全面建成小康社会，把贫困人口全部脱贫作为全面建成小康社会、实现第一个百年奋斗目标的底线任务和标志性指标，将脱贫攻坚纳入“五位一体”总体布局和“四个全面”战略布局，明确到2020年现行标准下农村贫困人口实现脱贫、贫困县全部摘帽、解决区域性整体贫困的目标任务，汇聚全党全国全社会之力打响脱贫攻坚战。

2013年12月，中共中央办公厅、国务院办公厅印发《关于创新机制扎实推进农村扶贫开发工作的意见》，要求创新扶贫开发工作机制，明确提出建立精准扶贫工作机制；2015年11月，《中共中央国务院关于打赢脱贫攻坚战的决定》颁布，提出确保到2020年农村贫困人口实现脱贫，大力实施精准扶贫，坚决打赢这场攻坚战；2016年11月，国务院印发《“十三五”脱贫攻坚规划》，提出“十三五”时期是打赢脱贫攻坚战的决胜阶段，要求坚持精准扶贫、精准脱贫基本方略，不断增强贫困地区和贫困人口自我发展能力，打赢脱贫攻坚战，确保到2020年现行标准下农村贫困人口实现脱贫。2017年10月，党的十九大明确把精准脱贫作为决胜全面建成小康社会必须打好的三大攻坚战之一，作出了新的部署。2018年6月，《中共中央国务院关于打赢脱贫攻坚战三年行动的指导意见》下发，对全面建成小康社会决胜阶段最后3年打赢脱贫攻坚战进一步作出战略安排。2020年3月，中央召开决战决胜脱贫攻坚座谈会，分析新冠肺炎疫情影响下的扶贫开发、脱贫攻坚形势，对于脱贫攻坚战最后一年作出工作部署，动员全党全国全社会力量，以更大决心、更强力度推进脱贫攻坚，要求凝心聚力打赢脱贫攻坚战，确保如期完成脱贫攻坚目标任务，确保全面建成小康社会。党的十八大以来，党和国家对精准扶贫、脱贫攻坚作出的一系列决策安排，形成了中国精准扶贫、脱贫攻坚新阶段的系统、完整、重大的战略部署。

在全面建成小康社会的推进中，习近平总书记高度重视消除农村绝对贫困，把精准扶贫、脱贫攻坚作为治国理政的重要内容，提出一系列重要思想和重要论述。2012年，党的十八大召开后不久，习近平总书记就指出“小康不小康，关键看老乡，关键在贫困的老乡能不能脱贫”，强调“绝不能落下一个贫困地区、一个贫困群众”；2013年，习近平总书记赴湖南省花垣县十八洞村考察时，首次提出精准扶贫重大方略；2014年，习近平总书记在参加十二届全国人大二次会议贵州代表团审议时，要求精准扶贫要“看真贫、扶真贫、真扶贫”；2015年，习近平总书记在中央扶贫开发工作会议的讲话中，发出脱贫攻坚战“要立下愚公移山志，咬定目标、苦干实干”的冲锋号召；2017年，习近平总书记在党的十九大报告中指出，“让贫困人口和贫困地区同全国一道进入全面小康社会是我们党的庄严承诺”“坚决打赢脱贫攻坚战”。[①]

2020年，面对突如其来的新冠肺炎疫情，习近平总书记主持召开决战决胜脱贫攻坚座谈会进行再部署再动员。习近平总书记总结了我国脱贫攻坚的进度和取得的决定性成就，分析了从决定性成就到全面胜利、最后打赢脱贫攻坚战面临的困难和挑战，对脱贫攻坚战最后一年攻坚克难完成任务、努力克服疫情影响、多措并举巩固成果、保持脱贫攻坚政策稳定、严格考核开展普查、接续推进全面脱贫与乡村振兴有效衔接进行部署，强调确保高质量完成脱贫攻坚目标任务、加强党对打赢脱贫攻坚战的领导，进而要求夺取脱贫攻坚战全面胜利，坚决完成这项对中华民族、对人类都具有重大意义的伟业。[②]

经过党的十八大以来的持续奋斗，到2020年年底，中国如期实现新时代精准扶贫、脱贫攻坚、打赢脱贫攻坚战的目标，现行标准下9899万农村贫困人口全部脱贫，832个贫困县全部摘帽，12.8万个贫困村全部出列，区域性整体贫困得到解决，历史性地完成消除农村绝对贫困的艰巨任务。2021年2月25日，习近平总书记在全国脱贫攻坚总结表彰大会上庄严宣告中国脱贫攻坚战取得了全面胜利，完成了消除绝对贫困的艰巨任务，创造了又一个彪炳史册的人间奇迹。

---

① 习近平总书记关于精准扶贫、脱贫攻坚的重要论述，可参阅中共中央党史和文献研究院编：《习近平扶贫论述摘编》，中央文献出版社2018年版。

② 习近平：《在决战决胜脱贫攻坚座谈会上的讲话》（2020年3月6日），《人民日报》，2020年3月7日第2版。

第十七章 精准扶贫、脱贫攻坚的方略与举措

党的十八大以来，在全面建成小康社会的进程中，党和国家对于继续推进消除农村绝对贫困进程、深化扶贫开发作出了一系列重大部署，紧密结合中国大规模反贫困实际，确定了精准扶贫、脱贫攻坚的一系列原则遵循，创造性地提出并实施精准扶贫方略，采取了一系列精准扶贫、脱贫攻坚的重要举措，极大地提升了新阶段精准扶贫、脱贫攻坚的整体效能。

一、精准扶贫、脱贫攻坚的主要遵循

在全面建成小康社会新阶段推进精准扶贫、脱贫攻坚，打赢脱贫攻坚战，必须牢固树立和贯彻落实创新、协调、绿色、开放、共享的新发展理念，以新发展理念引领精准扶贫、脱贫攻坚。同时，要坚持中国共产党的领导，坚持以人民为中心的发展思想，遵循精准扶贫、脱贫攻坚的一系列基本原则。

（一）坚持以新发展理念引领精准扶贫、脱贫攻坚

在党的十八大以后的发展过程中，习近平总书记明确提出了“创新、协调、绿色、开放、共享”的新发展理念，成为中国经济社会发展进入新阶段治国理政、引领发展的重要理念。新发展理念集中体现了中国经济社会发展进入新阶段以后更长时期我国的发展思路、发展方向、发展着力点，是指导、引领中国新时代新阶段新发展的重大发展理念，也必然是指导、引领精

准扶贫、脱贫攻坚的重大发展理念、新发展理念。精准扶贫、脱贫攻坚，必须以新发展理念为引领，坚定不移贯彻创新、协调、绿色、开放、共享的新发展理念。

第一，以创新引领精准扶贫、脱贫攻坚。坚持创新是引领发展的第一动力，把创新摆在精准扶贫、脱贫攻坚的重要位置，以抓创新来抓脱贫，以谋创新来谋致富，让创新真正引领精准扶贫、脱贫攻坚，通过创新发挥动力作用来打赢脱贫攻坚战。把握创新的内容是全面创新，从整个精准扶贫、脱贫攻坚的总体来看，创新包括精准扶贫、脱贫攻坚的理论创新，包括精准扶贫、脱贫攻坚的制度创新，还包括精准扶贫、脱贫攻坚的科技创新，也包括精准扶贫、脱贫攻坚的文化创新等，创新涵盖精准扶贫、脱贫攻坚的全过程、全领域、各方面、各环节，必须在精准扶贫、脱贫攻坚中不断推进全面创新。坚持以创新为发展基点，培育、形成、发挥贫困地区具有自身特色的优势，形成精准扶贫、脱贫攻坚的创新机制，创新、培育精准扶贫、脱贫攻坚的新动力，让创新贯穿精准扶贫、脱贫攻坚的一切工作，让创新在精准扶贫、脱贫攻坚中蔚然成风。

第二，以协调引领精准扶贫、脱贫攻坚。坚持协调是持续健康发展的内在要求，推动精准扶贫、脱贫攻坚的不同领域、不同地区、不同方面的相互适应、有机配合、优势互补与彼此促进，促进形成有利于发挥各方面优势、全社会协同推进的大扶贫开发格局。从精准扶贫、脱贫攻坚的自身实际出发，准确把握精准扶贫、脱贫攻坚的各个方面，促进精准扶贫、脱贫攻坚方方面面的相互协调，稳步提高贫困人口增收脱贫能力，逐步解决区域性整体贫困问题。牢牢把握整个精准扶贫、脱贫攻坚的大局，协调推进贫困地区、贫困县、贫困村、贫困人口的脱贫，不断增强精准扶贫、脱贫攻坚的整体性，着力推动整个精准扶贫、脱贫攻坚的协调发展。

第三，以绿色引领精准扶贫、脱贫攻坚。坚持绿色是永续发展和提高人民生活的必要条件，把绿色发展、生态文明建设放在精准扶贫、脱贫攻坚的突出地位，融入精准扶贫、脱贫攻坚的各方面和全过程，把贫困地区生态环境保护放在优先位置、摆在更加重要的位置，探索生态脱贫有效途径，推动扶贫开发与资源环境相协调、脱贫致富与可持续发展相促进，使贫困人口从生态保护、生态建设与修复中得到更多实惠。在精准扶贫、脱贫攻坚中，要处理好保护和发展的关系，突破眼前和短期利益的局限，统筹好当前和未来、短期和长远、经济与环境的关系，保护生态，加快绿色发展，严守生态红线，在适度开发减少贫困的同时，要为贫困地区留足持续发展的生态资本，引导和鼓励贫困地区人民群众走向生活富裕、绿色发展之路，走出一条发展经济、消除贫困、优化环境的新道路。

第四，以开放引领精准扶贫、脱贫攻坚。坚持开放是国家繁荣发展的必由之路，把精准扶贫、脱贫攻坚融入开放发展的大趋势、大潮流中，推动精准扶贫、脱贫攻坚和开放发展相结合，通过开放发展，促进、推动打赢脱贫攻坚战。突出开放发展促进脱贫攻坚的政策、方法、措施、手段，通过开放发展培育、形成、创新贫困地区与贫困人口脱贫致富的新亮点、新动力、新路径。进一步探索在开放发展中推进精准扶贫、脱贫攻坚的实践，丰富贫困地区开放发展内涵，提高贫困地区对外开放质量和水平，推进形成精准扶贫、脱贫攻坚中全方位高层次的开放发展新格局。

第五，以共享引领精准扶贫、脱贫攻坚。坚持共享是中国特色社会主义的本质要求，把以人民为中心体现到扶贫开发工作的方方面面、各个环节，通过更有效的制度安排，让贫困地区的人民群众在扶贫开发中有更多的获得感，让贫困人口不仅在经济上摆脱贫困，还要在政治、文化、社会、生态文明等各个领域分享发展成果。推动广大贫困人口积极主动参与到扶贫开发中，激发贫困人口自身的主动性、积极性、自觉性、创造性，保障贫困人口平等参与、平等发展权利，创新贫困人口参与机制，不断提高贫困人口组织化水平，建立健全贫困人口参与脱贫攻坚的组织保障机制，建立健全贫困人口利益与需求表达机制，加强贫困群众责任意识、法治意识和市场意识的培养，提高贫困人口参与市场竞争的自觉意识和能力，增强贫困人口自我发展能力，实现贫困地区、贫困人口全部迈向全面小康。

（二）坚持精准扶贫、脱贫攻坚的一系列基本原则

《中共中央国务院关于打赢脱贫攻坚战的决定》、国家的《“十三五”脱

贫攻坚规划》、《中共中央国务院关于打赢脱贫攻坚战三年行动的指导意见》明确了新时代新阶段精准扶贫、脱贫攻坚的基本原则，这些原则都体现在新阶段消除农村贫困、精准扶贫、脱贫攻坚的过程中。

一是坚持把提高脱贫质量放在首位。牢固树立正确政绩观，不急功近利，不好高骛远，更加注重帮扶的长期效果，夯实稳定脱贫、逐步致富的基础；合理确定脱贫时序，不搞层层加码，不赶时间进度、搞冲刺，不搞拖延耽误，确保脱贫攻坚成果经得起历史和实践检验。

二是坚持全面落实主体责任。在精准扶贫、脱贫攻坚、打赢脱贫攻坚战的过程中，必须坚持全面落实主体责任，充分发挥我国的政治优势和制度优势。要坚持党的领导，夯实组织基础，发挥各级党委总揽全局、协调各方的领导核心作用，严格执行脱贫攻坚一把手负责制，省市县乡村五级书记一起抓，将省、市、县、乡各级党委政府的责任层层压实，切实加强贫困地区农村基层党组织建设，使其成为带领群众脱贫致富的坚强战斗堡垒。要强化政府在脱贫攻坚中的主体责任，创新扶贫考评体系，加强脱贫成效考核。按照中央统筹、省负总责、市县抓落实的工作机制，坚持问题导向和目标导向，压实责任、强力推进。要落实脱贫攻坚责任制，严格实施省级党委和政府扶贫开发工作成效考核办法，建立扶贫工作责任清单，建立健全第三方评估机制和督查巡查制度，集中整治和加强预防扶贫领域职务犯罪。

三是坚持统筹推进改革创新。在精准扶贫、脱贫攻坚、打赢脱贫攻坚战的过程中，必须坚持统筹推进改革创新，形成有利于发挥各方面优势、全社会协同推进的大扶贫开发格局。精准扶贫、脱贫攻坚工作要与经济社会发展各领域工作相衔接，与新型工业化、信息化、城镇化、农业现代化相统筹，充分发挥政府主导和市场机制作用，稳步提高贫困人口增收脱贫能力，逐步解决区域性整体贫困问题。加强改革创新，不断完善资金筹措、资源整合、利益联结、监督考评等机制。坚持政府主导，强化政府责任，充分发挥市场机制和社会力量作用，调动各方面积极性，广泛动员社会资源，引导社会力量参与扶贫开发，增强社会合力，引领市场、社会协同发力，推进部门之间、政府与社会之间的信息共享、资源统筹和规划衔接，鼓励先富帮后富，构建政府、市场、社会协同推进和专项扶贫、行业扶贫、社会扶贫互为补充的大扶贫格局。

四是坚持绿色协调可持续发展。在精准扶贫、脱贫攻坚、打赢脱贫攻坚战的过程中，必须坚持绿色协调可持续发展，贫困地区既是扶贫开发的重点区域，又是生态环境的敏感区域、脆弱区域，扶贫开发不能以牺牲生态环境为代价。要坚持牢固树立绿水青山就是金山银山的理念，把贫困地区生态环境保护放在优先位置、摆在更加重要位置，探索生态脱贫有效途径，推动扶贫开发与资源环境相协调、脱贫致富与可持续发展相促进，使贫困人口从生态保护、生态建设与修复中得到更多实惠。在精准扶贫、脱贫攻坚中，要处理好保护和发展的关系，突破眼前和短期利益的局限，统筹好当前和未来、短期和长远、经济与环境的关系，保护生态，加快绿色发展，严守生态红线，在适度开发减少贫困的同时，要为贫困地区留足持续发展的生态资本，引导和鼓励贫困地区人民群众走向生活富裕、绿色发展之路，走出一条发展经济、消除贫困、优化环境的新道路。

五是坚持激发群众内生动力活力。在精准扶贫、脱贫攻坚、打赢脱贫攻坚战的过程中，必须坚持激发群众内生动力活力，坚持群众主体地位，保障贫困人口平等参与、平等发展权利，创新贫困人口参与机制，不断提高贫困人口组织化水平，建立健全贫困人口参与脱贫攻坚的组织保障机制，建立健全贫困人口利益与需求表达机制，加强贫困群众责任意识、法治意识和市场意识的培养。继续推进开发式扶贫，处理好国家、社会帮扶和自身努力的关系，充分调动贫困地区广大干部群众积极性、主动性、创造性，发扬自强自立精神，发扬自力更生、艰苦奋斗、勤劳致富精神，推动扶贫开发模式由“输血”向“造血”转变，推动贫困群众观念从“要我脱贫”向“我要脱贫”转变，充分发挥贫困村党员干部的引领作用和致富带头人的示范作用，提高贫困人口参与市场竞争的自觉意识和能力，注重扶贫先扶志、脱贫先立志，注重扶贫先扶智，增强贫困人口自我发展能力，依靠自身努力改变贫困落后面貌，引导贫困群众实现光荣脱贫。

二、精准扶贫、脱贫攻坚的基本方略

在新发展理念引领之下，推进精准扶贫、脱贫攻坚，必然要有相应的扶贫脱贫方略。2013年11月，习近平总书记在湖南湘西十八洞村考察时首次明确提出“精准扶贫”的要求。为贯彻落实习近平总书记“精准扶贫”的要求，2013年12月，中办、国办印发的《关于创新机制扎实推进农村扶贫开发工作的意见》明确提出建立精准扶贫工作机制。2015年11月，《中共中央、国务院关于打赢脱贫攻坚战的决定》提出，要实施精准扶贫方略，健全精准扶贫工作机制。2016年11月，国家《“十三五”脱贫攻坚规划》提出在“十三五”扶贫开发、脱贫攻坚中，要坚持精准扶贫、精准脱贫基本方略，以“六个精准”（扶贫对象精准、项目安排精准、资金使用精准、措施到户精准、因村派人精准、脱贫成效精准）统领贫困地区脱贫攻坚工作。2018年6月，《中共中央、国务院关于打赢脱贫攻坚战三年行动的指导意见》进一步要求坚持精准扶贫、精准脱贫基本方略，做到扶持对象精准、项目安排精准、资金使用精准、措施到户精准、因村派人（第一书记）精准、脱贫成效精准，因地制宜、从实际出发，解决好扶持谁、谁来扶、怎么扶、如何退问题，做到扶真贫、真扶贫，脱真贫、真脱贫。显然，精准扶贫、脱贫攻坚的战略内容，就是围绕着“精准”这个核心，贯穿于整个脱贫攻坚的全过程。具体来看，可以概括为5个基本方面，包括精准识别、瞄准扶贫对象，精准帮扶、明确帮扶主体，精准施策、确定脱贫路径，精准标准、健全退出机制，精准监测、巩固脱贫成果，也就是要解决好“扶持谁”“谁来扶”“怎么扶”“如何退”“如何稳”的一系列问题。

（一）精准识别、瞄准扶贫对象

精准扶贫、脱贫攻坚，使农村贫困人口脱贫，首先要确定扶贫对象、明确谁是穷人，确保把真正的贫困人口弄清楚，把贫困人口、贫困程度、致贫原因等搞清楚，以便做到因户施策、因人施策。扶贫对象有没有精确瞄准，是制约扶贫开发取得成效的基础性问题。一定时期中，由于缺乏精确到户到人的全面准确的情况掌握，贫困农户究竟是哪些户、贫困人口究竟是哪些人，在定位、瞄准上往往出现偏差，导致扶贫指向不精准，扶贫效果不突出。因此，精准扶贫、脱贫攻坚的首要内容就是精准识别贫困人口、瞄准扶贫对象，解决好扶持谁的问题。

精准识别，最重要的是识别贫困人口，对贫困人口建档立卡，通过建档立卡，对贫困户进行精准识别，了解贫困状况，分析致贫原因，摸清帮扶需求，明确帮扶主体，落实帮扶措施，开展考核问效，实施动态管理，为整个精准扶贫工作奠定基础。贫困精准识别的建档立卡，包括明确标准、入户调查、群众评议、公告公示、抽查检验、信息录入等流程，把贫困人口通过有效程序识别出来、纳入贫困档案，并根据其收入和生活状况变化，实行动态进出管理。通过精准识别贫困人口、建档立卡，贫困对象得以瞄准，才能在扶贫开发中扶真贫、真扶贫，促进贫困人口真正摆脱贫困。

2013年年底以来，我国组织开展了贫困识别和建档立卡工作，以2013年农民人均纯收入2736元（相当于2010年2300元不变价）的国家农村扶贫标准为识别标准，以农户收入为基本依据，综合考虑住房、教育、健康等情况，通过农户申请、民主评议、公示公告和逐级审核的方式，整户识别。贫困识别的工作步骤，是在县扶贫办和乡镇人民政府指导下，按照分解到村的贫困人口规模，农户自愿申请，各行政村召开村民代表大会进行民主评议，形成初选名单，由村委会和驻村工作队核实后进行第一次公示，经公示无异议后报乡镇人民政府审核；乡镇人民政府对各村上报的初选名单进行审核，确定全乡（镇）贫困户名单，在各行政村进行第二次公示，经公示无异议后报县扶贫办复审，复审结束后在各行政村公告。通过贫困识别，在全国识别出12.8万个贫困村3000万贫困户8900万贫困人口，为瞄准贫困对象精准发力奠定了基础。2015年年底，全国建档立卡的农村贫困人口为5630万。建档立卡在中国扶贫史上第一次实现贫困信息精准到村到户到人，精确瞄准了脱贫攻坚的对象，第一次逐户分析致贫原因和脱贫需求，第一次构建起国家扶贫信息平台，为实施精准扶贫、精准脱贫提供了有力的数据支撑。

建档立卡后，要进行定期核查，提高数据质量。要对建档立卡“回头看”“挤水分”，进行动态调整，切实把建档立卡做实做细，确保符合标准的一户不漏，不符合标准的一户不进。充分利用建档立卡数据，真正把贫困人口的底数摸清，把贫困程度、致贫原因搞明，把帮扶计划制订好，把帮扶责任落实到人，把帮扶政策落实到户，做到一户一本台账、一户一个脱贫计划、一户一套帮扶措施。进而以更大的决心、更明确的思路、更精准的举措、超常规的力度，推进精准扶贫、脱贫攻坚，实现脱贫攻坚目标，决不落下一个贫困地区、一个贫困群众。

（二）精准帮扶、明确帮扶主体

在精准识别、瞄准扶贫对象的基础上，还必须精准帮扶、明确帮扶主体，解决谁来扶的问题。这就是要发挥我国的政治优势和制度优势，强化各级党委、政府扶贫攻坚责任，形成、发挥精准扶贫、脱贫攻坚的合力，加强党的领导，发挥政府主导作用，集中和动员全社会力量实施脱贫攻坚，帮扶贫困人口摆脱贫困。

一是强化脱贫攻坚领导责任制。实行中央统筹、省（自治区、直辖市）负总责、市（地）县抓落实的工作机制，坚持片区为重点、精准到村到户。党中央、国务院主要负责统筹制定扶贫开发大政方针，出台重大政策举措，规划重大工程项目。省（自治区、直辖市）党委和政府对扶贫开发工作负总责，抓好目标确定、项目下达、资金投放、组织动员、监督考核等工作。市（地）党委和政府要做好上下衔接、域内协调、督促检查工作，把精力集中在贫困县如期摘帽上。县级党委和政府承担主体责任，书记和县长是第一责任人，做好进度安排、项目落地、资金使用、人力调配、推进实施等工作。要层层签订脱贫攻坚责任书，扶贫开发任务重的省（自治区、直辖市）党政主要领导要向中央签署脱贫责任书，每年要向中央作扶贫脱贫进展情况的报告。省（自治区、直辖市）党委和政府要向市（地）、县（市）、乡镇提出要求，层层落实责任制。脱贫攻坚任务重的地区党委和政府要把脱贫攻坚作为头等大事和第一民生工程来抓，坚持以脱贫攻坚统揽经济社会发展全局。

二是明确行业部门的责任。各部门要按照部门职责落实扶贫开发责任，实现部门专项规划与脱贫攻坚规划有效衔接，加强贫困地区基础设施条件，改善人居环境和保证住房安全，提高公共服务水平，为贫困人口脱贫创造条件，充分运用行业资源做好扶贫开发工作。

三是动员社会各方力量参与扶贫，实现社会帮扶资源和精准扶贫有效对接。进一步推进东西部扶贫协作，建立东西部扶贫协作与建档立卡贫困村、贫困户的精准对接机制，拓展多层次扶贫协作有效途径。发挥东西部扶贫协作和中央单位定点帮扶的引领示范作用，凝聚国际国内社会各方面力量，进一步提升贫困人口帮扶精准度和帮扶效果，形成脱贫攻坚强大合力。强化国有企业帮扶责任，深入推进中央企业定点帮扶贫困革命老区“百县万村”活动，动员地方国有企业积极承担包村帮扶等扶贫开发任务。充分发挥工商联的桥梁纽带作用，以点带面，鼓励引导民营企业和其他所有制企业参与扶贫开发。广泛动员社会力量帮扶，支持社会团体、基金会、社会服务机构等各类组织从事扶贫开发事业，建立健全社会组织参与扶贫开发的协调服务机制，鼓励和支持社会组织参与扶贫资源动员、资源配置使用、绩效论证评估等工作，支持其承担扶贫项目实施。进一步发挥社会工作专业人才和志愿者扶贫作用，支持专业社会工作和志愿服务力量参与脱贫攻坚，实施社会工作专业人才服务贫困地区系列行动计划。

四是实施和健全定点帮扶机制。党政机关、企事业单位要开展和完善定点帮扶工作，明确定点扶贫目标任务，落实帮扶举措，提升帮扶成效，完善定点扶贫牵头联系机制，选派优秀中青年干部到定点扶贫县挂职、担任贫困村第一书记。尤其是要做好选派机关优秀干部到村任第一书记的工作。选派机关优秀干部到村任第一书记，对建档立卡贫困村要全覆盖，对党组织软弱涣散村要全覆盖，做到应派尽派。选派的第一书记要在精准扶贫中发挥作用，大力宣传党的扶贫开发和强农惠农富农政策，深入推动政策落实；带领派驻村开展贫困户识别和建档立卡工作，帮助村“两委”制订和实施脱贫计划；组织落实扶贫项目，参与整合涉农资金，积极引导社会资金，促进贫困村、贫困户脱贫致富；帮助选准发展路径，培育农民合作社，增加村集体收入，增强“造血”功能。党的十八大以后，从2013年开始向贫困村选派第一书记和驻村工作队，到2015年，实现每个贫困村都有驻村工作队、每个贫困户都有帮扶责任人。截至2020年年底，全国累计选派25.5万个驻村工作队、300多万名第一书记和驻村干部，同近200万名乡镇干部和数百万名村干部一道奋战在扶贫工作一线。

（三）精准施策、确定脱贫路径

精准扶贫、脱贫攻坚的重点内容，就是要精准施策、确定脱贫路径，解决好“怎么扶”的问题。根据2014年农村贫困人口建档立卡数据，全国农村有贫困人口8962.2万人。其中，有劳动能力的有5732.9万人，所占比例为63.97%；在有劳动能力的贫困人口中，3689.9万人在家务农。在8962.2万贫困人口中，初中及以下文化程度的贫困人口占92%；作为劳动年龄人口，年龄15—64岁之间的有6454.9万人，所占比例为72%；居住在自然条件特别恶劣地区，需要移民搬迁的贫困人口大约有1000万人。从这些情况出发，精准扶贫、脱贫攻坚就要坚持因地制宜、因户而异、因人而异，因贫原因和类型施策，基本途径就是实施“五个一批”，即发展生产脱贫一批，易地搬迁脱贫一批，生态补偿脱贫一批，发展教育脱贫一批，社会保障兜底脱贫一批。

一是发展生产脱贫一批。对于具备发展条件的地方和有劳动能力的贫困人口，立足当地资源条件和市场需求，因地制宜发展特色产业，增加家庭经营收入，引导和支持所有有劳动能力的人依靠自己的双手开创美好明天，实现就地脱贫。同时，对于有劳动能力但难以就地从事生产经营的贫困人口，要适应工业化、城镇化发展的需要，加大职业教育和技能培训，做好劳务输出工作，组织引导用人企业在贫困地区建立劳务培训基地，建立和完善输出与输入地劳务对接机制，帮助贫困家庭劳动力外出就业，增加工资性收入。在产业扶贫的过程中，支持和引导贫困地区因地制宜发展特色产业，鼓励支持电商扶贫、光伏扶贫、旅游扶贫等新业态新产业发展，依托东西部扶贫协作推进食品加工、服装制造等劳动密集型产业梯度转移，一大批特色优势产业初具规模，增强了贫困地区经济发展动能。累计建成各类产业基地超过30万个，形成了特色鲜明、带贫面广的扶贫主导产业，打造特色农产品品牌1.2万个。产业帮扶政策覆盖了绝大多数的贫困户，有劳动能力和意愿的贫困群众基本都参与到产业扶贫之中。

二是易地搬迁脱贫一批，对于自然条件恶劣、“一方水土养不起一方人”的地方，贫困人口很难实现就地脱贫的，实施易地搬迁脱贫，按规划、分年度、有计划组织实施易地扶贫搬迁工程，加大政策支持力度，积极为搬迁人口创造就业机会，从根本上改变生产生活条件，确保搬得出、稳得住、逐步能致富，解决贫困人口的生计和致富问题。截止到2020年年底，全国易地扶贫搬迁规划建设任务全面完成，累计建成集中安置区约3.5万个，建设安置房266万余套，960多万异地搬迁贫困人口全部入住并实现脱贫。

三是生态补偿脱贫一批。对于区位生态功能重要但又生态环境脆弱，需要加强生态保护修复的地区，结合生态建设和保护项目，加大贫困地区生态保护修复力度，增加重点生态功能区转移支付，加大生态补偿力度，让当地贫困农民从生态补偿中受益。安排生态保护就业岗位，扩大政策实施范围，让有劳动能力的贫困人口就地转成生态保护人员。2013年以来，贫困地区实施退耕还林还草7450万亩，选聘110多万贫困劳动力担任生态护林员，建立2.3万个扶贫造林（种草）专业合作社（队）。贫困人口积极参与国土绿化、退耕还林还草等生态工程建设和森林、草原、湿地等生态系统保护修复工作，发展木本油料等经济林种植及森林旅游，不仅拓宽了增收渠道，也明显改善了贫困地区的生态环境。

四是发展教育脱贫一批。治贫先治愚，扶贫先扶智，加强对贫困地区和贫困人口的教育支持。对贫困家庭子女，建立从学前教育到职业教育全阶段覆盖的支持政策，鼓励“两后生”（指初、高中毕业未能继续升学的贫困家庭中的富余劳动力）参加职业教育培训，尽快实现就业。国家教育经费向贫困地区倾斜、向基础教育倾斜、向职业教育倾斜，帮助贫困地区改善办学条件，提高贫困家庭子女素质和就业能力，对农村贫困家庭幼儿特别是留守儿童给予特殊关爱，切断贫困代际传递。在教育扶贫过程中，持续提升贫困地区学校、学位、师资、资助等保障能力，20多万名义务教育阶段的贫困家庭辍学学生全部返校就读，全面实现适龄少年儿童义务教育有保障；实施定向招生、学生就业、职教脱贫等倾斜政策，帮助800多万贫困家庭初、高中毕业生接受职业教育培训、514万名贫困家庭学生接受高等教育，重点高校定向招收农村和贫困地区学生70多万人，拓宽贫困学生纵向流动渠道。

五是社会保障兜底一批。对贫困人口中完全或部分丧失劳动能力的人，由社会保障来兜底。完善农村最低生活保障制度，统筹协调农村扶贫标准和农村低保标准，实行低保政策和扶贫政策衔接，全国农村低保标准从2012年每人每年2068元提高到2020年的5962元，提高188.3%，对贫困人口应保尽保。对无法依靠产业扶持和就业帮助脱贫的家庭，实现政策性保障兜底。加大其他形式的社会救助力度，对因病致贫的提供医疗救助保障，加强医疗保险和医疗救助，新型农村合作医疗和大病保险政策对贫困人口倾斜，加大临时救助、慈善救助等帮扶力度。

（四）精准标准、健全退出机制

精准扶贫、脱贫攻坚的重要环节，就是精准退出、健全退出机制，解决“如何退”的问题，就是建立健全和实施贫困人口脱贫和贫困村、贫困县有序退出机制。在扶贫开发过程中，一方面，一些已经脱贫的贫困县不愿摘帽，一些已经脱贫的贫困户、贫困人口也不愿退出贫困行列，挤占了有限的扶贫资源；另一方面，也存在着片面、虚假夸大脱贫成效，使贫困人口“被脱贫”的现象，模糊和影响了扶贫绩效。因此，必须在精准识别、精准帮扶、精准施策的基础上，进行跟踪监测、定期考核、科学评估，运用科学的退出标准和评估办法，建立健全和实施科学有效的贫困县、贫困村、贫困人口退出机制，既要防止“不摘帽”，又要防止“被脱贫”。

国家确定，贫困村退出以贫困发生率为主要衡量标准，统筹考虑村内基础设施、基本公共服务、产业发展、集体经济收入等综合因素。原则上贫困村贫困发生率降至2%以下（西部地区降至3%以下），在乡镇内公示无异议后，公告退出。贫困县（包括国家扶贫开发工作重点县和集中连片特困地区县）退出以贫困发生率为主要衡量标准。原则上贫困县贫困发生率降至2%以下（西部地区降至3%以下），由县级扶贫开发领导小组提出退出申请，市级扶贫开发领导小组初审，省级扶贫开发领导小组核查，确定退出名单后向社会公示征求意见。公示无异议的，由各省（自治区、直辖市）扶贫开发领导小组审定后向国务院扶贫开发领导小组报告。国务院扶贫开发领导小组组织中央和国家机关有关部门及相关力量对地方退出情况进行专项评估检查。对不符合条件或未完整履行退出程序的，责成相关地方进行核查处理。对符合退出条件的贫困县，由省级政府正式批准退出。

健全精准退出机制，要坚持严格评估，科学设定时间表，严格脱贫验收办法，实现有进有出、动态管理，促进合理有序退出。无论是贫困户脱贫，还是贫困村、贫困县摘帽，都要和脱贫攻坚总要求、总任务对表，和全面建成小康社会进程对表，既要积极而为，又不能急躁冒进，每年退出多少要精准到县、到村、到户、到人，成熟一个摘帽一个，脱贫一户销号一户。对弄虚作假、蒙混过关，以及玩数字游戏、搞数字扶贫的，一经查实，严肃追责。

为了巩固贫困县、贫困村、贫困户的自我发展能力，对及时退出的贫困县、贫困村、贫困户，留出缓冲期，摘帽不摘政策；对提前完成脱贫任务的乡镇（场）要给予奖励，保证苦干实干先脱贫的不吃亏；对贫困户脱贫后，帮扶措施要再保留一段时间，做到不稳定脱贫不脱钩，确保精准脱贫、稳定脱贫、真脱贫、不返贫。

（五）精准跟踪、巩固脱贫成果

在脱贫对象实现脱贫以后，不能放手不管、放任自流，而是要防止脱贫后返贫，精准跟踪、巩固脱贫成果，也就是解决“如何稳”的问题，开展脱贫成果持续跟踪评估、监测，坚决守住不发生规模性返贫的底线。对于脱贫不稳定户、边缘易致贫户，以及因病因灾因意外事故等刚性支出较大或收入大幅缩减导致基本生活出现严重困难户，健全防止返贫动态监测和帮扶机制，开展定期检查、动态管理，做到早发现、早干预、早帮扶，防止返贫和产生新的贫困情况。对于脱贫地区乡村，继续支持特色产业发展壮大，持续促进脱贫人口稳定就业，坚持和完善驻村第一书记和工作队、东西部协作、对口支援、社会帮扶等制度，继续加强扶志扶智，激励和引导脱贫群众靠自己努力过上更好生活。对于易地搬迁的脱贫对象，做好后续扶持，多渠道促进就业，强化社会管理，促进社会融入，进一步促进搬迁人口稳得住、有就业、逐步能致富。对于脱贫县，从脱贫之日起设立5年过渡期，在过渡期内保持主要帮扶政策总体稳定，对现有帮扶政策逐项分类优化调整，逐步由集中资源支持脱贫攻坚向全面推进乡村振兴平稳过渡。

三、精准扶贫、脱贫攻坚的重要举措

实施精准扶贫方略，健全精准扶贫工作机制，推进精准识别、精准帮扶、精准施策、精准标准、精准跟踪，解决“扶持谁”“谁来扶”“怎么扶”“如何退”“如何稳”的问题，也必须有一系列的措施予以保障，这里略述完善精准管理的几个方面。

（一）完善精准扶贫的数据管理监测

完善精准扶贫的数据管理监测，一方面是完善精准扶贫大数据管理，建设好精准扶贫的大数据平台。加强扶贫信息化建设，按照数据完善、纵向到人、横向比较、操作便捷、直观展现的思路，坚持全国统一规范的原则，完善贫困户建档立卡工作，精准管理贫困人口信息；加强部门间数据互联互通，实现信息共享，提高精准扶贫大数据平台建设质量。健全贫困人口精准识别与动态调整机制，加强精准扶贫大数据管理应用，定期对贫困户和贫困人口进行全面核查，按照贫困人口认定、退出标准和程序，实行有进有出的动态管理。通过完善精准扶贫的大数据管理，做到精准扶贫的信息准确、不错不漏、经得起检验，为监管扶贫进程、开展扶贫工作考核、进行扶贫科学决策以及各个行业部门、社会各界参与扶贫等提供精准性的基础服务。

完善精准扶贫的数据管理监测，另一方面是加强农村贫困统计监测体系建设，提高监测能力和数据质量。依托扶贫开发建档立卡信息系统和国家贫困监测结果，定期开展精准扶贫实施情况动态监测和评估工作，监测评估结果作为各级党委和政府扶贫开发工作成效考核的重要依据。

（二）完善精准扶贫的责任考核激励

完善精准扶贫的责任考核激励，首先是强化责任。扶贫开发任务重的省、市、县、乡各级党委和政府要把脱贫攻坚作为中心任务，层层签订脱贫攻坚责任书，层层落实责任制。重点抓好县级党委和政府脱贫攻坚领导能力建设，改进县级干部选拔任用机制，选好配强扶贫任务重的县党政班子。

完善精准扶贫的责任考核激励，其次是加强考核。严格实施省级党委和政府扶贫开发工作成效考核办法，建立扶贫工作责任清单，强化执纪问责。落实贫困县约束机制，杜绝政绩工程、形象工程。加强社会监督，建立健全第三方评估机制。建立年度脱贫攻坚逐级报告和督查巡查制度，选择重点部门、重点地区进行联合督查，对落实不力的部门和地区，要进行责任追究。建立重大涉贫事件处置反馈机制。集中整治和加强预防扶贫领域职务犯罪。建立和完善对贫困县扶贫绩效考核办法，大幅度提高减贫指标在贫困县经济社会发展实绩考核指标中的权重。

完善精准扶贫的责任考核激励，再次是完善约束激励。加强和完善贫困县约束机制，严禁铺张浪费，厉行勤俭节约，严格控制“三公”经费，坚决刹住穷县“富衙”“戴帽”炫富之风，杜绝不切实际的形象工程。建立重大涉贫事件的处置、反馈机制，在处置典型事件中发现问题，不断提高扶贫工作水平。改进县级干部选拔任用机制，统筹省（自治区、直辖市）内优秀干部，选好配强扶贫任务重的县党政主要领导，把扶贫开发工作实绩作为选拔任用干部的重要依据。

（三）完善精准扶贫的项目资金监督

精准扶贫离不开项目资金投入，既要增加投入，更要用好管好投入。在精准扶贫、脱贫攻坚中，各类涉及扶贫的项目和资金，有着不同的来源和渠道，大多由不同部门下达和管理，政策目标和资金方向互不相同，项目运作和资金使用都是按各自规划分配使用，普遍存在分散、细碎、“撒胡椒面”的现象，一些项目和资金使用对贫困地区和农村贫困人口的特惠倾斜不够，无法有效形成扶贫合力。因此，推进精准扶贫、脱贫攻坚，健全精准扶贫工作机制，必须完善项目资金监督。

完善精准扶贫的项目资金监督，突出的是要完善财政项目资金监管。对纳入统筹整合使用范围内的财政涉农资金项目，将审批权限下放到贫困县，优化财政涉农资金供给机制，支持贫困县围绕突出问题，以摘帽销号为导向，以脱贫攻坚规划为引领，以重点扶贫项目为平台，统筹整合使用财政涉农资金。加强对脱贫攻坚政策落实、重点项目和资金管理的跟踪审计，强化财政监督检查和项目稽查等工作，充分发挥社会监督作用。国家审计部门持续组织实施脱贫攻坚重点资金项目跟踪审计，实现了对832个贫困县的扶贫审计全覆盖，审计查出扶贫资金问题金额占抽查资金比例由2013年的36.3%下降到2020年的1.5%。建立健全扶贫资金、项目信息公开机制，保障资金项目在公开透明情形下运行，确保资金使用安全、有效、精准。

第十八章　脱贫攻坚的目标实现与伟大历史意义

在改革开放以来扶贫开发取得重要进展的基础上，面向进入中国特色社会主义新时代、全面建成小康社会新阶段的发展要求，党和国家确定了新时代新阶段精准扶贫、脱贫攻坚、消除农村绝对贫困的伟大奋斗目标。在全面建成小康社会的历史进程中，党和国家把脱贫攻坚摆在治国理政的突出位置，把脱贫攻坚作为全面建成小康社会的底线任务，把消除农村绝对贫困作为全面建成小康社会的重点，经过持续努力奋斗，脱贫攻坚取得了重大历史性成就，如期完成新时代新阶段消除农村绝对贫困的艰巨任务，脱贫攻坚的目标胜利实现。中国实现农村贫困人口脱贫、消除农村绝对贫困，创造了又一个彪炳史册的人间奇迹，具有伟大历史意义。在实现农村贫困人口脱贫、消除农村绝对贫困的历史起点上，要巩固脱贫攻坚、消除农村贫困的成果，向着全体人民共同富裕的方向前进。

一、精准扶贫、脱贫攻坚的奋斗目标

党的十八大以后，党和国家确定了新时代新阶段精准扶贫、脱贫攻坚的主要目标，即：到2020年，稳定实现现行标准下农村贫困人口不愁吃、不愁穿，义务教育、基本医疗和住房安全有保障；贫困地区农民人均可支配收入比2010年翻一番以上，增长幅度高于全国平均水平，基本公共服务主要领域指标接近全国平均水平。确保我国现行标准下农村贫困人口实现脱贫，贫困县全部摘帽，解决区域性整体贫困。精准扶贫、脱贫攻坚这样的目标，可以分为3个层次来认识，一是稳定解决农村贫困人口的温饱问题，就是“两不愁、三保障”；二是缩小贫困地区经济社会发展差距，就是“一高于、一接近”；三是实现贫困人口和贫困县在现有标准下脱贫，就是“两确保”。

“十三五”时期脱贫主要指标

指标	2015年	2020年
建档立卡贫困人口（万人）	5630	全部实现脱贫
贫困县（个）	832	0
贫困地区农民人均可支配收入增速（%）	11.7	年均增速高于全国平均水平
贫困县义务教育巩固率（%）	90	93
建档立卡贫困户因病致（返）贫户数（万户）	838.5	基本解决
建档立卡贫困户存量危房改造率（%）	—	近100

资料来源：根据国家《“十三五”脱贫攻坚规划》整理。

（一）“两不愁、三保障”，稳定解决农村贫困人口温饱问题

精准扶贫、脱贫攻坚的首要目标，就是要稳定解决农村贫困人口的温饱问题，也就是要实现“两不愁、三保障”。精准扶贫、脱贫攻坚阶段的扶贫开发目标必然同以前的阶段有区别。从字义来讲，贫指财富缺乏、不足而生活穷苦，困多指陷于某种艰难、窘厄、痛苦或无法摆脱的处境，贫困就是财富短缺、生活穷苦并难以改变的状况。在人类社会发展中，贫困是经济、社会、文化发展落后、水平较低的概括，但突出的是指经济范畴的贫困，首要而基本的是指物质生活贫困，可定义为一个人或一个家庭的生活水平达不到一种社会可以接受的最低标准。消除农村贫困、进行扶贫开发的基本目标，就是在一定的时间、空间和社会发展阶段的条件下，让贫困人口、贫困家庭达到维持基本生存和温饱所必需消费物品与服务的基本水平。在改革开

放以后相当长历史时期的扶贫开发工作中，我国消除贫困的基本目标是基本解决贫困人口的温饱问题。进入21世纪，尤其是又经过21世纪前10年的努力奋斗，这一目标已经胜利实现，我国农村贫困人口的基本温饱问题已经解决。进入精准扶贫、脱贫攻坚新阶段，农村贫困人口温饱问题的解决不能只止于“基本”，而是要让农村贫困人口温饱问题的解决加以“稳定”，消除贫困、扶贫开发目标必然也就进一步提高为稳定解决农村贫困人口的温饱问题。

稳定解决农村贫困人口的温饱问题，就是要稳定实现农村贫困人口不愁吃、不愁穿。一方面，要确定现有经济社会发展条件下贫困人口基本的吃的、营养的需求种类、构成、水平等，用相应的收入标准予以界定，并能切实保障稳定实现，这就是不愁吃；另一方面要确定现有经济社会发展条件下贫困人口营养需求之外的衣食住行需求的种类、构成、水平等，用相应的收入标准予以界定，并能切实保障稳定实现，把营养需求之外的衣食住行需求用穿衣的“穿”来概括，这就是不愁穿。

稳定解决农村贫困人口温饱问题，实现不愁吃、不愁穿，必须有具体内容和标准，衡量、测度、反映这些标准和内容的一个综合性指标就是农村居民人均收入。我国在很长的时期中，消除贫困、扶贫开发使用的是农村居民人均纯收入指标。在精准扶贫、脱贫攻坚中，根据经济社会发展的实际情况，反映贫困地区农村人口和贫困人口的收入水平时，逐渐使用农村居民人均可支配收入。如果农村居民人均纯收入或人均可支配收入低于现有经济社会发展条件下农村居民稳定维持基本生存、生活所必需消费物品和服务的最低费用时，其生活状况就可以被看作是处于贫困状态。因此，稳定解决农村贫困人口温饱问题，实现不愁吃、不愁穿的综合性标准，就是农村贫困人口的人均纯收入或人均可支配收入要达到稳定维持基本生存、生活所必需消费物品和服务的最低费用，这也就是脱贫的标准。我国在扶贫开发中确定脱贫标准时，采用了恩格尔系数的方法，以每人每日吃的最低需求即最低营养需求为基准，再考虑其他非食品的衣食住行需求消费，然后测算、确定满足这些需求的收入标准。

我国1986年制定了第一个脱贫目标的标准，按1978年价格，农民人均纯收入每人每年100元，1985年不变价为每人每年206元，这个标准表示的基本生活需求中，吃的需求即食物支出比重占85%，可以保证每人每日2100大卡热量的最低营养需求，使人免于饥饿。

进入21世纪以后，我国调整了脱贫目标的标准，按2000年价格，农民人均纯收入每人每年865元，2008年不变价为每人每年1196元，这个标准表示的基本生活需求中，吃的需求即食物支出比重降低到60%，在保证每人每日2100大卡热量的最低营养需求的基础上，非食品消费需求即衣食住行的支出比重有所增加，不仅使人免于饥饿，而且可以基本保证“有吃、有穿”。

2011年制定第二个10年农村扶贫开发纲要时，我国再一次调整脱贫目标的标准，也就是确定了精准扶贫、脱贫攻坚的目标标准。按2010年价格农民人均纯收入为每人每年2300元，2014年是2800元，2015年是2855元，2020年大约是4000元。这个标准表示的基本生活需求中，吃的需求即食物支出比重降低到53.5%，按农村住户农产品出售和购买综合平均价，每天消费1斤白面、1斤蔬菜和1两肉或1个鸡蛋。在这个标准下，在保证每人每日2100大卡热量的最低营养需求的基础上，非食品消费需求即衣食住行的支出比重进一步增加，不仅仅使人免于饥饿，满足维持健康生存的需要，达到“吃饱，适当吃好”，而且可以满足衣食住行以及教育、基本医疗等方面的需求，从而实现“不愁吃、不愁穿”的稳定温饱要求。

稳定解决农村贫困人口温饱问题，还要包括“三保障”，就是义务教育、基本医疗和住房安全有保障。这3个方面的保障，是在最基本的公共服务领域为农村贫困人口稳定解决温饱问题提供保障，通过制度体制的规范提高贫困人口的自我发展能力和应对风险能力。保障义务教育，就是要解决教育贫困，一方面直接提高了贫困人口在文化教育上表现出来的生活水平与生活质量，另一方面更重要的是从制度上切断贫困代际传递，提高贫困人口的人力资源素质，提升贫困人口的自我发展能力；保障基本医疗，一方面把贫困人口纳入到社会医疗保障的安全网之中，减轻、避免因病、因残致贫、返贫，另一方面促进贫困人口健康素质的提高，在人力资源健康素质上，提升贫困人口的自我发展能力；保障住房安全，一方面可以避免贫困人口因基本住房问题致贫、返贫，如危房改造、基本住房修建不得不举债而影响基本生活消费、降低生活水平和生活质量，另一方面则促进贫困人口住房质量的改善和提高。因此，“三保障”是稳定解决农村贫困人口温饱问题的另一个极其重要的方面，只有确保“三保障”，才能使农村贫困人口的不愁吃、不愁穿真正稳定下来，也才能为农村贫困人口的不愁吃、不愁穿提供稳定的制度条件。

（二）“一高于、一接近”，缩小贫困地区经济社会发展差距

贫困地区经济社会发展程度，不仅仅与发达地区，而且与全国平均水平都有相当的差距，缩小这种发展差距，是精准扶贫、脱贫攻坚的极其重要的要求。“一高于、一接近”就是要在精准扶贫、脱贫攻坚中，有效提升贫困地区经济社会发展水平，缩小贫困地区经济社会发展与全国平均水平、发达地区的发展差距。

缩小贫困地区经济社会发展差距，必须提高贫困地区农民人均可支配收入的增长幅度，这就是“一高于”，使贫困地区农民人均可支配收入比2010年翻一番以上，增长幅度要高于全国平均水平。贫困地区的农民收入增长近年来已经保持了超过全国平均增长速度的态势，但收入、消费水平仍然相当程度低于全国平均水平。2014年，贫困地区农村居民的食品烟酒支出为全国农村居民平均水平的78%，衣着支出为全国农村居民平均水平的73%，居住支出为全国农村居民平均水平的71%，生活用品和服务支出为全国农村居民平均水平的76%，交通通信支出为全国农村居民平均水平的61%，教育文化娱乐支出为全国农村居民平均水平的69%，医疗保健支出为全国农村居民平均水平的68%，其他用品和服务支出为全国农村居民平均水平的61%。2015年，贫困地区农村居民的食品烟酒支出为全国农村居民平均水平的79%，衣着支出为全国农村居民平均水平的74%，居住支出为全国农村居民平均水平的72%，生活用品和服务支出为全国农村居民平均水平的75%，交通通信支出为全国农村居民平均水平的60%，教育文化娱乐支出为全国农村居民平均水平的70%，医疗保健支出为全国农村居民平均水平的67%，其他用品和服务支出为全国农村居民平均水平的66%。因此，在精准扶贫、脱贫攻坚中，必须较大幅度提高贫困地区农民的收入水平，才有可能缩小贫困地区农民收入与全国农村居民平均收入水平、发达地区居民收入水平的差距。就贫困地区农民收入增长的数量要求来看，到2020年必须使贫困地区农民人均可支配收入比2010年翻一番以上，不仅仅是翻一番，翻一番是不够的，而是要达到翻一番以上。同时，就贫困地区农民收入增长的速度要求来看，在“十三五”期间，贫困地区农民人均可支配收入增长幅度要高于全国平均水平，既要高于全国居民人均可支配收入增长水平，又要高于全国农村居民人均可支配收入增长水平。

缩小贫困地区经济社会发展差距，还要提高贫困地区基本公共服务水平，这就是“一接近”，要使贫困地区基本公共服务主要领域指标接近全国平均水平。近年来，贫困地区的基础设施建设不断加快，公共服务水平也不断提高。但由于种种历史的、客观的原因，贫困地区水、电、路、气、网、医、教、文、卫、保等领域的基础设施建设和公共服务水平，仍然在相当程度上落后于全国平均水平，落后于其他地区。因此，在精准扶贫、脱贫攻坚作战中，在“十三五”时期，必须加大贫困地区相关公共服务的基础设施建设力度，项目上进一步向贫困地区倾斜，进一步提高建设速度，进一步提升贫困地区的公共服务水平，让公共服务均等化也覆盖贫困地区，这就要求贫困地区基本公共服务主要领域指标接近全国平均水平，进而缩小在公共服务方面贫困地区与全国平均水平、其他地区的差距，真正让贫困地区、贫困地区的人民群众共享发展成果。

（三）“两确保”，实现贫困人口和贫困县在现有标准下脱贫

精准扶贫、脱贫攻坚的战略目标，归根结底就是脱贫，就是要实现贫困人口和贫困县在现有标准下脱贫，也就是“两确保”，确保我国现行标准下农村贫困人口实现脱贫，确保我国现行标准下贫困县全部摘帽。

“两确保”的一方面是要确保我国现行标准下农村贫困人口实现脱贫。也就是现行标准下农村建档立卡贫困人口实现脱贫，贫困户有稳定收入来源，人均可支配收入稳定超过国家扶贫标准，实现“两不愁、三保障”。

我国现行农村贫困标准是2011年调整确定的。2011年，经国家统计局测算，有关部门共同研究，国务院确定，2011—2020年的农村贫困标准为按2010年价格水平每人每年2300元人民币。按这个标准，到2015年年底，中国有农村贫困人口5575万人。

在精准扶贫、脱贫攻坚中，从2013年年底开始，我国全面开展贫困识别，实行对贫困人口全部建档立卡。2014年全国建档立卡贫困人口为8962.5万人，到2015年年底为5630万人（与5575万人的统计数据略有差异）。以2010年价格每人每年2300元人民币为基本标准，2015年的贫困标准为2855元，如果“十三五”期间5年平均每年价格涨幅按3%计算，再考虑到其他多种因素，则2020年的贫困标准大致为每人每年4000元左右。

到全面建成小康社会的2020年，这5630万农村建档立卡贫困人口的人均纯收入，要达到4000元人民币左右。这是农村贫困人口脱贫的最基本、最直接的标准。在这个基本标准达到的基础之上，农村贫困人口要实现“两不愁、三保障”，提高生活水平和生活质量。

“两确保”的另一方面是确保贫困县全部摘帽，解决区域性整体贫困。长期以来，我国农村贫困的一个突出特点是区域性整体贫困，尤为突出的是存在相当数量的贫困县，我国的农村贫困人口主要聚居在贫困地区、贫困县。按照一定政策标准，确定国家帮扶、省级帮扶的贫困县，是我国长期以来扶贫开发的一个重要工作内容。截至2015年年底，我国5630万农村建档立卡贫困人口，主要分布在832个国家扶贫开发工作重点县、集中连片特困地区县。到2020年，这832个贫困县要全部摘帽。贫困县县域内基础设施明显改善，人居环境明显改善，基本公共服务能力和水平进一步提升，基本农田和农业水利等设施水平明显提高，全面解决出行难、上学难、就医难等问题，社会保障实现全覆盖，县域经济发展壮大，特色产业基本形成，集体经济有一定规模，社区管理能力不断增强，生态环境有效改善，可持续发展能力不断增强。实现贫困县全部摘帽，就是要从整个区域发展的方面解决贫困问题，实现区域性整体脱贫，让整个国家的所有地区、所有县一级区域都迈入全面小康社会。

二、精准扶贫、脱贫攻坚的目标实现

改革开放以来，我国实施大规模国家消除农村贫困行动、推进扶贫开发，取得了举世瞩目的伟大成就。党的十八大以来，消除农村贫困、精准扶贫、脱贫攻坚被纳入“四个全面”战略布局，作为全面建成小康社会的重点任务，摆在更加突出的位置，精准扶贫、脱贫攻坚进一步取得了新的世人瞩目的显著成就。到2020年年底，中国如期实现新时代新阶段精准扶贫、脱贫攻坚的奋斗目标，扶贫开发农村贫困人口全部脱贫，贫困县全部摘帽，贫困村全部出列，区域性整体贫困得到解决，消除绝对贫困的艰巨任务胜利完成。精准扶贫、脱贫攻坚的目标实现，脱贫攻坚战取得全面胜利，中华民族在几千年发展历史上首次整体消除农村绝对贫困，实现了中国人民的千年梦想、百年夙愿。

（一）贫困人口全部脱贫、生活水平显著提升

按照2010年调整以后的农村贫困标准，农村贫困人口成功实现了脱贫，农村居民生存和温饱问题基本解决。截至2015年年底，农村贫困人口由2011年的1.2亿人减少到5575万人，减少了6400多万人，年均减少1600多万人；农村贫困发生率从12.7%下降到5.7%，比2011年下降7个百分点，年均下降1.75%。到2019年，按照每人每年2300元（2010年不变价）的农村贫困标准计算，2019年年末农村贫困人口为551万人，比2018年年末减少1109万人；贫困发生率为0.6%，比上年下降1.1个百分点。2019年全年贫困地区农村居民人均可支配收入11567元，比上年增长11.5%，扣除价格因素，实际增长8.0%。2020年，剩余的551万农村贫困人口全部达到脱贫标准。至此，现行标准下经过精准识别确定的9899万农村贫困人口全部实现脱贫。

精准脱贫、脱贫攻坚阶段农村绝对贫困人口数量变化

年份	年度贫困人口数量（万人）
2012	9899
2013	8249
2014	7017
2015	5575
2016	4335
2017	3046
2018	1660
2019	551
2020	0

资料来源　根据中华人民共和国国务院新闻办公室《人类减贫的中国实践》白皮书（2021年4月）有关内容整理。

贫困人口收入水平较大幅度提升。贫困地区农村居民人均可支配收入，从2013年的6079元增长到2020年的12588元，年均增长11.6%，增长速度持续快于全国农村，增速比全国农村高2.3个百分点。贫困人口工资性收入和经营性收入占比逐年上升，转移性收入占比逐年下降，自主增收脱贫能力稳步提高。

精准脱贫、脱贫攻坚阶段农村居民人均可支配收入

年份	年度农村居民人均可支配收入（元）
2013	6079
2014	6852
2015	7653
2016	8452
2017	9377
2018	10371
2019	11576
2020	12588

资料来源　根据中华人民共和国国务院新闻办公室《人类减贫的中国实践》白皮书（2021年4月）有关内容整理。

贫困人口的“两不愁、三保障”实现。就“两不愁”来看，由于收入水平不断提升，贫困人口已经实现不愁吃、不愁穿，平时吃得饱且能适当吃好，一年四季都有应季的换洗衣物和御寒被褥。[①]在基本生存需要得以满足的基础上，也为进一步提升生活水平与质量奠定了基础。

就“三保障”而论，义务教育实现了有保障，贫困地区教育事业快速发展，贫困人口受教育的机会显著增多、教育水平持续提高，农村贫困家庭子女义务教育阶段辍学问题实现动态清零，2020年贫困县九年义务教育巩固率达到94.8%；基本医疗实现了有保障，贫困地区医疗卫生事业快速发展，县乡村三级医疗卫生服务体系持续完善，贫困人口全部被纳入基本医疗保险、大病保险、医疗救助三重制度保障范围，实施大病集中救治、慢病签约管理、重病兜底保障等措施，99.9%以上的贫困人口参加基本医疗保险，实现了贫困人口看病有地方、有医生、有医疗保险制度保障；住房安全实现了有保障，通过国家提供资金补助、实施农村危房改造，2013年以来，累计有790万户2568万农村贫困人口走出了破旧的泥草房、土坯房等危房，住上安全用房。[②]

（二）贫困县全部摘帽、贫困地区发展加快

在精准扶贫、脱贫攻坚中，贫困地区的“双增”达到“双高”，即贫困地区农村居民人均可支配收入增长幅度和人均地区生产总值增长幅度，都高于全国平均增长水平。贫困地区产业结构显著改善，特色优势产业发展不断加快，特色农牧业、资源精深加工业等不断壮大，特色旅游业、电子商务等新业态新产业蓬勃兴起，推动了贫困地区经济多元化发展，扩大了市场有效供给，拉动了农村消费，对促进贫困人口脱贫致富发挥着越来越重要的作用。

在推动整个贫困地区加快发展中，突出地推进了“三区三州”（西藏自治区、新疆维吾尔自治区南疆四地州和四川省、云南省、甘肃省、青海省涉

① 《国家脱贫攻坚普查公报（第二号）——建档立卡户“两不愁三保障”和饮水安全有保障实现情况》，《人民日报》，2021年2月26日第5版。

② 《国家脱贫攻坚普查公报（第二号）——建档立卡户“两不愁三保障”和饮水安全有保障实现情况》，《人民日报》，2021年2月26日第5版。

藏州县；四川省凉山彝族自治州、云南省怒江傈僳族自治州和甘肃省临夏回族自治州）等深度贫困地区脱贫攻坚。2017年6月23日，习近平总书记主持召开深度贫困地区脱贫攻坚座谈会，强调深刻认识深度贫困地区如期完成脱贫攻坚任务的艰巨性、重要性、紧迫性，要求确保深度贫困地区和贫困群众同全国人民一道进入全面小康社会。2017年9月，中共中央办公厅、国务院办公厅印发《关于支持深度贫困地区脱贫攻坚的实施意见》，提出中央统筹，新增脱贫攻坚资金、新增脱贫攻坚项目、新增脱贫攻坚举措主要用于深度贫困地区，加大中央财政投入力度，加大金融扶贫支持力度，加大项目布局倾斜力度，加大易地扶贫搬迁实施力度，加大生态扶贫支持力度，加大干部人才支持力度，加大社会帮扶力度，国家重点支持“三区三州”等深度贫困地区脱贫攻坚。经过这一阶段的集中力量攻关，深度贫困地区脱贫攻坚任务胜利完成，基础设施和公共服务水平显著提升，特色主导产业加快发展，社会文明程度显著提高，区域性整体贫困问题得以解决。

在贫困地区加快发展的基础上，到2020年，现行标准下这一阶段确定的832个贫困县全部摘帽。

精准脱贫、脱贫攻坚阶段贫困县数量变化

年份	年度贫困县数量（个）
2012	832
2013	832
2014	832
2015	832
2016	804
2017	679
2018	396
2019	52
2020	0

资料来源　根据中华人民共和国国务院新闻办公室《人类减贫的中国实践》白皮书（2021年4月）有关内容整理。

（三）贫困地区基础设施明显改善和基本公共服务水平提升、社会面貌发生重大改变

农村贫困的重要表现，是贫困地区基础设施薄弱、公共服务匮乏、社会发展滞后，经过精准扶贫、脱贫攻坚，不仅使农村贫困人口全部脱贫、贫困县全部摘帽，而且推动了贫困地区基础设施建设和基本公共服务加强，促进了贫困地区社会发展面貌发生重大改变。

贫困地区基础设施建设加快，交通、电力、水利、通信等基础设施建设取得长足进展，生产生活条件明显改善。在交通方面，积极推进贫困地区建设外通内联、通村畅乡、客车到村、安全便捷的交通运输网络，实现公路畅通，截至2020年年底，全国贫困地区新改建公路里程110万千米、新增铁路里程3.5万千米，贫困地区具备条件的乡镇和建制村全部通硬化路、通客车、通邮路，贫困地区因路而兴、因路而富。在电力方面，贫困农村无电人口的用电问题得到解决，实施无电地区电力建设、农村电网改造升级、骨干电网和输电通道建设等电网专项工程，把电网延伸到更多偏远地区，农村地区基本实现稳定可靠的供电服务全覆盖，供电能力和服务水平明显提升。在水利和饮水方面，贫困地区水利基础设施条件大为改善，2016年以来，新增和改善农田有效灌溉面积8029万亩，新增供水能力181亿立方米，水利支撑贫困地区发展的能力显著增强；通过实施农村饮水安全和巩固提升工程，累计解决2889万贫困人口的饮水安全问题，饮用水量和水质全部达标，3.82亿农村人口受益，贫困地区自来水普及率从2015年的70%提高到2020年的83%，实现了饮水安全。在通信方面，通过加强贫困地区信息化建设，贫困村通光纤和4G网络比例均超过98%，远程教育加快向贫困地区学校推进，远程医疗、电子商务覆盖所有贫困县，电话通达所有行政村和90%以上的自然村。基础设施建设的极大改善，补齐了贫困地区基础设施短板，贫困地区与外界的人流、物流、知识流、信息流得以畅通，为贫困地区发展提供了有力的硬件支撑，极大改善了贫困地区经济社会发展面貌。①

① 《国家脱贫攻坚普查公报（第四号）——国家贫困县基础设施和基本公共服务情况》，《人民日报》，2021年2月26日第5版。

贫困地区基本公共服务水平提升，社会事业发展加快。农村贫困的重要表现，也反映在教育、文化、科技、就业、医疗、社会保障等基本公共服务水平比较低，经过精准扶贫、脱贫攻坚，不仅使农村贫困人口全部脱贫、贫困县全部摘帽，而且大大提升了贫困地区教育、文化、科技、就业、医疗、社会保障等基本公共服务水平，实现贫困人口学有所教、弱有所扶、病有所医、老有所养，在基本公共服务方面促进了贫困地区社会发展面貌发生重大改变。贫困地区教育发展加快，义务教育办学条件明显改善，农村义务教育学生营养改善计划、中等职业教育学生免学费、寄宿生补助生活费政策对集中连片特困地区学生实现全覆盖，职业教育和成人教育发展迅速，有效地提高了劳动者素质。贫困地区公共文化服务水平不断提高，截至2020年年底，中西部22个省份基层文化中心建设完成比例达到99.48%，基本实现村级文化设施全覆盖，贫困地区人民群众的文化生活得到改善，精神面貌发生了很大变化。一大批农业实用技术在贫困地区得以推广，农民科学种田的水平明显提高。全面实施贫困人口免费就业服务，贫困地区就业服务的能力明显提高。贫困地区农村医疗卫生服务体系逐步健全，消除了乡、村两级医疗卫生机构和人员“空白点”，98%的贫困县至少有一所二级以上医院，贫困人口的常见病、慢性病基本能够就近获得及时诊治，越来越多的大病也在县域内就可以得到有效救治。农村低保和基本养老保险覆盖全部贫困地区，1936万贫困人口纳入农村低保或特困救助供养政策，6098万贫困人口参加了城乡居民基本养老保险，保障水平不断提高，基本实现应保尽保。①

三、消除农村绝对贫困的伟大历史意义

在全面建成小康社会奋斗目标实现，刚刚跨入全面建设社会主义现代化国家新征程之际，2021年2月25日，习近平总书记在全国脱贫攻坚总结表彰大会上的讲话中庄严宣告：“经过全党全国各族人民共同努力，在迎来中国共

① 《国家脱贫攻坚普查公报（第四号）——国家贫困县基础设施和基本公共服务情况》，《人民日报》，2021年2月26日第5版。

产党成立一百周年的重要时刻，我国脱贫攻坚战取得了全面胜利，现行标准下9899万农村贫困人口全部脱贫，832个贫困县全部摘帽，12.8万个贫困村全部出列，区域性整体贫困得到解决，完成了消除绝对贫困的艰巨任务，创造了又一个彪炳史册的人间奇迹！”[①]实现农村贫困人口脱贫、消除农村绝对贫困，不仅仅是对已经取得的扶贫开发成就的巩固和提升，更是创造了中国历史、世界历史、整个人类社会发展史的伟大奇迹。不仅具有重大的经济社会意义，而且具有重大的政治制度意义，同时对发展中国家、整个人类社会的反贫困行动也都具有深远的影响。

（一）消除农村绝对贫困的制度意义：体现了中国特色社会主义的本质要求

实现农村贫困人口脱贫、消除农村绝对贫困，具有重大的政治制度意义，体现了中国特色社会主义的本质要求和中国特色社会主义制度的优越性。

从整个人类社会和中华民族的历史视域观察，“贫困是人类社会的顽疾。反贫困始终是古今中外治国安邦的一件大事。一部中国史，就是一部中华民族同贫困作斗争的历史。从屈原‘长太息以掩涕兮，哀民生之多艰’的感慨，到杜甫‘安得广厦千万间，大庇天下寒士俱欢颜’的憧憬，再到孙中山‘家给人足，四海之内无一夫不获其所’的夙愿，都反映了中华民族对摆脱贫困、丰衣足食的深深渴望。近代以后，由于封建统治的腐朽和西方列强的入侵，中国政局动荡、战乱不已、民不聊生，贫困的梦魇更为严重地困扰着中国人民。摆脱贫困，成了中国人民孜孜以求的梦想，也是实现中华民族伟大复兴中国梦的重要内容”。[②]

中国共产党从成立之日起，就坚持把为中国人民谋幸福、为中华民族谋复兴作为初心使命，团结带领中国人民为消除贫困、创造自己的美好生活进行了长期艰辛奋斗。新民主主义革命时期，夺取了中国革命胜利，建立了新中国，为摆脱贫困创造了根本政治条件；新中国成立后，确立社会主义基本

① 习近平：《在全国脱贫攻坚总结表彰大会上的讲话》（2021年2月25日），《人民日报》，2021年2月26日第2版。

② 习近平：《在全国脱贫攻坚总结表彰大会上的讲话》（2021年2月25日），《人民日报》，2021年2月26日第2版。

制度，推进社会主义建设，组织人民自力更生、发奋图强、重整山河，为摆脱贫困、改善人民生活打下了坚实基础；改革开放以来，实施了大规模、有计划、有组织的扶贫开发，反贫困取得了前所未有的伟大成就。

习近平总书记指出，党的十八大以来党中央强调，“贫穷不是社会主义，如果贫困地区长期贫困，面貌长期得不到改变，群众生活水平长期得不到明显提高，那就没有体现我国社会主义制度的优越性，那也不是社会主义”[①]。贫穷不是社会主义，让广大人民群众走出贫困、奔向共同富裕，共享改革发展的成果，是中国特色社会主义制度最根本的特征，也是中国特色社会主义制度优越性的最集中体现，是以人民为中心发展思想的根本要求。要坚持社会主义，就要摆脱贫穷落后状态。我国进行大规模扶贫开发，进而通过精准扶贫、脱贫攻坚，使贫困地区摆脱贫困、农村贫困人口解决温饱并奔向小康，消除农村绝对贫困，解决几千年历史过程中没有解决的贫困问题，充分表明以消灭剥削、共同富裕、解放和发展生产力为本质要求的中国特色社会主义制度具有巨大的优越性，表明中国特色社会主义制度是彻底消灭贫困的根本制度保障。高举中国特色社会主义伟大旗帜，坚持走中国特色社会主义道路，是我国各族人民实现共同富裕和国家富强的必由之路。

正如《人类减贫的中国实践》白皮书所总结概括的，消除农村绝对贫困，脱贫攻坚战取得全面胜利，创造了中国减贫史乃至人类减贫史上的伟大奇迹，极大增强了中华民族的自信心、自豪感和凝聚力、向心力，极大增强了中国人民的道路自信、理论自信、制度自信、文化自信，极大增强了中国人民创造更加美好生活的信心和底气。这一伟大胜利，彰显了中国共产党始终坚守的初心使命和强大政治领导力、思想引领力、群众组织力、社会号召力，彰显了中国特色社会主义制度集中力量办大事的优势，彰显了中国精神、中国价值、中国力量，彰显了中国人民为实现梦想拼搏奋斗、敢教日月换新天的意志品质，彰显了中华民族无所畏惧、不屈不挠、敢于斗争、坚决

① 习近平：《在全国脱贫攻坚总结表彰大会上的讲话》（2021年2月25日），《人民日报》，2021年2月26日第2版。

战胜前进道路上一切困难和挑战的精神品格。[①]

（二）消除农村绝对贫困的战略意义：保障了全面建成小康社会的战略完成

实现农村贫困人口脱贫、消除农村绝对贫困的战略意义，在这里是指消除农村绝对贫困，对贯彻落实全面建成小康社会战略布局、实现全面建成小康社会战略目标具有重大意义，保障了全面建成小康社会发展战略的实施与完成。

在21世纪头20年全面建设小康社会的历史进程中，党的十八大以后，我国进入全面建成小康社会决定性阶段。在全面建成小康社会决定性阶段的历史进程中，又经过3年的努力奋斗，打下了全面建成小康社会具有决定性意义的基础，在迈向"十三五"时期之际，中国经济社会发展又进入全面建成小康社会决胜阶段。全面建成小康社会、决胜全面小康，取得全面建成小康社会的决定性胜利，重要内容、重要要求就是精准扶贫、脱贫攻坚，实现农村贫困人口脱贫、消除农村绝对贫困，改变贫困地区贫穷落后面貌。如果经过若干年的努力，农村还有绝对贫困人口没有脱贫，贫困地区的面貌没有显著改变，所达到的小康社会就是不全面的，就谈不上完成全面建成小康社会的任务，全面小康也就无法得到人民群众和国际社会的认可。正因为如此，习近平总书记特别指出："党中央把脱贫攻坚摆在治国理政的突出位置，把脱贫攻坚作为全面建成小康社会的底线任务"，"把精准脱贫作为三大攻坚战之一进行全面部署，锚定全面建成小康社会目标，聚力攻克深度贫困堡垒，决战决胜脱贫攻坚"。[②]

全面建成小康社会，最繁重最艰巨的任务在贫困地区，最突出的短板是农村贫困人口的贫困。习近平总书记强调："全面建成小康社会最艰巨最繁重的任务在农村特别是在贫困地区，没有农村的小康特别是没有贫困地区的小

① 中华人民共和国国务院新闻办公室：《人类减贫的中国实践》（2021年4月），《人民日报》，2021年4月7日第9版。

② 习近平：《在全国脱贫攻坚总结表彰大会上的讲话》（2021年2月25日），《人民日报》，2021年2月26日第2版。

康，就没有全面建成小康社会。”[①]在全面建成小康社会过程中突出重点、补上短板，把扶贫开发、精准扶贫、脱贫攻坚摆在更加突出的位置，采取超常规的举措，拿出过硬办法，咬定目标，苦干实干，全面改善贫困地区人民群众民生，使改革发展成果更多更公平地惠及贫困地区和贫困人口，不让贫困地区和贫困人口在全面建成小康社会的征程中落伍掉队，最终打赢脱贫攻坚战，完成消除农村绝对贫困的艰巨任务。精准扶贫、脱贫攻坚，实现农村贫困人口脱贫、消除农村绝对贫困，就必然成为我国全面建成小康社会最耀眼的亮点，必然会为迈向全面建设社会主义现代化国家、实现中华民族伟大复兴进一步奠定坚实基础。

实现农村贫困人口脱贫、消除农村绝对贫困，为全面建成小康社会提供了良好社会环境，创造了保持社会稳定的有利条件。如果不能逐步消除贫困，一个国家就难以长期保持社会稳定；没有稳定，就难以谈及经济和社会发展，小康社会的全面建成就会受到阻碍。精准扶贫、脱贫攻坚、消除农村绝对贫困，不仅是一个经济问题，更是关系到国家长治久安的政治问题，是治国安邦的大事。我国存在着较大的区域发展差距，不仅不利于资源的优化配置和生产力的合理布局，而且不利于社会稳定和国家振兴，消除农村绝对贫困，推动贫困地区的经济发展，区域性整体贫困得到解决，必然缩小区域经济发展差距，促进区域经济协调发展，进而促进整个国民经济和社会发展的稳定，为全面建成小康社会提供社会稳定的保障。我国的贫困地区，相当一部分是革命老区，老区人民为建立新中国作出了巨大的贡献和牺牲，精准扶贫、脱贫攻坚、消除农村绝对贫困，使革命老区的人民群众摆脱贫困，奔向全面小康，是对为中国革命和建设作出过巨大历史贡献的老区人民的一种历史性回报与补偿，体现了党和国家对革命老区人民应尽的责任，必然获得广大人民群众的真心拥护。我国的贫困地区，还有相当一部分是少数民族地区和边疆地区、深度贫困地区，这些区域的稳定发展，对加强民族团结、巩固边防、维护国家统一十分重要，精准扶贫、脱贫攻坚、消除农村绝对贫

① 习近平：《在全国脱贫攻坚总结表彰大会上的讲话》（2021年2月25日），《人民日报》，2021年2月26日第2版。

困，促进了民族地区、边疆地区、深度贫困地区的进一步经济建设，促进民族地区、边疆地区、深度贫困地区人民生活的进一步提高，促进民族地区、边疆地区、深度贫困地区社会面貌进一步改善，从而为加强全国各民族大团结、维护边疆安定提供了重要基础。

所以，实现农村贫困人口脱贫、消除农村绝对贫困，是全面建成小康社会的重要内容与要求，是关乎社会稳定、关乎国家安定、关乎党的执政地位的大事要事，对于促进经济社会协调发展和社会的安定团结，对于夯实党的执政基础，对于加强民族团结、维护国家统一和巩固边防，都具有重大的意义。

（三）消除农村绝对贫困的发展意义：促进了国民经济稳定增长与持续发展

实现农村贫困人口脱贫、消除农村绝对贫困的发展意义，是指精准扶贫、脱贫攻坚、消除农村绝对贫困，促进了国民经济稳定增长与持续发展，增强了我国的综合国力，推进了我国的现代化发展进程。

贫困地区经济是我国整个国民经济的组成部分，贫困地区经济的发展，经济实力的增强，是我国综合国力增强的重要构成；而贫困地区的现代化程度，也直接影响着整个国家的现代化进程，影响着其他地区和整个国民经济的发展。可以说，没有贫困地区的发展和现代化，中国的现代化就是不完整的。精准扶贫、脱贫攻坚、消除农村绝对贫困，实现农村贫困人口脱贫，就是通过扶贫开发推动贫困地区的经济发展，进而推进我国的现代化进程，促进国民经济持续稳定增长与发展。

精准扶贫、脱贫攻坚、消除农村绝对贫困，促进了国民经济保持中高速增长。党的十八大以后，我国经济发展进入新常态，转向经济高质量发展，要保持经济中高速增长、迈向中高端水平，必须拓展发展新空间、培育新动能。通过精准扶贫、脱贫攻坚、消除农村绝对贫困，有力加强了贫困地区基础设施建设和加大公共服务，促进了有效投资的扩大和过剩产能的消化，为保持中高速增长提供了有力支撑。

精准扶贫、脱贫攻坚、消除农村绝对贫困，促进了事关整个国民经济全局发展与长远发展的一些战略性产业、基础产业的发展。贫困地区中有不少是重要的原材料基地或是潜在的原材料基地，有些甚至是关系到整个国民经济长远发展的重要能源基地，通过精准扶贫、脱贫攻坚、消除农村绝对贫困，这些地区的经济加快了发展，形成了新的经济增长点、增长极、增长带，为全面建成小康社会、为国民经济和社会发展注入了新动力，促进了我国国民经济发展后劲的保持，加快了我国的现代化建设进程。

精准扶贫、脱贫攻坚、消除农村绝对贫困，促进了国内市场容量扩大，进而促进整个国民经济增长。贫困地区的市场是整个国内统一市场的一个构成部分，贫困地区的经济社会发展水平直接决定着其市场的开放度和市场容量的大小，进而影响着整个国内市场的容量。通过精准扶贫、脱贫攻坚、消除农村绝对贫困，随着贫困地区经济的发展和贫困人口的脱贫，农民的购买力相应提高，有效消费需求获得提升，投资需求相应增加，市场容量必然扩大，促进了整个国内市场容量、国内市场需求的扩大，进而促进了整个国民经济和社会发展目标的实现。

（四）消除农村绝对贫困的人权意义：创造了人类社会保障人权的伟大奇迹

实现农村贫困人口脱贫、消除农村绝对贫困的人权意义，是指精准扶贫、脱贫攻坚、消除农村绝对贫困，意味着人的生存权这一最大最基本的人权在中国的实现，创造了人类社会保障人权的伟大奇迹。

人权是人类文明进步的成果和标志，尊重和保障人权是现代文明的基本精神，也是中国全面建成小康社会、消除农村绝对贫困的不懈追求。精准扶贫、脱贫攻坚、消除农村绝对贫困，实现农村贫困人口脱贫，不仅在中华民族的历史上是一件大事，而且在人类发展史上也是一个壮举。党的十八大以来，中国政府把贫困人口全部脱贫作为全面建成小康社会的底线任务和标志性指标，组织实施了人类历史上规模空前、力度最大、惠及人口最多的脱贫攻坚战，以坚定决心、精准思路、有力措施，举全社会之力，向绝对贫困发起总攻，重点保障贫困地区、贫困人口的基本权利，完成了消除绝对贫困的艰巨任务。这一壮举向世界表明，中国政府高度重视推进和发展中国人民的人权事业，为保障中国人民的生存权和发展权这一最基本最重要的人权，进行了锲而不舍、艰苦卓绝的努力。贫困是实现人权的最大障碍，中国精准扶贫、脱贫攻坚、消除农村绝对贫困的历史过程，就是为农村贫困人口争取人权、尊重人权、保障人权、发展人权的过程，极大提高了中国人权文明水平，丰富发展了人类文明多样性。

在全面建成小康社会中精准扶贫、脱贫攻坚、消除农村绝对贫困，是中国人权事业全方位发展的重要内容、重要方面，是中国增进人民福祉、提高人民人权保障水平、实现国家现代化而实施的一项重大国家发展战略。生存是享有一切人权的基础，保障人权首先要保障生存权，精准扶贫、脱贫攻坚、消除农村绝对贫困，把解决农村贫困人口温饱问题、保障生存权作为首要目标，农村贫困人口生活水平、生活质量显著提高，衣食住行用都有较大改善，生存权保障水平稳步提升。在保障生存权的基础上，精准扶贫、脱贫攻坚、消除农村绝对贫困，推动了物质文明、政治文明、精神文明、社会文明、生态文明建设成果惠及农村贫困人口，促进了农村贫困人口经济社会文化权利和民主政治权利的全方位保障与增进。通过精准扶贫、脱贫攻坚、消除农村绝对贫困，实现农村贫困人口脱贫，使他们的生存权和发展权得到保障，为他们享受其他各项权利创造有利条件，这是中国在发展人权事业方面取得的最重要最伟大的成果，也是对世界人权事业的重大贡献。中国精准扶贫、脱贫攻坚、消除农村绝对贫困，夯实了人权基础，丰富了人权内涵，拓宽了人权视野，意味着人权的全面发展和全民共享，谱写了中国人权事业的新篇章，创造了人类尊重和保障人权的奇迹。

（五）消除农村绝对贫困的世界意义：加快了整个世界的减贫事业发展进程

实现农村贫困人口脱贫、消除农村绝对贫困的世界意义，是指精准扶贫、脱贫攻坚、消除农村绝对贫困，从全球视野观察，加快了整个世界的减贫事业发展进程，为世界上其他国家特别是广大发展中国家消除绝对贫困提供了有益的参考和借鉴。

在全面建成小康社会中精准扶贫、脱贫攻坚、消除农村绝对贫困，推动和加快了整个世界的减贫事业发展进程。人类社会的贫困问题直接威胁到全球的政治安全、经济发展、生态环境和人类健康，消除贫困是当今国际社会面临的共同挑战。中国是世界上人口最多的国家，在一定的历史时期也是世界上贫困人口规模较大的国家。在中国共产党领导下，中国人民从翻身解放到解决温饱、从基本小康到全面小康，进而在全面建成小康社会中精准扶贫、脱贫攻坚、消除农村绝对贫困。按照现行贫困标准计算，改革开放以来中国7.7亿农村贫困人口摆脱贫困，脱贫人口相当于当今世界总人口的1/10还多；按照世界银行国际贫困标准，中国减贫人口占同期全球减贫人口70%以上。在全面建成小康社会新阶段中，中国平均每年1000多万人脱贫，脱贫人口相当于一个中等国家的人口总量；党的十八大以来的8年里，现行标准下9899万农村贫困人口全部脱贫，脱贫人口相当于一个人口大国的人口总量。在全球贫困状况依然严峻，一些国家贫富分化加剧的背景下，中国打赢脱贫攻坚战、消除农村绝对贫困，提前10年实现《联合国2030年可持续发展议程》减贫目标，显著缩小了世界贫困人口的规模，推动了全球减贫事业发展和人类发展进步，成为对世界减贫作出最大贡献的国家。作为世界上最大的发展中国家，中国实现了快速发展与大规模减贫同步进行、经济转型与消除绝对贫困同步进行，如期全面完成脱贫攻坚目标任务，消除农村绝对贫困，在全球发展中必然具有世界性的意义，大大加快了全球减贫进程，显示了中国人民和中国政府战胜贫穷、摆脱贫困、走向富裕的坚定意志与大无畏的勇气，谱写了人类社会反贫困的历史篇章，是中华民族为在全球范围内消除整个人类贫困所作出的重大贡献。

四、为巩固脱贫攻坚成果接续努力奋斗

在实现农村贫困人口脱贫、消除农村绝对贫困的历史起点上，迈向全面建设社会主义现代化国家新征程，要巩固脱贫攻坚、消除农村贫困的成果，向着全体人民共同富裕的方向前进。对此，习近平总书记指出："脱贫攻坚战的全面胜利，标志着我们党在团结带领人民创造美好生活、实现共同富裕的道路上迈出了坚实的一大步。同时，脱贫摘帽不是终点，而是新生活、新奋斗的起点。解决发展不平衡不充分问题、缩小城乡区域发展差距、实现人的全面发展和全体人民共同富裕仍然任重道远。我们没有任何理由骄傲自满、

松劲歇脚，必须乘势而上、再接再厉、接续奋斗。”“回首过去，我们在解决困扰中华民族几千年的绝对贫困问题上取得了伟大历史性成就，创造了人类减贫史上的奇迹。展望未来，我们正在为全面建设社会主义现代化国家的历史宏愿而奋斗。征途漫漫，惟有奋斗。”①

在消除农村绝对贫困、夺取脱贫攻坚战的全面胜利之后，还必须清醒地认识到，已经脱贫的地区和人口中，有的发展基础相对比较薄弱，在相当程度上仍落后于其他区域；有的产业结构还不完善，产业项目同质化严重；有的就业不够稳定，就业的结构性矛盾较为突出；有的政策性收入占比高，收入结构不尽合理；有的脱贫质量有待提升，返贫致贫风险仍然存在。因此，在全面建设社会主义现代化国家新征程中，必须继续巩固脱贫攻坚，消除农村绝对贫困的成果，赓续“上下同心、尽锐出战、精准务实、开拓创新、攻坚克难、不负人民”的脱贫攻坚精神②，为创造美好未来、实现共同富裕继续奋斗。

首先，实施和推进脱贫后战略衔接与转换，巩固拓展脱贫攻坚成果，全面推进乡村振兴战略，实现巩固拓展脱贫攻坚成果同乡村振兴有效衔接，实现“三农”工作重心的历史性转移，坚持把解决好“三农”问题作为全党工作的重中之重，坚持农业农村优先发展，走中国特色社会主义乡村振兴道路，持续缩小城乡区域发展差距，让低收入人口和欠发达地区共享发展成果，以更有力的举措、汇聚更强大的力量，加快农业农村现代化步伐，让脱贫基础更加稳固、成效更可持续，促进农业高质高效、乡村宜居宜业、农民富裕富足。

其次，延伸可持续的反贫困政策措施体系，对易返贫致贫人口要加强监测，做到早发现、早干预、早帮扶；对脱贫地区产业要长期培育和支持，促进内生可持续发展；对易地扶贫搬迁群众要搞好后续扶持工作，多渠道促进

① 习近平:《在全国脱贫攻坚总结表彰大会上的讲话》(2021年2月25日),《人民日报》2021年2月26日第2版。

② 习近平:《在全国脱贫攻坚总结表彰大会上的讲话》(2021年2月25日),《人民日报》,2021年2月26日第2版。

就业，强化社会管理，促进社会融入；对脱贫县要扶上马送一程，设立过渡期，保持主要帮扶政策总体稳定。

最后，完善可持续的反贫困治理制度体系，完善可持续的责任制度，压紧压实各级党委和政府巩固脱贫攻坚成果责任，坚决守住不发生规模性返贫的底线；完善可持续的社会性帮扶制度，坚持并根据形势和任务变化改善驻村第一书记和工作队、东西部协作、对口支援、社会各界帮扶等一系列具体行动机制；完善可持续的人力资源支撑制度，进一步加快发展脱贫地区的教育、文化、医疗卫生事业，提升脱贫地区的人力资源素质、质量；完善可持续的社会保障制度，充分发挥社会保障对于改善民生、维护社会公平、增进人民福祉的积极作用，通过社会保障体系有效抑制返贫致贫；完善可持续的工作运行制度，形成和构建巩固脱贫攻坚成果、有效衔接乡村振兴战略的领导体制、发展规划、政策举措、工作体系、考核机制等。

第六篇

经济改革：从建立市场经济体制到全面深化经济体制改革

中国的现代化建设，既包括发展、经济发展，也包括改革、经济改革。在中国历史发展中，自党的十一届三中全会以来的改革、经济改革的历程，恰似晚唐诗人韦庄《关河道中》所叹："但见时光流似箭，岂知天道曲如弓。"①《论语·为政》中有言，四十而不惑。在孔夫子看来，其人生四十达到的人生境况与认知程度即为不惑。《论语·子罕》中又说，知者不惑，不惑就被人们理解为是遇事能明辨不疑。从全面建成小康社会迈向全面建设社会主义现代化国家新征程之际，中国的经济体制改革已经走过了40多年，恰如人过四十而步入其不惑之年。既然已入不惑，就应明辨中国经济体制改革的历史演进，明辨迈向全面建设社会主义现代化国家新征程全面深化经济体制改革，加快完善社会主义市场经济体制的方向与基本内容。

① 《关河道中》全诗为："槐陌蝉声柳市风，驿楼高倚夕阳东。往来千里路长在，聚散十年人不同。但见时光流似箭，岂知天道曲如弓。平生志业匡尧舜，又拟沧浪学钓翁。"

第十九章　中国经济体制改革的历史演进

理解和把握中国社会主义现代化建设进程中，尤其是从全面建成小康社会迈向全面建设社会主义现代化国家进程中的经济体制改革，首先必须分析认识中国经济体制改革的历史演进。始于1978年年底的中国改革、经济体制改革，不是简单地取决于人们的主观意志，而是历史发展的必然选择。中国经济体制改革就是要改掉原有的计划经济、计划经济体制，发展社会主义市场经济，建立和完善社会主义市场经济体制。对此，中国改革开放的总设计师邓小平作出了重大贡献，发挥了重要作用。中国的改革、经济体制改革，是中国的第二次革命。在改革的历史进程中，随着现代化建设从全面建成小康社会迈向全面建设社会主义现代化国家新征程，中国的经济体制改革也迈向全面深化经济体制改革新阶段。

一、改掉计划经济的历史必然性

40多年以前，中国实行的是计划经济，曾几何时，计划经济被当作是社会主义的基本特征，神圣不能改变。而今天，中国已经全面转向社会主义市场经济，市场经济成为中国经济活动方式、资源配置方式的基本类型，计划经济却是“黄鹤一去不复返”“独自凄凉人不问”[①]。从全面建成小康社会迈向全面建设社会主义现代化国家，回望现代中国经济改革的历史进程，深感改掉计划经济体现了历史发展的必然性。

（一）计划经济是一定历史条件的产物

我国改革开放以前原有的计划经济，是在新中国成立以后到第一个五年计划时期的发展中形成的。在中华人民共和国成立之初的3年国民经济恢复时期，通过没收官僚资本，使国有经济得以产生和壮大，完成了土地改革，统一了全国的财政经济，从而为实行计划经济奠定了基础。随着国民经济恢复时期的结束，我国开始对生产资料私有制进行全面的社会主义改造，通过有区别、有步骤地对农业、手工业和资本主义工商业的社会主义改造，到1956年，就确立了生产资料公有制占绝对优势的所有制结构。与此同时，从1953年开始了大规模的有计划的经济建设，实施第一个五年计划，也正是在此期间，形成了以直接计划管理为中心的国民经济管理体制。这样，以实际上的大一统公有制为所有制基础，以直接计划管理为中心的集中统一的计划经济就得以形成。

客观而论，原有的集中统一的计划经济的形成，有着一定的历史原因。

一是受当时苏联计划经济模式的影响。新中国成立以后，我国缺乏社会主义经济建设的经验，在建立工业、交通、基本建设、计划、物资分配以及劳动工资管理等方面的体制时，都学习和借鉴苏联的做法。苏联计划经济模式中的国家集中太多、对企业管理太死、政企职责不分、单一的公有制等都对我国的经济体制产生了很大的影响。当时照搬苏联模式的一个重要的理论原因，在于简单、教条式地理解马克思主义关于社会主义要实行生产资料公有制和集中统一的计划经济的思想。

二是我国在当时历史条件下经济建设的需要。当时我国的国民经济十分

① 前句出自唐代崔颢的《黄鹤楼》，全诗为：“昔人已乘黄鹤去，此地空余黄鹤楼。黄鹤一去不复返，白云千载空悠悠。晴川历历汉阳树，芳草萋萋鹦鹉洲。日暮乡关何处是？烟波江上使人愁。”后句出自宋代词人秦观的《减字木兰花·天涯旧恨》，全文为：“天涯旧恨，独自凄凉人不问。欲见回肠，断尽金炉小篆香。黛蛾长敛，任是春风吹不展。困倚危楼，过尽飞鸿字字愁。”

落后，第一个五年计划的重要任务就是集中力量进行重点建设，建立我国社会主义工业化的初步基础，这就客观上要求集中必要的人力物力财力保证重点建设的顺利实施和完成，相应地也就需要集中统一的经济管理体制予以创造和提供条件。

三是我国生产资料所有制改造的影响。我国在生产资料所有制改造过程中，有一系列成功的做法和经验，如对资本主义工商业采取加工订货、经销代销、统购包销等，这些做法对资本主义工商业的社会主义改造是有成效的。但是，其中的很多做法又在对资本主义工商业的社会主义改造完成以后延续下来，保留在原有的计划经济之中，成为强化集中统一的因素。

四是我国战争时期根据地和解放区供给制的影响。战争时期党领导的根据地和解放区已经有了合作经济和公营经济，也形成了适应战争需要的财政经济管理体系，其重要特点之一是供给制，这对战争时期保障革命战争的胜利起了重要的作用。但是，战争时期供给制的一些经验和做法，有意无意地对建设时期的经济体制产生一定影响，如供给制、平均分配等因素就成为原有计划经济构成方面。

原有的集中型计划经济在新中国成立初期经济发展水平较低、经济结构比较简单、经济发展目标以尽快建立工业化物质基础的情况下，对当时集中有限的人财物力，保证重点建设的顺利进行，保障市场的物价稳定和人民生活的改善，确曾起到过积极的作用。但是，集中型的、以直接计划为中心的计划经济只是在特定的历史条件下才适应客观需要，有一定的积极作用。随着历史发展、历史条件的变化，本应适时调整，转型为适于正常建设与发展的社会经济活动类型和资源配置方式。也就是说，根据历史发展的客观要求，应该适时进行计划经济的转型。

（二）计划经济在一定历史过程中走向极端

然而，令人遗憾的是，20世纪50年代中后期以后，非但没有实行计划经济的转型，反而使计划经济的弊端日益积累、扩张、膨胀，在改革开放前走向极端。这个走向极端的过程，从原有计划经济形成时期，到1978年党的十一届三中全会以前，在演变过程中大致经历了4个阶段。

第一阶段是1956—1957年计划经济形成初期，原有计划经济的弊端初步暴露，党和国家开始采取措施试图调整。如毛泽东在《论十大关系》的重要讲话中，提出要给地方和企业一定权利；陈云提出“三个主体、三个补充”，即在工商业经营方面，国家经营和集体经营是工商业的主体，个体经营是国家经营和集体经营的补充；在生产计划方面，计划生产是工农业生产的主体，按照市场变化在国家计划许可范围内的自由生产是计划生产的补充；在社会主义的统一市场里，国家市场是它的主体，一定范围内国家领导的自由市场是国家市场的补充；国务院1957年发布《关于改进工业管理体制的规定》《关于改进商业管理体制的规定》《关于改进财政管理体制的规定》。但是，对原有计划经济进行调整的努力被政治运动和“大跃进”运动中断了。

第二阶段是1958—1960年的“大跃进”时期，由于“左”的错误严重泛滥，致使原有计划经济的弊端进一步发展扩大。这一时期轻率地发动了人民公社化运动，实际上使集中统一的管理方式从城市经济延伸到农村和农业。还发布了《关于继续加强对残存私营工业、个体手工业和对小商小贩进行社会主义改造的指示》，对城镇为数不多的私营、个体工商业采取了更加严厉的限制和改造措施。同时盲目下放经济管理权限，造成整个国民经济管理的混乱状态，导致经济效益相当低下。

第三阶段是1961—1965年的国民经济调整时期，在国民经济调整阶段对原有经济体制也进行了局部调整。这一时期经济体制调整的主要内容，有强化集中管理，扩大计划范围；有调整农村生产关系，确定实行以生产队为基本核算单位的“三级所有、队为基础”的人民公社管理体制，同时对包产到户加以否定和批判；也制定了一系列管理条例，如《国营工业企业工作条例》即“工业七十条”、《关于改进商业工作的若干规定（试行草案）》即“商业四十条”、《关于城乡手工业若干政策问题的规定（试行草案）》即“手工业三十三条”。

第四阶段是1966—1976年的十年“文革”时期，由于“左”的错误发展到极端，原有经济体制中进一步强化了许多“左”的错误因素，所存在的弊端也进一步发展。

总的来讲，原有计划经济从形成以后一直到改革开放以前，由于“左”的错误思想的指导，计划经济本身所存在的弊端并没有得到克服，而且日益走向高度集中和封闭僵化的极端状态。显然，当计划经济走向这种高度集中、封闭僵化的极端状态时，实际上也就意味着在历史的进程中，计划经济在中国发展中是时候走向其本身的终结。

（三）历史的必然要求改掉计划经济

从现代经济学理论分析，实行计划经济最基本的依据，就是计划主体是万能的，可以对整个社会经济活动进行最优决策，通过计划管理实现经济活动中资源的有效配置。但这只是一种纯粹的理论想象。在现代社会经济活动中，计划经济存在导致资源配置失效的一系列问题：一是计划的有限理性，计划机构和计划主体的认识、分析、决策能力总是有限的，包揽一切、超出认知、跨越能力限度的计划管理，其结果必然是该管的管不好，不该管的管坏了；二是计划的可能盲目性，实行计划经济的管理依据是信息的完备性和准确性，但计划机构、计划主体要全部占有信息和准确处理信息是不可能的，由于信息占有不完备或信息处理不准确可能导致计划管理产生一定的盲目性；三是计划的可能冲动性，计划机构、计划主体一般都认为自身具有更高的管理复杂事务的能力，往往表现出热衷于通过计划措施管理经济活动的热情和冲动，其结果往往是或者匆忙作出计划管理决策，或者就事论事，或者管理过度，导致计划失效；四是计划的失误免责，计划机构、计划主体在经济管理中出现失误往往是免责的，导致经常性出现交学费、反复试错、“翻烧饼”等现象。正是由于计划经济本身存在着这样一系列难以克服的计划失效，就必须在整个社会经济活动方式上，彻底改掉计划经济体制，转向有可能实现资源有效配置的市场经济。

从计划经济的历史实践看，我国的计划经济走向高度集中、封闭僵化，有一系列突出弊端。具体表现是：在所有制结构上，排斥多种经济成分和经营方式，使所有制结构日趋单一化；在经济决策权限上，强化行政管理，农村搞政社合一，城市搞政企不分，企业缺乏活力，使经济决策权限日趋集中化；在经济调节机制上，不断排斥商品货币关系和市场机制的作用，使经济活动日趋实物化；在经济组织结构上，条块分割和地区分割不断发展，日趋增强了经济组织结构的封闭化；在劳动分配上，限制劳动力的流动，实际上否定按劳分配，使分配关系日趋平均主义化。

历史到现实、理论到实践表明，原有高度集中、封闭僵化的计划经济，已经不能适应社会主义现代化建设发展的要求，使广大劳动者和企业失去了积极性、主动性和创造性，使整个国民经济失去生机与活力；阻碍了社会生产力的发展，阻碍了我国实现社会主义现代化的步伐；导致人民群众生活水平长期提高缓慢，使社会主义制度应有的优越性没有得到充分发挥。因此，必须在坚持中国共产党领导的前提下，对原有的计划经济进行根本的、彻底的改革，改掉计划经济，建立、完善和发展社会主义市场经济。

二、邓小平与社会主义市场经济

汉代思想家刘安在《淮南子·氾论训》中有言：“苟利于民，不必法古；苟周于事，不必循俗。”中国在改革开放历程中从计划经济转向社会主义市场经济，可谓是一个极为鲜明的体现。但是，从计划经济转向市场经济的过程却是行路难、多歧路，之所以能够经历千淘万漉才吹尽狂沙，是邓小平作为中国改革开放总设计师作出了重大贡献。回望改革历程，从全面建成小康社会迈向全面建设社会主义现代化国家新征程，充分认识改革开放总设计师邓小平对于确立社会主义市场经济的历史贡献，有助于我们在新时代、新征程的改革中坚定社会主义市场经济的改革方向。

（一）邓小平首次提出社会主义也可以搞市场经济

党的十一届三中全会以后，我国开始深入探讨经济体制改革的原则取向问题。经济理论界率先出现“社会主义市场经济”的提法，并于1979年4月在无锡召开的“社会主义经济中价值规律问题”学术会议上展开了讨论。[①]此时，党和国家在总结历史经验教训的基础上，也提出了社会主义经济中的

① 张静：《关于商品经济和市场经济的讨论》，《经济研究资料》1993年第5期。

市场调节问题。[①]邓小平根据世界形势和国内改革开放的发展，也在认真考虑计划和市场的关系。

1979年11月26日，邓小平在会见美国大不列颠百科全书出版公司编委会副主席吉布尼和加拿大麦吉尔大学东亚所主任林达光时，客人问邓小平："您是不是认为过去中国犯了一个错误，过早地限制了非资本主义的市场经济。"邓小平回答这个问题时指出："说市场经济只存在于资本主义社会，只有资本主义的市场经济，这肯定是不正确的。社会主义为什么不可以搞市场经济，这个不能说是资本主义。""社会主义也可以搞市场经济。"[②]此后，1980年1月，邓小平在《目前的形势和任务》的讲话中提出，要把"计划调节和市场调节相结合"作为符合中国实际的、发展经济的道路的重要内容。[③]可以看出，邓小平已经把市场经济和其被充分利用的资本主义社会区别开来，把资本主义市场经济只看作是市场经济的一种形式，说明市场经济并不受社会经济制度的限制，提出了社会主义可以搞市场经济的鲜明观点。同时，肯定了社会主义市场经济的概念，指出了社会主义市场经济和资本主义社会中的市场经济的共同点与不同点，共同点在于方法上基本相似，只是所有制不同、社会制度不同。

（二）邓小平肯定社会主义和市场经济不存在根本矛盾

1980年9月，国务院经济体制改革办公室在《关于经济体制改革的初步意见》中提出："我国现阶段的社会主义经济是生产资料公有制占优势，多种经济成分并存的商品经济，必须建立与之相适应的经济体制。"当时，有的人不同意这种提法，认为把社会主义经济概括为商品经济或者有计划的商品经济模糊了社会主义经济和资本主义经济之间的本质区别。这种观点由于在当时具有某种权威性，有一段时间人们不再提社会主义商品经济了。

1984年10月，党的十二届三中全会通过的《中共中央关于经济体制改革

---

① 李先念:《在中央工作会议上的讲话》(1979年4月5日)，中共中央文献研究室编:《三中全会以来重要文献选编》上，人民出版社1982年版，第141页。

② 《邓小平文选》第二卷，人民出版社1994年版，第236页。

③ 《邓小平文选》第二卷，人民出版社1994年版，第247页。

的决定》提出，我国的社会主义经济是公有制基础上有计划的商品经济。邓小平高度评价这一决定，认为这是马克思主义基本原理和中国社会主义实践相结合的政治经济学。1985年10月，邓小平会见美国时代公司组织的美国高级企业代表团时，代表团团长格隆瓦尔德问社会主义与市场经济究竟是什么关系，邓小平回答说："社会主义和市场经济之间不存在根本矛盾。问题是用什么方法才能更有力地发展生产力。我们过去一直搞计划经济，但多年的实践证明，在某种意义上说，只搞计划经济会束缚生产力的发展。"①社会主义和市场经济不存在根本矛盾，是一个具有重大意义的重要论断。长期以来，马克思主义者和绝大多数资产阶级经济学家都认为，社会主义和市场经济是互不相容的，社会主义只能实行计划经济，如果实行市场经济，就会瓦解社会主义制度。而邓小平的论断则冲破了这种教条。同时也指出，搞市场经济，仍然需要坚持社会主义，更快地发展社会生产力，充分体现社会主义制度的优越性。

（三）邓小平要求不要再讲以计划经济为主

尽管经济体制改革的实践已经朝着市场化的方向发展，但坚持以计划经济为主，甚至把市场经济等同于资本主义的看法仍然有很大的影响。1987年2月，邓小平在同几位中央负责同志谈话时说："为什么一谈市场就是资本主义，只有计划才是社会主义呢？计划和市场都是方法嘛。只要对发展生产力有好处，就可以利用。它为社会主义服务，就是社会主义的；为资本主义服务，就是资本主义的。好象一谈计划就是社会主义，这也是不对的，日本就有一个企划厅嘛，美国也有计划嘛。我们以前是学苏联的，搞计划经济。后来又讲计划经济为主，现在不要再讲这个了。"②正是根据邓小平谈话的精神，党的十三大不再提以计划经济为主，而是明确提出了计划和市场的作用范围都是覆盖全社会的，对计划与市场内在统一作了说明。

1989年6月9日，邓小平在接见首都戒严部队军以上干部时的讲话中又重申："我们要继续坚持计划经济与市场经济相结合，这个不能改。在实际工作中，在调整时期，我们可以加强或者多一点计划性，而在另一个时候多一

① 《邓小平文选》第三卷，人民出版社1993年版，第148—149页。

② 《邓小平文选》第三卷，人民出版社1993年版，第203页。

点市场调节；搞得更灵活一些。以后还是计划经济与市场经济相结合。”①特别要注意的是，邓小平已经从和计划经济相对应的角度来谈市场经济，实际上把市场经济和社会主义经济运行整体相联系。同时，在当时国际国内政治经济形势变化，对“市场化”“市场经济”的批评开始尖锐的情况下，邓小平仍不改初衷，坚持并重申自己对于市场经济的观点。

（四）邓小平强调要从理论上搞懂社会主义与资本主义的区分不是计划和市场

党的十三大以后的不长时间，在计划和市场的问题上又发生了激烈的争论，反对市场取向改革的论调不断出现。在对市场经济批判的不断升温中，有些人把市场经济等同于资本主义而加以讨伐，有些人把“社会主义市场经济”的提法斥为资产阶级自由化。更有甚者，罗列的资产阶级自由化在经济理论界的表现，其中竟有邓小平的原话。

报刊上有些文章把计划和市场问题同基本社会制度直接联系，认为这是一个姓“社”还是姓“资”的问题。说“市场经济，就是取消公有制，就是说，要否定共产党的领导，否定社会主义制度，搞资本主义”“社会主义经济只能是计划经济”“把改革的目标定位在‘市场取向’上，把‘市场经济’作为我们社会主义社会的目标模式……就把资本主义生产方式的经济范畴同社会主义生产方式的经济范畴混淆了”“甚至会改变社会主义经济的性质”；这说明“在改革问题上的两种主张、两个方向即两条道路的斗争，仍以不同的形式、方向在继续”。②同时，国内的经济发展和改革步伐减缓，国际上东欧剧变、苏联解体。这些事件，促使邓小平对十几年来的改革实践进行认真全面的总结和反思，对社会主义市场经济问题又提出了新的创见。

为了端正对计划和市场的认识，1990年12月，邓小平在同中央几位负

① 根据讲话记录，邓小平当时所讲的原话就是“市场经济”，讲话的记录整理稿作为十三届四中全会文件在党内一定范围印发时，文本中也是“市场经济”。但是，在7月10日公开发表时，原话中的“市场经济”被改为“市场调节”，收入《邓小平文选》第三卷时也按公开发表的文本。(《成似容易却艰辛——“社会主义市场经济”提法出台始末》,《经济日报》1992年11月14日;《冲出笼子——“市场经济”写进中共十四大报告的历程》,《中国青年》1993年第1期;《邓小平文选》第三卷，人民出版社1993年版，第306页。)

② 转引自吴敬琏:《计划经济还是市场经济》，中国经济出版社1992年版，第135页。

责同志谈话时说："我们必须从理论上搞懂，资本主义与社会主义的区分不在于是计划还是市场这样的问题。社会主义也有市场经济，资本主义也有计划控制。资本主义就没有控制，就那么自由？最惠国待遇也是控制嘛！不要以为搞点市场经济就是资本主义道路，没有那回事。"①1991年1月到2月邓小平视察上海时，又对上海市负责同志说："不要以为，一说计划经济就是社会主义，一说市场经济就是资本主义，不是那么回事，两者都是手段，市场也可以为社会主义服务。"②根据邓小平谈话的精神，上海《解放日报》发表了几篇署名皇甫平的文章。在《改革开放要有新思路》一文中写道："解放思想决不是一劳永逸的。就以计划和市场的关系而言，有些同志总习惯于把计划经济等同于社会主义，把市场经济等同于资本主义，认为在市场调节背后必然隐藏着资本主义的幽灵。随着改革的深化，越来越多的同志开始懂得：计划和市场只是资源配置的两种手段和形式，而不是划分社会主义和资本主义的标志，资本主义有计划，社会主义有市场。"③这篇文章的发表，在理论界引起了强烈的反响。

（五）邓小平确立社会主义市场经济改革方向

1992年1月18日至2月21日，邓小平视察武昌、深圳、珠海和上海等地，沿途发表了重要谈话，谈话中对计划和市场问题进一步作了全面的精辟的论述，实际上就中国继续改革的总体设计明确了社会主义市场经济改革方向。邓小平从姓"社"姓"资"的争论说起。他说："改革开放迈不开步子，不敢闯，说来说去就是怕资本主义的东西多了，走了资本主义道路。要害是姓'资'还是姓'社'的问题。判断的标准，应该主要看是否有利于发展社会主义社会的生产力，是否有利于增强社会主义国家的综合国力，是否有利于提高人民的生活水平。"由此便转到姓"社"姓"资"与计划和市场的关系问题。他说："计划多一点还是市场多一点，不是社会主义与资本主义的本质区别。计划经济不等于社会主义，资本主义也有计划；市场经济不等于资本

① 《邓小平文选》第三卷，人民出版社1993年版，第364页。
② 《邓小平文选》第三卷，人民出版社1993年版，第367页。
③ 皇甫平：《改革开放要有新思路》，《解放日报》，1991年3月2日第1版。

主义，社会主义也有市场。计划和市场都是经济手段。社会主义的本质，是解放生产力，发展生产力，消灭剥削，消除两极分化，最后达到共同富裕。”最后，他揭示了产生这一争论的思想根源：“现在，有右的东西影响我们，但根深蒂固的还是‘左’的东西。”“右可以葬送社会主义，‘左’也可以葬送社会主义。中国要警惕右，但主要是防止‘左’。”[①]邓小平的论述，从根本上解决了把计划经济和市场经济看作属于社会基本制度范畴的思想束缚，彻底冲破了计划经济姓“社”、市场经济姓“资”的传统观念，为我国经济体制改革实现从计划经济向社会主义市场经济转变奠定了坚实的理论基础。

根据邓小平关于社会主义市场经济的一系列论述，江泽民于1992年6月发表了重要讲话，明确提出把“社会主义市场经济体制”作为我们要建立的社会主义新经济体制。1992年10月，党的十四大确定我国经济体制改革的目标是建立社会主义市场经济体制。1993年11月，党的十四届三中全会又通过了《中共中央关于建立社会主义市场经济体制若干问题的决定》，进一步构建了社会主义市场经济体制的蓝图和基本框架。社会主义市场经济理论的提出，是一次重大的理论创新，是我国体制改革和经济发展中的又一次思想解放，它发展和丰富了马克思主义的科学社会主义理论和政治经济学理论，突破了人类思想发展史上的市场经济和计划经济姓“资”姓“社”的教条；扫除了发展社会主义经济的一个重要障碍，使我们能够理直气壮地发展社会主义市场经济，认识和掌握市场经济的规律并用以指导实践，推动我国经济商品化、社会化、工业化的发展，促进社会主义现代化建设进程的加快；为确立我国经济体制改革的目标奠定了认识上、理论上的基础，使我们能够坚持经济体制改革的市场化取向，以建立社会主义市场经济体制为改革目标，促进社会主义市场经济体制的形成、建立和完善；同时，也为我们反对“左”的错误倾向和思潮提供了又一强大的理论武器。

1997年9月，党的十五大胜利召开，大会鲜明地提出“高举邓小平理论伟大旗帜”，肯定了邓小平“把社会主义同市场经济结合起来，是一个伟大

① 《邓小平文选》第三卷，人民出版社1993年版，第372—375页。

创举”，要求全党和全国人民“坚持社会主义市场经济的改革方向”。2017年党的十九大面向中国特色社会主义新时代，强调新时代的改革开放要坚持社会主义市场经济改革方向，使市场在资源配置中发挥决定性作用。

回顾邓小平与中国社会主义市场经济确立的历程，筚路蓝缕启山林，栉风沐雨砥砺行，真是使人感慨，确是“吹尽狂沙始到金”。中国从全面建成小康社会迈向全面建设社会主义现代化国家新征程，在新时代继续改革开放，也确是“长风破浪会有时、直挂云帆济沧海”，必须坚定不移坚持社会主义市场经济改革方向。

三、经济体制改革作为革命的性质

当中国的改革开放于2018年迈入40周年之际，习近平总书记在博鳌亚洲论坛2018年年会开幕式发表主旨演讲时指出，中国人民完全可以自豪地说，改革开放这场中国的第二次革命，不仅深刻改变了中国，也深刻影响了世界！①分析认识当代中国的改革开放，必须深刻领会经济体制改革是中国又一次革命的性质与内容。

（一）改革是中国的第二次革命

“革命”一词在中国的语言文字源流中，本义是指所谓的变革天命，由于古代王朝的天子、皇帝被认为是受天命而统治，故朝代更替谓之为革命。《周易》中有言：“天地革而四时成，汤武革命，顺乎天而应乎人。”商汤亡夏、周武代商，实现王朝更替，则为“汤武革命”。近代以来，革命最基本的意思、性质就是社会基本制度的根本变革，推翻封建制度是革命，建立社会主义制度也是革命。正因为如此，毛泽东在《湖南农民运动考察报告》中震撼性地疾呼：革命是暴动，是一个阶级推翻一个阶级的暴烈的行动。②1978年党的十一届三中全会开始的中国改革、经济体制改革，虽然不是从根本上

① 习近平：《开放共创繁荣　创新引领未来——在博鳌亚洲论坛2018年年会开幕式上的主旨演讲》（2018年4月10日），《人民日报》，2018年4月11日第3版。

② 《毛泽东选集》第一卷，人民出版社1991年版，第17页。

颠覆中国已经建立的社会主义基本制度，但作为中国社会主义制度的自我完善，却具有了革命的意义和性质。

改革一开始，党的十一届三中全会就提出，改革“是一场广泛而深刻的革命”。[①]邓小平以后更明确地称为“改革是中国的第二次革命”。[②]1987年党的十三大报告又指出：“社会主义体制改革就其引起社会变革的广度和深度来说，是又一次革命。”[③]在推进中国改革的进程中，党的十八大以后，习近平总书记反复强调改革是中国新的伟大革命。[④]中国的改革、经济体制改革之所以是第二次革命，这是因为：

从改革的目标来看，改革不是对原有的计划经济体制进行局部的修修补补，或对原有的计划经济体制进行改良，而是要从原有的经济体制彻底地转向一种全新的经济体制即后来明确提出的社会主义市场经济体制，改革是对原有的经济体制的彻底的变革，必将引起经济体制本身的根本变化，因而我国的经济体制改革是具有根本性的改革。

从改革的领域来看，改革首先是对原有的经济体制进行改革，但改革并不仅仅只涉及经济体制改革，而是包括且必然扩展到政治体制改革、文化体制改革、社会体制改革、生态文明体制改革，涉及并推广到整个社会领域，

① 党的十一届三中全会指出：“实现四个现代化，要求大幅度地提高生产力，也就必然要求多方面地改变同生产力发展不适应的生产关系和上层建筑，改变一切不适应的管理方式、活动方式和思想方式，因而是一场广泛、深刻的革命。”（《中国共产党第十一届中央委员会第三次全体会议公报（1978年12月22日通过）》，中共中央文献研究室编：《三中全会以来重要文献选编》上，人民出版社1982年版，第4页。）

② 《邓小平文选》第三卷，人民出版社1993年版，第113页。

③ 中共中央文献研究室编：《十三大以来重要文献选编》上，人民出版社1991年版，第6页。

④ 2012年11月15日，党的十八大刚刚闭幕，习近平总书记在党的十八届一中全会上的讲话中指出：“改革开放是党在新的历史条件下领导人民进行的新的伟大革命，是决定当代中国命运的关键抉择。”2012年12月31日，习近平总书记在十八届中央政治局第二次集体学习时的讲话中指出：“改革开放是一场深刻革命，必须坚持正确方向，沿着正确道路推进。”2013年7月23日，习近平总书记在武汉主持召开部分省市负责人座谈会时发表讲话重申：“改革开放是我们党在新的历史条件下带领人民进行的新的伟大革命。这场伟大革命，从党的十一届三中全会到现在，走过了三十五年极不平凡的历程。”2013年11月9日，在党的十八届三中全会上，习近平总书记在《关于〈中共中央关于全面深化改革若干重大问题的决定〉的说明》的报告中又强调：“改革开放是我们党在新的时代条件下带领人民进行的新的伟大革命，是当代中国最鲜明的特色，也是我们党最鲜明的旗帜。”（中共中央文献研究室编：《习近平关于全面深化改革论述摘编》，中央文献出版社2014年版，第1、14、4、8页。）

因而我国的经济体制改革是具有全面性的改革。

从改革的作用来看，改革是要解放生产力和发展生产力，把生产力从僵化的体制下解放出来，通过建立富有生机与活力的经济体制促进生产力的不断发展，使社会生产力的水平、状况和性质发生深刻的变化，因此，我国的经济体制改革也是具有深刻性的改革。

从改革的影响来看，改革不仅仅会改变经济体制、政治体制、文化体制、社会体制和生态文明体制，而且必将破除各种陈腐的思想观念，促进人们的思想解放，改变人们的活动方式、交往方式、生活方式，对整个社会都产生极为广泛的影响，因而我国的经济体制改革还是具有广泛性的改革。

如果说，我国的第一次革命是建立了一个新的社会制度，把社会生产力从束缚其发展的旧的社会制度下解放出来并促进其发展。那么，我国的第二次革命就是要建立一个新的体制，把社会生产力从束缚其发展的原有的体制下解放出来并促进其发展。改革作为第二次革命，其意义丝毫不亚于夺取政权、建立新社会制度的第一次革命，在某种程度上其意义甚至更加深远。

（二）改革是中国市场经济的形成与发展

在很长时期内，人们往往把市场经济和资本主义社会制度相联系。一方面，因为马克思主义创始人——马克思曾经设想，在社会主义制度取代资本主义制度以后，商品经济也将消亡，社会对于社会劳动和其他资源按照预定计划直接配置，整个社会经济将通过计划实现按比例发展。根据马克思的这种设想，即使在实践中不得不承认社会主义经济是商品经济的情况下，人们仍然认为计划经济是社会主义的制度特征之一；另一方面，由于对市场经济进行现实分析的对象，往往是资本主义经济，因而人们同时也认为市场经济是资本主义的制度特征之一。这种看法，不仅长期为社会主义国家的学者持有并认同，而且许多西方学者也是如此认为。在一定意义上，资本主义就是发展市场经济，社会主义就是发展计划经济，这已经成为进入近现代以来人类思想史的大教条。中国40多年改革开放、经济体制改革的艰辛探索与持续推进，彻底颠覆了这种人类思想史的大教条，突破了这种传统的看法，从理论到实践确定了作为第二次革命的改革，其基本内容就是要形成，进而发展中国社会主义市场经济。

中国的社会主义市场经济，应该被理解为是中国特色社会主义基本制度前提下一整套通过市场实现资源合理有效配置的体系，在这个体系中，包括市场主体经济行为的相互影响，市场客体运动的相互联系，市场调节机制的相互制约，以及政府发挥一定的经济职能对整个经济活动进行管理和调控等。

推进作为第二次革命的改革、经济体制改革，就是要培育、形成、发展和完善社会主义市场经济。第一，要在改革中培育、重塑和确立真正的市场主体，确立企业（不论是公有制还是非公有制）的市场主体地位，使企业真正具有独立经济利益，能够自主决策，参与公平竞争；确立个人或家庭的市场主体地位，保障并逐步扩大个人或家庭作为劳动者、消费者、投资者各种市场主体权利。第二，要在改革中不断提升作为市场客体的各种要素的流动性，提高要素资源的市场化程度与效率，培育、完善和发展承载资源要素配置的现代市场体系。第三，要在改革中不断完善市场机制的调节作用。市场经济配置资源的整个运行过程，是由市场机制进行调节的，市场机制是市场经济运行过程中实现价值规律要求与作用的、各市场要素之间相互依存、相互制约、相互牵动的联系及其功能。发展社会主义市场经济，就是要完善与发挥价格机制、供求机制、竞争机制这三大市场机制的调节作用。第四，要在改革中正确发挥国家、政府经济管理和宏观调控的职能。

（三）改革是中国市场经济体制的建立与完善

推进作为第二次革命的改革、经济体制改革，培育、形成和发展社会主义市场经济，必然要建立与完善社会主义市场经济体制。邓小平就明确指出："社会主义基本制度确立以后，还要从根本上改变束缚生产力发展的经济体制，建立起充满生机和活力的社会主义经济体制，促进生产力的发展，这是改革。"①

1978年党的十一届三中全会以后，开始对原有的计划经济体制进行改

① 《邓小平文选》第三卷，人民出版社1993年版，第370页。

革，1992年10月党的十四大确立了建立社会主义市场经济体制的目标。1993年11月，党的十四届三中全会通过《中共中央关于建立社会主义市场经济体制若干问题的决定》，对我国1978年以来经济体制改革的理论与实践进行了全面、系统的总结，首次确立了中国社会主义市场经济体制的框架。经过20多年的经济体制改革，在20世纪结束、21世纪到来之际，在我国现代化建设第二步发展战略目标实现、经济社会发展迈向全面建设小康社会之际，我国社会主义市场经济体制的框架初步建立，经济体制改革进入完善社会主义市场经济体制的新阶段。2003年10月，党的十六届三中全会通过《中共中央关于完善社会主义市场经济体制若干问题的决定》，对在21世纪完善社会主义市场经济体制提出了全面要求，丰富、充实、完善了社会主义市场经济体制的基本内容。

党的十八大以后，中国发展迈向全面建成小康社会新阶段。2013年11月，党的十八届三中全会通过《中共中央关于全面深化改革若干重大问题的决定》，对在全面建成小康社会新的历史起点上对全面深化改革作出战略部署，明确了经济体制改革仍然是全面深化改革的重点，进一步确定了全面深化经济体制改革、加快完善社会主义市场经济体制的主要内容。2017年10月，党的十九大报告对全面建成小康社会决胜阶段完善社会主义市场经济体制作出具体部署，确定了加快完善社会主义市场经济体制的突出重点，明确提出了加快完善社会主义市场经济体制的战略任务。主要包括：一是加快完善产权制度，以公平为核心原则，依法保护各种所有制经济产权和合法利益，依法保护各种所有制经济组织和自然人财产权，公有制经济财产权不可侵犯，非公有制经济财产权同样不可侵犯；二是加快推进要素市场化配置，全面实施市场准入负面清单制度，深化商事制度改革，加快要素价格市场化改革；三是加快推进国有经济、国有企业深化改革，建立健全各类国有资产监督法律法规体系，实现国有资产监督的制度化、规范化和系统化，积极推进混合所有制改革；四是加快完善宏观调控体制，发挥国家发展规划的战略导向作用，健全宏观调控政策体系，完善宏观经济政策协调机制；五是加快完善财税体制，加快建立现代财政制度，建立权责清晰、财力协调、区域均衡的中央和地方财政关系，建立全面规范透明、标准科学、约束有力的预算制度，健全地方税体系；六是加快完善金融体制，促进多层次资本市场健康发展，增强金融服务实体经济能力，健全货币政策和宏观审慎政策双支柱调控框架，健全金融监管体系，守住不发生系统性金融风险的底线。

根据我国经济体制改革的实践和经验总结，特别是根据党的十八大、十八届三中全会以及党的十九大关于中国特色社会主义经济体制改革的精神与战略部署，在体现第二次革命性质的改革、经济体制改革中，建立与完善社会主义市场经济体制，较为完整系统的主要内容大体上包括6个基本方面：第一，坚持和完善社会主义基本经济制度，即巩固和发展以公有制为主体、多种所有制经济共同发展的基本经济制度；第二，坚持和完善产权清晰、权责明确、政企分开、管理科学的现代企业制度，形成和完善激发市场主体活力的体制机制；第三，加快完善现代市场体系，形成和完善市场机制有效、要素市场化配置的体制机制；第四，加快转变政府职能、完善宏观调控体系，形成和完善更好发挥政府作用、宏观调控有度的体制机制；第五，坚持和完善以按劳分配为主体、按劳分配和按生产要素分配相结合的分配制度，加快完善按生产要素分配的体制机制；第六，加强社会保障体系建设，加快完善和全面建成覆盖全民、城乡统筹、权责清晰、保障适度、可持续的多层次社会保障体系。

四、全面深化经济体制改革新阶段

40多年的中国经济体制改革，可谓是物换星移几度秋、几为沧桑纪废兴[①]。在经济体制改革的历史进程中，“从传统的计划经济体制到前无古人的社会主义市场经济体制再到使市场在资源配置中起决定性作用和更好发挥政府

① 前句出自唐代王勃《滕王阁序》中的《滕王阁诗》，全诗为：“滕王高阁临江渚，佩玉鸣鸾罢歌舞。画栋朝飞南浦云，珠帘暮卷西山雨。闲云潭影日悠悠，物换星移几度秋。阁中帝子今何在？槛外长江空自流。”后句出自宋代诗人陈梦良的《登泰山二首》其一，全文为：“一跻尼父更谁登，扶日扪参紫翠层。四海儿孙向罗立，万方稚子走香灯。独将浑噩留天地，几为沧桑纪废兴。长啸一声空八表，恍疑鹏背坐来曾。”

作用”[①]，从党的十八大开始进入全面深化经济体制改革新阶段。

（一）从探索改革到全面深化改革的推进

1978年12月召开的党的十一届三中全会，标志着当代中国经济体制改革的正式开始。此后，中国的经济体制改革从探索改革到全面深化改革不断推进，依次经历了3个大的阶段，从党的十八大开始又进入第四个阶段，即全面深化改革、全面深化经济体制改革新阶段。

第一阶段是1978年党的十一届三中全会到1992年党的十四大并十四届三中全会，探索并确立社会主义市场经济体制改革目标。这一阶段可以概括为探索改革。先是农村改革的兴起和展开，同时还进行了其他方面改革的试验。1984年10月，党的十二届三中全会通过了《中共中央关于经济体制改革的决定》，肯定了我国社会主义经济是“公有制基础上的有计划的商品经济”，提出改革的目的是建立具有中国特色、充满生机和活力的社会主义经济体制，确认增强企业活力是经济体制改革的中心环节。1987年10月召开的党的十三大，对经济体制改革的原则与方向作了更进一步的概括，提出“社会主义有计划商品经济的体制，应该是计划和市场内在统一的体制”，推动了改革的深入发展。1992年年初，邓小平视察南方并发表重要讲话，10月，党的十四大根据邓小平讲话精神明确提出了改革的目标是建立社会主义市场经济体制，实现了中国经济体制改革的重大突破，次年11月召开的党的十四届三中全会，对建立社会主义市场经济体制的改革作出全面的部署。

第二阶段是1992年党的十四大并十四届三中全会到2002年党的十六大并十六届三中全会，初步建立社会主义市场经济体制框架。这一阶段可以概括为转轨改革。在党的十四大根据邓小平南方重要谈话精神确立了建立社会主义市场经济体制的改革目标之后，1993年11月召开的党的十四届三中全会通过《中共中央关于建立社会主义市场经济体制若干问题的决定》，对建立社会主义市场经济体制的改革作出部署。1997年9月召开的党的十五大，实现

① 习近平：《在庆祝改革开放40周年大会上的讲话》（2018年12月18日）；中共中央党史和文献研究院、中央“不忘初心、牢记使命”主题教育领导小组办公室编：《习近平关于“不忘初心、牢记使命”重要论述选编》，中央文献出版社、党建读物出版社2019年版，第365页。

了思想理论上的一系列新的突破，又推动了以建立社会主义市场经济体制为目标的改革进一步向纵深发展。在20世纪末我国经济发展第二步战略目标实现之后，进入21世纪之初，到2002年党的十六大，我国初步实现了从计划经济向社会主义市场经济的转轨，社会主义市场经济体制的框架初步建立。党的十六大报告在总结以往改革发展历史进程时郑重指出："改革开放取得丰硕成果。社会主义市场经济体制初步建立。"①

第三阶段是2002年党的十六大、十六届三中全会到2012年党的十八大、十八届三中全会，深化经济体制改革，使社会主义市场经济体制不断完善。这一阶段可以概括为深化改革。2002年11月，党的十六大提出全面建设小康社会中深化改革的任务，就是完善社会主义市场经济体制。2003年10月党的十六届三中全会通过《中共中央关于完善社会主义市场经济体制若干问题的决定》，明确了深化改革、完善社会主义市场经济体制的目标和任务。2007年，党的十七大对推进改革开放又作出部署。至2012年党的十八大，在深化经济体制改革中，改革开放取得重大进展，农村综合改革、集体林权制度改革、国有企业改革不断深化，非公有制经济健康发展。现代市场体系和宏观调控体系不断健全，开放型经济达到新水平。

第四阶段可以从2012年党的十八大并十八届三中全会开始，全面深化经济体制改革，使社会主义市场经济体制更加成熟，更加定型。这一阶段可以概括为全面深化改革。党的十八大以后不久，2013年9月17日，在中共中央召开的党外人士座谈会上的讲话中，习近平总书记就指出："实现党的十八大描绘的全面建成小康社会、加快推进社会主义现代化、实现中华民族伟大复兴的宏伟蓝图，要求全面深化改革。坚持和发展中国特色社会主义，不断推进中国特色社会主义制度自我完善和发展，进一步解放和发展社会生产力、继续充分释放全社会创造活力，要求全面深化改革。解决我国发展面临的一系列突出矛盾和问题，实现经济社会持续健康发展，不断改善人民生活，要

① 《中国共产党十六次全国代表大会文件汇编》，人民出版社2002年版，第3页。

求全面深化改革。”[①]2012年11月党的十八大提出，全面建成小康社会的重要目标和重要任务，就是全面深化经济体制改革，攻坚经济体制改革难点，使社会主义市场经济体制更加成熟、更加定型。2013年11月，党的十八届三中全会研究全面深化改革重大问题，进一步明确了面向2020年全面深化经济体制改革、完善社会主义市场经济体制的目标、任务、重点，提出一系列重大举措。2017年10月，党的十九大面向全面建成小康社会决胜阶段，提出坚持全面深化改革，要求加快完善社会主义市场经济体制。显然，从中国经济体制改革进程推进来看，通过前20多年的改革初步建立了社会主义市场经济体制。进入21世纪在全面建设小康社会的过程中，要求对初步建立的社会主义市场经济体制不断完善。党的十九大以后，中国特色社会主义进入新时代，中国发展迈向全面建成小康社会新阶段，中国改革、经济体制改革也进入全面深化改革、加快完善社会主义市场经济体制的新时期。

（二）经济体制改革进入攻坚期和深水区

从整个改革、经济体制改革面对的情况来看，在进入全面深化改革阶段之际，经济体制改革进入攻坚期和深水区。党的十八大以后，习近平总书记多次强调改革进入攻坚期和深水区。党的十八大闭幕不久，2012年12月在广东考察工作时，习近平总书记指出：“我国改革已经进入攻坚期和深水区，进一步深化改革，必须更加注重改革的系统性、整体性、协同性，统筹推进重要领域和关键环节改革。”2012年12月15日，习近平总书记在中央经济工作会议上的讲话中又强调：“改革进入攻坚期和深水区，凝聚改革共识难度加大，但不改不行，改慢了不行，过于激进也不行。”2013年7月23日，习近平总书记在武汉主持召开部分省市负责人座谈会时发表的讲话中指出：“实现全面建成小康社会的奋斗目标，对全面深化改革提出了更加迫切的要求。我国改革已进入攻坚期和深水区，需要解决的问题十分繁重。”[②]

---

① 中共中央文献研究室编：《习近平关于全面深化改革论述摘编》，中央文献出版社2014年版，第5页。

② 中共中央文献研究室编：《习近平关于全面深化改革论述摘编》，中央文献出版社2014年版，第30、34、37页。

攻坚期本身的含义可以概括为“难”，即改革的难度大幅提升。习近平总书记指出：“全面深化改革是一场攻坚战，是对我们党执政能力的一次重大考验。”[①]深水区本身的含义可以概括为“险”，即改革的风险大幅增加。习近平总书记指出：“中国已经进入改革的深水区，需要解决的都是难啃的硬骨头，这个时候需要‘明知山有虎，偏向虎山行’的勇气，不断把改革推向前进。”“改革再难也要向前推进，敢于担当，敢于啃硬骨头，敢于涉险滩。步子要稳，就是方向一定要准，行驶一定要稳，尤其是不能犯颠覆性错误。”[②]“在越来越深的水中前行，遇到的阻力必然越来越大，面对的暗礁、潜流、漩涡可能越来越多。现阶段推进改革，必须识得水性、把握大局、稳中求进。”[③]体会攻坚期和深水区的内涵，可以深刻认识到，在改革开放取得成就、获得经验、形成新体制的起点上，中国继续推进改革开放的出发点已经向前移动，全面深化改革开放、加快完善社会主义市场经济体制面临着前所未有的严峻挑战。

首先，是问题时空压缩带来压力的严重性。在改革开放以来的发展中，我们把推进工业化、信息化、城镇化、市场化和国际化的历史进程压缩在一个较短的过程里，同时也压缩了社会矛盾形成发展的过程。发达国家在二百年、三百年发展过程中分阶段出现的一些问题和矛盾，在我国被压缩在一个相对较短时期内。进入全面深化改革开放的历史阶段，这些困难、问题、矛盾，原来不明显的现在明显了，不突出的现在突出了，不尖锐的现在尖锐了，不严重的现在严重了，给我国全面深化改革开放和经济社会发展带来了前所未有的压力。2014年2月7日习近平总书记在俄罗斯索契接受俄罗斯电视台专访时指出：“中国改革经过三十多年，已进入深水区，可以说，容易的、皆大欢喜的改革已经完成了，好吃的肉都吃掉了，剩下的都是难啃的硬

---

① 中共中央文献研究室编：《习近平关于全面深化改革论述摘编》，中央文献出版社2014年版，第147页。

② 中共中央文献研究室编：《习近平关于全面深化改革论述摘编》，中央文献出版社2014年版，第12—13、51页。

③ 中共中央文献研究室编：《习近平关于全面深化改革论述摘编》，中央文献出版社2014年版，第42页。

骨头。”[①]习近平总书记还说：“我们面临的突出矛盾和问题，仅仅依靠单个领域、单个层次的改革难以奏效，必须加强顶层设计、整体谋划，增强各项改革的关联性、系统性、协同性。”[②]

其次，是矛盾多重交织带来的复杂性。2012年12月31日，习近平总书记在十八届中央政治局第二次集体学习时的讲话中指出：“我国既处于发展的重要战略机遇期，也处于社会矛盾凸显期，在社会稳定中推进改革发展尤为重要。”[③]我国在全面深化改革开放中所面对的困难、问题和矛盾，既有以前发展过程中积累下来还没有完全解决的，又有这些的进一步延续，更有以前没有出现而在新的发展过程中新出现的；既有一些原有体制因素影响所带来的，又有一些在体制改革中所形成的，还有一些是在完善新体制中已经产生并还会产生的；既有关系经济、政治、文化、社会协调发展的，又有关系加强党的自身建设、提高党的执政能力的，这就使得全面深化改革开放面临极为复杂的多重矛盾交织的局面。对于多重矛盾交织的具体表现，习近平总书记作了说明：“国内外环境都在发生极为广泛而深刻的变化，我国发展面临一系列突出矛盾和挑战，前进道路上还有不少困难和问题。比如：发展中不平衡、不协调、不可持续问题依然突出，科技创新能力不强，产业结构不合理，发展方式依然粗放，城乡区域发展差距和居民收入分配差距依然较大，社会矛盾明显增多，教育、就业、社会保障、医疗、住房、生态环境、食品药品安全、安全生产、社会治安、执法司法等关系群众切身利益的问题较多，部分群众生活困难，形式主义、官僚主义、享乐主义和奢靡之风问题突出，一些领域消极腐败现象易发多发，反腐败斗争形势依然严峻，等等。”[④]多重矛盾交织的复杂性客观上要求，“把改革的力度、发展的速度和社会可承

① 中共中央文献研究室编：《习近平关于全面深化改革论述摘编》，中央文献出版社2014年版，第51页。

② 中共中央文献研究室编：《习近平关于全面深化改革论述摘编》，中央文献出版社2014年版，第47页。

③ 中共中央文献研究室编：《习近平关于全面深化改革论述摘编》，中央文献出版社2014年版，第36页。

④ 中共中央文献研究室编：《习近平关于全面深化改革论述摘编》，中央文献出版社2014年版，第6页。

受的程度统一起来，把改善人民生活作为正确处理改革发展稳定关系的结合点，在保持社会稳定中推进改革发展，通过改革发展促进社会稳定”。[①]

最后，是利益协调难度加大带来的风险性。习近平总书记指出：“下一步改革将不可避免触及深层次社会关系和利益矛盾，牵动既有利益格局变化。”[②]“全面深化改革触及深层次的社会关系和利益调整，十分复杂。”[③]应对各种困难、问题和矛盾，全面深化改革开放，我们要协调不同方面、不同领域、不同地区、不同群体的深层次利益关系，要协调深化经济体制改革与深化政治体制改革、文化体制改革、社会体制改革综合配套的关系，要协调每一个方面体制内部各个环节之间的关系，要协调持续破除原有体制痕迹与完善新体制内容的关系，要协调深化体制改革与促进经济发展、政治发展、文化发展、社会发展、生态文明建设的关系，要协调完善体制、促进发展、保持稳定与扩大开放、促进世界和平发展的关系，等等。正如习近平总书记所讲：“经济体制深刻变革，社会结构深刻变动，利益格局深刻调整，思想观念深刻变化，凝聚改革共识难度加大，统筹兼顾各方面利益任务艰巨而繁重。”[④]协调的难度显然大为增加，稍有不慎，就有可能在一定或较大的范围内产生不利于深化改革的影响。在一定意义上看，面向新的发展，全面深化改革开放的风险一点不比以前小。习近平总书记指出：“改革到了一个新的重要关头，推进改革的复杂程度、敏感程度、艰巨程度，一点都不亚于三十多年前。”[⑤]利益协调难度加大，客观上就要求，“增强改革措施、发展措施、稳定措施的协调性，把握好当前利益和长远利益、局部利益和全局利益、个人利益和集体利益的关系，既着力解决关系群众切身利益的问题，又着力引导

① 中共中央文献研究室编：《习近平关于全面深化改革论述摘编》，中央文献出版社2014年版，第36页。

② 中共中央文献研究室编：《习近平关于全面深化改革论述摘编》，中央文献出版社2014年版，第42页。

③ 中共中央文献研究室编：《习近平关于全面深化改革论述摘编》，中央文献出版社2014年版，第145页。

④ 中共中央文献研究室编：《习近平关于全面深化改革论述摘编》，中央文献出版社2014年版，第31页。

⑤ 中共中央文献研究室编：《习近平关于全面深化改革论述摘编》，中央文献出版社2014年版，第40页。

群众正确处理各种利益关系、理性合法表达利益诉求，营造安定团结的社会氛围”。[①]对此，一定要有清醒的认识与准确的把握。

（三）社会主义基本经济制度的重大创新

在经济体制改革进入攻坚期和深水区，全面深化经济体制改革新阶段的推进中，2019年10月，党的十九届四中全会顺利举行，审议通过了《中共中央关于坚持和完善中国特色社会主义制度、推进国家治理体系和治理能力现代化若干重大问题的决定》（以下简称《决定》）。《决定》面向中国特色社会主义新时代，面向从全面建成小康社会迈向全面建设社会主义现代化国家新征程，紧扣“坚持和完善中国特色社会主义制度、推进国家治理体系和治理能力现代化”这个主题，提出、确立中国特色社会主义新时代坚持和完善中国特色社会主义制度、推进国家治理体系和治理能力现代化的战略部署，其中的重要内容、重要方面、重要任务，就是坚持和完善社会主义基本经济制度，推动经济高质量发展。

党的十九届四中全会审议通过的《决定》明确指出：“公有制为主体、多种所有制经济共同发展，按劳分配为主体、多种分配方式并存，社会主义市场经济体制等社会主义基本经济制度，既体现了社会主义制度优越性，又同我国社会主义初级阶段社会生产力发展水平相适应，是党和人民的伟大创造。”[②]《决定》把公有制为主体、多种所有制经济共同发展，按劳分配为主体、多种分配方式并存，社会主义市场经济体制3个方面并列，都作为社会主义基本经济制度，对社会主义基本经济制度内涵作出了重要拓展和深化，是社会主义基本经济制度理论的重大创新，体现了社会主义基本经济制度的新概括。习近平总书记在十九届四中全会第二次全体会议的讲话中指出：“这次全会总结实践经验，在我们党已经明确的根本制度、基本制度、重要制度的基础上作出一些新的概括，比如，把社会主义基本经济制度确定为‘公有制为

① 中共中央文献研究室编：《习近平关于全面深化改革论述摘编》，中央文献出版社2014年版，第36页。

② 《中国共产党十九届中央委员会第四次全体会议文件汇编》，人民出版社2019年版，第37—38页。

主体、多种所有制经济共同发展，按劳分配为主体、多种分配方式并存，社会主义市场经济体制等社会主义基本经济制度’。”①

1.改革开放前简单地把基本经济制度主要地等同于公有制

改革开放以前，我国简单地把基本经济制度主要地等同于公有制，在所有制结构方面实际上形成了单一并大一统的公有制。在1978年的全国工业总产值中，全民所有制企业占77.6%，集体经济占22.4%，非公有制经济几乎不存在，而在公有制经济中，相当一部分集体经济实际上又是按国有经济的模式管理和运行的。单一公有制的所有制结构完全脱离了我国的基本国情，束缚了社会生产力的发展，抑制着企业和劳动者的积极性、创造性。

2.改革开放后提出和确立公有制为主体、多种经济成分共同发展的所有制格局

改革开放以后，以邓小平同志为主要代表的中国共产党人在总结历史经验与教训的基础上，逐步形成和提出了关于所有制问题的新的认识，对所有制结构进行了重大调整和改革，提出和确立了以公有制为主体、多种经济成分共同发展的所有制结构。1978年年底召开的党的十一届三中全会提出了“多方面改变同生产力发展不适应的生产关系和上层建筑”的要求②，开始迈出所有制结构改革的步伐。1982年党的十二大概括为“坚持国营经济的主导地位和发展多种经济形式”。③1984年党的十二届三中全会通过的《中共中央关于经济体制改革的决定》，又进一步指出：“坚持多种经济形式和经营方式的共同发展，是我们长期的方针，是社会主义前进的需要，决不是退回到建国初期那种社会主义公有制尚未在城乡占绝对优势的新民主主义经济，决不会动摇而只会有利于巩固和发展我国的社会主义经济制度。”④这样，就确立了以公有制为主体、多种经济成分并存的制度方针。1987年党的十三大进一步发展完善了这个方针。在所有制结构改革的实践中，我国在推进公有制经济改

① 习近平：《习近平谈治国理政》第三卷，外文出版社2020年版，第126页。
② 中共中央文献研究室编：《三中全会以来重要文献选编》上，人民出版社1982年版，第4页。
③ 《中国共产党第十二次全国代表大会文件汇编》，人民出版社1982年版，第22页。
④ 《中共中央关于经济体制改革的决定》，人民出版社1984年版，第33页。

革的同时，先后肯定并发展个体经济、外资经济、私营经济，初步形成了以公有制为主体、多种经济成分并存的所有制格局。

3.提出和确立以公有制为主体、多种所有制经济共同发展的基本经济制度

以江泽民同志为主要代表的中国共产党人不仅坚持了公有制为主体、多种经济成分并存的方针，而且根据经济体制改革的实践经验与发展社会主义市场经济新的历史条件的要求，对这一方针作了进一步的深化和拓展，提出和确立了以公有制为主体、多种所有制经济共同发展的基本经济制度。1992年党的十四大确定了建立社会主义市场经济体制的改革目标，阐释了社会主义市场经济体制与所有制结构的关系，明确指出："社会主义市场经济体制是同社会主义基本制度结合在一起的。在所有制结构上，以公有制包括全民所有制和集体所有制为主体，个体经济、私营经济、外资经济为补充，多种经济成分长期共同发展，不同经济成分还可自愿实行多种形式的联合经营。"①1997年党的十五大在科学总结所有制改革实践和理论探索成就的基础上，对社会主义市场经济条件下我国的所有制结构问题实现了理论认识上的重大突破，江泽民在十五大报告中第一次明确提出："公有制为主体、多种所有制经济共同发展，是我国社会主义初级阶段的一项基本经济制度。"在社会主义条件下发展市场经济的一个重要方面，就是"坚持和完善社会主义公有制为主体、多种所有制经济共同发展的基本经济制度"。②这表明以公有制为主体、多种所有制经济共同发展被作为社会主义初级阶段的一项基本经济制度确立下来，这种所有制结构不是一般的方针政策或权宜之计，而是具有稳定性、长期性的制度安排，是标识社会主义基本制度的重要内容，是实现社会主义与市场经济有机结合的重要方面。

4.强调坚持和完善以公有制为主体、多种所有制经济共同发展的基本经济制度

此后，一直到党的十九届四中全会以前，在深化经济改革中，我国都

① 中共中央文献研究室编:《十四大以来重要文献选编》上，人民出版社1996年版，第19页。
② 中共中央文献研究室编:《十五大以来重要文献选编》上，人民出版社2000年版，第20、18页。

强调坚持和完善公有制为主体、多种所有制经济共同发展的基本经济制度。2002年11月党的十六大强调根据解放和发展生产力的要求，要坚持和完善公有制为主体、多种所有制经济共同发展的基本经济制度，提出“两个毫不动摇”，即必须毫不动摇地巩固和发展公有制经济，必须毫不动摇地鼓励、支持和引导非公有制经济发展。2007年10月党的十七大重申和强调坚持和完善公有制为主体、多种所有制经济共同发展的基本经济制度，毫不动摇地巩固和发展公有制经济，毫不动摇地鼓励、支持、引导非公有制经济发展，坚持平等保护物权，形成各种所有制经济平等竞争、相互促进新格局。2012年11月，党的十八大报告提出，要加快完善社会主义市场经济体制，完善以公有制为主体、多种所有制经济共同发展的基本经济制度，完善按劳分配为主体、多种分配方式并存的分配制度。2017年10月，党的十九大报告进一步提出和强调，必须坚持和完善我国社会主义基本经济制度和分配制度，毫不动摇巩固和发展公有制经济，毫不动摇鼓励、支持、引导非公有制经济发展，使市场在资源配置中起决定性作用，更好发挥政府作用。

5.党的十九届四中全会对社会主义基本经济制度作出新概括

2019年10月，面向中国特色社会主义新时代的新发展，面向从全面建成小康社会奋斗目标实现向全面建设社会主义现代化国家新征程的跨越，党的十九届四中全会总结改革开放特别是党的十八大以来的实践经验与理论创新，对社会主义基本经济制度作出新的概括，把社会主义基本经济制度确定为公有制为主体、多种所有制经济共同发展，按劳分配为主体、多种分配方式并存，社会主义市场经济体制等社会主义基本经济制度。

这种新概括，着眼于新的实践和发展需要，把以往以公有制为主体、多种所有制经济共同发展的基本经济制度，进行了扩展、深化和提升。既坚持了公有制为主体、多种所有制经济共同发展的所有制结构是社会主义基本经济制度的首要构成、首要方面、首要内容，又把我国在改革开放中形成、确立的按劳分配为主体、多种分配方式并存的分配制度上升为基本经济制度，将其明确地确立为社会主义基本经济制度的重要构成、重要方面、重要内容。同时还把我国在改革开放中形成、确立的体现资源配置方式的社会主义市场经济体制，也上升为基本经济制度，极为明确地确立为社会主义基本经济制度的不可或缺、不能替代的又一个重要构成、重要方面、重要内容。这样，中国特色社会主义基本经济制度就包括3个方面的基本制度构成，一是以公有制为主体、多种所有制经济共同发展的所有制结构；二是以按劳分配为主体、多种分配方式并存的分配制度；三是体现资源配置方式的社会主义市场经济体制，这三项基本经济制度相互联系、相互支持、相互促进，构成中国特色社会主义基本经济制度的制度体系与框架。

社会主义基本经济制度的新概括，丰富和完善了社会主义基本经济制度的理论内涵，是社会主义基本经济制度理论的创新和发展，是习近平新时代中国特色社会主义经济思想的重要创新和发展；确定和突出了社会主义基本经济制度在整个国家治理体系中的重要地位，体现了社会主义制度与市场经济的有机结合，体现了中国特色社会主义制度的优越性，适应于我国社会主义初级阶段社会生产力发展水平，从基本经济制度方面为新时代现代化建设确立了制度体制保障；形成和确立了社会主义基本经济制度的框架体系，为全面深化经济改革、坚持和完善社会主义基本经济制度提供了根本遵循，具有重要指导意义。

根据社会主义基本经济制度的新概括，党的十九届四中全会对于坚持和完善社会主义基本经济制度作出部署安排。①一是在坚持和完善公有制为主体、多种所有制经济共同发展方面，毫不动摇巩固和发展公有制经济，毫不动摇鼓励、支持、引导非公有制经济发展，完善农村基本经营制度；二是在坚持和完善按劳分配为主体、多种分配方式并存的分配制度方面，完善初次分配制度，健全再分配调节机制，重视发挥第三次分配作用，规范收入分配秩序，扩大中等收入群体；三是在加快完善社会主义市场经济体制方面，建设高标准市场体系，完善公平竞争制度，完善产权制度，完善要素市场化配置，健全具有高度适应性、竞争力、普惠性的现代金融体系。同时，还提出要完善科技创新体制机制，建设更高水平开放型经济新体制。

---

①《中国共产党十九届中央委员会第四次全体会议文件汇编》，人民出版社2019年版，第38—41页。

第二十章　社会主义市场经济体制的完善

在进入全面建成小康社会新阶段之际，党的十八大就提出要全面深化经济体制改革、加快完善社会主义市场经济体制。2013年11月党的十八届三中全会审议通过《中共中央关于全面深化改革若干重大问题的决定》，把经济体制改革作为全面深化改革的重点加以安排部署；2017年10月党的十九大面向全面建成小康社会决胜阶段和中国特色社会主义新时代的新发展，要求加快完善社会主义市场经济体制，坚持社会主义市场经济改革方向，着力构建市场机制有效、微观主体有活力、宏观调控有度的经济体制。2019年10月，党的十九届四中全会审议通过《中共中央关于坚持和完善中国特色社会主义制度、推进国家治理体系和治理能力现代化若干重大问题的决定》，把加快完善社会主义市场经济体制作为推进国家治理体系和治理能力现代化、坚持和完善社会主义基本经济制度的重要内容。为贯彻落实党的十九大和十九届四中全会关于坚持和完善社会主义基本经济制度的战略部署，在更高起点、更高层次、更高目标上推进经济体制改革，构建更加系统完备、更加成熟定型的高水平社会主义市场经济体制，面向全面建设社会主义现代化国家新征程，2020年5月，中共中央、国务院下发《关于新时代加快完善社会主义市场经济体制的意见》。2020年10月，党的十九届五中全会审议通过《中共中央关于制定国民经济和社会发展第十四个五年规划和二〇三五年远景目标的建议》，对全面建设社会主义现代化国家新征程、向第二个百年奋斗目标进军的第一个五年规划发展期，即“十四五”时期的发展进行战略部署，把改革开放迈出新步伐、社会主义市场经济体制更加完善作为“十四五”时期发展的主要目标之一，确定了全面深化改革、构建高水平社会主义市场经济体制的主要任务。显然，从全面建成小康社会迈向全面建设社会主义现代化国家新征程，继续推进全面深化经济体制改革，就是要加快完善社会主义市场经济体制。

一、市场在资源配置中的决定性作用

全面深化经济体制改革、加快完善社会主义市场经济体制，必须坚持社会主义市场经济改革方向，而坚持社会主义市场经济改革方向最突出、最重要的内容，就是紧紧围绕使市场在资源配置中起决定性作用深化经济体制改革。使市场在资源配置中起决定性作用，是十八大以后提出的一个重要理论观点，是社会主义市场经济理论的重大创新，也是全面深化经济体制改革、加快完善社会主义市场经济体制的战略取向。

（一）确立市场在资源配置中起决定性作用是重大创新

在中国改革开放的历史进程中，1992年春，中国改革开放的总设计师邓小平发表了著名的“南方谈话”，深刻阐述了计划与市场的关系，使我国对计划与市场关系的认识产生了质的飞跃。在邓小平南方重要谈话的基础上，全党、全国达成了社会主义市场经济的共识，同年召开的党的十四大确认了社会主义市场经济，确立了建立社会主义市场经济体制的改革目标。此后，对于社会主义市场经济中市场对资源配置作用的认识，在探索中不断深化。

党的十四大、十四届三中全会到十五大，提出市场在国家宏观调控下对资源配置起基础性作用。1992年10月，党的十四大根据邓小平讲话精神明确提出了中国经济体制改革的目标是建立社会主义市场经济体制，要使市场在社会主义国家宏观调控下对资源配置起基础性作用，使经济活动遵循价值规律的要求，适应关系的变化，通过价格杠杆和竞争机制的功能，把资源配置到效益较好的环节中去。1993年11月召开的党的十四届三中全会通过《中共中央关于建立社会主义市场经济体制若干问题的决定》，对以建立社会主义市场经济体制为目标的改革作出部署，明确提出建立社会主义市场经济体制，就是要使市场在国家宏观调控下对资源配置起基础性作用。1997年9月，党的十五大召开，大会鲜明地提出高举邓小平理论伟大旗帜，肯定了邓小平把社会主义同市场经济结合起来是一个伟大创举，要求全党和全国人民坚持社会主义市场经济的改革方向，坚持和完善社会主义市场经济体制，使市场在国家宏观调控下对资源配置起基础性作用，并强调尽快建成统一开放、竞争有序的市场体系，进一步发挥市场对资源配置的基础性作用。

党的十六大、十六届三中全会提出更大程度地发挥市场在资源配置中的基础性作用。2002年11月，党的十六大提出，要在更大程度上发挥市场在资源配置中的基础性作用，健全统一、开放、竞争、有序的现代市场体系。2003年10月，十六届三中全会通过《中共中央关于完善社会主义市场经济体制若干问题的决定》，明确提出了深化经济体制改革、完善社会主义市场经济体制的目标和任务，强调按照统筹城乡发展、统筹区域发展、统筹经济社会发展、统筹人与自然和谐发展、统筹国内发展和对外开放的要求，更大程度地发挥市场在资源配置中的基础性作用。党的十七大提出要从制度上更好发挥市场在资源配置中的基础性作用。2007年10月，党的十七大对深化经济体制改革作出重要部署，要求在完善社会主义市场经济体制方面取得重大进展，提出要深化对社会主义市场经济规律的认识，从制度上更好发挥市场在资源配置中的基础性作用。这表明对于市场在资源配置中基础性作用的认识，又深化了、前进了，强调了市场对资源配置基础性作用的制度化、规范化。

党的十八大提出更大程度、更广范围发挥市场在资源配置中的基础性作用。2012年11月，党的十八大在进一步明确经济体制改革目标时提出，要加快完善社会主义市场经济体制，完善公有制为主体、多种所有制经济共同发展的基本经济制度，完善按劳分配为主体、多种分配方式并存的分配制度，更大程度、更广范围发挥市场在资源配置中的基础性作用。

可以看出，自明确我国经济体制改革的目标是建立社会主义市场经济体制以来，我国关于市场在资源配置中起基础性作用的认识不断深化、不断提高，对深化经济体制改革实践推进、实践创新发挥了极为重要的理论先导作用。但是，也必须注意到，这些认识的推进与提升，始终围绕的是市场对资源配置起基础性作用，市场在资源配置中起基础性作用的定位没有发生根本的变化。

经过自1992年以来20多年的经济体制改革实践，我国社会主义市场经济体制已经初步建立并有所完善，但在市场经济运行和发展中仍然存在许多问题，诸如市场秩序不规范、以不正当手段谋取经济利益，生产要素市场发展滞后、要素闲置和大量有效需求得不到满足，市场规则不统一、部门保护主义和地方保护主义突出，市场竞争不充分、阻碍优胜劣汰和结构调整，等等。要解决这样的诸多问题，使社会主义市场经济体制更加完善、更加成熟、更加定型，按照市场在资源配置中起基础性作用的定位深化经济体制改革显然已经不够了，客观上要求根据经济体制改革实践拓展和经济体制改革理论认识深化，就市场对资源配置作用确定更重要、更科学、更高层次的定位。

2013年11月，党的十八届三中全会提出，坚持社会主义市场经济改革方向，紧紧围绕使市场在资源配置中起决定性作用深化经济体制改革，使市场在资源配置中起决定性作用和更好发挥政府作用。习近平总书记在党的十八届三中全会上就此指出："关于使市场在资源配置中起决定性作用和更好发挥政府作用，这是这次全会决定提出的一个重大理论观点。这是因为，经济体制改革仍然是全面深化改革的重点，经济体制改革的核心问题仍然是处理好政府和市场关系。""进一步处理好政府和市场关系，实际上就是要处理好在资源配置中市场起决定性作用还是政府起决定性作用这个问题。经济发展就是要提高资源尤其是稀缺资源的配置效率，以尽可能少的资源投入生产尽可能多的产品、获得尽可能大的效益。理论和实践都证明，市场配置资源是最有效率的形式。市场决定资源配置是市场经济的一般规律，市场经济本质上就是市场决定资源配置的经济。健全社会主义市场经济体制必须遵循这条规律，着力解决市场体系不完善、政府干预过多和监管不到位问题。"[①]确定市

① 习近平：《习近平谈治国理政》第一卷，外文出版社2014年版，第75、77页。

场在资源配置中起决定性作用，这就突破了20多年来在理论上市场对资源配置基础性作用的定位，把市场对资源配置的作用提升到一个更高、更重要的层次，在社会主义市场经济理论、深化经济体制改革战略方针上实现了重大创新。

（二）把握市场在资源配置中起决定性作用的理论内涵

市场经济是整个社会经济范围内市场对资源配置发挥作用的经济。在人类社会形成以后，随着社会生产力的发展，出现了商品经济。商品经济是社会分工条件下直接以交换为目的的包括商品生产、分配、交换和消费的经济类型。商品经济产生的基本条件是社会分工，正是社会分工才产生了从事不同分工的人们之间交换的客观要求。商品经济产生的另一个条件是生产资料分属于不同的所有者，这个条件使从事不同分工的人们之间的交换必须是等价交换，交换就成为直接目的。但是，不能把商品经济简单地等同于商品交换或商品生产和商品交换，商品经济不仅包括商品生产、商品交换，也包括商品分配和商品消费，是由商品生产、商品分配、商品交换和商品消费的全过程和各环节构成的体系。同时，商品经济作为人类社会一定历史时期产生和存在的经济类型，直接体现的是人们劳动分工和经济活动的联系方式，也可以说就是资源配置方式。但是，从原始社会末期到奴隶社会和封建社会相当长的历史时期里，自给自足的自然经济是占主导地位的经济类型，商品经济的规模和水平都十分有限，商品经济的形态表现为小商品经济，即以小私有制和个体劳动为基础的商品经济，市场对资源配置的作用只是表现在一定的范围之中。在人类社会进入近现代以后，社会生产力的发展推动着小商品经济向以社会化大生产为基础的商品经济转化，商品经济就从小商品经济形态进入一个新的发展时期，即以社会化大生产为基础、市场对整个社会经济活动的资源配置发挥作用的商品经济，也就是今天所说的市场经济。

市场经济不但以高度发达的社会化大生产为基础，而且在整个社会经济活动范围内市场对社会资源配置发挥作用，市场经济就是社会化大生产基础上主要通过市场实现整个社会资源配置的经济类型。市场经济的最主要特点，是市场对整个社会资源的配置发挥作用。市场的存在并发挥作用是商品经济的基本特征，但并不是有市场就有市场经济，只是在市场的作用范围扩大到整个社会资源的配置的时候，商品经济才从小商品经济阶段发展为市场经济，市场经济突出地表现为市场对整个社会的资源配置发挥作用，市场经济就是由市场配置资源的经济类型。习近平总书记就指出："市场决定资源配置是市场经济的一般规律，市场经济本质上就是市场决定资源配置的经济。"①

在明确坚持社会主义基本制度的前提下，社会主义市场经济就是指社会经济过程中资源配置的方式，是在社会主义基本制度条件下主要通过市场方式实现资源合理有效配置的经济。社会主义市场经济作为资源配置方式，一方面并不排斥国家对经济活动的宏观调控和管理经济的相应职能；另一方面则突出市场在社会资源配置中的重要作用。在我国社会主义市场经济中，市场对资源配置起决定性的作用。其基本内涵应该是指：第一，市场是市场经济运行和活动的决定性调节者。在我国社会主义市场经济中，整个市场经济运行和活动的决定性调节者，是以价值规律为核心的市场规律体系和市场机制系统，而不是政府管理、政府干预，更不是所谓的计划规律和计划机制。第二，市场是市场经济要素流动、资源配置的决定性依据。在社会主义市场经济中，整个市场主体行为选择、调整和市场要素流动、资源配置的直接的、决定性依据，是市场内生的以市场价格为核心的市场机制、市场信号，而不是政府的或行政的指令，更不是所谓政府的计划管理。第三，市场是市场经济活动中各种关系的决定性内容。在社会主义市场经济中，整个市场经济活动中的各种关系，是以市场交换关系和竞争关系为基本内容的市场关系体系，而不是纵向的、以隶属关系或非经济依附关系为基本内容的行政关系。第四，市场是市场经济中政府管理、国家宏观调控的决定性基础和依据。在社会主义市场经济中，整个市场经济运行和经济活动的承载者是市场，国家的宏观管理与调控、计划导向作用的发挥必须以市场为基础，政府管理必须依据市场而对市场运行进行导向。

---

① 习近平：《习近平谈治国理政》第一卷，外文出版社2014年版，第77页。

从市场对资源配置发挥决定性作用看，社会主义市场经济应该被理解为是一整套通过市场决定性作用实现资源合理有效配置的体系。在这个体系中，围绕着市场对资源配置发挥决定性作用，包括市场主体经济行为的相互影响，市场客体运动的相互联系，市场调节机制的相互制约，以及政府发挥一定的经济职能对整个经济活动进行管理和调控等。

发挥市场在资源配置中的决定性作用，必须正确认识市场在资源配置中起决定性作用的范围、层次、方式和时序。

首先，要正确认识市场在资源配置中起决定性作用的范围。从市场经济运行和活动的过程考察，不能把市场在资源配置中起决定性作用仅局限于或主要局限于交换过程。在社会主义市场经济中，市场对经济运行和活动全过程的生产、分配、交换和消费各个环节及其彼此之间的关系都有决定性作用。市场作用调节着产品和服务的生产、收入分配、交换比例、消费状况，也调节着各环节之间的关系，包括生产、分配、交换和消费之间，分配和交换、消费之间，以及交换和消费之间的关系。同时，也调节着社会再生产各环节内部的比例关系，如生产领域中3次产业之间及各自内部的比例关系、分配领域中不同阶层的收入差距、交换领域中不同商品交换的比例关系、一定市场上的供给量和需求量的平衡关系等，也调节着消费领域中生存资料、享受资料、发展资料之间的比例及消费水平、消费结构等。所以，市场对资源配置的决定性作用，涵盖着整个市场经济活动范围。

其次，要正确认识市场在资源配置中起决定性作用的层次。从市场经济活动的层次来看，不能把市场在资源配置中起决定性作用仅局限于微观经济领域。在微观经济领域，市场在资源配置中起决定性作用，表现为对企业的市场活动和个人经济行为进行调节，使微观经济能够灵活运转，具有效率，充满活力，这是毋庸置疑的。不仅如此，市场在资源配置中起决定性作用也体现在宏观经济领域，市场调节整个市场经济范围之中资源的存量变动、增量流向及结构优化，进而调节社会总供求的总量关系；在国家的宏观调控和政府经济管理中，市场作为传导机制，对社会总供求的结构平衡与总量平衡也发挥着调节作用。

再次，要正确认识市场在资源配置中起决定性作用的方式。不能把市场在资源配置中起决定性作用简单地、不加分析地一律视为自发的、盲目的作用。市场在资源配置中起决定性作用的是一种自动调节功能，即只要市场经济系统的某一构成部分或要素发生变化，就必然引起相关的构成部分或要素以至整个市场经济的运行按一定方向发生联动反应。比如，在所需要的条件具备的前提下，市场价格的变动，必然引起市场供求的变动，价格上涨导致供给增加而需求减少，价格下降导致供给减少而需求增加。这种自动调节功能在发挥作用时则以自觉的或自发的方式表现出来。所谓自发作用方式，是指市场主体对市场作用机理没有正确认识与把握，市场主体的行为和活动所导致的一定市场要素的变化及其相关要素的反应，不一定符合市场主体进行市场活动的预期目的和均衡、有效配置资源的要求，这时市场对资源配置中的决定性作用就是盲目的。所谓自觉作用方式，是指市场主体发挥主观能动性，根据市场作用的机理，主动地调整市场行为和展开市场活动，以使市场作用尽可能符合市场主体的预期目的和达到均衡、有效配置资源的要求，这时市场在资源配置中的决定性作用就是自觉的。现代市场经济运行的一个显著特征，就是市场对资源配置的自觉作用程度不断提高。

最后，要正确认识市场在资源配置中起决定性作用的时序。不能把市场在资源配置中起决定性作用简单地、不加分析地视为事后调节。市场在资源配置中起决定性作用，是对一定的市场运行过程的调节，体现着一定市场运行过程发展的客观趋势，既表现为相互联系着的无数市场主体行为的有机集合，也表现为市场主体具有因果联系的一系列行为的有序变换，不能孤立地割裂市场主体行为的空间联系和时序链条来看市场在资源配置中起决定性作用的“事后”或“事前”。就一定市场运行过程中一定时间点的某一市场行为的调整来看，或许可以说是市场作用的“事后”调节。但是从整个过程来看，就此一行为调整所引起的其他市场的要素的变化、所必然顺序产生的后一行为调整来看，就很难说市场机制的调节是“事后”的。

（三）确立市场在资源配置中起决定性作用的重大意义

确立市场在资源配置中起决定性作用，对于全面建成小康社会乃至于全面建设社会主义现代化国家具有十分重要的意义。习近平总书记指出："作出'使市场在资源配置中起决定性作用'的定位，有利于在全党全社会树立关于政府和市场关系的正确观念，有利于转变经济发展方式，有利于转变政府职能，有利于抑制消极腐败现象。"①这里，简要说明理论、改革和发展的意义。

首先，确立市场在资源配置中起决定性作用，具有重要的理论意义。确立市场在资源配置中起决定性作用，是一次重大的理论创新，是我国体制改革和经济发展中的又一次思想解放，突破了只从基础性作用意义上认识、定位社会主义市场经济的原有观点，发展和丰富了马克思主义的科学社会主义理论和政治经济学理论，发展和丰富了习近平新时代中国特色社会主义思想，发展和丰富了中国特色社会主义市场经济理论。

其次，确立市场在资源配置中起决定性作用，具有重要的改革意义。确立市场在资源配置中起决定性作用，为全面深化经济体制改革，使社会主义市场经济体制更加成熟、更加定型地奠定了认识上、理论上的基础，使我们能够按照市场在资源配置中起决定性作用的取向，采取、部署深化全面经济体制改革的一系列重要举措，促进社会主义市场经济体制的不断完善、成熟、定型。发展社会主义市场经济是前无古人的伟大创举，社会主义市场经济体制本身也还需要不断完善。市场经济发展过程中会出现一些问题，社会主义市场经济体制还有很多不完善之处，既然市场在资源配置中起决定性作用，就不能动摇发展社会主义市场经济的改革方向。也许在一些特定的情况下，政府维护市场正常运行的职责会有所强化，但市场在资源配置中起的决定性作用不能改变。在继续完善社会主义市场经济体制的改革深化过程中，不管遇到什么困难、矛盾和风险，都决不能向计划经济的老路倒退。随着社会主义市场经济的进一步发展，市场在资源配置中起的决定性作用还会更加突出、更加重要。在全面深化经济体制改革中，必须始终坚持社会主义市场经济的改革方向，更加充分地发挥市场在资源配置中的决定性作用。

最后，确立市场在资源配置中起决定性作用，具有重要的发展意义。确

① 习近平：《习近平谈治国理政》第一卷，外文出版社2014年版，第77页。

立市场在资源配置中起决定性作用，消除了推进现代化建设、发展社会主义市场经济的一个重要疑虑，使我们能够理直气壮地根据市场在资源配置中起决定性作用的要求，认识和掌握市场经济的规律并用以指导经济社会发展实践，进一步发展社会主义市场经济，在发挥市场在资源配置中起决定性作用的市场化进程中，推动工业化、信息化、城镇化和农业现代化同步发展，进而在市场对资源配置起决定性作用的社会主义市场经济发展过程中，使国家迈向基本、全面实现现代化，实现中华民族伟大复兴的中国梦。

总而言之，确立市场在资源配置中起决定性作用是一个重大创新，市场在资源配置中起决定性作用，表明市场是市场经济运行和活动的决定性调节者，是市场经济要素流动、资源配置的决定性依据，是市场经济活动中各种关系的决定性内容，是市场经济中政府管理、国家宏观调控的决定性基础和依据，具有重要理论意义、改革意义、发展意义。在全面建设社会主义现代化国家新征程中，全面深化经济体制改革，坚持社会主义市场经济改革方向，就是要紧紧围绕使市场在资源配置中起决定性作用全面深化经济体制改革。正因为如此，在党的十八届三中全会以后，党的十八届五中全会、党的十九大、党的十九届四中全会、党的十九届五中全会，乃至党和国家对全面建设社会主义现代化国家的战略部署，都反复重申、强调发挥市场在资源配置中的决定性作用、加快完善社会主义市场经济体制。

二、加大力度激发各类市场主体活力

市场对资源配置的决定性作用是通过市场主体的活动来实现的。市场主体是社会主义市场经济展开活动、发生联系、持续运行的主动力量，是社会主义市场经济资源配置的微观载体。在全面建设社会主义现代化国家新征程中，全面深化经济体制改革、加快完善社会主义市场经济体制，必须加大力度激发各类市场主体活力，进而增强整个经济社会发展动能。

（一）认识市场主体功能，确立企业市场主体地位

市场主体是市场经济的首要要素，也是实现资源合理有效配置的能动的

市场力量。市场主体在追求自身利益的市场活动中具有自组织、自调节、自约束、自发展4种基本功能，在发挥这些功能的过程中，市场主体推动着稀缺资源合理配置的实现。所谓自组织功能，是指市场主体能够根据市场信号，自动地安排其商品或劳务的生产、分配、交换和消费诸方面的生产要素或资源的投向及组合结构，以同市场状况的变动相适应。在这个过程中，生产要素或稀缺资源要么按照市场主体的选择被投放到一定的领域，要么被市场主体聚合在一定的部门形成现实生产力。所谓自调节功能，是指在经过自组织功能发挥而形成一定的资源投向或要素组合以后，市场主体能够根据市场状况的变化，自动地调整资源投向或要素组合的偏差，以维护或保证市场主体本身的经济利益。在这个过程中，稀缺资源或生产要素必然在不同生产部门或产业领域进行流动，趋向于均衡、优化配置。所谓自约束功能，是指市场主体在组织和调节资源投向与要素组合时，根据风险、利益及预算自动地对自身经济行为进行约束，以保证其经济行为的合理与适度。在这个过程中，稀缺资源和生产要素的投向、组合及流动就不会是非理性的，而是尽可能去符合客观经济运行的要求，实现合理配置。所谓自发展功能，是指市场主体基于利益最大化的目标，在竞争的压力下，总是要通过资源和生产要素的投向、组合、流动去追求并努力实现自身的不断发展，以维持、巩固、扩大自己的市场地位。在这个过程中，稀缺的资源或生产要素会不断地被再生产、再配置、再聚敛，进而不断地实现增值。显而易见，正是市场主体的活动，使稀缺的资源或生产要素得以组合、流动，从一种结构调整到另一种结构，尽可能不断地实现其合理、有效、优化、均衡的配置。

从经济学教科书讲述市场经济一般理论的角度，市场主体可以是组织，也可以是个人，包括3个方面。一是企业。二是作为市场活动当事人的个人或家庭。个人或家庭作为经济活动当事人出现在市场活动中，以消费者、劳动者和其他生产要素所有者的身份参与经济运行。作为消费者，其能够购买商品和服务，投出“货币选票”；作为劳动者或人身生产要素所有者，能够提供劳动、劳动力；作为各种生产要素所有者，则能够以各种方式进行投资，这些行为对资源的流向、组合、调整、优化以至实现有效、合理配置产生极其重要的作用。三是政府，包括中央政府和地方政府两个层次。政府以消费者、生产要素所有者的身份进行市场活动时，可以为市场参与主体；政府以整个社会管理者的身份参与市场运行，对整个社会经济施以调节、控制、管理时，则为市场调控主体。

这里论述的市场主体，是指作为生产经营单位具有独立经济利益，能够自主决策，参与包括商品生产、分配、交换和消费各方面市场活动的企业。企业是市场经济活动的基本单位，是独立的商品生产者和经营者。在市场经济中，企业不仅能使一般的产品和服务转化为商品，而且把社会的一切生产、分配、交换和消费都纳入市场领域。企业市场主体地位的确立及与之相适应的企业制度的形成，是市场经济建立、发展及其发挥配置资源作用的重要标志和保障。在我国社会主义市场经济中，不论是公有制企业还是非公有制企业，都是能够自主进行市场活动、推动资源配置的市场主体。①

这里特别要强调，在社会主义市场经济中，国有企业是重要的市场主体，这是因为在社会主义市场经济的发展中，国有企业成为符合市场经济要求的市场主体的条件必然逐步形成。

商品和市场关系产生、存在与发展的最基本的条件有两个方面：一是社会分工所构成的各个生产者相互独立又相互依赖的关系，由此产生商品交换和形成市场关系的必要性；二是生产者必须是独立的经济主体，彼此承认对方对所生产产品所拥有的权利。在古典市场经济条件下，与独立的市场主体相联系的往往是私人业主制，企业是以私人所有为基础的自然人企业，企业的所有权、控制权、经营权等都集中于私人业主一身，因而作为独立市场主体的一般都是以私人所有者的身份出现在市场交易中。马克思就此曾经指出，市场交易双方“必须彼此承认对方是私有者”“彼此只是作为商品的代

① 从法律意义上看，根据《中华人民共和国市场主体登记管理条例》，市场主体是指在中华人民共和国境内以营利为目的从事经营活动的自然人、法人及非法人组织，包括：（1）公司、非公司企业法人及其分支机构；（2）个人独资企业、合伙企业及其分支机构；（3）农民专业合作社（联合社）及其分支机构；（4）个体工商户；（5）外国公司分支机构；（6）法律、行政法规规定的其他市场主体。截至2020年年底，我国登记注册市场主体近1.4亿家，其中企业4342.2万家，个体工商户9418.7万家。

表即商品占有者而存在”。[①]但是，随着古典市场经济向现代市场经济的转化，作为市场主体的企业的产权制度也随之发生了重大的变化，企业的所有权、控制权、经营权等局部或全部的分离已经成为市场经济本身的要求，成为普遍的经济事实。这时，作为市场主体就不一定直接是拥有最终所有权的所有者。一定的个人或经济组织，只要通过某种契约关系，以承担一定义务获得某种财产、资产或货币价值的控制权、经营使用权，并获得当事人的承认，就能作为市场主体支配这些财产、资产或货币价值的运营和交易。现代公司就是最典型的例证，在现代公司中，财产所有者的所有权转化为股东的股权，而公司法人则获得了公司资产的法人财产权，作为独立的市场主体运营其资产，参与市场交易活动。即使众多的子公司属于同一个母公司，只要子公司有独立的法人财产权，它们之间仍然是作为彼此独立的市场主体发生市场关系。

就国有企业而论，由国家拥有所有权的国有企业能否作为生产者成为独立的市场主体，取决于其在市场经济中能否拥有市场经济所要求的市场主体的权利。在社会主义市场经济中，国家拥有所有权并不排斥国家所有权与国有企业的控制权、经营权的分离，也不排斥对所有权、控制权、经营权等都集中于国家的产权结构重新安排。国有企业的产权制度本身具有权利行使代理性的特征，即国有企业的资产运营总是在国家或政府的授权下由一定的组织或个人进行的，这就为国有企业成为独立的市场主体提供了前提和可能性。在一定意义上，这是和市场经济发展中由于生产的社会化、分工的专门化、经济的信用化对市场主体所提出的要求相符合的。国有企业在资本国家所有的基础上，通过建立现代企业制度，真正成为企业法人，就能成为有活力、有生机并适应市场经济要求的市场主体。

社会主义市场经济的发展，还逐渐形成、创造和提供了国有企业成为市场主体的其他诸多条件。在社会主义市场经济发展中，作为市场客体的资产已经价值化、货币化和信用化，这就使国有企业的委托—代理关系、激励和

---

① 马克思：《资本论》（纪念版）第一卷，人民出版社2018年版，第103、103—104页。

约束机制等的多样化、有效化获得了广阔的空间，从而为国有企业调整、改革和重构企业制度，建立与完善适应现代市场经济要求的现代企业制度，创造了市场客体条件。同时，社会主义市场经济的发展逐步形成完善有效的现代市场体系，竞争的商品市场和要素市场的存在与完善，有助于克服所有权和控制权分离情况下国家作为所有者同国有企业经营者信息不对称的难题；竞争的经理市场的完善与发展，有助于形成国有企业经营者的有效的激励约束机制；而竞争的资本市场的完善与发展，也可能使国有企业的经营绩效得到基本反映。这些，在国有企业现代产权制度的基础上，提供了国有企业建立现代企业制度并使其有效运行的充分竞争的市场条件，从而使国有企业真正成为市场主体参与竞争成为现实，促进国有企业焕发活力与生机、不断发展壮大。

（二）激发国有企业活力，推进国有经济改革发展

国有企业是国有经济的基本单元。从一般的规定性来看，所谓国有经济，就是由国家（政府）通过投资、参股等一定方式形成并拥有所有权的经济形式。国有经济不是一个空洞、抽象的概念，而是由有机联系的国有企业的总和所构成。国有企业是国有经济的实体形式，是国有经济的基本单元。作为微观经济主体，国有企业就是国家拥有一定所有权并依法设立的从事生产经营活动的经济组织。就国有企业的形成而言，在一定的历史条件下曾采取赎买甚至没收的方式把私人企业转变为国有企业，而在正常的社会主义市场经济发展过程中国有企业主要是通过国家投资、参股等方式形成的，不仅包括国有独资企业，而且也包括国家控股、参股企业。就国有企业的产权关系而言，国有企业在产权制度上的基本规定是国家拥有所有权。一定的产权制度所包括的产权不是一项权利而是一组权利的总和，是以所有权为基础而形成的包括所有权在内的权利体系，一般可划分为所有权、企业法人财产权、使用权、收益权、让渡权等。国有企业最基本的规定是企业所有权为国家拥有，在国家拥有所有权的基础上，产权制度的具体内容可以有不同的安排。就国有企业的所有制而言，在我国社会主义市场经济中，从社会性质上看，国有企业是社会主义公有制的一种实现形式。国有企业作为社会经济中的一种所有制经济形式，与其他的所有制企业并存，进行经济活动并发挥作用。

在中国特色社会主义发展中，国有企业具有重要地位和作用。习近平总书记指出："国有企业是中国特色社会主义的重要物质基础和政治基础，是我们党执政兴国的重要支柱和依靠力量。新中国成立以来特别是改革开放以来，国有企业发展取得巨大成就。我国国有企业为我国经济社会发展、科技进步、国防建设、民生改善作出了历史性贡献，功勋卓著，功不可没。"①在社会主义市场经济中，公有制为主体的重要内容，就是国有企业在国民经济中起主导作用，为整个国民经济的正常运行和发展提供与创造了多方面的条件，是市场正常运行的保障力量。第一，国民经济发展的基础设施、公用设施的建设和经营领域，如邮电、铁路、港口、供水、供电部门等，其本身的特点决定了大都由国家投资和国有企业经营，以满足国民经济运行和发展的需要。在这里，国有企业承担着为整个国民经济服务，并为其他经济部门和企业取得效率与收益创造条件的职能。第二，国民经济的一些基础工业部门如重要资源和能源的开发生产等，由于投资规模大、收益回收周期长，同时由于这些部门在国民经济发展中具有重要地位，因而许多也是由国家投资，由国有企业经营的。在这里，国有企业发挥着促进国家的工业化进程、创造经济增长和市场正常运行基础的功能。第三，在其他的许多经济领域，国有企业承担着提高国家的经济竞争能力以促进本国市场经济的开放和走向国际市场的职能，承担着创建新兴工业和产业、进行重大科学技术研究和开发的职能，承担着一定的经济调节职能。同时，在创造和扩大就业机会、开发和援助落后地区、接管某些发生危机或破产的重要民间企业以保持社会稳定等方面，国有企业也都承担着非常重要的职能。正是国有企业的这些职能，保障了社会主义市场经济的正常运行，促进了市场在资源配置中发挥决定性作用，推动了国民经济的不断发展。

在全面建成小康社会的发展中，国有企业改革发展取得重大进展，规模

① 《习近平在全国国有企业党的建设工作会议上强调，坚持党对国有企业的领导不动摇，开创国有企业党的建设新局面》,《人民日报》，2016年10月12日第1版。

实力明显提升，发展活力持续增强，为推动经济社会发展、保障和改善民生、增强综合国力作出了重要贡献，特别是在抗击新冠肺炎疫情斗争中勇挑重担，在应急保供、医疗支援、复工复产、稳定产业链供应链等方面发挥了重要作用。迈向全面建设社会主义现代化国家新征程，加大力度激发国有企业活力，必须深化国资国企改革，做强做优做大国有资本和国有企业，切实增强国有经济竞争力、创新力、控制力、影响力、抗风险能力，发挥国有经济、国有企业作为市场主体对全面建设社会主义现代化国家的战略支撑作用。

一是加快国有经济布局优化和结构调整。国有经济布局优化和结构调整，就是通过国有资产的存量流动与重组、增量的投资选择与重点使用，坚持有进有退、有所为有所不为，完善国有资本有进有退、合理流动的机制，优化国有经济的布局结构，使国有经济资源由分散配置转向重点配置，更多地投向关系国家安全和国民经济命脉的重要行业和关键领域，改善国有资本的配置结构和国民经济的供给结构，充分发挥国有经济自身的各种优势，通过多种财产组织方式，支配和运用更多的社会资本，提高国有经济运行的整体效益，使国有经济在全面建设社会主义现代化国家新征程中不断增强与充分发挥战略支撑作用。要发挥国有经济战略安全、产业引领、国计民生、公共服务等功能，按市场化原则推进战略性重组和专业化整合，优化国有资本重点投向和领域，推动国有资本进一步调整盘活存量资产，优化增量资本配置，向关系国家安全、国民经济命脉的重要行业和关键领域集中，向提供公共服务、应急能力建设和公益性等关系国计民生的重要行业和关键领域集中，向前瞻性战略性新兴产业集中。在充分竞争领域中，国有资本的存量流动与增量配置，要着眼于提高国有经济的竞争力，使国有资本向那些有利于形成具有优势高效的大型和特大型企业或企业集团的产业与行业流动和集中，发挥大企业引领支撑作用，强化资本收益目标和财务硬约束，完善国有资本优化配置机制，提高国有经济的整体效率和国有资产的整体质量。

二是推动国有企业加快完善中国特色现代企业制度。现代企业制度是适应社会化大生产和社会主义市场经济要求，以完善的企业法人制度为基础，以有限责任制度为保证，以公司制企业为主要形态，以产权明晰、责任明确、政企分开、管理科学为特征的新型企业制度。中国特色现代企业制度，特指在中国社会主义市场经济中，既具有中国社会主义特色，又具有现代市场经济中企业制度基本特征的企业制度。加快完善中国特色现代企业制度，必须立足当代，结合基本国情，适应新时代需要，既坚持以社会主义公有制为基础，又要符合现代市场经济的要求，同时还要体现中国自身的特色，把我国国有企业改革的成功经验与反映社会化大生产要求、现代市场经济的企业制度规范相结合。推动国有企业加快完善中国特色现代企业制度，要坚持"两个一以贯之"[①]，坚持党对国有企业的全面领导，促进加强党的领导和完善公司治理相统一，充分发挥党组织把方向、管大局、保落实的领导作用，加快建设和完善权责法定、权责透明、协调运转、有效制衡的公司治理机制，规范公司股东会、董事会、监事会和经营管理者的权责，加强董事会建设，落实董事会职权，使董事会成为企业经营决策主体，完善企业领导人员的聘任制度，完善权力机构、决策机构、监督机构和经营管理者之间的制衡治理结构。在完善企业治理结构的基础上，要切实维护企业法人财产权和经营自主权，强化国有企业独立市场主体地位，推进国有企业在市场竞争中实现优胜劣汰。要按照现代企业制度的要求，健全国有企业市场化经营机制，围绕激发活力、提高效率，深化劳动、人事、分配三项制度改革，全面推进用工市场化，优先支持商业类子企业加快推行职业经理人制度，建立健全按业绩贡献决定薪酬的分配机制，灵活开展多种方式的中长期激励。

三是深化国有企业混合所有制改革。国有资本、集体资本、非公有资本等交叉持股、相互融合的混合所有制经济，是社会主义基本经济制度的重要实现形式，有利于国有资本放大功能、保值增值、提高竞争力，有利于各种所有制资本取长补短、相互促进、共同发展。按照完善治理、强化激励、突

① 习近平总书记在全国国有企业党的建设工作会议上强调，坚持党对国有企业的领导是重大政治原则，必须一以贯之；建立现代企业制度是国有企业改革的方向，也必须一以贯之。《习近平在全国国有企业党的建设工作会议上强调，坚持党对国有企业的领导不动摇，开创国有企业党的建设新局面》，《人民日报》，2016年10月12日第1版。

出主业、提高效率的要求，分层分类深化国有企业混合所有制改革；分类推进国有企业混合所有制改革，稳妥推进主业处于充分竞争行业和领域的商业类国有企业混合所有制改革，有效探索主业处于重要行业和关键领域的商业类国有企业混合所有制改革，引导公益类国有企业规范开展混合所有制改革；分层推进国有企业混合所有制改革，引导在子公司层面有序推进混合所有制改革，探索在集团公司层面推进混合所有制改革，鼓励地方从实际出发推进混合所有制改革。把深化混合所有制改革的重点放在国有资本投资、运营公司出资企业和商业类子企业上，支持民营企业等各类社会资本参与国有企业混合所有制改革，鼓励非国有资本投资主体通过出资入股、收购股权、认购可转债、股权置换等多种方式，参与国有企业改制重组或国有控股上市公司增资扩股以及企业经营管理；也鼓励国有资本以多种方式入股非国有企业，在公共服务、高新技术、生态环境保护和战略性产业等重点领域，以市场选择为前提，以资本为纽带，充分发挥国有资本投资、运营公司的资本运作平台作用，对发展潜力大、成长性强的非国有企业进行股权投资；鼓励国有企业通过投资入股、联合投资、并购重组等多种方式，与非国有企业进行股权融合、战略合作、资源整合，支持国有资本与非国有资本共同设立股权投资基金，参与企业改制重组。同时，对混合所有制企业探索实行有别于国有独资、全资公司的治理机制和监管制度，推动混合所有制企业深度转换经营机制，稳妥谨慎推进混合所有制企业骨干员工持股。

四是健全管资本为主的国有资产监管体制。坚持政企分开、政资分开，国有资产监管机构要准确把握依法履行出资人职责的定位，科学界定国有资产出资人监管的边界，推动社会公共管理部门不行使国有资产出资人职责，国资监管机构不行使公共管理职能，建立监管权力清单和责任清单，以管资本为主推进国有资产监管机构职能转变；将依法应由企业自主经营决策的事项归位于企业，将延伸到子企业的管理事项原则上归位于一级企业，将配合承担的公共管理职能归位于相关政府部门和单位。坚持授权与监管相结合、放活与管好相统一，推动国资监管机构职能转变，推进国资监管理念、重点、方式的优化和创新，全面实行清单管理，深入开展分类授权放权，对不同企业实行差异化分类考核、分类监管，强化监督协同、严格责任追究，加强事中事后监管，提高监管的科学性、有效性，切实维护国有资产安全。坚持深化国有资本投资、运营公司改革，调整优化管控模式，科学合理界定政府及国资监管机构对国有资本投资、运营公司的监管职能边界，合理确定国有资本投资、运营公司和所持股企业的权利边界，国有资本投资公司要更加注重服务国家战略、提升产业竞争力，国有资本运营公司要更加注重提升资本运营效率、提高资本回报水平。

（三）激发民营企业活力，促进民营经济健康发展

改革开放以前，我国简单地把社会主义经济制度等同于公有制，否定包括个体经济、私营经济在内的民营经济。改革开放以后，我国逐步肯定并推进包括个体经济、外资经济、私营经济在内的非公经济的发展。1997年党的十五大在科学总结所有制改革实践和理论探索成就的基础上，对社会主义市场经济条件下我国的所有制结构问题实现了理论认识上的重大突破，明确提出公有制为主体、多种所有制经济共同发展是我国社会主义初级阶段的一项基本经济制度，并强调“非公有制经济是我国社会主义市场经济的重要组成部分”。2002年11月，党的十六大进一步强调和阐述了要坚持和完善基本经济制度，强调“个体、私营等各种形式的非公有制经济是社会主义市场经济的重要组成部分”。党的十八大以后，十八届三中全会提出，公有制经济和非公有制经济都是社会主义市场经济的重要组成部分。

党的十九大以后，在贯彻落实十九大精神的开局之年中，2018年11月1日，习近平总书记在民营企业座谈会上发表重要讲话，立足于中国特色社会主义新时代，从发展阶段分析民营经济发展的困难、问题及有利条件，从大政方针演进说明我国基本经济制度的确立、民营经济的重要地位，从民营经济对经济社会发展突出贡献肯定民营经济的重要作用，从支持民营经济发展壮大提出多方面重要政策举措。习近平总书记在讲话中郑重指出：“民营经济是我国经济制度的内在要素，民营企业和民营企业家是我们自己人。民营经济是社会主义市场经济发展的重要成果，是推动社会主义市场经济发展的重要力量，是推进供给侧结构性改革、推动高质量发展、建设现代化经济体系的重要主体，也是我们党长期执政、团结带领全国人民实现‘两个一百年’奋斗目标和中华民族伟大复兴中国梦的重要力量。”[①]激发民营企业活力，促进民营经济健康发展，首先就要领会习近平总书记的重要讲话精神，更加深刻地认识中国特色社会主义发展、全面建设社会主义现代化国家新征程中民营经济的重要地位。

首先，民营经济是中国特色社会主义基本经济制度的内在要素。公有制为主体、多种所有制经济共同发展是中国特色社会主义基本经济制度的首要方面，社会主义基本经济制度是体现中国特色、体现中国社会主义性质的中国特色社会主义制度体系中的重要内容，是中国特色社会主义在经济建设方面的制度安排，而民营经济就是这种经济制度的有机构成，必然会成为中国特色社会主义基本经济制度的内在要素。因此，民营经济不是外在于中国特色社会主义的经济单元，而是内在于中国特色社会主义基本经济制度，进而内在于整个中国特色社会主义的重要内容。

其次，民营经济是中国社会主义市场经济发展的重要力量。民营经济是在社会主义市场经济发展之中形成、生存和发展的，是实现社会主义与市场经济有机结合的重要主体，必然促进社会主义市场经济的发展。民营经济能够促进市场运行中资源有效配置，通过民营经济的资本积累、资本重组和运营，可以使资本集中到最能使其发挥作用的民营企业，流向和集中到市场最为需要的领域，从而实现结构优化和资源的有效配置；民营经济能够促进经济结构调整、优化和升级，民营经济具有机制灵活、适应市场经济的优点，能灵活调整产业结构、产品结构、供给结构，在多个领域及时生产适应市场需要的产品，有利于满足市场多样化的需要。因此，民营经济是中国社会主义市场经济发展的重要力量，是内在于社会主义市场经济的一个重要组成部分。

再次，民营经济是中国高质量发展、现代化建设的重要主体。民营经济对不同层次的生产力具有较强的适应性，既可以适应以手工劳动为主的、经济规模较小、较低水平的或分散经营的生产力层次，也可以在社会化大生产

① 习近平：《在民营企业座谈会上的讲话》（2018年11月1日），《人民日报》，2018年11月2日第2版。

领域中进行生产经营，而且也会发展成为现代化、国际化的大型企业，形成具有竞争力的大企业和企业集团以及跨国公司，推动科技创新和技术改造的加快，提高相关行业、产业乃至整个国民经济的国际竞争力，在整个现代化建设过程中，发挥解放和发展社会生产力的重要作用。改革开放以来，在我国现代化建设中，民营经济对经济增长的贡献不断提高，已经成为推动我国社会发展不可或缺的重要力量之一。因此，民营经济在中国现代化建设中，已经不仅仅是“拾遗补缺”，而是推进供给侧结构性改革、推动高质量发展、现代化建设的重要主体。

最后，民营经济是我们党长期执政、团结带领全国人民实现奋斗目标的重要力量。中国特色社会主义进入新时代，中国共产党长期执政的基础已经，并将继续发生重大变化，这种变化的一个重要内容就是民营经济，民营经济的新社会阶层也是中国特色社会主义事业的建设者，民营经济已经成为中国共产党长期执政、团结带领全国人民实现“两个一百年”奋斗目标和中华民族伟大复兴中国梦的重要力量。因此，民营经济不是作为短期的权宜之计暂时存在的，而是在中国共产党长期执政过程中、在党团结带领全国人民实现“两个一百年”奋斗目标和中华民族伟大复兴中国梦的历史过程中，必然长期存在、发展并且要发挥作用的重要力量。

在全面建成小康社会的发展中，民营经济在稳定增长、促进创新、增加就业、活跃市场、改善民生、扩大开放等方面发挥了重要作用。迈向全面建设社会主义现代化国家新征程，激发民营企业活力，要进一步解放思想、大胆实践，在各方面采取措施，为民营企业创造更好的发展环境和条件，推动民营企业提高核心竞争力，促进民营经济实现健康发展、更大发展。

一是优化民营企业发展环境。习近平总书记指出：“在我国经济发展进程中，我们要不断为民营经济营造更好发展环境，帮助民营经济解决发展中的困难，支持民营企业改革发展，变压力为动力，让民营经济创新源泉充分涌流，让民营经济创造活力充分迸发。”[①]优化民营企业公平参与市场竞争环境，

① 习近平:《在民营企业座谈会上的讲话》(2018年11月1日),《人民日报》，2018年11月2日第2版。

进一步放宽民营企业市场准入资格，系统清理各类显性和隐性壁垒，在市场准入、审批许可、经营运行、招投标等方面一视同仁，促进民营企业公开公平公正参与竞争、同等受到法律保护；优化民营企业平等使用生产要素环境，保障民营企业依法平等使用资源要素，拓宽民营企业融资途径，创新金融支持民营企业政策工具，降低民营企业综合融资成本；优化民营企业政策环境，构建亲清政商关系①，建立规范化政企沟通渠道，完善促进中小微企业和个体工商户发展的政策体系。

二是依法平等保护民营企业产权和企业家权益。在我国社会主义市场经济中，公有制经济财产权不可侵犯，非公有制经济财产权同样不可侵犯。保护公民财产、市场主体财产不可侵犯，是现代社会运行的基础，也是市场经济的基本要求。要实施好民法典和相关法律法规，依法平等保护国有、民营、外资等各种所有制企业产权和自主经营权，民营企业所有者、经营者通过自己的辛勤劳动和聪明才智创造和获得的私人财产，不管是生活资料还是生产资料，是物质资产还是金融资产，是有形资产，还是无形资产如技术专利，都应理所当然地受到相应法律制度的保护。要“保护企业家人身和财产安全”②，提高司法审判和执行效率，加大对民营企业的刑事保护力度，保障民营企业家的人身和财产合法权益。

三是促进民营企业高质量发展。促进民营企业主动、自觉坚持党的领导，以创新为民营企业发展的第一动力，推动民营企业的管理创新，促进民

① 习近平总书记提出构建新型亲清政商关系。2016年3月4日，习近平在参加全国政协十二届四次会议民建、工商联界政协委员联组讨论时指出，构建新型政商关系，概括起来说就是“亲”“清”两个字。对领导干部而言，所谓“亲”，就是要坦荡真诚同民营企业接触交往，特别是在民营企业遇到困难和问题情况下更要积极作为、靠前服务，对非公有制经济人士多关注、多谈心、多引导，帮助解决实际困难，真心实意支持民营经济发展。所谓“清”，就是同民营企业家的关系要清白、纯洁，不能有贪心私心，不能以权谋私，不能搞权钱交易。对民营企业家而言，所谓“亲”，就是积极主动同各级党委和政府及部门多沟通多交流，讲真话，说实情，建诤言，满腔热情支持地方发展。所谓“清”，就是要洁身自好、走正道，做到遵纪守法办企业、光明正大搞经营。《习近平在看望参加政协会议的民建工商联委员时强调，毫不动摇坚持我国基本经济制度推动各种所有制经济健康发展》，《人民日报》2016年3月5日第1版。

② 习近平：《在民营企业座谈会上的讲话》（2018年11月1日），《人民日报》，2018年11月2日第2版。

营企业通过管理创新练好企业内功，提高企业经营能力、管理水平，建立和完善科学的管理制度，加强企业文化建设，建设管理一流的现代企业；推动民营企业的技术创新，支持民营企业开展基础研究和科技创新、参与关键核心技术研发和国家重大科技项目攻关，促进民营企业通过技术创新解决产品科技含量低、生产规模小、竞争力低下的问题，提高产品的科技含量和附加值，在技术升级的基础上扩大生产规模，完善民营企业参与国家重大战略实施机制，增强民营企业的创新能力和核心竞争力；推动民营企业的制度创新，引导有条件的民营企业建立现代企业制度，促进民营企业通过制度创新逐步从私人企业、合伙企业、家族企业向有限责任公司和股份有限公司转化，建立和完善现代企业制度，完善法人治理结构。

四是促进民营企业家的自我学习、自我教育、自我提升。习近平总书记要求："非公有制经济要健康发展，前提是非公有制经济人士要健康成长。希望广大民营经济人士加强自我学习、自我教育、自我提升。"[①]鼓励民营企业家不断提升自我，民营企业家要有较高层次的社会价值取向，要有宏观经济视野，要有较高的科学决策水平，要有现代的、市场经济的新知识和新观念，要有现代市场经济的经营运作能力，要有良好的个人道德行为和道德品质；推动民营企业守法合规经营，民营企业家要讲正气、走正道，要聚精会神办企业、遵纪守法搞经营，在合法合规中提高企业竞争能力，继承和发扬艰苦奋斗、敢闯敢干、聚焦实业、做精主业等精神，把企业做强做优；鼓励民营企业积极履行社会责任、参与社会公益和慈善事业，民营企业家要珍视自身的社会形象，热爱祖国、热爱人民、热爱中国共产党，践行社会主义核心价值观，弘扬企业家精神，做爱国敬业、守法经营、创业创新、回报社会的典范。

三、加快推进高标准市场体系的建设

市场体系是社会主义市场经济体制的重要组成部分和有效运行的重要载

① 习近平:《在民营企业座谈会上的讲话》(2018年11月1日),《人民日报》，2018年11月2日第2版。

体。全面深化经济体制改革，发挥市场在资源配置中的决定性作用，激发市场主体活力，必须推进高标准市场体系的建设。

（一）建设高标准市场体系的提出确立

在我国经济体制改革中，关于培育、建设、完善市场体系，一直是建立和完善社会主义市场经济体制的重要方面。随着经济体制改革的不断深入和社会主义市场经济体制的建立及向完善推进，对建设和完善市场体系的理论认识与指导方针也不断发展、深化。

提出建立统一开放的市场体系。1993年11月，党的十四届三中全会通过的《中共中央关于建立社会主义市场经济体制若干问题的决定》明确提出，构建社会主义市场经济体制基本框架的一个重要方面，就是建立全国统一开放的市场体系，实现城乡市场紧密结合，国内市场与国际市场相互衔接，促进资源的优化配置。进而提出要培育和发展市场体系，着重发展生产要素市场，规范市场行为，打破地区、部门的分割和封锁，反对不正当竞争，创造平等竞争的环境，形成统一、开放、竞争、有序的大市场。并提出了培育和发展市场体系5个方面的重点内容，即：推进价格改革，建立主要由市场形成价格的机制；改革现有商品流通体系，进一步发展商品市场；培育市场体系的重点是，发展金融市场、劳动力市场、房地产市场、技术市场和信息市场等；发展市场中介组织，发挥其服务、沟通、公证、监督作用；改善和加强对市场的管理和监督。

提出建设现代市场体系。在全面建设小康社会的发展中，2003年10月党的十六届三中全会通过的《中共中央关于完善社会主义市场经济体制若干问题的决定》明确提出，完善社会主义市场经济体制的一个重要方面，就是建设统一开放竞争有序的现代市场体系，进而提出要完善市场体系，规范市场秩序，并提出了3个方面的重点内容，即加快建设全国统一市场、大力发展资本和其他要素市场与建立健全社会信用体系。2007年10月，党的十七大报告则进一步强调，加快形成统一开放竞争有序的现代市场体系，发展各类生产要素市场，完善反映市场供求关系、资源稀缺程度、环境损害成本的生产要素和资源价格形成机制，规范发展行业协会和市场中介组织，健全社会信用体系。

提出建设高标准市场体系。党的十八大以后，在全面建成小康社会的发展中，2013年11月，党的十八届三中全会通过的《中共中央关于全面深化改革若干重大问题的决定》强调加快形成完善现代市场体系，提出建立公平开放透明的市场规则、完善主要由市场决定价格的机制、建立城乡统一的建设用地市场、完善金融市场体系、深化科技体制改革等重点任务。在现代市场体系建设不断推进的基础上，2019年10月，党的十九届四中全会面向全面建设社会主义现代化国家新征程，从推进国家治理体系和治理能力现代化的视野，提出加快完善社会主义市场经济体制，建设高标准市场体系。2020年3月，中共中央、国务院发布《关于构建更加完善的要素市场化配置体制机制的意见》，要求为建设高标准市场体系打下坚实的制度基础。2020年5月，中共中央、国务院发布《关于新时代加快完善社会主义市场经济体制的意见》，提出新时代坚持和完善社会主义基本经济制度，全面深化经济体制改革，加快完善社会主义市场经济体制，重要任务、重要内容是建设高标准市场体系，全面完善产权、市场准入、公平竞争等制度，筑牢社会主义市场经济有效运行的体制基础。

实施高标准市场体系建设行动。在全面建成小康社会奋斗目标即将实现之际，2020年10月，党的十九届五中全会对全面建设社会主义现代化国家新征程的第一个五年即“十四五”时期的发展进行战略部署时，把社会主义市场经济体制更加完善、高标准市场体系基本建成，作为开启新征程的“十四五”经济社会发展目标的重要内容，明确提出建设高标准市场体系，实施高标准市场体系建设行动。在刚刚迈向全面建设社会主义现代化国家新征程之际，2021年1月，中共中央办公厅、国务院办公厅印发《建设高标准市场体系行动方案》，强调建设高标准市场体系是加快完善社会主义市场经济体制的重要内容，对加快构建以国内大循环为主体、国内国际双循环相互促进的新发展格局具有重要意义，对建设高标准市场体系的改革行动作出具体重大战略部署。

（二）高标准市场体系的基本理论规定

就经济学理论从最一般意义上对市场体系的界定而言，市场体系是指各类具体市场有机结合而成的体系。在全面深化经济体制改革中，加快完善社会主义市场经济体制，所要建设的高标准市场体系，从基本理论规定考察，应该是健全完备、市场主体自主决策、商品和要素自由流动的市场体系。

首先，高标准市场体系应当是健全完备的市场体系。市场体系是由具体市场构成的。市场既是指商品交换和商品流通的场所，也是指商品交换和商品流通的通道，更是指市场经济中交换关系的总和。从这样的意义看，所谓市场体系，就是由具有不同交换内容、不同属性、不同功能和处于不同流通环节、不同状态的各类特殊而又互相衔接的市场所组成的有机统一体。在全面深化经济体制改革、加快完善社会主义市场经济体制中，要建设的高标准市场体系，必然在结构上是完备的市场体系。高标准市场体系作为完备的市场体系，既要有商品市场，又要有要素市场；既要有人力资源市场，又要有物质资本市场；既要有短期市场，又要有长期市场；既要建设有形市场，又要重视无形市场；既要健全各类一般市场，更要完善诸多特殊市场；等等。对于完备市场体系这样的理论认识，在经济体制改革不断推进中已经形成、达成共识，也就成为高标准市场体系的应有之义。

其次，高标准市场体系应当是市场主体能够自主决策的市场体系。在市场体系的运行中，市场对资源配置的决定性作用是通过市场主体的活动来实现的。市场主体是市场体系运行的重要要素，也是实现资源合理有效配置的能动力量。正是市场主体自主决策的活动，使稀缺的资源或生产要素得以组合、流动，从一种结构调整到另一种结构，尽可能不断地实现其合理、有效、优化、均衡的配置，实现市场对资源配置的决定性作用，首先是市场体系的有效运行。要进一步完善社会主义市场经济体制，促进市场体系有效运行，促进市场发挥资源配置的决定性作用，就必须保障、促进市场主体自主决策，自主进行市场活动、自主经营、公平竞争。因此，高标准市场体系的一个重要方面，是市场运行中市场主体的自主决策。

最后，高标准市场体系应当是市场机制调节下商品和要素自由流动、平等交换的市场体系。现代市场经济中市场体系的整个运行过程，是由市场机制进行调节的。市场机制是市场运行过程中实现价值规律要求与作用，各市场要素之间相互依存、相互制约、相互牵动的联系及其功能。市场机制是市场体系运行中主要的、基本的调节机制，作为价值规律的作用机制，反映了市场运行过程中不同经济现象和经济过程内在的、本质的联系，其功能是一种不以人的主观意志为转移的客观存在。市场机制是以市场运行系统中相互联系的一定构成部分或构成要素的形式表现出来的，因而体现了市场运行系统的内在结构。市场机制本身也是一个有机的系统，基本构成包括价格、竞争和供求三大机制。市场机制作为市场运行中不同要素之间的联系，不能被视为孤立的某种要素，如谈到供求机制不能理解为既定的、不变的供求量，而是指供求变动与价格、竞争、企业行为等之间的联系和运动。一定的、具体的市场机制具有一定的功能，诸种不同的市场机制总是要按一定方式相结合而形成对市场调节的总体功能。正是在市场机制的调节下，市场体系表现为商品和要素自由流动、平等交换。在高标准市场体系中，从事经济活动的市场主体具有独立性，这是商品和要素自由流动的基本前提。市场主体以交换的方式参与社会经济活动，交换关系直接表现为商品和要素自由流动。在商品和要素自由流动的过程中，市场主体的地位是平等的，作为自由的、法律上平等的商品所有者彼此之间发生联系，而不是人身依附的、非经济的或超经济强制的联系。在市场体系运行的过程中，市场主体的机会是平等的，在经营方向、市场竞争、风险选择等方面，市场主体具有平等的机会。同时，市场主体的权利也是平等的，平等体现为实行等价交换。正因为如此，高标准市场体系就成为市场机制调节下商品和要素自由流动、平等交换的市场体系。

（三）高标准市场体系的重要基本特征

高标准市场体系的重要而基本的特征体现为统一开放、竞争有序，高标准市场体系就是统一开放、竞争有序的市场体系，建设高标准市场体系的重要要求就是建设统一开放、竞争有序的市场体系。统一开放、竞争有序，可以说是高度概括了所要加快建设的高标准市场体系的重要基本特征，强调了高标准市场体系的统一性、开放性、竞争性和有序性。

第一，高标准市场体系是具有统一性的市场体系。市场经济发展的趋势是市场日益扩大，由地方市场向全国市场发展，各类市场在全国范围内形成一个有机的整体，形成全国统一的大市场。建立完善统一的全国市场是社会主义市场经济发展的要求和趋势，在全国范围内，不应存在行政分割与地区封锁，所有商品和要素都可根据市场规律自由流动，实现资源的合理配置。建立完善全国统一的市场，要打破和清除各种封锁和非法垄断，要坚决取消各种关卡，认真清除地方保护主义，不得以任何借口和手段阻碍商品和要素自由流通。统一性意味着要有统一的市场法规和统一的市场政策，市场按照统一的规则、制度进行组织和运作，清除不同部门、区域或经济主体之间由于制度、规则不一致给商品流通和要素流动造成的障碍。

第二，高标准市场体系是具有开放性的市场体系。在市场经济中，市场主体要面向社会、依赖社会，在各种开放性的联系中才能生存和发展，商品货币关系要在各种开放性联系中才能发生，市场关系要打破各种人为的分割和封锁，在开放联系中发展。市场经济的发展，在一定意义上表现为从区域性市场开放发展为整个国家范围内的市场开放，然后到面向世界的市场开放。市场经济作为一种开放性经济，其本身内在地要求不断扩大市场，要求市场不断地扩大开放，因而市场体系就不是一种地域性的封闭体系，而是一种开放性体系。市场越开放，商品流域越广，交换范围越宽，竞争越充分，资源配置就越合理，经济效率就越高。市场体系所包括的各个市场之间都应是相互开放的，使商品和要素能够突破行业、部门、地区界限进行自由流动。同时，在发展社会主义市场经济和经济全球化趋势不断发展的今天，不仅国内市场在各地区之间是互相开放的，而且对外也应是开放的。对外开放是市场经济的内在要求，走向国际市场参与竞争，是市场体系开放性发展的必然。高标准市场体系必然体现在高标准的对外开放上，体现在高标准的开放经济建设与发展中。

第三，高标准市场体系是具有竞争性的市场体系。在市场经济中，竞争是商品生产者、经营者经济活动的外在压力，竞争促进劳动生产率和经济效益的提高，竞争进行着无情的优胜劣汰。同时，竞争实现价值规律的作用，调节着商品和要素的流动。而市场、市场体系则是生产者、经营者、消费者之间展开竞争的舞台，市场体系为竞争作用的充分实现提供必要条件，而有效率的竞争又充分体现着市场主体的市场关系，使市场体系充满活力。因此，没有竞争，就没有真正的市场、市场体系，市场体系必须在一个公平竞争的环境下运行。只有通过公平竞争、充分竞争、优胜劣汰，形成合理的价格信号，才能有效引导商品流通和要素流动。高标准市场体系，突出地体现为市场运行的公平竞争、充分竞争、有效竞争。

第四，高标准市场体系是具有有序性的市场体系。市场经济的等价交换要求公平竞争，公平竞争的实现则需要市场运行的有序性，市场运行的有序性主要表现为市场主体经济行为的规范化、合理化、公平化。为此，确立市场规则，规范市场秩序，保障公平竞争，是市场体系有序性的客观要求。高标准市场体系，突出地体现为市场运行的制度规范、规则公正、行为有序。

高标准市场体系是统一开放、竞争有序的市场体系，在全面深化经济体制改革、加快完善社会主义市场经济体制中具有重要的地位，是使市场在资源配置中起决定性作用的基础。

首先，统一开放、竞争有序的市场体系是使企业成为市场主体、竞争主体的基础。统一开放、竞争有序的市场体系通过内部各组成部分的有机联系和结合，通过市场竞争、优胜劣汰，就会激发企业经营者和生产者的主动性、积极性以及开拓精神，形成促进企业迅速提高生产经营效率的总体功能。在统一开放、竞争有序的市场体系中，劳动力、资本等生产要素可以根据供求关系变动和价格波动进行合理流动和重组，企业之间才能展开平等竞争，企业也才能从根本上建立现代企业制度。改革开放以来的实践说明，要使企业真正成为市场主体，成为竞争主体，不仅要通过制度创新建立现代企业制度，而且需要通过加快市场化进程加快建设统一开放、竞争有序的高标准市场体系。

其次，统一开放、竞争有序的市场体系是形成功能齐全的市场机制的基础。在市场经济中发挥市场对资源配置的决定性作用，直接取决于市场机制的完善程度，而市场机制的完善程度是与市场体系联系在一起的。完善的市场机制，包括价格机制、供求机制、竞争机制以及相应的利率机制、工资机制和汇率机制等，这些都是在市场体系运行中形成并发挥作用的。只有形成了统一开放、竞争有序的市场体系，才可能形成较为完善的市场机制，才能实现市场机制对资源配置的调节作用。如果市场体系在统一开放、竞争有序方面不完善、不健全，市场机制也就必然有所缺失，市场机制的功能也就难以正常发挥作用。所以，要让市场机制有效地发挥作用，实现资源的合理有效配置，必须加快建设统一开放、竞争有序的高标准市场体系。

再次，统一开放、竞争有序的市场体系是不同环节、领域形成市场联系的基础。在社会主义市场经济中，市场体系是整个市场经济活动的中心环节，市场、市场体系联结着整个社会经济活动全过程的各个环节、各个领域。从纵向联系来看，商品从生产领域向消费领域的运动及联系是通过市场、市场体系实现的；从横向联系来看，各个产业、经济部门的经济联系也是通过市场、市场体系实现的。只有在统一开放、竞争有序的市场体系中，市场、市场体系作为联结市场经济活动各环节、各产业、各领域的桥梁和纽带，才能成为整个市场经济活动和经济运行的中心环节，进而在不同环节、领域形成市场联系的基础上，市场在资源配置中才能发挥决定性作用。

最后，统一开放、竞争有序的市场体系也是国家有效进行宏观调控的基础。市场、市场体系是介于国家宏观调控与企业行为之间的中间环节，是国家调控功能的传导介质，没有统一开放、竞争有序的市场体系和市场机制作传导，没有市场功能的充分发挥，宏观调控的功能就无法实现。国家宏观调控是以市场作用的发挥为前提的，国家宏观调控的货币政策要发挥作用，必须有统一开放、竞争有序市场体系中的金融市场；财政政策要发挥作用，必须以统一开放、竞争有序市场体系中各类市场的完善和功能发挥为基础；产业政策要发挥作用，也必须以在统一开放、竞争有序市场体系中生产要素的自由流动为前提，等等。统一开放、竞争有序的市场体系能够综合反映供给和需求的规模及结构，为国家的宏观调控提供客观信号，从而使宏观调控具有科学性。因此，统一开放、竞争有序的市场体系，对于国家宏观调控的有效性、科学性以及调控目标的实现，具有重要的意义。在社会主义市场经济中要发挥国家宏观调控的作用，必须加快建设统一开放、竞争有序的高标准市场体系。

（四）建设高标准市场体系的行动实施

在全面建成小康社会的发展中，我国市场体系建设取得长足进展，市场在资源配置中的决定性作用日益增强，市场发展环境持续改善。迈向全面建设社会主义现代化国家新征程，构建更加成熟、更加定型的高水平社会主义市场经济体制，进一步激发各类市场主体活力，根据党和国家的决策部署，必须加快推进高标准市场体系的建设，实施高标准市场体系建设行动。

1.健全市场体系基础制度

党的十九届五中全会就建设高标准市场体系提出："健全市场体系基础制度，坚持平等准入、公正监管、开放有序、诚信守法，形成高效规范、公平竞争的国内统一市场。"①建设高标准市场体系，必须健全市场体系基础制度。市场体系基础制度的健全是社会主义市场经济的内在要求，通过健全的市场体系基础制度，不仅能够为市场经济顺畅运行扫清阻力和障碍，创造良好的条件，而且可以直接调节各种经济关系和经济行为，促进正常市场经济秩序的形成。市场经济的发展和高标准市场体系的建设过程，就是市场体系基础制度的形成过程。只有在市场体系基础制度的前提下，才能实现市场对资源合理有效的配置，才能促进市场活动和市场行为的有序高效。从一定意义上说，中国特色社会主义市场经济就是市场制度健全的经济，没有健全的市场体系基础制度，就没有现代市场经济和高标准市场体系。健全市场体系基础制度主要包括以下4个方面。

第一，健全归属清晰、权责明确、保护严格、流转顺畅的现代产权制度，健全以公平为原则的产权保护制度，依法平等保护国有、民营、外资等各种所有制企业产权；健全产权执法司法保护制度，完善涉企产权案件申诉、复核、重审等保护机制；健全自然资源资产产权制度、知识产权保护制度、农村集体产权制度。

第二，健全市场准入负面清单制度，我国在全面深化经济体制过程中，

---

① 《中国共产党十九届中央委员会第五次全体会议文件汇编》，人民出版社2020年版，第41页。

已经建立了市场准入负面清单制度，要进一步推进制度实施，不断加以完善健全，推行“全国一张清单”管理模式，进一步放宽市场准入限制，推进企业注册制度便利化。

第三，健全公平竞争制度，健全鼓励竞争、反对垄断，完善竞争政策框架，构建覆盖事前、事中、事后全环节的竞争政策实施机制；健全市场公平竞争评估制度，建立投诉举报和处理回应机制，将竞争状况评估作为推进改革的重要参考；健全强化公平竞争审查的刚性约束制度，完善公平竞争审查抽查、考核、公示，建立健全第三方审查和评估机制；健全反垄断和反不正当竞争执法司法，完善反垄断法律法规、政策和规范执法行为。

第四，健全社会信用制度，健全社会信用法律法规和标准体系，制定公共信用信息目录和失信惩戒措施清单，构建结构协调、功能合理、层次分明、动态开放的信用法律法规和标准体系；健全社会信用服务系统，建设个人信用联合征信服务系统，建立和完善企业信用数据库，完善政府信用管理和服务系统，培育具有国际竞争力的企业征信机构和信用评级机构，加强征信监管，加强信用信息安全管理，保障信用主体合法权益；健全社会诚信意识的培育，加强诚信宣传教育和各个行业的职业道德教育，抨击各种不守信用的社会陋习，树立守信为荣、失信为耻的社会风尚，开展各种社会诚信活动，形成市场经济条件下的社会信用道德和文化环境。

2.推进要素市场化配置

要素市场化配置，是建设统一开放、竞争有序的高标准市场体系的内在要求。推进要素市场化配置，是坚持和完善社会主义基本经济制度、加快完善社会主义市场经济体制的重要内容。建设高标准市场体系，要坚持深化市场化改革，破除阻碍要素自由流动的体制机制障碍，促进要素自主有序流动，扩大要素市场化配置范围，提高要素配置效率，实现要素价格市场决定、流动自主有序、配置高效公平，进而进一步激发全社会创造力和市场活力，推动经济发展质量变革、效率变革、动力变革。

第一，推动经营性土地要素市场化配置。土地市场是高标准市场体系中具有特殊重要意义的一种市场类型，推动经营性土地要素市场化配置，要加快完善城乡统一的建设用地市场，统筹推进农村土地征收、集体经营性建设用地入市、宅基地制度改革，在符合国土空间规划和用途管制要求前提下，健全权利体系、调查评价、用途管制、市场规则、价格体系、收益分配等“六个统一”制度，加快构建“保护产权、同权同价、维护契约、平等交易”的城乡统一建设用地市场体系；改革土地计划管理方式，赋予省级政府更大用地自主权，探索建立全国性的建设用地、补充耕地指标跨区域交易机制，建设权利平等、规则统一的土地公开交易平台，允许农村集体土地与国有土地平等进入非农用地市场；建立兼顾国家、集体、个人的土地增值收益分配机制，提高农民土地增值收益分享比例。

第二，推动劳动力要素市场化配置。劳动力要素是生产要素中的人的要素，也是高标准市场体系中的人的能动力量。建设高标准市场体系，必须推动劳动力要素市场化配置。要推动劳动力要素有序流动，破除劳动力和人才在城乡、区域和不同所有制单位间的流动障碍，放开放宽除个别超大城市外的城市落户限制，建立城镇教育、就业创业、医疗卫生等基本公共服务与常住人口挂钩机制，推动公共资源由按城市行政等级配置向按实际服务管理人口规模配置转变，引导劳动力要素合理畅通有序流动，畅通劳动力和人才社会性流动渠道，进一步激发劳动力要素活力；健全统一规范的人力资源市场体系，健全协调衔接的劳动力、人才流动政策体系和交流合作机制，减少人事档案管理中的不合理限制，完善技术技能评价标准、评价制度，完善技术工人评价选拔制度，推进社会化职称评审，加快发展人力资源服务业，加强人力资源市场事中事后监管。

第三，推进资本要素市场化配置。资本市场就是市场主体间相互融通资金、资本的场所和相互关系的总和，资本市场是现代市场体系中具有主导作用、枢纽意义的要素市场，对于资源的合理配置和有效运用起着举足轻重的作用。建设高标准市场体系，推进要素市场化配置，必须推进资本要素市场化配置。一是拓展资本市场主体，在加强监管前提下允许具备条件的民间资本依法发起设立中小型银行等金融机构，推进国家开发银行、农业发展银行、进出口银行、出口信用保险公司以及住房政策性金融机构等各类政策性金融机构改革；二是健全资本市场结构，健全多层次资本市场体系，股票市场要完善发行、交易、退市和投资者保护等制度，发展、规范债券市场并探索对公司信用类债券实行发行注册管理制，完善保险经济补偿机制，发展普惠金融，丰富资本市场层次和产品；三是完善资本市场机制，健全市场化利率形成机制，完善人民币汇率市场化形成机制，健全反映市场供求关系的国债收益率曲线，推进新股发行市场化定价；四是推进资本市场开放，推动资本市场对内对外双向开放，有序提高跨境资本和金融交易可兑换程度，建立健全宏观审慎管理框架下的外债和资本流动管理体系，加快实现人民币资本项目可兑换，逐步推进证券、基金行业对内对外双向开放，有序推进期货市场对外开放；五是加强资本市场监管，落实金融监管改革措施和稳健标准，完善监管协调机制，界定中央和地方金融监管职责和风险处置责任，健全存款保险制度，完善金融机构市场化退出机制，加强金融基础设施建设。

第四，推进数据和技术要素市场化配置。数据要素是现代市场经济中愈益重要、突出的生产要素，建设高标准市场体系、推进要素市场化配置，必须加快培育、发展数据要素市场，进一步激发数据要素市场活力。要完善数据要素相关法律法规建设，建立促进企业登记、交通运输、气象等公共数据开放和数据资源有效流动的制度规范，优化经济治理基础数据库，加快推动各地区各部门间数据共享交换，明确数据要素的拥有权、使用权和收益权，促进数据要素的市场化定价和合规流动；培育数字经济新产业、新业态和新模式，支持构建农业、工业、交通、教育、安防、城市管理、公共资源交易等领域规范化数据开发利用的场景，推动人工智能、可穿戴设备、车联网、物联网等领域数据采集标准化，推动数据资源开发利用；加强对数据泄露风险的控制和监管，推动完善适用于大数据环境下的数据分类分级安全保护制度，加强对政务数据、企业商业秘密和个人数据的保护。还要推进技术要素市场化配置，建立健全鼓励原始创新、集成创新、引进消化吸收再创新的体制机制，发挥市场对技术研发方向、路线选择、要素价格、各类创新要素配置的导向作用；建立产学研协同创新机制，强化企业在技术创新中的主体地位，发挥大型企业创新骨干作用，激发中小企业创新活力，推进应用型技术研发机构市场化、企业化改革，建设国家创新体系；建立主要由市场决定技术创新项目和经费分配、评价成果的机制；发展技术市场，健全技术转移机制，改善科技型中小企业融资条件，完善风险投资机制，创新商业模式，促进科技成果资本化、产业化，等等。在具体举措上，要健全创新促进科技成果转化机制、健全职务科技成果产权制度、设立知识产权和科技成果产权交易机构等。

3.完善市场监管体制机制

市场监管体制机制是现代市场体系的重要构成，有效的市场监管体制机制是市场经济、市场体系运行的重要保障。建设高标准市场体系，必然要完善市场监管体制机制。要进一步完善监管体制，对市场监管体制进行顶层设计，推进综合协同监管，提升市场综合监管能力；进一步完善监管机制，深化市场监管改革创新，推进以“双随机、一公开”[①]监管为基本手段、以重点监管为补充、以信用监管为基础的新型监管机制的不断完善，完善以市场主体信用承诺、信用分级分类监管为主要内容的自律机制和监管机制，完善包括行业协会商会监督、市场专业化服务组织监督、公众和舆论监督在内的社会监督机制；进一步完善监管规则，完善重点商品价格、要素市场交易等重点领域的市场规则，完善对新业态的包容审慎监管规则，完善网络市场监管规则，完善消费者权益保护规则，完善公平竞争规则，完善市场标准规则。

① “双随机、一公开”是指市场监管过程中随机抽取检查对象、随机选派执法检查人员，抽查情况及查处结果及时向社会公开。2015年8月，国务院办公厅发布《国务院办公厅关于推广随机抽查规范事中事后监管的通知》，要求在政府管理方式和规范市场执法中，全面推行“双随机、一公开”。这个通知提出：要建立随机抽取检查对象、随机选派执法检查人员的“双随机”抽查机制，严格限制监管部门自由裁量权。建立健全市场主体名录库和执法检查人员名录库，通过摇号等方式，从市场主体名录库中随机抽取检查对象，从执法检查人员名录库中随机选派执法检查人员。推广运用电子化手段，对“双随机”抽查做到全程留痕，实现责任可追溯。通知还要求：坚持公开透明。实施随机抽查事项公开、程序公开、结果公开，实行“阳光执法”，保障市场主体权利平等、机会平等、规则平等。建立统一的市场监管信息平台。加快政府部门之间、上下之间监管信息的互联互通，依托全国企业信用信息公示系统，整合形成统一的市场监管信息平台，及时公开监管信息，形成监管合力。此后，“双随机、一公开”就成为我国市场监管体制的重要内容和要求。

结语　中华民族伟大复兴的历史意蕴

从全面建成小康社会迈向全面建设社会主义现代化国家新征程，中国的现代化建设向第二个百年奋斗目标进军，到中华人民共和国成立100周年的时候，要建成社会主义现代化强国，实现中华民族伟大复兴的中国梦。

中华民族伟大复兴，是进入近现代社会以后中华民族、中国人民的理想追求、奋斗目标。鸦片战争后，面对国家积贫积弱、亡国灭种的巨大危机，中国民主革命的伟大先驱孙中山先生于1894年创立兴中会，在其起草的《兴中会章程》中，振聋发聩地喊出“振兴中华”①。100多年前的1917年，中国共产党主要创始人之一的李大钊在一篇文章中提出“当以中华国家之再造，中华民族之复活为绝大之关键”②，可以看出其中已经包含了中华民族复兴的意思。邓小平也曾在一次谈话中指出：“党的十一届三中全会以后，我们集中力量搞四个现代化，着眼于振兴中华民族。”③

在推进改革开放和现代化建设的历史进程中，中国共产党明确提出和强调实现中华民族伟大复兴。1987年10月党的十三大提出、确立社会主义初级阶段理论，明确指出，我国社会主义初级阶段“是全民奋起，艰苦创业，实现中华民族伟大复兴的阶段”。1997年9月党的十五大报告重申，社会主义

① 《孙中山选集》(上)，人民出版社2011年版，第14页。

② 《李大钊全集》第三卷，河北教育出版社1999年版，663页。

③ 《邓小平文选》第三卷，人民出版社1993年版，第357页。

初级阶段是在社会主义基础上实现中华民族伟大复兴的历史阶段。步入21世纪，2002年11月党的十六大报告指出，中国共产党从成立之日起，就肩负着实现中华民族伟大复兴的庄严使命；新中国成立，开始了在社会主义道路上实现中华民族伟大复兴的历史征程；人类社会跨入二十一世纪，我国必须在中国特色社会主义道路上实现中华民族的伟大复兴。2012年11月，党的十八大报告则确定了中国特色社会主义的总任务是实现社会主义现代化和中华民族伟大复兴。

党的十八大以后，在全面建成小康社会的发展中，习近平总书记提出实现中华民族伟大复兴的中国梦。2012年11月29日，习近平总书记在国家博物馆参观"复兴之路"展览时说："大家都在讨论中国梦。我认为，实现中华民族伟大复兴，就是中华民族近代以来最伟大的梦想。"习近平总书记郑重宣称："到中国共产党成立100年时全面建成小康社会的目标一定能实现，到新中国成立100年时建成富强民主文明和谐的社会主义现代化国家的目标一定能实现，中华民族伟大复兴的梦想一定能实现。"①2017年党的十九大确立了中国特色社会主义新时代的重大论断，明确指出中国特色社会主义新时代就是全体中华儿女勠力同心、奋力实现中华民族伟大复兴中国梦的时代。迈向全面建设社会主义现代化国家新征程，2021年7月1日，习近平总书记在庆祝中国共产党成立100周年大会上的讲话中庄严宣告，中国实现第一个百年奋斗目标、全面建成小康社会之后，"正在意气风发向着全面建成社会主义现代化强国的第二个百年奋斗目标迈进"；展望全面建设社会主义现代化国家，向第二个百年奋斗目标进军的新征程，"全面建成社会主义现代化强国的目标一定能够实现，中华民族伟大复兴的中国梦一定能够实现！"②

中华民族伟大复兴，决不是一个泛泛而论的说法、一个空喊无实的口号，而是具有深刻的历史意蕴。

第一，中华民族伟大复兴的历史意蕴，表明中华民族在人类历史的发展

① 习近平：《习近平谈治国理政》第一卷，外文出版社2014年版，第36页。

② 习近平：《在庆祝中国共产党成立100周年大会上的讲话》（2021年7月1日），人民出版社2021年版，第2、22—23页。

中曾经有过辉煌。中华民族有着五千年以上的悠久历史，在历史演进中创造出了无比灿烂辉煌的文明，对世界发展和人类进步作出过巨大贡献。在人类文明发展的历史中，曾经出现过多种类型的古老文明，除了中华文明之外，与之相映生辉的还有北非古埃及文明、西亚古巴比伦文明、南亚古印度文明以及古希腊文明。但是，这些早期文明都在历史长河的流淌中相继消失或演变，纷纷逝去或殒殁，唯有我们中华文明以其经久不衰的生命力从漫长的历史荆棘中走到现在、延续至今。德国伟大的哲学家黑格尔在分析了人类全部文明史以后曾经发出惊呼：只有黄河、长江流过的那个中华帝国，是世界上唯一持久的国家。中国古代的科学技术成就在一个相当长的历史时期中居于世界领先地位，明朝以前世界上主要的发明创造和重大科技成就大约有300项，其中中国就独揽170多项。著名的英国科学史学家李约瑟指出，“中国在公元三世纪到十三世纪之间保持一个西方所望尘莫及的科学知识水平”，而且中国的科学发明和发现“往往远远超过同时代的欧洲，特别是十五世纪之前更是如此”。[①]中国古代的四大发明，对整个人类文明的发展作出了不可磨灭的贡献，马克思在《1861—1863年经济学手稿》中论述机器、自然力和科学的应用时对此高度评价：“火药、指南针、印刷术，这是预告资产阶级社会到来的三大发明。火药把骑士阶层炸得粉碎，指南针打开了世界市场并建立了殖民地，而印刷术则变成新教的工具，总的来说变成科学复兴的手段，变成对精神发展创造必要前提的最强大的杠杆。”[②]从经济发展看，在一定的历史时期，中国也是经济强盛、文明辉煌的国家。历史上的辉煌，是中华民族的骄傲和自豪。而在悠久的历史发展中所形成的民族精神，更是中华民族生生不息、顽强奋斗、发展壮大的精神支撑。

第二，中华民族伟大复兴的历史意蕴，表明中华民族在历史的辉煌之后又陷入过备受屈辱和落后的悲惨境地。近代以后，由于封建统治势力走向腐朽、封建统治者的闭关自守；由于西方列强坚船利炮的入侵，拥有五千年历史的文明古国一步步沦为半殖民地半封建社会。从1840年鸦片战争开始，经

---

① ［英］李约瑟：《中国科学技术史》第1卷总论第1分册，科学技术出版社1975年版，第3页。

② 《马克思恩格斯全集》（第47卷），人民出版社1979年版，第411页。

历了英法联军战争、中法战争、中日甲午海战、八国联军战争等一次次列强侵略战争的蹂躏，《南京条约》《北京条约》《中法条约》《马关条约》《辛丑条约》等一个个不平等条约的强加，致使整个国家山河破碎、生灵涂炭，“国家蒙辱、人民蒙难、文明蒙尘，中华民族遭受了前所未有的劫难。从那时起，实现中华民族伟大复兴，就成为中国人民和中华民族最伟大的梦想”。[①]

第三，中华民族伟大复兴的历史意蕴，表明在中国近现代以来的历史进程中已经形成中华民族伟大复兴的制度基础。面对中国屈辱落后的悲惨境况，面对中华民族陷入苦难深渊的巨大危机，救亡图存，进而实现民族复兴，成为中华民族无数志士仁人苦苦追求的目标。为了改变中国命运，实现民族独立、人民解放和国家的繁荣富强，一代又一代英雄的中华儿女壮怀激烈、铁骨铮铮、正气凛然、威武不屈、舍生取义，抛头颅、洒热血，进行了各种形式的努力和斗争。但是，从自强运动到改良主义，从旧式的农民战争到资产阶级革命派领导的民主革命，都未能完成救亡图存的民族使命和反帝反封建的历史任务。100年以前，中国共产党成立，历史性地承担起领导中国人民争取国家独立和民族解放、实现人民富裕幸福和民族伟大复兴的历史使命。中国共产党人立足中国国情，把马克思列宁主义普遍真理同中国革命具体实践相结合，正确分析和判断世界大势，系统总结近代以来中国救亡图存运动的经验教训，创造性地开辟了一条通过建立根据地和武装斗争，以农村包围城市，最后夺取全国政权的正确道路。沿着这条道路，经历北伐战争、土地革命战争、抗日战争和解放战争共28年的浴血奋战，我们打败了日本帝国主义侵略者，推翻了国民党反动统治，搬掉了帝国主义、封建主义和官僚资本主义这三座大山，建立了中华人民共和国，实现了国家的独立和民族的解放。从19世纪中叶到20世纪中叶中华民族100来年的奋斗，彻底结束了民族屈辱的历史，从而为最终完成中华民族伟大复兴扫清了制度障碍，创造了政治前提，奠定了坚实的根本制度和政治基础。

第四，中华民族伟大复兴的历史意蕴，表明在新中国发展的历史进程

---

① 习近平:《在庆祝中国共产党成立100周年大会上的讲话》(2021年7月1日)，人民出版社2021年版，第2页。

中，中华民族伟大复兴已经站在新的历史起点。中华人民共和国的成立，中华民族在政治上获得独立和解放。在这样的基础上，社会主义革命和建设的进程不断推进，尽管改革开放以前在社会主义建设的探索中出现过失误甚至重大挫折，但中国人民自力更生、发愤图强，社会主义建设取得相当的成就，国家面貌发生巨大变化，国民经济的基础和实力比以前大大增强，继续推进中国的现代化、推进中华民族伟大复兴具备了物质技术的初步基础。党的十一届三中全会以来，改革开放、建设中国特色社会主义，赋予民族复兴新的强大生机。在中国共产党的坚强领导下，全国人民高举中国特色社会主义伟大旗帜，坚定不移地沿着中国特色社会主义道路前进，解放思想、锐意进取、自信自强、守正创新，在极其壮丽的实践中不断推进中华民族复兴的伟大事业，经过改革开放以后20多年的努力奋斗，我国先后顺利地实现、完成了中国现代化建设的第一步、第二步发展战略，中国的经济社会发展进入小康社会；又在21世纪的发展中，经过20年全面建设，进而全面建成小康社会的持续努力，在中华大地上全面建成了小康社会，实现了第一个百年奋斗目标。显然，在中华人民共和国发展的历史进程中，全国各族人民不懈奋斗，取得了从经济到政治、从文化到军事、从内政到外交的辉煌成果、巨大成就，我国经济实力、科技实力、国防实力、综合国力进入世界前列，我国国际地位实现前所未有的提升，整个国家的面貌、中华民族的面貌发生了前所未有、翻天覆地的变化，中华民族正以崭新姿态屹立于世界的东方。经过长期努力，中国特色社会主义进入了新时代，意味着近代以来久经磨难的中华民族迎来了从站起来、富起来到强起来的伟大飞跃，迎来了实现中华民族伟大复兴的光明前景，实现中华民族伟大复兴进入了不可逆转的历史进程，中华民族伟大复兴站在了新的历史起点上。

第五，中华民族伟大复兴的历史意蕴，表明在中国特色社会主义新时代的历史进程中中华民族伟大复兴已经进入、迈向、踏上新征程。在2020年结束、中国共产党诞生100周年之际，中国全面建成小康社会的奋斗目标，即第一个百年奋斗目标已经胜利实现，中华民族伟大复兴在新的起点上开启了新征程，即全面建设社会主义现代化强国、向第二个百年奋斗目标进军的新发展阶段。中华民族伟大复兴是一个历史过程，全面建设社会主义现代化国家，向第二个百年奋斗目标进军的新征程、新发展阶段，是自鸦片战争发生180年来以后、中国共产党建党100年以后、中华人民共和国成立70多年以后、党的十一届三中全会40多年以后、21世纪头20年全面建设建成小康社会以后，中国革命和建设事业的继续，中国人民争取民族独立、人民解放、实现国家繁荣富强、人民共同富裕伟大事业的继续，是新时代中国特色社会主义推进的新内容，是中国从进入近现代社会到21世纪中叶亿万中国人民推进中华民族伟大复兴历史过程中所必须经历的、最后的战略阶段。迈向新征程、进入新发展阶段，实现中华民族伟大复兴进入了不可逆转的历史进程，我们比历史上任何时期都更接近、更有信心和能力实现中华民族伟大复兴的目标。在中华民族伟大复兴的新征程、新发展阶段中，我们还会面临来自全球发展与国内发展、可以预见与难以预见的一系列严峻挑战，还会面对种种艰难曲折。但是，完全可以肯定的是我们的国家必将更加繁荣富强，人民的生活必将更加幸福美好，中国必将成为综合国力和国际影响力居于世界领先的国家，中华民族将以更加昂扬的姿态屹立于世界民族之林，全面建设社会主义现代化强国的目标一定会实现，中华民族伟大复兴的中国梦也一定会实现。